BEITRÄGE ZUR HISTORISCHEN THEOLOGIE

Herausgegeben von Johannes Wallmann

80

Die späte Christologie des Johannes Brenz

von

Hans Christian Brandy

J. C. B. Mohr (Paul Siebeck) Tübingen

Die Deutsche Bibliothek – CIP-Einheitsaufnahme

Brandy, Hans Christian:
Die späte Christologie des Johannes Brenz /
von Hans Christian Brandy. – Tübingen: Mohr, 1991
   (Beiträge zur historischen Theologie; 80)
   ISBN 3-16-145793-5
NE: GT

Das Buch wurde von Gulde-Druck in Tübingen aus der Bembo-Antiqua gesetzt, auf alterungsbeständiges Werkdruckpapier der Papierfabrik Gebr. Buhl in Ettlingen gedruckt und von der Großbuchbinderei Heinr. Koch in Tübingen gebunden.

ISSN 0340-6741

Meinen Eltern

Vorwort

Die vorliegende Arbeit wurde im Herbst 1988 abgeschlossen und am 3. Juli 1989 vom Fachbereich Theologie der Georg-August-Universität Göttingen als Dissertation angenommen. Für den Druck wurde sie überarbeitet und – besonders im Anmerkungsteil – gekürzt.

Dieses Buch stellt eine historisch-systematische Untersuchung dar, die streng an ihrer Sache zu bleiben versucht und auf aktualisierende Verweise verzichtet. Ein solches Unternehmen, das war und ist mir bewußt, hat seine Grenzen. Gleichwohl wird ohne Besinnung auf die Einsichten von gestern das Geschäft einer verantworteten Theologie und Verkündigung für heute nicht zu leisten sein. Diese Besinnung geschieht in der Erwartung, daß die ‚alte‘ lutherische Christologie immer wieder aus ihrer historischen Abständigkeit herauszutreten vermag und zum Durchdenken der verheißenen Gegenwart des menschgewordenen, des menschlichen Gottes anleiten kann.

Viele haben zum Gelingen der Arbeit beigetragen, denen ich danken möchte. Der erste Dank richtet sich an Herrn Prof. Dr. Jörg Baur. Er hat mich seit den Anfängen meines Studiums in die systematische Arbeit an reformatorischer Theologie so eingeführt, daß Existenz, Glauben und Denken darin heimisch werden konnten. Als seinem Mitarbeiter hat er mir die Freiheit zur selbständigen Forschung gelassen, mich zugleich in persönlicher Zuwendung begleitet und das Projekt bis zum Abschluß tatkräftig gefördert. – Für die Anfertigung des Korreferates danke ich Frau Prof. Dr. Dorothea Wendebourg. Ein besonderer Dank gilt Herrn Prof. Dr. Theodor Mahlmann. Er hat mich unbeschadet mancher sachlicher Meinungsverschiedenheiten vielfältig unterstützt, mir Quellenmaterial aus seinem Besitz zur Verfügung gestellt sowie mir zwei noch nicht veröffentlichte Texte überlassen, die im dritten Band der begonnenen Edition von Brenz‘ christologischen Schriften erscheinen sollen: die historische Einleitung zu Brenz‘ christologischen Schriften sowie den Apparat zu den ersten drei Texten des Schwaben. Schließlich hat Herr Prof. Mahlmann die fertige Arbeit durchgesehen und zahlreiche Verbesserungsvorschläge angebracht. Ich möchte ausdrücklich erwähnen, daß Theodor Mahlmann seine kritische Beurteilung der württembergischen Christologie (s. u. S. 8), mit der ich mich an verschiedenen Stellen in diesem Buch auseinandersetze, inzwischen in ihrer Stoßrichtung abgeändert hat[1].

---

[1] Th. Mahlmann, Jakob Andreä im Lichte neuerer Forschung, in: Lutherische Theologie und Kirche. Vierteljahreszeitschrift für eine an Schrift und Bekenntnis gebundene Theologie [Oberursel], 14 (1990), 139–153, hier 143.

Der ev.-luth. Landeskirche Hannovers habe ich dafür zu danken, daß sie mir in zweieinhalbjähriger Repetentenzeit die Gelegenheit zur Forschung gab, dem Institut für Begabtenförderung der Konrad-Adenauer-Stiftung für ein zweijähriges Promotionsstipendium. Für die Aufnahme in die „Beiträge zur Historischen Theologie" sage ich Herrn Prof. Dr. Johannes Wallmann Dank. Herrn Georg Siebeck, der die nicht alltägliche Großzügigkeit bewies, die Arbeit ohne jeglichen Druckkostenzuschuß in seinem Verlag zu veröffentlichen, bin ich zu besonderem Dank verpflichtet. Für die verlegerische Betreuung und die gelungene äußere Gestaltung des Buches danke ich den Mitarbeitern von Verlag und Druckerei. Die Mitarbeiterinnen und Mitarbeiter der Universitätsbibliothek Göttingen und der Herzog-August-Bibliothek in Wolfenbüttel haben mich vielfältig unterstützt. Für langfristige Leihgaben und freien Zugang bin ich den Bibliotheken der Predigerseminare in Hildesheim und Loccum Dank schuldig, namentlich Herrn Studiendirektor Heiko Janssen und Herrn Dr. Ernst Berneburg.

Die Arbeit wäre nicht entstanden ohne das Verständnis und die Unterstützung meiner Frau. Sie hat mir über Jahre hinweg den Rücken freigehalten sowie alle Kapitel in ihren verschiedenen Phasen gelesen und mit mir besprochen. Wiederholt hat sie Manuskript und Druckfahnen Korrektur gelesen und schließlich das Sachregister erstellt.

Meine Eltern schließlich haben meinen Weg als Theologe finanziell und weit darüber hinaus verständnisvoll gefördert. Ihnen widme ich dieses Buch.

Steyerberg, den 11. Juli 1991   Hans Christian Brandy

Inhaltsverzeichnis

II. Teil
Die Christologie der reformierten Gegner Brenzens

III. Teil
Die Christologie des späten Johannes Brenz

Abkürzungen

Die Abkürzungen entsprechen dem Abkürzungsverzeichnis der TRE, zusammengestellt von SCHWERTNER, S., Berlin 1976. Darüberhinaus werden verwandt:

B	Brenz, Bericht ...
M	Brenz, De Maiestate ...
May	Brenz, Von der Mayestet ...
P	Brenz, De Personali Unione ...
R	Brenz, Recognitio ...
VD 16	Verzeichnis der im deutschen Sprachbereich erschienen Druckwerke des XVI. Jahrhunderts

1. Einleitung

1.1. Brenz und die Christologie: Zu Person und Thematik

Der größte seiner Zeitgenossen zollte dem 31jährigen höchstes Lob. Im Jahr 1530 schrieb Martin Luther über den Schwäbisch Haller Prediger Johannes Brenz: „Meine Schriften kommen mir ganz gering vor, wenn sie mit deinen . . . verglichen werden. . . . Ich rühme nicht Brenz, sondern den Geist, der in dir milder, gefälliger, stiller ist, darüberhinaus in der Kunst zu reden gelehrt, reiner, heller [und] glänzender fließt, deshalb stärker anrührt und erfreut. . . . Wenn man Großes mit Kleinem vergleichen darf: Mir [gleicht] beim vierfachen Geist des Elia 1. Kön 19 der Wind, das Erdbeben und das Feuer, die Berge umstürzen und Felsen erschüttern. Dir aber . . . jenes stille Sausen eines sanften Windhauches"[1].

Der mit so hohem Lob bedachte Schwabe[2], 1499 in Weil der Stadt geboren, war als humanistisch geprägter Student 1518 durch die Begegnung mit Luther für die Reformation gewonnen worden. Von 1522–1548 war er Prediger in der Reichsstadt Schwäbisch Hall, wirkte aber auch weit darüber hinaus als Protagonist und Gestalter der Reformation. 1548 durch das Interim vertrieben, wurde er ab 1553 Propst an der Stuttgarter Stiftskirche und der führende Theologe und Organisator beim Aufbau der Evangelischen Kirche in Württemberg, zugleich aber auch eine der prägenden Persönlichkeiten für den gesamten lutherischen Protestantismus in der Epoche der Spätreformation. Er starb am 11. 10. 1570 in Stuttgart.

Abgesehen von der Frage, ob Luther in seinem Lob für ihn die Größenverhältnisse zutreffend bemißt: Zweifellos gibt er eine treffende Beschreibung – von Brenz und von sich selbst. Um den Schwaben aber geht es in unserer Untersuchung: In Predigt, Lehre und Organisation der Kirche erwies er sich über beinahe fünf Jahrzehnte als bescheidener, maßvoller und friedliebender, aber auch zuverlässiger und eindeutiger Theologe, der Extreme vermied, in der Täuferfrage zu einer gewissen Toleranz tendierte, in Streitfragen – voran im

---

[1] „de tuis scriptis sic sentio, ut mihi vehementer sordeant mea, ubi tuis tuique similium scriptis comparantur. . . . Non Brentium, sed spiritum praedico, qui in te suavior, placidior, quietior est, deinde dicendi artibus instructus, purius, luculentius et nitidius fluit, itaque magis afficit et delectat. . . . Itaque, si licet parvis componere magna, Mihi de quadruplici spiritu Eliae 4. Reg. 19 [lies: 3. Reg = 1. Kön 19,11 ff.] Ventus, motus et ignis, qui montes subvertit et petras conterit. Tibi autem et tui similibus sibilus ille blandus aurae tenuis . . ." (Luther, Vorwort zu Brenz, In prophetam Amos expositio, 26. 8. 1530, WA 30/II,649,19–650,10).

[2] Zur vita vgl. im einzelnen HARTMANN/JÄGER; MAURER/ULSHÖFER; BRECHT, TRE 7,170–181; DERS., Gestalten der Kirchengeschichte.

Osiandrischen Streit – vermittelte und für die Einheit der werdenden evangelischen Kirche eintrat.

Dieser Theologe, den Luther 1530 mit dem stillen, sanften Sausen des Geistes verglich, zeigte sich in seinen letzten Lebensjahren von einer anderen Seite. Eher an einen scharfen Sturmwind erinnernd, formulierte er in seinem Testament: „Insonderheit verwürfe und verdamme ich auß grund meins Hertzens außtrucklich unn mit namen die falsch verdampte Lehr der Zwinglianer". Ihre Lehre ist „ohne allen grund der heiligen Göttlichen Schrift, erdacht, verfü[re]risch, verdamlich und dem rechten waren verstand der personlichen Vereinigung beider Göttlicher unn menschlichern Natur in Christo, auch der Maiestet und Herlichkeit Christi . . ., ganz widerwertig und Gotteslösterlich"[3]. Bei der Frage nach der Majestät Christi gibt es für Brenz also keine moderate Friedfertigkeit mehr. Im Rückblick auf sein Leben stellt sich für ihn die Christologie als Kriterium für die Wahrheit des christlichen Glaubens dar[4]. Sie hatte ihn während seines gesamten Wirkens beschäftigt. In den letzten eineinhalb Jahrzehnten seines Lebens aber wurde sie zu seinem eigentlichen Thema, das er v. a. in vier großen Schriften (1561–1564) entfaltete. Dieser Christologie nachzugehen, sie darzustellen und zu verstehen ist das Ziel unserer Untersuchung.

1.2. Zu Methode und Aufbau der Untersuchung

In methodischer Hinsicht legt es sich nahe, die systematische Analyse von Brenz' Christologie mit der historischen Untersuchung ihrer (religions-) politischen, theologiegeschichtlichen und biographischen Zusammenhänge und Implikationen zu verbinden. Daraus ergibt sich eine Dreiteilung dieser Arbeit. Im Anschluß an ein einleitendes Referat über den Stand der Forschung fragen wir in einem *ersten* Teil zunächst nach dem historischen Umfeld von Brenz' Christologie (I.1.). Dabei bedarf die hervorragende Rolle Philipp Melanchthons einer eigenen Darstellung, die eine Analyse seiner Christologie einschließt (I.2.), bevor die Voten von Brenz zur Christologie zu sichten sind und wir die Entstehung seiner vier großen christologischen Schriften untersuchen (I.3.).

Im *zweiten* Teil stellen wir die Christologie der reformierten Gegner von Brenz dar. Dabei geht es einerseits darum, deren Position im Zusammenhang ihrer eigenen Theologie zu erfassen, andererseits im Gegenüber dazu die Eigenart von Brenz' Verständnis schärfer zu konturieren. Es handelt sich um die Züricher Theologen Petrus Martyr Vermigli (II.1.) und Heinrich Bullinger, den Nachfolger Zwinglis (II.2.).

Der *dritte* Teil schließlich bietet in sieben Kapiteln die Analyse der Christologie von Johannes Brenz. Auf zwei einleitende Kapitel, die das Verhältnis von Abendmahl und Christologie (III.1.) und die Frage der Methodik von Brenz (III.2) thematisieren, folgt die materiale Darstellung seines Verständnisses der

---

[3] Brenz, Testament, 4b/5a.
[4] Vgl. dazu unten S. 267–271.

Person Christi (III.3), der communicatio idiomatum (III.4.), der Erhöhung und Erniedrigung Christi (III.5.) und der Himmelfahrt einschließlich ihrer kosmologischen Zusammenhänge (III.6.). Abschließend wird nach der soteriologischen Ausrichtung der Christologie gefragt (III.7.) und so deren ‚Funktion‘ bestimmt.

1.3. Technische Hinweise

Unserer Untersuchung liegen im wesentlichen die im historischen Teil (I.3.) vorgestellten Schriften aus Brenz' letzten zwei Lebensjahrzehnten zugrunde. Auf andere Texte aus der übergroßen Fülle seines oeuvres wurde nur gelegentlich zurückgegriffen. Sämtliche Schriften werden mit dem im Literaturverzeichnis genannten Kurztitel zitiert, die vier großen Spätschriften sowie deren zwei zeitgenössische Übersetzungen mit einem Siglum. Zum schnelleren Auffinden der Belege wird aus den Spätschriften unter Angabe von Seite und Zeile zitiert; bei den bereits in der vorbildlichen Edition von Mahlmann erschienenen Texten ist dies ohnehin problemlos, bei der Recognitio wurde die Erstausgabe von 1564 unter Zuhilfenahme einer Zeilenschablone zugrundegelegt[5].

Im laufenden Text sind lateinische Zitate durchgängig übersetzt, und zwar, wenn keine andere Übersetzung genannt wird, vom Verfasser[6]. Aus Raumgründen konnte der lateinische Text leider nur zum Teil zusätzlich dokumentiert werden. Hervorhebungen in Quellenzitaten stammen, wenn nicht anders vermerkt, grundsätzlich vom Verfasser. Bei der Wiedergabe der Texte wurde in der Regel nach den heute üblichen Kriterien verfahren[7]. Der Konsonantenbestand bleibt grundsätzlich bestehen; vokalisches j und v werden als i bzw. u wiedergegeben. Groß- und Kleinschreibung wird in der Regel beibehalten. Die Interpunktion wird durchgehend entsprechend den heutigen Regeln normalisiert. Kürzungen und Ligaturen im Druck werden aufgelöst, offensichtliche Druckfehler stillschweigend korrigiert.

---

[5] KÖHLER 429. Statt der verdruckten Seitenzählung bei S. 55/56 zählen wir: 54, 55a, 55b [statt 58], 56, 57, 58 [statt 59], 59...

[6] Bei De personali unione wird die Übersetzung MAHLMANNS in seiner Edition mit herangezogen.

[7] Empfehlungen zur Edition frühneuzeitlicher Texte, Jahrbuch der historischen Forschung, 1980, 85–96.

2. Zum Stand der Forschung

2.1. Die jüngere Geschichte der Forschung

2.1.1. Allgemeine Brenzliteratur

Johannes Brenz ist in den letzten Jahrzehnten etwas aus dem 1927 von Fricke diagnostizierten Schatten als „Stiefkind" der Forschung herausgetreten, in dem „die literarische Bearbeitung der Theologie Brenz' in gar keinem Verhältnis ... zu ihrer tatsächlichen theologiegeschichtlichen Bedeutung" stand[8]. Eine ganze Anzahl kleinerer Arbeiten, von diversen Aufsätzen F. W. Kantzenbachs Anfang der 60er Jahre bis zum Sonderband der Blätter für württembergische Kirchengeschichte anläßlich des 400. Todestages des Theologen 1970 haben einzelne Aspekte von Vita, Theologie und Bedeutung Brenzens erhellt[9]. Seltener sind monographische Untersuchungen; zu nennen sind Fricke, Bizer[10] und Brecht. Herausragende Bedeutung hat Brechts Untersuchung der „frühe(n) Theologie des Johannes Brenz" von 1966. Durch die Vollständigkeit der kritischen und sorgfältigen Quellenbenutzung hat Brecht eine historische und theologische Gesamtschau gewonnen, die neue wissenschaftliche Maßstäbe setzt und für den Brenz bis 1530 alles Vorhergehende überholt[11]. – Eine sachkundige populäre Einführung in Leben und Werk des Reformators von Maurer und Ulshöfer erschien 1974. Den gegenwärtigen Stand der Wissenschaft faßt Brecht im TRE-Artikel über Brenz ausgezeichnet zusammen.

Daß Brenz' Werk nicht länger die „terra incognita" bleibt[12], die es lange Zeit war, ist auch das Anliegen der kritischen Neuedition wenigstens seiner wichtigsten Schriften, die 1970 unter der Leitung von M. Brecht und G. Schäfer begann und in der bisher in vorbildlicher Weise – noch nicht abgeschlossen – die Frühschriften sowie einige der Schriftauslegungen und die christologischen Schriften erschienen[13]. Über die Neudrucke dieses nur langsam vorankommenden Projektes hinaus bleibt die Forschung auf die schwer zugänglichen, allerdings von Köhler im großen ganzen zuverlässig erfaßten zeitgenössischen Drukke angewiesen, die in ihrer Menge trotzdem kaum überschaubar sind. Eine vollständige und zuverlässige Edition des Brenz'schen Briefwechsels und seiner Gutachten bleibt dringendes Desiderat.

Im ganzen läßt sich ein erschöpfendes Bild von Brenz nach wie vor nicht zeichnen[14]. Eine geschlossene Darstellung seiner Theologie liegt nur für die Zeit bis 1530 vor. Darüberhinaus existieren nur einzelne, meist kleinere historische

---

[8]　Fricke 1. 9.
[9]　Zur älteren Forschung: Fricke 1–10; Gmelin; Brecht, Brenz, 4–6.
[10]　Bizer, Confessio.
[11]　Vgl. die Rezension Mahlmanns: Frühe Theologie, 401–410.
[12]　Vgl. Brecht, Bericht, 332.
[13]　Vgl. den Bericht von Brecht (Bericht, 329–332).
[14]　Ebenso urteilt das Vorwort des 1970er Bandes der BWKG, „Johannes Brenz 1499–1570", 3.

und theologische Untersuchungen. Eine wissenschaftlich verantwortete Biographie wird weiter auf sich warten lassen[15].

2.1.2. Literatur zur Christologie

Die *Christologie* besonders des alten Brenz gehört nicht zu den vergessenen Bereichen seines Oeuvres. Der Schwabe war seit dem 16. Jahrhundert bekannt als markanter Repräsentant postreformatorischer lutherischer Christologie, wobei die Rezeption in polemischer Abstoßung[16], in zustimmender Übernahme oder auch in kritischer Weiterführung seiner Position bestand[17].

In der moderneren Forschung widmen die dogmen- und theologiegeschichtlichen Werke des 19. Jahrhunderts Brenz' Christologie eine knappe Darstellung und – meist kritische – Würdigung. F. C. *Baur* weiß in Tübingen bei aller sachlichen Distanz immerhin die Brenzsche Position in ihrer „kühnen Konsequenz" als beachtlich und den Schweizer Opponenten argumentativ weit überlegen einzuschätzen[18]. H. *Schultz* – in Göttingen – dagegen kann in Brenz' Christologie, zu der er manches Richtige in den Quellen beobachtet, nur das „ungeschickte und unvorsichtige" Wirken eines Lutherepigonen „ohne wirklich weiterführendes dogmatisches Talent" erkennen[19]. Gründlicher beschäftigen sich *Thomasius* und *Dorner* mit dem Schwaben und bieten im ganzen ein zutreffendes Referat seines Gedankenganges, ohne seine Christologie freilich voll zu erschließen. Die beste ältere Darstellung, die von Thomasius, beruht leider nur auf eingeschränkter Quellenkenntnis. In den Hinweisen auf die nicht hinreichende Fassung der Erniedrigung durch den Schwaben ist deutlich das Eigeninteresse des Erlanger Kenotikers zu erkennen, den eigenen Ansatz als Konsequenz der (nach)reformatorischen lutherischen Lehrbildung zu erweisen[20]. Für Dorner, den Opponenten des Thomasius, machen schwerste „Collisionen" eine konsistente Interpretation der Brenzschen Christologie unmöglich[21]. *Loofs* schließlich vermag darin nur noch eine „Karikatur" zu sehen, die „Ungeheuerlichkeiten … dogmatisierte" und als „völligster Nonsens" mit ihren „Absurditäten' in den Ascheimer der Geschichte gehört[22].

Die Untersuchungen des 19. Jh. sind in ihrer Quellenkenntnis und in ihrer Berücksichtigung der theologischen, philosophischen und historischen Bezüge durchgehend unbefriedigend. Über zahlreiche unzutreffende Informationen hinaus werden sie in je eigener Weise stark von Position und Interesse des

---

15 Sie hatte KANTZENBACH schon 1960 (Stand, 851–854) angemahnt.
16 So nach den Antagonisten bereits seines Testamentes etwa R. HOSPINIAN, Historia Sacramentaria, 485 ff.
17 Vgl. MAHLMANN, Dogma, 15; BAUR, Überlegungen, 200 (hier einige Belege).
18 F. C. BAUR 410–412, das Zitat 412.
19 SCHULTZ 216–223, das Zitat 214 f.
20 THOMASIUS 308–326 und weiter, speziell 327. 337, 334 mit ausdrücklichem Bezug auf „unsere eigene Fassung". Über THOMASIUS vgl. BREIDERT 52–114; MACQUARRIE 26 f.
21 DORNER 668–682, das Zitat 680.
22 RE 4,55, bezogen auf die gesamte ‚Ubiquitätschristologie' nach Luther.

Verfassers bestimmt[23]. Brenz wird auf begrenztem Raum im Rahmen theolo-
giegeschichtlicher Durchgänge behandelt, die von Luther über die FC bis zum
Streit Tübingen-Gießen oder zur Behandlung der Orthodoxie führen. Dabei
wird häufig eine simplistische Schematisierung zugrunde gelegt, die die Christologie der FC als Synthetisierungsversuch der antagonistischen Positionen
von Brenz/Andreae einerseits und Chemnitz andererseits versteht[24].

In diesem Jahrhundert fand Brenz' Christologie in den Dogmengeschichten
R. *Seebergs* und O. *Ritschls* ebenso Berücksichtigung[25] wie etwa in den großen
Werken von W. *Elert*[26] und H. E. *Weber*.

Dabei ragt Weber durch seine profunde Quellenkenntnis heraus; freilich fehlt es an
Konturen in seiner Darstellung der „schwäbischen Schule"[27], die erheblicher Differenzierungen bedürfte! Umso fragwürdiger sind seine Wertungen, die den Ansatz
der „orthodoxen Melanchthonianer" und Chemnitz' gegenüber der „schwäbischen
Seinsmetaphysik" bevorzugen und den Schwaben unter ausdrücklichem Anschluß
an zeitgenössische reformierte Polemik (Beza!) ankreiden, sich nicht an dem „Got-
teswalten in dem persönlich angeeigneten menschlichen Werkzeug" genügen zu
lassen, sondern vielmehr den Persongedanken zu entleeren[28].

Erstmals ausdrücklich „Die Christologie des Johann Brenz" hat 1927 das
Buch des Hirsch-Schülers Otto Fricke zum Thema.

Dieser ersten eigentlich wissenschaftlichen Monographie über Brenz kommt das
Verdienst zu, auf relativ breiter Quellenbasis zentrale Topoi der Theologie Brenz' –
Abendmahl, Rechtfertigung, Christologie – im wesentlichen zutreffend darzustellen. Allerdings sind die Quellen immer noch nur selektiv beachtet – kein Wunder bei
einem Durchgang durch das gesamte Werk Brenz', dem zusätzlich noch ein Ausblick
bis zur FC folgt. Die Untersuchung ist historisch nicht zuverlässig[29] wie in inhalt-

---

[23] Dies gilt besonders für die Polemik HEPPES, Geschichte I, 76f. 313. bes.314; vgl. aber auch
sachlicher Dogmatik II, 108–115. Vgl. auch noch HUNZINGER, RE 20,191ff.

[24] Etwa HUNZINGER, RE 20, 195; DAWE 76; SEEBERG IV/2, 513ff.; DORNER 705. 710ff.;
LOOFS, Leitfaden, 921–923. – Vgl. dazu und dagegen WEBER, Reformation I/2, 163ff.; BAUR,
Überlegungen 220f.; MAHLMANN, Dogma, 164 A.116.; sowie schon FRANK, RE 4,257.

[25] SEEBERG IV/2, 513–517; O. RITSCHL IV, 70–81. Vgl. knappe Hinweise auch in anderen
Dogmengeschichten: KÖHLER, Dogmengeschichte, 228f.; ADAM II, 333–335; B. LOHSE, Dogma, 131f.

[26] ELERT, Morphologie, 195–223 pass.

[27] WEBER, Reformation I/2, 161–174; zu berücksichtigen ist auch DERS., Einfluß, 152ff.

[28] WEBER, Reformation I/2, 150–161. 171. 170 mit A.11.

[29] FRICKE erklärt – unzutreffend –, eine erste Ausgabe des 1564 erschienenen Römerbriefkommentars (KÖHLER 428) stamme schon von 1554. Dieser unnötige, wohl von HARTMANN/
JÄGER (II, 473) übernommene Lapsus wird im Blick auf FRICKES Thema erst verräterisch und
schlimm durch die Wertung, dieser Kommentar von 1554 sei „das letzte große Werk Brenz'"
(19). Von den christologischen Schriften hält FRICKE offenbar nicht viel. – In der Darstellung
ihrer Genese liegt dann ein weiterer Irrtum vor: Der „Bericht Johannis Brenz" ist keine eigene
Schrift und nicht von 1562 (21), sondern die Übersetzung der Sententia, erstmals 1561 erschienen (KÖHLER 388). –
An sinnentstellenden Druckfehlern ist u. a. zu korrigieren: S. 16–25 müssen die Anmerkungen 36–56 als 37–57 gelesen werden (Anm. 36 fehlt). S. 148, 2. Abs., 4. Z. statt „ubi" lies:
„sibi"; S. 182, A.1: lies „1561" statt „1551".

lich-analytischer Hinsicht nicht hinreichend präzise und differenziert. So ist speziell Brenz' Vorstellung von der Erniedrigung Christi (162ff.) völlig unzutreffend erfaßt[30].

Trotz des Titels seiner Arbeit ist Fricke an der Lehre von der Person Christi weit weniger gelegen als – wohl in der Nachfolge von Hirschs Osianderbuch – an der Rechtfertigungslehre und der Auffassung vom Werk Christi. Den Spätschriften zur Person Christi sind ganze 25 Seiten gewidmet, die lediglich den Inhalt referieren und die maiestas Christi als zentralen Gedanken herausarbeiten (199), angesichts allein des Titels von Brenz' „De maiestate" ein – vorsichtig formuliert – schmales Resultat. Wesentliche historische, systematische und philosophische Fragen bleiben offen. Die christologischen Schriften stehen bei Fricke trotz einiger Verknüpfungsbemühungen (205. 208) als Fremdkörper da. Ihren Inhalt findet er zwar „religiös und ethisch tief und fruchtbar" (241), aber – fast entschuldigend – „doch ... nur [als] ein Ringen" (216), das auf „theologisch ... unglaubwürdigem Wege" (241.206, vgl. 204f. 237.240f.) die irdische Existenz des Erhöhten zu retten versucht.

Einige Aufmerksamkeit fanden Probleme der spätreformatorischen Christologie in den vergangenen Jahrzehnten bei nordamerikanischen Forschern.

Während der Dominikaner *Farren* in einer Studie über den „Kenosis-Krypsis-Streit" zwischen Tübingen und Gießen seine Kenntnisse über „Intra-Lutheran-development" und speziell über Brenz im wesentlichen aus Elert bezieht[31], kommt Hoogland in einer Studie über „Calvin's Perspective on the Exaltation of Christ" anhand der Quellen zu einer beachtenswerten knappen Skizze von Brenz[32]. Einem Spezialaspekt, der Himmelfahrt, wendet sich J. B. *Wagner* in einer der letzten Basler Dissertationen bei Karl Barth zu, indem er dem Motiv der ascensio und der Verflechtung mit dem jeweiligen christologischen Konzept in der gesamten reformierten und lutherischen Orthodoxie nachgeht. Auf recht präzise Darstellungsgänge anhand der wichtigsten dogmatischen Werke folgen aber leider – wohl aufgrund des methodischen Ansatzes – stark schematisierende und deshalb teils fragwürdige, teils altbekannt-pauschale Urteile. Speziell mit „Johann Brenz's Role in the sacramentarian Controversy of the 16.th. Century" befaßt sich J. W. *Constable* in einer Dissertation der Ohio-State-University von 1967. Die Untersuchung ist im wesentlichen historisch ausgelegt. Sie deckt mit viel Mühe das breite Feld von 1520 bis 1570 ab. Dafür aber ist die Quellenbasis erheblich zu dünn; oft liegt auch nur die ältere Sekundärliteratur zugrunde. Die Angaben sind historisch sehr unzuverlässig (zu den Spätschriften: 138f.), die Urteile oberflächlich und schematisch.

Den wichtigsten Anstoß zu einem sachgemäßen Verständnis der spätreformatorischen Christologie und speziell der von Brenz geben zwei Untersuchungen von Theodor *Mahlmann*.

In seiner Habilitationsschrift über „Das neue Dogma der lutherischen Christologie" hat er die verschiedenen lutherischen Ansätze in den 50er Jahre detailliert

---

[30] Vgl. dazu auch unten S. 215 Anm. 49 – FRICKE gebraucht etwa „maiestas Christi", „forma Dei" und „Erscheinung der maiestas" permiscue, was für die begriffliche Erfassung von Brenz ruinös ist.

[31] FARREN 81–92.

[32] HOOGLAND 22–28; zu Calvin vgl. auch WILLIS.

dargestellt und damit ein neues Kapitel der Forschung aufgeschlagen; seine Untersuchung führt bis zu Chemnitz' „Repetitio" von 1561 sowie bis zu Brenz' erstem christologischen Entwurf in der Apologie der „Confessio Virtembergica", in dem „die lutherische Christologie im Jahre 1557 zum zweiten Male zu sich selbst gefunden" hat[33]. Mahlmann analysiert diesen knappen Text gründlich und stellt ihn in den Kontext anderer Entwürfe, von denen er u. a. den Melanchthons als Gegenpol, den des Johannes Bötker als bisher unbeachteten Vorläufer und den von Martin Chemnitz als über Brenz hinausweisend bestimmt, so daß hier, bei Chemnitz, und „erstaunlicherweise nicht bei Brenz" sich „das angemessenere Verständnis ... von Luthers Abendmahlschristologie" findet[34]. Mahlmanns These von einer deutlichen „Differenz zwischen Luther und Brenz"[35] wird kritisch zu prüfen sein und markiert eins der historisch-theologischen Probleme dieser Arbeit. (S. dazu unten S. 255–267)

1970 hat Mahlmann in einem längerem Aufsatz auch die großen Spätschriften mit profunder Quellenkenntnis und auf hohem Reflexionsniveau analysiert, so daß es ihm insgesamt gelungen ist, „Brenz in seiner Christologie zu erschließen"[36]. Freilich notiert er selbst als Desiderat, den „Systemzusammenhang" von Brenz' Christologie gründlich als ganzen darzustellen[37]. Diese Aufgabe ist auch nicht gelöst durch die von Mahlmann begonnene Edition der christologischen Schriften Brenzens mitsamt ihrem im Manuskript weitgehend abgeschlossenen und für diese Arbeit freundlicherweise zur Verfügung gestellten Apparat.

Die Arbeit über Brenz wird im ständigen Dialog mit Mahlmann zu geschehen haben. Mahlmann hat seine Brenzstudien mit äußerst kritischen Anfragen an den Schwaben verbunden (s. u. S. 10–12). Er hat sich zuletzt sogar ausdrücklich der Analyse von Rosemarie *Müller-Streisand* angeschlossen, die mit Brenz in scharfer Weise ins Gericht geht[38], wobei allerdings das zupackende, wenngleich scharfsinnige Urteil Vorrang vor dem Studium der Texte hat.

So kennt sie offenbar nur das Syngramma Suevicum sowie einige Briefe (nach Pressel) aus erster Hand. Zur Christologie – auf Einzelheiten kommt es wohl weniger an, wenn man einmal das Ganze in seinem „metaphysisch-spekulativ-rationalistischen Charakter" (sic!) (244) entlarvt hat – entnimmt sie alles Nötige aus „Gustav Thomasius" (239 A.57) (Thomasius hieß Gottfried!).

In einer Reihe von Aufsätzen hat Jörg *Baur* Hinweise zu einem vertieften Verständnis der Christologie Brenzens in ihrem theologiegeschichtlichen Zusammenhang gegeben[39]. Bei diesen Hinweisen versucht unsere Untersuchung anzusetzen. Trotz erheblicher Meinungsverschiedenheiten mit Mahlmann besteht zwischen diesem und Baur darin Übereinstimmung, daß für „alles Spätere" die vier christologischen Spätschriften „als Eckdatum ... anzusetzen" sind[40].

---

[33] MAHLMANN, Dogma, 174, zu Brenz 125–204.
[34] MAHLMANN, Vorwort, XIII.
[35] MAHLMANN, Dogma, 167 und pass. Vgl. meinen Hinweis im Vorwort.
[36] BAUR, Überlegungen, 199.
[37] MAHLMANN, Personeinheit, 177f.
[38] MAHLMANN, Vorwort, XIVf; MÜLLER-STREISAND 231–244.
[39] BAUR, Überlegungen, v. a. 199f.; Christologie und Subjektivität, 194–196; Lutherische Christologie, pass; Tübinger Orthodoxie, v. a. 105–107.
[40] BAUR, Überlegungen, 200; MAHLMANN, Vorwort, XIV.

Schon bei Baurs These von einer „selbständige[n] ‚Lutherrenaissance' des Johannes Brenz"[41] aber beginnen die Differenzen und offenen Fragen.

2.2. *Ergebnisse und Fragen der Forschung*

Wichtige Ergebnisse und Fragen der Forschung können wie folgt formuliert werden:

2.2.1. *Der Terminus a quo der Brenzschen Christologie*

Brecht ist auf Zustimmung gestoßen mit der Angabe des Datums, zu dem die Entstehung der Christologie von Brenz als im wesentlichen abgeschlossen angesehen werden kann: Bereits in der zweiten Auflage seines Johanneskommentars (1528, [¹1527]) hat Brenz durch erhebliche Zusätze v. a. im Kontext der Soteriologie und unter Aneignung des von Luther gegenüber Zwingli Vertretenen erstmals seine späteren Anschauungen von der Person Christi „in zentralen Momenten" vorgetragen[42]. Was Brenz in seinen Spätschriften zur Vollendung bringt, ist bereits in den Texten der drei Jahrzehnte davor latent vorhanden. Dies ist besonders für die Katechismuserklärung von 1551 wiederholt zurecht betont worden[43].
Auf Widerspruch gestoßen ist Brecht aber mit seiner Beurteilung der Entwicklung des jungen Brenz hin zu seiner späteren Anschauung als einer Verselbständigung von „Lehre", als „dogmatische Verhärtung"[44]. Dieser Widerspruch muß ebenso H. E. Weber treffen, der beim älteren Brenz das „sich verfestigende orthodoxe System mit seiner ‚objektiven' Betrachtung" beklagt, das „die Fülle, Beweglichkeit und Tiefe der urreformatorischen Glaubensanschauung" verdrängt habe[45]. Auch die Lehre des späten Brenz hat Anspruch darauf, als ernstzunehmender Versuch einer begrifflichen Fassung der Sache der Christologie unter veränderten geschichtlichen und theologischen Bedingungen gehört zu werden. Die apriorische „Absage an ‚Metaphysik'" darf diesen Verstehensprozeß nicht von vornherein abblocken[46].

---

[41] Baur, Christologie und Subjektivität, 194.

[42] Brecht, Brenz, 208–213; Mahlmann, Dogma, 137 A.60; ders., Frühe Theologie, 409.

[43] Günther 154; Heppe, Dogmatik II, 109, der fälschlicherweise diesen Text als terminus a quo ansetzt; ihm schließt sich Müller-Streisand an (238 A.54). – S. u. S. 215ff.

[44] Brecht, Brenz, 213; dagegen: Mahlmann, Frühe Theologie, 410; Baur, Überlegungen, 199; Sparn, Studium religionis, 144 A.153.

[45] Weber, Reformation, I/1, 312; ihm schließt sich Brecht, Brenz, 3, an.

[46] Baur, Überlegungen, 199; ähnl. Mahlmann, Frühe Theologie, 403f.

2.2.2. Die Frage nach dem weltanschaulich-metaphysischen Grundmotiv Brenzens

Im Hinblick auf diese Metaphysik Brenzens wurde bisher lediglich einhellig das Problem benannt. Brecht formuliert unter Zustimmung Mahlmanns: „Es ist in diesem Zusammenhang nun auf einen sozusagen weltanschaulichen Gedanken von Brenz aufmerksam zu machen, der sowohl philosophische als auch theologische Momente enthält und offenbar eine Grundgegebenheit in Brenzens Denken war. Es ist die Allgegenwart und Allzuhandenheit der Kreaturen und Dinge zu dem überzeitlichen und überräumlichen Gott". Dieser Gedanke hat „für Brenzens gesamte Theologie", klar erkennbar auch für die späte Christologie, „wesentliche Bedeutung". „Woher Brenz diesen Gedanken hat, konnte bisher nicht ermittelt werden"[47]. St. Strohm hat im Anschluß daran die Forderung aufgestellt, zum besseren Verständnis von Brenz' Christologie „seine Stellung in den Systemen der spätmittelalterlichen Ontologie" zu bestimmen[48]. Wir gehen auf dieses Problem unten ein (S. 250ff.).

2.2.3. Die Probleme von Brenz' Christologie

Es existiert keine Darstellung der Christologie des späten Brenz, die nicht früher oder später und in verschiedener Schärfe mit ihm ins Gericht geht. Das Spektrum reicht von bloßer Polemik bis zur mühevollen und kenntnisreichen Auseinandersetzung wie etwa bei Mahlmann. In systematischer Hinsicht lassen sich die Gravamina auf drei Bereiche hin ordnen, die freilich ineinander greifen.

2.2.3.1. Der methodische Vorwurf des rationalen Konstruktivismus

Der erste Einwand richtet sich gegen die Denkweise und Methodik Brenzens. Dabei greift die scheinbar vernünftige Abweisung von „irrationalistischen ... Spekulationen" (O. Ritschl)[49] und „Irrationalismus des Schriftglaubens" (Weber)[50] inhaltlich zu kurz (s. u. S. 153f.). Zwar hält auch Müller-Streisand das Brenzsche Denken für „spekulativ" insofern das „immaterielle Sein für erfaßbar gehalten wird". Der Vorwurf geht dann aber weiter: Brenz' Denken ist „rationalistisch" – die entgegengesetzten Vorwürfe des rationalistischen und des irrationalistischen Denkens liegen verräterisch nah beisammen –, „indem das spekulativ faßbare metaphysische Sein Ausgangspunkt für logische Deduktionen wird"[51]. Auch Mahlmann diagnostiziert in seiner früheren Veröffentlichung bei Brenz einen rationalistisch-deduzierenden Konstruktivismus, wobei er seine Aussage freilich gegenüber Müller-Streisand erheblich stärker an den Quellen

---

[47] Brecht, Brenz, 11 f. mit A.2; vgl. Mahlmann, Frühe Theologie, 403 f.

[48] Strohm, Die christologischen Schriften, 314.

[49] O. Ritschl IV, 72; er redet auch von „hochfliegenden Gedanken einer religiösen Phantasie" (81).

[50] Weber, Reformation I/2, 163.

[51] Müller-Streisand 244.

ausweist und theologisch expliziert. Für Mahlmann unterstellt Brenz die Christologie einer ihr fremden „Modalität der Notwendigkeit". Dadurch wird das theologische Denken „rational", konstruierend, statt aposteriorisch „von der Gegenwart Gottes als der Mensch Jesus" her die Christologie zu entwerfen. An die Stelle der „freiheitlichen spontanen Gestalt der Personeinheit", wie sie dem „Schriftzeugnis" entspräche, setzt Brenz das Konstrukt der Denknotwendigkeit[52]. – In dieser Kritik sind etwa Hübner in seinem Keplerbuch[53] und zuletzt zur Mühlen im TRE-Artikel „Jesus Christus" Mahlmann gefolgt[54]. Wir gehen darauf unten S. 203–205 ein.

2.2.3.2. Der theologische Vorwurf des Doketismus

Wie in den zitierten Äußerungen Mahlmanns bereits anklang, implizieren die methodologischen Beanstandungen eine theologische Sachkritik: Brenz' Christologie verdanke sich rationaler Konstruktion und damit nicht mehr dem Schriftzeugnis von Jesus; sie bringe damit den Christus des Neuen Testamentes nicht mehr zur Sprache. Dasselbe meint wohl Brecht mit dem material theologischen Urteil, Brenz habe seinen Ansatz, „„daß also Gott in Christo widerumb bekandt würde und durch Christum mit den Menschen versöhnet möcht werden'... nicht konsequent durchzuhalten vermocht. Er hat schließlich das Sein Gottes in dem Menschen Jesus wieder von einem vorgefaßten Begriff von Gott her verstanden, anstatt es an Jesus abzulesen"[55].

Die Kritik von Mahlmann und Brecht kommt dem seit alters häufig zu hörenden und beinahe zur communis opinio gewordenen Verdikt nahe: Brenz' Christologie ist mit dem biblischen Zeugnis von der irdischen Geschichte Jesu nicht zu vermitteln. Ja sie nimmt diese irdische Niedrigkeit in ihrer Auffassung von der Majestät der menschlichen Natur Christi nicht eigentlich ernst[56], sie ist kurz gesagt *doketisch*[57]. – Allerdings mahnt Brecht selbst aus der Kenntnis der Umganges von Brenz mit Passionstexten, jedenfalls „mit dem Vorwurf des Doketismus zurückhaltend' zu sein[58]. Und Mahlmann bestreitet im Anschluß

[52] MAHLMANN, Dogma, 159 ff.

[53] HÜBNER 254.

[54] ZUR MÜHLEN, TRE 16,766,42–46. Bemerkenswert ist, daß die weitergehende Kritik MAHLMANNS, die er 1970 unter dem Stichwort „Zwei-Weltenlehre" geäußert hat, offensichtlich ZUR MÜHLEN nicht überzeugte und auch sonst – zu Recht – nicht übernommen wurde.

[55] BRECHT, Neugestalter, 46. In den neueren Veröffentlichungen von BRECHT über Brenz finden sich keine vergleichbaren kritischen Äußerungen mehr.

[56] Brenz „obviously made unreal the humanity of Christ" (CAVE 146 f.); „die Kenose ... eine bloße Scheinverflüchtigung" (BENSOW 19); vgl. auch GÜNTHER 155. 158; MACKINTOSH 244 (der allerdings – wohl im Anschluß an LOOFS – den dogmatischen Kontroversen im Vorfeld von FC VIII „scarcely more than pathological interest" zubilligt (238); DAWE 74 f.

[57] Etwa RITSCHL IV, 81; DORNER 680 ff.; SCHULTZ 218; SEEBERG IV/2, 517; FRICKE 237 (urteilt etwas vorsichtiger: „daß Brenz die irdische Lebenswahrheit Jesu zu verlieren *droht*" (Hervorhebung v. Vf.); KANTZENBACH, Stadien, 269–271 (ebenfalls vorsichtig); MÜLLER-STREISAND 244; BIZER, EKL 3,1531.

[58] BRECHT, Brenz, 183; vgl. aber 213.

daran die gängigen Meinungen: Von einer „Nichtintegrität des Menschendaseins Jesu" könne „keine Rede sein"; das Problem liege vielmehr in der Verhältnisbestimmung zwischen der Heilsrelevanz des Erhöhten und der Bedeutung des Irdischen und seines Weges ans Kreuz[59]. (S. dazu unten S. 273–275).

2.2.3.3. Der metaphysische Vorwurf des spiritualistischen Dualismus

Hinter den genannten methodischen und theologischen Problemen der Brenzschen Christologie wird ein grundsätzliches Gedankenmotiv als eigentliche crux seines Systems empfunden, das mit der schon erwähnten Eigenart seiner „Metaphysik" zusammenhängt. Darauf zielt – anders als in seinem früheren Buch – Mahlmanns Kritik in seiner Studie „Personeinheit Jesu mit Gott": „Brenz argumentiert ... aus einer Zwei-Welten-Lehre", indem er von der durch Raum und Zeit bestimmten empirischen Welt eine geistliche Wirklichkeit jenseits von Raum und Zeit unterscheidet, die „die Welt, Wirklichkeit und Seinsweise Gottes" ist[60]. Nach Mahlmann zeichnet Brenz die Christologie in dieses vorgegebene Grundverständnis ein: Jesu Erdendasein sei nur als „partielle Verräumlichung und Verzeitlichung" der „bereits überräumlichen und überzeitlichen Existenz Jesu" gedacht. Damit ist es zu bloßer „Offenbarung" reduziert. „Unter dem Zwang der Zwei-Welten-Lehre ... zerbricht" Brenz „die Personeinheit Jesu mit Gott"[61].

Mahlmann nimmt in seiner Kritik auf, was schon in der älteren Literatur beanstandet wurde: als „doppelte Gottmenschheit", als „eigenartige Doppelnatur Christi" und als „christologischer Dualismus"[62]. Dahinter wurde etwa von Weber – sehr vorsichtig – und von Müller-Streisand[63] – unvorsichtig – ein grundsätzlich *gnostisches* Denken analysiert. Auf die „doppelte Welt" bei Brenz hatte schon Ritschl hingewiesen[64] (s. dazu unten S. 262–267).

In diesem letzten Punkt koinzidieren die drei Problemkreise: Aufgrund eines problematischen metaphysischen Grundansatzes erweist sich die Christologie als „Produkt der Spekulation"[65] und vermag darin nicht mehr angemessen das Jesuszeugnis des Neuen Testamentes zu realisieren. Dies Urteil der bisherigen Forschung stellt den – zu problematisierenden – Horizont der Darstellung und Analyse der Christologie Brenzens dar. Dabei wird es um den Versuch gehen müssen, sein Denken konsistent zu interpretieren und hierbei die für Brenz selbst bestimmenden Motive und Paradigmen aufzuweisen.

---

[59] MAHLMANN, Frühe Theologie, 408.
[60] MAHLMANN, Personeinheit, 179 f.
[61] Alle Zitate MAHLMANN, Personeinheit, 180–182.
[62] WEBER, Einfluß, 152; „Doppelexistenz Jesu Christi" (HUNZINGER, RE 20,193,11 f.); THOMASIUS 328. 335; DORNER 684; BIZER, EKL 3,1531; FRICKE 204; KANTZENBACH, Stadien, 270; HOOGLAND 29.
[63] WEBER, Reformation I/2, 163; MÜLLER-STREISAND 239 u. ö.
[64] RITSCHL IV, 79.
[65] MAHLMANN, Personeinheit, 182.

I. Teil

Der historisch-theologische Rahmen

Die vier Hauptschriften von Johannes Brenz zur Christologie entstanden von 1561 bis 1564. Damit stehen sie gemeinsam mit einigen weiteren relevanten Texten seit 1556 im Zusammenhang des sog. 2. Abendmahlsstreites. Darüberhinaus sind um 1560 eine ganze Anzahl historischer, theologischer und religionspolitischer Faktoren von Bedeutung. Sie sollen hier in den Blick genommen werden, um Brenz' Schriften *in ihrem Kontext* adäquat verstehen zu können. Es ergibt sich aus der Thematik von selbst, daß gesamtprotestantische Vorgänge auf Württemberg hin fokussiert dargestellt werden. Im folgenden skizzieren wir zunächst die theologischen und historischen Rahmenbedingungen; es wird sich zeigen, wie in den religionspolitischen Zusammenhängen die christologische Frage zunehmend an Bedeutung gewinnt.

1. Historische Rahmenbedingungen der christologischen Kontroverse

1.1. Der „2. Abendmahlsstreit"

Terminus a quo für den „2. Abendmahlsstreit" und damit einer der Eckpunkte der von Barton als Spätreformation bezeichneten Epoche[1] überhaupt ist der Consensus Tigurinus von 1549. In diesem Dokument kam es zur Übereinkunft zwischen Bullinger und Calvin und damit der Züricher und der Genfer Linie der Reformation in der Abendmahlsfrage. Für das deutsche Luthertum war damit die bisherige Hoffnung auf die Übereinstimmung mit Calvin endgültig zerstört. Man sah ihn nun in dieser zentralen Frage eins mit dem Zwinglianismus Zürichs und ging auf Distanz. Es kam zur endgültigen Polarisierung zwischen dem schweizerisch-„reformierten" und dem deutschen „lutherischen" Typus der reformatorischen Lehrbildung.

In der Tat stellt die Genese des Consensus Tigurinus[2] die Geschichte des sukzessiven sachlichen Einschwenkers Calvins auf die Zürcher Position dar; im ganzen ist der Consensus ein Dokument Bullingerischer Theologie, dessen Tenor auf die Bewahrung des zwinglischen Dualismus von res und signum

---

[1] Vgl. Barton 9.

[2] Vgl. BIZER, Studien, 244–274; GÄBLER, Consensus; DERS., TRE 8,189–192 (Lit.); NEUSER, Dogma, 272–274.

zielt[3]. Für den späteren christologischen Streit ist die Klarstellung des rechten Verständnisses der Himmelfahrt von Interesse: Hatte Calvin sich noch am 25. 2. 1547 sehr viel behutsamer geäußert[4], so wird nun Christi Anwesenheit „im Himmel als an einem Ort" festgeschrieben[5]. So erfährt einer der Streitpunkte aus dem ersten Abendmahlsstreit mit Zwingli seine erneute Fixierung. Nicht durch Zufall wird am Ende der Auseinandersetzung Brenzens mit den Zürichern Bullinger und Vermigli dann der Genfer Beza in der Auseinandersetzung mit Andreae die Kontroverse weiterführen.

Verhandlungen mit anderen Schweizer Gebieten über die Annahme des Consensus verzögerten seine Veröffentlichung bis zum Februar 1551; sie geschah auf Initiative Bullingers, gleichzeitig in Zürich und Genf. Der Konsens gewann schnell an Einfluß und „ökumenischer" Bedeutung, namentlich in Frankreich, den Niederlanden und in England, wo Johannes a Lasco ihn 1552 als gemeinevangelische Konkordie pries und veröffentlichte[6]. Diesem Vordringen des in der Abendmahlsfrage mit Zwingli geeinten Calvinismus stellte sich als erster Lutheraner der Hamburger Superintendent Joachim *Westphal* entgegen in seinem „Farrago" von 1552, in dem er die binnenschweizerischen Widersprüche aufzeigt; 1553 ließ er seine „recta fides de Coena Domini" folgen.

Diesen Schriften begegnete Calvin in seiner „defensio sanae et orthodoxae doctrinae de sacramentis" vom Januar 1555; sein Ziel war es, den Consensus zu verteidigen, der englischen Flüchtlingsgemeinde a Lascos, die in den lutherischen Territorien keine Aufnahme fand, zu Hilfe zu kommen, aber auch immer noch, Verständigung mit den gemäßigten Lutheranern zu erreichen. Die Schrift Calvins aber entfachte den Streit literarisch endgültig, in dem Westphal und Calvin sich ebenso erneut zu Wort meldeten[7] wie auf beiden Seiten eine hohe Anzahl namhafter Theologen, darunter J. Timann, J. Wigand, E. Schnepf, T. Heshusius, J. Mörlin, J. Andreae und J. Brenz auf lutherischer, J. a Lasco, P. M. Vermigli, H. Bullinger und Th. Beza auf reformierter Seite. Eine besondere, noch näher zu beleuchtende Rolle spielte Ph. Melanchthon (s. u. S. 28 ff.).

Über den Streit ist zu Recht geurteilt worden: „Bezeichnend ... ist das Fehlen neuer theologischer Argumente. Nur die Christologie wird ausgestaltet" (Neuser[8]). Die „schnell zunehmende Intensität der christologischen Diskussion schon in den 50er Jahren" hat für die lutherische Seite Th. Mahlmann untersucht[9]. An dem Punkt, vor dem seine Arbeit historisch endet, setzt diese Untersuchung ein: Bei den großen Schriften Brenzens von 1561–1564, in denen „sich zum ersten

---

[3] Vgl. v. a. Consensus Tigurinus IX und XXII.

[4] „ubi reprehendis eos qui coeli nomine non locum sed conditionem intelligunt, tametsi in re ipsa tibi assentior, velim tamen cum illis mitius agi" (an Bullinger, CR 40,482).

[5] „Christi corpus in coelo ut in loco est. ... necesse est a nobis tanto locorum intervallo distare, quantum coelum abest a terra" (Cons. Tig. XXV).

[6] Joh. a Lasco, Brevis et dilucida Tractatio de Sacramentis ecclesiae Christi, London 1552; nach TSCHACKERT 532; NEUSER, Dogma, 274.

[7] Vgl. die Titel bei TSCHACKERT 531–537.

[8] NEUSER, Dogma, 275.

[9] MAHLMANN, Dogma, hier 18.

Mal die christologische Diskussion zu einer systematischen Verarbeitung rundet"[10].

Es stellt sich die Frage, warum der Streit in der Folge des Consensus Tigurinus eine so große Dynamik entfaltete und es schließlich zu einer Spaltung kam, die nicht wieder überwunden wurde. Eine Reihe von Rahmenbedingungen und begleitenden Ereignissen spielen hier eine Rolle, die zu kennen für das Verständnis der 50er und 60er Jahre unerläßlich ist.

1.2. Luther und Zürich

In den letzten Lebensjahren des Wittenberger Reformators war es zu einem Wiederaufleben der Spannungen zwischen Wittenberg und Zürich, also des „1. Abendmahlsstreites" gekommen. Gewiß war Luther *in der Sache* zu keinem Zeitpunkt, auch nicht im Kontext der Wittenberger Konkordie, auf die Abendmahlslehre Zwinglis auch nur einen Schritt zugegangen. Nachdem aber die Schweizer 1538 auf Drängen Zürichs entgegen den Bemühungen Bucers der Konkordie nicht beigetreten waren und „die Konkordie... endgültig am Widerstand des Züricher Zwinglianismus gescheitert" war[11], hob Luther den Gegensatz wieder schärfer hervor. Als Antwort auf die wiederholten Angriffe Luthers gegen Zwingli und dessen Nachfolger, am heftigsten in einem Brief an den Drucker Froschauer vom 31.8. 1543[12], veranstaltete Rudolph Gualther auf Bullingers Rat eine Neuausgabe der Werke Zwinglis, um die Angriffe aus dem Werk des Reformators selbst zu widerlegen.

Luthers Antwort, sein „Kurzes Bekenntnis vom heiligen Sakrament" vom September 1544, war primär gegen Schwenckfeld gerichtet, aber auch von unerbittlicher Schärfe gegenüber den Zürichern: Da er „nu auff der Gruben gehe", wolle er „dis zeugnis und diesen rhum" haben, daß er „die Schwermer und Sacraments feinde, ... Zwingel, Ecolampad... und jre Jünger zu Zürich... mit gantzem ernst verdampt und gemidden habe"[13]. Sie seien „Seelfresser un Seelmörder", hätten „ein eingeteuffelt, durch teuffelt, uberteuffelt, lesterlich hertz und Lügenmaul"[14]. Wenige Wochen vor seinem Tod bekräftigte er dies unversöhnliche Urteil in einem Schreiben an Jacob Probst in Umformung von Ps 1: „Selig der Mann, der nicht wandelt im Rat der Sakramentierer noch tritt auf

---

[10] MAHLMANN, Dogma, 16, umgestellt.

[11] BIZER, Studien, 226.

[12] Luther verbittet sich z.B. weitere Büchersendungen durch Froschauer: „Ich wil des verdamnis und lesterlicher lere mich nicht teilhafftig, Sondern unschuldigk wissen, widder sie beten und leren bis an mein ende" (WA Br 10, 387,1–21, hier 12–14; vgl. BRECHT, Beziehungen, 515).

[13] WA 54,141,17–21.

[14] WA 54,147,33f.; Vgl. BRECHT, Beziehungen, 516. – Auf die Replik der Züricher antwortet Luther nur noch einmal am Rande in der 27. der Thesen gegen die Löwener Theologen: „Haereticos serio censemus & alienos ab Ecclesiae Dei esse Cinglianos & omnes sacramentarios..." (WA 54,427,8–10).

den Weg der Zwinglianer noch sitzt auf dem Stuhl der Züricher"[15]. – Von eben
diesem Stuhl aus hoffte Bullinger, wenngleich zurückhaltender, bei der Nach-
richt vom Tode Luthers nunmehr auf Wiederherstellung und Bewahrung der
reinen Abendmahlslehre[16].

Der endgültige Bruch zwischen Luther und Zürich fand seine Verlängerung
auch nach Luthers Tode. Als Calvin sich in der schon erwähnten „Defensio" des
Consensus Tigurinus auf Luther berufen will, desillusionieren ihn die Züricher
(1554) und bewegen ihn zur Korrektur: Die Lutheraner könnten ihn sonst leicht
widerlegen mit dem Argument, er sei der von Luther selbst angekündigte
Mann, der versuche, „mit den Worten Luthers die Schwärmerei zu stützen". Die
Züricher belegen diese Warnung durch eine längere Reihe von einschlägigen
Lutherzitaten, in denen auch die erwähnten scharfen Töne aus den letzten
Lebensjahren nicht fehlen. „Du weißt vielleicht nicht", hält Bullinger dem
Genfer vor, „wie krass und barbarisch D. Luther über diese geistliche Speise
dachte und schrieb"[17]. In Zürich war man sich schon früh über den Verlauf der
Front im klaren.

1.3. Der Interimistische Streit und seine Folgen

Nach Luthers Tod (18. 2. 1546) und der Niederlage des Schmalkaldischen
Bundes (24. 4. 1547) war es zum Augsburger Interim vom 15. 5. 1548 und seiner
sächsischen Variante im Leipziger Interim (28. 12. 1548) gekommen. Gegen
dessen Bestimmungen und Durchsetzung, gegen dieses „kaiserliche Zwangsbe-
kenntnis"[18] erhob sich, namentlich durch Flacius, heftiger Protest, der sich in
erster Linie gegen Melanchthon richtete und ihn schließlich in der Sache zum
Einlenken zwang. Von weitreichender Bedeutung war bei diesen Vorgängen
der erhebliche Autoritätsverlust des Praeceptor Germaniae; das deutsche Luthertum hatte keine zentrale Autorität mehr, wie auch an der beträchtlichen
Reihe anderer Streitigkeiten anschaulich wird. Es kam zur Polarisation und
letzthin Spaltung zwischen „Gnesiolutheranern" und „Philippisten"[19].

Der Beginn der Spaltung des Luthertums im Zusammenhang mit der Kompromittierung der Autorität Melanchthons durch den adiaphoristischen Streit
fällt zeitlich mit dem Consensus Tigurinus zusammen, der den innerreformier-
ten Burgfrieden bedeutete und die endgültige Polarisation zwischen dem lutherischen und dem reformierten Reformationstypus. Es überlagern sich damit

---

[15] „Beatus vir, qui non abiit in consilio Sacramentariorum, nec stetit in via Cinglianorum,
nec sedet in Cathedra Tigurinorum" (17. 1. 1546; WA Br 11,264,14f.).

[16] 11. 3. 1546 an Ambrosius Blarer, Briefwechsel der Brüder Blaurer II, 422f. (Nr. 1260).

[17] „Ex his isti … illa omnia refutare poterunt evincereque, te illum ipsum esse, quem
Lutherus venturum praedixerit, qui scilicet verbis Lutheri conetur stabilire Schuermerismum.
… Nescis fortassis, care frater, quam crasse et barbare D. Lutherus de hoc spirituali epulo
senserit et scipserit" (24. 10. 1554; CR 43,272–287, hier 273f.).

[18] Heckel 37.

[19] Zur Begrifflichkeit vgl. Barton 10f.; Koch, Philippismus, 62f.

ab 1549 zwei innerprotestantische Konflikte. Dies prägte auch die Entwicklung des Streites um das Abendmahl und dann um die Christologie. Zunächst wurde die Debatte zwischen Reformierten und Lutheranern geführt. Aber auch im Abendmahlsstreit bestand von vornherein keineswegs innerlutherische Einigkeit. Diese Spannungen wurden zunächst eher verdeckt ausgetragen, aber nach einem gewissen Abschluß der christologischen Debatte zwischen Lutheranern und „Calvinisten" – etwa 1564 – ging die Diskussion auf den innerlutherischen Bereich über. Dieser Vorgang wird durch die überaus komplizierte Entstehungs- und Rezeptionsgeschichte von FC 8 dokumentiert.

1.4. Die Folgen des Augsburger Religionsfriedens

Nach dem endgültigen Scheitern der kaiserlichen Bemühungen um die Wiederherstellung der religiösen Einheit im Reich sanktionierte der Augsburger Religionsfriede vom 25. 9. 1555 faktisch die konfessionelle Spaltung Deutschlands und beendete die seit dem Wormser Edikt von 1521 bestehende und auf verschiedene Weise nicht lösbare religions- und verfassungsrechtliche Schwebelage. Während die religiös-theologische Frage offengelassen wurde bis zu einer – nie erlangten – endgültiger Wiedervereinigung, wurde eine weltlich-politische Friedensordnung erlassen, die den Reichslandfrieden neben dem römisch-katholischen Bekenntnis auf die Augsburgische Konfession ausdehnte.

In der Folgezeit bekam mithin der Bekenntnisstand reichsrechtliche Relevanz. De jure auf dem Boden der CA zu stehen, wurde zur politischen Existenzfrage. Dies führte zur Verschärfung und zunehmenden Brisanz der theologisch-konfessionellen Problematik[20]. Freilich bestand neben diesem innerprotestantischen *theologischen* Dissens nach wie vor der Zwang zum *politischen* Zusammenhalt gegenüber dem Druck der Gegenreformation. So kam es zur Spaltung des Bekenntnisbegriffs in ein Verständnis „sensu politico" und eine interne Auffassung „sensu theologico".

Mit dem Augsburger Religionsfrieden war weiterhin die zunehmende Bindung der konfessionellen Frage an die Territorien verknüpft. Die evangelischen Kirchen unterstanden, wenn auch nicht einem ausdrücklichen „Summepiskopat", so doch der faktischen Führung des Fürsten; konfessionspolitische Fragen hingen aufs engste mit territorialpolitischen Anliegen zusammen. Freilich darf dies nicht im Sinne des kurzschlüssigen Urteils mißverstanden werden, als seien religiös-theologische Anliegen lediglich der „Überbau" territorialer frühabsolu-

---

[20] Schon im Mai 1556 suchte z. B. a Lasko vergeblich von Brenz die Akzeptanz seiner Abendmahlslehre als CA-konform zu erlangen (s. u. S. 46 f.). Das Problem bestand auch angesichts der reformierten westeuropäischen Flüchtlingsgemeinden, wurde dann aber im Blick auf die Kurpfalz besonders dringend (dazu s. u. S. 20 ff.). Andreae formuliert 1574 sehr scharf: „aber mitlerzeit durch Gottes schickung unser Confession den Religionfriden erlanget und die Secten alle ausgeschlossen, haben sich die Zwinglianer anfahen, auch in die Aug. Confession einzuflicken und under derselben Namen iren verdampten irrthum wöllen vertreiben" (Andreae, Widerlegung, 121).

tistischer Machtpolitik. Es bleibt aber als Folge der „pax Augustana" festzuhalten die zunehmende politische Brisanz der konfessionellen Frage unter
gleichzeitig verstärkter Einbindung in die territorialpolitischen Zusammenhänge.

1.5. Die Religionspolitik der Protestanten ab 1555

Für die theologische und politische Einheit unter den Evangelischen wurde
seit 1555 mit großer Mühe gearbeitet[21], namentlich durch den Landesvater
Brenzens, Herzog Christoph von Württemberg (1515–1568). Ihn trieb die
Idee einer „einhelligen, gottseligen Kirche" auf dem Fundament des lutherischen Bekenntnisses (CA + Apol. und AS), die auch politisch geeint und
im Blick auf Rechtsordnung und kirchliche Zeremonien übereinstimmend
sein sollte[22]. Die unermüdlichen Initiativen Christophs und des Pfälzers Ottheinrich für eine einheitsstiftende protestantische Fürstenzusammenkunft fanden nur partielle Realisierung am Rande des Regensburger Reichstags (Febru-
ar/März 1557), bei einem Konvent in Frankfurt im Juni sowie in Worms Anfang September 1557. Beim *Wormser Religionsgespräch* mit den Katholiken ab
dem 11. 9. 1557 kam es dann zur Katastrophe. Nachdem schon im Januar
1557 ein Ausgleichsversuch zwischen Flacius und Melanchthon in Koswig
gescheitert war, hatten die flacianischen Theologen aus dem ernestinischen
Sachsen auf scharfe namentliche Kondemnationen sämtlicher Irrlehren und
-lehrer gedrängt. Damit waren sie bei Kursachsen und Württemberg, also bei
Melanchthon und Brenz nicht durchgedrungen; sie legten eine Protestation
vor und verließen Worms am 2. 10. 1557. Mit diesem Eklat lag die Uneinigkeit der Protestanten vor den Katholiken offen zu Tage. „Es kan auch nicht
faelen, das der unsern spaltung grosse ergernuss und den papisten freudig

---

[21] Vgl. zum gesamten Komplex PLANCK VI, 174ff.; SATTLER IV,124ff.; WOLF, Zur Ge-
schichte; HEPPE I, 128ff.; PREGER II, 32ff.; CALINICH; RITTER I, 120ff.; BRANDI II, 68ff.;
ERNST IV, Vorrede; GENSICHEN 98ff.; KANTZENBACH, Konfessionspolitik, 121ff.; HOLLER-
BACH 228ff.; MÜLLER-STREISAND 304ff.; EBEL, Andreae, 79ff.; BRECHT/EHMER 432ff.; RU-
DERSDORFF 134ff.
[22] „Wirtg. Bedenken über Herstellung der Einheit der A. K.-Verwandten" vom 3.4.
1557, ERNST IV,292–300 (= WOLF, Zur Geschichte, 278–286).
MÜLLER-STREISAND (275ff.) baut in ihre zutreffende Darstellung unzutreffende Abqualifi-
zierungen ein: Christophs Programm stelle nur die nach außen gewendete Seite seines nach
innen verwirklichten Absolutismus dar (275), der sich eines „rekatholisierten Kirchenbe-
griff[s]" bediene (276). – Demgegenüber ist V. ERNST zuzustimmen, der in der Vorrede zu
Band IV der Briefe Herzog Christophs hinweist auf dessen „Vertrauen auf die alles bezwin-
gende Gewalt des Evangeliums", das im Kampf zwischen Heil und Satan allein Einheit zu
schaffen vermöge. In dessen Dienst haben die Menschen – auch der Regent – allein so zu
treten, daß sie menschliche Hindernisse des Evangeliums forträumen (XXXI f.). Ebenso
urteilen BRECHT/EHMER 432. – Den deutlichen Unterschied der Regierung Christophs zum
Abolutismus hat MAURER klar herausgestellt (Herzog Christoph als Landesherr, 112–120). –
Der erste absolutistische Herzog in Württemberg war Friedrich I. (1593–1608).

jubilieren bringe", schrieb Brenz im November an Herzog Christoph[23]. Worms war zur Niederlage geworden – damit zugleich aber zum Ansporn für weitere forcierte Einheitsbemühungen.

Zum ersten Vollzug einer Einigung der Protestanten – ohne die Ernestiner – kam es bereits im März 1558 auf dem Treffen der Fürsten in Frankfurt aus Anlaß der Einsetzung Ferdinands I. zum Kaiser. Man verhandelte anhand zweier Vorlagen von Brenz und Melanchthon; auf der Basis des wittenbergischen Vorschlags wurde am 18. 3. 1558 der sog. *Frankfurter Rezeß* angenommen und unterzeichnet. In diesem Konsensdokument stand neben dem Bekenntnis zur gemeinsamen Lehrgrundlage der CA samt Apologie ein zurückhaltendes und rein melanchthonisch gehaltenes „Bekenntniß" über die umstrittenen Topoi Rechtfertigung, Gute Werke, Abendmahl und Adiaphora. Darüberhinaus wurden zur Abwehr neuer Streitigkeiten Zensur- und Disziplinarvorschriften beschlossen[24].

Während der Frankfurter Rezeß in Württemberg anstandslos angenommen wurde[25], zögerten etliche Gebiete. Besonders im Herzogtum Sachsen kam es zur schroffen Abwehr, die die Differenzen erst recht offenlegte. Im Januar 1559 wurde das von den Jenaer Theologen, besonders Flacius erstellte *Weimarer Konfutationsbuch* veröffentlicht, das als Kontrast zum Frankfurter Rezeß scharfe, namentliche Anathematisierungen enthielt. Der „radikale Theologe" Flacius[26] sah im Frankfurter Diktat der Fürsten die Freiheit des Wortes Gottes ebenso gefährdet wie im Kompromiß mit allerlei Häresien die Substanz und damit Gewißheit des christlichen Glaubens.

Zur Untermauerung der Gültigkeit des Wortsinnes der verba testamenti im Abendmahl enthält das Konfutationsbuch auch eine knappe christologische Passage[27]. Dabei wird in der allgegenwärtigen Majestät Christi *zur Rechten Gottes* eine Bestätigung der Realpräsenz gesehen[28]. Das Thema der *personalen Einheit* der Menschheit Christi mit Gott wird nur eben in einer rhetorischen Frage gestreift, aber nicht entfaltet[29]. Trotzdem hat Brenz in seinen christologischen Schriften offensichtlich wiederholt auf die Confutatio Bezug genommen. Wir werden dies unten jeweils belegen[30].

---

[23] 28. 11. 1557, Pressel 441.

[24] CR 9, 489–507; Sattler IV, Beil. 129–142.

[25] Vgl. ein Schreiben Andreaes an Paul Eber in Wittenberg vom 17. 7. 1558, Hospinian 255a; Heppe I,285; Müller-Streisand 315.

[26] Vgl. Baur, Flacius – Radikale Theologie, bes. 178. 182.

[27] Confutatio 26b-28a; vgl. dazu Mahlmann, Dogma, 21 f. und pass.

[28] „sedere ad dexteram' ... ostendat et illustret aequalitatem et Maiestatem dignitatis et potentiae Filii cum Patre. Haec vero Maiestas Christi, ut modo nullo impedimento est praesentiae corporis ipsius in Coena: Ita multo magis eam comprobat et confirmat" (Confutatio 26b/ 27a).

[29] „Et quia humanitas ad dexteram Dei collocata est et *cum divinitate perpetuo et indissolubili foedere copulata unione hypostatica*: Quantus igitur furor est, corporalem eius praesentiam a Sacramento Coena excludere?" (Confutatio 27a).

[30] S.u. S. 122; S. 210f; S. 236 Anm. 33.

Die Mehrzahl der Fürsten hielt auch nach dem Erscheinen des Konfutationsbuches an ihrem Versuch zur Einigung der divergierenden Parteien fest. Der
letzte bedeutende Versuch war der *Naumburger Fürstentag* vom 24.1.-8.2. 1561.
Da man auf den Frankfurter Rezeß keine Hoffnung mehr setzte, sollte als
minimaler Garant und Instrument der Einheit nunmehr die neuerliche Subskrip-
tion der CA von allen evangelischen Fürsten geleistet werden. Vom weiterge-
henden Plan einer umfassenden Synode hatten – wie schon früher Melanchthon[31] – jetzt auch die Württemberger Abstand genommen: es würden doch
nur „die alten, auch newen hådder grôsser werden", schrieb Brenz in einem
Gutachten vom 18. Mai 1559. Denn „Welcher under den Chur und fûrsten wollt
Constantinus sein und under den Theologis Lutherus?"[32]. Indessen führte auch
der Ausgang des Naumburger Fürstentages nicht weiter. Es entstanden Kontroversen um die verschiedenen Ausgaben der CA; Kurfürst Friedrich von der Pfalz
konnte schließlich die Mitanerkennung der Variata von 1540 erreichen, während
man sich außer der Apologie auf keinen weiteren Text einigte. Der sächsische
Herzog Johann Friedrich war bereits am 2. Februar unter Protest abgereist; auch
anderswo, besonders in Niedersachsen, stieß der Naumburger Abschied auf
Ablehnung.

Die Konziliationspläne waren nach Naumburg faktisch gescheitert. Allerdings wurde der Weg beschritten, der nach knapp 20 Jahren zur FC führen sollte:
Die bereits in Frankfurt versuchte positive Formulierung eines Bekenntnistextes
als „repetitio et explicatio" der CA sowie die Bildung eines verbindlichen
Corpus Doctrinae. Die grundsätzlichen Elemente dieses Konzeptes sind bereits
in der Württembergischen Vorlage für Naumburg enthalten[33]. Auf diesem Weg
hat dann Brenzens Schüler Jakob Andreae unermüdlich für die Konkordie
gearbeitet. Entscheidende Bedeutung kam dabei einer Einigung im Themenbereich Abendmahl und Christologie zu.

1.6. Das Vordringen des Calvinismus

1.6.1. Die Entstehung des Calvinismus in der Kurpfalz

Zwei Jahre vor dem Naumburger Fürstentag war es zu einem Umschwung in
der Kurpfalz gekommen[34], der für den gesamten deutschen Protestantismus,
besonders auch für das benachbarte Herzogtum Württemberg weitreichende
Bedeutung hatte: Kurfürst Ottheinrich, der mit Hilfe Württembergs und des
Straßburgers Johann Marbach das Palatinat zurückhaltend und etwas indifferent
lutherisch geprägt hatte, war am 12.2. 1559 gestorben.

Sein Nachfolger wurde Friedrich III., „der Fromme". Der Gang der Ereignis-

---

[31] Z. B. schon 1555: CR 8,612f.

[32] Sattler IV, Beil., 158.

[33] „Wirtembergisches Bedenken auf dem Convent zu Naumburg", Kugler II, 218 A.73.

[34] Barton 196ff.; Press, Calvinismus, 221ff.; ders., Zweite Reformation; Sturm, Ursin,
220ff.; Brecht/Ehmer 372ff.; Henß, Orthodoxie 159ff.; ders., Katechismus.

se war zunächst keineswegs vorgezeichnet; in ein Heidelberg, das durch Geschichte und geographische Lage ein Sammelbecken verschiedener konfessioneller Kräfte war, kam ein bisher der Reformation im Sinne Melanchthons zuneigender, keineswegs reformiert festgelegter Kurfürst. In einem komplexen Prozeß, den Barton gegen die Verzeichnungen der gesamten älteren Literatur neu beschrieben hat[35], kam es jedoch bald zur Entladung der konfessionellen Spannung und zur scharfen Polarisation zwischen „Reformierten" und „Lutheranern" im sog. Heidelberger Abendmahlsstreit, in dessen Mitte der Heidelberger Generalsuperintendent und Professor T. Heshusius stand, der schließlich – bestätigt durch ein Gutachten Melanchthons[36] – am 16. 9. 1559 vom Kurfürsten entlassen wurde. Aus einer zunächst offenen Situation waren die reformierten Kräfte als Sieger hervorgegangen[37], der „latente Kryptocalvinist" Friedrich III. war zum „manifesten Calvinisten" geworden[38], der nun die Kurpfalz mit Macht zum reformierten Bekenntnis führte.

Wichtigster Meilenstein war dabei die erfolglose Heidelberger Disputation vom 3. Juni 1560 zwischen den gnesiolutherischen Jenenser Theologen Joh. Stössel und Max. Mörlin und den Heidelbergern Erast und Boquin. 1563 erschien der weite Verbreitung findende Heidelberger Katechismus. Vom 10.-15. April 1564 fand dann das Maulbronner Kolloquium zwischen den württembergischen und den pfälzischen Theologen über die Christologie statt. Es konnte keine Lockerung der Gegensätze mehr bewirken. Vielmehr war die Christologie zum Kristallisationspunkt der Spaltung geworden. – Die endgültige, auch außenpolitische Zementierung des pfälzischen Calvinismus brachte schließlich das Scheitern des Vorhabens Württembergs und Zweibrückens sowie Kaiser Maximilians II., auf dem Augsburger Reichstag 1566 die Pfalz aus dem Religionsfrieden auszuschließen. Damit war de facto „dem Calvinismus im Reich freie Bahn geschaffen" worden[39].

1.6.2. Die Reaktion Württembergs

In Württemberg hatte man zunächst den Regierungsantritt des durch eine „langhergebrachte dauzbruderschaft, ... lieb und freundschaft"[40] mit Herzog Christoph verbundenen Friedrich mit Freude und guten Wünschen begleitet.

---

[35] BARTONS auf neuen Quellenstudien basierende Darstellung 196–225. Die schroffen Fehleinschätzungen namentlich der Person Heshusius in der älteren Literatur, voran HEPPE, referiert BARTON 196–199. Leider finden sich die alten Urteile auch noch bei PRESS, Calvinismus, v. a. 227f. und bei BRECHT/EHMER 375.

[36] Vom 1.11. 1559 (nicht 15.11., so MAHLMANN, Dogma, 193), St.A. 6,482–436. S. dazu unten S. 38f.

[37] Das waren v. a. der Sekretär der kurfürstlichen Kanzlei Cirler, der Theologe Boquin und der Medizinprofessor Erast, ein einflußreicher, mit Bullinger eng befreundeter Mann, der im Hintergrund die Fäden in der Hand hatte (BARTON 198; PRESS, Calvinismus, 226).

[38] BARTON 197. 223.

[39] HOLLWEG, Reichstag, 399.

[40] Friedrich III. an Herzog Christoph, 19. 2. 1559, ERNST IV, Nr. 524, 607 A.1.

Noch am 18. Mai 1559 konnte Brenz – allerdings bereits vorsichtig – gutachtlich feststellen, es existiere zwischen den „Theologis" in Württemberg und der Pfalz „kein offentlicher Streit"[41]. Jedenfalls bis zum Ende des Augsburger Reichstages am 19. 8. 1559 (und z. T. noch darüber hinaus) arbeiteten Christoph und Friedrich kirchenpolitisch Hand in Hand für das Auftreten des Protestantismus als „ein Mann"[42].

Freilich hatten die Württemberger angesichts der offenen Situation in der Pfalz frühzeitig auch gewarnt, so bereits anläßlich der Trauerfeierlichkeiten für Ottheinrich: Christoph hatte seinen Räten am 1. 3. 1559 aufgetragen, Friedrich vor zwei „welsche[n] Professoren ...", welche ex professo Zwinglianer seien" (dem Theologen Boquin und dem Juristen Bauduin) zu warnen[43]. Am 4. 10. 1559 lehnte Christoph einen von der Pfalz vorgeschlagenen Spezialkonvent unter Einschluß der Schweizer ab, da bei der „plödigkait" einiger Theologen keine Einigung zu erhoffen sei und der Frankfurter Rezeß einen solchen Partikularkonvent auch nicht zulasse. Besonders erinnert er an die reichsrechtliche Gefahr, Verhandlungen mit den Zwinglianern könnten als Abweichen von der CA gedeutet werden, zumal es ja „auf unserer Seite" [also in Heidelberg] Theologen gäbe, die „schon vorher des Zwinglianismus verdächtig sind". Er versäumt es daher nicht, den Pfälzern „der Zwinglianer Meinung" zum Abendmahl mitsamt ihren christologischen Implikationen (!) noch einmal zu referieren mit dem verschärfenden Hinweis, es handle sich dabei keineswegs um einen „bloßen Wortstreit"[44]. Aus diesem Text Christophs erhellt besonders, wie sein genuin religiös-theologisches Interesse mit den reichsrechtlichen Bedingungen ab 1555 koinzidiert.

Auch nach der Entlassung Heshusius' intervenierte Christoph in Heidelberg[45]. Ebenfalls sicher nicht zufällig an Friedrich richtete Christoph am 16. 12. 1559 ein Schreiben, das sich auf Probleme bezieht, die über die Kurpfalz hinausreichen.

Es geht um ein Hilfegesuch von Vertretern der unter altgläubiger Bedrückung leidenden evangelischen Gemeinden von Trier und Aachen, für die auch Christoph gemeinsam mit anderen Fürsten zuvor bereits interveniert hatte[46]. Nun aber – im

---

[41] SATTLER IV, Beil., 158.

[42] BAUMANN, Religionspolitik, pass.; HENß, Orthodoxie, 172 ff. 177. – In der – auch nach BAUMANNS Arbeit (203) – nach den Quellen unhaltbaren These HENß', Christoph habe sich 1559 in Augsburg in Sachen protestantischer Einigung lediglich „den Impulsen seines langjährigen Duzfreundes jedenfalls für den Augenblick nicht zu entziehen" vermocht (177), rächt sich exemplarisch HENß' unhistorischer, dem Humanismus verpflichteter (155!) Schematismus von „Orthodoxie" (bei Christoph [190]) und „Irenik" (bei Friedrich III. [173 u. ö.]).

[43] ERNST IV, Nr. 532, 614 A.1.

[44] ERNST IV, Nr. 607, 701 f.

[45] BARTON 225. – Bullinger teilt am 28. 4. 1560 seine – ganz zutreffende – Einschätzung der Heidelberger Vorgänge an Calvin mit: „mittuntur nunc ad principem legati, qui obtestantur nomine aliorum principum protestantium, ut caveat sibi a novo dogmate Zwingliano et Calviniano etc." (CR 46,69). – Brenz berichtet Melanchthon am 19.10.59 bedauernd, aber distanziert von den Heidelberger Vorgängen (PRESSEL 461).

[46] „... die in Trier und Ach, darfur E. L. [Friedrich] und wir andere so vilfeltig geschriben

Dezember 1559, gleichzeitig mit der noch zu schildernden Stuttgarter Synode – ist Christophs konfessionelles Bewußtsein so geschärft, daß er von der Tübinger Fakultät und von Brenz Bekenntnisse der Aachener und Trierer begutachten läßt. Das Brenzsche Urteil ist eindeutig: „Wunder ist's, daß diejenigen, so die hiebeigelegte Confessiones gestellt, dahin verwehnet sind, als sollte sich der zwinglische und der lutherische oder der Augsburgischen Confession (wie man es gemeiniglich nennet) Glaube von dem Nachtmahl Christi dieser Gestalt zusammen schicken, als were es res indifferens und möchte man ohne Nachtheil des rechten Glaubens zwinglisch oder lutherisch sein"[47]. Entsprechend fällt auch die Antwort Christophs aus, indem er an Friedrich, bei dem er einen zunehmenden Landgewinn des Calvinismus beobachtet, schreibt, es sei „je hoch zu jamern, das der Zwinglianismus also heufig einreußen thut". Da dieser Verdacht auch „die in Trier und Ach" treffe, und alle diejenigen, „so nit allerdings unserer religion, auch des religion fridens nit vehig seien", lehnt er Hilfeleistung ab, um sich weder bei den Kaiserlichen noch im eigenen Lager in „nit kleinen verdacht und ... geschray" zu „bringen"[48].

Interessant ist nun, daß er seinem Schreiben „ein extract aus Lutheri buechern" *zur Christologie* beilegt, der deutlich macht, „was für kempf und stritt er mit den Zwinglianis gehabt und von irer leer und glauben geschriben hat". Christoph schlägt einen Neudruck dieser Texte vor, „damit meniglich sehen und versteen möge (dieweil der Calvinus jezund was beschaidner darvon schreibt und doch in substantia der vorig irthumb Zwinglianismi ist) wie grob und weyt sie von der warheit göttliches worts abweichen..."[49]. Mit diesen Druckplänen stehen wir bereits direkt am Ausgangspunkt für die Entstehung der großen christologischen Schriften Brenzens, mit deren erster die Lutheranthologie in der Tat 1561 gedruckt wurde (P 78–104; s. u. S. 56 f.). Es bezeichnet die konfessionspolitische Lage, daß Christoph sie zuerst im Hinblick auf die für ihn besonders besorgniserregenden Heidelberger Umstände einsetzte.

1563 war es längst „notorium, das der Calvinianismus... in der Pfalz regiere"[50]. Herzog Christoph bemühte sich vergeblich, die anderen evangelischen Fürsten zum gemeinsamen Vorgehen zu bewegen, „Welchermassen der churfurst pfalzgraf den calvinismum betreffend zuermanen were"[51]. Auch in dieser Vorlage Christophs begegnen wiederum nebeneinander das juristische Argument der Verpflichtung auf die CA – zuletzt in Naumburg – und das weit überwiegende theologische, ja seelsorgerliche Anliegen, das den Fürsten an seine Verantwortung erinnert, an der er sich durch seine theologische Aberration schwer versündigt: „ ...das am allergrösten und beschwerlichsten ist, das solche irthumb I. L. selbs und durch ir exempeln vil tausent seelen in die

---

und intercedirt haben..." (Christoph an Friedrich, 16. 12. 1559, Kluckhohn, Briefe I, 108; vgl. Heppe I, 323).

[47] Kluckhohn, Briefe I, 106 f. A. 1.
[48] 16. 12. 1559; Kluckhohn, Briefe I, 108.
[49] Kluckhohn, Briefe I, 108; vgl. Henß, Orthodoxie, 182 f. A. 147.
[50] Brenz, Bedenken auf Herzog Wolfgangs Resolutionsschrift..., 9. Sept. 1563, Pressel 506.
[51] Kluckhohn, Briefe I, 371–377.

verlierung der himelischen seligkeit und ewig verderbnus geworfen werden"[52]. Theologie und Theologiepolitik stehen in der Verantwortung der Gewißheit des Heils.

1.6.3. Württemberg und der französische Protestantismus

Neben den reformierten Tendenzen in Deutschland beschäftigten Herzog Christoph und Brenz zur selben Zeit besonders die kirchlichen Verhältnisse in Frankreich[53]. Hier trafen sie auf die schwierige Lage der Hugenotten unter dem herrschenden Katholizismus. Politische Verstrickungen der Deutschen mit dem französischen Königshaus – wie eine gemeinsame antihabsburgische Ausrichtung einerseits, Gebietsansprüche der deutschen Seite andererseits – machten die Lage nicht weniger kompliziert. Christoph hatte während der Regentschaft König Heinrichs II. (1547–1559) wiederholt für die bedrängten Evangelischen interveniert. Zur Zeit der Regierung des minderjährigen Karl IX. (1560–1574), für den seine Mutter Katharina von Medici die Regentschaft führte, verstärkte Christoph seine Bemühungen für den französischen Protestantismus.

Er tat alles, um das *Königshaus* und selbst die *Guisen*, die ihm großes Interesse und Entgegenkommen signalisierten, für die CA, ja für die Confessio Virtembergica und das Stuttgarter Bekenntnis vom Dezember 1559 zu gewinnen. Dazu sandten die Württemberger verspätet angeforderte und deshalb erfolglose Gesandte zum Religionsgespräch nach Poissy[54] (9.9.–9.10. 1561) und hielten mit den Guisen eine Zusammenkunft in Zabern im Elsaß (15.–18.2. 1562). Noch nach der schweren Enttäuschung durch das Blutbad von Vassy (1.3. 1562) vertraute Christoph auf die Macht des evangelischen Wortes: Er ließ den Katechismus Brenzens ins Französische übersetzen und mit anderen Schriften nach Frankreich senden. Seine Einlassungen mit den Guisen brachten ihm herbe Kritik, tiefe Anfechtungen und schließliche Enttäuschung ein. Zweifellos war er de facto von der katholischen Seite für deren Interessen ausgenutzt worden. Freilich hatte er in Frankreich nie Realpolitik treiben wollen, sondern allein auf die Macht des Wortes Gottes gesetzt[55].

Zugleich bemühte Herzog Christoph sich, die *Hugenotten* dem Einfluß der Schweizer zu entziehen. Der Führer der französischen Protestanten, Anton von Navarra, war Hauptadressat der Gesandtschaft nach Poissy, wie aus der Instruktion Christophs vom 3.10. 1561 hervorgeht, in der er vor den schweizer und pfälzer Zwinglianern warnt[56] und die CA bzw. eine ihr „gleichförmige Confes-

---

[52] KLUCKHOHN, Briefe I, 377.

[53] PFISTER 396 ff.; KUGLER II, 285–431; PETRI, pass.; MAURER, Herzog Christoph, 133–137; HEIDENHAIN, v. a. 435 ff.; BRECHT/EHMER 410–412; REINHARD, pass.; MÜLLER-STREISAND 335 ff.

[54] Die schwäbische Delegation traf erst nach Ende des Kolloquiums am 19.10. in Paris ein. Sie konnte dort nur noch einige (erfolglose) Gespräche führen und hatte außerdem den Tod des Tübinger Kanzlers J. Beuerlin (dessen Nachfolger dann Andreae wurde) zu beklagen.

[55] Vgl. z. B. KLUCKHOHN I, Briefe, 188 f.

[56] Instruktion Herzog Christophs vom 3.10. 1561, PFAFF 345–357, hier 346.

sion" empfiehlt[57]. Erschwert wurde die Lage bei diesen Gesprächen durch die ebenfalls anwesenden kurpfälzischen Theologen, mit denen trotz der Bitte Navarras natürlich kein gemeinsames Bekenntnis in den Streitfragen zustande kommen konnte[58]. So blieben die Württemberger erfolglos. Sie fanden kaum Offenheit bei den Hugenotten; in der Schweiz war man verärgert über den „Augustoconfessionisticus" Christoph[59]. Die schweizer Seite – v. a. Beza und Vermigli – agierte andererseits in Poissy nicht weniger „konfessionell" fixiert und bemühte sich, die Hugenotten wie das Königshaus von der CA und dem „monstro . . . ubiquitatis" fernzuhalten[60] und auf ihre Lehre zu verpflichten. Eine längst vollzogene inhaltliche Spaltung, insbesondere in der Christologie, wurde hier sichtbar.

Die reformierte Ausrichtung der Hugenotten machte Christoph die aktive Parteinahme für die verfolgten Glaubensgenossen unmöglich. Militärische Hilfe lehnte der friedliebende Fürst kategorisch ab. Lediglich für ein kleineres Darlehen ließ er sich im ersten Hugenottenkrieg von anderen Fürsten gewinnen. – Wo lagen die Gründe für diese heute fragwürdig erscheinende, von Brenz maßgeblich beeinflußte Haltung? Eine besondere Rolle spielte das Problem eines Bündnisses mit den Hugenotten gegen eine „ordentliche Oberkeit": „Das erscheint aufrührerisch"[61]. Die Lutheraner schreckte, wie 1563 gegenüber Kurfürst Friedrich und auch sonst öfter formuliert wird, der reformierte spiritus „sediciosus"[62].

Nach Darstellung von Müller-Streisand ist dieses Motiv der politischen Ethik nun allerdings das leitende für die Haltung der Württemberger, während die lehrmäßige Differenz nur nachträglich vorgeschoben wurde[63]. Dieser Sicht der Dinge stehen aber die Quellen klar entgegen. Die Ablehnung des politischen Aufruhrs spielt in der Tat eine Rolle, und zwar besonders naturgemäß in den

---

[57] So in einem von Brenz entworfenen Brief vom 29. 12. 1561 (SATTLER IV, Beil., 203 ff.).

[58] Die Württemberger Texte SATTLER IV, Beil., 188 + 200 ff.

[59] Bullinger an Calvin, 5. 10. 1561, CR 47,16; vgl. die zahlreichen schweizerischen Voten bei MÜLLER-STREISAND 342 A. 364.

[60] Calvin an E. Graf v. Epach. 30. 9. 1561, CR 46,752.

[61] „Hoc autem videtur seditiosum" (Consilium D. Brentii, quid Regi Navarrae de confoederatione oblata adversus Papae insultus respondendum sit, SATTLER IV, Beil., 178).

[62] „Welchermassen der churfürst pfalzgraf den calvinismum betreffend zuermanen were", KLUCKHOHN, Briefe I, 371–377, hier 376.

[63] „Objektiv bestimmend . . . ist jedenfalls zunächst . . . die Frage des legalen oder gewaltsamen Vorgehens der Hugenotten; daß die lehrmäßigen Abweichungen ein Zusammengehen ausschlössen, wird erst dann – also tatsächlich höchst nachträglich, obgleich schnell an scheinbar erste Stelle tretend – Argument, als eine friedliche Lösung der Gegensätze sich als ausgeschlossen zu erweisen beginnt" (340 f.). Dieses Konstrukt zerbricht schon daran, daß Christoph noch über Zabern hinaus, also sehr lange eine friedliche Lösung für möglich hielt. MÜLLER-STREISAND stellt die komplexen Zusammenhänge entschlossen einseitig dar und verzeichnet sie so. Demgegenüber halten gegenwärtige Profanhistoriker die Motive der französischen Beteiligten nur mit einem „Interpretationsmodell" (REINHARD 96) für einigermaßen erklärbar, das mit „mehrteiligen und mehrstufigen" Absichten rechnet. Die einseitige, nämlich politische, Einschätzung Christophs, verfehlt dessen Intention und muß ihn so – illustriert durch gründliche Zitation zeitgenössischer schweizerischer Polemik – zum Idioten stempeln (340. 349).

Texten bzw. Textabschnitten, die konkret die Frage eines politischen Bündnisses mit den Hugenotten reflektieren[64]. Es ist aber nicht zu übersehen, daß
alle vorliegenden Texte die Sorge um die differierende *Lehre* der Reformierten
durchzieht, und zwar spezifisch in der Abendmahlslehre, einschließlich der
spätestens seit 1559 in Württemberg damit verbundenen christologischen Zusammenhänge. Diese Sorge um die „wahre und gewisse Lehrweise"[65] spielt
für Herzog Christoph und Brenz gerade in den frühen 60er Jahren die zentrale
Rolle in den Voten gegenüber Frankreich.

In Herzog Christophs „Instructio Legati Wirtembergici ad Regen Antonium de
Navarra..." vom 12. 6. 1561 wird mit der Realpräsenz auch das richtige Verständnis von Himmelfahrt und Rechter Gottes festgestellt. Wenn eine verkehrte
Abendmahlslehre „vielleicht tolerierbar erscheinen könnte", argumentiert Christoph hypothetisch, würden doch aus ihr weitere unerträgliche „Irrtümer" folgen:
„daß der Leib Christi entweder kein wahrer Leib sei oder sich notwendig räumlich im Himmel aufhalten müsse, ebenso daß die Rechte Gottes ein bestimmter
Ort sei, ebenso daß die Person Christi geteilt würde, ebenso daß Christus nur an
einem Ort Gott und Mensch sei, an anderen Orten aber nur Gott"[66]. Um Anton
von Navarra zu gewinnen, werden an der Glaubensüberzeugung – auch und gerade in Christologicis – keine Abstriche gemacht, wird also in Württemberg keineswegs mit zweierlei Maß gemessen[67]. Im Oktober 1561 gibt Herzog Christoph
Andreae und den anderen Gesandten nach Poissy zwar auf, „daß sie keinen verhaßten Streit über die Ubiquität führen sollten"[68]. Weder Streit ist das Ziel von
Christoph noch die auch von Brenz zurückgewiesene „ungeheuerliche Vokabel"
der Ubiquität (P 6,6). Aber gleichzeitig werden präzise Hinweise zur sachlichen
Kritik der Christologie der Confessio Gallicana gegeben. Die menschliche Natur
an sich müsse unterschieden werden von ihrer Aufnahme in die Einheit der Person, wo sie „mit vielen verschiedenen Gaben geschmückt wird"[69]. Die inzwi-

---

[64] Sattler IV, Beil. Nr. 60, 178f.; Vgl. Kluckhohn, Briefe I, 346ff.; ebenso in der Er-
mahnung für Kurfürst Friedrich III. vom März 1563 (Kluckhohn, Briefe I, 371–377). Dieser Text hat bei Kluckhohn 6 Druckseiten, die fast durchgehend das Abendmahlsproblem
thematisieren, während der politischen Frage ein Absatz von sechs Zeilen gewidmet ist. –
Ebenfalls zur Sprache kommt die Sorge über die Militanz des Calvinismus schon im Schreiben Christophs an Pfalzgraf Wolfgang (24. 12. 1559; Ernst IV, Nr. 633, 720).

[65] „verum & certum genus doctrinae" (Sattler IV, Beil., 175).

[66] „Ac siquidem ea sententia, qua tollitur a coena Domini vera et substantialis praesentia
corporis et sanguinis Christi non haberet alia incommoda, posset fortassis videri tolerabilis.
Nunc autem illud metuendum est, ne ex hoc dogmate multi alii errores oriantur, videlicet
quod corpus Christi aut non sit verum corpus aut necesse habeat in coelo localiter commora-
ri. Item quod dextera Dei... sit certus locus in coelo. Item quod persona Christi ita dividda-
tur, ut in coena humanitas eius non sit divinitati eius coniuncta. Item quod Christus sit in
uno tantum loco Deus & homo, in aliis autem locis sit tantum Deus" (Sattler IV, Beil.,
176f.); vgl. Kugler II, 292ff. Zur Verhältnisbestimmung von Abendmahl und Christologie
s. u. S. 115ff.

[67] Gegen Müller-Streisand 345.

[68] „Nec suscipiant odiosum certamen de ubiquitate" (2. 10. 1561, Sattler IV, Beil., 192).

[69] „Necessarium igitur erit, ut nostri Theologici recte & perspicue explicent conditionem
humanae naturae in Christo, videlicet, quod ea quidem per se considerata sit finita, assumpta
autem a filio Dei in unitatem personae inseparabilem transcendat (ut Cyrillus ait) omnia

schen in De personali unione entfaltete Christologie wird auch gegenüber den Franzosen vertreten.

Die Darstellung von Müller-Streisand ist historisch und theologisch verfehlt. Nicht in erster Linie die Absetzung von der „Politisierung des französischen Protestantismus" 1559/1560, sondern vornehmlich die Frage nach der Gemeinsamkeit des Glaubens, v. a in der Abendmahlsfrage war Movens der württembergischen Frankreichpolitik[70]. Hier lag für das schwäbische Luthertum, damit also auch für die von Brenz vertretene Christologie ein wichtiger Ort der Herausforderung und Bewährung. Die Württemberger verfolgten dabei zwar primär das „missionarische" Ziel, für diese Lehre und diesen Glauben zu gewinnen, waren zugleich aber auch bereit zur – dann notwendig werdenden – klaren Distanzierung von fremder Lehre. Der Grund dieser Distanzierung liegt für Brenz in einem Gutachten vom 9. 9 1563 ausschließlich darin, „das die Gallicae ecclesiae den Calvinismum für christlich erkennen und den Articulum de Coena Domini in der Augsb. Confession verwerffen". Schibboleth des Protestantismus ist wie schon seit 1529 der reformierte „irthumb de Coena Domini"[71].

Trotzdem trieb diese Distanzierung die Württemberger nicht zum Fanatismus. Keineswegs waren sie der Meinung – so eine weitere Erfindung Müller-Streisands –, „daß es sich bei den Hugenotten lediglich um politische Revolutionäre" handle[72]. So sehr Herzog Christoph in Zabern den Guisen ihre problematische Annäherung in Theologicis und ihre zweifelhaften Unschuldsbeteuerungen glaubte – sein eigener Bericht macht deutlich, wie sehr die Württemberger immer wieder für die Duldung der Evangelischen in Frankreich eintraten[73]. Man ließ die Guisen nicht aus Elsaßzabern ziehen, ohne sie „In die hendt zugesagt" haben zu lassen, „das sie mit wolten neque hostes neque persecutores [weder Feinde noch Verfolger]" der Evangelischen sein[74]. Auch wußten die Württemberger in der Einschätzung der „Zwinglianer und Calvinianer" gegenüber den Altgläubigen durchaus zu differenzieren: Brenz legt dar, daß jene „woll ... sich Irrten In dem Artickel des Hern Nachtmal", man sie aber in aller „Christiana charitas" ermahnen und für sie bitten solle, „dieweill sie sonsten In Allen Artickeln unsers Christenlichen glaubens mit uns uber Ains stimten"[75]. Ähnlich äußert sich am 26. September 1562 auch Jakob Andreae gegenüber Johann Marbach „über die französischen Kirchen", indem er nicht ohne Mitge-

---

humana & ornetur multis & variis dotibus, quibus per se accepta careat & aliud est, si Christus sese corpore suo iuxta humiliationem & exinanicionem, aliud, si sese iuxta maiestatem suam gesserit" (SATTLER IV, Beil., 193 f.).

[70] Ebenso sieht MAURER (Herzog Christoph, 136) einen „Vorrang des Religiösen vor dem Politischen".

[71] PRESSEL 505 f.

[72] MÜLLER-STREISAND 349.

[73] SATTLER IV, Beil., 215–229, bes. 219. 225 f.

[74] SATTLER IV, Beil., 228. – Was MÜLLER-STREISAND über dieses Kolloquium anführt (349), muß als ideologisierte Phantasie bezeichnet werden.

[75] SATTLER IV, Beil., 223 f.

fühl fortfährt, „deren Elend uns berühren muß, auch wenn sie in diesem Teil der Lehre von uns abweichen"[76].

2. Die Rolle Philipp Melanchthons und seine Christologie

2.1. Melanchthon im Zweiten Abendmahlsstreit

Trotz der Kompromittierung seiner Autorität durch die adiaphoristischen Streitigkeiten war Philipp Melanchthon bis zu seinem Tode am 19. 4. 1560 die zentrale Figur im deutschen Protestantismus. Dies illustriert eine Begebenheit von 1557. „Alle Theologen von unserer Seite, die hier sind, haben ihn ehrfurchtsvoll erwartet, verehren ihn und beten ihn fast als göttlich an", berichtet über den Empfang des Praeceptor Germaniae in Worms konsterniert der herzoglich-sächsische Gesandte Monner am 31. 8. 1557 an Flacius[1]. Dem hier fast göttliche Verehrung entgegengebracht wurde, war jedoch gerade wegen seiner hohen Autorität in den Auseinandersetzungen um Abendmahl und Christologie heftig umstritten. Beide Seiten suchten, ihn zu öffentlichen Voten für sich zu gewinnen und waren wegen seiner Zurückhaltung besorgt und verärgert.

Melanchthons Abendmahlslehre hatte nie voll mit Luthers voll entwickelter Fassung der Realpräsenz übereingestimmt[2]. Schon in den 30er Jahren stand er zu Luthers „Ubiquitätslehre" ebenso in Distanz wie zu dessen Auffassung von manducatio oralis und manducatio impiorum. Bei ihm sind Leib und Blut nicht an die Elemente, sondern an den Vorgang der Austeilung des Mahles als eines Zeichens (unter anderen) gebunden. So veränderte er 1540 den Artikel X der CA im Sinne der Wittenberger Konkordie (1536) unter Verwendung der für ihn typischen Formulierung „Mit Brot und Wein werden Leib und Blut Christi wahrhaftig dargereicht"[3].

Die Differenz der Abendmahlsauffassung Melanchthons von der Luthers wurde, gerade weil Luther sie toleriert hatte, von den Lutheranern zunächst nicht bemerkt. Dagegen setzten Calvin, aber auch a Lasko in den 50er Jahren auf den Verfasser von CA Var. X große Hoffnungen. Calvin war sich der sachlichen Übereinstimmung mit Melanchthon sicher, bemühte sich aber vergeblich, ihn zum öffentlichen Eingreifen gegen Westphal zu gewinnen[4]. Den Umschlag brachte der 21. 10. 1557. Um beim Wormser Religionsgespräch den Schaden nach der Abreise der Thüringer in Grenzen zu halten (s. o. S. 18f.), unterschrieb Melanchthon mit Brenz, Marbach u. a. eine gemeinsame Erklärung, die sich

---

[76] „Sicut et de Ecclesiis Gallicis, quarum miseria nos affici decet, etiamsi hac parte doctrinae a nobis dissentiant" (FECHT 142).

[1] HEPPE I, 164 A.3.

[2] LOHSE, Melanchthon, 404ff.; GOLLWITZER 65–96.

[3] „cum pane et vino vere exhibeantur corpus et sanguis Christi" (BSLK 65,45f.; vgl.45). Vgl. NEUSER, Abendmahlslehre, 414ff.

[4] CR 37,91; CR 37,149 – CR 43,489 (3. 3. 1555); CR 43,835 (Okt.1555). Vgl. zum Verhältnis Melanchthon – Schweiz: NEUSER, Versuche, 45–53.

auch von Zwingli distanzierte[5]. Tief enttäuscht gingen die Schweizer daraufhin auf Abstand zu Melanchthon[6].

War aber diese Parteinahme Melanchthons ein tatsächlicher Sieg der Lutheraner im Ringen um die Autorität Melanchthons? Zwar stellte noch 1557 J. Westphal eine Anthologie von Melanchthonzitaten gegen dessen Vereinnahmung durch Calvin zusammen, doch bereits seit 1556 kamen den Lutheranern Zweifel an der Abendmahlsauffassung des „D. Philippus". Bezeichnend ist ein Bericht des wegen seines lutherischen Bekenntnisses aus Antwerpen nach Norddeutschland gegangenen Theologen Bartholomäus Battus aus dem Jahr 1556, ihm sei bei einer besonders scharfen Disputation in Flandern Melanchthon als heimlicher Sakramentierer vorgehalten worden. Battus berichtet, er habe das aus dem Kopf unter Berufung auf die Loci Melanchthons bestritten. In Lübeck habe er dann aber einige neuere Schriften des Praeceptors gelesen und erschrocken festgestellt, wie „dürr und dunkel" dieser über das Abendmahl handele, so daß bei bestimmten Schriften ihn die Sakramentierer in der Tat für einen der ihren halten könnten[7].

Skepsis oder Anstoß erregte Melanchthon immer wieder durch seine vom Programm der modestia bestimmte Zurückhaltung im 2. Abendmahlsstreit. Wie schon in einem Gutachten für die reformierte Fremdengemeinde in Wesel[8] votiert Melanchthon auch im Wittenberger Fakultätsgutachten vom 10. 1. 1557 zum sog. Bremer Abendmahlsstreit gegen die spezifisch lutherische Formulierung „Brot und Wein sind wesentlich Leib und Blut Christi" zugunsten der Sätze „*Mit dem Brot* wird der Leib empfangen" und „Das Brot ist die Gemeinschaft des Leibes"[9]. „Fremde Disputationes" seien dagegen aus dem Abendmahlsartikel herauszuhalten.

Was meint Melanchthon mit solchen „fremden Disputationes"? In der Bremer Kontroverse (1554–1560) ging es im Streit zwischen dem melanchthonischen Domprediger Hardenberg und dem Bürgermeister van Büren auf der einen Seite und der lutherischen Pfarrerschaft unter Führung von Johannes Timann auf der anderen erstmals ausdrücklich um die „Ubiquitätslehre". Diesen Konflikt hatte der Bremer Rat am 22. 12. 1556 brieflich der Wittenberger Fakultät geschildert und um ein Gutachten gebeten. Hier wird von „Thesen gegen die Ubiquität" berichtet[10]. Das bezieht sich auf eine Schrift Albert Hardenbergs vom 5. 11. 1556[11], in der dieser gegen Timanns „Farrago sententiarum consentium in vera et catholica doctrina de coena Domini" (1555) votiert. Ein Ab-

---

[5] „Nec Ecclesiae nostrae nec nos Zwingli dogma aut ullas opiniones pugnantes cum nostra confessione probamus aut amplectimur" (CR 9,352).

[6] Zeugnisse Calvins: CR 45,15 (10. 1. 1558); CR 45,61 (23. 2. 1558); CR 45,173 (22. 5. 1558). Voten Bullingers: CR 45,16 (12. 1. 1558); CR 45,47 (20. 2. 1558); CR 45,99 (17. 3. 1558).

[7] SILLEM I, Nr. 122, 226. Vgl. ähnliche Zeugnisse SILLEM I, 260. 270. 332.

[8] Gutachten vom 13. 11. 1556; GOLLWITZER 94f. Vgl. ein entsprechendes Gutachten für Frankfurt/M. vom 13. 6. 1557 (BINDSEIL 411 f).

[9] CR 9,15–17, hier 16.

[10] „positiones contra ubiquitatem Christi" (CR 8,928–930, hier 929).

[11] Themata sive Positiones adversus Ubicuitatem corporis Christi.

schnitt dieses Buches von Timann trug die Überschrift: „Daß der Leib Christi
überall ist, dadurch daß das Wort Fleisch wurde, und daß er zur Rechten Gottes
sitzt"[12]. Diese These Timanns hatte Hardenberg in seiner Schrift abgelehnt und
dabei erstmals öffentlich polemisch von „Ubiquität" geredet. Diesen ganzen
christologischen Argumentationszusammenhang will Melanchthon in seinem
Gutachten ausscheiden und nicht in „diesen Artikel" vom Abendmahl „gemen-
get" sehen.

In der Folge bezieht Melanchthon ausdrücklich Stellung gegen „viel unge-
reimter Reden" Timanns und Westphals[13]. In einem Gutachten vom 4.3. 1558
stellt Melanchthon mit deren Zurückweisung sowohl die Grundzüge seiner
Sakramentsauffassung knapp dar als auch die christologischen Zusammenhänge, die in Bremen zur Sprache gebracht worden waren: während die propositio
„Christus ist nach der communicatio idiomatum überall" wahr sei, müsse die
Rede „der Leib ist überall" „als neu in der Christenheit von Anfang" an zurückgewiesen werden[14].

Offensichtlich geht es also Melanchthon nicht nur um die richtige Verhältnisbestimmung der Topoi de Christo und de coena Domini, sondern sein Widerspruch richtet sich gegen eine Fehlentwicklung in der Formulierung christologischer Aussagen selbst. Schon 1557, in der Neufassung seiner Auslegung des
Nicaenums, sieht er Anlaß, darauf aufmerksam zu machen, daß „communicatio
idiomatum" keinesfalls als „physische Vermischung der Naturen" mißverstanden werden dürfe[15]. Auf dieselbe Gefahr weist er in einem (1560 gedruckten)
Gutachten vom 21. 3. 1559 zu Abendmahlsstreitigkeiten in Breslau hin[16]. Im
August 1559 wird er, freilich ohne Namen zu nennen, noch deutlicher. In einem
Anhang zur 2. Auflage seiner „Responsiones ad impios articulos Bavaricae
inquisitionis" setzt er einen Seitenhieb auf Leute, die die altkirchlich bewährte
Lehre von der communicatio idiomatum zerstören und „eine doppelte erfinden,
einmal eine dialektische, dann eine physische, die die Vermischung der Naturen
bedeutet"[17]. – Den Vorwurf, physisch zu denken, wird man aus der Schweiz,
auch unter Berufung auf Melanchthon, gegen Brenz immer wieder hören.
Melanchthon aber zielt damit auch im Sommer 1559 noch nicht auf Brenz,
sondern auf Timann, v. a. aber auf den Hamburger Pastor J. Bötker, der in seiner
„Brevis Comprehensio" von 1557 die *Realität* der communicatio idiomatum
gegen ihre bloß verbale Fassung vertreten hatte (s. u. S. 175 f.). Mit Brenz ist das

---

12 Nach MAHLMANN, Dogma, 44 ff.
13 CR 9,344 (19. 10. 1557 an Kurfürst August).
14 CR 9,470–472, hier 470.
15 „Nec intelligatur communicatio Idiomatum Physica confusio naturarum" (CR 23,509).
16 „Quod noster amicus [vermutlich Johannes Prätorius (vgl. STURM, Ursin, 125. 132),
vielleicht aber auch Westphal (vgl. CR 9,850)] de communicatione idiomatum disputat, miror,
eum intelligere communicationem idiomatum confusionem physicam naturarum" (an J. Cra-
to, CR 9,786). Melanchton spricht sich hier natürlich nicht „gegen die ‚communicatio idiomatum'" aus (so St.STROHM in „Reformation in Württemberg", 193), sondern gegen eine bestimmte, von der seinigen abweichende Interpretation.
17 St.A. 6,377,7–11.

Vertrauensverhältnis noch ungebrochen. Es sind jedenfalls keinerlei kritische Reaktionen Melanchthons auf Brenzens 1557 erstmals publizierte Christologie überliefert. Zum Bruch wird es erst im Winter 1559/60 kommen.

Mahlmann ist anderer Meinung, indem er darauf hinweist, daß Melanchthon sich zweimal 1558/59 gegen die Ubiquität des Leibes Christi „in Stein und Holz" wendet, gegen eine Formulierung also, die fast wörtlich in Brenz' Apologie von 1557 steht[18]. Es ist aber äußerst unwahrscheinlich, wenn Mahlmann den Schluß, es sei „sicher, daß Melanchthon den Eucharistie-Traktat *Brenzens* kannte und sich indirekt gegen ihn wandte"[19], aus folgendem Melanchthonsatz zieht: „Dazu hat *Westphalus* [!] zu Hamburg ein Buch lassen ausgehen, ... und hat dieses Fundament: der Leib Chritsi sey an allen Orten, in Stein und Holz"[20]. Melanchthon richtet sich ausdrücklich gegen die Norddeutschen, nicht gegen Brenz. Dies gilt auch für das Gutachten Melanchthons gegen das Weimarer Konfutationsbuch aus dem Jahr 1559. Melanchthon wendet sich gegen eine Präsenz Christi „in Stein und Holz", obwohl von dieser Formel in der Confutatio überhaupt nicht die Rede ist. Es ist aber klar erkennbar, was der Praeceptor meint: die Weimarer unterstützen in ihrer Polemik gegen „veteres et novi Zwingliani"[21] faktisch Positionen wie die, „daß der Leib Christi an allen Orten sey, in Stein und Holz"[22]. Melanchthon denkt dabei an die Norddeutschen: „Und haben solche unflâtige Reden in Bremen und an andern Orten große Verbitterung und Uneinigkeit gemacht". Genannt werden noch „Braunschweig[23] und Hamburg", nicht aber Stuttgart. Eine auch nur implizite Wendung Melanchthons gegen Brenz ist nicht erkennbar.
Eine andere Frage ist es, ob die Norddeutschen die fragliche Formel tatsächlich gebraucht haben. Dies ist keinesfalls sicher. Martin Chemnitz bezeichnet sie 1561 als eine böswillige Erfindung Hardenbergs, der sie seinen Gegnern untergeschoben habe[24]. Von Hardenberg, mit dem Melanchthon in engem Briefwechsel stand, könnte der Praeceptor den Terminus also kennen. Mit Brenz bringt auch Chemnitz die Formel nicht in Verbindung. – Daß die Bremer bzw. Westphal den Satz[25] von Brenz hatten, will dagegen eher unwahrscheinlich erscheinen. Denn Mahlmanns Annahme, daß der Text von Brenz' Apologie schon vor seiner Drucklegung in Bremen handschriftlich bekannt war[26], erscheint als sehr unsicher (vgl. dazu unten S. 48 mit A. 22f.). Jedenfalls aber, und allein darum geht es:

---

[18] Brenz, Apologie, 511; Melanchthon: CR 9,470 (4. 3. 1558). 765 (1559).

[19] MAHLMANN, Dogma, 175 f., Hervorhebung vom Verfasser.

[20] CR 9,470.

[21] Confutatio, 22 b.26 a; dagegen Melanchthon, CR 9,765.

[22] CR 9,765.

[23] Dies richtet sich gegen den Stadtsuperintendenten J. *Mörlin* (den Melanchthon am 1. 11. 1559 in seinem Heshusiusgutachten auch namentlich angriff [St. A. 6,484,36]). Der Rat der Stadt Braunschweig hat sich im April 1559 in einem Brief an Melanchthon ausdrücklich gegen dessen Behauptung verwahrt: „die angebne Quaestion [,daß der Leib Christi an allen Orten sey, in Stein und Holz'] [ist] in unsrer Gemein, Gott Lob, nie erregt worden" (CR 9,808).

[24] „Et articulo 7 fingit, Bremenses condere novum articulum fidei de ubiquitate corporis Christi in ligno et in lapidibus" (Chemnitz, Anatome, B2b).

[25] Eine ähnliche Formulierung steht bereits in Luthers Sermon vom Sakrament von 1526 (WA 19,492).

[26] MAHLMANN, Dogma, 196 ff.

Melanchthon hielt die „Holz-und-Stein-Formel" für norddeutsch; daß er Brenz' Traktat kannte, ist nicht nachweisbar. Er hat sich bis 1559 nie gegen Brenz gewandt.

Wie aber sieht das Gesamtkonzept der Christologie des alten Melanchthon, von dem her alle zitierten Äußerungen verständlich werden, aus? Da Brenzens Christologie bewußt im Kontrast zur Konzeption des Wittenbergers entfaltet wird – in der Breite ab Ende 1559 – sind hier jedenfalls deren Grundzüge zu skizzieren[27].

2.2. Die Christologie des alten Melanchthon

2.2.1. Die besondere Gegenwart Gottes in Christus und ihre Aussagbarkeit

Um das Spezifikum der Gegenwart Gottes in Christus deutlich machen zu können, zeigt Melanchthon „den Unterschied zwischen der hypostatischen Union in dieser Person und den anderen Weisen der Präsenz Gottes" in seiner Lehre von den 4 gradus auf[28]. Die Präsenz Gottes in der Person Christi ist ein Sonderfall seiner allgemeinen Weltgegenwart. Melanchthon nennt als die 4 gradus *erstens* die universale konservatorische Präsenz des dreieinigen Gottes, *zweitens* das Dasein Gottes bei den Engeln und seligen Menschen, *drittens* seine Gegenwart bei den Wiedergeborenen und schließlich *viertens* die Einheit mit der menschlichen Natur in Christus. Unauflöslich ist lediglich die vierte Stufe, während von den ersten drei gradus im ganzen gilt: „diese Präsenz ist abtrennbar"[29]. Gott kann hier seine Zuwendung im Prinzip jederzeit zurückziehen. Die Aufnahme der Menschheit in die Person Christi dagegen ist irreversibel.

Melanchthon folgt in der präzisen Bestimmung jener „longe alia praesentia" Gottes in Christus dem spätscholastischen Modell der suppositalen Union: Die zweite Person der Trinität, der Logos, nimmt die menschliche Natur dergestalt in die Person auf, daß beide ein Suppositum sind, in dem die angenommene menschliche Natur von der göttlichen getragen, zu ihrer individuellen Existenz gebracht wird[30]. Die menschliche Natur hat keine eigene Subsistenz, keinen Grund ihres „Da-seins" in sich selbst, sondern sie wird von der göttlichen Person emporgehalten, als Einzelwesen zur Erscheinung gebracht[31]. Endete – hypothetisch – das Getragenwerden, das sustentari durch die göttliche Person,

---

[27] Vgl. dazu MAHLMANN, Dogma, 56–85. 182–194 und pass. (dazu s. u. S. 36 f.); HEPPE, Dogmatik II, 99–105; STURM, Ursin, 73–86; RATSCHOW 55–62. Eine gründliche Untersuchung von Abendmahlslehre und Christologie des späten Melanchthon fehlt.

[28] „Considerandum igitur est aliquo modo discrimen unionis hypostaticae in hac persona et aliorum modorum praesentiae Dei", Melanchthon, Responsio de controversiis Stancari (1553), St. A. 6,260–277, das Zitat 265,11–13; vgl. ebenfalls: Examen ordinandorum (1559), CR 23,5 f.

[29] St. A. 6,265,33 f., vgl. 19 f. 26.

[30] „Quarto, longe alia est praesentia, qua tantum haec persona λόγος assumit humanam naturam, non solum inseparabiliter, sed etiam tali unione, ut sit unum ὑφιστάμενον, et sustentetur assumpta natura, et quasi gestetur in λόγῳ" (St. A. 6,265,37–266,3).

[31] Enarratio Symboli Niceni, CR 23,341; vgl. allgemein SCHWARZ, 295 f.

würde die menschliche Natur unverzüglich ins Nichts zurückfallen[32]. Die Menschheit ist für Melanchthons Christologie bloße „angenommene Masse", die von der Gottheit abhängt und von ihr ihre Existenz, ihr Dasein empfängt[33].

Auf die Frage, wie Aussagen über die gemeinsame Subsistenz von göttlicher und menschlicher Person möglich sind, gibt Melanchthon eine Antwort aus dem Bereich der Grammatik: es gibt drei genera von Prädikationen, also von Sätzen, in denen von einem Subjekt ein ihm Eignendes, ein Prädikat ausgesagt wird: „Eine wahre Prädikation ist entweder regulär oder figürlich oder ungebräuchlich"[34]. Neben den regulären und den tropischen, bildlichen, in denen z. B. Metapher oder Synekdoche gebraucht werden, gibt es also eine dritte Klasse wahrer propositiones. Diese *„propositiones inusitatae"* sind ausschließlich im Bereich der Christologie möglich. Es existiert in der gesamten Wirklichkeit nichts dem einzigartigen Sachverhalt der Person Christi Vergleichbares; überall sonst wäre „nach der allgemeinen Ordnung der Natur" die Verbindung zweier verschiedener Spezies unsinnig, wie wenn man sagte „das Wildschwein ist ein Hirsch, Weiße (albedo) ist Schall", also gattungsmäßig völlig Inkompatibles identifizieren wollte. Dagegen sind die strukturell jenen Absurditäten gleichen Prädikationen „Gott ist Mensch, das Wort ist Fleisch geworden" als unübliche, durch die einzigartige Subsistenzgemeinschaft von Gottheit und Menschheit in Christus legitimierte Aussagen wahr[35].

Die christologischen Aussagen verdanken sich also der Schrift, besonders Joh 1,14. Freilich gewinnt Melanchthons begrifflicher Apparat besonders in seiner Fassung der communicatio idiomatum eine starke Dominanz über das einzelne Schriftwort und nimmt ihm so Schärfe und hermeneutische Relevanz[36]. Dem Wittenberger Humanisten dient als Regulativ für den rechten Gebrauch des grammatisch-logischen Instrumentariums zur Bildung christologischer Sätze die Lehre der Alten Kirche[37]. Melanchthon beansprucht also gar nicht, allein durch sein methodisches Instrumentarium hinreichend Klarheit zu schaffen, welche christologischen Aussagen wahr sind, welche nicht. Schon von daher ist partiell der christologische Streit unter und mit seinen Schülern verständlich, selbst wo sie ihm – anders als Brenz – zu folgen bereit waren. Wie in der Abendmahlslehre läßt Melanchthon einen Spielraum offen, in dem der Konsens der kirchlichen Tradition normierend wirken soll: „Die Aussage: ‚die göttliche

---

[32] „Ita λόγος et assumpta natura sunt unum ὑφιστάμενον et redigeretur in nihilum humana natura, si non sic gestaretur in λόγῳ" (St. A. 6,266,9–11).

[33] „Massa assumpta sustentatur a λόγῳ et accipit ab eo, ut sit et subsistat" (St. A. 6, 266,24–26; vgl. CR 23,340).

[34] Erotemata Dialectices (1547), CR 13,524.

[35] „Tertius modus est inusitatus, videlicet in propositionibus de filio Dei, quarum non sunt alia exempla in tota rerum universitate, ut: ‚Deus est homo, Verbum caro factum est'. Haec non congruunt ad regulares, ut alioqui non coniungimus species disparatas, ut: ‚Aper est cervus, Albedo est sonus'" (CR 13,525).

[36] MAHLMANN (v. a. Dogma, 66) überschätzt die normierende Funktion des Schriftwortes für Melanchthons System.

[37] „Videndum est autem in hoc genere, quas propositiones sermo Ecclesiae receperit" (CR 13,525).

Natur stirbt' ist in der Kirche nicht angenommen worden; ... aber diese Aussagen über Christus sind anerkannt: ,Christus ist gestorben, Gott ist gestorben"[38]. Der alte Melanchthon hat unermüdlich gemahnt, sich an die überlieferten Formeln der Alten Kirche zu halten.

2.2.2. Die communicatio idiomatum

Die wichtigste Form von praedicationes inusitatae stellt die communicatio idiomatum dar: „Die communicatio idiomatum ist eine Prädikation, in der die Eigentümlichkeit, die einer Natur zukommt, in concreto der Person zugesprochen wird, weil diese beiden Naturen, das Wort und die angenommene Natur, ein Suppositum sind"[39]. Prädikationen nach der communicatio idiomatum reden also über das Konkretum des einen Subsistierenden von göttlicher und menschlicher Natur, indem sie Eigentümlichkeiten beider Naturen der einen Person zuordnen. Entscheidendes Kriterium für die Wahrheit solcher propositiones ist, daß sie „in concreto" das Sein der durch assumptio konstituierten Person verbalisieren. Diesen Vorgang definiert Melanchthon präzise so: „Eine Aussage ,in concreto' bezeichnet die Person, nämlich die Subsistenz oder das [eine] ὑφιστάμενον"[40], und nie, so muß man hinzufügen, eine der _Naturen_ innerhalb der Person.

So überrascht es nicht, daß Melanchthon die Bestimmungen über die communicatio konstitutiv mit einer Einschränkung verbindet, aufgrund deren er von der communicatio idiomatum als „dialectica" redet. Sind in concreto Aussagen im Blick auf die Person zulässig, so sind davon scharf abgehoben Prädikationen in abstracto. „Eine Aussage ,in abstracto' bezeichnet eine Natur, wenn sie für sich betrachtet wird"[41]. Christologisch zulässige irreguläre Aussagen dürfen also nur in Bezug auf die _Person_ Christi, nicht abgesehen davon formuliert werden, indem sie eine Natur in ihrer Aseität, also abstrakt betrachten. Abstrakt ist die Rede von „deitas" und „humanitas". In abstracto gilt: „Die göttliche Natur stirbt nicht"[42]. Dieser Satz zeigt aber: „abstrakt" meint auch die Naturen _innerhalb_ der Person Christi.

Es gilt „gemäß der communicatio idiomatum" ebenso: „Christus ist überall" wie „Christus ist gestorben"[43]. Die _Person_ ist also logisches Subjekt für Prädikate

---

[38] „Haec propositio non est recepta in Ecclesia, Natura divina moritur ... Sed hae propositiones de Christo receptae sunt: Christus mortuus est, Deus mortuus est, et dicuntur esse verae communicatione Idiomatum" (CR 23,508 f.).

[39] „Est autem Communicatio Idiomatum praedicatio, in qua proprietas uni naturae conveniens tribuitur personae in Concreto, quia hae duae naturae, λόγος et natura assumpta, sunt unum ὑφιστάμενον" (CR 23,6 f.; vgl. CR 23,509).

[40] „Propositio in Concreto significat personam, seu subsistens seu ὑφιστάμενον, ut, Deus est homo" (Examen Ordinandorum, CR 23,6; vgl. Loci [1559], St.A. II/1,224,5–14).

[41] „Propositio in Abstracto significat naturam secundum se consideratam" (CR 23,6; vgl. CR 23,343).

[42] „Natura divina non moritur" (CR 23,6).

[43] „Christus est ubique communicatione idiomatum" (Gutachten vom 4. 3. 1558, CR 9,470). – „Christus est mortuus" (CR 23,6).

beider Naturen. Es hat hier ein grammatisch-sprachlicher Vorgang innerhalb der einen Person ohne reale Betroffenheit oder Beteiligung der je anderen Natur statt. Zwar kann Melanchthon Aussagen als „wahr" bezeichnen, die nicht nur formulieren: „*Christus* ist gestorben", sondern auch: „*Gott* ist verwundet, *Gott* ist gestorben"[44]. Aber diese *Prädikationen* bezeichnen keine reale Betroffenheit, sondern nur einen *verbalen* Vorgang. Denn Melanchthon will durch die communicatio idiomatum zugleich eine Limitierung der Gemeinschaft der Naturen erreichen. Deshalb führt er die „Unterscheidungspartikel ‚gemäß'" („secundum") ein[45]. Christus litt und starb „secundum", unter realer Betroffenheit nur seiner menschlichen Natur. Zur Illustration zitiert Melanchthon das Irenäuswort, nach dem beim Sterben Christi die göttliche Natur schweigend gegenwärtig, aber nicht selbst betroffen war[46]. Der „communicatione idiomatum" verstandene Satz „Gott ist gestorben" verblaßt bei genauem Hinsehen zu einer Aussage über die Gottheit als unbeteiligtes Willenssubjekt: „In demjenigen, das stirbt, ist die göttliche Natur, aber sie hält zu dieser Zeit still und will diese Niedrigkeit"[47]. Die communicatio idiomatum gerät zur unbestimmten und auch unwirklichen „forma sermonis", in der die Betrachtung der Naturen in ihrer abstrakten Aseität ausbrechen kann – und es auch tut – aus der Einheit der Person. Die praedicationes inusitatae der communicatio idiomatum bekommen so den Charakter uneigentlicher Rede.

Der Grund für diesen Sachverhalt liegt in Melanchthons Rezeption der nominalistischen suppositalen Union. Die Gottheit, die im Sterben schweigend gegenwärtig war, war dies als tragende, als die Menschheit individuierende. Denn die göttliche Natur verläßt auch im Sterben die menschliche nicht. Aber sie steht eben auch nicht in realer Gemeinschaft mit ihr, sondern ist nur „sustentatrix", bloßer Grund ihrer individuellen Existenz[48]. Dies wird überdeutlich an einer Distinktion in den Loci von 1559: Der Satz „Das Wort ist Mensch" sei wahr, der Satz „Das Wort ist Kreatur" hingegen falsch. Als Begründung wird genannt, daß der erste Satz die assumptio der menschlichen Natur durch den Logos – im Sinne der suppositalen Union – beschreibe, der zweite fälschlich den Logos mit dem Prädikat ‚Kreatur' belege[49]. Daß durch solche Spitzfindigkeiten der reale Gehalt des Satzes „verbum est homo" völlig ausgehöhlt ist – der Mensch ist nun einmal per definitionem Kreatur –, liegt auf der Hand. Der Satz „Das Wort ist Mensch" besagt eben für Melanchthon nichts anderes, als daß der Logos als den Menschen tragender existiert. Aussagen über die personale Einheit Christi sind

---

[44] „Christus est mortuus. Deus est vulneratus. Deus est mortuus. Hae propositiones verae sunt communicatione idiomatum"(CR 23,6; vgl. 23,343; Loci [1559], St.A. II/1,223,23–25).

[45] St.A. 6,263,23.26; CR 23,509.

[46] CR 23,343; CR 13,525; CR 23,509; St.A.6,264,10ff.; St.A. II/1,223,1ff. – Irenäus, Adversus Haereses, MPG 7/1,941.

[47] CR 23,509.

[48] CR 23,341f.

[49] „Verbum est homo, recepta est, quia intelligitur verbum assumpsisse humanam naturam. Verbum est creatura, reiecta est, quia non intelligitur assumptio alterius naturae, sed praedicatum significat λόγον esse creatum, quod falsum est" (St.A. II/1,225,3–7).

dem Modéll der suppositalen Dependenz systematisch subordiniert und werden dadurch weitestgehend in den Bereich irrealer Prädikationen abgedrängt. Die „frigide Konstruktion" der suppositalen Union läßt nur die „heteronome Zusammenbindung von Gott und Mensch"[50] zu, in der ein im biblischen Sinne konkretes Mit- und Füreinander in der Person Christi nicht zustande kommt.

Während Melanchthon den christologischen Sätzen „Christus ist gestorben" und „Christus ist überall" hinzufügen kann: *„Gott* ist gestorben", gilt dies keineswegs auch umgekehrt. Nie formuliert Melanchthon den Satz *„der Mensch* ist überall", obwohl eigentlich – aber nicht in der suppositalen Union – „Mensch" nicht weniger in concreto im Blick auf die Person verstanden werden könnte als „Gott". Kommunikation von menschlicher und göttlicher Natur ist für Melanchthon schlechterdings identisch mit der suppositalen Dependenz der menschlichen Natur: „es ist dasselbe, wenn die menschliche Natur mit dem ewigen Sohn geeint wird oder ihm mitgeteilt wird (communicari) oder von ihm getragen und erhalten wird"[51]. Menschliches wird dem Göttlichen nur so übertragen, daß das Göttliche jenes trägt. Dieser Vorgang ist dann natürlich keinesfalls reziprok: Die in sich selbst subsistierende göttliche Person überträgt der menschlichen Natur nichts von sich. Hier würde für Melanchthon notwendig eine „Vermischung der Naturen" geschehen[52]. Deshalb muß er zu einem scharfen Gegner der Sätze werden, die von dem Menschen Christus und seinem Leibe göttliche Majestät, also auch Allgegenwart aussagen und diese in den Begründungszusammenhang der Realpräsenz stellen. Die konkrete Einheit der Person, das eine als ganzes gemeinsam Handelnde („totum agens"), das aus „getragener Natur" und „tragender Natur" besteht[53], hat für die getragene Natur keine weitere Bedeutung als daß sie ins Dasein gehoben wird und mit der natura sustentans gemeinsam subsistiert. Sie bleibt aber Abstraktum, das niemals Subjekt von christologischen Sätzen, also von Prädikationen einer neuen Wirklichkeit werden kann. Deshalb wird sie nach wie vor ausschließlich nach physikalischen und anthropologischen Gesichtspunkten betrachtet. Wie Melanchthon dies in voller Konsequenz seines Ansatzes tut, wird in seinen einschlägigen Schriften aus dem Jahr 1559 deutlich, durch die er in direkten Streit um die Christologie mit Brenz geriet (S. 37 ff.).

Der fundamentalen Bedeutung der suppositalen Union bei Melanchthon wird Mahlmann nicht gerecht. So kommt ihm zwar das Verdienst zu, die Elemente der Melanchthonischen Christologie zusammengestellt zu haben[54]. Er entfernt sich aber sprachlich und sachlich zu weit von dem, was die Texte hergeben (z. B. 66) und interpretiert sie über Gebühr ad meliorem partem, auch wo er Unklarheiten und

---

[50] Baur, Christologie und Subjektivität, 193.

[51] „idem esse naturam humanam uniri aeterno Filio, et ei communicari et ab eo sustentari ac conservari" (CR 23,342).

[52] St. A. 6,263,9.

[53] „Significant autem concreta totum agens, naturam sustentantem et naturam sustentatam" (CR 23,343).

[54] Mahlmann, Dogma, v. a. 56 ff.; 182 ff.

Schwächen benennt. So erkennt er zwar (74), daß Subjektfunktion in christologischen Aussagen nur „der das Konkretum selbständig regierenden Person des Gottessohnes" zukommen kann, realisiert aber nicht hinreichend, daß damit das Anliegen der „Selbigkeit der Subsistenz von Gottsein und Menschsein" (68) in dem „Subjekt des Schriftzeugnisses" (67) faktisch revoziert wird. Er sieht deshalb auch nicht, daß das Problem in Melanchthons späten Voten zur Christologie nicht primär darin liegt, daß die localitas sich am „ego" der Person Christi durchsetzt (186), sondern daß dies nur die Folge von Melanchthons Verständnis der Person ist. Indem die menschliche Natur lediglich im Modus ständiger Dependenz gedacht ist und nicht von realer Kommunikation betroffen wird, muß sie als bleibend begrenzt gedacht werden und die Personeinheit aufgesprengt werden. Mahlmanns Rettungsversuch Melanchthons gegen die von ihm referierte Kritik von dessen Schülern (77 ff.) vermag deshalb ebenfalls nicht zu überzeugen. Denn etwa Heshusius urteilt völlig zutreffend, wenn er „die das Konkretum auflösende Funktion der Melanchthonischen communicatio-Lehre" behauptet (79), die darin besteht, daß zwar die Person Subjekt der Aussagen ist, in Wahrheit nur je eine Natur gemeint ist[55].

2.3. *Melanchthons Voten zur Christologie 1559/60*

Auf der Basis der skizzierten Christologie veröffentlichte der Praeceptor Germaniae 1559 zwei Schriften, die wie Paukenschläge wirkten, bei den Lutheranern für Schrecken sorgten und bei den Eidgenossen für Jubel. Anfang 1559 edierte Melanchthon einen Kommentar zum Kolosserbrief[56].

In der Erklärung von Kol 3,1 äußert er sich darin zum Problem der Himmelfahrt[57]. Dabei spricht er einer lokal-physischen Auffassung das Wort: „Er ist in körperlicher und physischer Umgrenzung (corporali et physica locatione) aufgefahren". Zwar läßt er das himmlische Ziel dieser Bewegung nach Art und Ort bewußt unbestimmt – „an einen himmlischen Ort, [welcher immer] und wo immer der ist"[58] –, aber die physikalische Richtung ist (aus Kol 3,1) doch klar: „Die körperliche Himmelfahrt ist *nach oben* geschehen". Über Christi jetziges Sein heißt es ebenfalls bewußt unscharf: „Christus ist in körperlicher Umschließung an irgendeinem Ort, wo immer er will"[59]. Durch die Zusätze „wo immer er ist", bezogen auf den „himmlischen Ort", und „wo immer er will", bezogen auf Christus, kann Melanchthon den Leib Christi im Rahmen physikalisch fixierter Vorstellungen halten, ohne sich doch eindeutig auf den Aufenthaltsort Christi festzulegen und damit auch

---

[55] „‚per communicationem idiomatum' intellexit [Melanchthon] de divina natura, ut cum dico: Christus est mortuus, scz: secundum carnem, divinitas est mortua. *Ita* intellegit divinam naturam praesentem esse substantialiter in coena, *non* humanam Christi carnem" (Heshusius, Responsio [1560], nach Mahlmann, Dogma, 78 f.).

[56] Das Buch muß (ergänzend zu Mahlmann, Dogma, 178) schon *Anfang* des Jahres 1559 erschienen sein: Melanchthon schickt es am 13.2. an Heshusius (CR 9,742 f.), am 21.2. an Joh. Marbach (CR 9,748). Am 30.3. kennt Bullinger den Kommentar bereits (Bindseil 448 f.).

[57] Alle Zitate CR 15,1271. Vgl Sturm, Ursin, 73 ff.; Mahlmann, Dogma, 181 ff.

[58] „in locum coelestem, [quicunque vel] ubicunque est" (CR 15,1271). Den Zusatz hat eine ältere Vorlesungsversion. Er vergrößert noch die bewußte Unschärfe.

[59] „Christum corporali locatione in aliquo loco esse ubicunque vult" (CR 15,1271).

ohne wie die Schweizer eindeutige negative Konsequenzen für die reale Präsenz Christi im Abendmahl ziehen zu müssen. Es steht aber trotz der bewußt intendierten Zweideutigkeit fest, daß Melanchthon sich hier auf eine räumlich-physikalische Denkweise festlegt, die Luther und seinen Schülern fremd ist, die auch im klaren Kontrast steht zu eigenen, Luther jedenfalls näheren, früheren Äußerungen[60]. Er liegt damit aber in der Konsequenz seines eigenen christologischen Ansatzes in den 50er Jahren.

Melanchthon stellt seinem Verständnis der ascensio das Wort aus Joh 3,13 gegenüber, der Sohn des Menschen sei im Himmel. Hier muß für den Praeceptor scharf unterschieden werden: Ein schlechthinniges und schon immer gültiges Sein im Himmel kann nur von dem ewigen Logos ausgesagt werden. Davon abzuheben ist der menschliche Leib, der kontingenter und räumlicher Veränderung unterworfen ist: Der Leib ist also zu einer bestimmten Zeit keineswegs im Himmel, sondern „in körperlicher Einschließung in der Jungfrau". Die Aussage „Der Sohn des Menschen, der im Himmel ist..." kann also nur „communicatione idiomatum" gelten, d. h. meint eigentlich nur die göttliche Natur[61]. Er wird nun in aller Klarheit deutlich, daß die communicatio idiomatum ein Instrument ist, mit dem biblische Aussagen als uneigentliche und hin auf bleibende, klare Trennung interpretiert werden. Die Person ist nur noch durch die communicatio idiomatum verbalisierter suppositaler Subjekt-Einigungspunkt, der aber weder präzise bestimmt wird noch weiterreichende Folgen für beide Naturen oder ihr Verhältnis zueinander hätte.

Durch die Tendenz dieser Äußerungen wie durch die Auswahl der Zitate steht Melanchthon der Züricher Christologie sehr nahe. Freilich wird anders als dort die tatsächliche Nichtteilhabe des Menschen Jesus an der Gegenwart Gottes in Welt und Kirche nicht scharf ausgesprochen. Die Herrschaft des erhöhten Christus „in jenem höchsten Licht" und seine Gegenwart bei der Kirche steht vielmehr unausgeglichen neben der bleibenden räumlichen Fixation des menschlichen Leibes Christi und gar dem „extra"[62] des Logos gegenüber der Menschheit. Die communicatio idiomatum dient als schwebend unscharfe Vermittlungsfigur, durch die die Einheit der konkreten Person keinesfalls mehr als neue Wirklichkeit prädiziert wird.

Die Veröffentlichung dieses knappen Textes im Kolosserkommentar war ebenso eine gezielte „antilutherische" Parteinahme wie der zweite „Paukenschlag", sein „*Judicium de coena Domini*"[63] vom 1. 11. 1559 über den Heidelberger Abendmahlsstreit, in dem er die Entlassung seines Schülers Heshusius unter

---

[60] Vgl. v.a. im „Judicium de Zwinglii doctrina" vom 25. 7. 1530: „Nos enim dicimus, quod non sit necesse corpus Christi in uno loco esse. Item nos dicimus, quod simul possit in locis diversis esse, sive id fiat localiter, sive alio arcano modo [!!], *quo diversa loca personae Christi simul, tanquam unum punctum, praesentia sunt*" (CR 2,222). Melanchthon erwägt einen „arcanus modus" der simultanen Präsenz vieler Orte vor Christus. Dieser Gedanke steht in auffälliger Nähe zu Brenz; er wurde von diesem möglicherweise inspiriert (Vgl. Neuser, Abendmahlslehre, 455).

[61] „‚Filius qui est in coelo', dictum intelligatur communicatione idiomatum" (CR 15,1271).

[62] „Λόγος non colligatus est corpori, sed ipse corpus continet, ut et in eo sit, et *extra omnia*..." (CR 15,1271).

[63] St. A. 6,482–486; vgl. dazu Sturm, Ursin, 221 ff.

Verwerfung der lutherischen Abendmahlslehre[64] rechtfertigte. Dieser 1560 wiederholt gedruckte Text bringt keine präzisen, materialen Äußerungen zur Christologie. Er wird Heshusius, über dessen Position der Praeceptor wohl nur sehr einseitig unterrichtet war, auch nicht gerecht, denn die „Ubiquität" hatte dieser keineswegs behauptet[65]; der Text Melanchthons ist vielmehr „Ausdruck eines lange aufgestauten Ingrimmes über die lutherische Abendmahlslehre"[66]. Das sachliche Urteil ist bei Melanchthon wenige Monate vor seinem Tode der pauschalisierenden Polemik gewichen: „Einige haben die Wandlung, einige die Transsubstantation, einige die Ubiqität erfunden. Diese Ungeheuerlichkeiten sind der gebildeten Alten Kirche unbekannt"[67]. Hier wird noch einmal das unerhört starke traditionalistische Motiv des alten Melanchthon sichtbar. Die „Unabweisbarkeit des Fortarbeitens" (H. E. Weber[68]) an den christologischen Problemen wird an den späten Texten des Praeceptor Germaniae nur mehr deutlich. Er hat zur Bewältigung der Aufgabe nichts mehr beigetragen.

2.4. Die Aufnahme der späten Voten Melanchthons

2.4.1. Melanchthon und die Schweizer

Der Text der Kolosserkommentars stammt als Vorlesungsmitschrift aus dem Sommer 1557. Aus diesem Jahr stammt eine von W. Neuser entdeckte studentische Vorlesungsnachschrift mit der bezeichnenden Überschrift: „Adversus ubiquitatem corporis Christi Philippus Melanchthon in caput 3tium ad Coloscenses Anno 57 in Junio"[69]. Auch erste Reaktionen liegen aus der zweiten Hälfte des Jahres 1557 vor, bezeichnenderweise aus dem reformierten Bereich[70]. Hier löste die eindeutige neue Tendenz des einflußreichen Mannes Freude aus: „Philippus denkt wie Calvin"[71]. Am 29. 8. 1557 berichtet Vermigli an Calvin, er habe „Fragmente einer neuen Kolosserauslegung" Melanchthons gelesen, „in denen er völlig rechtgläubig über die menschliche Natur Christi schreibt, eindeutig behauptet, daß sie wahrhaft und eigentlich im Himmel ist und mit Augustin

---

[64] „Non dicit [Paulus] ut Heshusius, panem esse verum corpus Christi, sed esse κοινωνίαν ..." (St. A. 6, 484, 28 f.).

[65] Noch 1560 lehrt Heshusius in dieser Frage genau wie Melanchthon: „Christus est ubique, scilicet communicatione idiomatum, id est, divinitas est ubique, et propter unionem duarum naturarum hypostaticam alterius naturae proprietas toti personae in concreto attribuitur" (nach MAHLMANN, Dogma, 193).

[66] Barton 222.

[67] St. A. 6, 485, 24–26.

[68] WEBER, Reformation I/2, 144.

[69] STURM, Ursin, 73 A. 45. – MAHLMANN (Dogma, 183 A. 204) nimmt mit BRETSCHNEIDER (CR 7, 884 f.) 1551 als Entstehungsjahr an. Die neugefundene Handschrift sowie die zeitlich damit genau übereinstimmenden Reaktionen machen dies aber sehr unwahrscheinlich.

[70] Vgl. einen Brief von C. S. Curio (Basel) vom 1. 9. 1557 sowie den Brief Zanchis vom 4. 9. 1557, BINDSEIL 419 f.

[71] Ursin, Libellus Arcanorum, nach STURM, Ursin, 77.

verlangt, daß sie wegen der Eigenart des Körpers einen festen Ort hat. Er nimmt keine Allegorie im Wort ‚Himmel' an. Hier wird der Irrtum der Ubiquitisten offen widerlegt"[72]. Bei diesen von Vermigli gelesenen „Fragmenten" handelt es sich ohne jeden Zweifel um die dann 1559 gedruckte Auslegung von Kol 3,1. Über ihre volle sachliche Übereinstimmung mit seiner eigenen Anschauung sowie über ihren propagandistischen Nutzen besteht für Vermigli keinerlei Zweifel, höchstens noch über ihre Authentizität: „Wenn er sie verfaßt hat, wird das der Kirche, wie mir scheint, äußerst nützlich sein"[73].

Nachdem die Autorschaft 1559 geklärt war, war die Scharte der Verurteilung Zwinglis in Worms ausgewetzt[74]. Umsomehr bemühten Vermigli und Bullinger sich, das Wasser aus der neuen Wittenberger Quelle auf ihre eigenen Mühlen zu lenken, indem sie Melanchthons späte Texte ausgiebig in ihren Schriften zitierten. Vermigli leitet in seinem Dialogus die Zitation ein, indem er die Autorität Melanchthons als der Luthers ebenbürtig, wenn nicht gar überlegen preist. Zwar gesteht er ein, daß Melanchthon früher auf der anderen Seite gestanden habe; aber, „endlich von der Wahrheit bezwungen", habe er später deutlich und klar gesagt, „was er über eure Ubiquität denkt". Vermigli läßt dann die ganze einschlägige Passage zu Kol 3,1 folgen sowie das vollständige Judicium zum Fall Heshusius[75].

Auch Bullinger unterläßt es in keiner seiner vier Schriften gegen Brenz, Melanchthon zu zitieren[76]. Freilich bemerkt der kritische Bullinger in einem Schreiben an Melanchthon zu Recht, daß dieser die Konsequenzen seines neuen Ansatzes nicht in der wünschenswerten Klarheit gezogen habe. Nach dem Lob für die klare Absage an die Allgegenwart des Leibes Christi drängt er ihn: „Füge auch hinzu, mein Philippus, was aus dem, was du zum Kolosserbrief bekannt hast, folgt: daß Christus im Mahl nicht körperlich oder fleischlich gegenwärtig ist, wie es unsere [!] Gegner durch die Worte ‚wahr' und ‚substantiell' verstehen, sondern mystisch und geistlich"[77]. Melanchthon sollte also mit den in seiner Christologie implizierten Konsequenzen ernstmachen und mit der lutherischen Abendmahlslehre endgültig brechen. Im Gegensatz zu früherem Drängen wurde die Bitte aus der Schweiz diesmal erfüllt. Im Heshusiusgutachten im Herbst erfahren die von Bullinger genannten Bestimmungen „vere" und „substantiali-

---

[72] „fragmenta quaedam legi novae interpretationis eius in Epistolam an Coloss., in quibus de natura Christi humana orthodoxe admodum scribit, eamque in coelo vere ac proprie affirmat esse atque cum Augustino propter corporis modum certum locum habere contendit, nec allegoriam in coeli vocabulo quaerit. Unde Ubiquistarum error aperte convellitur" (Vermigli, Loci [1627], 785 [=CR 44,586 f.]).

[73] Vermigli, Loci [1627], 785 (=CR 44,586 f.).

[74] Vgl. in diesem Sinne auch schon ein Schreiben Bezas an Calvin vom 19. 4. 1558, das sich auf Melanchthons Gutachten vom 4. 3. 1558 bezieht (CR 45,142). S. o. S. 28 f.

[75] Vermigli, Dialogus, 107b–110b.

[76] Die Stellen bei MAHLMANN, Dogma, 187 A.213.

[77] Bullinger an Melanchthon, 30. 3. 1559, BINDSEIL 449. Ebenso schon in einem Schreiben an Calvin vom 19. 7. 1557 (CR 44,541 f.).

ter" expressis verbis eine Absage[78]. – Bullingers Vorwurf aber bezog sich nur auf die Konsequenz für die Abendmahlslehre. In Sachen Christologie interpretiert man Melanchthons Texte als eindeutig und begrüßt ihn als neuen ,Eidgenossen'. Damit tat man Recht, wie ein Vorgang kurz vor Melanchthons Tod drastisch illustriert. Der Streit in Bremen hatte sich noch einmal zugespitzt. Es zeichnete sich eine Disputation von Heßhusius, Westphal, Mörlin u. a. gegen Hardenberg ab. Melanchthon versichert nun für diesen Fall Hardenberg seiner Unterstützung; sollte es dazu kommen, rät er ihm, sich ihn, Melanchthon, und Vermigli als Beistand auszubitten![79] „Eine Sensation bahnte sich an"[80]: Melanchthon wollte gemeinsam mit dem Züricher Vermigli gegen die norddeutschen Lutheraner disputieren. Dazu kam es jedoch nicht mehr. Die Position des Wittenberger Theologen am Ende seines Lebens wird durch dieses Schreiben aber in drastischer Weise deutlich.

2.4.2. *Melanchthon und Brenz*

Johannes Brenz hatte einen seiner Söhne, den am 11. 9. 1558 geborenen Philipp, nach Melanchthon benannt. In einem letzten (oder vorletzten) Brieffragment aus dem letzten Drittel des Jahres 1559 aber muß er nach Wittenberg den Tod dieses Jungen kurz vor dessen ersten Geburtstag berichten[81]. – Dieses Ereignis zu dieser Zeit erscheint wie von tragischer Symbolität. Melanchthon und Brenz waren über Jahrzehnte Freunde und Mitarbeiter an derselben Sache gewesen. Der freundschaftliche und vertrauensvolle Briefwechsel zwischen beiden zieht sich noch bis ins Jahr 1559 hinein und berührt auch durchaus das Problem der Abendmahlsstreitigkeiten[82].

Freilich hatte sich Melanchthon auch in Württemberg schon ab 1556 bisweilen suspekt gemacht. Im Oktober 1556 berichtet Herzog Christoph an Kurfürst Ottheinrich, er habe „glaublich [ge]hört", Melanchthon habe Bullinger und Calvin in der Abendmahlsfrage zugestimmt[83]. Diese Gerüchte wurden durch die weitere Entwicklung nicht entkräftet, so daß Herzog Christoph bei ihm am 19. 2. 1558 „sublimen Calvinismus" befürchtet[84]. Im Herbst 1559 aber kam es zum eigentlichen Bruch, wenn dieser auch durch Melanchthons baldigen Tod

---

[78] St.A. 6,484,27–31. Freilich ist auch hier Melanchthons Abendmahlslehre mit der schweizerischen keineswegs identisch.

[79] „Tibi etiam hortator sum, ut, si te in certamen vocabunt, postules tibi quoque concedi, ut accersas Petrum Martyrem, me et alios quosdam amicos" (Melanchthon an Hardenberg, 29. 2. 1560, CR 9,1063). Hardenberg muß dieses Angebot als „ostensiblen Brief" gebraucht haben (was Melanchthon ihm indirekt gestattet hatte: „hanc meam Epistolam potes viris cordatis in Collegio vestro ostendere"). Jedenfalls weiß J. Mörlin davon und berichtet entsetzt an Flacius: „Philippus non tantum ad colloquium institutum promisit se illi adfuturum defensorem, sed etiam iussit, ut petat sibi Petrum Martyrem concedi advocari" (CR 9,1063).

[80] NEUSER, Hardenberg, 186.

[81] PRESSEL 469. Vgl. BOSSERT, Charakteristik, 131f.

[82] Melanchthon an Brenz, 9. 2. 1559, PRESSEL 454f.

[83] ERNST IV, Nr. 162, 191 (15. 10. 1556).

[84] „in Wittenberg und Leipzig sollen sich allerlei Disputationes über die Allenthalbenheit

nicht mehr zum ausdrücklichen persönlichen Zerwürfnis führte. Wie man an zahlreichen handschriftlichen Bemerkungen von Brenz am Rand der Drucke von Melanchthons Schriften und Gutachten sieht, hat der Schwabe die Texte des Praeceptors gründlich und offensichtlich erregt gelesen, miteinander verglichen[85] und so dessen Positionsverschiebungen aufmerksam verfolgt.

Der Grund zu diesem Bruch lag in Melanchthons Kolosserkommentar, der – wohl im Mai 1559 – dadurch Publizität gewann, daß der des Calvinismus verdächtigte Pfarrer B. Hagen in einer Apologie sich auf Melanchthons Text berief. An Calvin berichtet Hagen, Melanchthon sei „ganz unser", und er habe deshalb aus taktischen Gründen lieber ihn zitiert als einen schweizer Autor[86]. Daß ein vermeintlicher Calvinist sich Melanchthons bediente, gab der Sache für die Schwaben natürlich doppelte Brisanz. Der Fortgang der „Sache Hagen" wird im folgenden Abschnitt weiter dargestellt werden (S. 52 ff.). Es gab für die Schwaben nun aber auch eine „Sache Melanchthon", die nicht auf sich beruhen durfte, nachdem Herzog Christoph das Buch Melanchthons von der Frankfurter Herbstmesse in Händen hielt. Zu groß war bei Herzog Christoph der Verdacht des „abfall von dem rechten verstand des hern nachtmals, und also Zwinglianismus (oder wie ietzt hoflich darvon geredt will werden) Calvinianismus", wie er am 24. 12. 1559 an Pfalzgraf Wolfgang schrieb[87]. Zu groß war damit auch die Gefahr, wie Christoph ganz richtig sah, daß „Philippi intent" zum „furtrucken" des „durstigen vorhabens" der „Zwinglianer" beitragen könnte[88].

Christoph ließ von Brenz und Andreae je einen Brief entwerfen, vom Stuttgarter Propst an Melanchthon, vom Göppinger Spezialsuperintendenten an Kurfürst August. Abgeschickt wurde aber nur der erste Brief[89]. Dieses Schreiben sieht klar die Gefahr der von Melanchthon nicht ausgesprochenen, von Bullinger aber als zwingend eingeforderten Konsequenz für die Abendmahlslehre: „wir verhoffen, Ir werden sollich schreiben nicht dahin gemeint haben, das hiemit der warhafftigen und wesentlichen gegenwirtigkeit des leibs und bluts Christi in des herrn nachtmall ... etwas benommen sein soll". Größer aber ist für Brenz die Gefahr in Melanchthons geänderter Christologie: Durch die „physische Einschließung des Leibes Christi" würde die Person Christi zerteilt: sie wäre „gantz im sichtbarlichen himmell, aber doch nur das halb teill, nemlich das göttlich wesen bey seiner kyrchen uff erden"[90]. Brenz geht in dieser Kritik über Melanchthons Wortlaut hinaus, aber er trifft scharfsichtig das Kernpro-

---

Christi erhalten, daß zu besorgen, es möchte ein subtiler Calvinismus daselbst einschleichen, dessen Philippus auch im Verdacht sein soll" (KUGLER II, 163 f.).

[85] Vgl. Reformation in Württemberg, 193–196.

[86] Hagen an Calvin, 1559, CR 45,624.

[87] ERNST IV, Nr. 633, 720.

[88] ERNST IV, 720; auf dieselbe Gefahr weist auch Andreae hin: „dessen sich die neuwe Zwinglianer und Calvinianer seer beriemen, das diser werde Mann zugleich mit inen in disem articell hallte" (PRESSEL 463).

[89] PRESSEL S. XXXV. Dies hat STURM, Ursin, 81, übersehen.

[90] Alle Zitate PRESSEL 462; vgl. Reformation in Württemberg, 192 f.

blem von Melanchthons Äußerungen[91]. Dies wird auch durch dessen Rekurs auf die communicatio idiomatum nur verschleiert, nicht gelöst. Brenz schweigt deshalb von ihr. Er distanziert sich von Melanchthon, weil dessen physische Fixierung des menschlichen Leibes sein unsachgemäßes Verständnis der Person aufdeckt. In der Konsequenz dieses Fehlverständnisses sieht Brenz einen „halben Christus", was ruinöse Folgen für die christologische Lehrbildung hätte, v. a. aber die heilsame Gegenwart des göttlichen und menschlichen Christus bei seiner Kirche aufhöbe[92].

Melanchthons Antwort an Christoph vom 28. 11. 1559 bringt keine sachlich neuen Argumente. Er begnügt sich mit dem Hinweis, der – von Brenz gar nicht inkriminierte – Satz „Christus ist überall" stehe bei vielen Autoren, die die Person nicht zerteilten[93]. Im übrigen bittet er, daß man ihm nicht ungehört zürne, und stellt die sachliche Lösung des Problems einer künftigen Synode anheim. In einem gleichzeitigen Brief an Georg Cracov berichtet Melanchthon über seine Antwort an Herzog Christoph und fügt hinzu: „Aber gewiß werde ich es gleichmütig ertragen, nach Asien vertrieben zu werden, wenn soviele Theologen ihre Fürsten gegen mich aufhetzen, daß ich erschrecke, wenn ich sie zähle"[94]. Melanchthon sieht sich also einer ganzen Front von feindlich gesinnten Theologen gegenüber, unter denen Brenz als der Theologe hinter Herzog Christoph die erste Stelle einnimmt.

In Schwaben zürnte man indessen dem Wittenberger keineswegs „non audito". Andreaes Vertrauensvorschuß war zunächst so groß gewesen, daß er erwog, ob Melanchthons „Scripta ... depraviert sein möchten"[95]. Melanchthons Rechtfertigungsbrief, der die Echtheit des Kolosserkommentars ja endgültig bestätigte, konnte die Verdachtsmomente keineswegs ausräumen. Auch angesichts von zwei durch Melanchthon beigelegten Schriften – eine davon war die

---

[91] Es besteht eine fundamentale Differenz in der Christologie zwischen Brenz und Melanchthon, die in dem Streit 1559/60 sichtbar wird und die Brenz auch in seinen späteren Schriften ganz deutlich macht (s. u. z. B S. 56 f., S 165–167). Sie erweist HARDTS Einschätzung, daß „Brenz ... in hohem Maße trotz anderer Formulierungen die Anschauung Melanchthons teilte" (116, auch 118), als schroffes Fehlurteil. HARDTS „Umverteilung der dogmenhistorischen Rollen", nach der „die Württemberger Theologie [im Bezug auf ‚Christologie und Sakrament'] von melanchthonischer Art ist" (123) und Brenz' „Haltung ... übereinstimmend mit der Melanchthons" (108), kann nur als grandiose Fehlbesetzung auf dem theologiegeschichtlichen Theater beurteilt werden. Dem Regisseur ist der wirkliche Charakter beider Beteiligter verborgen geblieben; insbesondere schminkt er Melanchthon weit über Gebühr lutherisch (97–108).

[92] „So wöllen doch wir euch gnediger meinung nicht verhallten, das wir sonderliche fürsorg tragen, ... als ob Ir ewer meinung von des herrn nachtmall, deren Ir zur zeit der beschreibung Augspurgischer Confession und Doctor Luthers seligen lebens gewesen, geendert hetten, und die person Christi durch die physicam locationem corporis Christi in den gestirnten himmell und zur rechten gottes diser gstallt zertrennen wöllten, das gleich woll die person Christi gantz im sichtbarlichen himmell, aber doch nur das halb teill, nemlich das göttlich wesen bey seiner kyrchen uff erden sey" (PRESSEL 462).

[93] PRESSEL 464 f.

[94] BINDSEIL 459. Gegen MAHLMANN (Dogma, 190 A.224) hat Melanchthon die Rolle Brenzens also sehr wohl erkannt.

[95] PRESSEL 463.

2. Auflage der „responsiones ad impios articulos Bavaricae inquisitionis" vom August 1559 mit dem Zusatz gegen die „Physica confusio naturarum" – fand Herzog Christoph nicht „genug getan"[96]. Um entsprechend dem Frankfurter Rezeß bei Kurfürst August zu intervenieren „wegen des Zwinglianismus"[97] bei dem „sonst wol verdiente[n] man Philippus"[98], übergab er die Texte Melanchthons der im Dezember 1559 in Stuttgart im Fall Hagen tagenden Synode.

Als Herzog Christoph das Stuttgarter Bekenntnis am 29. 12. 1559 an Kurfürst August mit der Bitte um Beurteilung durch die Leipziger und Wittenberger Fakultät sandte, wurde diesem Wunsch durch die Sachsen unter dem Beifall Melanchthons nicht entsprochen[99]. Dagegen verhöhnt Melanchthon privat in mehreren Briefen das Stuttgarter Bekenntnis als „Hechingense Latinum"[100].

Als alter Pädagoge hilft er dem Briefempfänger, Jakob Runge, sogleich auf, falls dieser die einst in Melanchthons Vorlesung gehörte Erklärung des Ausdrucks vergessen haben sollte: Sie stammt von einem ehemaligen württembergischen Kanzler Lampardus. Auf einem Konvent in Konstanz unter Kaiser Maximilian (1493–1519) habe der Sohn des Kaisers gefragt, um was für eine Sprache es sich bei dem fürchterlichen Latein eines Zollerschen Grafen handele. Darauf habe der Kanzler schlagfertig geantwortet: Das ist Hechinger Latein. In der Heimatstadt des Zollern, Hechingen, würden „lineae telae horridissimae texuntur", würde ein so schreckliches „Zeug verwoben" wie dieses Latein. Diesen Ausdruck wendet Melanchthon gegen Brenz: „Brenz wiederholt sein ,Zeug von der Ubiquität'"[101]. Das Brenzsche Zeug von der Ubiquität, sein ,Hechinger Latein' fällt für den alten Melanchthon nur noch unter pauschalisierende Polemik: Gegen Papisten wie gegen Flacianer, gegen Württemberger wie gegen Norddeutsche. Der alte Mann will von der Ubiquität in ihrem Widerspruch gegen die alte, reine Lehre der Kirche nichts mehr wissen: Soviel Unreines stört die Sinne beim wahren Nachdenken[102].

Wenige Wochen später, am 19. 4. 1560, wurde Philipp Melanchthon vom Wüten der Theologen, der „rabies theologorum", wie er sagte, befreit. Er starb in der tröstenden und wohl auch die eigenen Grenzen erkennenden Gewißheit, jene „wunderbaren Geheimnisse", die er in diesem Leben nicht hatte erkennen können, dort zu sehen: „Du wirst den Sohn Gottes schauen; du wirst lernen, welcher Art die Verbindung der Naturen in Christus ist"[103]. Auf

---

[96] ERNST IV, Nr. 633, 719.

[97] ERNST IV, Nr. 631, 717.

[98] ERNST IV, Nr. 633, 720.

[99] ERNST IV, 716 A.3; CR 9,1035.

[100] An J. Runge, 1. 2. 1560 (CR 9,1034f.); an G. Cracov, 3. 2. 1560 (CR 9,1036f.); an denselben 5. 2. 1560 (CR 9,1041); vgl. an Hardenberg, 28. 2. 1560 (CR 9,1062).

[101] „Repetit Brentius illam suam telam περὶ τοῦ πανταχοῦ" (CR 9,1035).

[102] „profecto invitus περὶ τοῦ πανταχοῦ disputo, quia multa βέβηλα turbant mentes in vera cogitatione" (CR 9,1036f.).

[103] „Liberaberis ab aerumnis et a rabie Theologorum. . . .
Intueberis filium Dei.

der Erde aber ging das Nachdenken über die Person Christi ebenso weiter wie das Ringen darum zwischen Württemberg und Wittenberg.

3. Johannes Brenz im Streit um die Christologie ab 1556

3.1. Die Entwicklung bis 1559

Johannes Brenz hat sich im Zweiten Abendmahlsstreit zunächst nicht engagiert. Er war, wie er immer wieder schreibt, durch ein Übermaß an Arbeit belastet. Es gab in Württemberg auch keine Veranlassung, unter Gefährdung des bestehenden Konsenses in den Streit einzugreifen. Überdies standen in seiner Korrespondenz noch weit über die Hälfte des Jahrzehnts hinaus die Probleme des Osiandrischen Streits im Vordergrund.

3.1.1. Die drei Predigten vom Abendmahl

Erstmals brach Brenz sein Schweigen im Frühjahr 1556. Er ließ drei Predigten über 1. Kor 11 im Druck erscheinen[1], die noch aus seiner Haller Zeit stammten.

Entgegen der Angabe Mahlmanns[2], die erste Predigt sei in der lateinischen Ausgabe datiert, findet sich in keiner Ausgabe eine Datierung der Abendmahlspredigten. Stattdessen hat aber Bossert eine Handschrift aus Regensburg ediert[3], die trotz deutlicher Umformungen zweifelsfrei eine Urform der ersten Predigt darstellt. Danach sind die Predigten 1547 in Schwäbisch Hall mitsamt ihren christologischen Aussagen gehalten und zum Druck 1556 überarbeitet worden. – Auch in der 1556 von den Brüdern Grether lateinisch und dann auch deutsch edierten Postille[4], die in sehr vielen Auflagen erschien, sind die Predigten enthalten. Brenz hat die drei Predigten aus dem großen Werk ausgekoppelt und sie noch einmal als „Sonderdruck" veröffentlicht; das zeigt sein „politisches" Interesse an einer expliziten Stellungnahme in der Abendmahlsfrage.

In der ersten Predigt, „was das Nachtmal sey" (7–25), begründet Brenz die lutherische Auffassung von der Gegenwart des Leibes Christi im Mahl mit der Gewißheit des verheißenden Christuswortes (8–10). Er kommt aber bei der Widerlegung möglicher Einwände noch einmal auf das christologische Thema zurück, das nun eine andere Funktion erhält: Dem alten Argument, der Leib Christi sei seit der ascensio im Himmel, setzt er sein Verständnis von ascensio,

---

Disces illa mira arcana, quae in hac vita intelligere non potuisti. ...
Qualis sit copulatio duarum naturarum in Christo" (CR 9,1098).

[1] Brenz, Von dem Sacrament; KÖHLER 315 + 316 (danach hier zitiert); Die Datierung auf das Frühjahr 1556 ergibt sich aus einer plattdeutschen Übersetzung durch Johann Freder mit Vorrede vom 4. Mai (KÖHLER 317f.) sowie aus den ersten Reaktionen aus der Schweiz ab Juli (KÖHLER 835; 837- 839).
[2] Dogma, 133 A.42.
[3] BOSSERT, Briefe, 240ff.
[4] KÖHLER 297 bzw. 300

von dextera Dei, von der Einheit der Naturen sowie von der prinzipiellen Überräumlichkeit und Überzeitlichkeit Gottes entgegen, so daß hier wichtige Elemente seiner späten Christologie begegnen (13–17). In der zweiten Predigt kommt er auf das engere Thema der Einheit der Naturen in Interpretation von Joh 1,14 noch einmal zurück (29–33)[5].

Es wäre nicht sinnvoll, hier und im folgenden den genannten Texten jeweils eine genaue Inhaltsangabe und Interpretation folgen zu lassen. Es geht zunächst um die historische Benennung und Einschätzung der Quellen und ihres Kontextes; sie werden dann geschlossen, freilich nicht unter Absehung von den diachronen Momenten, der systematischen Interpretation zugrunde gelegt.

3.1.2. *Das Kolloquium Brenz – A Lasko am 22. 5. 1556.*

Johannes a Lasko war seit dem Frühjahr 1555 Superintendent der Exilsgemeinde in Frankfurt, die aufgrund ihres reformierten Glaubens in Bedrängnis war. Aus diesem Grunde bemühte sich a Lasko um Ausgleich mit den Lutheranern. Bei Herzog Christoph stieß er damit auf offene Ohren, so daß es bei einem längeren Aufenthalt in Stuttgart am 22. 5. 1556 zu einem Kolloquium mit Brenz kam[6]. Lasko erlitt jedoch bei Brenz eine herbe Abfuhr. Er war aus seiner zweifellos schwierigen Situation heraus offenbar Brenz nicht gewachsen, wie seine beiden Briefe an Brenz aus den folgenden Tagen zeigen, in denen er die Sache doch noch retten möchte[7]. Selbst im eigenen Lager wird so berichtet: „er soll beim Antworten eingebrochen sein", schreibt Vermigli an Calvin[8]. Auch Brenz berichtet, man sei überrascht gewesen, wie schwach und unvorbereitet sich Lasko gezeigt habe. Man habe sein Anliegen, seine „mit der Zwinglischen Sect... befleckt[e]" Lehre als der CA konform zu bestätigen, kompromißlos abgelehnt[9]. Immerhin veranlaßte Brenz, daß Lasko seine Aufenthaltskosten und dazu eine stattliche Unterstützung aus dem Kirchenkasten bezahlt bekam[10].

Brenz verhandelte in diesem Kolloquium das Abendmahlsproblem christologisch. Von a Lasko selbst war er dazu provoziert worden, denn der hatte in seiner Brenz vorgelegten „declaratio de coena" selbst christologisch argumen-

---

[5] Die sachliche Gewichtung der christologischen Argumente, die Mahlmann, Dogma, 132f., vornimmt, ist korrekturbedürftig. Die gewichtige Passage in der zweiten Predigt ist ihm entgangen.

[6] Die Akten, denen auch die Einzelheiten über den äußeren Verlauf der Dinge zu entnehmen sind, sind abgedruckt CR 44,150–169. Darüberhinaus sind relevant drei Briefe Brenz': vom 11.7. 1556 an Herzog Albrecht von Preußen (Pressel 426–430); vom 14.7. an den Verleger Peter Braubach (Pressel 431) sowie vom 2.9. an Hartmann Beyer (Pressel 432).

[7] CR 44,155–158; 159f.

[8] 14. 6. 1556, CR 44,196f.

[9] Pressel 429 + 432. Den preußischen Unterhändler Vogel warnt Brenz im Juni 1556 unzweideutig: „Sciat igitur vester princeps eum vere esse sacramentarium. Alligat Christum uni certo loco coeli. ... Ist im kein ernst" (Bizer, Brentiana, 357). Vgl. dazu auch Ernst IV, Nr. 360, 453f.

[10] Bossert, Charakteristik, 135, laut Kirchenkastenrechnungen.

tiert[11]: Bedingung einer Einigung müsse der Konsens über die himmlische Begrenztheit des Leibes Christi sein, behielte doch in der unio der Naturen jede ihre Proprietäten. Von der „ubiquitas" – a Lasko darf als Schöpfer dieser Vokabel gelten[12] – distanziert er sich ausdrücklich und entwickelt auf dieser Basis eine spiritualistische, Calvin nahestehende Abendmahlslehre. Dagegen legte Brenz sein Verständnis der coniunctio der Naturen dar. Aus ihr folge notwendig: „Wo also die Gottheit Christi ist, da muß auch die Menschheit Christi sein"[13]. Diese Argumentation muß a Lasko überrascht haben, und sie war in der Tat im Frühjahr 1556 für den 2. Abendmahlsstreit trotz Brenzens Predigten ungewöhnlich[14].

3.1.3. Die Apologie der Confessio Virtembergica

Was Brenz im Gespräch mit a Lasko vorbrachte, liegt zeitlich und sachlich nahe bei dem Abschnitt über die Eucharistie in seiner Apologie der Confessio Virtembergica. Das am 24.1.1551 von den Württembergern in Trient übergebene Bekenntnis war zwar nicht offiziell beantwortet worden, hatte aber 1552 eine gelehrte schriftliche Bestreitung durch den Dillinger Dominikaner Petrus a Soto erfahren[15]. Diesem Angriff wiederum setzte Brenz eine umfangreiche „Apologie" entgegen, die in 5 Teilen 1555–1559 erschien[16]. In Teil II/2 entwikkelt Brenz im Abschnitt „de eucharistia" knapp, aber sehr dicht und präzise alle wichtigen Grundzüge seiner späten Christologie[17].

Dieser Text läßt sich nicht ganz präzise datieren. Bereits am 24.12.1555 berichtet Vergerio an Bullinger, Brenz habe den 2. Teil der Apologie druckfertig[18]. Das kann aber nicht stimmen, denn noch am 1.3.1556 berichtet Brenz, er sei voll an der Arbeit[19]; am 14.7.1556 entschuldigt er sich beim Frankfurter Verleger Braubach, er komme durch andere Aufgaben zur Zeit nicht zur Arbeit an dem begonnenen 2. Teil[20], und erst am 20.8.1557 schickt er das fertige Manuskript von Worms aus nach Frankfurt an Braubach[21], wo es dann zur Herbstmesse erschien. Da der Eucha-

---

[11] CR 44,152f.
[12] Mahlmann, Dogma, 50; diese Stelle wäre seiner Aufzählung hinzuzufügen.
[13] „Ubicunque igitur est divinitas Christi ibi humanitas Christi sit necesse est" (CR 44,161).
[14] Melanchthons Schwiegersohn schreibt später : „Ac se primum aperuit Brentius in eo colloquio, quod cum Joanne a Lasco habuit" (Peucer 29).
[15] Bizer, Confessio, 64ff.; Brecht, Abgrenzung, 174.
[16] Köhler 288 (Prolegomena), 308 (I), 329 (II/1), 330 (II/2), 355 (III).
[17] Brenz, Apologie, 508–512; vgl. dazu Mahlmann, Dogma, 135ff.
[18] Köhler 834. Vielleicht meinte er den Teil II/1?
[19] An J. Camerarius, Pressel 417.
[20] Pressel 431.
[21] Pressel 439; vgl. v.Schade, Brenz, 496. Gegen v.Schade handelt es sich bei dem von Brenz erwähnten Manuskript nicht um Teil III der Apologie (der 1559 erschien), sondern um Teil II/2 mit dem Eucharistietraktat; in diesem Teil ist der von Brenz im Brief explizit erwähnte Abschnitt über die letzte Ölung enthalten.

ristieabschnitt aber am Anfang von Teil II/2 steht, wird er relativ früh, also 1556/57 entstanden sein[22].

Auch aus diesem Datum – etwa zeitgleich mit dem Gespräch mit Lasko – erhellt, daß diese systematische Darlegung seiner Christologie von Brenz nur zum Teil gegen die Altgläubigen ging, sondern zugleich einen Eingriff in die innerprotestantische Debatte darstellte. Gewiß wendet Brenz seine Ausführungen gegen die altgläubige Sakramentsauffassung, die für ihn „Magia" ist[23]. Aber der innerprotestantische Diskurs hatte doch wohl größere Brisanz, wie Brenz in der Rückschau 1562 bestätigt: Der Grund für seine christologische Stellungnahme in der „Apologia gegen Sotus" sei gewesen, daß er den Anschein vermeiden wollte, „in diesem bürgerlichen Zwiespalt keiner Seite zuzugehören" (M 196,29ff.), was nach dem antiken ‚Gesetz des Solon' mit dem Verlust des Bürgerrechtes bestraft wird. Brenz wollte also im Abendmahlsstreit eindeutig Stellung beziehen, und er tat es seit 1556 durch seine Christologie. 1564 präzisierte er diese Darstellung durch den Hinweis, er habe sich am Anfang, also in der Apologie, nicht zuerst gegen die „Cingliani" gerichtet, sondern habe den Leuten im eigenen Lager – also den Norddeutschen – Sukkurs leisten wollen (R 114,15ff.). Dem Ruf ein unzuverlässiger Vermittler zu sein, den er sich im osiandrischen Streit bei einigen eingehandelt hatte[24], wollte er in der Abendmahlsfrage und ihrer christologischen Zuspitzung entgehen. Dies ist der Kontext, in den seine drei frühen Äußerungen von 1556/57 gehören.

3.1.4. *Zwischen Concordia und Confessio: Brenz und die Schweizer bis 1559*

Die drei genannten eindeutigen Voten waren nach Brenz eigenen Worten auf die deutschen Lutheraner gerichtet. Sie hatten also nicht in erster Linie polemische, sondern konfessorische Funktion. Insofern entspricht die Haltung von Johannes Brenz im Abendmahlsstreit durchaus der der Württemberger im osiandrischen Streit wie in der gesamten binnenprotestantischen Religionspolitik: Sie zielte auf Verständigung und Konkordierung der Parteien.

Vergerio – freilich ein sich bisweilen anbiedernder und deshalb nicht völlig zuverlässiger Zeuge – berichtet am 9.4. 1555 an Bullinger, Brenz sei äußerst betrübt, ja habe fast Tränen vergossen über den neuen Ausbruch des Abendmahlsstreits, „weil er nämlich so sehr Eintracht wünscht"[25]. Gerade auch im Verhältnis zu den Schweizern, seinen späteren erbitterten Widersachern, geht

---

[22] So ist es nicht undenkbar, aber auch nicht wahrscheinlich, daß der Manuskripttext bereits 1556 in Bremen bekannt wurde (MAHLMANN, Dogma, 198). Denn die von Mahlmann herangezogenen Aussagen Vergerios treffen nach Brenz' eigenen Worten sicher nicht zu, und über Peter Braubach kann der Text auch nicht gelaufen sein. Vgl. oben S. 31 f.

[23] Brenz, Apologie, 513.

[24] Eindrucksvolle Belege bei BIZER, Brentiana, 320–322; ein Beispiel: „Wie das rohr in der wüsten/ Wancket er hin und her,/ Ergert viel frome Christen/ Sein gericht wirt sein schwer" (anonymes Schmähgedicht).

[25] KÖHLER 829 – Schon kurze Zeit später aber meint Vergerio bei Brenz in der Auseinandersetzung mit a Soto und a Lasko zunehmende Schärfe festzustellen (KÖHLER 830 + 831).

das Bestreben des Schwaben auf Ausgleich. Er steht damit in Übereinstimmung mit dem schon oben erwähnten Grundsatzprogramm seines Herzogs „über Herstellung der Einheit der A. K.-Verwandten". Hierin wird ausdrücklich „gleichait und concordia ecclesiarum" auch mit der Schweiz als Ziel gesehen. Dazu sollen die entstandenen Konflikte über den „artikel des hochwürdigen sacraments des herrn nachtmals" beigelegt werden in „christlicher, bruderlicher lieb"[26]. Allerdings ist Christoph, wie nicht anders zu erwarten, nicht zu Kompromissen in der Sache bereit: denn „christenliche conciliation mit den Schweizern" heißt nichts anderes, als sie „von iren irthumben abzuweisen"[27].

In der praktischen Arbeit an diesem Programm hat weniger Brenz als vielmehr Jakob Andreae sich engagiert. Durch regen Schriftwechsel wie durch Druckschriften versuchte Andreae mit den Schweizern zum Ausgleich zu kommen[28]. Dabei muß aber differenziert werden. Andreaes Aktivitäten gingen v. a. in Richtung Genf, wo trotz des Consensus Tigurinus noch lange eine Einigung mit Calvin und besonders mit Farel und Beza möglich schien. Der weitestgehende Schritt war ein von Beza und Farel in Göppingen den Württembergern vorgelegtes, der lutherischen Sicht nicht fernes Abendmahlsbekenntnis vom 14. 5. 1557. Mit diesem Schritt stießen die beiden jedoch im eigenen Lager – bei Calvin – auf Skepsis, bei den Zürichern auf schroffe Ablehnung. Insbesondere Bullinger hatte von Anfang an eine Einigung für ausgeschlossen gehalten. Dieser Konstellation entsprach Andreaes Einigungskonzept, das sich nicht bei Bullingers Zwinglianismus, sondern allein bei dem Kreis um Calvin Chancen auf Übereinkunft ausrechnete.

Andreaes wichtigste konziliatorische Schrift in dieser frühen Phase war sein „Kurzer und einfältiger Bericht von des Herrn Nachtmahl", der Anfang 1557 in Tübingen erschien[29]. Mit diesem Programm identifizierte sich Brenz öffentlich durch eine vom 11. 1. 1557 datierte Vorrede.

Andreae will eine „Christliche beständige vergleichung und einigkeit" erzielen (5 b). Dazu scheidet er zunächst die Lehren der „Päbstischen unnd Widerteüffer" aus (32b/33a). Im „Span zwischen den Zwinglischen und Lutherischen" dagegen unterstellt er zunächst beiden, als die „rechtgleübigen" zu bekennen, daß „mit Brot und Wein der warhafftig Leib und Blůt Christi gegeben und überreicht werden". Das „wöllens auch die Zwinglischen niemals geleügnet haben" (33a/b). Er stellt beide Positionen darum zunächst in ihrem eigenen Sinn dar und erklärt den Streit daraus, daß sie sich „immer einer anderst außgelegt dann sie der ander verstanden hat" (38b/39a). Fast im humanistischen Stil eines Erasmus also scheint sich Andreae außerhalb des Streites zu stellen und durch sachliche Erörterung der Begriffe Mißverständnisse abbauen und einen Konsensvorschlag erstellen zu wollen.

---

[26] Vom 3. 4. 1557, Ernst IV, Nr. 240, 292–300, hier 294.

[27] Christoph an Melanchthon, 20. 12. 1557, Ernst IV, Nr. 364, 457f. Ebenso im Schreiben an Melanchthon vom 1. 12. 1557, Ernst IV, Nr. 358, 452: „das die Schweizer, und andere exterie ecclesie so mit dem irthumb des zwinglianismi befleckt, auch zu uns gebracht mochten werden".

[28] Müller-Streisand 275–303.

[29] „primus ipsius foetus" (Heerbrand, Andreae, B4b).

Freilich führt Andreae dieses Vorhaben kaum befriedigend durch. Zu sehr zeigt er sich in der Erörterung dann doch als positioneller Theologe; seine Ergebnisse konnten von den Schweizern unmöglich akzeptiert werden und somit auch keine Einigung schaffen, ließen sie doch an lutherischer Eindeutigkeit nichts zu wünschen übrig: „In summa D. Luthers seliger meinung und unser aller, die wir im nachreden, ist anderst nit, dann die Gegenwertigkeit deß Leibs Christi im Nachtmal zůerhalten, welchs wir mit unn durch das wörtlin ‚Leiblich‘ verstehen“ (52b/53a). Auch das Thema von ascensio und dextera, „darauff gar nahe der gantz handel berůwet“ [!] (51a), läßt er nicht aus: „Dieweil dann Christus als deß menschen Son gen himmel gefaren unnd gesetzt zů der Gerechten Gottes, Die Gerechte Gottes aber erfüllet himmel und erden, so volget hierauß klårlich, das nun auch deß menschen Son alle ding gegenwertig sey, und das er alles erfülle, der über alles herrschet und regiert“ (62a ff.).

Die Konziliationsabsicht, die Brenz und Andreae mit dem Kurtzen und einfeltigen Bericht gehabt hatten, mußte notwendig am sachlichen Dissens scheitern. Bullinger lehnte ihn scharf ab[30]. Calvin lobte in seiner Antwort an Andreae zwar dessen persönliche Milde, zeigte sich aber enttäuscht über die tiefe sachliche Diskrepanz[31]. Gegenüber B. Hagen äußerte er gar: „Ich bin überrascht, daß er sich von uns nicht weniger unterscheidet als einer von unseren erklärten Gegnern“[32]. Damit waren die Einigungsbemühungen mit den Schweizern an ein Ende gekommen.

Zu allem Überfluß gerieten die Schwaben mit ihrer Konziliationspolitik auch gegenüber der anderen Seite, den norddeutschen Gnesiolutheranern, ins Zwielicht.

Sowieso war Brenz hier wegen seiner vermittelnden Haltung zu Osiander bis hin zur Verweigerung der Damnation in Worms suspekt. Aufgrund des Mißtrauens, das Brenz sich in dieser Sache zugezogen hatte, war er auch schon 1553 wegen *anderer* Lehraussagen von „gnesiolutherischer“ Seite angegriffen worden, namentlich von Gallus und dem Weimarischen Hofprediger Johannes Stolz. Dabei war es u. a. um die Notwendigkeit der Einsetzungsworte beim Abendmahl gegangen, die Brenz angeblich in seiner Katechismuserklärung geleugnet haben sollte. Brenz verteidigte sich gegen die ungerechtfertigten Vorwürfe in einer Apologie[33].

Diese alte Skepsis gegenüber Brenz fand nun an den Ausgleichsbemühungen mit der Schweiz neue Nahrung, zumal seine eindeutigen Voten von 1556/57 keine weite Verbreitung erlangt hatten. Besonders markant – und ungerecht – ist

---

[30] 16. 5. 1557 an Calvin, CR 44, 481–486; vgl. MÜLLER-STREISAND 289 ff.

[31] „Etsi autem tuam moderationem exosculor et laudo, mihi tamen non parum dolet, plus esse in sententiis nostris dissidii quam putaveram“ (Calvin an Andreae, 1. 8. 1557, CR 44, 553).

[32] Calvin an Hagen, wohl Anfang August 1557, CR 44, 554.

[33] „Johann Brentii … Ehren=Rettung Wider die übele Nachred etlicher Sächsischen Theologorum sonderheitlich des Galli und Stoltzii Fürstl. Weimarischen Hoffpredigers, wegen der außgegangen Württemberg. Kirchen=Ordnung und Catechismi“, gedruckt PFAFF 370–380. Vgl. dazu WEESENMEYER; WEISMANN, Eine kleine Biblia, 76. – Stolz’ Polemik ist gedruckt bei BIZER, Brentiana, 320f. (vgl. KÖHLER 801). BIZER bezeichnet irrtümlich dieses Schriftstück als „philippistisches Urteil“.

das Urteil des alten Amsdorff: „Estliche sagen, sie verdamnen den Cinglianis-
mum. Aber B. [sic, gemeint: Brenz] Vorred uber D. Jacobs Buch zu Göppingen
zeuget viel anders. Denn darinn wollen sie Lutherum, Gottseligen, und Cin-
glium concordiren. Si dijs placet. Quod plane impossibile est. Wer hat je gehört,
das man contradictoria concordiren könne"[34]. Diese Vorwürfe sind nach den
bekannten Texten völlig unhaltbar. Aber sie sind wohl der Preis für das zu dieser
Zeit noch fehlende Bewußtsein der Schwaben über das Verhältnis von positioneller Eindeutigkeit und der Möglichkeit der Konkordierung. Jedenfalls zeigen
sie, was auch von anderer Seite Bestätigung findet: 1557 gilt Brenz' Position
noch weithin als offen zur „reformierten" Seite: Aus dem Herbst 1557 existieren
zwei Briefe von Zanchi und Hardenberg an Melanchthon, in denen dieser
gebeten wird, sich um den einflußreichen Brenz als Vertreter ihrer Position zu
bemühen. „Gib dir Mühe, Herr, daß du Brenz mit uns verbindest" schreibt
Hardenberg[35].

3.1.5. 1559 als Jahr der Wende: Die Stuttgarter Synode

3.1.5.1. Die religionspolitische Lage Württembergs im Jahr 1559 –
eine Zwischenbilanz

Die Jahre 1559 und 1560 sind wiederholt als epochaler Einschnitt in der
Geschichte der Spätreformation gesehen worden[36]. Derselbe Befund ergibt sich
für Württemberg bei Würdigung der bisherigen Beobachtungen; nicht zufällig
liegt genau zu diesem Zeitpunkt einer der Meilensteine der württembergischen
Kirchengeschichte, die Stuttgarter Synode von Dezember 1559.
Die Hoffnung auf Einigung mit den *Schweizern* war nach dem Höhepunkt der
Annäherung im Frühsommer 1557 endgültig enttäuscht. 1559 finden sich in den
Voten Herzog Christophs nur noch ganz pauschale Absichtserklärungen zur
Übereinkunft mit allen ausländischen Kirchen[37]. Einen konkreten pfälzischen
Konventsvorschlag aber lehnt er im Oktober 1559 nun eindeutig ab; er sieht
keine Aussicht auf Einigung mit den Zwinglianern und will seine Treue zur CA
und zum Religionsfrieden nicht in Zweifel ziehen lassen[38].
Ebenso hatte sich die Lage im Verhältnis zu den *deutschen Protestanten* ver-
schärft. Die in der Annahme des Frankfurter Rezeß' (18. 3. 1558) offenbare

---

[34] N. v. Amsdorff, Offentlich Bekenntnis. 81.
[35] Hardenberg an Melanchthon, 21. 10. 1557, CR 9,350; Zanchi an Melanchthon, 4. 9. 1557:
„Postremo, si tibi visum fuerit, agas etiam cum D. Brentio, quem novi quidem e suis scriptioni-
bus doctissimum virum: audio vero etiam humanissimum et optimum Christi servum esse, ne
silentio suo in tali errore [!] multos retineat multi enim ab eius autoritate pendent" (BINDSEIL
420).
[36] BARTON 10; G. OESTREICH („Epochenjahr des westeuropäischen Protestantismus"), zitiert
bei BAUMANN, 192 mit A.9; KOCH, Bullinger und die Thüringer, 329f.; im Blick auf Frankreich: NÜRNBERGER 74.
[37] ERNST IV,648 A.3 (Mai 1559); 657 (25. 5. 1559); 698 (2. 10. 1559).
[38] 3./4. 10. 1559, ERNST IV,700–702. S. o. S. 20ff.

Konkordienabsicht war nach dem Erscheinen des Weimarer Konfutationsbuches zurückgeworfen worden (vgl. S. 19). Einerseits waren nun die Schwaben wegen mangelnder Eindeutigkeit suspekt, andererseits sah man sich allerorten der neuen Expansion des Calvinismus entgegengestellt. Prekär wurde die Lage insbesondere durch den Umsturz in der Kurpfalz (vgl. S. 20ff.); aber auch gegenüber den anderen *reformierten* Gemeinden – s. o. (S. 22f.) das Beispiel von Trier und Aachen – gingen die Schwaben nun, in Dezember 1559, anders als früher auf Distanz. Dazu kam die offenbare Priorität des Calvinismus unter den Protestanten *Frankreichs* (vgl. S. 24–28). Weiter stark ins Gewicht fiel die jetzt offen erkennbare Wendung des einflußreichen *Melanchthon* und die Kontroverse mit ihm – ebenfalls im Winter 1559 (vgl. S. 37ff.).

Wie sich im Dezember 1559 – auf diesen Monat zentrieren sich in Württemberg die Ereignisse – in Stuttgart die Lage darstellte, faßt Herzog Christoph auf der Basis einer Brenzvorlage am 16.12. 1559 gegenüber Friedrich III. zusammen: es sei „je hoch zu jamern, das der Zwinglianismus also heufig einreußen thut"[39]. Die Intention, Einheit zu stiften, wurde auch jetzt in Württemberg nicht einfach aufgegeben, wie das noch 20 Jahre fortgehende Konkordienbemühen dokumentiert. Aber Ende 1559 war eine erste komplexe Phase der Kristallisierung und der Bewußtwerdung der späteren großen Konfessionen abgeschlossen. Neben dem Willen zur Verständigung stellte sich die Herausbildung und Deklamation des je Eigenen verstärkt als Aufgabe, des je Eigenen, das sachlich in Württemberg (jedenfalls unter Christoph) nie in Frage gestanden hatte, aber nun forciert auch nach Abgrenzung verlangte. Brenz formuliert 1564, „concordia und communio" dürften keinesfalls um den Preis von Kompromissen in der Sache erkauft werden. Die Gewißheit des Heiles – um nicht weniger ging es ihm – sei jeden Streites wert (R 315,19–25).

3.1.5.2. *Das Stuttgarter Bekenntnis vom Dezember 1559*

Neben allen genannten Momenten riefen 1559 in Württemberg calvinistische Tendenzen im eigenen Lande das klare Bekenntnis des Eigenen hervor. Dabei ist die Konsequenz, mit der dieses Bekenntnis angesteuert wurde, nur vor dem Hintergrund des gesamten skizzierten Bildes verständlich.

Den Anlaß gab der Pfarrer Bartholomäus Hagen aus Dettingen bei Kirchheim/Teck, der auch das Vertrauen der Herzoginmutter Sabina in Nürtingen als Geistlicher besaß. Im Frühjahr 1559 wurde Hagen wegen angeblicher calvinistischer Tendenzen in der Abendmahlslehre angezeigt[40]. Auf den 13. April nach Stuttgart vorgeladen, erklärte Brenz ihm in Anwesenheit der herzoglichen Räte, daß „zwischen uns und den Schweizern in allem Übereinstimmung herrscht

---

[39] KLUCKHOHN, Briefe I,108.
[40] Über den Fall berichtet Hagen an Calvin am 4.9. 1559, CR 45,622–625; Vgl. am eingehendsten SCHNEIDER. Weiterhin: SCHNURRER 259ff.; HEPPE I, 311ff.; HARTMANN/JÄGER II,372ff.; SCHMID, Der Kampf, 238ff., HERMELINK 90f. und RE 19, 116ff.; MÜLLER-STREISAND 325ff.; MAHLMANN, Dogma, 176ff.; BRECHT/EHMER 369ff.

außer bei einem ‚Knoten', dem Artikel von der Himmelfahrt". Den inzwischen zementierten Dissens sah Brenz also nicht allgemein in der Abendmahlslehre, sondern präzise in ihren christologischen Voraussetzungen. Entsprechend wurde der standhaft widersprechende Hagen aufgefordert, sich binnen eines Monates „categorice" über die Frage zu äußern, ob er glaube, „daß der Leib Christi zugleich im Himmel und zugleich hier auf Erden sei"[41]. Hagen, in der Tat mit Calvin vertraut und mit dessen Abendmahlslehre übereinstimmend, legte eine „Apologia" vor, in der er sich – wie schon berichtet (s. o. S. 42) – auf Melanchthon berief und damit die Sache zuspitzte. Diese Apologie wurde von Herzog Christoph auf Vorschlag von Brenz an einige führende Theologen im Herzogtum[42] sowie an die Tübinger Fakultät zur Begutachtung geleitet[43]. Nachdem deren Urteile darin übereinstimmten, daß Hagen im Abendmahl „nit aufrecht und christenlich" lehre, wurde für den 14. und 15. 12. 1559 ein Theologenkonvent mit allen Theologieprofessoren, Äbten, Superintendenten und Räten nach Stuttgart einberufen[44]. Auch der gerade aktuelle Streitfall mit Melanchthon wurde vom Herzog auf die Tagesordnung der Synodalberatungen gesetzt[45]. Insgesamt sah er durch die theologisch-historische Großwetterlage die Herausforderung gestellt, „wie dem Zwinglianismus gewehrt werden könnte"[46].

Jakob Andreae führte auf der Synode die Verhandlungen mit Hagen, der am Ende nachgab. Am 19. 12. 1559 wurde ein von Brenz verfaßtes Bekenntnis von allen Beteiligten unterzeichnet. In diesem berühmten „Bekenntnus und Bericht der Theologen und Kirchen=Diener im Fürstenthum Würtemberg von der wahrhafftigen Gegenwärtigkeit des Leibs und Bluts JEsu Christi im heiligen Nachtmahl"[47] ist wie in Brenz' Predigten die Realpräsenz aus den Einsetzungsworten begründet. Dem Gegenargument der leiblichen Himmelfahrt Christi aber wird aufgrund von Eph 1,21 und 4,10 entgegengestellt: „auch der Mensch Christus erfüllet alles"[48].

In diesem bedeutenden Bekenntnisdokument wurde Brenz' späte Christologie erstmals verbindliche Lehrnorm, und sie wurde weithin bekannt. Die Württemberger hatten sich für lange Zeit auf das ihnen Eigene geeinigt und es gegen gegenläufige Bewegungen vertreten. Freilich stießen sie sofort auch auf Widerspruch – vereinzelt im eigenen Lande, v. a. in der Schweiz und in Kursachen. Das Eigene war nur um den Preis der Abgrenzung zu haben. Der Stein im Streit um

---

[41] Hagen an Calvin, 4. 9. 1559, CR 45,623.

[42] Eine alte Tradition seit J. V. ANDREAES *Fama Andreana* (96) meint, diese Prozedur habe nur der Überprüfung der Gesinnung der *Gutachter* durch Brenz gedient (HEPPE I. 312; GÜRSCHING 129; MÜLLER-STREISAND 330). Dafür gibt es aber keinerlei Indizien. Dagegen schon SCHNEIDER 270f.; HERMELINK, RE 19,117.

[43] Schreiben Christophs vom 10. 9. 1559. ERNST IV,693.

[44] Schreiben Christophs vom 1.12. und 7. 12. 1559, ERNST IV, 714f. mit A.2.

[45] ERNST IV, 717f.

[46] ERNST IV, 715 A.2.

[47] Es wurde deutsch 1560 und lateinisch 1561 gedruckt. Zitiert wird nach PFAFF, 334–339, lateinisch 340–344.

[48] Stuttgarter Bekenntnis 336.

die Christologie war endgültig ins Rollen gebracht. Vor die Concordia war einstweilen die Confessio getreten.

Der Erwähnung wert ist die kritische Haltung des Stuttgarter Stiftspredigers Matthäus *Alber* zum Stuttgarter Bekenntnis, die von Brenz toleriert wurde. Alber erklärte im Sommer 1560, daß er „auß gedrungenem gewissen . . . die zwei Dogmata de ubiquitate corporis Christi und de phisica seu reali idiomatum communicatione nit konnte consentiren". Abgesehen von der Aufnahme dieser polemischen Formel Melanchthons äußert sich der 64jährige aber in sehr moderatem und gewinnendem Ton. Er habe seit Jahrzehnten „Lutheri opinionem" in dieser Sache immer wieder geprüft, aber er vermöge sie „mit gutem Gewissen" nicht zu vertreten; auch jetzt könne er der Christologie Brenzens deshalb nicht voll zustimmen. „So bitte ich derowegen E. F. G. ich Unterthäniger hochfleißig, mich Alten mit Gnaden auch darbei bleiben zu lassen"[49]. – Dieser Bitte wurde entsprochen. Am 22. Juni 1560 kam es zwischen einem Theologengremium und Alber zu einer Verständigung. Brenz votierte beim Herzog ausdrücklich für Alber. Er schätze ihn als bewährten und zuverlässigen Kollegen und Stellvertreter. So solle man seine abweichende Meinung tolerieren, wenn er – wie versprochen – „hieraus kein Gassengeschrei" mache[50].

3.2. Der Schriftenwechsel zwischen Brenz und Bullinger/Vermigli 1561–1564

Bereits 1556 hatte Brenz gegenüber a Lasko geäußert, daß die christologischen Gedanken, die er in jenem Gespräch knapp ausgeführt hatte, sich nur in einem gründlichen Kommentar befestigen und erläutern ließen[51]. Die Zuspitzung der Ereignisse bis 1559 gab den Anlaß, dieses Desiderat einzulösen. Es entstand nicht nur ein Kommentar, sondern eine Reihe von vier Schriften. Dies geschah im Rahmen einer literarischen Fehde mit H. Bullinger in Zürich.

3.2.1. Brenz und Bullinger

Daß Brenz und Bullinger zu Kontrahenten wurden, lag nicht an persönlichen Animositäten. Bullinger hatte sich während der Zeit des Interims große Sorgen um den „herrlichen und gelehrten Brenz" gemacht[52]. Noch 1553, als Westphal und Calvin schon im Streit lagen, gab es einen freundschaftlichen Briefwechsel zwischen Brenz und Bullinger, in dem Bullinger sehr um den Schwaben warb und ihm zusammen mit dem Consensus Tigurinus zwei Predigten über das Abendmahl[53] sandte, offensichtlich in der Hoffnung auf Zustimmung und

---

[49] Der Brief Albers ist gedruckt bei HARTMANN, Reformationsgeschichte, 350–352 (hier 350 f.); Original im Hauptstaatsarchiv Stuttgart, A 63 Bü 26, danach gegen HARTMANN richtig zu datieren auf den 19. *Juni* 1560. Vgl. HARTMANN/JÄGER II,382; BRECHT/EHMER 370 f.

[50] Brenz an Herzog Christoph, 6. 7. 1560, HARTMANN, Reformationsgeschichte, 352 (= PRESSEL 471 f.).

[51] CR 44,159.

[52] 25. 12. 1546, PESTALOZZI 284; an Calvin, 14. 7. 1548, KÖHLER 810.

[53] „Von dem heiligen Nachtmal Unsers Herrenn Jesu Christi . . . zwo Predigen Heinrychen Bullingers", Zürich 1553 (STAEDTKE 268).

„concordia"[54]. Diese Zustimmung fand Bullinger aber natürlich nicht, ebensowenig wie er mit einem weiteren Vorstoß Erfolg hatte: Im März 1556 schrieb er an Herzog Christoph, er wolle gern den vertrauensvollen Dienst, den er bisher dem württembergischen Fürstenhause – unter Ulrich – erwiesen habe, auch gegenüber Christoph fortsetzen. Doch die Reaktion des Herzogs war an Kälte nicht zu überbieten: Das Aktenstück trägt seinen handschriftlichen Vermerk: „darf kainer antwurt"[55].

Daß schon die Werbung Bullingers vom Sommer 1553 in Württemberg keine Resonanz fand, lag an der bereits damals für Brenz unübersehbaren Kluft zwischen „amicitia" und „concordia" einerseits und Bullingers Texten zum Abendmahl andererseits. Spätestens nach Brenz' Predigten zum Abendmahl von 1556 war diese Kluft Bullinger selbst dann ebenso klar wie dem Schwaben. „Hui, wie krass und papistisch schreibt dieser greise Theologe über das Mahl des Herrn", kommentierte er Brenzens Texte[56]. Als Grund seiner Abweisung benennt er, daß Brenz „also von dem lib Christi redt, alls ob er glijch wie die Gottheit allenthalben sye"[57]. Das Verhältnis war von nun an völlig abgekühlt. Während Farel, Beza und Andreae auf der Schiene Tübingen – Genf noch weiter um Einigkeit rangen, hatte sich Bullinger zum „Falken" im Schweizer Lager gemausert, der scharfsichtiger als viele andere jeden Konkordienversuch für aussichtslos hielt[58].

Im selben Jahr 1556 griff Bullinger mit einer eigenen Schrift in den Abendmahlsstreit ein. Er veröffentlichte im Februar seine „Apologetica Expositio", in der er eine umfassende Verteidigung gegen die lutherischen Angriffe aus Norddeutschland bot und sich in der charakteristischen Identifizierung von zwinglianischer Alloiosis und melanchthonischer communicatio idiomatum auch zur Christologie äußerte[59]. 1557 nannte Bullinger Brenz in einem Munde mit den verhaßten ernestinischen Sachsen[60]. Die beiden Männer, die sich persönlich wohl nie begegnet waren, aber sich im gleichen Kampfe sahen, waren zu erbitterten Kontrahenten, wenn auch nicht zu persönlichen Feinden[61] geworden. Der Bruch war endgültig. Er blieb es, auch wenn einige Jahre keine öffentlichen Texte ihn dokumentieren. Seinen endgültigen Ausdruck fand er in dem Schriftenwechsel 1561–1564.

---

[54] Bullinger an Brenz, PESTALOZZI 459; Brenz an Bullinger, 6.6. 1553, PRESSEL 367; Bullinger an Brenz, 23.7. 1553, KÖHLER 821.

[55] Bullinger an Herzog Christoph, 12.3. 1556, ERNST IV, Nr. 31,32f. mit A.2.

[56] „Hui quam crasse et papistice scribit hic senex theologus de coena Domini" (Bullinger an Calvin, 28.8. 1556, CR 44,269f. [= KÖHLER 838]).

[57] An Graf Georg v. Württemberg in Mömpelgard, 22.11. 1556, KÖHLER 839.

[58] Bullinger warnt Calvin vor Andreae (20.6. 1557, CR 44,516); s. o. S. 48ff.

[59] Bullinger, Apologetica Expositio, 58, zur Christologie allgemein 56ff.

[60] Bullinger an Calvin, 9.4. 1557, KÖHLER 841.

[61] Noch lange nach dem sachlichen Bruch, 1557, ließ Bullinger Brenz durch Melanchthon „freundschaftlich (amicissime)" grüßen (27.10. 1557, BINDSEIL 425). Und Brenz lobt Bullinger 1561 als „Mann von großer Belesenheit und Bildung", mit dem er gerne einträchtige Freundschaft pflegen würde, worauf wegen des fortgeschrittenen Streites aber nicht zu hoffen sei (S 112,15–20).

3.2.2. Brenz' De Personali Unione und Bullingers Tractatio

Die Entstehung der Schriften Brenzens, Bullingers und Vermiglis ab 1561 hat Th. Mahlmann dargestellt in seiner (in Bd. II und III noch ungedruckten) Edition der Brenzschriften. Er zitiert dabei auch aufschlußreiches ungedrucktes Material, namentlich Schreiben von Herzog Christoph, dessen Briefwechsel im Druck nur bis 1559 vorliegt. – Die folgende Darstellung basiert zu größeren Teilen auf Mahlmanns Informationen, auch wo sie die Akzente etwas anders setzt und manches hinzufügt.

Im Dezember 1559 erwähnt Herzog Christoph erstmals eine Anthologie von Lutherzitaten zum Abendmahl und kündigt Kurfürst Friedrich III. an, es sei „der muehe auch costens wol werth, das solches lateinisch und teutsch wiederumben getruckt werden"[62]. Die Konsolidierung der württembergischen Lehre versteht sich selbst also ausdrücklich als Rezeption der Theologie Luthers. Zusammengestellt hatte diese Anthologie Brenz, wie aus zwei im Tübinger Universitätsarchiv erhaltenen Briefen des Herzogs an die dortige Fakultät hervorgeht, in denen er um ein Votum zur Frage des Neudrucks der Luthertexte bittet[63]. Christoph hatte seinen Probst auch einen Kommentar, „ain declaration daran hennckhen … lassen"[64]. Dieser Brenztext stellt die Urform von De personali unione dar, das auch noch in der endgültigen Fassung von 1561 die Lutheranthologie enthält, nun allerdings als zweiten Teil (P 78–104).

Mit der Veröffentlichung von Brenzens Schrift zögerten die Württemberger noch ein Jahr, bis Anfang 1561, da nach der im Stuttgarter Bekenntnis erlangten Einmütigkeit weder im inneren noch im äußeren ein dringender Veröffentlichungsgrund vorzuliegen schien. Eine Veränderung ergab sich durch die Fortentwicklung der Dinge in der Kurpfalz; besonders durch die Veröffentlichung des Heshusiusgutachtens Melanchthons sah Brenz sich provoziert[65]. Am 19. 10. 1560 beantwortete Brenz in einem ausführlichen Brief eine Frage Friedrichs III. zur Abendmahlslehre, die dieser ihm „auff dem fürstlichen schiessen zu Studtgarten" gestellt hatte. Dabei legte er die Grundzüge seiner Christologie dar, wie sie dann auch in De personali unione begegnen[66].

Schließlich beschloß ein Theologenkonvent in Stuttgart vom 29.-31. 12. 1560[67] die Veröffentlichung von Brenzens erweiterter Schrift, die jetzt „De personali unione duarum naturarum in Christo" hieß, da nun „durch der Unsern Geduld und Stillschweigen wedr der Sache noch Personen gerathen, vielmehr durch die Schrift Vieler Glaube gestårkt und Gewissen erbaut werden" könnten.

---

[62] Herzog Christoph an Kurfürst Friedrich, 16.12. 1559, KLUCKHOHN, Briefe I, 108; ähnlich im Brief an seine Räte, 7. 12. 1559, ERNST IV, 715 A. 2; s. o. S. 23.

[63] Schreiben vom 18. 3. und 17. 4. 1560, Universitätsarchiv Tübingen 12/10, Nr. 3 + Nr. 3 a. – Auch B. Hagen berichtet von der Anthologie und Brenzens „libellum" (CR 47,351; hier zu spät datiert).

[64] Universitätsarchiv Tübingen, 12/10, Nr. 3 a.

[65] So im Brief an Camerarius, 21. 10. 1560, PRESSEL 480.

[66] PRESSEL 475–479.

[67] Davon berichtet E. Milander an Bullinger, 17. 2. 1561, KÖHLER 856.

Im Hinblick auf die Adressaten wird bezeichnenderweise geäußert, „daß den ausländischen Kirchen damit geraten und geholfen" werde[68]. Brenz nennt wiederum die benachbarte Kurpfalz, die durch das „renovatum dogma Cinglii" erschüttert werde[69].

Die Schrift erschien Ende Januar / Anfang Februar 1561 in Tübingen[70]. Sie ist gegen die schweizerische und gegen die melanchthonische Lehre gerichtet. Seine Enttäuschung über Melanchthon und seine Schüler äußert Brenz deutlich: Von denen er sich Hilfe im Kampf gegen den gemeinsamen Gegner erhofft hatte, die wüteten jetzt mit größerem Haß und giftiger gegen ihn als je gegen einen Gegner (P 6,13–16). Aber auch vom ‚gnesiolutherischen' Extrem, der Thüringer „neuen Sekte der Anathematisten" distanziert er sich (P 76,1–12).

Brenz' Buch blieb nicht die einzige lutherische Schrift zur Christologie, die auf die Veröffentlichung von Melanchthons Heshusiusgutachten reagierte. Auf Druck von J. Mörlin veröffentlichte *Martin Chemnitz* 1561 (Vorrede vom 3.3. 1560) seine „Repetitio sanae doctrinae de vera praesentia corporis et sanguinis Domini in coena", zu der auch ein abschließendes Kapitel mit der Überschrift „Doctrina de communicatione idiomatum duarum naturarum in persona Christi" gehörte[71]. Damit hatte der zweite Theologe die Bühne betreten, der nach und neben Brenz die postreformatorische Christologie entscheidend prägen sollte. Chemnitz fußt in seiner Repetitio auf Brenz' „schöpferische[r] Erneuerung der Christologie" in der Apologie von 1557, auch wenn er melanchthonisierende Vorbehalte beibehält. Ab 1562 kennt und verarbeitet auch Brenz Chemnitz' Schrift; im folgenden wird deshalb an einigen Stellen auf Chemnitz Bezug genommen. Die Christologie des Niedersachsen kann aber im Rahmen dieser Arbeit nicht untersucht werden. Eine solche Analyse bleibt ein dringendes Desiderat.

Zurück zu Brenz: Seine stärkste Wirkung tat Brenz' De personali unione in der Schweiz. „Was gibt es jetzt, bitte, noch für eine Hoffnung auf Eintracht"[72], fragte Bullinger, der sich in seiner Position bestätigt sehen mußte. Daß in der Tat keine Hoffnung mehr bestand, zeigt Bullingers „Tractatio verborum Domini: in Domo patris mei mansiones multae sunt"[73], die zeitgleich mit Brenzens Buch erschien[74]. Natürlich kannte Bullinger die Abendmahlspredigten, die Apologie und das Stuttgarter Bekenntnis Brenzens, auf De personali unione, von dessen

---

[68] Bericht der „Prälaten und übrigen verordneten Theologen", 31.12.1560, HARTMANN/ JÄGER II, 383.

[69] An J. Camerarius, 7.1.1561, PRESSEL 480 f.

[70] KÖHLER 385. Die ersten (kritischen) Reaktionen liegen aus der zweiten Februarhälfte vor (KÖHLER 856 ff.; STURM, Briefe, 103 ff.).

[71] MAHLMANN, Chemnitz, Gestalten der Kirchengesch., 318; DERS., Bibliographie Chemnitz, Nr. 2; zum Inhalt: DERS., Dogma, 205 ff.

[72] Bullinger an J. Jung, 23.3.1561, KÖHLER 858. Vgl. auch Briefe von M. Schenck (22.3. 1561, CR 46,409) und A. Blaurer an Calvin (CR 46,420). Auch Calvin äußert sich schroff ablehnend (an A. Blaurer, 28.5.1561, Briefwechsel der Brüder Blaurer III, Nr. 2356, 616).

[73] STAEDTKE 417. Im Mai erschien die deutsche Übersetzung L. Lavaters: „Von dem Himmel unn der Grächten Gottes" (STAEDTKE 418).

[74] Indiskutabel fehlerhaft und unzuverlässig ist die Schilderung der Ereignisse durch SCHUL-

Vorbereitung er wußte, konnte er in seiner (laut Vorwort) im Dezember 1560 abgeschlossenen Schrift aber nicht mehr eingehen, wie er an Ambrosius Blarer schrieb: „An eben dem Tag, an dem meine Tractatio am Licht erschien, erhielt ich das Brenz' Buch ,De personali unione'. Wenn ich es schneller bekommen hätte, hätte mein Buch ausführlicher sein können"[75]. – Der Inhalt der Bullinger-schriften wird in einem eigenen Kapitel (II.2.) analysiert und hier übergangen.

3.2.3. Brenz' Sententia, Vermiglis Dialogus und Bullingers Responsio

Mit Brenz' und Bullingers unabhängig voneinander erschienen Schriften war der Startschuß gefallen. Landgraf Philipp von Hessen sandte Bullingers Tracta-tio in der deutschen Fassung im Frühsommer 1561 an Christoph und wünschte ein Gutachten dazu. Der Herzog gab den Auftrag weiter an Brenz, welcher sich der Aufgabe zuerst lateinisch und dann deutsch entledigte. Christoph wiederum hielt es „nit fur unnutzlich..., Das der bemelt bericht ... offentlich Im Truckh ausgebreitet werde"[76]. So erschien im Sommer 1561 in Tübingen die „Sententia de libello D. Henrici Bullingeri, cui titulus est: Tractatio..."[77].

Auch Brenzens De personali unione blieb nicht ohne Erwiderung. Im August 1561 – also etwa zeitgleich mit Brenz' Sententia – veröffentlichte der Züricher Theologieprofessor Petrus Martyr Vermigli, ein enger Vertrauter Bullingers, seinen „Dialogus de utraque in Christo natura", der Brenzens De personali unione einer gründlichen und scharfsinnigen Kritik unterzog. Auch diesem Komplex wird unten ein eigenes Kapitel gewidmet (II.1).

Im September war Brenzens Sententia in Zürich eingetroffen. Bullinger machte sich seinerseits an eine Entgegnung[78], wozu man ihn namentlich aus Heidelberg drängte[79]. Die Arbeit zog sich bis in das Frühjahr des kommenden Jahres hin[80], obwohl das Vorwort der Schrift schon aus dem Dezember 1561 datiert. Im März 1562 erschien in Zürich Bullingers „Responsio, qua ostenditur sententiam de coelo et dextera Dei libello Bullingeri ... non esse eversam, sed firmam perstare adhuc"; wohl zeitgleich gab der Antistes selbst auch die deut-sche Fassung als „Gǎgenbericht uff den Bericht herren Johansen Brentzen"[81] heraus.

---

ze, Bullingers Stellung zum Luthertum. – Sehr viel besser, aber auch nicht ganz zuverlässig und vollständig ist die Nennung der erschienen Bücher bei v. Schade, Westphal, 144–150.

[75] 14. 3. 1561, Briefwechsel der Brüder Blaurer III, Nr. 2333, 593.
[76] Christoph an Landgraf Philipp, 25. 8. 1561, Neudecker II, 27.
[77] Köhler 387; deutsch: „Bericht von dem Bûchlin...", Tübingen 1561 (Köhler 388).
[78] Köhler 860–865.
[79] Christoph Eheim an Bullinger, 13. 11. 1561: „Responsionem tuam adversus monstrum ubiquitatis avide expectamus..." (Köhler 866).
[80] Am 20. 2. 1562 berichtet Bullinger an Calvin: „Imprimitur et absolvi fere" (Köhler 870).
[81] Staedtke 422 + 424.

3.2.4. *Brenz' De Maiestate und Bullingers Fundamentum*

Bullingers Buch lag zur Frankfurter Frühjahrsmesse 1562 vor und rief ein breites Echo hervor[82]. Brenz machte sich umgehend an eine Erwiderung, die zugleich gegen Vermiglis Dialogus und gegen Bullingers Responsio gerichtet sein sollte[83]. Bereits im Juni konnte er das Manuskript des umfangreichen Werkes dem Herzog vorlegen; dieser hat am 24.6. an ein paar Stellen „mit dem nagel gekrazt", wo er meinte, „ettwas möchte gemiltert werden", wollte aber, daß das „werckh noch vor kunfftiger herbstmes möchte absolviert werden"[84]. So geschah es auch: im September 1562 erschien, diesmal bei Braubach in Frankfurt statt in Tübingen, Brenzens großes Werk „De maiestate Domini nostri Jesu Christi". Noch im selben Jahr wurde in Tübingen die deutsche Übersetzung gedruckt, „Von der Mayestet Unsers lieben Herrn und einigen Heilands Jesu Christi"[85]. – Im Sommer 1563 bezog sich Brenz in einem Gutachten für Herzog Albrecht von Preußen über die Abendmahlsfrage wiederholt auf seine Schrift aus dem Vorjahr und referierte in nuce die wichtigsten Gedanken seiner Christologie[86].

Wiederum ging man in Zürich umgehend an die Entgegnung. Vermigli hatte auf den Rändern seines Exemplars von De maiestate glossarisch bereits seine Erwiderung konzipiert[87], starb aber am 12.11.1562. „Es schmerzte ihn, daß er Brenz nicht [mehr] antworten konnte", berichtete Bullinger am 22.11. an Calvin[88]. Den schweren Verlust schätzte Thomas Erast in Heidelberg so ein: „Brenz wird jubeln. Wenn er Brenz geantwortet hätte, würden wir alle seinen Tod weniger betrauern"[89].

Bullinger mußte nun allein eine erneute Gegenschrift verfassen. Am 5.2.1563 meldete er an Calvin, er sei an der Arbeit. Das fertige Buch schickte er am 23.3. an Philipp von Hessen[90]. Es trug den Titel „Fundamentum Firmum, cui tuto fidelis quivis inniti potest", deutsch „Vester grund, uff den ein yetlicher gloubiger sicher buwen und sich verlassen mag"[91].

---

[82] Vgl. die Voten bei KÖHLER 872ff. Thomas Erast in Heidelberg urteilte: „summe placet" (G.A.BENRATH 97).

[83] P. Braubach an J. Westphal, 24.3. 1562, SILLEM II,459; Brenz an J. Marbach, 4.4. 1562, FECHT 141.

[84] Handschrift im Hauptstaatsarchiv Stuttgart, A 63 Bü 29.

[85] KÖHLER 403 + 406.

[86] Gedruckt HARTMANN/JÄGER II, Anhang, 540–546; Albrechts entsprechende Anfrage vom 16.5. 1563: 537–540.

[87] Diese Glossen wurden von E. HERKENRATH wiederaufgefunden (vgl. HERKENRATH, Vermigli) und werden in der geplanten Brenzedition dokumentiert. Sie werden in dieser Untersuchung mit herangezogen.

[88] KÖHLER 890; vgl. auch unten S. 91 f.

[89] An Bullinger, 5.12. 1562, KÖHLER 891.

[90] KÖHLER 894 + 895; freilich konnte er so wenig wie die Schwaben den Landgrafen aus seiner vermittelnden Neutralität herausholen, die für Hessen typisch blieb (vgl. KÖHLER 897).

[91] STAEDTKE 425 + 426.

3.2.5. Brenz' Recognitio und Bullingers Repetitio

Am 27. April 1563 schickte Herzog Christoph das Fundamentum, das wiederum Philipp von Hessen ihm gesandt hatte, an Brenz[92]. Doch der hatte es am 14. Mai wegen anderer Aufgaben noch nicht gelesen und zweifelte diesmal, ob er überhaupt antworten solle, habe er doch seine Position hinreichend deutlich gemacht[93]. Aber wohl auf Rat der Tübinger Theologieprofessoren[94] machte er sich dann im Sommer doch an die umfangreiche Arbeit[95]. J. Westphal in Hamburg, der De maiestate in den höchsten Tönen rühmte, erwartete schon im Juni sehnlichst eine neue Schrift Brenzens[96]; aber noch am 19.11. mußte P. Braubach ihm mitteilen: „Bisher [gibt es] keine Antwort auf die Bullen Bullingers"[97]. Im Dezember schließlich legte Brenz seinen Text dem Herzog vor, der der Sache noch immer größtes Gewicht beimaß und den Entwurf durch einen Theologenkonvent in Bebenhausen am 2.1. 1564 prüfen ließ[98]. Vor dem 16.3. 1564 erschien die „Recognitio Propheticae et Apostolicae Doctrinae de vera maiestate Domini Nostri Iesu Christi" in Tübingen[99]. Der Herzog ließ im Mai 30 Exemplare an die Pfarrer und Herrschaften seiner konfessionell noch unsicheren Grafschaft Mömpelgart verteilen[100].

Die Recognitio war Brenzens letztes öffentliches Wort in diesem Streit. In der 1564 erschienenen Römerbriefauslegung begegnen Reflexe seiner Christologie, die naturgemäß vor allem für das Verhältnis von Christologie und Soteriologie von Interesse sind. Ausführlicher äußern aber will er sich hier zur Person Christi nicht mehr; denn „von welcher person herrligkeit und maiestet ich anderßwo weitleuffigen und hellen bericht gethan habe"[101]. – H. Bullinger aber setzte ihm noch einmal eine Erwiderung entgegen. Von Mai bis Juli 1564 schrieb er seine

---

[92]   Handschrift Hauptstaatsarchiv Stuttgart, A 63 Bü 29.

[93]   Brenz an Joh. Pistorius, 14.5. 1563, PRESSEL 502.

[94]   Dies erhellt aus einem Brief Christophs nach Tübingen vom 22.12. 1563, Hauptstaatsarchiv Stuttgart, A 63 Bü 29.

[95]   PRESSEL 503.

[96]   J. Westphal an P. Braubach, 2.6. 1563, v. SCHADE, Westphal, 247–249.

[97]   SILLEM II, 488 f.; v. SCHADE, Westphal, 252. – Schon im August hatte Westphal – wohl über H. Beyer – von Brenzens neuem Vorhaben gehört und es freudig begrüßt, nicht zuletzt deshalb, weil damit das in Hamburg offenbar kursierende Gerücht widerlegt war, Brenz sei gestorben (Westphal an Beyer, 15.8. 1563, v. SCHADE, Westphal, 249–251).

[98]   „Dieweill dan [d]er probst zu Stutgarten mit sollcher arbeit fertig und unß sein gestellte *recognition* praesentiert ... , wier sein ... auch bey unß selbst bedacht, das die sachen an inen selbst wichtig, als die nit daß zeittlich, sunder den glauben und die seligkeit belangendt, auch nit allein unsere kirchen und schulen, sunder die gantze christenheit betreffen thon, allso daß sye fleißigen erwegens und bedenckens woll bedörffen, und zu woll destmehr, dieweill wier bedenken und sehen, daß die Zwingliani alle gelegenheit und ursach zu calumniern suchen; so ist hieruff unser gnediger bevelch, ir wollend den 2.januarii deß schierkommenden jars ghen Bebenhausen verfügen und daselbsten ... die jüngst gestellt recognition Brentii ... für die handt nemen, dieselbig mit fleiß verlesen und ponderiern..." (Schreiben vom 12.12. 1563, Hauptstaatsarchiv Stuttgart, A 63 Bü 29).

[99]   KÖHLER 429; das Datum nach PRESSEL 526.

[100]   Briefe vom 9. + 27.5. 1564, Hauptstaatsarchiv Stuttgart, A 69 Bü 29.

[101]   Römerbrieferklärung, 20. Vgl. unten S. 216 f.

„Repetitio et dilucidior explicatio consensus veteris … ecclesiae in doctrina … de inconfusis proprietatibus naturarum Christi Domini"[102].

3.3. Der Streit Württemberg – Wittenberg

3.3.1. Die Bedeutung des Streites

„Es hat sich auch ein Zwiespalt zwischen den Theologen Augsburgischer Confession von der Person Christi zugetragen, welche doch nicht erst unter ihnen angefangen, sondern ursprünglich von den Sakramentierern herrühret"[103]. Mit diesen Worten beschreibt Artikel VIII der FC „de persona Christi" die Anfänge seiner Genese. Zugleich markiert er einen Umschlagpunkt in der christologischen Debatte in den 60er Jahren: Von einer Kontroverse zwischen Lutheranern und Reformierten verlagerte sich das Ringen in differenzierterer Weise in den innerlutherischen Raum. Der Verlauf des Maulbronner Kolloquiums wie das Ende des Brenzschen Streites mit Zürich zeigen einen der Gründe: Hier hatten sich die Fronten fest gefügt und wesentlich zur Kristallisierung der Konfessionen mit beigetragen.

Während aber im reformierten Lager cum grano salis Übereinstimmung herrschte und es gerade den Genfern um eine ganz präzise Fassung wohl auch nicht zu tun war – man bedenke ihr Schwanken zwischen Zürich 1549 und Göppingen 1557 –, war der Weg zum Konsens im lutherischen Bereich, auf den FC VIII zurückblickt, noch weit. Am Anfang dieses Weges stand der Dissens zwischen den Württembergern einerseits und den „Philippisten" an der Universität Melanchthons in Wittenberg, namentlich Paul Eber, Georg Major und Paul Crell, andererseits. Er läßt sich an einem lebhaften Schriftwechsel von 1560–1565 nachzeichnen, der direkt mit der Ausbildung der Brenzschen Christologie in Zusammenhang steht.

3.3.2. Der Beginn des Streites ab 1560. Die Position der Wittenberger

„Im Land Sachsen fellt die ubiquitas schier gar in den brunnen"[104] berichtet im Januar 1562 A. Blarer an Bullinger: Die Christologie Brenz' stieß hier auf Ablehnung. Erstmals wurde das im Dezember 1560 manifest in einer „*Confession*" P. Ebers „vom heiligen Nachtmal" für Kurfürst August vor dem Naumburger Fürstentag[105]. Hierin distanziert er sich in der Tradition seines berühm-

---

[102] STAEDTKE 427; die Monatsangaben am Schluß des Vorworts. Am 25. August schickte Bullinger die Repetitio an Ambrosius Blarer (Briefwechsel der Brüder Blaurer III, Nr. 2626, 827).

[103] FC SD VIII, BSLK 1017, vgl. auch 1013 f.

[104] Brief vom 30. 1. 1562, Briefwechsel der Brüder Blarer III, Nr. 2422,674.

[105] Die im Druck von 1576 auf den Dezember 1561 datierte Confession stammt aus dem Dezember 1560: SALIG III, 656–658 (der das Original kannte); PRESSEL, Eber, 60 f.; MAHLMANN, Dogma, 254.

ten Lehrers zum einen „von der grewlichen erschrecklichen Ubiquitet"[106] als solcher, zum anderen insistiert er auf der strikten Trennung von Christologie und Abendmahlslehre, innerhalb derer die Gegenwart Christi ausschließlich durch „die warhafftige und allmechtige Einsetzung und wort" Christi konstituiert werde[107].

Die Sachsen stießen mit diesem Programm auf dem Naumburger Fürstentag auf Skepsis. Insbesondere kam es hier offenbar zu einer Kontroverse zwischen Andreae und Eber/Major in dieser Sache[108]. Der Kurfürst rief nach seiner Rückkehr seine Theologen zu einem Konvent nach Dresden. Sie unterzeichneten eine von Eber stammende, zurückhaltende, alle Klärungen zugunsten der überkommenen „formae loquendi" vermeidende „Recusationsschrift", die nur in der Wendung gegen „fremde und unerhörte Reden samt unnöthigen oder gefährlichen Subtilitäten" versteckte Kritik an den Württembergern erkennen ließ[109]. Die Schwaben, denen August diese Schrift zur Begutachtung zusandte, äußerten sich am 14. Mai entsprechend reserviert: Sie seien bereit, den Text als „im Grund der rechten christlichen Lehre... gleichförmig" zu interpretieren; aber etliche „zweideutige Redensarten" gaben ihnen doch Anlaß, vor der Ausbreitung der Schrift zu warnen[110]. – Es wird hier die Taktik der Württemberger mindestens bis 1564 deutlich: Sie vermeiden den offenen Bruch mit Wittenberg. Auch danach setzen sie sich lediglich gegen Angriffe der Sachsen zur Wehr, bemühen sich aber stets um Vermittlung.

Als Antwort auf das schwäbische Gutachten vom 14. Mai verantwortete sich *Eber* in einem Schreiben an den Kurfürst vom 21.8.1561, in dem er sich eingehend zur Christologie äußert. Entgegen der auch hier wieder geäußerten Aversion gegen „die ganz gefährliche Disputation, ob die menschliche Natur... könne... Alles erfüllen"[111], erörtert er ausführlich das Problem der Himmelfahrt. Er setzt ein bei der konkreten Personeinheit Christi: sie führt ihn zu über Melanchthon weit hinausgehenden Äußerungen über den erhöhten *Leib* Christi, welcher als „wahres Fleisch... sitze zur Rechten Gottes im Thron der göttlichen Majestät und Herrlichkeit, erhoben über alle Himmel, allmächtig alles regiere, alles in allem erfülle [!], an allen Orten sein kann und sei [!], alles sehe, höre, verstehe, vermöge...". Diese für Wittenberg erstaunliche Aussage über den Leib Christi ist nur verständlich in einem christologischen Konzept, das mehr Luther als Melanchthon verpflichtet ist: „dieweil der Sohn Gottes [die] menschliche Natur einmal also an sich genommen hat, ... folgt, daß dieser Sohn Gottes, der am Wesen unendlich und an allen Orten ist, allenthalben die menschliche Natur bei und an sich habe, denn er dieselbe nirgend von sich ablegt wie Einer, der eine weite Reise fahret". Eber führt seinen Ansatz der untrennbaren

---

[106] Eber, Confession, 91 f. 98.
[107] Eber, Confession, 92.
[108] Vgl. Texte von beiden Seiten in UnNachr 1716, 389–391.
[109] Pressel, Eber, 61–64, hier 64.
[110] Gutachten der Württemberger vom 14. 5. 1561, nach Pressel, Eber, 64f. Brenz nahm im Sommer 1561 auch in der Sententia mit Blick auf die Wittenberger zum Verhältnis von Abendmahl und Christologie Stellung (S 178,33 ff.).
[111] Gedruckt bei Pressel, Eber, 65–73; alle folgenden Zitate 66f.

Gemeinschaft der Naturen in einer Person[112] also zunächst ohne die terminologischen Distinktionen seines Lehrers durch und steht damit ganz nahe bei den Schwaben.

Diesem Ansatz tritt aber unvermittelt die Reflexion über die „menschliche Natur für sich" gegenüber, sicher auf dem Hintergrund von Melanchthons propositiones in abstracto. Die menschliche Natur an sich wird nicht wie die göttliche, jede „Angleichung hinsichtlich der Unendlichkeit und Allmacht (exaequatio infinitatis et omnipotentiae)" weist Eber zurück. Schöpfer und Geschöpf bleiben auch in Christus je für sich, die menschliche Natur „muß wie andere Creaturen von der schaffenden und allmächtigen Natur getragen, geschützt, geziert, gestärkt und gehalten werden". Es gelten also die Bedingungen der suppositalen Union. Der menschlichen Natur, vom „Schöpfer erhalten und zu seiner Wirkung gestärkt und getragen", eignet auch nach der Erhöhung ein begrenzter menschlicher Körper, der „für sich nit Alles erfülle, in allen Creaturen sei und wohne"[113].

Eber bemüht sich offenbar, im Rückgriff auf Luther die personale Einheit Christi auszusagen. Indem er aber die Naturen nicht im Vorgang der Kommunikation, sondern in bleibender Aseität betrachtet, als sei die Person etwas die Naturen überhaupt nicht betreffendes Fremdes, findet sich bei ihm die Problematik der Christologie des späten Melanchthon in zugespitzter Form. Er vermag die unübersehbaren Widersprüche, die in der Konsequenz zweier unausgeglichener Sichtweisen liegen, nicht zu lösen.

Während dieser Brief nicht bekannt wurde, veröffentlichte Eber 1562 ein vielbeachtetes Buch „*Vom heiligen Sakrament*", in dem er eine gemäßigte, im theologischen Ton eindrucksvolle lutherische Abendmahlslehre vortrug. Für dieses oft wiedergedruckte Werk wurde er von vielen Lutheranern gelobt[114].

Er gibt darin auch eine „Antwort auff den Artickel von der Himelfart und sitzen unsers HErrn Christi zur rechten Gottes", in der Eber die entsprechenden schweizerischen Einwände zurückweist (102–121). Hier begegnet mit geringen Abweichungen dieselbe christologische Argumentation wie im Brief an den Kurfürsten. Im Blick auf die Person ist es Eber keine Frage, daß Christus „auch an seiner Menschlicher [sic] Natur mit unergründlicher Herrligkeit gezieret... *an allen orten sein kan und ist*" (116). Dadurch – und das ist bemerkenswert – ist nicht widerlegt, „sondern vielmehr bekrefftiget", daß Christus uns im Mahl „seinen waren Leib ... unerforschlicher weise, aber doch warhafftig gegenwertig geben könne" (117). Die scharfe Trennung von 1560, die auch später für Wittenberg wieder charakteristisch wurde, ist hier aufgehoben. In problematischer Weise daneben aber steht wiederum das Insistieren auf der bleibenden Begrenztheit der menschlichen Natur; so warnt Eber erneut vor einer „Exaequation der naturn", werden doch der menschlichen Natur keineswegs „(wie Stenckfeld leuget) ... alle der Göttlichen natur eigenschafft mitgeteilet, als da sind unendlichs wesen, das allenthalben sey und alles erfülle" (110).

---

[112] „wo dieser Sohn Gottes ist, der doch allenthalben ist, sein und wirken kann, da ist auch Jesus Christus Gott und Mensch, seine unzertrennte Person..." (PRESSEL, Eber, 67).

[113] PRESSEL, Eber, 68.

[114] Das Buch wurde 1563 3mal, 1564 4mal auf deutsch, dazu 1563, 1571 und 1572 auf lateinisch gedruckt (VD 16, E 64ff.). – PRESSEL nennt als Laudatores Chemnitz und Heßhusius (vgl. PRESSEL, Eber 75–79).

Brenz, der Ebers Buch am 27. 4. 1563 über Herzog Christoph von Landgraf Philipp bekam[115], sah in diesen Äußerungen – auch durch andere gewarnt – sehr wohl die Möglichkeit eines Angriffs gegen sich, betonte aber immer noch willentlich das Gemeinsame: Die Attacke Ebers sei wirklich nur „gegen Swenckfeldium" gerichtet, dagegen deute er das Buch so, daß es „das rechte Verständnis vom Abendmahl" enthalte[116].

Im Jahre 1563 edierte Georg *Major* eine Vorlesung über den 1. Timotheusbrief, in der er in einem ausführlichen eigenen Abschnitt eine in Sprache und Sache melanchthonische Lehre der communicatio idiomatum entwickelte, die sich deutlich von Brenz distanzierte[117]. Trotzdem hielt Brenz an seiner Interpretation in meliorem partem fest: Auch wenn andere nicht aufhörten zu behaupten, Majors Buch widerstreite der württembergischen Lehre, so sei er, Brenz, doch kein so hellseherischer (supersticiosus) Interpret fremder Schriften, zu meinen, Major habe gegen ihn, „das heißt gegen die Meinung Luthers, ja des Heiligen Geistes", geschrieben[118]. Zu jenen anderen, die freilich kaum noch hellseherische Fähigkeiten brauchten, gehörte Andreae. Schon im Februar hatte er aus Anlaß von Majors Buch an Marbach geschrieben: „Es ist zu bedauern, daß Luthers Verständnis vom Mahl des Herrn von denen bekämpft wird, die auf dem Stuhle Luthers sitzen"[119].

3.3.3. Der Bruch 1564/1565

Zum Bruch kam es 1564. Herzog Christoph hatte an Kurfürst August eine Reihe christologischer Texte seiner Theologen gesandt. Darauf verfaßten Major, Eber und Crell eine „Censura Theologorum Witebergensium", die mit den Württembergern hart und polemisch ins Gericht ging und einen anderen Ton anschlug als der gemäßigte Eber bisher[120].

Im Gegensatz zu Ebers Buch von 1562 wird in der „*Censura theologorum*" wieder die strikte Trennung von Abendmahl und Himmelfahrt/Christologie postuliert. Ob man in diesen Fragen schweizerisch oder anders lehre, sei für die Eucharistie ohne jede Relevanz, „als dieses unterschiedliche Artickel und Stück Christl. Lehr seynd" (51). Man rät insbesondere Brenz „in seinem hohen und ehrlichen Alter", sich in

---

[115] Handschrift des Briefes Christophs im Hauptstaatsarchiv Stuttgart, A 63 Bü 29.

[116] Brenz an J. Pistorius, 14. 5. 1563, PRESSEL 501 f.

[117] Major, Enarratio, 136bff; vgl. unten S. 177.

[118] Brenz an H. Beyer, 16. 3. 1564; PRESSEL 525 f.

[119] Andreae an Marbach, 11. 2. 1564, FECHT 166.

[120] Gedruckt HUTTER 49–60, danach die Zitate im Folgenden. Herzog Christoph berichtet über die Vorgänge am 31. 5. 1565 an Landgraf Philipp (NEUDECKER II, 85–88). Wenn, wie er berichtet (86, danach HEPPE II,102; BRECHT, TRE 2,677,12f.), den Wittenbergern für ihre Censura vom 25. 4. 1564 wirklich das Protokoll von Maulbronn (10.-15.4.) vorgelegen hat, dann nur in einer handschriftlichen Kopie. Vorgelegen haben ihnen sicher die Tübinger Disputation Andreaes von 1564 „De maiestate hominis Christi" und einige der Schriften Brenzens. – Die Censura wurde in der Folge allgemein unter dem etwas unpräzisen Titel „Censura Theologorum de Disputatione D. Johannis Brentii & Jacobi Andreae de Majestate Christi" zitiert (z. B. von Herzog Christoph, NEUDECKER II,86).

„solchen schweren Disputationen" und „Gezänck von and'n Artickeln" zurückzu-
halten, wolle er nicht sein ganzes verdienstvolles Lebenswerk gefährden (52f.). Auch
Luther als Zeuge wird den Schwaben streitig gemacht: Wo er im Streit in ihrem
Sinne gelehrt habe, sei dies weniger sein als der Scholastiker Zeugnis. Später aber
habe er „uf viel andere Weise ... geredt" (54f.). Im „Haupthandel" (55) der Christologie wird knapp die eigene Position ganz im Geist und in der Sprache des alten
Melanchthon entfaltet. Von dort aus erhalten „frembde gefährliche Reden von
beyden Herrn D. Brentio und D. Jacobo" (54) eine Abfuhr, besonders weil sie im
Verständnis der communicatio „etwas zu weit gehen" (56) und die rechte Unterscheidung von Reden in abstracto und in concreto nicht beachten.

Die Censura sollte nach dem Willen ihrer Verfasser nicht zu den Schwaben
gelangen[121]. Sie fand aber handschriftlich schnell weite Verbreitung und wurde
auch in Tübingen bekannt[122]. Der Konflikt war jetzt offenkundig und wurde
von den Schwaben angenommen; Brenz revidierte seine letztjährige Deutung
von Ebers Buch: „so verstehet und deutet es männiglich dahin, dz es sey wider
uns geschrieben"[123]. Als Antwort sandten Brenz und Andreae daraufhin eine
„Apologia ad Electorem Augustum" nach Sachsen, in der sie auf alle von den
Wittenbergern kritisierten Punkte eingingen, ihre Christologie verteidigten
sowie durch Belege v. a. des alten Luther belegten[124]. Diese Schrift, offenbar von
der Hand Brenz' stammend[125], gehört zum Kanon der relevanten Texte des
Stuttgarters für die systematische Untersuchung.

Neben der Apologia sandten die Schwaben einige Briefe mit der Bitte um
Beilegung der dortigen Angriffe nach Sachsen[126]. Doch der Kurfürst antwortete
am 16. 12. 1564 nur noch abweisend, seine Theologen am 20.12. ausweichend
und nichtssagend[127]. Auf weitere Interventionen der Stuttgarter wurde überhaupt nicht mehr geantwortet. Ende 1564 war die Kommunikation zwischen
Württemberg und Kursachsen vollständig abgebrochen.

Bis zu ihrer Katastrophe 1574 blieb die Wittenberger Fakultät in scharfer
Opposition zur württembergischen Christologie, die allenfalls aus taktischen
Gründen durch einen gemäßigten Ton kaschiert wurde, besonders während der
ersten Konkordienverhandlungen mit Andreae 1569/70, die aber schließlich
nicht zuletzt an der Frage der Christologie scheiterten[128]. In der berühmten
Grundfeste von 1571 rollen die Wittenberger den Streit von 1563–65 noch
einmal auf und schließen eine „Anzeigung etlicher fürnemen stück, so in Brentii
und Jacobi Streit nicht zu billichen" an[129].

---

[121] Schreiben von Kurfürst August vom 25. 4. 1564 (HUTTER 49).
[122] HEPPE II, 102f.; NEUDECKER II, 86.
[123] Apologia ad Electorem Augustum, 82.
[124] Gedruckt HUTTER 61–86.
[125] „Was dann mich Johannem Brentium insonderheit belanget ..." (69).
[126] Christoph an August, 11. 11. 1564; Brenz/Andreae an Eber/Major, 13.11., an August,
18.11. (HEPPE II, 103; vgl. KUGLER II, 470f. mit A.62).
[127] HEPPE II, 103f.
[128] Vgl. BRANDY 349f.
[129] Grundfeste, 110a-113b; 113b-120a, das Zitat 113b.

Zurück zum Streit 1564/65: Herzog Christoph ließ das Zerwürfnis mit Wittenberg nicht auf sich beruhen. Er versuchte, Landgraf Philipp von Hessen als Vermittler einzuschalten. Der aber schickte lediglich seinen Sohn Wilhelm vor und ging in einem „Memorial" vom 17.6. 1565 deutlich auf Distanz zur Brenzschen Christologie. Abgesehen von dem, „was Lutherus einmal in seinem Buche darvon geschrieben" hat, habe er sein Leben nichts davon gehört; er warnt Christoph vor theologiepolitischer Isolierung[130].

Auf Geheiß Christophs verantworteten sich Brenz und Andreae noch einmal in einem „Kurtzen und ainfeltigen bericht"[131], in dem sie v. a. die systematische und polemische Notwendigkeit der christologischen Debatte darlegten. Diese Schrift trägt stark die Handschrift Andreaes und dürfte von ihm verfaßt sein.

Indizien dafür sind zum einen einzelne markante Formulierungen, die typisch für Andreae sind, etwa die Rede vom „ainfeltigen Kinderglauben"[132], von der „art göttlicher gerechten"[133] oder: „zßerhaltung des einfaltigen verstandes der Wort Christi"[134]. Zum anderen – und dieses Argument wiegt schwerer – finden sich zentrale theologische Motive, die Andreae 1565 vertrat, während sie bei Brenz nicht belegt sind. Das wichtigste ist das Verständnis der Person Christi unter dem Gesichtspunkt der Mitteilung von Wirkung[135]. Die Erniedrigung Christi wird von daher als Verzicht der Gottheit auf Wirkung durch den Menschen aufgefaßt[136]. Diese Aussagen erweisen den Kurtzen ainfeltigen Bericht als Dokument der von Brenz bereits unterschiedenen Christologie Andreaes.

Es kann hier nur notiert werden, daß die verschiedenen von Paul Eber verfaßten oder mitverfaßten Texte erhebliche inhaltliche Schwankungen aufweisen. Schon Melanchthons Schwiegersohn, der „Kryptocalvinist" PEUCER hat „Eberi inconstantia" bemerkt und gerügt; Eber sei durch die Angriffe ab 1561 psychisch tief verunsichert worden und habe daraufhin in der Absicht, Übereinstimmung mit Luther und Dissens mit den Schweizern zu zeigen, „plötzlich ... seine Meinung geändert". Das Buch über das Abendmahl habe er „gegen sein Gewissen aus willkürlich von überallher zusammengesuchten, schlecht zusammenpassenden Fetzen zusammengeflickt" (PEUCER 38 f.). Für den Schweizer HOSPINIAN ist es „post apostasian eius editus" (294 b). Zu diesen reformierten Urteilen paßt es, daß von der anderen Seiten her B. BIDEMBACH 1570 den Tod Ebers in einem Atemzug mit dem von Brenz und N. Gallus als großen Verlust für die Kirche beklagt (BIDEMBACH, Leichpredigt, 16 b). *Jedenfalls gibt es in der ersten Hälfte der 60er Jahre keineswegs eine völlig einheitliche Wittenberger Position.* Es muß auch menschlich erhebliche Spannungen gegeben haben: Eber „begann von diesem Wandel an, mich und andere zu hassen" erinnert sich PEUCER(39). – Dieser Komplex bedürfte gründlicher Klärung.

[130] HEPPE II, 105 f.

[131] „Kurtzer ainfeltiger bericht, worauff der Streitt von des Herrn Nachtmal zwischen den Christlichen Augspurgischen Confessions verwandten Theologen unnd den Zwinglischen bestehe" (HEPPE II, Beilagen, 46–53).

[132] Brenz/Andreae, Kurtzer ainfeltiger Bericht 50; Bei Andreae etwa Sechs christlicher Predig 16.33; Fünf Artikel (HEPPE II, 263).

[133] Kurtzer ainfeltiger Bericht 50; Andreae etwa Schlußreden, Th.43.49

[134] Kurtzer ainfeltiger Bericht 48.50; wörtlich ebenso Erklärung 50.

[135] „Also hat der Sohn Gottes die menschlich Natur in dem leib der Jungfrauen in ainigkhait sainer Person an sich genomen, das sie sein aigen sey, das ist, das er durch sie unnd mit derselbigen alles unnd ohn dieselige nichts thun will" (Kurtzer ainfeltiger Bericht, 48 f.).

[136] „die Gotthait hat allain ir krafft nicht erzaigen wöllen..." (Kurtzer ainfeltiger Bericht 49).

Der Kurzte ainfeltige Bericht ging über Philipp von Hessen – sehr zurückhaltend kommentiert – nach Sachsen[137], erhielt aber wiederum keine Antwort[138]. Eine inhaltliche Verständigung mit den Kursachsen, aber auch mit den Hessen war einstweilen nicht möglich. „Die ganze Welt scheint zu zwinglianisieren" beschrieb Andreae das Empfinden der Württemberger 1567 gegenüber J. Marbach[139].

Indessen war es die „ganze Welt" denn doch nicht, und das wußte Herzog Christoph auch, als er im Sommer 1565 nach den gescheiterten Einigungsbemühungen mit Sachsen ein größeres Forum suchte. Er verschickte am 24. 8. 1565 an alle wichtigen deutschen Fürsten die Maulbronner Protokolle mitsamt einem umfangreichen Begleitschreiben. Darin schildert er die Geschichte des Abendmahlsstreites seit Luther und erläutert besonders das Brenzsche Auftreten. Schließlich warnt er vor der Ausbreitung des „geferlich Zwinglianismus ... auch In Teutschlanden"[140]. Dieses Schreiben blickt auf Streit und Theologie Brenzens als abgeschlossen zurück. Mit ihm stehen wir endgültig im Prozeß der Rezeption seiner Christologie. Diese Rezeption blieb dann nicht aus.

3.4. Brenz' Testament und seine Folgen

Brenz hat sich nach 1565 nicht mehr öffentlich zur Sache geäußert. Er sah das Werk als vollendet an, wie er in einem Schreiben an J. Marbach 1567 andeutete. Man habe mit Gottes Hilfe in wenigen Jahren die Gottlosigkeit der Zwinglianer entlarvt und am alten Glauben der Christen festgehalten: „wir beten den ganzen Christus an, der als ganzer in allen Widrigkeiten gegenwärtig ist"[141].

An diesem auf Frömmigkeit („adoramus") und Trost („in rebus adversis") bezogenen Bekenntnis hielt Brenz fest. In den letzten Lebensjahren wegen seines hohen Alters zunehmend von öffentlichten Pflichten zurückgezogen, zuletzt auch krank, hatte er bereits im Sommer 1566 sein Testament verfaßt. Im August 1570 begann seine letzte Krankheit. Am 31.8., morgens um 7 Uhr, verlas sein Sohn, Johannes Brenz d.J., in Gegenwart der versammelten Stuttgarter Geistlichen das Testament. Noch einmal bekannte sich Brenz zu den Grundlagen seines Glaubens, besonders auch in schroffer Absetzung von den Schweizern zu seiner Christologie. Nach Empfang der Absolution und des Heiligen Mahles verpflichtete er unter großer Bewegtheit alle Anwesenden auf Beständigkeit und Einigkeit in diesem Glauben. Am 11. September 1570 starb

---

137 Christoph an Philipp, 7.7. 1565 (PRESSEL 533–535); Philipp an August, 22.7. 1565; außerdem schrieb Christoph direkt noch einmal an August (23. 7. 1565) (HEPPE II, 108 A.2).

138 KUGLER II, 471; 473 A.63; anders HEPPE II, 108f.

139 „Videtur totus mundus Zwingliantzelv" (27. 7. 1567, FECHT 247).

140 Gedruckt NEUDECKER II, 89–96, hier 95.

141 „adoramus non dimidiatum, sed totum Christum, non iuxta divinitatem solum, tanquam dimidia sui parte, sed totum in omnibus rebus adversis praesentem" (Brenz/Andreae an Marbach, 19. 8. 1567, PFAFF 209–212, hier 210 [= FECHT 250–252]).

Johannes Brenz. Wilhelm Bidembach hielt ihm die Leichenpredigt und gab mit dieser auch den theologischen Teil des Testaments in Druck.

Von Bidembach stammt auch ein schönes Zeugnis von der Wirkung jener eindrücklichen Abschiedsstunde am Sterbelager von Brenz: Am 15. 9. 1570 schreibt er, sichtlich noch unter ihrem Eindruck, an den zu Konkordienverhandlungen in Norddeutschland weilenden Andreae: Er berichtet von Brenz' Tod und beschwört Andreae im Geist von dessen Testament, sich auf keinerlei Verbrüderung mit den sächsischen Zwinglianern und Calvinisten einzulassen[142]. Offenbar wurde dieser Brief Bidembachs weiter bekannt. An unerwarteter Stelle, auf der letzten Seite von J. Andreaes Sechs Konkordienpredigten aus dem Jahre 1573, findet sich ein vom Drucker – „dieweil diß blatt ledig gestanden" – hierher gesetzter Briefausschnitt von J. Westphal. Darin läßt er Bidembach grüßen und lobt ihn wegen seines warnenden Briefes an Andreae sehr: „Dein Brief war in den sächsischen Kirchen sehr nützlich", um vor den „Semizwinglianern" zu warnen und an „die Verdienste von D. Johannes Brenz, seligen Gedenkens", zu erinnern, nämlich „die Majestät des Menschensohnes" zu bekennen[143].

Gab es also unter den Lutheranern eine positive Aufnahme von Brenz' letzten Worten, so war um so größer die Gegenwehr bei den Schweizern. 1571 verfaßte H. Bullinger eine Gegenschrift: „Ad Testamentum D. Ioannis Brentii, nuper contra Zwinglianos publicatum, Responsio". Andreae antwortete wiederum, und es entspann sich ein heftiges literarisches Hin- und Her, von dem hier nur mehr lediglich die Titel aufgeführt werden[144]. Brenz' Sohn, der Tübinger Theo-

---

[142] Bidembach an Andreae, 15. 9. 1570, Löscher III, 139–141; ebenso Rethmeyer III B 171–173. – Am 29. 9. 1570 verteidigte sich Andreae in einem Brief wohl an Marbach – und bestätigte zugleich die Berechtigung der Sorge Bidembachs hinsichtlich einer falschen Einschätzung der Wittenberger. Mit den Kursachsen bestehe Übereinstimmung, die Jenaer störten vielmehr den Frieden. Die Sorge, „ne fiam Cinglianus" sei unbegründet: „Placet benevolentia, sed displicet suspicio" (Fecht 326–328).

[143] Westphal, in: Andreae, Sechs christlicher Predig, 99.

[144] 1) Brenz' Testament, 1570 (s. Lit. Verz.).

2) Ad Testamentum D. Ioannis Brentii, nuper contra Zuinglianos publicatum, Responsio brevis, necessaria & modesta, a ministris ecclesiae Tigurinae universis fidelibus ad iudicandum proposita, Zürich 1571 (Staedtke 569; VD 16 B 9553).

= deutsch: Uff Herren Johannsen Brentzen Testament kurtzlich durch den truck wider die Zwinglianer ußgangen/ der dienern der Kirchen zů Zürych kurtze notwendige und bescheidne Antwort/ allen glóubigen zů urteilen fürgestellt, Zürich 1571 (Staedtke 568; VD 16, B 9552).

3) J. Andreae, Widerlegung der Predicanten Antwort zu Zůrich/ auff Herrn Johann Brentzen Testament..., Tübingen 1574.

4) Ministrorum Tigurinae Ecclesiae, ad confutationem D. Iacobi Andreae, pro Defensione Brentiani Testamenti aeditam, Apologia, Zürich 1575 (Staedtke 587; VD 16 B 9650). – Darin neue Zählung Bl. 1–45: „Heinrychi Bullingeri ad D. Iacobi Andreae Suggestionem, Responsio (Staedtke 589).

= deutsch: Antwort der Dieneren der Kyrchen zů Zürych uff D. Jocoben Anderesen zůgenampt Schmidly Widerlegen, mit welcher er understanden, ire Antwort uff H. Johann Brentzen Testament gåben, zu widerwysen und zůerwerffen. Zürich 1575 (Staedtke 588; VD 16 B 9651). Darin neue Zählung: Antwort Heinrych Bullingers dieners der Kyrchen Zürych uff D. Jacoben Andresen über die Siben klagartickel Erinnerung (Staedtke 590).

logieprofessor Johannes Brenz verfaßte 1582 eine „Apologia pro innocentia Brentii" gegen in Neustadt a. d. Hardt – „ex Neapolitana caverna Sacramentaria" – erschienene polemische Schriften gegen die Christologie seines Vaters[145]. Offensichtlich eine polemische Parodie auf Brenz' Testament stellt ein anonymes[146] „Testament der Brenzandreanischen Ubiquität, kürzlich verfaßt in Allort" dar. Brenzens Christologie war von Anfang an Gegenstand kontroverser Auseinandersetzung. Sie blieb umstritten bis heute.

3.5. Synopse der wichtigsten Schriften

	1556, Februar: Bullinger, Apologetica Expositio
1556, Frühjahr: Brenz, 3 Predigten von dem Sacrament	
1556, 22. 5.: Kolloquium Brenz – a Lasko	
1557: Brenz, Apologie der Conf. Virt.	
1559, 19. 12.: Stuttgarter Abendmahlsbekenntnis	
1561, Januar/Februar: Brenz, De personali unione	1561, Januar/Februar: Bullinger, Tractatio
1561, Sommer: Brenz, Sententia	1561, August: Vermigli, Dialogus
	1562, März: Bullinger, Responsio
1562, September: Brenz, De maiestate	
	1563, Februar/März: Bullinger, Fundamentum
1564, Frühjahr: Brenz, Recognitio	
1564, 10.–15. 4.: Maulbronner Kolloquium	
1564, 25. 4.: Wittenberger Censura	
	1564, Sommer: Bullinger, Repetitio
1564, 13. 11.: Brenz/Andreae, Apologia ad electorem Augustum	
1565, Juli: Brenz/Andreae Kurtzer ainfeltiger Bericht	
1570, September: Brenz, Testament	

5) J. Andreae, Abfertigung der antwort Heinrich Bullingers / und der Züricher Predicanten/ wider die Rettung deß Testaments D. Joannis Brentii außgangen. Darinnen dem gemeinen Leyen angezeigt / daß mit den Zwinglianern nicht weitters von dem H. Abendmal zudisputieren/ sonder dieselbig dem urtheil Gottes zu bevelhen, Tübingen 1575 (VD 16, A 2479).

6) J. Simler, Uff D. Jacob Andresen zugenannt Schmidlins erdichte schmaachreden/ wider die Antwort der dienern der kyrchen zu Zürich / unn H. Bullingers ußgangen in sinem letsten Büchlin die Abfertigung genannt / Widerlegung, Zürich 1576.

[145] Brenz (jun.) 1.

[146] „Testamentum Ubiquitatis Brenzandreanae recens factum in Pantopia" (Iustingae 1585).

II. Teil

Die Christologie der reformierten Gegner Brenzens

Von den beiden Züricher Theologen, die die Auseinandersetzung mit Johannes Brenz führten, stellen wir zuerst Petrus Martyr Vermigli vor. Der Grund für diese Reihenfolge liegt nicht nur darin, daß er heute der sehr viel unbekanntere der beiden Theologen ist. Vielmehr ist sein Buch gegen Brenz die wichtigste und scharfsinnigste der Schweizer Kontroversschriften. Zwar hat Bullinger erheblich mehr geschrieben, aber er erreicht Vermigli in Klarheit, Konsequenz und Schärfe des Urteils nicht.

1. *Petrus Martyr Vermigli*

1.1. *Zu Person und Theologie*

Petrus Martyr Vermigli war zu seiner Zeit einer der wichtigsten und klügsten Köpfe der entstehenden reformierten Kirche, in einem Atemzuge genannt mit Calvin, Bullinger, Bucer, Cranmer und – Melanchthon[1]. Heute ist er außer für Spezialisten jedenfalls in Deutschland vergessen, trotz einer erstaunlichen Anzahl sorgfältiger, meist englischsprachiger neuerer Arbeiten über ihn[2].

Geboren wurde Vermigli am 8. 9. 1499 in Florenz – ein Phönix aus der Asche

---

[1] Von Calvin ist er geschätzt als „optimus et integerrimus vir" (McLelland, Words, 279). Zacharias Ursin stellt Vermigli über Ökolampad, Zwingli und Luther. Martyr sei ausgezeichnet durch „exquisitissima diligentia, dexterrimum iudicium, spectatissima pietas et gravitas" (Brief an A. Birkenhahn vom 10. 3. 1561, E. Sturm, Briefe, 90). Der berühmte reformierte Philologe und Historiker Joseph Scaliger (1540–1609) urteilt: „The two most excellent theologians of our times are John Calvine and Peter Martyr" (nach McLelland, Calvinism, 572). Zu erinnern ist auch an die Empfehlung durch Melanchthon (s. o. S. 41).

[2] Neben der älteren Biographie von Schmidt sind v. a. folgende Bücher zu nennen: McLelland und Corda über Vermiglis Hauptthema, das Abendmahl; McNair über Vermiglis Entwicklung in Italien; K. Sturm über die Zeit in Straßburg 1542–1547; Donnelly über Vermiglis Verhältnis zur Scholastik, Anderson (Reformer) über Martyrs exegetische Schriften, Kingdon zur politischen Ethik. Bei Kingdon findet sich auch die *Bibliographie* der Schriften Vermiglis von Donnelly (S. 169–185). Quellen und Sekundärliteratur sind auch bei Anderson (Reformer, 540–585) aufgeführt. McLelland edierte 1980 die Vorlagen für ein Vermiglikolloquium, das 1977 in Montreal stattfand. – Eine eingehende Untersuchung über die Christologie Vermiglis unter Berücksichtigung der späteren Texte fehlt (vgl. aber McLelland, Words, 203–220).

des (1498 hingerichteten) Savonaro.a, wie Beza ihn nannte[3]. Er wurde Mönch
und studierte an der Universität Padua, insbesondere die Scholastiker und die
Philosophie des Aristoteles, von der sein gesamtes Denken geprägt wurde.
Während er in verschiedenen Funktionen für seinen Orden wirkte, fand er
Anschluß an Reformkreise innerhalb der italienischen Kirche und an die Bewe-
gung des Evangelismus. In einem längeren Prozeß entwickelte er sich vom
Reformer kirchlicher Mißstände zum reformierten Theologen, ohne freilich
seine katholische Herkunft ganz abzulegen[4]. 1542 mußte er vor der Inquisition
fliehen und kam über Straßburg (1542–47), Oxford (1547–53) und abermals
Straßburg (1554–1556) schließlich nach Zürich. Hier lebte er als theologischer
Lehrer von 1556 bis zu seinem Tod am 12. 11. 1570.

Vermiglis Größe besteht nach allgemeinem Urteil nicht in einem besonders
originellen oder geschlossenen theologischen System, sondern in der detaillier-
ten und gebildeten Scharfsinnigkeit der Darstellung und Begründung. Vermigli
war einer der theologisch, philosophisch und humanistisch gebildetsten Männer
seiner Zeit. Seine Gedanken und Argumente sind nach strenger Vernunft und
Logik aufgebaut, insbesondere mit Hilfe der aristotelischen Dialektik, die sein
theologisches Denken strukturiert. Er ist evangelischer Peripatetiker.

Inhaltliche Beobachtungen zeichnen das Bild eines „rather staid, orthodox
Protestant"[5]. Sturm hat auf eine besondere Präponderanz der pneumatologi-
schen Komponente in Vermiglis Theologie hingewiesen[6]: Die Lehre vom Geist
dominiert die Christologie, indem Christus als hervorragender Sonderfall der
Wirkung des Geistes gedacht wird. Derselbe Sachverhalt findet sich in der
Soteriologie. Es geht Vermigli um die *Wirksamkeit* des Geistes Gottes am Menschen. Dabei ist sein theologisches Denken geprägt durch die christologische
Formel von Chalcedon: Das „ganz menschlich – ganz göttlich", das „unver-
mischt und ungetrennt" wird für ihn zum allgemeinen und grundlegenden
theologischen Strukturprinzip. Es gilt in der Prädestinationslehre für die Zuordnung von göttlicher Erwählung und menschlichem Willen[7] ebenso wie für die
Relation von Leib und Brot im Abendmahl, für Geist und äußeres Wort in der
Schrift und eben für göttliche und menschliche Natur in Christus. Vermigli
denkt Einheit in der Differenz. Immer geht es ihm dabei um eine durch den Geist
vermittelte Wirksamkeit des Göttlichen im Irdischen; dem Kreatürlichen kann
nie mehr als Zeichencharakter zu eigen werden, wohl aber werden durch den
Geist Gottes die Zeichen zu *wirksamen* Zeichen, zu „signa efficacia".

---

[3] Beza, Icones, nach STURM 43.

[4] Das durch zahlreiche verschiedene Einflüsse konturierte Denken Martyrs läßt sich offensichtlich schwer fixieren zwischen reformierter Scholastik (DONNELLY [199]), Reformkatholi-
zismus (STURM [39 ff.]) und reformatorischer Theologie (McNAIR, NEUSER [Dogma, 300]).

[5] DONNELLY 4.

[6] STURM 267–270; vgl. McLELLAND, Calvinism, 575.

[7] Hier hatte Vermigli seine Position 1557–1560 im Züricher Prädestinationsstreit gegen
Bibliander vertreten (vgl. STAEDTKE, Prädestinationsstreit).

1.2. „De re eucharistica"

Die *Eucharistie* war Martyrs ureigenstes Thema, lange bevor er in den Streit mit Brenz eintrat. Spätestens seit einer berühmten Disputation mit römischen Theologen in Oxford im Frühsommer 1549, in der er die Transsubstantiation bestritten hatte[8], war er zum mit allen historischen, systematischen und polemischen Argumenten bis ins letzte Detail vertrauten „champion of the Reformed view in the Lord's Supper"[9] geworden. Dabei hat er, wie es der Schweizer Johann Stumpf ausdrückte, „mit teglichem disputiren nicht allein die Papisten, sonder ouch alle Lutheraner ... bestritten"[10]: Vermiglis sakramentale Kontroverstheologie hatte eine doppelte Stoßrichtung.

Vermiglis größtes Werk zum Thema ist die über 800 Seiten umfassenden „Defensio" von 1559 gegen den *katholischen* englischen Bischof Stephan Gardiner. In den ersten Passagen dieses monumentalen Werkes geht Vermigli gegen die Behauptung der Präsenz Christi im Abendmahl qua Transsubstantiation vor mit dem Argument der lokal und temporal gefaßten Abwesenheit des menschlichen Leibes Christi: „Christus war nach seiner menschlichen Natur, die aufgefahren ist, nicht auf der Erde und wird es nicht sein bis zu seiner Ankunft" (154). Vielmehr gilt: „durch seinen *Geist* ist Christus mit uns" (201). Hingegen kann nach gesundem Menschenverstand und insbesondere nach der Philosophie des Aristoteles solches von der leibhaftigen Menschheit Christi keinesfalls gelten. Denn „von demselben Körper kann im Blick auf dieselben Teile und an demselben Ort nichts sich Widersprechendes" – Christi Sein im Himmel und im Mahl – „ausgesagt werden" (205). Ebenso hatte schon Zwingli gegen Luther votiert und wird wenig später Vermigli statt gegen einen katholischen Gegner gegen Brenz einwenden. Nicht durch Zufall wird späteren Ausgaben von Vermiglis Defensio gegen Gardiner – unbenommen aller Differenzen im Detail – der Dialogus gegen Brenz vorangestellt[11].

Schon früher, fünf Jahre vor der Kontroverse mit Brenz war Vermigli auch mit der *lutherischen* Seite in eine Auseinandersetzung in Sachen Christologie und Abendmahl geraten: Anfang 1556, am Ende der zweiten Straßburger Phase geriet er unter zunehmenden Druck der Theologen um Johann Marbach, wodurch schließlich sein Weggang nach Zürich verursacht wurde. Zunächst vermied Vermigli die offene Kontroverse, zumal er sich bei seinem Kommen 1553 ausdrücklich verpflichtet hatte, Frieden in dieser Sache zu halten[12]. Doch durch dieses Schweigen geriet zu seiner Bestürzung seine Position auch im eigenen

---

[8] Der Text ist gedruckt als „Disputatio de eucharistia... " [in der Edition der Defensio..., Basel 1581, Sp.1221–1326], ursprünglich gemeinsam gedruckt mit einer Anfang 1549 in Oxford gehaltenen Vorlesung über 1. Kor 10f.: „De sacramento eucharistiae in celeberrima Angliae schola Oxoniensi habita tractatio" [zit. als „Tractatio"]. – Martyrs Thesen anläßlich dieser Disputation waren bereits eindeutig antilutherisch und brachen zu Bucers Verdruß mit der Wittenberger Konkordie, die Martyr in Straßburg unterzeichnet hatte (Schmid, Kampf, 142–144).

[9] Corda 96.

[10] J. Stumpff, Von dem span..., ed. Büsser, 148.

[11] In der Ausgabe Basel 1581 Sp.2 -138.

[12] Vermigli an Calvin, 14. 6. 1556, CR 44,193.

Lager ins Zwielicht. So war ihm schließlich der Ruf nach Zürich willkommen. In diesem Zusammenhang legte er dem Straßburger Rat, der den begabten und bewährten Theologen nicht ziehen lassen wollte, ein knappes Bekenntnis vom Abendmahl vor[13]. Er wollte darin die nicht mehr aus politischer Rücksicht zu überspielende Differenz seiner Position zu der lutherischen dem Magistrat deutlich vor Augen stellen[14].

Diesen knappen Text, der bereits einige der fünf Jahre später gegen Brenz breiter entfalteten Argumente enthält, beginnt Vermigli mit prägnanten Formulierungen zur Christologie: Unser Retter Jesus Christus besteht aus zwei Naturen, die in einer Hypostase verbunden sind. Da jede ihre Eigentümlichkeiten behält, ist der göttlichen unbestritten unbegrenzte Allgegenwart zuzugestehen. Der Menschheit aber eignen unabdingbar klare Grenzen unter Bindung an einen bestimmten Ort, so daß ihr keine Allgegenwart zugestanden werden kann[15]. Zu einem erstaunlich frühen Zeitpunkt, im Frühsommer 1556, votiert Vermigli gegen den Satz, „daß der Leib Christi überall oder zugleich an vielen Orten ist", wie er gegenüber Calvin zusammenfaßt[16]. Offensichtlich wurde in Straßburg diese These vertreten – nach Schmidt v. a. von aus Schwaben gekommenen Predigern[17]. Aber Vermiglis Blick geht schon hier auch nach Württemberg. In *demselben* Brief an Calvin berichtet er von dem Kolloquium zwischen Brenz und a Lasko, auf welchem Brenz die von Vermigli zurückgewiesene These aufgestellt hatte.

Ebenfalls aus dem Jahr 1556 stammt ein weiteres Dokument, in dem Vermigli zur Christologie Stellung nimmt: Ein Schreiben nach *Polen* an die dortige evangelische Kirche, namentlich ihren Führer Franz Lismanini. Lismanini stand in Auseinandersetzung mit dem 1553 nach Polen gekommenen Franciscus Stancarus und hatte Vermigli offenbar nach seiner Beurteilung von dessen These gefragt, Christus sei Mittler nur nach seiner menschlichen Natur. Vermigli destruiert – ohne Namensnennung – offensichtlich diese stancarische Position

---

13 Confessio seu Sententia D. Petri Martyris Vermilij de Coena Domini, exhibita amplissimo Senatui Argentinensi, cum vocaretur Tigurum, Anno MDLVI. (Loci [1627], 748–750). Eine Inhaltsangabe dieses Textes gibt Vermigli selbst im Schreiben an Calvin vom 14.6. 1556 (CR 44,195).

14 Eine dogmatische Kontroverse hat Vermiglis Weggang nach Zürich ausgelöst, weil er dort hoffte, in größerer Freiheit und Offenheit seine Position vertreten zu können. Fehl geht deshalb das Urteil SCHINDLINGS (Humanistische Hochschule und freie Reichsstadt) über den von ihm kaum treffend skizzierten Straßburger Professor: Vermigli sei Vertreter eines „humanistischen Moralismus" gewesen (353), während „das Dogma für ihn persönlich vielleicht nicht das zentrale Anliegen war" (355).

15 „Servator noster Iesus Christus duabus naturis constat [das wird Vermigli 1562 mit durch Brenz geschärftem Urteil bestreiten, s.u. S. 77f. bei Anm. 35] in una eademque persona seu hypostasi conjunctis, ... conditionibus utriusque salvis & integris. Ideoque Christi divinitati quae infinita est..., ut sit ubique, citra controversiam conceditur. Humanitati vero... ita circumscriptio, termini & fines debentur ut nec ubique neque absque certo aliquo loco esse possit" (Vermigli, Confessio s. Sententia, Loci [1627], 748).

16 „Christi corpus non esse ubique neque simul eodemque tempore in multis locis" (14.6. 1556, CR 44,195).

17 SCHMIDT 180.

durch christologische Argumentation[18]. Am Ende wendet er sich ausdrücklich auch gegen Osiander, auf den hin Stancarus seinen Satz antithetisch formuliert hatte. Hier allerdings ficht Vermigli nicht auf christologischem Terrain (was einige deutsche Lutheraner ja jedenfalls in Ansätzen getan hatten[19]), sondern votiert lediglich gegen die essentielle Gerechtigkeit Osianders für die imputative Gerechtigkeit durch den Glauben.

Gegen Stancarus betont Vermigli den Rahmen der Zweinaturenlehre, in der Christus zwei unterschieden bleibende Seinsweisen zukommen. Er stellt dabei besonders heraus, *gelitten* habe Christus nur nach seiner menschlichen Natur. Wenn über seine ganze Person Vorgänge kreatürlicher Veränderung – Geburt und Tod – ausgesagt werden, werden sie ihr nur vermöge der Menschheit zugesprochen[20]. Außerdem: „Wenn Gott nach seiner Natur hätte leiden können, wäre die Annahme des Menschen nicht notwendig"[21]. – Kommt das *Leiden* Christi nur seiner menschlichen Natur zu, so muß Vermigli gegen Stancarus um so stärker betonen, daß Christus *Mittler* nach beiden Naturen ist. Ein bloßer Mensch könnte niemals Mittler von Gott und Mensch sein. Vielmehr eignet diese Funktion ausschließlich dem, der in sich das Widerstreitende, Gottheit und Menschheit, vereint[22]. Wie Bullinger und Calvin (s. u. S. 112f.) unterscheidet Martyr also zwar deutlich zwischen dem, was der Person Christi jeweils nach der einen oder anderen Natur zukommt, im Blick auf das Mittleramt aber sieht er die Naturen als gemeinsam handelnde.

Um seiner anerkannten Kompetenz in allen Abendmahlsfragen willen war Vermigli einer der Schweizer Vertreter auf dem *Religionsgespräch in Poissy* 1561, wo er am 30.9. eine summarisch komprimierte „Sent017ia ... de Coena Domini" vorlegte[23]. Vermigli warnte hier – u. a. Katharina von Medici in Privataudienz – vor der lutherisch-brenzschen Abendmahlslehre. Er sah sich dazu genötigt durch offenkundige Sympathie der Gegenseite für die CA und die Brenzsche Lehre. Kardinal De Lorraine präsentierte am 16. 9. 1561 bei der dritten Sitzung des Kolloquiums das Stuttgarter Bekenntnis vom Dezember 1559, dem Vermigli entgegentrat. Herzog Christoph hatte es mit der Confessio Virtembergica am 25. Juli 1561 an den Herzog Guise geschickt[24]. Vermigli berichtet am 19. 9. 1561 Calvin über die Rede des Kardinals von Lothringen: „Dann kam er zur Sakramentsfrage, wo er nichts über die Transsubstantiation oder die Messe einschob,

---

[18] Schreiben Vermiglis aus Straßburg vom 14. 2. 1556 „Dominis Polonis Evangelium profitentibus, & Ecclesiarum ministris", Loci [1627], 778–781, hier 781.

[19] Vgl. MAHLMANN, Dogma, 93ff.

[20] „Christum quoad naturam divinam passum esse pernego. ... Deum vero non mutari, quam apertissime testatur scriptura" (Loci [1627], 781 – 2).

[21] Loci [1627], 781, Pkt. 1.

[22] „... quia mediatorem verum congruebat in seipso duas litigantium partes habere conjunctas... · Unus mediator Dei & hominum; Dominum propter utranque naturam mediatorem esse ..." (Loci [1627], 781, Pkt.2).

[23] Sententia D. Petri Martyris Vermilij de praesentia corporis Christi in Eucharistia, proposita ab ipso in Colloquio Poissiaci habito, (Loci [1627], 750; umfaßt eine Viertel Folioseite).

[24] REINHARD, Poissy, 112f.

sondern die Gegenwart des Leibes Christi nicht anders als Luther und Brenz beschrieb"[25].

1.3. Die Christologie Vermiglis in Auseinandersetzung mit Brenz

Wir sind damit zeitlich und sachlich bei Vermiglis Auseinandersetzung mit Brenz angelangt. Alle bisher erwähnten Äußerungen zur Christologie laufen zusammen, werden z. T. auch präzisiert und korrigiert in Vermiglis christologischer Hauptschrift, dem gegen Brenz gerichteten Dialogus de utraque in Christo natura, der im August 1561 in Zürich erschien[26]. Die Vorrede ist datiert vom 15. 8. 1561 und gewidmet einem engen Freund, dem Engländer John Jewel, Bischof von Salisbury. Dieser hatte an Vermigli am 6. 11. 1560 geschrieben, auch in England gebe es einige wenige, die die Ubiquität beschäftige: „Jene hin- und herfliegende Lehre der Ubiquität kann bei uns auf keine Weise bestehen, auch wenn es von Anfang an Leute gab, welchen diese Sache große Sorgen machte"[27].

Auf diesen Brief geht Vermigli in seiner Vorrede ein und bestellt den Engländer zum neutralen Schiedsrichter zwischen den beiden fiktiven dramatis personae. Deshalb habe Vermigli möglichst klar und darum ausführlich sämtliche Argumente dargelegt (*2bff.), um – und hier wird die vermeintliche Neutralität fallen gelassen – zu verhindern, daß die „neuen und ganz absurden Dogmen" der „Ubiquitas" sich weiter ausbreiten (*5b/*6a). Freilich geht Vermigli wiederum ohne jede persönliche Schärfe vor. Brenz' Name wird bewußt nicht erwähnt. Vielmehr bietet Vermigli ein klares und scharfsinniges Gegeneinander der kontroversen Argumente und bezieht dabei selbst prägnant Position.

Die beiden fiktiven Gesprächspartner in dem eleganten Dialogus sind „Pantachus", der die pantachusia (Griech. = Ubiquität) verficht, sowie „Horothetes", der „Grenzsetzer" (zwischen göttlicher und menschlicher Natur). In einem Brief an den englischen Bischof Parkhurst lüftet Vermigli die Masken: „Pantachus spielt im Dialog Brenz' Rolle, Horothetes in Wahrheit meine"[28]. Pantachus trifft

---

25 CR 46,724. Vgl.B. F. PAIST, Martyr on the colloquy of Poissy.

26 S. o. S. 58. Eine zweite Auflage erschien im November desselben Jahres. Weitere Ausgaben: 1563, 1575 sowie in den „Loci" von der 3. bis zur 14. Ausgabe (1580/1656); eine deutsche Übersetzung erschien 1563 (DONNELLY, Bibliography).

27 Zurich Letters I, Nr XXXVIII, lat.Teil, 54. Daß es vereinzelte „Brentianer" in England gab, bestätigt indirekt auch der dortige Bischof Parkhurst von Norwich in einem Brief an Bullinger. Er berichtet am 20. August 1562, er habe mit Hilfe von Bullingers „Responsio" einen kurzfristig der „sententia Brentiana" anhängenden greisen Pastor wieder zur rechten Lehre bekehrt (Zurich Letters I, Nr.LIII, lat.Teil, 72; vgl. auch WALTON, Johannes Brenz, 273). – Nachdem allerdings Jewel den Dialogus Vermiglis erhalten hat, bedankt er sich bei dem Zürcher und beruhigt ihn, in England habe die Ubiquität keine Chance. Ja überhaupt nicht bei vernünftigen Menschen, sondern nur dort, wo die Steine anfingen zu denken, habe sie Aussicht auf Erfolg. „De ubiquitate enim nihil est hic periculi. Ibi tantum audiri ista possunt, ubi saxa sapiunt" (J. Jewel an Vermigli, 7. 2. 1562, Zurich Letters I, Nr.XLIII, lat.Teil, 59).

28 23. 8. 1561, Loci [1627], 796.

den Horothetes in einem Porticus in verdrießlicher Stimmung: Jener hat soeben
unter den Neuerscheinungen beim Buchhändler ein Buch beschwerlichen und
paradoxen Inhalts gefunden: „In der Summe besagt der Inhalt des Buches:
Christi Leib ist überall" (1 a). Es handelt sich um Brenzens De personali unione,
dessen Inhalt Vermigli den Pantachus im Verlauf des Gesprächs der Reihe nach
und fast vollständig zitieren läßt, während Horothetes, dessen Reden erheblich
mehr Raum einnehmen, die Gegenargumente Martyrs darlegt.

Für die Darstellung muß aus Vermiglis Argumenten eine Auswahl getroffen
werden. Der Charakter des Dialoges mit Brenz macht es weiterhin unvermeidlich, daß einige Gedanken Brenzens, die erst unten ihre eigentliche Entfaltung
erfahren, für die Vorstellung seines Gegners bereits im Vorgriff anklingen
müssen. Bereits im historischen Teil wurde auf die ebenfalls zu berücksichtigen-
den zahlreichen Glossen Vermiglis hingewiesen, die er kurz vor seinem Tod auf
seinem Exemplar von Brenz' De maiestate notiert hatte (s. o. S. 59).

1.3.1. Der Gegenstand des Streits

Vermigli begründet am Anfang des Dialogus, warum er dem Brenzschen
Entwurf „De personali unione" Widerspruch entgegenhält: Bei dem an sich
löblichen Unternehmen, der nestorianischen Häresie zu wehren, sei der Gegner
zu weit gegangen, habe „fremde Meinungen und neue Dogmen" gebildet, die
neue Lehre nämlich, „daß die Menschheit Christi überall sei" (2 b). Über den
polemischen Terminus „Ubiquität" dürfen sich die Lutheraner nicht beschwe-
ren: „Die neue und ungeheuerliche Sache bedurfte einer neuen und ungeheuerli-
chen Vokabel" (2 a). Gegen diese Sache aber geht Vermigli mit biblischen und
besonders mit patristischen Argumenten vor: Augustin, Basilius, Cyrill, Vigi-
lius, Theodoret, Fulgentius, Leo u. a. ruft er Zeugen seiner Position auf[29]. Im
Bereich der hypostatischen Union tritt die Scholastik hinzu (61b–66b). Der
Lutheranthologie am Ende von Brenzens De personali unione stellt Vermigli
eine etwa gleichlange Zusammenstellung von Väterzitaten entgegen (100a–
107a) sowie einige längere Zitate des späten Melanchthon (107b–110b).

1.3.2. Die Person Christi: Hypostatische als suppositale Union

Vermiglis Definition der Hypostatischen Union lautet: „Es ist *eine* Person
Christus, die dennoch zwei Naturen in derselben Hypostase mit sich verbunden
hat. Dabei bleiben aber die Eigentümlichkeiten der beiden unversehrt und
heil"[30]. Vermigli rezipiert dabei scharf die Bestimmungen der nominalistischen
suppositalen Union: Keinesfalls ist dem Brenzschen Postulat nachzugeben,
überall da, wo die Gottheit sei, müsse auch die Menschheit sein: „denn es
genügt, daß die Gottheit, obwohl sie unendlich und unbegrenzt ist, mit ihrer

---

[29] Zur Diskussion um die theologische Tradition s. u. S. 137ff.

[30] „Una est persona Christus, qui tamen duas naturas in hypostasi eadem secum habet
coniunctas: integris tamen ac salvis utriusque illarum proprietatibus" (Dialogus 9a).

Hypostase die Menschheit stützt und erhält, wo immer jene ist"[31]. Was will dieser zentrale Satz sagen? Der chalcedonensischen Bestimmung der hypostatischen Union als untrennbar – so der Kontext – tut es genüge, daß die göttliche Hypostase die menschliche Natur trägt (fulcire ac substentare), wo auch immer diese ist[32]. Der menschlichen Natur eignet keine personale Selbständigkeit. Diese allgemeinkirchliche Lehranschauung der Anhypostasie erfährt jedoch eine spezielle Interpretation: Die humana natura wird in der Aufnahme durch die göttliche Person nicht in die Gemeinschaft wirklichen personalen Seins aufgenommen; vielmehr tritt lediglich die göttliche Hypostase (= lat.: suppositum) gleichsam unter sie und hält sie empor, d. h. präzise: sie konstituiert ihr Dasein als individuelles Einzelwesen. Die göttliche Person bringt als suppositum, als Individuationsprinzip den Menschen Jesus zur Erscheinung und hält ihn im Dasein. Die menschliche Natur erhält keine Personhaftigkeit, sondern existiert in der hypostatischen Union ausschließlich in ständiger Dependenz von der sie ins Dasein hebenden göttlichen Hypostase. Deshalb kann Vermigli die von ihm zitierte Formulierung Brenz', die beiden Naturen konstituierten die Person, nicht mitsprechen (9 a). Denn nur im Modus getragener Abhängigkeit wird die Menschheit aufgenommen in die eine Hypostase; ein konstituierender Charakter kommt ihr nicht zu.

In System und Terminologie ist diese Christologie, auf deren Struktur wir bereits bei Melanchthon stießen, spätmittelalterlich. Das System der suppositalen Union wurde entwickelt von Duns Scotus und von Ockham und Biel voll ausgebildet[33]. Dieser Konstruktion entspricht Vermiglis Konzept. Zwar redet er im Dialogus nur von „hypostasis" und „persona" als Subjekt des sustentare, aber in den Glossen zu Brenz' De maiestate gebraucht er expressis verbis den für ihn synonymen, aber objektiv einschlägigeren Terminus „suppositum"[34].

In der Abendmahlslehre war Vermigli antikatholischer Kontroverstheologe. Es ist bemerkenswert und wirft vielleicht ein neues Licht auf Donnellys These des Scholastizismus Martyrs, daß er in der Christologie eine spätmittelalterlich-katholische Lehre vertritt. Wo Vermigli scholastische Väter als übereinstimmend in der Christologie zitiert, distanziert er sich sogleich von ihrer Abendmahlslehre (66 a).

Was ergibt sich für den Personbegriff Vermiglis? „Die Person *besteht* nicht aus

---

[31] „quia sufficit Deitatem, quam vis immensam & infinitam, sua hypostasi fulcire ac substentare humanitatem, ubicunque illa fuerit" (Dialogus 10 a).

[32] Brenz wird unter zweimaliger Zitation des eben zitierten Satzes Vermigli entgegenhalten, er verdünne die Christologie in allgemeine Anthropologie (M 220 ff.). Gerade hier tritt also die sachliche Differenz beider Entwürfe klar zu Tage. Umso unverständlicher ist das krasse, sachfremde Fehlurteil McLELLANDS (Words, 207) ausgerechnet anhand *dieses* Satzes „Now it is obvious that much of this controversy has more to do with words than facts".

[33] SCHWARZ, 293–301; OBERMAN, Herbst, 233–261, bes. 239 ff.

[34] Vermigli, Randbemerkungen zu Brenz, M 300,25 f.; 324,6; 334,28 ff.; Vgl. zur präzisen Begriffsbestimmung SCHWARZ 295 mit A. 26. – Parallel zu „sustentare" verwendet Martyr die termini „sustinere", „fulcire" und „gestare" (10 a; 13 a), die sonst nicht einschlägig sind und im allgemeinen Sinne „tragen, stützen, halten" bedeuten. „fulcire" verwendet Vermigli selbst ganz allgemein im Sinne von ‚stützen' (Dialogus, 84 b).

zwei Naturen, sondern sie *hält* zwei *empor*, die menschliche und die göttliche Natur" formuliert Vermigli als Glosse zu Brenz[35] und mit durch die Kontroverse geschärftem Urteil. 1556 hatte er das hier Bestrittene noch selbst behauptet (s. o. S. 73). Jetzt aber bezeichnet Vermigli die Person als das eine Subjekt, das die beiden Naturen in ihr Dasein hebt. Der Personbegriff hat also eine fundamental ontische Bedeutung für das Sein der beiden Naturen, für die göttliche schon immer und untrennbar[36], für die menschliche seit der assumptio. Die Person ist anders als bei Brenz ein Eigenes, Drittes gegenüber den Naturen, ja genauer: sie ist ontologisch gesehen ein Erstes vor den beiden Naturen, indem sie sie allererst konstituiert.

Neben dieser *ontologischen* begegnet eine weitere Sicht der Subjekthaftigkeit der Person Christi in Vermiglis *logischer* Definition des Personbegriffs[37]. Der Zürcher akzeptiert die von Brenz herangezogene Definition des Boethius: Die Person ist eines vernünftigen Wesens unteilbare Substanz, „Persona est individua substantia rationalis naturae"[38]. Er würdigt ihren orthodox-antinestorianischen Charakter im Blick auf die Abwehr zweier Hypostasen. Anders als Brenz jedoch interpretiert er die Boethianische Formel mit Hilfe der Kategorienlehre des Neuplatonikers Porphyrius, die dieser in seiner Einleitung zu den Kategorien des Aristoteles entwickelt.

Porphyrius beschreibt den Vorgang kategorialer Einteilung des Seienden vom Allgemeineren (genus/Gattung) zum Spezielleren (species/Art). So ist „vernünftiges Sinnenwesen" eine species des genus „Sinnenwesen" (zu dem aber auch noch andere species gehören). Es läßt sich jeweils eine ganze Reihe solcher Abstufungen vornehmen von einem generalissimum, das ausschließlich genus ist (z. B. „Substanz"), über verschiedene Stufen, die sogleich genus und species sind („vernünftiges Sinnenwesen" ist genus der species „Mensch" und zugleich species des genus „Sinnenwesen") bis hin zu einem specialissimum, dem Individuum, das sich nicht weiter spezifizieren läßt (z. B. „Sokrates"). Dabei wird jeweils das Höhere, Allgemeinere vom Niederen prädiziert („Sokrates ist Mensch")[39].

Vermigli knüpft – ohne ausdrücklichen Bezug – im Verständnis des Terminus „persona individua" an Porphyrius an: „ich ermahne dich, persona individua das zu nennen, was nicht wie species und genus in Einzelnes geteilt werden kann; denn es ist nicht möglich, unterhalb der Person durch Teilen weiter herabzusteigen, wie wir species und genus in Einzelnes zu teilen pflegen"[40]. Vermigli hält

---

[35] „Persona non constat ex duabus naturis, sed duas substinet, naturam divinam et humanam", Glosse zu Brenz, M 342,31 ff. Brenz' entsprechende Formulierung lautet: „persona Christi, quae et divinitate et humanitate constat" (ebd.).

[36] Auch wenn grundsätzlich in der katholischen Christologie göttliche Natur und Person identisch sind (Schwarz 293; 315), nimmt Vermigli doch eine Differenzierung vor: Die Natur als Inbegriff des göttlichen Wesens ist von dem Suppositum als Begründer der *Existenz* der beiden Naturen begrifflich, wenn auch nicht real unterschieden.

[37] Vgl. Mahlmann, Personeinheit, 210 ff.

[38] Dialogus 16 b; Brenz, P 22,6 f.; Boethius MPL 64,1343 C.

[39] Porphyrius, Einleitung in die Kategorien, 15 ff.

[40] „admonebo te personam individuam dici, quod non instar speciei et generis in singularia

also die persona für ein nicht mehr weiter spezifizierbares Einzelnes, ein (wörtlich mit Boethius:) „Individuum", also für das logische Subjekt der Prädikationen anderer Genera. Der Personbegriff ist also für ihn *in diesem Verständnis* ein bloß logisches Subjekt zu den Naturen und ihren Seinsweisen. Wie man sagen kann: „Sokrates ist Mensch" und „Sokrates ist Grieche", so kann man sagen: „Die Person Christus ist Gott" und „die Person Christus ist Mensch" bzw. auch: „die Person stirbt" und „die Person ist unsterblich". Die beiden „genera" Gott und Mensch können von der Person prädiziert werden wie auch deren Proprietäten. Aber: Aussagen über je eine Natur können von der Person prädiziert werden, ohne daß die andere mitbetroffen ist. Denn die Einheit der Person ist eine bloß logische, nicht wirkliche. Dies ist die Wurzel der unten darzustellenden Auffassung Vermiglis von der communicatio idiomatum als bloß verbaler.

Der Personbegriff hat also für Vermigli eine *doppelte* Funktion. Die Person ist in *ontologischer* Hinsicht Trägerin der beiden Naturen, indem sie sie in ihr individuelles Dasein hebt, und sie ist in *logischer* Hinsicht Subjekt für die Prädikate der beiden Naturen. Dabei ermöglicht die ontologische Fassung die logische: Weil die Hypostase die beiden Naturen trägt und erhält, aber weiter als in dieser suppositalen Weise keine Gemeinschaft schafft, deshalb ist die Person in logischer Hinsicht lediglich Subjekt zweier Kategorien von Prädikationen, die einander nicht eigentlich betreffen.

Dieses Personverständnis setzt sich deutlich ab von Brenz' Ansicht, „daß wo immer die Gottheit ist, notwendig auch die Menschheit Christi sei" (P 18,19 f.). Dies stellt nach Vermigli eine falsche, durch die Wirklichkeit nicht gedeckte verbale Behauptung dar. Es handelt sich um eine bloße ὁμωνυμία, eine Aequivocation. So reden die Brenzschen christologischen Prädikationen, als ob (quasi) durch die hypostatische Union das Faktum eingetreten sei, daß beide Naturen gleichweit reichten (9b). Dem aber stellt sich Vermigli konsequent entgegen: Die menschliche Natur ist, wo auch immer sie ist, in ihrer kreatürlichen Begrenztheit. Sie ist aber in dieser Begrenztheit der unendlichen und alles erfüllenden göttlichen Hypostase so verbunden, daß diese sie trägt[41]. Das genügt („sufficit" [s. o. Anm. 31])! Der Leib Christi „ist, wo Gott ist, aber nicht überall, wo Gott ist" glossiert Vermigli prägnant Brenz[42]. Diese Gestalt der Verbindung als tragende achtet Vermigli als „sehr eng" und „unauflöslich" (11 b/14a). Denn aus seiner Sicht ist in der Tat die hypostatische Union nirgendwo durch lokale Distanz aufgehoben[43]. In der Terminologie der suppositalen Union: „Das Getragene wird vom Tragenden nicht getrennt"[44]. So wie ein Baumstamm als

---

dividatur: nam infra personam dividendo non licet descendere, quemadmodum speciem & genus in singula solemus diducere" (Dialogus 16b).

[41] „Nam ubicunque fuerit natura Christi humana, semper in divina persona gestatur & sustinetur" (Dialogus 13a).

[42] Randbemerkung zu Brenz M 248,11 Vgl. auch Randbemerkung zu M 232,20 ff.: „Habet [sc.: divina hypostasis] eam [sc.: humanitatem] coniunctam sibi, sed non adductam ad omnia loca, quae ipsa divinitas implet". Ebenso Dialogus 11 a.

[43] „Unio igitur in eadem hypostasi diversitate locorum non tollitur" (Dialogus 10b).

[44] „non dividitur a suscipiente susceptus" (Dialogus 31 a).

„Subjekt" verschiedene Äste trägt und niemals von ihnen getrennt ist, aber eben nicht mit ihnen räumlich zusammenfällt (11 b), behält die menschliche Natur auch im Zustand der Trägerschaft durch die gemeinsame Hypostase ihre kreatürliche Begrenztheit[45]. Räumliche Adäquation der Menschheit mit der Gottheit zu postulieren, wie Vermigli bei Brenz vermutet, stellt ein crimen lasae maiestatis Dei dar, wie es schon Zwingli bei Luther inkriminierte: Ihr setzt zwei Infinita[46].

Die göttliche Natur dagegen schießt über, sie ist „extra", also auch anderswo als die menschliche. „Keinesfalls aber schließt sich der ganze Gott so in jenen Menschen ein, daß er nicht [auch] außerhalb von ihm anderswo wäre"[47]. Auch dies ist ideengeschichtlich wiederum eine Rezeption des Nominalismus[48]. Es bedeutet aber auch, daß sich bei Vermigli die von Theodor Thumm dann 1623 „Extra Calvinisticum"[49] genannte Vorstellung – anders als bei Calvin ! – auch ausdrücklich mit dem Terminus „extra" findet. Das ist durchaus bemerkenswert: Bisher bestand die Meinung: „den Begriff ‚extra' verwendet Calvin nicht, er taucht erst im Heidelberger Katechismus (Frage 48) auf"[50]. Dies muß korrigiert werden: Der Begriff „extra" ist erstmals bei Vermigli im Sommer 1561 belegt[51]! Das Extra Calvinisticum ist genetisch gesehen ein Extra Vermiglianum.

1.3.3. Die bleibende Begrenztheit des menschlichen Leibes Christi

1.3.3.1. Das biblische Zeugnis von Jesu Menschheit wider das Argument der Allmacht Gottes

Auf der Basis seiner christologischen Konstruktion lautet der Kern von Vermiglis Widerspruch gegen Brenz: Die Lehre, daß der Leib Christi alle Orte erfülle, verstoße gegen die räumliche Verfaßtheit kreatürlicher Menschheit. Augustin benennt er als den Kronzeugen: „nimm den Körpern die Ausdehnung der Örter, und sie werden nirgendwo sein; und weil sie nirgendwo sein werden, werden sie gar nicht sein"[52]. Körperliches Sein, so wird dieses immer wieder zitierte Wort interpretiert, gibt es nicht ohne einen klar umgrenzten Ort dieses Seins. „Pantachus'" Einwand, der Leib Christi könne ja nicht aus eigener Kraft,

---

[45] „Divina siquidem natura ibi est ac subsistit, cum diffusione atque complemento locorum omnium: Humana itidem ibi substentatur, sed pro suae creationis finibus ac terminis" (Dialogus 11 b).

[46] „non potestis evadere, quin duo simul infinita profiteamini" (17 a).

[47] „Nec tamen totus Deus ita se in homine illo conclusit, quin extra eum alibi sit" (Dialogus 14 b; ähnl. 25 a).

[48] OBERMAN, Herbst, 246 f.

[49] Thumm, Tapeinosigraphia, 344. 427.

[50] NEUSER, Dogma, 249.

[51] Abgesehen ist dabei von einem schon bekannten und auch nicht spezifisch christologischen Athanasiuszitat bei Melanchthon 1559 (CR 15,1271).

[52] „spacia locorum tolle corporibus, nusquam erunt; & quia nusquam erunt, nec erunt" (Dialogus 3 a; Brenz' Antwort s. u. S. 140–142).

„per se" an vielen Orten sein, sondern ausschließlich aus der Kraft Gottes, „virtute Dei", wird scharfsinnig pariert: In Frage stehe nicht die Macht (vires) Gottes, alles zu bewirken, sondern sein faktischer Wille, der ausschließlich der Schrift zu entnehmen ist (3 b). Deren Zeugnis aber ist eindeutig, indem sie häufig von der lokalen Abwesenheit Jesu, z. B. beim Tod des Lazarus (Joh 11,15) spricht[53]. Die Brenzschen Christolegumena der „Ubiquität" widersprechen für Vermigli gegenständlich dem biblischen Jesuszeugnis: Die Schrift bezeugt z. B. von Jesus, „daß er an Statur wuchs, als er ein Kind war". Die Wendung gegen Brenz liegt für Martyr auf der Hand: „Das hätte aber nicht geschehen können, wenn er überall gewesen wäre" (17b). Gegen die historische, gotgewollte Faktizität der Jesusgeschichte kommt der Hinweis auf die Allmacht Gottes nicht auf.

In dem Vorwurf der Spekulation über das faktisch Offenbarte hinaus sieht sich Vermigli indirekt durch Brenz selbst bestätigt. Der Lutheraner verfechte zwar mit großem Elan die Allgegenwart der Menschheit Christi – seine zeitliche Unendlichkeit werde aber auch von ihm in richtigem Verständnis der kontingenten Geburt Jesu durch Maria nicht behauptet, obwohl dies allein durch Deduktion aus der omnipotentia Dei erschwinglich wäre. Das Argument der Allmacht Gottes ist also in diesem Zusammenhang von Brenz selbst als insuffizient erwiesen, sein Postulat der Ubiquität unter Berufung darauf als willkürliche Setzung entlarvt[54].

1.3.3.2. Ontologische Reflexion der Allmacht Gottes

Vermigli fügt dem positivistischen Argument des biblisch offenbarten Willen Gottes eine weitere, ontologische Begründung hinzu. Auch Gott tut nichts, ja kann nichts tun, was die Identität des je Seienden zerstörte, „was der Natur und der Definition einer Sache widerspricht" (5 b). Diese ontologische Verfaßtheit der Wirklichkeit liegt begründet in Gott. Theologisches und ontologisches Urteil koinzidieren für Vermigli – freilich nur im modus eines allgemeinen Postulates – und lassen keinen Spielraum für eine Überwindung des unendlichen Unterschiedes: „Gegensätze können nicht zugleich wahr sein. Endlich und unendlich sind Gegensätze. Gott hat dieses Prinzip in der Natur aufgestellt"[55]. Nichts kann geschehen, was nicht dem Satz vom Widerspruch Rechnung

---

[53] In einem etwa gleichzeitigen Brief nennt Vermigli zahlreiche Schriftbelege, die das „Ubiquitatis figmentum" durch die Rede von der Abwesenheit Jesu widerlegen: Joh 11,15; Mt 28,6; Apg 3,21; Joh 16,7; Mt 26,11. Auch bloße Ortsangaben, die besagen, daß Jesus zu einer bestimmten Zeit an einem bestimmten Ort war und an keinem anderen, genügen Vermigli hier (Vermigli, Schreiben „ad amicum quendam ... de causa eucharistiae" vom 24. 5. 1562, Loci [1627], 803).

[54] „... videamini constituisse in vestra manu, quasnam proprietates divinas ad Christi humanitatem velitis transfundi, quasve illi velitis adimi" (Dialogus 18a).

[55] „contradictoria simul non possunt esse vera. Finitum et non finitum sunt contradictoria. Deus hoc principium in natura posuit" (Glosse zu Brenz, M 250,9).

trägt[56]. Unsichtbares kann nicht sichtbar, Ewiges nicht der Zeit unterworfen sein, der unsterbliche Gott kann nicht sterben (4b/5b). Dieses ontologische Urteil prägt dann den Diskurs über die communicatio idiomatum.

An dieser Stelle ist der Rückgriff Vermiglis auf Aristoteles besonders deutlich. Dieser hat nicht nur den von Vermigli rezipierten Satz vom Widerspruch aufgestellt und begründet[57]. Er hat in der Diskussion darüber auch gleichsam die reformierte Adaption auf die Christologie antizipiert: Hätte der Satz vom Widerspruch keine Gültigkeit, dann wäre alles Verschiedene eins, wären auch Mensch und Gott identisch[58].

Die Identität einer Sache kann *zeitlich* bestimmt sein: Geschehenes kann nicht Ungeschehen werden, der gefallenen Jungfrau kann selbst Gottes Allmacht ihre Virginität nicht wiederbringen. Damit zitiert Martyr Hieronymus, nimmt aber im Blick auf die schlechthinnige Irreversibilität der Zeit ein Wort aus den ältesten literarischen Quellen des Abendlandes (Aischylos) und damit seiner Welterfahrung auf[59]. – Brenz wird dieser fundamentalen Bedeutung der allgemeinen Erfahrung widersprechen (s. S. 188). – Schließlich kann auch *räumliche* Verfaßtheit die Identität des Seienden konstituiv bestimmen: „ich sage eindeutig, daß es durch keine Macht geschehen kann, daß etwas Erschaffenes überall ist"[60]. Damit ist Martyr am Ziel: Allgegenwärtigkeit kann allein der unendlichen Gottheit zugesprochen werden, während der menschliche Leib an einem Ort fixiert ist.

Der von Vermigli fingierte Einwand des Pantachus, es sei hier nicht von einer „vulgaris creatura", sondern von dem in hypostatischer Einigung mit der Gottheit verbundenen Menschen die Rede, läßt Martyr triumphieren: Die Begründung der Ubiquität aus der Allmacht Gottes hat versagt: Brenz muß ein neues Argument heranziehen (8a).

Freilich: Die Fragestellung verschiebt sich auch jetzt nicht entscheidend: Kann in der hypostatischen Union der Menschheit das, was ihr „per se" abgeht, „per accidens" und „per gratiam" zukommen (18b)? Die bleibende, apriorisch fixierte ontologische Differenz wehrt auch diesen Versuch christologischer Vermittlung ab: „Was endlich und begrenzt ist, nimmt das Unendliche nicht in sich auf (non capit)"[61]. Indem Vermigli diesen nach Elert bei Nestorius verwurzelten

---

[56] „Ista propterea fieri non possunt, quia seipsa destruunt & ... contradictionem implicant" (Dialogus 4b).

[57] Aristoteles, Metaphysik 1005 b 19 ff.

[58] „καὶ πάντα δ' ἂν εἴη ἕν ... καὶ ταὐτὸν ἔσται καὶ ἄνθρωπος καὶ θεὸς καὶ τριήρης καὶ αἱ ἀντιφάσεις αὐτῶν" – „Auch würde alles Eines sein ... und Mensch, Gott, Schiff samt den Verneinungen davon würden ein und dasselbe sein" (Aristoteles, Metaph. 1008 a 23 f.; auf diese Stelle machte mich freundlicherweise Notger Slenczka aufmerksam).

[59] „Cum omnia poßit Deus, suscitare non potest virginem post ruinam" (Dialogus 4b). Bei Aischylos: Χοηφόροι (Weihgußträgerinnen), in: Tragödien und Fragmente, hg. und übers. v. WERNER, O., Tusculum-Bücherei, München o.J., 71): „θιγόντι δ' οὔτι νυμφικῶν ἑδωλίων ἄκος" – „Ward er berührt, hilft nimmer Heilkunst jungfräulichem Schoß".

[60] „affirmo nulla vi fieri posse ut res creata sit ubique" (Dialogus 6a).

[61] „Quod finitum ac terminatum est, infinita non capit" (Dialogus 19b; vgl. 60b); ebenso Glossen zu Brenz M 296,15 ff.; 312,12 ff.: „finitum con capit infinitum".

Standardsatz[62] reformierter Christologie wiederholt – allerdings nur als Verbalsatz („non capit", nicht „non capax") – zitiert, unterscheidet er sich signifikant von Calvin, bei dem dieses Wort nie vorkommt. Jedenfalls für Martyr bedarf also das Urteil Obermans[63] der Revision, das theologische und religiöse Interesse am Extra Calvinisticum habe nichts zu tun, ja stehe geradezu im Gegensatz zum Prinzip „finitum non capax infiniti". Bei dem Zürcher stehen anders als in Genf beide nebeneinander, und beide gehen auf das Konto der spätscholastischen Herkunft der Christologie Vermiglis[64]. Daß hier auch mehr als dort philosophische Maximen die Theologie prägen, mag hinzukommen.

1.3.3.3. Anthropologische Voraussetzungen

Was hält Vermigli von dem Württembergischen Konzept, daß die Substanz der menschlichen Natur Christi identisch bleibt, während die Akzidentien – auch der Räumlichkeit – weichen können? Er wendet zunächst scharfsinnig ein: Wenn der Menschheit Christi qua Personeinheit die göttliche Qualität der Allgegenwart zukommt – warum dann nicht auch die Qualität des Ewigen und schlechthin Einfachen[65]? Die von Martyr implizierte Konsequenz liegt darin, daß die Menschheit dann gar keine Akzidentien mehr besäße und Brenz' Vorschlag aus der Christologie selbst Widerlegung fände.

Dann aber folgt die eigentliche Entgegnung: In der Tat eignen der menschlichen Natur Akzidentien, nämlich: „Sterblich- und Unsterblichsein, Leiden und Nichtleiden können vom Menschen unter Bewahrung seiner Natur weggenommen und ihm wieder gegeben werden" (22b). Die Ausgesetztheit des Menschen unter Vergänglichkeit, Leiden und Sterben gehört nicht zu seinem Wesen. Anders steht es aber mit seiner begrenzten Räumlichkeit, mit circumscriptio, magnitudo und mensura. Die körperliche Identität des Seins an einem umschlossenen Ort gehört dem Menschsein, auch in der persönlichen Einigung mit der göttlichen Hypostase, unablösbar zu (22b). „Was wahrhaftig erschaffen ist, muß auch endlich und begrenzt sein" (27b). Die Gebundenheit an Zeit und Raum hält Vermigli also für ein *constituens* menschlicher Existenz. Deshalb zerstört für Vermigli Brenz die Integrität der menschlichen Natur Christi: „du verkehrst die menschliche Natur Christi in die Gottheit" (28a). Für Vermigli verläuft auch innerhalb des *christologischen* „Geschehens" alles nach den schon immer bekannten *anthropologischen* Regeln.

---

[62] ELERT, Der Ursprung des Satzes finitum infiniti non capax.

[63] OBERMAN, Extra-Dimension, 350f.

[64] Zum „extra" s. o. S. 80; der Satz „nulla proportio est finiti ad infinitum" begegnet bei Biel (SCHWARZ 300).

[65] „non possum rursus non mirari, quod cum humanae Christi naturae *simplicitatem* et *aeternitatem* non accommodes, cur illi convenire tantopere contendas Immensitatem et Ubiquitatem" (Dialogus 22a).

Dies illustriert Vermigli an einem Beispiel, nämlich am Verständnis des am Kreuz gestorbenen Christus: Die Menschheit ist an einem Ort; mit dem Tod treten Seele und Leib auseinander, der Leib liegt bis zur Auferstehung im Grabe, die Seele ist im *infernum*. Unter Berufung auf Augustin votiert Martyr deshalb dafür, das „Heute wirst du mit mir im Paradies sein" (Lk 23,43) nur auf die göttliche Natur Christi zu beziehen (26a). Hier also verdoppelt sich die trennende Funktion der anthropologischen Reflexion: Zu dem Auseinandertreten der beiden Naturen – von der suppositalen Funktion abgesehen –, das bedingt ist durch die Begrenztheit der *natura humana*, kommt das Auseinandertreten der Menschheit in Seele und Leib, das eine eigenartige Dreiheit, ein dreifaches „secundum" erzeugt.

Brenzens auf Luther und die Scholastik zurückgehender Vorschlag zur Differenzierung der Modi räumlichen Seins wird zurückgewiesen: Ein *esse ubique repletive* der Menschheit Christi sei eine weder durch die Schrift noch durch die Väter gedeckte Spitzfindigkeit (26b). An dieser Stelle konsultiert Vermigli seine scholastischen Zeugen nicht. Hier ist wohl bereits die durch den Beginn der Abendmahlslehre markierte Bruchstelle erreicht, an der scholastische Rezeption in antikatholische Kontroverstheologie umschlägt.

1.3.4. Die communicatio idiomatum

Mit alldem ist bereits das Problem der *communicatio idiomatum* im Blick. Die *communicatio idiomatum* (Dialogus 28a–66b), synonym mit Alloiosis[66], ist die hermeneutische Regel zum Verstehen biblischer Aussagen, die den Definitionen der Person, der Menschheit und auch der Gottheit entspricht; und zwar in doppelter Weise entspricht, indem sie einmal auf diesen basiert und sie zweitens auch biblisch zu begründen und abzusichern hilft.

1.3.4.1. Prädikationen von der Person

Vermigli kennt zwei ‚genera' der Idiomenkommunikation[67]: im *einen* genus werden Idiome der Naturen von der Person prädiziert (30aff.). Die Person, so wurde oben gezeigt, wird von Vermigli kategorial als logisches Subjekt der beiden Naturen und deren Proprietäten genannt: Christus (die Person), so kann man prädizieren, ist Gott und ist Mensch, ist ewig und ist sterblich. „Der Name Christi bezeichnet also beide Naturen"[68]. Es muß entsprechend bei jedem Gebrauch des Namens Christi angegeben werden, „secundum", im Blick auf welche Natur die Aussage tatsächlich gilt (52b). Beispiele sind das eben genannte Wort Lk 23,43, das sprachlich auf die Person bezogen ist, aber ebenso in Wahrheit nur die göttliche Natur meinen kann wie das Täuferwort Joh 1,15.30,

---

[66] Dialogus 29a („de communicatione ἰδιωμάτων sive ἀλλοιώσι"); 41b.

[67] „Nunc restat ut ostendam, quomodo illa dicta scripturae solvenda et interpretanda sint, in quibus nomina [!] proprietatum inter duas naturas communicantur vel permutantur. *Primum* spectanda est ipsa persona de qua illa dicuntur; *deinde* animo prudenter contemplandae sunt duae naturae" (Dialogus 44b).

[68] „Christi ergo nomen utranque naturam significat" (Dialogus 37b).

„nach mir wird kommen, der vor mir gewesen ist" (29a). Vermigli definiert diesen Vorgang der communicatio idiomatum wie folgt: „Es gibt bestimmte Eigentümlichkeiten, die von dem Subjekt oder der Person ausgesagt werden und ihr zukommen ...". Die Person ist nach biblischem Sprachgebrauch, meint Vermigli, logische Trägerin der Prädikate und Proprietäten der beiden Naturen. Es geht dabei freilich ausschließlich um einen verbalen Vorgang. Er ist nicht real, i. e. das in ihm Ausgedrückte hat keine Wirklichkeitsbedeutung für die jeweils andere Natur, da ja der Einheitspunkt bloß logischer Art ist. Deshalb lautet die Fortsetzung der eben zitierten Definition: „aber in Wahrheit kommen sie keineswegs jeder von beiden zu"[69]. Eine communicatio zwischen den Naturen findet nicht in Wahrheit statt. „Ich behaupte, daß die Mitteilungen *verbal* sind" (29a).

1.3.4.2. Prädikationen von den Naturen

Mit dem eben Genannten ist bereits das für den Interpreten sich als unterscheidbar darstellende *andere* „genus" der Idiomenkommunikation erreicht: die Eigenschaften der einen Natur werden von der je anderen prädiziert.

Bezüglich der *menschlichen Natur* heißt das: Wenn Joh 3,13 vom „Menschensohn" sagt, „er stieg vom Himmel herab", dann liegt eine communicatio verbalis vor. Das „de coelo" in Joh 3,13 gilt in Wahrheit nur von der göttlichen Natur (30a/b; 68b–70a). Solche Prädikationen der Eigenschaften der einen Natur von der je anderen sind ermöglicht durch die Verbindung in dem einen suppositum. „Die Einheit macht die Namen [!] gemein"[70]. So kann immerhin auch nach Vermigli von der menschlichen Natur göttliche Allgegenwart ausgesagt werden[71]! Freilich bezeichnet dies für die Natur keine reale Wahrheit. „Denn wir bestreiten nicht, daß die menschliche Natur wahrer Gott und unendlich ist *wegen des Suppositum*, aber wir bestreiten, daß die menschliche Natur oder die Menschheit oder ihr Leib unbegrenzt und unendlich sind"[72]. Auch die „klassische" Formulierung „Der Mensch ist Gott" ist so im Blick auf die hypostatische Getragenheit der Menschheit, nicht aber im Blick auf die menschliche Natur selbst erschwinglich[73].

Was die ontische Identität der Menschheit nicht zerstört, dessen sie also „capax" ist, das wird ihr in der Tat „reipsa" von der Gottheit kommuniziert. Die Fähigkeiten „lebendig zu machen, zu heilen und zu heiligen" zerstören die menschliche Natur nicht, sondern vollenden sie, wie Vermigli in scholastisch-thomistischer Terminologie feststellt. Zugleich stehen sie im Dienst der soterio-

---

[69] „Sunt ergo quaedam proprietates, quae de subiecto quidem seu persona praedicantur & ei conveniunt, sed reipsa utrique naturae minime communicantur" (Dialogus 29a).

[70] „unio facit nomina (!) communia" (Dialogus 32a).

[71] „Ego quoque concedo hominem Christum per communicationem idiomatum esse ubique" (Randbemerkung zu M 386,11ff.).

[72] Randbemerkung zu M 334,28ff.

[73] „Fatemur hominem esse Deum non identice, sed hypostatice" (Randbemerkung zu Brenz M 330,21ff.).

logischen Funktion der Menschheit. Die menschliche Natur wird von der göttlichen Hypostase zu der in den Grenzen ihres Wesens möglichen und soteriologisch notwendigen Vollendung gebracht (50b). Darüberhinaus wird der menschlichen Natur bei ihrer Erhöhung nach dem Kreuz Impassibilität und Unsterblichkeit zuteil, die ihre Substanz nicht betreffen (22b). Mit diesem beiden, perfectio und impassibilitas, ist aber das „quantum" (16a) dessen erfüllt, was der menschlichen Natur vermöge ihrer capacitas „in Wahrheit" kommuniziert werden kann. Alles weitere kommt ihr aufgrund ihrer apriorisch fixierten Begrenztheit nur als uneigentliche Redeweise („loquutione") zu (56b).

Nicht weniger als die Identität des Menschseins steht auch die Unveränderlichkeit und Leidensunfähigkeit der *Gottheit* apriori fest (30b). Für sich genommen sieht auch Brenz diesen Sachverhalt nicht anders (P 34,11). Aber anders als für den Schwaben bleiben diese Ausgangsbedingungen für Vermigli auch im christologischen Geschehen unverändert und lassen keine neue Sichtweise zu: Folglich kann Christus nur nach seiner menschlichen Natur gelitten haben (35a). Wenn Paulus sagt: Der Herr der Herrlichkeit – für Vermigli die göttliche Natur Christi – wurde gekreuzigt (1. Kor 2,7), ist dies als bloß verbaler Vorgang zu deuten. In Wirklichkeit kann Gott von keinerlei Leiden oder Tod betroffen werden[74]. Es ist interessant, daß Vermigli hier die Reglementierung des capax auch auf die göttliche Natur anwendet: Gerade wegen ihrer Allmacht und Majestät (die doch, so Brenz, jedes „non capax" ausschließen sollte) ist die Gottheit aller kreatürlichen Veränderung „non capax"[75]. Wessen sie aber – wie umgekehrt die menschliche Natur – nicht capax ist, dessen wird sie bloß verbal teilhaftig[76].

Hat also die Gottheit mit dem Sterben überhaupt nichts zu tun? Hier muß Vermigli noch einmal differenzieren. Insofern die göttliche Hypostase immer und überall der menschlichen Natur tragend da ist, ist sie auch im Sterben gegenwärtig, nämlich in ihrer suppositalen Funktion. Nicht aber wird sie selbst vom Leiden betroffen; sie ist, wie Vermigli mit Irenäus formuliert, schweigend gegenwärtig. „Das Wort war bei dem leidenden Menschen, aber es litt nicht" (34a). Nicht nur an dieser Stelle besteht Übereinstimmung zwischen Vermigli und Melanchthon.

Vermigli kann hier seine Auffassung von der communicatio idiomatum sogar einschränken: Nur eine leere Behauptung ist die Beteiligung der Gottheit am Leiden Christi nicht, handelt es sich doch um das Sterben desjenigen Menschen, dessen Leib sich der Sohn Gottes zu seinem eigenen gemacht hat, dem er in personaler Einheit gegenwärtig ist[77]. Doch soweit diese Aussage auch geht,

---

[74] „Dominus gloriae crucifixus & mortuus dicitur, cum paßio, crucifixio & mors ad Verbum non pertingerint (quod utique impaßibile est ac immortale)" (Dialogus 28b).

[75] „filius Dei ..., cuius natura capax ascensionis non erat", [da sie schon immer überall war] (31b); „natura divina seu Deus Verbum non sit capax mortis" (36b).

[76] „proinde nos cum istam coniunctionem ἰδιωμάτων, quorum non est capax natura humana seu divina, verbalem sentiamus" (Dialogus 35a).

[77] „non vano sermone passus est & mortuus filius Dei, cum ea natura & caro vere ac reipsa

Vermigli revoziert faktisch sofort: Vom Leiden des Logos selbst darf „in Wahrheit und tatsächlich" keinesfalls gesprochen werden[78]. Nach Vermiglis Auffassung also wird die unio naturarum selbst im Sterben nicht getrennt – und doch zugleich so auf Abstand gehalten, daß eine wirkliche Betroffenheit der göttlichen Natur selbst, ein wirkliches Eingehen in die kreatürliche Niedrigkeit des Sterbens, nicht statthat.

1.3.4.3. Die Problematik von Vermiglis Verständnis der communicatio idiomatum

Vermiglis hermeneutisches Verständnis der communicatio idiomatum ist trotz der genannten Einschränkung bestimmt von einem starken Dualismus zwischen der Wirklichkeit „reipsa", und dem bloß nach biblischer Redeweise („loquutione atque scriptione"), nur „phrasi" Bezeugten, das ohne realen Wahrheitsanspruch ist. Die Kriterien, nach denen er sein Urteil über verbum oder res fällt, sind jedoch nur zum kleineren Teil biblisch gewonnen, vielmehr verdanken sie sich einem allgemein theologischen und ontologischen Urteil über das, was Gott und Mensch je seien. Dazu bedient er sich als Auslegungshilfe breitester Zeugnisse aus der Patristik und der Scholastik.

Die Problematik des Dualismus von Wirklichkeit und (biblischem) Wort bei Vermigli für eine am reformatorischen sola scriptura orientierte Theologie liegt auf der Hand. Martyr steht in der Gefahr, eine Theologie nach anderen, fremden Kriterien zu entwickeln, da er dem biblischem Wort jedenfalls in der Konsequenz seinen Wahrheitsanspruch genommen hat: „Die göttlichen Worte bezeugen, daß das Fleisch um des Logos willen vom Himmel kam und der Logos um des Fleisches willen den Tod auf sich nahm, während" – und hier folgt nach Vermigli die Wahrheit entgegen dem Wortlaut der Schrift – „weder das Fleisch vom Himmel kam noch der Logos sterben konnte"[79]. Die Problematik von Vermiglis hermeneutischem Ansatz zeigt sich also zumal in der Christologie, in der er faktisch im Kampf mit dem biblischem Zeugnis, ja gegen dieses seine Konstruktion der suppositalen Union verficht. In den christologischen Zeugnissen des Neuen Testamentes geschieht für Vermigli wie für Bullinger nichts anderes als Vermischung, „confusio" (32b; 47b). In Vermiglis spätscholastischer Konstruktion, in der bleibende Dependenz das Thema ist, kommt es nicht zur wirklichen Gemeinschaft von Gott und Mensch.

---

pateretur & moreretur, quam sibi propriam fecerat & cui personae unione aderat" (Dialogus 35b).

[78] „Non tamen unquam dicerem, quod tu [sc.: Pantachus alias Brentius] affirmare soles, λόγον seu verbum ipsum vere ac reipsa & passum & mortuum" (Dialogus 35b).

[79] „Caro propter Verbum de coelo descendisset, & verbum propter carnem mortem subiisse divina testantur eloquia, cum nec caro de coelo descenderit, nec verbum mori potuerit" (Dialogus 33b).

1.3.5. Die Himmelfahrt und die sessio ad dextram

1.3.5.1. Die eschatologische Bedeutung des Topos

Indem Vermigli dem Gedankengang Brenz' in De personali unione folgt, schließt er der eigentlichen Christologie die Debatte um das Verständnis von Himmel, Himmelfahrt und Rechter Gottes an (67b-96b). Stärker als für Brenz liegt für den Zürcher auf diesem Thema ein Eigeninteresse. Während die Himmelfahrt für den Schwaben v. a. Bestätigung des seit der Inkarnation Gültigen ist, haben Bullinger wie Vermigli hier ein zentrales soteriologisch-eschatologisches Anliegen. So wirft Vermigli gleich zu Beginn dieses Themenkreises Brenz vor, er habe das Ziel der Himmelfahrt, die „causae ascensionis" einfach übergangen. Vermigli nennt demgegenüber fünf causae finales der Himmelfahrt: 1. habe Christus für uns nach Joh 14,2 die himmlische Wohnung bereitet. 2. war Ziel der Himmelfahrt die Sendung des Heiligen Geistes. 3. sollte Christus selbst nach seinem Tod mit höchster Ehre geschmückt werden. 4. leistet Christus nach der ascensio für uns Fürbitte (intercessio) und gibt den Gläubigen 5. die Hoffnung ihrer Auferstehung und zukünftigen Herrlichkeit (68a). Der Topos der ascensio hat also für Vermigli zentrale theologische Bedeutung; an ihm hängen wesentliche Aspekte der Eschatologie (1.+ 5.), der Pneumatologie (2.), der Christologie (3.), der Soteriologie (4.) und des konkreten seelsorgerlichen Trostes der Gläubigen (5.). Kurz: An der wahrhaftigen leiblichen Himmelfahrt Christi hängt entscheidend unser zukünftiges Heil.

1.3.5.2. Das Verständnis von Himmel und Himmelfahrt

Um diese Himmelfahrt zu verteidigen, muß Martyr Brenzens Gedanken der faktischen Koinzidenz von incarnatio und ascensio zurückweisen. Himmelfahrt ist eine räumliche Bewegung; sie ist nur sinnvoll möglich, wenn der Mensch Jesus dort, wohin er sich bewegte, nicht auch schon vorher war[80]. Sie ist zugleich ein sichtbarer Vorgang, wie er zu Beginn der Apostelgeschichte beschrieben wird. Die vorherige unsichtbare ascensio, die Brenz lehrt, ist ein fremdes, neues Dogma, um das fremde, neue Dogma der Ubiquität zu stützen (84b).

Zugrundeliegend ist dieser Argumentationsweise wie bei Bullinger die axiomatische Funktion von Zeit und Raum. Die Ereignisse der Geschichte Jesu von der Inkarnation bis zur Himmelfahrt verlaufen in ihrer chronologischen Sukzessivität (85b). Hält Brenz dem Zürcher seine Auffassung einer qualitativ unterschiedenen allgegenwärtigen Daseinsweise Christi („coelesti modo") entgegen, bekommt er zur Antwort: „ubique" ist, wie schon die Kinder wissen, ein Adverb des Ortes. Ein illokaler Sachverhalt kann daher damit nicht bezeichnet werden; ergo ist die Gegenwart der Menschheit Christi auch nach Brenz räum-

---

[80] „Nemo se ad ea confert loca, quae iam implevit" (Dialogus 70b).

lich zu denken. Der Leib Christi kann an einem Ort oder überall nur räumlich sein[81]. Diese lokale Ubiquität aber widerspricht dem Zeugnis von der kontingenten lokalen Erhöhung Christi (58 b).

Brenzens biblische Gegenargumente verwirft Vermigli. Weder die Verklärung von Mt 16 noch die Wunder Jesu belegen eine überräumliche oder gar ubiquitäre Gegenwart Christi, auch wenn er hier wunderbare Eigenschaften erhält (89 b/92 b). Auch ein übernatürliches Durchschreiten Christi von Hindernissen, die normalen Menschen undurchdringbar wären, leugnet Vermigli: Nach ihm war der Schoß der Maria bei der Geburt nicht verschlossen, wie er unter Bezug auf Origenes, Ambrosius und Hieronymus durch Auslegung des ‚gynäkologischen Gehaltes' von Lk 2,22 f. zu erweisen versucht[82]. Ebenso öffneten sich dem Herrn die Türen, als er zu seinen Jüngern eintrat (Joh 20,19), wie auch der Stein vor dem Grab vor seiner Auferstehung weggerollt wurde. Welchen Sinn haben diese physikalischen Bemühungen Martyrs? – Die Agilität und Subtilität des auferstandenen Christus meint, daß die Gegenstände vor ihm weichen, nicht aber, daß zwei Körper an einem Ort sein könnten, wie es die scholastische repletive Daseinsweise zulassen würde. Dasselbe gilt schließlich auch von der Himmelfahrt: Die himmlischen Sphären teilten sich, um den Herrn hindurchzulassen (95 b/96 a).

Wohin aber führt diese Himmelfahrt Christi? Die Antwort ist in der Kosmologie Vermiglis begründet. Wie in seiner Christologie denkt Martyr auch hier mittelalterlich. Er kennt mit dem Damaszener und dem Lombarden im Grundsatz zwei Himmel: das Firmament, also den sichtbaren, gestirnten Himmel, sowie den jenseits davon liegenden Himmel, das Empyreum. Dieser unsichtbare Himmel ist den Philosophen, also aller menschlichen natürlichen Einsicht unbekannt; er ist nur durch die Schrift offenbart (Joh 14,2; Eph 4,10 u. ö.). Hier ist seit der Himmelfahrt der Leib Christi, ebenso wie die Seelen der verstorbenen Christen, wie die Engel und wie die Leiber der Heiligen einst nach der Auferstehung. Zwar bleiben die Körper in circumscriptiver Räumlichkeit, sind aber befreit von aller irdischen Beschränktheit, leben in unendlicher Glückseligkeit und räumlicher Freizügigkeit. Dieser jenseitige Himmel bietet einen festen und gewissen Aufenthaltsort in ewiger Ruhe und Unveränderlichkeit. Er wird nicht mit „Himmel und Erde vergehen" (73 b-74 b). Über Bullinger hinaus (s. u. S. 101 f.) führt Vermigli durch Zitate mittelalterlicher Väter weitere Bestimmungen ein: Das Empyreum ist nach Petrus Lombardus hell und feurig („igneum et splendore"). Strabus nennt es „intellectuale", was allerdings, wie Vermigli sofort hinzufügt, keinesfalls Unkörperlichkeit bedeutet, sondern lediglich Unsichtbarkeit (77 a).

---

[81] „Non potest esse in loco vel ... ubique nisi localiter" (Dialogus 58 a).

[82] Dialogus 94 b-95 b. – Brenz entgeht nicht, daß Vermigli hier anderer Meinung ist als Bullinger (M 402,8; Bullinger, In luculentam et sacrosanctam evangelium Domini nostri Iesu Christi secundum Lucam libri 9. Zürich 1546 (STAEDTKE 173), 29 b).

1.3.5.3. Die Rechte Gottes

Zum Verständnis des Himmels, bei Vermigli aber doch auch davon abgehoben, gehört das der Rechten Gottes. Vermigli bildet hier nicht wie Bullinger
(s. u. S. 104 f.) ein deutliches Doppelverständnis – unendlich und endlich, bezogen auf die göttliche und die menschliche Natur – aus. Vielmehr sieht Martyr die
Schwäche dieses Schemas. So steht für ihn fest: Die Rechte Gottes ist unendlich,
bezeichnet die Erhabenheit über das Kreatürliche; der ewige Gott, der Geist ist,
hat keine gegenständliche Rechte als lokales Gegenüber zur Linken (75a–76a).
Deshalb unterscheidet Vermigli die illokale sessio ad dexteram scharf von der
räumlich gefaßten ascensio[83].

Allerdings hält Vermigli Brenz entgegen: Es ist ein übler Fehlschluß, ein
paralogismus accidentialis, zu folgern: weil die Rechte Gottes unendlich ist, gilt
dasselbe für die menschliche Natur Christi, die zur Rechten Gottes sitzt. Ein
König, der auf seinem Thron sitzt, ist deshalb ja auch nicht von gleicher
Körpergröße wie der Thron, illustriert Vermigli (75b). Indessen – daß dieses
sehr lokale Beispiel für die illokale Sessio nicht befriedigt und in der Vermittlung
zwischen unendlicher Dextera und begrenzter humanitas Christi ein Problem
liegt, sieht auch Martyr. Zu seiner Lösung führt nun auch er eine doppelte
Bestimmung der Dextera Dei ein: „Die Rechte Gottes muß als eine doppelsinni-
ge Vokabel verstanden werden, weil sie nicht nur die göttliche Macht und Kraft
bezeichnet, durch die alles geschieht und gesteuert wird, sondern auch die
höchste und vollkommenste Glückseligkeit"[84]. Allmacht und Glückseligkeit
also sind die beiden – zunächst unräumlichen – Bestimmungen der Dextera.
Worauf aber will Martyr hinaus mit dieser Differenzierung? Die beiden Bestimmungen interpretiert er nun doch räumlich: „Auch wenn die göttliche Allmacht
und Majestät überall sind, ist der Ort der Glückseligkeit und des vollkommenen
Glückes nicht überall" (76a). Aus der „Glückseligkeit" der unräumlichen Rechten Gottes ist der „*Ort* der Glückseligkeit" geworden – und Vermigli kommt da
an, wo Bullinger beginnt: bei einem doppelten Verständnis von Dextera, das
den Begriff in begrenzt und unbegrenzt, je bezogen auf eine der beiden Naturen,
aufspaltet. Für die göttliche Natur bedeutet die sessio ad dextram illokale Allmacht, für die menschliche Natur Glückseligkeit an einem fixen Ort. Hier
argumentiert Martyr also inkonsequent. Seine Lösung läuft darauf hinaus, daß
die menschliche Natur Christi nur an einem Teil der dextera, nämlich der
felicitas, Anteil hat; auch hier wird also eine quantifizierende Reduktion vorgenommen. Freilich liegt dies zweifellos problematische Ergebnis auf der Linie der
Vermiglischen Christologie. Auch der zur Rechten Gottes erhöhten menschlichen Natur kommt Göttliches nur nach ihrer Aufnahmefähigkeit zu, „quantum
capax est" (82b).

---

[83] „Sedere ad dextram patris non explicat ascensionem" (Dialogus 75a, Marginalie).

[84] „oportet dexteram Dei anceps esse vocabulum: quia non solum potentiam & vim divinam
significat, qua omnia fiunt et gubernantur, sed etiam summamm perfectamque felicitatem"
(Dialogus 76a).

Vermigli gibt sich aber mit dieser etwas epikuräisch getönten glücklichen ‚Ruhelage' der Menschheit Christi nicht ganz zufrieden. So will er jedenfalls auch nicht ausschließen, daß die menschliche Natur Christi an der Lenkung und Erhaltung der Welt Anteil hat. Aber: Zur gubernatio und conservatio der Dinge ist nicht die Gegenwart bei ihnen notwendig. Während für Luther und Brenz die Dinge nur durch Gottes Gegenwart, sein In-sein überhaupt sind, ist für Vermigli Christus als Weltenherr abwesend, „absens". Die Dinge sind ihm durch „notitia", modern gesprochen: durch Information nahe genug. Ihre Lenkung kann aus der Ferne erfolgen[85], so wie jeder König sein Territorium aus der Distanz regiert. Ebenso kann auch Christus nach seiner menschlichen Natur ohne das Postulat der Allgegenwart als Weltregent gedacht werden: Als Herrscher in der Distanz, auf Abstand, der durch Macht, Autorität und Willensentscheidungen die Dinge lenkt[86]. – Auch hier steht Vermigli in der nominalistischen Tradition. Anders als für Thomas[87] ist für Biel das Schöpfungs- und Erhaltungshandeln Gottes eines aus der *Distanz*, das durch Macht, „per potentiam", nicht aber durch essentielle Gegenwart, „inesse per essentiam", geschieht. Auch Biel illustriert dies durch das Bild vom König[88].

Während für Brenz alles an der leibhaftigen *Gegenwart* Christi bei seiner Kirche und seiner Kreatur hängt, ist dies nicht Vermiglis Thema. Gleichwohl trifft ihn der mögliche Vorwurf, damit in einer gott- oder christuslosen Welt, jedenfalls getrennt von dem Menschen Jesus zu leben, subjektiv nicht. Unsere Gemeinschaft mit Christus ist nicht von seiner leibhaftigen Gegenwart abhängig, sondern besteht, besonders im Blick auf das Abendmahl, im Geist[89]. Es bestätigt sich also, was oben (S. 71) als Grundmotiv von Vermiglis Theologie referiert wurde: Die Dominanz der Pneumatologie. Christologie wie Abendmahlslehre sind ihr in der Relevanz untergeordnet. Der *Geist* stiftet die Gemeinschaft, die uns im Glauben an der Erlösung Anteil gibt.

Gleichwohl ist das Denken des Schweizers nicht rein spiritualistisch; dem steht das Insistieren auf einem lokalen Verständnis von Himmel und Himmelfahrt entgegen. Spiritualisierende und physikalisch-gegenständliche Gedanken stehen nebeneinander. Das ist aber kein Widerspruch. Beide kommen in einem überein: Sie wollen die klare und vernünftige Unterscheidung von Verschiedenem garantieren: Brot und Leib Christi, Gott und Mensch, Himmel und Erde, Gegenwart und Zukunft. Demgegenüber wirft für Vermigli Brenz alles durcheinander, was unserer Orientierung am Heil zuträglich ist. Er mischt Göttliches

---

[85] „Habet coram praesentia quoad notitiam, non quoad locum; et quae distant a se loco, nihil impedit, quin gubernet" (Glosse zu M 276,10).

[86] „ad rerum omnium gubernationem et conservationem quid opus est humanitatis *praesentia*" (Dialogus 82 b).

[87] Thomas, STh I,8,1.

[88] HILGENFELD 200–203; 216 f.

[89] „Ad unitatem seu coniunctionem spiritualem, quam renati habent cum corpore ac sanguine Christi, non requiri spatii seu loci propinquitatem" (Dialogus 126 b).

mit Menschlichem in der Christologie, Himmel mit Hölle in der Kosmologie[90]. Dieser Gegensatz bestimmte Martyr – hier auf die Eschatologie bezogen – bis auf das Sterbebett. Bullinger spendet einen Tag vor dem Tod Trost mit dem Pauluswort „unser Bürgerrecht ist im Himmel" (Phil 3,20). Darauf ist die Antwort des Sterbenden: „Aber nicht in Brenz' Himmel, der nirgendwo ist"[91].

2. Heinrich Bullinger

Neben Vermigli war Heinrich Bullinger (1504–1575) der zweite Zürcher Theologe, der in die direkte Auseinandersetzung mit Johannes Brenz eintrat. Bullinger und Vermigli verband eine enge persönliche Freundschaft, deren posthumes Zeichen auch die direkt nebeneinander liegenden Gräber sind: Ludwig Lavater berichtet, man habe Bullinger nach seinem Tode 1575, dreizehn Jahre nach Vermigli, „bey Petro Martyre (den er seer geliebet) im crützgang zum grossen Münster vergraben"[1]. – Bullinger hatte auch seinen Gegner Brenz um fünf Jahre überlebt. Damit war ein Wunsch Zanchis[2] in Erfüllung gegangen, der angesichts des Todes einiger reformierter Theologen[3] im März 1564 freimütig geäußert hatte, Brenz' Tod wäre ihm lieber gewesen. Denn durch dessen Ableben hätten seine „gottlosen Mythen" nicht mehr veröffentlicht werden können. Aber der Herr werde Bullinger gewiß nicht früher als Brenz sterben lassen, so daß der Schwabe wenigstens *einen* Gegner im Streit um die Christologie behalte[4].

Die beiden Züricher Theologen, die bis 1562 gemeinsam die Auseinandersetzung mit Brenz führten, arbeiteten im Bewußtsein theologischer Übereinstimmung. Bullinger schreibt in der Responsio, er könne sich kurzfassen, da Vermigli in seinem Dialogus die gesamte Thematik „sehr gründlich, sehr fromm und sehr gelehrt" abgehandelt habe[5]. Auch Vermigli beruft sich gelegentlich auf

---

[90] „omnia mihi videris confundere, coelum cum inferno miscere, deitatem ex humanitate facere..." (Dialogus 100a).

[91] „sed non in coelo Brentii, quod nusquam est!" (SIMLER, Oratio, 27a); weiter berichtet SIMLER, Vermigli habe bedauert, Brenz nicht mehr widerlegt haben zu können, habe ihm jedoch auch von Herzen vergeben.

[1] LAVATER 32b. Vgl. SIMLERS Gedächtnisrede über Vermigli (19b): „arctissimam ... eorum conjunctionem fuisse". Vgl. dazu auch die Schilderung des Briefwechsels beider bei ANDERSON, Letters, 49–55.

[2] Hieronymus Zanchi (1516–1590), aus Italien stammender reformierter Theologe in Straßburg, später v. a. in Heidelberg.

[3] Anlaß war der Tod von Andreas Hyperius (1. 2. 1564); weiter nennt Zanchi Melanchthon [!], Vermigli und auch den kranken Calvin, der dann am 24. Mai starb.

[4] „Iam tu unus ex veteranis superes imperatoribus. Nam quod alterum illum senem [gemeint ist Brenz] attinet, praestitisset illum iam pridem hinc migrasse, quam ἀσεβεστάτους in lucem edidisse μύθους. Nec dubito quin Dominus te sit servaturus, saltem usque ad illius obitum, ut semper habeat in hac praesenti pugna antagonistam, qui non se sinat iniuste de expugnata scilicet veritate triumphare. Det illi Dominus meliorem mentem" (Zanchi an Bullinger, 29. 3. 1564, CR 48,276 [Nr. 4088]).

[5] Responsio 55b.

Bullinger[6]. Gleichwohl muß im folgenden an einigen Stellen auf Differenzen zwischen den beiden hingewiesen werden. Da Bullinger als Person und als Theologe zwar keineswegs hinreichend, aber doch sehr viel gründlicher als Martyr erforscht ist[7], verzichten wir auf eine Beschreibung seiner vita und seines theologischen oeuvres. Es soll lediglich nach dem Ort der Christologie im Ganzen seiner Theologie gefragt werden, bevor die Christologie selbst dargestellt wird.

2.1. Die Stellung der Christologie im Rahmen der Theologie Bullingers

2.1.1. Zu den Quellen

Es kann nur an wenigen Stellen auf frühere Schriften des Mannes eingegangen werden, der von Zwinglis Tod 1531 bis an sein Lebensende 1575 Antistes der jungen Züricher Kirche war und während dieses knappen halben Jahrhunderts eine hohe literarische Produktivität bewies. Die wichtigste Quelle für unsere Untersuchung stellen selbstverständlich Bullingers Schriften zur Christologie ab 1556 dar, deren Entstehung oben beschrieben wurde (S. 54ff.). Darüberhinaus werden Bullingers sog. „Decaden" herangezogen, eine 1549 zuerst erschienene, weitverbreitete Sammlung von fünfzig Lehrpredigten, desweiteren eine frühere christologische Schrift des Antistes, „Utriusque in Christo naturae ... assertio" (1534) sowie sein programmatisches Buch „Antiquissima fides" von 1544.

Eine weitere Schrift Bullingers ist für unsere Untersuchung von besonderem Interesse: Genau in die Zeit der Brenzschriften Bullingers (ab 1561) fällt die Abfassung der *Confessio Helvetica Posterior*, die „als der Inbegriff seiner theologischen Überzeugung" bis heute anerkannt ist[8]. Dieses bedeutende Dokument gibt die Möglichkeit, die Christologie des späten Bullinger in den Zusammenhang seiner Theologie einzuordnen. Dabei kann auf den beträchtlichen Ertrag der neueren Forschung zur Confessio zurückgegriffen werden[9].

Bullinger hatte den Text der Confessio wohl 1561 als persönliches Bekenntnis ‚für die Schublade‘ geschrieben und lediglich mit Vermigli durchgesprochen. 1564 überarbeitete er sie und bestimmte sie als theologisches Testament für den Fall seines

---

[6] Vermigli, Dialogus, Vorrede, Bl. *9b; 58b; 61a; 81b. Weitere Belege bei McLELLAND, Words, Appendix C, 277; ANDERSON, Letters, 44.

[7] Vgl. die ausführliche Bibliographie von HERKENRATH sowie die Zusammenstellung bei BÜSSER, TRE 7,385–387.

[8] PESTALOZZI 420; BÜSSER (TRE 7,383) bezeichnet sie „als krönende Zusammenfassung von Bullingers theologischem Lebenswerk"; vgl. die bei KOCH (Theologie, 11–13) zitierten Wertungen.

[9] Zu nennen ist v. a. das sehr gründliche und präzise Buch von E. KOCH, Die Theologie der Confessio Helvetica Posterior. Weiterhin ist der Sammelband „Glauben und Bekennen" von 1966 zu erwähnen sowie speziell zur Christologie der Aufsatz von E. W. MEYER. Eine gute Zusammenfassung bietet ZSINDELY, TRE 8, 171–173.

Todes. Im März 1566 wurde sie dann aber als Hilfe für den wegen des bevorstehenden Augsburger Reichstages in konfessioneller Bedrängnis stehenden Pfälzer Kurfürsten Friedrich III. (s. o. S. 21) veröffentlicht. Ziel war der Nachweis, daß der reformierte Glaube „in der einigkeit der waaren uralten Christenlichen kyrchen bestond unnd keine nüwe irrige leeren ... habend"[10].

2.1.2. Der Ort der Christologie im Zweiten Helvetischen Bekenntnis

Die Confessio Helvetica Posterior stellt sich als geschlossenes Werk von „imponierender theologischer Folgerichtigkeit" dar[11], innerhalb dessen Bullinger der Christologie eine bestimmte Stelle zuweist. – Von den dreißig Kapiteln der Confessio behandeln die ersten beiden die Offenbarung: Die Schrift (I) und ihre Interpretation (II). Es folgt in Kapitel III–XI der erste theologische Hauptteil, der Gotteslehre, Providenz, Schöpfung, Anthropologie, Prädestination und Christologie umfaßt. Im zweiten Hauptteil schließen in Artikel XII bis XVI die Soteriologie sowie in Kapitel XVII bis XXVIII die Ekklesiologie an.

Was den engeren Kontext der Christologie (III bis XI) angeht, so folgt dem Kapitel „Von Gott in seiner Einheit und Dreifaltigkeit" zunächst die praktische Umsetzung für die Verehrung Gottes (IV und V). Im Anschluß bestimmt die Confessio in zwei sich formal entsprechenden Aussagereihen (VI–IX, X–XI) das Verhältnis Gottes zur Welt und zum Menschen. Am Beginn der beiden Reihen stehen die Artikel „Von der Vorsehung Gottes" und „Von der Vorherbestimmung Gottes und der Erwählung der Heiligen", also „De providentia Dei" (VI) und „De praedestinatione" (X), die jeweils das Folgende einleiten und bestimmen. Dem Kapitel über die Vorsehung (VI) folgen in sachlicher Konsequenz die Abschnitte über die Schöpfung (VII), den Sündenfall (VIII) und den freien Willen (IX), also Protologie und Anthropologie. Darauf setzt dann die zweite Reihe ein, in welcher der Prädestination (X) die Christologie (XI) zugeordnet ist.

Providenz und Prädestination sind bewußt unterschieden: Die Vorsehung gehört dem ersten, die Prädestination dem zweiten Glaubensartikel zu; sie werden in dieser ‚heilsgeschichtlichen' Abfolge behandelt. Beide Aussagenreihen, Providenz und Schöpfungsanthropologie einerseits, Prädestination und Christologie andererseits wurzeln dabei in den Bestimmungen der vorangehenden Gotteslehre[12]. Aus der Erkenntnis seiner Weisheit, Allmacht und Güte ergibt sich der Glaube an die göttliche Vorsehung und Erhaltung[13]. Zugleich weiß der Glaube aber auch, „daß Gott gnädig, barmherzig, gerecht und wahrhaftig ist"[14], weiß um Gottes Freiheit und Gnade. Daraus leitet sich die Gewißheit der Erwählung zum Heil her: „Gott hat von Ewigkeit her frei

---

[10] Titel der von Bullinger übersetzten deutschen Ausgabe, nach ZSINDELY, TRE 8,171,1.
[11] KOCH, Theologie, 415.
[12] DOWEY, Aufbau, 219; STAEDTKE, Gotteslehre, 253.
[13] NIESEL 225,17–21; 228,29–31.
[14] NIESEL 225,21 f.

und aus reiner Gnade die Heiligen vorherbestimmt oder erwählt, die er in Christus retten will"[15].

2.1.3. *Christologie und Prädestination*

Es ist nach der Struktur der zweiten der beiden Aussagereihen zu fragen, die durch den zuletzt zitierten Satz eröffnet wird: wie ist das Verhältnis von Prädestination und Christologie bestimmt? – Das Kapitel „De Iesu Christo" (XI) wird vor der Entfaltung von Person und Werk Christi bewußt mit prädestinatianischen Formulierungen eröffnet: Christus ist „von Ewigkeit *vorausbestimmt* und *verordnet* zum Heiland der Welt"[16]. Analog beginnt auch das vorhergehende Kapitel „De praedestinatione..." (X) mit der Betonung der Rolle *Christi*: Gott hat von Ewigkeit die erwählt, die er *in Christus* retten will[17]. Beide Kapitel sind ineinander verschränkt, ihre Themen aufeinander bezogen.

Wie versteht Bullinger Prädestination? Er redet, wie sein Biograph Lavater formuliert, „von disem artickel behätsam"[18]. Er vertritt eine gemäßigte Form der Prädestination. Insbesondere zielt sein Interesse nicht auf die Rückführung der Vorherbestimmung auf ein ewiges, supralapsarisches Dekret Gottes. Im Gegensatz zu Calvin wird keine gemina praedestinatio ausgeführt – im Hintergrund steht ein solches doppeltes Dekret freilich auch hier[19] – sondern Prädestination meint faktisch die *Erwählung der Heiligen*. So ist der Sprachgebrauch hier kein anderer als in der lutherischen Konkordienformel, wenn die Überschrift lautet: „De praedestinatione Dei et Electione Sanctorum"[20]. Der zweite Satzteil erklärt dabei, wie der Inhalt des ganzen Artikels zeigt, definierend den ersten: Es geht dem Artikel um die *Erwählung zum Heil* und um deren seelsorgerliche Vergewisserung. Zu diesem Zweck ist bereits in der materialen Ausführung der Prädestination die Brücke zur Christologie geschlagen: Gottes Erwählung bezieht sich auf das Heil „in Christus"[21]. Die Erwählung geschieht nicht ohne Mittel, „sondern in Christus und um Christi willen"[22]. Christus ist das medium praedestinationis. Erwähltsein ist identisch mit „in Christus sein"; verworfen sind jene, die außerhalb von Christus sind[23]. Diese Verwerfungsaussage aber wird nur eben gestreift, nicht ausgeführt. Das Argument zielt auf die seelsorger-

---

[15] „Deus ab aeterno praedestinavit vel elegit libere et mera sua gratia nullo hominum respectu sanctos, quos vult salvos facere in Christo" (NIESEL 234,3–5).

[16] NIESEL 235,29–31.

[17] NIESEL 234,3–5.

[18] LAVATER, Von dem läben, 20a/b.

[19] „Unter allen Schriften Bullingers tritt hier [in der Conf.Helv. Post.] die doppelte Prädestination am wenigsten hervor" (DOWEY, Aufbau, 219; WALSER 110, vgl. ferner WALSER 130ff.; KOCH, Theologie, 94).

[20] NIESEL 234,2; vgl. FC SD XI: „De aeterna praedestinatione et electione Dei" (BSLK 1063,24f.).

[21] NIESEL 234,5.

[22] „non sine medio licet non propter ullam meritum nostrum, sed in Christo et propter Christum nos elegit Deus" (NIESEL 234,11–13).

[23] NIESEL 234,13f.

lich-praktische Anwendung auf die Gläubigen: „Wenn du glaubst, bist du prädestiniert". So kann Bullinger der angefochtenen Frage „Bin ich erwählt?", der „tentatio praedestinationis"[24] begegnen: Der Spiegel, in dem wir unsere Prädestination sehen, ist allein Christus. Wer im Glauben mit ihm eins ist, ist erwählt. Durch Gebet und Gebrauch der Sakramente können sich die Gläubigen dessen vergewissern[25]. Die Aussagen über die Prädestination zielen auf das entsprechende Verhalten, auf die „Aktivierung des Menschen zur Akkomodation an das von Gott geordnete Mittel"[26].

Für das Verhältnis von Prädestination und Christologie ist zweierlei festzuhalten: (1.) Die Prädestinationslehre Bullingers ist christozentrisch und soteriologisch konzipiert, und zwar hinsichtlich ihres theologischen Ansatzes – Erwählung *in Christus* – wie hinsichtlich ihrer praktischen Intention: Wir „finden ... nicht ein abstraktes theologisches Prinzip vor, sondern schauen in das Antlitz Jesu Christi" (Locher[27]). In dieser christozentrischen Verankerung und der poimenischen Ausrichtung der Erwählungslehre hin auf die empirische Situation des Christen besteht eine theologische Stärke der Confessio.

(2.) Andererseits, und dieser Punkt ist für uns von Interesse: *Die Christologie Bullingers ist prädestinatianisch bestimmt.* „Wir glauben und lehren außerdem, daß der Sohn Gottes, unser Herr Jesus Christus, durch den Vater von Ewigkeit her vorausbestimmt und verordnet wurde zum Heiland der Welt"[28]. Mit diesem programmatischen Satz läßt Bullinger den christologischen Artikel beginnen: mit einem Satz der Prädestinationslehre. Wie die Confessio zuvor die Erwählung der Seligen „ab aeterno" aussagt, geschieht hier die Bestimmung Christi als Heiland ebenfalls seit Ewigkeit, „ab aeterno"[29]. Beide sind gleich ursprünglich. Die Erwählung der Heiligen und die ewige Bestimmung Christi sind beide eins im ewigen Ratschluß Gottes. Hier koinzidieren Prädestination und Christologie.

Unter dieser Vorgabe wird in Kapitel XI die Lehre von Person und Werk Christi entfaltet: Christus ist das Mittel zur Erfüllung des einen ewigen, seinem Wesen entsprechenden Ratschlusses Gottes, keines neutralen Dekretes freilich, sondern des Ausdrucks seiner Barmherzigkeit, seiner Philanthropia[30]. Von diesem Ansatz her richtet sich das Interesse naturgemäß stärker auf das *Werk Christi*, die Bestimmung der *Person* hat geringeres Gewicht. Die ewige Erwählung bezieht sich ja auf die *Funktion* Christi, nicht auf seine Person. Die Christologie hat damit instrumentalen, nicht zentralen Charakter; sie hat lediglich begrifflich die Erfüllung des von Ewigkeit her Beschlossenen zu gewährlei-

---

24 Niesel 235,18; Koch, Theologie, 92.

25 Niesel 235,14–25; vgl. Walser 122–124.

26 Koch, Theologie, 100; vgl. Dowey, Aufbau, 218f.

27 Locher, Geist, 332.

28 „Credimus praeterea et docemus filium Dei Dominum nostrum Iesum Christum ab aeterno praedestinatum vel praeordinatum esse a Patre Salvatorem mundi" (Niesel 235,29–31). Tractatio 36b/37a wiederholt Bullinger diese Zuordnung.

29 Niesel 234,3 und 235,30.

30 Vgl. Koch, Theologie, 88; Hollweg, Hausbuch, 297f.

sten[31]. Zugespitzt formuliert: Die Christologie ist eine Funktion der Prädestinationslehre.

2.1.4. *Christologie und die Einheit des Bundes*

Läßt sich die Rolle des Christusgeschehens im Zusammenhang der ewigen Heilserwählung noch präziser bestimmen? Eine Vielzahl von Schriften des Antistes macht deutlich, daß es für Bullinger nur *ein* ewiges Evangelium gibt, das sich durch die gesamte *Heilsgeschichte* hindurchzieht. Dies entspricht der *Einheit des Bundes* Gottes mit dem Menschen. Wir stoßen hier in der Confessio expressis verbis[32] auf einen der Grundzüge von Bullingers Theologie, die in ihrem Kern Föderaltheologie ist[33]. Die Einheit des Evangeliums bzw. des Bundes besteht in dem von Ewigkeit erwählten Christus. Es gibt für die Menschen aller Zeiten nur *„eine* Weise ... selig zu werden", nämlich „durch Christus"[34]. Ante Christum natum gilt dieses Evangelium im Modus der Verheißung, namentlich im Protevangelium Gen 3,15[35]. Adam und Eva waren die ersten Christusgläubigen. Sie erkannten im Glauben bereits die beiden Naturen Christi und sein Leiden am Kreuz[35]. Durch diesen Glauben sind seit der Erschaffung der Welt alle selig geworden[37].

Was bedeuten diese charakteristischen Ausführungen? Gewiß ist eine Differenz gegeben von Altem und Neuem Testament, von Verheißung und Erfüllung in der Gewährung des Verheißenen. Aber sie wird umgriffen von der *Einheit* des Testaments, das Gott mit allen Gläubigen in Ewigkeit schließt. Diese vor- und übergeschichtliche Einheit hat gleichsam transzendentalen Charakter jenseits aller sukzessiven Geschichte. So gibt es für Bullinger eigentlich keine Heilsgeschichte im Sinne geschichtlich-kontingenten Ergehens des Heiles, sondern lediglich eine Geschichte, durch die sich jenes vor-, über- und damit auch ungeschichtliche Heil hindurchzieht. Dieses ewige Heil ist christozentrisch bestimmt[38], zugleich aber ist damit die *Geschichte* Christi, das kontingente Ereignis der Menschwerdung Gottes relativiert. Christus bringt gegenüber dem seit

---

[31] MEYER 393. – Dem Urteil MEYERS (393), „die soteriologische Aussage" sei „wie ein Rahmen" für „alles andere, was von Christus gesagt wird", ist nur zuzustimmen unter Voraussetzung des prädestinatianischen Charakters jenes soteriologischen cantus firmus.

[32] „unum testamentum vel foedus" (NIESEL 249,7). Obwohl der Terminus „Bund" sonst keine zentrale Rolle spielt, kann die Confessio als „Entfaltung des Bundesbegriffes" verstanden werden (KOCH, Theologie, 415 f. + 430 A 3, zustimmend LOCHER, Geist, 331 ff.).

[33] KOCH, Theologie, 416; BÜSSER, TRE 7,384,5–9. – Bullingers programmatische Schrift zu dieser Thematik: „De testamento seu foedere unico et aeterno", Zürich 1533/34.

[34] Decaden (Ausgabe von 1552, 337a; nach WALSER 243).

[35] NIESEL 240,16–22; weitere Belege bei KOCH, Theologie, 403.

[36] „facile est intelligere, qualem Adamus habuerit fidem in Christum Iesum, nempe quod in promisso Christo, olim venturo, utranque naturam divinam scilicet humanamque et cognoverit et venturus sit. Atque illius mortem et crucem verissime per fidem animo suo habuerit insculptam" (Antiquissima fides, 13b, vgl. 11b).

[37] Antiquissima fides, 1a.

[38] „in quo [sc.: Christo] per fidem servati sint, quotquot ante legem, sub lege et sub evangelio

Ewigkeit beschlossenen Heil nichts Neues. In der Inkarnation Christi geschieht lediglich die Erfüllung des ewig Verheißenen, wenn auch im Sinne einer Steigerung des immer schon Gültigen[39]. Der *Modus* der Gegenwart des Heils ändert sich, die *Sache* bleibt substantiell dieselbe[40].

Christi Funktion ist eine doppelte: er erfüllt und vollendet durch sein Kommen und sein Geschick das seit Ewigkeit Beschlossene und im Alten Testament Verheißene. Zugleich ist seine Funktion aber auch die der *Verkündigung* dieses ewigen Heils. Er ist einer der Verkündiger des Evangeliums[41]. Christus ist in dieser Hinsicht „einer unter anderen doctores, die die vera theologia tradiert haben, und [er] hat an ihr zunächst grundsätzlich nichts verändert oder hinzugefügt" (Koch[42]). Damit aber wird Evangelium zur reinen Offenbarung, die Funktion Christi zur noetischen: er sagt, was immer schon gilt[43]. Der *inkarnierte* Christus offenbart das ewige Heil, das in dem *ewigen* Christus liegt. Eine darüberhinausgehende Rolle spielt die Inkarnation nicht. *Geschichte Gottes* ereignet sich hier nicht; kein neuer Äon bricht an. Hier, im Vorfeld der materialen Christologie, liegt einer der entscheidenden Differenzpunkte gegenüber Brenz. Brenz will durch sein Verständnis der Inkarnation die Möglichkeit *neuer* Rede von Gott eröffnen (s. u. S. 270 ff.). Genau dies aber kann und darf für Bullinger nicht sein. In Christus geschieht nichts Neues[44]. Die Einheit des Gottesbegriffes und des ewigen Ratschlusses Gottes läßt es nicht zu. Deshalb weist der Züricher der Christologie ihren Ort *innerhalb* der Prädestination zu. Das Geschichtsmodell der Bundestheologie bestimmt das Verständnis der Inkarnation. Gerade durch den „von Ewigkeit her" konzipierten Christozentrismus hat das *kontingente Geschehen* der Menschwerdung Gottes keine tiefere Relevanz. Dieses Konzept aber ruft Bedenken hervor. Wir geben den Einwand eines kompetenten Bullingerinterpreten wieder: In Bullingers Ansatz „ist der geschichtliche, darum einmalige, ja ausschließliche Charakter der Bundesschließung Gottes in Jesus Christus jedenfalls in Gefahr, durch ein transzendentales Verständnis verdunkelt zu werden" (J. Staedtke[45]). Oder anders formuliert: Die „von Ewigkeit" einsetzende Rede von Christus als dem Mittel des Bundes bedroht die geschichtliche Einmaligkeit Jesu, die auch für die Soteriologie zentrale Aussage von der neu entstandenen Einheit von Gott und Menschen in dieser Person.

---

salvati sunt, et quotquot adhuc finem usque seculi salvabuntur" (Niesel 238,15–17); vgl. Meyer 401.

[39] Vgl. Koch, Theologie, 401 ff.

[40] „Der Bund ist nicht substantiell, sondern nur modaliter veränderlich" (Walser 243).

[41] „Evangelium ... primum per Ioannem Baptistam, deinde per ipsum Christum dominum, postea per Apostolos ... praedicatum est mundo" (Niesel 240,40–43).

[42] Koch, Theologie, 404 f., zu Niesel 254,6–9.

[43] „Deus ... suam praedestinationem et consilium sempiternum *aperuit* mundo per evangelium" (Niesel 241,26–28).

[44] „Evangelii doctrina non est nova" (Niesel 241,20, Marginalie).

[45] Staedtke, Bullingers Theologie, 92.

2.1.5. Christologie und Eschatologie

Die Confessio stellt die Christologie noch in einen weiteren Zusammenhang: den der Eschatologie. Diese wird nicht als eigener Abschnitt ausgeführt, sondern bewußt in die Christologie integriert. Ort der Eschatologie ist der Topos von der Himmelfahrt Christi[46].

Was besagt diese Lozierung der Eschatologie? Die doppelseitige Korrelation ist ganz analog zu der zwischen Prädestination und Eschatologie: Beide bestimmen sich gegenseitig. (1.) Die Eschatologie ist christozentrisch gefaßt: Wir erwarten „nicht diese oder jene Ereignisse, sondern *Ihn selbst*, immer nur Ihn, mit dem wir heute schon Gemeinschaft haben"[47]. Christus ist uns vorausgegangen in den „gewissen Ort" des Himmels, um uns die Wohnung zu bereiten (Joh 14,2). Von dort wird er zum Gericht wiederkommen, aber den Seinigen beistehen, die mit ihm eingehen zur Stätte der Seligkeit und in Ewigkeit leben[48]. Aus diesem Grunde ist es (2.) für Bullinger unverzichtbar, daß die Christologie auf dieses Thema zielt. Nicht zuletzt darin hat sie ihre Relevanz: Falsche christologische Weichenstellungen, etwa über den wahren Leib Christi oder die wahre Lokalität des Himmels würden die eschatologische Gewißheit gefährden. Die Christologie ist insofern eine Funktion der Eschatologie. Dieser Befund in der Confessio stimmt genau mit dem Aufbau der Schriften und Bullingers erklärtem Ziel im Streit mit Brenz überein.

2.1.6. Christologie und die Objektivität des Heils

Mit der Einsicht in das eschatologische Gefälle der Christologie ist der „Rahmen" der Theologie Bullingers deutlich. Er besteht in der ewigen Gnadenwahl Gottes als terminus a quo und in der ewigen Vollendung als terminus ad quem. Von diesem Rahmen her versteht sich alles theologische Reden und alle christliche Existenz der Gläubigen und der Kirche. Das gesamte Konzept ist christozentrisch. In Christus geschieht die ewige Prädestination, und in ihm liegt die Eröffnung der ewigen Herrlichkeit. Die Theologie ist ausgespannt zwischen Prädestination und Eschatologie. Diesen beiden Topoi ist die Christologie zugeordnet: Christus ist Grund, Mittel und Ziel der einen Heilswirklichkeit.

Es ist an dieser Stelle von einer „objektive[n] Heilslinie" bei Bullinger gesprochen worden[49]. Die Christologie wird geprägt durch das objektive Kolorit eines Ansatzes, der die vom Menschen unabhängige Wirklichkeit des Heils stark machen will, die bei Gott in Ewigkeit beschlossen liegt und bis zur letzten Vollendung bei ihm garantiert ist. Diese Objektivität äußert sich zugleich in einer gewissen Abständigkeit: Der Mensch hat sich zu diesem objektiven extra

---

[46] NIESEL 237,17 ff. Die Eschatologie ist hier so versteckt, daß ihre Bedeutung (u. a. von KOCH) übersehen wurde. Darauf weist zu Recht MEYER (395 A.19) hin.

[47] LOCHER, Geist, 335.

[48] Nach NIESEL 237,28–34.

[49] MEYER 397 ff.

se in Beziehung zu setzen. Der objektiven Setzung des Bundes entspricht, wie moderne Interpreten es formulieren, die „Aneignung" und „Akkommodation" des gläubigen Subjekts[50]. Dies geschieht im vertrauenden Akt der Frömmigkeit und in der ethischen Bewährung. In dem Letztgenannten liegt das Ziel („finis") der Erwählung[51].

Weniger im Blick ist deshalb – wie bei Luther und Brenz – das Christusgeschehen als Ort des fröhlichen Wechsels von Gott und Mensch, an dem der Christ Anteil bekommt, in dem sich weder Mensch und Gott noch Gläubiger und Christus als geschlossene Identitäten gegenüberstehen. Bei den Lutheranern ist die Person Christi als Ort der *Gemeinschaft* von Gott und Mensch gedacht, nicht als Mittel, das die Akkommodation an die Objektivität des Heils ermöglicht[52]. Deshalb wird der *Person* Christi bei Brenz ein so breiter Raum eingeräumt, während es Bullinger stärker um die *Funktion* Christi zu tun ist.

2.2. Die Christologie Bullingers in Auseinandersetzung mit Brenz

2.2.1. Inhalt und Aufbau von Bullingers Schriften

Schon am Aufbau von Bullingers Schriften bestätigt sich unsere Einschätzung seines theologischen Interesses. Es zielt nicht wie bei Brenz in erster Linie auf die innere Struktur der Person Christi, auf das Thema der Personeinheit. Bullinger stellt stattdessen an den Beginn seiner Schriften den Abschnitt „Vom Himmel", der auch jeweils den meisten Raum einnimmt[53]. Diese Thematik hat für ihn Priorität, die, wie schon die Überschriften zeigen, in ihrer eschatologischen Relevanz begründet liegt[54]. An zweiter Stelle folgt in Bullingers Schriften jeweils der mit dem ersten eng zusammenhängende Teil „Von der Rechten Gottes"[55]. Erst an dritter Stelle wird dann das eigentlich christologische Thema „De unione personali naturarum" behandelt, das gegenüber dem ersten einen geringeren Raum einnimmt[56]. Den Abschluß bildet jeweils ein kurzer Abschnitt „Vom heiligen Nachtmal unseres Herren Jesu Christi"[57]. In der Responsio und im Fundamentum hat Bullinger seine von Brenz abweichende Gliederung aus-

---

[50] MEYER 400 f.; KOCH, Theologie, 92.

[51] NIESEL 234, 17–20.

[52] MEYER urteilt deshalb nur halb richtig, wenn er dem „objektiven" Ansatz der Reformierten ein „subjektives Bedürfnis nach Heilsgewißheit" bei Luther gegenüberstellt (395 A. 18). Die Alternative von objektiv und subjektiv ist völlig ungeeignet, um die Struktur des fröhlichen Wechsels, des Vollzuges der Kommunikation zu erfassen. Die lutherische „ontische gegenseitige Mitteilung der Eigenschaften göttlicher und menschlicher Natur Christi" wird gerade nicht von „von der Soteriologie her abgewiesen!" (406 A.82). Vielmehr wird gerade durch sie die konkrete Rede von der heilbringenden Gemeinschaft von Gott und Mensch ermöglicht.

[53] Tractatio 3a–17a; Responsio 6a–41a; Fundamentum 48b–93a.

[54] Tractatio, Titel; Responsio 6a; Fundamentum 52b.

[55] Tractatio 17a–25a; Responsio 41b–54b; Fundamentum 93b–112b.

[56] Tractatio 25a–32a; Responsio 55a–80a; Fundamentum 113a–160b.

[57] Tractatio 32a–41b; Responsio 80b–97a; Fundamentum 161a–163a.

drücklich verteidigt[58]. Wir schließen uns in der folgenden Darstellung Bullingers eigenem Aufriß an[59].

2.2.2. Das Verständnis des Himmels

2.2.2.1. Der Aufbau des Universums

„Ich weiß nüt, wil auch nüt wüssen von keinem anderen himmel, dann von dem uralten Himmel der Christen..., den uns Christus selbs da oben zeigt, der ob den wulcken in aller höhe ist"[60]. In diesen Himmel ist der „irrdisch lyb Christi" aufgefahren[61], und in ihm „syend den såligen zügerüst vil lustiger und schöner wonungen"[62]. Um diesen Himmel geht es Bullinger.

Wie aber stellt er sich dieses „schönste und höchste Gefüge des Himmels[63] vor? Bullinger geht von der *Einheit* des von Gott geschaffenen Himmels aus, der doch zugleich in verschiedene Sphären unterteilt ist[64]. Damit greift Bullinger auf traditionelle Vorstellungen zurück. Die differenzierte *Einheit des Himmels* vertritt bereits Thomas, der sich wiederum auf Aristoteles bezieht[65].

Im einzelnen schließt sich Bullinger den Vorstellungen des ptolemäischen Weltbildes an, wie es mit gewissen Modifikationen allgemeine Überzeugung des vorkopernikanischen Europa war: Um die Erde herum ist der Himmel in konzentrischen (,geozentrischen') Sphären strukturiert. Bullinger geht aus von dem uns unmittelbar umgebenden Himmel mit Luft, Wolken und Vögeln sowie dem Sternenhimmel, der allgemein als Firmament bezeichnet wird und aus Planetensphären und Fixsternsphäre besteht[66]. Bei den beiden nächsten Sphären, die die Tradition kennt, ist Bullinger – genau wie Melanchthon[67] – vorsichtiger: Gegen das von einigen postulierte coelum aqueum s. cristallinum und das sog. primum mobile hat er zwar nichts einzuwenden, will sich aber aufgrund der fehlenden biblischen Absicherung nicht festlegen[68]. Darauf kommt es Bullinger

---

[58] Responsio 6a; Fundamentum 53a.

[59] Erst am Ende der Debatte, in der Repetitio, revidiert Bullinger seinen Aufbau: Auch er handelt nun schon von Beginn an und fast ausschließlich über das christologische Thema, das für ihn programmatisch lautet: „de inconfusis proprietatibus naturarum Christi" (Repetitio, Titel). Bullinger bringt hier Präzisierungen seiner Position ein, die er u. a. durch explizite Begriffsdefinitionen erreicht: „De voacabuls huic mysterio negotioque necessariis, Personae, Naturae, Proprietatis, ... qualia sint" (Repetitio 5a) (s. u. S. 112f.).

[50] Gägenbericht, 26a/b.

[51] Gägenbericht, 8b.

[52] Gägenbericht, 25a.

[53] „coeli machina amplissima sane et pulcherrima" (Tractatio, 4b).

[54] „Scriptura divina tradit nobis simpliciter unum esse conditum a Deo coelum, illud ipsum inquam, quod supra nos est expansum. . . regiones vel orbes aut sphaeras habet plures" (Tractatio 4b).

[55] Thomas, STh I,68,4; Aristoteles, De coelo, 276a; 278b. Bullinger diskutiert dieselben Väterzitate, v. a. Basilius und Chrysostomos (Tractatio 4a/b), die bereits Thomas zitiert.

[56] Tractatio, 4b/5a.

[57] Melanchthon, Initia Doctrinae Physicae. CR 13,224.

[58] Tractatio 5a.

aber auch nicht an. Es geht ihm vielmehr um die grundlegende Zweiteilung des einen Himmels: Ziel seiner Darstellung ist der vom sichtbaren Himmel grundsätzlich unterschiedene unsichtbare, geistliche Himmel, der ewig und unveränderlich ist[69]. Dieser Himmel ist das sog. *Coelum Empyreum.*

Die Vorstellung vom Empyreum ist im Neuplatonismus entstanden. Basilius, Ambrosius und v. a. Augustin lehnen sie noch als chaldäisch ab. Im Mittelalter aber wird sie zum festen dogmatischen Lehrstück und bleibt es in der katholischen Theologie bis ins 17. Jh. Das Empyreum wird von Hugo von St. Victor, Petrus Lombardus und Thomas ebenso vertreten, wie es etwa in der Weltanschauung Dantes eine zentrale Rolle spielt[70]. – Es beinhaltet die Vorstellung vom obersten Himmel, der hellglänzend oder feurig vorgestellt wird und von unendlicher Weite, räumlicher Freizügigkeit, Ruhe und Freude geprägt ist. Das Empyreum repräsentiert den *religiösen* Himmel, der in der Vorstellung dem astronomischen anlagert, so daß beide über das mobile verbunden sind[71]. Dadurch wird die Einheit des Wirklichkeitsverständnisses bei gleichzeitiger Differenzierung zwischen Natur und Gnade gewahrt.

Bullinger gebraucht den Begriff „Empyreum" zunächst nicht, obwohl er die Sache unzweifelhaft meint. In der Responsio bekennt er sich dann unter Berufung auf Petrus Lombardus aber auch explizit dazu[72]. Es geht ihm dabei um Zusammenhang und fundamentale Differenz zwischen dem physischen, der Astronomie zugänglichen Firmamentum und dem Coelum Empyreum, um den jenseits des Firmaments zu fixierenden und doch „anliegenden" Ort Gottes, Christi, der Engel und der Seligen. Freilich reduziert Bullinger die mittelalterliche Überlieferung prinzipiell auf das biblisch Begründbare. So steht er spekulativen Illustrationen des Empyreum skeptisch gegenüber. Von seinem feurigen Charakter etwa will er – anders als Vermigli (s. o. S. 89) – nichts wissen. Die Frage nach der Beschaffenheit jenes Himmels wird ausdrücklich abgewiesen[73].

2.2.2.2. *Das theologische Verständnis des Himmels*

Bei der theologischen Bestimmung dieses Himmels gerät Bullinger nun allerdings in Schwierigkeiten. *Einerseits* soll er, v. a. nach Formulierungen der Psalmen, als Ort Gottes verstanden werden, als „der letzte und höchste [Himmel], ... der wahre Thron, der Sitz und das Haus unseres Vaters und Gottes"[74].

---

[69] „Coelum aliud quidem esse visibile et aspectabile, quod et materiatum vocant; ... aliud vero invisibile spirituale, immutabile et incorruptibile atque sempiternum" (Tractatio 5 a/b). S. u. S. 262 f. bei A. 166.

[70] KURZIALEK/MAURACH, HWP II, 478–480; MAURACH, Coelum Empyreum.

[71] Vgl. BAUR, Himmel, 2 f.

[72] „Nec apellatur hoc coelum firmamentumn, quod secunda die factum est, sed coelum splendidum, quod dicitur ἐμπύρεον" (Responsio 18 b; Lombardus, Sententiarum Libri Quattuor, I, II, 6, MPL 192,656).

[73] Gågenbericht 25 b ff; Fundamentum 60 a. Vgl. unten S. 229 f.

[74] „Porro invisibile illud et spirituale coelum, supra omnes alios coelos, extimum atque supremum est, revera thronus, sedes et domus patris et dei nostri" (Tractatio 5 b).

Deshalb trägt er höchste Prädikate, die sonst ausschließlich Gott zukommen: er ist „unsichtbar, geistlich, unveränderlich, unzerstörbar und ewig"[75]. – *Anderer-seits* ist dieser Himmel auch der Ort Christi sowie unsere zukünftige Statt; deshalb müssen in ihm für die menschlichen Leiber die Konditionen circum-scriptiven räumlichen Seins gewahrt bleiben. So darf diesem Himmel zwar zeitliche („sempiternum"), nicht aber räumliche Unendlichkeit zukommen, selbst wenn er uns als beinahe unendlich erscheint[76]. Es muß von ihm als „körperlich" geredet werden[77]. Der unermüdlich wiederholte cantus firmus von Bullingers Ausführungen über den Himmel lautet: Der Himmel ist ein gewisser Ort, ein „certus locus"[78].

Damit aber ist der Himmel nicht, wie eigentlich postuliert wurde, der *„wahre Thron"* Gottes, also Ausdruck der göttlichen Majestät, sondern er ist eine von Gott hinsichtlich ihrer lokalen Begrenzung unterschiedene Region. Zwar ist der oberste Himmel, das Empyreum, qualitativ und räumlich vom sichtbaren coel-um unterschieden, aber es ist doch ein fester und begrenzter Raum. Bullingers eigene Antithetik im Gegenüber der beiden Himmel, die sie als „materiatum" und „spirituale", „visibile" und „invisibile" unterscheiden will, wird nicht voll durchgehalten. Beide Himmel werden unter den Konditionen gegenständlicher Räumlichkeit gefaßt. Bullinger denkt sein eigenes Postulat der Spiritualität des Himmels nicht zuende.

Was ist das Motiv für diese Haltung Bullingers? Unter anderen als circum-scriptiv-räumlichen Bedingungen kann er körperliches Menschsein nicht den-ken. Es ist dies das grundlegende Axiom der Schweizer. Dieser Grundsatz ist zunächst ein philosophischer. Dahinter steht aber auch ein theologisches Motiv: Wäre der Himmel nicht begrenzt, dann müßte nicht nur vom „coelum ubiquita-rium" gesprochen werden, dann wäre nicht nur die Ubiquität Christi zu behaup-ten, sondern dann wären alle Körper der Seligen „ubique" und damit unend-lich[79]. Damit aber wäre die fundamentale Differenz von Schöpfer und Geschöpf aufgehoben, „Welches so es keines wägs nimmer beschåhen mag, wir wöllind dann den schöpfer (der allein unermåssen ist) verglychen oder glych machen die geschöpfft, daß auch sy unermåssen werde"[80]. Das Argument der unverletzten Souveränität und Singularität Gottes, das schon Zwingli gegen Luthers ‚Ubi-quität *Christi*' ins Feld führte, kehrt mit Blick auf den Himmel als Ort *aller Seligen* verschärft wieder.

Ein weiteres Motiv für das Insistieren auf der circumscriptiven Lokalität des Himmels wurde bereits angesprochen: Das eschatologische Interesse. An dem „festen Ort" des Himmels hängt die „feste Hoffnung" des zukünftigen

---

[75] Tractatio 5b; ähnl. Responsio 8a.
[76] Fundamentum 57a.
[77] „de incorruptibili spiritualique hoc coelo ut corporeo loquor" (Fundamentum 56b).
[78] Etwa Tractatio 7a; 17b; Responsio 8a; 9a; 11b; 16a; 22a; Fundamentum 52b; 53b; 56b; 63a und pass.
[79] Fundamentum, 63a; 65b.
[80] Gågenbericht, 17a; (Responsio 15a).

Heils[81]. Denn nur an einem „certus locus" wird der wahre Leib Christi bewahrt, und nur er kann Unterpfand unserer Auferstehung sein. Deshalb gilt: „wenn der lyb des Herren ... deß waren lybs eigenschafften nit behaltet, so werdend zwaren wir mit unseren waaren lyben nit uferston von todten. Damit aber ... wåre die hoffnung unsers heils ytel und falsch"[82]. Deshalb muß die Auffassung der Himmelfahrt und des Himmels einen „gewüß ort" garantieren, der für uns bereitet ist.

Damit der Ort der Seligkeit im Himmel als sicher gelten kann, ist – gegen Brenz (s. u. S. 243–245) – zu gewährleisten, daß die Hölle von ihm eindeutig, und das heißt: lokal, unterschieden ist. Auch sie hat ihren „festen Ort", der „unterhalb von uns" liegt[83]. Wo diese räumliche Trennung von Himmel und Hölle nicht gewährleistet ist, herrschen heilloses „Chaos" und „confusio Babylonica"[84].

Um der eschatologischen Gewißheit willen ist also an zweierlei festzuhalten. Zum einen an der eindeutigen gegenständlichen Unterscheidung von oben und unten, von Himmel und Hölle. Zum anderen an der Wahrheit der leiblichen Menschheit Christi, der als erster den Weg nach oben gegangen ist und uns (nach Joh 14,3) dort die Wohnung bereitet hat, in die wir nach unserem Tod gezogen werden[85]. Für beide Motive ist das Verständnis des Himmels als certus locus unerläßlich.

2.2.2.3. *Das doppelte Verständnis der Rechten Gottes*

In der theologischen Bestimmung des Empyreum oszillieren, wie wir sahen, die Aussagen Bullingers zwischen der unermeßlichen Majestät Gottes und der Begrenztheit der menschlichen Körper. Dieser Spannung wird von Bullinger in der Fassung der Rechten Gottes explizit Rechnung getragen: „Sitzen zur Rechten Gottes hat eine doppelte Bedeutung"[86].

(1.) In der *ersten* Bedeutung bezeichnet die Rechte Gottes die unendliche Macht und Majestät des Vaters. Sie ist räumlich unbegrenzt[87]. Von einem „Sitzen" zur „Rechten" Gottes kann man daher nur im metaphorischen Sinne reden. Gemeint ist die Erhöhung Christi zu höchster Ehre. Sie impliziert zugleich Teilhabe am göttlichen *Wirken*: „Sitzen zur Rechten bedeutet regieren"[88].

---

[81] So im Titel der Tractatio: „demonstratur *spem salutemque* fidelium *certissimam* esse et *coelum ... locum* esse ... *certum*".

[82] Gågenbericht 4a.

[83] „ego scripturae simpliciter sequor et ... sentio, infernum ... esse locum infra nos certum a Deo damnatis ordinatum" (Fundamentum 86b); vgl. Fundamentum 88b ff; Repetitio 74b ff.

[84] Fundamentum 92a.

[85] „Christum ... ingressum in coelum, aperuisse nobis paravisseque mansionem aeternae felicitatis ... et indubitanter illum sub finem vitae nostrae nos ad se recipere" (Tractatio 2a).

[86] Fundmentum 102b, Marginalie; Ebenso Decaden I,8 (25b).

[87] „Ponitur Dextra dei pro virtute, regno, protectione, assertione et potentia dei" (Decaden I,8 [26a]); „Dextera Dei prima significatione immensa" (Tractatio 17b; Marginalie).

[88] „iuxta hanc dexterae significationem Sedere significat regnare" (Decaden I,8 [26a]); ähnl. Fundamentum 94b; Tractatio 18a.

Jedenfalls der Möglichkeit nach – hier wird also eine leichte Restriktion eingebaut, die wohl auf den Gedanken einer Herrschaft par distance abhebt – kann der erhöhte Christus allem gegenwärtig sein und alles beherrschen[89]. Nicht anders redet Brenz. Entscheidend ist nun freilich eine Distinktion Bullingers, die zugleich eine fundamentale Differenz zu Brenz markiert: Sitzen zur Rechten in diesem Sinne gilt ausschließlich von der *göttlichen Natur Christi*[90].

(2.) Aus diesem Grunde ist es notwendig, einen zweiten Begriff der Rechten Gottes scharf zu unterscheiden. Nach *dieser* Bedeutung ist die Rechte Gottes wie der Himmel ein begrenzter und gewisser Ort[91]. An ihm befindet sich der erhöhte Christus *nach seiner menschlichen Natur*, und auch wir werden dort in ewiger Freude sein. – Über diese Vorstellung der Dextera gilt dasselbe, was oben vom (geistlichen) Himmel gesagt wurde: Sie ist Ort größter Weite, Agilität, Ruhe und Freude. Aber sie ist ein begrenzter Ort.

Die Untersuchung von Wagner zum Verständnis der Himmelfahrt hat gezeigt, daß Bullingers Konzept eines expliziten doppelten Verständnisses der dextera Dei sich in der reformierten Tradition nicht durchsetzen konnte. Wir haben oben (S. 90f.) gesehen, daß schon Vermigli ein abweichendes Konzept vertritt, auch wenn sich letztlich dieselbe Grundstruktur aufweisen ließ. Diese *Grundstruktur* ist in der Tat der gesamten reformierten Theologie eigen, wie Wagner zeigt: Im Himmel und in der Rechten Gottes wird einerseits „ein Symbol unendlicher Macht" gesehen, andererseits haben sie „lokale Residenz der wahren menschlichen Natur Christi" zu sein[92]. In diesem Dualismus hinsichtlich des Himmels bildet sich der *christologische* Dualismus der Schweizer ab: Die beiden Auffassungen der dextera korrespondieren und folgen genau den scharf unterschiedenen Konditionen der beiden Naturen Christi. Dies gilt es im folgenden Abschnitt zu entfalten.

2.2.3. Das Verständnis der Person Christi

2.2.3.1. Personeinheit durch assumptio

Nicht anders als Vermigli stellt Bullinger seine Christologie in den Rahmen der altkirchlichen Zweinaturenlehre. In Christus sind der ewige, präexistente Gottessohn, die zweite, dem Vater wesensgleiche Person der Trinität, und der Mensch, der nach Leib und vernünftiger Seele mit uns „consubstantialis" ist[93], verbunden in einer Person. In der Interpretation von Chalcedon wird in der Confessio Helvetica Posterior aber sofort eine Tendenz deutlich: Die Verbin-

---

[89] „confitemur filium exaltatum esse super omnia ..., posse omnia regnare in tota ecclesia ..., intercedere in coelis apud patrem, ubique praesentem esse divina virtute" (Decaden I,8 [26a]).

[90] Bullinger, Tractatio, 17b; Responsio 47a; Gegenbericht 56b.

[91] „Dextera dei finita est et loci nomen" (Decaden I,8 [25b, Marginalie]).

[92] WAGNER 142f.

[93] NIESEL 235,31ff.; 236,7ff.; Decaden IV,6 (233b).

dung der Naturen geschieht so, daß sie weder aufgehoben noch vermischt werden[94]. Am „ungetrennt" von Chalcedon hat Bullinger weniger Interesse. Indem Bullinger nur die eine Hälfte der Grenzbestimmungen des Dogmas rezipiert, interpretiert er die Person hin auf deutliche Abständigkeit der Naturen. Diese Überzeugung spricht sich in dem stereotypen, formelartigen Satz aus: Die Naturen werden in der Person verbunden, ihre Eigenschaften aber bleiben unverändert[95]. Das Verhältnis der Naturen wird gefaßt als zwar in der Person verbundenes, aber abständiges Nebeneinander. Am häufigsten steht dafür der Ausdruck „coniunctio", der mit „unio" annähernd synonym gebraucht wird[96]. Koch urteilt zutreffend: Es geht „um Einheit und Unterschiedenheit in der gemeinsamen Teilhabe an einem beiden [Naturen] übergeordneten Dritten". Der „persona-Begriff" garantiert die Einheit, während der „natura-Begriff" die Unterschiedenheit gewährleistet[97]. Mit einer Formel Bullingers gesagt, die zugleich einen Standardsatz der scholastischen Christologie darstellt: „Die Einheit besteht in der Person, nicht in den Naturen"[98].

An der unteilbaren Einheit der Person besteht für Bullinger kein Zweifel[99]. Wie aber konstituiert sich diese Person? Hier ist der Begriff der *assumptio*, der Annahme, zentral: Die unio entsteht durch Aufnahme der Menschheit durch Gott[100]. Durch die assumptio wird die *gemeinsame Existenz* von Gott und Mensch in einer Person begründet[101]. Die Assumptio berührt aber keine der beiden Naturen eigentlich, sondern bezieht sich ausschließlich auf deren Subsistenz in der Einheit der Person, des Dritten gegenüber den beiden Naturen.

Im diesem Sinne interpretiert Bullinger Joh 1,14: „Das Wort ist Fleisch geworden" heißt: Der Logos hat den Menschen angenommen[102]. Was bewegt Bullinger dazu? – Auszugehen ist von dem Grundsatz der Gotteslehre, daß Gott unveränderlich ist. Dies darf auch unter den Bedingungen der Christologie, also in der Auslegung von Joh 1,14 nicht angetastet werden. Gott unterliegt weder hinsichtlich seines Wesens noch seiner Gestalt irgendeiner Veränderung. Gott kann nichts anderes werden[103]. Er ist schlechthin mit sich identisch, „immer

---

[94] NIESEL 236,24–26.

[95] „His addimus quod iam saepe diximus et repetere non erubescimus, nos personae Christi unitatem non dividere …, tametsi naturarum in una persona distinctas proprietates divisim observemus et conservemus incolumes" (Responsio 66a); ähnl. NIESEL 236,26–28; Tractatio 25a; 25b; 26a; Responsio 56b; 57a; 58b; 59a; 62a; 67b; Fundamentum 115a/b; 116b; 121a; 121b; 123a/b; 131a; Repetitio 4a/b; 9a; 47b.

[96] Apologetica Expositio 57; Decaden IV,6 (233b); NIESEL 236,25–28; Responsio 59b; 62a; Fundamentum 132a; Repetitio 4b; 9a; 47b.

[97] KOCH, Theologie, 110.

[98] „Unio in persona non natura" (Repetitio 9a Marginalie); ebenso Thomas, STh III,2,2 ad1.

[99] Responsio 56a/b; Fundamentum 113a; 121a; Repetitio 3a.

[100] „Deus assumpsit hominem vel naturam humanam" (Apologetica Expositio 57a; ähnl. Responsio 57b/58a; 59b; Fundamentum 132a u. pass.).

[101] „Dicimus enim in una existentia, in una inquam indivisa persona subsistere duas naturas coniunctas" (Fundamentum 128b).

[102] Decaden IV,6 [233b].

[103] „Caeterum deum immutabilem et informabilem credi necesse est ut aeternum. … Deus

derselbe bleibend"[104]. Insbesondere kann Gott deshalb auch in Christus nicht vom Leiden betroffen werden, er ist „unlydenhafft"[105].

Bullinger hat dieses Axiom von Zwingli übernommen. Wie dieser ausdrücklich notiert[106], geht es über die Theologie des Mittelalters zurück auf die Antike, insbesondere auf Plato[107]. Bullinger war auf dieses Denken (Zwinglis) vorbereitet durch den Spiritualismus der Devotio moderna, den er als Lateinschüler bei den Brüdern vom gemeinsamen Leben in Emmerich 1516–19 kennengelernt hatte, sowie durch das humanistische Programm des Erasmus, das er in Köln 1519–22 studiert hatte. Erasmus lehrt ausdrücklich, „daß Gott keine Veränderlichkeit zukommt"[108].

Dieser Identitätsontologie haben die christologischen Aussagen zu entsprechen. Nun sagt Joh 1,14 aber unzweideutig, daß der göttliche Logos etwas *anderes wird*. In der späten Repetitio reflektiert Bullinger dieses Problem explizit, indem er differenziert: Es gibt zwei Weisen, daß eine Natur oder Substanz etwas anderes wird: einmal durch Veränderung, „per mutationem aut conversionem". Zum anderen aber durch assumptio oder accessio, also durch Annahme oder Aufnahme eines anderen. So bleibt dasjenige, von dem Veränderung ausgesagt werden soll, in Wahrheit unverändert, „immutata". Es subsistiert lediglich mit dem anderen als ein Subjekt oder eine Person[109]. In diesem Sinne ist Joh 1,14 zu verstehen. So hat es Bullinger auch vor den präzisen Überlegungen der Repetitio immer interpretiert: Gott, der selbst unwandelbar bleibt – „manens inconvertibilis"[110], nimmt den Menschen in die Einheit der Person auf. Diese Deutung geht in ihren Grundzügen auf das Symbolum Athanasianum zurück[111]. Sie hat deutlich die Aufgabe, die Immutabilität Gottes auch unter den Bedingungen des Personseins Christi zu wahren. Im Vollzug der Assumptio wird eben Gott gerade nicht Mensch – zumal der Mensch sterblich und dem Leiden unterworfen ist –, sondern er bleibt, was er ewig war.

... neque desinit esse, *neque aliud potest esse quam est*" (Utriusque 186). „Deus natura sua ... inconversibilis" (Repetitio 9b).

[104] „idem semper manens" (Decaden IV,6 (233b).

[105] Vester Grund (nach Koch, Theologie, 120); „Deitas enim impassibilis" (Utriusque 191; ähnl. Repetitio 10a).

[106] „Dann ouch die philosophi erkennt habennd: τὸ θεῖον ἀθάνατον" (Zwingli VI/2,147,29–148,1). Vgl. Zwingli V,927,20 f.; VI/2,147,15 ff.

[107] Grundlegend sind Platos Reflexionen „περὶ θεολογίας": Politeia 379a ff; zur Immutabilität des Gottes 380d-381 e.

[108] „... in deum nulla cadat mutabilitas" (Erasmus, De libero arbitrio II a 18 [S. 70]).

[109] „Rectissime quoque tradunt sacrarum interpretes literarum substantiam vel naturam unam duplici ratione fieri alteram. Principio quidem per mutationem aut conversionem transitionemque unius rei vel substantiae naturaeve in aliam, sic ut cedente hac, illa subeat in locum eius. Sic legimus aquam vinum esse factam [Joh 2]. At ea ratione verbum non est caro factum. Deinde vero alterum fit alterum per assumptionem sive accessionem alterius substantiae ad alteram, ita ut ex utraque immutata (id est integra in suis proprietatibus permanente) existat unum subiectum vel una hypostasis" (Repetitio 4a).

[110] Apologetica Expositio 57.

[111] „Unus autem non conversione divinitatis in carne, sed adsumptione humanitatis in Deo" (BSLK 30 Th.33).

Ausdrücklich soll weder von Gott noch vom Menschen Neues gesagt werden[112]. Die apriorischen Bestimmungen von Gott und vom Menschen restringieren die christologischen Aussagen und führen faktisch zur Selbstretraktion:
Veränderung im Sinne von Joh 1,14 meint nach Maßgabe der Assumptio-
Christologie Unveränderlichkeit. Das Skandalon der Inkarnation wird de facto
revoziert.

2.2.3.2. *Zur Stellung von Bullingers Personverständnis*

Mit dem bisher Gesagten ist die Struktur von Bullingers Christologie skizziert. Im Unterschied zu Vermigli nimmt der Antistes keine weiteren Präzisierungen hinsichtlich des Verständnisses der Person und des Modus der coniunctio oder assumptio vor. Die scharfsinnigen Argumente und Distinktionen von
Martyr sind seine Sache nicht. Besonders die von Vermigli her bekannten
Begriffe der suppositalen Union – sustentari etc. – finden sich nicht bei ihm. An
diesem Punkt stimmt Bullinger also auch mit seinem Vorgänger Zwingli nicht
genau überein[113]. Er steht zwar nicht im Widerspruch zu ihm, vertritt seine
Christologie in ihrer Gesamtheit aber auch nicht explizit.

So zitiert Bullinger im Rahmen einer längeren Apologie Zwinglis sehr markante
christologische Sätze seines Vorgängers[114], die aber zugleich über das von ihm selbst
Formulierte deutlich hinausgehen: Der Gottessohn hat den Menschen so angenommen, „das sy eyn Christus, ein unzertrennliche person sind, unnd denocht yetwedre
natur der eynigen person ir ard unnd eygenschafften behalten". In dieser Weise redet
auch Bullinger selber unablässig, übernimmt aber die nachfolgende Präzisierung
Zwinglis nur im Zitat: „... alleyn das sin menscheyt nit ein eygen existentiam, das ist
bstand, für sich selbs, sunder in der person des suns gottes hat"[115]. Zwinglis Interpretation der traditionellen Anhypostasielehre im Sinne der suppositalen Union vollzieht Bullinger nicht mit. Deren markante Formulierungen, nach denen „die person
Christus mūß zwo naturen haben, ein erhaltende (‚quae conservat et sustinet‘) und
ein erhaltne (‚quae sustinetur‘)"[116], finden sich in Bullingers eigenen Worten nicht.
Schon in seinen einführenden und zusammenfassenden Bemerkungen zu der Zwin-

---

[112] „Deum fieri, et in carnem venire, vel carnem fieri, sine omni immutatione, commixtione
abolitioneque naturarum intelligendum est: ... Verbum caro factum est, id est Deus hominem
assumpsit" (Fund. 132a).

[113] Zu Zwinglis Christologie vgl. LOCHER, Grundzüge, 208ff.; KÖHLER, Luther und Zwingli
I,661 mit A.6; DERS., Zwinglis Geisteswelt, 98ff.

[114] Bullinger zitiert (Fundamentum 123a-124a) „Über D. Martin Luthers Buch, Bekenntnis
genannt" (1528), Zwingli VI/2,178,5–18 + 180,1–17, nach der lateinischen Übersetzung Rudolf Gualthers.

[115] Zwingli VI/2,178,10–16; Bullinger: Fundamentum, 123b.

[116] Zwingli VI/2,180,7–9; „In persona enim ista, Christo nimirum, duas naturas esse oportet, alteram nimirum quae conservat et sustinet, alteram vero quae sustinetur" (als Zitat
Bullinger, Fundamentum 123b). – Es ist zu beachten, daß die spätmittelalterliche Christologie
von der tragenden *Person* (nicht Natur) spricht.

glipassage wiederholt er nur seine stereotype Beteuerung von der Unteilbarkeit der Person trotz unterschiedener Eigenschaften[117]; der Fassung Zwinglis nimmt er ihre Prägnanz. Die blasse Wiedergabe der „Zürcher Christologie" durch Bullinger ist hier mit Händen zu greifen.

Mit der benannten Differenz hängt ein Weiteres zusammen: Genau wie für Zwingli steht auch für Martyr fest, daß die *göttliche Person des Logos* die menschliche Natur annimmt, der selber aber keine personierende Potenz zukommt, sondern die ausschließlich erhalten und getragen wird (s. o. S. 76 ff.) Das sagt Bullinger so scharf nicht. Die Person ist für ihn ein Zusammengesetztes („composita") aus Gottheit und Menschheit, so wie die Person des Menschen aus Seele und Leib[118]. Wohl ist auch für Zwingli der Mensch „uss lyb und seel zemengesetzt" und sind analog „die beden naturen nun ein Christus"[119]. Diese Analogie zur dichothomischen Anthropologie besagt für ihn aber präzise die Dependenz der Menschheit Christi von der göttlichen Person als dem Suppositum, so wie anthropologisch die menschliche Person in der Seele ihren Bestand hat[120]. Dieser Gedanke ist für Bullinger nicht relevant, auch wenn er ihn bei Zwingli zitiert. – Wir notierten schon, daß Bullinger den Thomassatz rezipiert, nach dem die Einheit in der Person und nicht in den Naturen besteht (S. 106 bei Anm. 98). Für den Doctor angelicus besagt der Satz ausdrücklich, daß beide Naturen in der *Person des Logos* existieren[121]. So sehen es auch Zwingli und Vermigli. Bullinger hingegen versteht die coniunctio der Naturen so, daß die Person „aus beiden Naturen gebildet ist"[122], also nicht mit der Person des Logos identisch ist.

Diese Haltung Bullingers verbindet ihn mit *Calvin*. Auch der Genfer versteht die Person analog dem aus Seele und Leib zusammengesetzten Menschen: sie wird durch beide Naturen *konstituiert*[123], ohne daß die Dependenz von dem göttlichen Suppositum thematisch würde. Schon die Überschrift zu Institutio II,14 weist auf die inhaltliche Nähe zu Bullinger: „Wie die beiden Naturen des Mittlers die Person bilden". Auch Calvin rezipiert das Modell der ausgeführten suppositalen Union nicht.

---

[117] Fundamentum 121 b; 124 a.

[118] „Latini quidem ecclesiarum doctores usi sunt vocabuli Personae, Graeci vero voce ὑποστάσεως, ac intellexerunt unitatem illam habentem in se *compactam*, ut sic dicam, vel *compositam* diversas naturas" (Repetitio 5 b)

[119] Zwingli V, 924, 16.19.

[120] „wiewol der lyb ein eigen wesen unnd natur hatt, so hatt er doch den bstand sines wesens nit on die seel, dann so bald die von im ist, so ist er hingefallen. Und sobald die widrumb zů im gfůgt, so wirt er widrumb in existentiam, in ein stand ufgericht" (Zwingli VI/2, 149, 30–150, 1). Zwingli beruft sich auf Duns Scotus und Pico Della Mirandola.

[121] „... quod unio sit facta in *persona Verbi*, non autem in natura" (STh III, 2, 2 resp.).

[122] „*una ... ex duabus naturis facta ... hypostasis*" (Repetitio 9 a).

[123] „... unam esse in homine personam *ex duabus connexis compositam* significant, et duas subesse diversas naturas *quae hanc constituant*" (Calvin, Institutio II, 14, 1 [BARTH/NIESEL III, 458, 35–459, 3]).

Für Bullinger subsistieren die Naturen in der Weise gemeinsam in einer Person, so daß die Person aus beiden *besteht*[124]. Dies bestreitet Vermigli explizit[125]. Sicher hat Bullinger hier keinen Gegensatz gegenüber seinem Freund gesehen. Man wird eher sagen müssen, daß er selbst gar kein präzises Personmodell entwickelt. Indem er das eigentlich (mit Vermigli) beanspruchte suppositale Modell nicht ausführt, bleibt bei ihm eine erhebliche Unklarheit, die sich darin äußert, daß er Hypostasis *einmal* als *Zusammengesetztes* versteht, *dann* aber auch als *Daseinsgrund*.

Auch wenn sich bei Bullinger *nicht* wie bei Vermigli und Zwingli die spezifisch skotistisch-nominalistische Form der scholastischen Christologie findet, ist seine Christologie mittelalterlich. Sie kombiniert im wesentlichen das *Homo-assumptus* Modell (nach dem Gott einen *ganzen Menschen* annimmt), das v. a. auf Hugo von St. Victor zurückgeführt wird, und die Theorie der gemeinsamen *Subsistenz* aufgrund der coniunctio, das insbesondere bereits Gilbert von Poitiers vertritt. Bullinger bewegt sich mit seiner Christologie deutlich im Rahmen dieser scholastischen Vorstellungen und Termini. Die Weiterentwicklung der Subsistenz-theorie zum Modell der suppositalen Union, die von Thomas über Duns bis zu Ockham und Biel lief, rezipiert er aber nicht mehr[126].

2.2.3.3. Die Unversehrtheit der menschlichen Natur Christi

Für Bullinger garantiert die Assumptionschristologie die Realität des Leibes Christi: Gott nimmt die menschliche Natur mit ihren Proprietäten an, deren sie nicht beraubt wird, sondern die fortbestehen. Deshalb kann der Menschheit nur das zukommen dessen sie „capax" ist, nämlich Unsterblichkeit, Glanz, Klarheit und höchste Schönheit[127]. Sie gehören zum ursprünglichen Status des Menschen und sind ihm lediglich durch den Fall genommen. So wurden Schwäche und Bedürftigkeit, Leiden, Krankeit und Tod zu seinem Geschick. Sie gehören aber nicht zu seinem Wesen, sondern sind Folge der Sünde und des göttlichen Zornes[128]. Davon wird Christus befreit, und um seinetwillen auch wir.

Diese Befreiung Christi geschieht mit der Auferstehung. Bullinger unterscheidet scharf zwischen dem status humilitatis von der Inkarnation bis zum Tod am Kreuz und dem status exaltationis ab der Auferstehung[129]. Wie die Kategorie des Raumes behält auch die der Zeit ihre vernünftig-empirische Ordnungsfunktion. Durch beide Stände hindurch zieht sich die unversehrte circumscriptive Menschheit Jesu. Durch die Erhöhung wird er lediglich der Schwachheit und Sterblichkeit der irdischen Existenz enthoben und erhält ewigen Ruhm und Unsterblichkeit.

---

[124] „Christus una est persona, una scilicet subsistens substantia, ex duabus diversis naturis ... constans" (Repetitio 5 b/6 a).

[125] „Persona non constat ex duabus naturis" (Glosse zu M 342,31, s. o. S. 78 A. 35).

[126] Vgl. zum Ganzen Seeberg III, 255 ff.; Williams, TRE 16,748 ff.; Bach 147 ff. 339 f.; Oberman, Herbst, 235 ff.

[127] „Immortalitas, splendor, claritas, pulchritudo summa" (Fund. 134bff).

[128] Repetitio 6b–8 a. Bullinger übernimmt hier erstmals von Brenz die Terminologie von Akzidens und Substanz. Wir besprechen dies S. 184 ff.

[129] Reponsio 56 a; Repetitio 18 b.

Weiteres darf der Menschheit aber nicht zukommen: Unendlichkeit und „Ubiquität" würden den Leib Christi zerstören. Auch der Rekurs auf die Allmacht Gottes ändert an dieser von Gott gewollten Wahrheit nichts[130]. Wir haben diese Zusammenhänge bei Vermigli dargestellt und müssen sie hier nicht wiederholen.

2.2.3.4. Die communicatio idiomatum

Wie für Vermigli – auf dessen Darstellung wir für Einzelheiten und Schriftbelege verweisen – ist die communicatio idiomatum für Bullinger eine „hermeneutische Hilfskonstruktion"[131], die eine bestimmte Auslegungsweise (ratio interpretandi[132]) christologischer Schriftworte festlegt. Bullinger identifiziert die communicatio idiomatum mit dem Terminus der ἀντίδοσις – eine Weise wechselseitiger Zuweisungen von Eigenschaften der Naturen – bei Johannes Damascenus und mit der von Zwingli[133] zum Dreh- und Angelpunkt seiner Christologie gemachten ἀλλοίωσις[134]. In der Sache meint Bullinger diese. Sie besagt, daß die Schrift (1.) über die Person Christi *redet*, aber in Wahrheit nur eine der Naturen *meint* (Christus ist gestorben) und daß (2.) die Schrift von einer Natur *redet*, tatsächlich aber die andere *meint* (Gott ist gestorben)[135]. Diese Schriftaussagen haben also lediglich uneigentlichen Charakter. Hinter dieser Fassung steht wiederum das Postulat der Immutabilität Gottes. Auch hier ist Bullinger wie Zwingli vom Humanismus beeinflußt. „Der Tropus der Rede schließt die Veränderlichkeit von Gott aus", formuliert Erasmus[136]. Die apriori feststehenden Bestimmungen dessen, was Gott und Mensch sind, werden auf diese Weise gegen die „vermischende" Sprache der Bibel verteidigt; deren Prädikate sind bloße uneigentliche „nomina": „die Vermischung der Namen bewirkt keine Vermischung der Naturen"[137]. – Was bei den Lutheranern zur materialen Bestimmung Christi dient, gilt hier als formales Mittel, als hermeneutisches Regu-

---

[130] Fundamentum 134b ff; Responsio 62a; Ad testamentum 22a.

[131] Koch, Theologie, 119; Walser 256: „Hilfslehre".

[132] Repetitio 10a.

[133] „die alloeosis heißt ... ein abtuschen oder gegenwechßlen zweyer naturen, die in einer person sind. Da man aber die einen nennet und die andren verstat, oder das nennet, das sy bed sind, und doch nun die einen verstat" (Zwingli V,925,18–926,3). Vgl. Zwingli V,922–928 und zum Hintergrund Gäbler, Zwingli im 20. Jh., 352 Nr. 1655. – Auch für Zwingli sind Alloiosis und (sein Verständnis von) communicatio idiomatum identisch (Zwingli V,679).

[134] „Haec figura loquendi apellatur ab aliis ἀλλοίωσις, alteratio vel mutatio, a Ioan. Damasceno ἀντίδοσις, mutua largitio vel alternata attributio. Vulgo nominari solet idiomatum communicatio" (Decaden IV,6 [235a]); eberso Apologetica Expositio 58; Repetitio 9b.

[135] „ea quae sunt propria divinae naturae tribuuntur personae Christi." – „alteri naturae ea communicatur proprietas, quae propria est alterius... Ita dicimus Deus et natus est et crucifixus" (Repetitio 9b).

[136] „tropus sermonis excludit mutabilitatem a deo" (Erasmus, De libero arbitrio, II a 18 [72]).

[137] „nominum confusio non facit naturarum confusionem" (Apologetica Expositio 59 in Zitation Theodorets).

lativ zur Wahrung der Unterschiedenheit der Naturen innerhalb eines Gemeinsamen, der Person.

Wir haben oben (S. 99 f.) gezeigt, wie Christus als Repräsentant und Vollender des Heiles und der Mensch als je eigenständige Subjekte einander gegenüberstehen. Diese Abständigkeit ist dem Verhältnis von Gott und Mensch in Christus analog: Wirkliche Gemeinschaft geschieht in der Person Christi nicht. So stellt die Christologie eine „Identitätskonstruktion" dar, in der die unio ohne Gemeinschaft der Kommunikation postuliert wird[138]. „Christus" ist wie bei Vermigli lediglich logischer Einheitspunkt, gleichsam eine Klammer um die in ihrer Aseität verbleibenden Wirklichkeiten von Gott und Mensch. In der einen Person bleibt die Gottheit ewig in sich identisch, überlegen und unbegrenzt, die Menschheit kreatürlich begrenzt und vergänglich. Es muß bei allen Aussagen über die Person in einem exkludierenden Sinn angegeben werden, nach welcher Natur sie jeweils als Subjekt fungiert. Die Aufteilung von Aussagen auf beide Naturen durch das „secundum . . . - secundum . . ." ist *das* Strukturprinzip dieser Christologie[139]. So können und müssen über Christus jeweils zwei verschiedene Aussagen gemacht werden[140]. Sie können paradox klingen, sind es aber nicht, weil sie in Wahrheit auf zwei verschiedene Subjekte, zwei Wirklichkeiten bezogen sind, auch wenn die Person *logisches* Subjekt ist. Freilich sind solche „Zugleich"-Aussagen auch der lutherischen Christologie eigen. Die Differenz besteht darin, daß sie dort über den *ganzen Christus* gemacht werden und insbesondere *beide* Prädikate von seiner Menschheit gelten, während sie bei Bullinger auf die zwei Naturen aufgeteilt sind (vgl. u. S. 226). Für die Lutheraner hat das Simul die Funktion, die Personeinheit Christi in letzter Konsequenz zu durchdenken, während es bei den Schweizern Ausdruck einer Restriktion ist, die eine wirkliche Einheit der Naturen nicht zustande kommen läßt.

In der Repetitio stoßen wir auf eine überraschende Modifikation: Bullinger redet hier von *drei* Arten von Idiomen[141]. Neben den Eigenschaften, die eindeutig der göttlichen oder der menschlichen Natur zukommen, benennt er hier solche, die *der „aus beiden Naturen geeinten Person"* als ganzer zukommen[142]. Genauer besehen handelt es sich dabei freilich nicht um Eigenschaften, sondern um Funktionen bzw. Tätigkeiten: um Erlösung und Fürbitte, „redemptio et intercessio". Diese sind nicht propria einer Natur, sondern eines Amtes. Sie sind deshalb nicht nur auf eine der Naturen zu beziehen, sondern *in eigentlicher Rede*

---

[138] Vgl. Baur, Christologie und Subjektivität, 201.

[139] Z. B.: „secundum divinitatem ubique, secundum humanitatem autem in loco" (Repetitio 53 a). Weitere Belege Koch, Theologie, 112; Zwingli V, 923,1 ff.; Bullinger, Decaden IV,6 (234 a); Fundamentum 116 b.

[140] „De eodem . . . praedicamus quod mortuus sit et immortalis . . . manserit" (Tractatio 27 a); ähnl. Decaden IV,6 (234 a).

[141] „Quamvis duae in Christo sint naturae, idiomata tamen ac attributa inveniri triplicia" (Repetitio 10 b).

[142] „Alia enim divinae, alia humanae naturae esse propria, alia non nisi personae ex utraque unitae competere" (Repetitio 10 b). Ebenso schon Decaden IV,6 (235 b): „Sunt rursus testimonia quae ad utranque respiciunt naturam, neutri vero seorsim satis congruunt".

auf die ganze Person. Ja die Person ist nur um dieses Amtes willen in der Inkarnation geworden.

Aus diesem Gedanken erhellt zweierlei. Einmal bestätigt sich die schon notierte Funktionalisierung und Instrumentalisierung der Inkarnation. Zum anderen bewährt sich die Analyse, nach der die Person ein *Drittes*, unterschieden von den beiden Naturen, ist; denn Bullinger benennt explizit eine eigene „dritte" Gattung von Proprietäten für sie. Bullinger geht hier zweifellos weiter als früher, denn diese Person ist keineswegs nur logisches Subjekt, sondern ein konkretes Drittes gegenüber den Naturen. Damit versucht Bullinger, die personale Einheit hier konsequenter als in seinen bisherigen Schriften im Hinblick auf die Tätigkeit des Mittlers als Realität aufzufassen, indem er sie zur Subjekteinheit für die Idiome des officium sacerdotale formt. Er kommt damit dem Genus Apotelesmaticum der lutherischen communicatio idiomatum nahe[143]. Gleichwohl stehen diese Überlegungen in Spannung zur sonstigen, auf Trennung der Naturen zielenden Struktur von Bullingers Christologie. So wird die Person zu einer vermischten Größe, für die ein Weg zwischen Trennung und Einheit der Naturen begrifflich nicht gefunden ist. Bullinger pendelt zwischen beidem hin und her, wenn er versichert, die Tätigkeiten des Mittleramtes seien auf die ganze Person zu beziehen, obwohl [!] es operationes einer jeden der beiden Naturen seien[144]. Es sieht nun also doch so aus, als seien die operationes des Mittlers nur ein *paralleles* Handeln zweier verschiedener, aber verbundener Subjekte. Der Person als gemeinsamer, aber abständiger Subsistenz der zwei Naturen entspricht beim officium sacerdotale das paralle Handeln der beiden.

Es ist gleichwohl sehr aufschlußreich, daß Bullinger diese Differenzierung überhaupt vornimmt. Soweit wir sehen, tun Zwingli und Vermigli dies nicht. Wiederum aber spielt der Gedanke für Calvin eine entscheidende Rolle, und zwar in fast gleichlautenden Formulierungen: Schriftstellen über das Mittleramt Christi reden von beiden Naturen zugleich[145]. Das „Mediatoris officium" versieht Christus nach seiner ganzen Person. Wie beim Personbegriff dürfte Bullinger in einem gewissen Abstand zu Zwingli stehen und stärker zu Calvin tendieren.

2.3. Zusammenfassende Überlegungen zur reformierten Christologie

Die Christologie von Vermigli und Bullinger ist durch zwei Vorgaben bestimmt: 1. durch das ‚Axiom' der Immutabilität Gottes und der unveränderlichen Lokalität des Menschen sowie 2. durch die Einbindung der Christologie in die Prädestinations- und damit Gotteslehre. Dieses doppelte Apriori verhindert eine intensivere Fassung der Person Christi. Die Unwandelbarkeit Gottes sowie

---

[143] Vgl. FC SD VIII, BSLK 1031,31–45.

[144] „redemptio et intercessio, *quamvis utrusque naturae operationes sint*, referri tamen debent non seorsim ad hanc vel illam, sed ad totam personam compactam ex utraque" (Repetitio 10b).

[145] BARTH/NIESEL III,460,29; 462,6–8. Vgl. WEBER, Reformation I/2, 132 mit A.2

das fixierte Sosein des Menschen machen dies *unmöglich*, die Subordination unter die ewige Gnadenwahl Gottes erweist es als *unnötig*. Denn Christus hat eine bestimmte *Funktion* zu erfüllen, das soteriologische und eschatologische Amt der Mittlerschaft zu verrichten, um den ewigen Heilswillen Gottes zu verwirklichen. Calvin weist ausdrücklich darauf hin, daß diese Funktion nach ihrer Erfüllung zu Ende geht[146]. Christus ist Mittel und Instrument des ewigen Heilswillens Gottes, nicht Mitte und Ort unserer Heilsexistenz. Aus diesem Grund belassen es Vermigli und Bullinger bei der unterschiedlich akzentuierten Rezeption des chalcedonensischen Dogmas. Zu einem weiteren, produktiven Durchdringen der inneren Struktur der Person Christi besteht (qua Identitätspostulat) keine Möglichkeit und (qua prädestinatianischer Soteriologie) keine Notwendigkeit.

Diese Einstellung spricht sich in dem Programm aus, die christologischen Aussagen auf ein biblisch fundiertes und soteriologisch unerläßliches Maß zu reduzieren. Affirmativ zu sichern hat die Theologie die soteriologische und eschatologische Heilsgewißheit[147]. Das gilt aber nur für einen reduzierten Mindestbestand hinsichtlich des Verständnisses der *Person* Christi. Von ihr spricht Bullinger in melanchthonisch-erasmischen Tönen: Gott hat den Menschen angenommen, er ist nach 1. Tim 3,16 im Fleisch erschienen. Dies zu wissen genügt. Wer das Geheimnis genauer erforschen will, begibt sich in schwere Gefahr[148]. Man soll von der coniunctio der Naturen „sparsamst" reden und sie besser ehrfurchstvoll betrachten[149]. Wo Luther, der gewiß seine Verdienste hatte, im Abendmahlsstreit von der Wahrheit oder *von der Mäßigung* (a vero aut a modestia[150]) abgewichen ist, darf man ihm nicht folgen.

Diesem humanistischen Programm hatte schon Luther gegenüber Erasmus widersprochen: Der Heilige Geist will *Christus* verklären. Wer seine Erkenntnis abschneidet, hebt nicht weniger als den christlichen Glauben selbst auf[151]. Aus demselben Grunde führen dann die württembergischen Theologen die Kontroverse mit der reformierten Christologie[152]: Es ist ihnen „zu thun umb die recht warhafftige erkanntniß Christi", „in welcher unser Seligkeit stehet (dann wann man Christum nit recht erkennt, so kann man auch nit recht an in glauben)"[153]. Diesem Programm gilt es nun nachzugehen.

---

[146] „tunc perfunctus Mediatoris officio, desinet Patris legatus esse" (BARTH/NIESEL III, 462,12f.).

[147] „Voluit certe dominus scire nos locum certum in domo patris paratum esse nobis" (Tractatio 14a).

[148] „Deus hominem assumpsit. Deus in carne humana apparuit vel manifestatus est. Subtiliora his rimari velle est se in ingentia conijcere pericula" (Decaden IV, 6 [233b]).

[149] „multo satius sit parcissime de illa [sc.: coniunctione] loqui et intra scripturarum metas magna cum religione tueri" (Utriusque 189).

[150] Fundamentum 122a.

[151] „Tolle assertiones, et Christianismum tulisti. Quin spiritus sanctus de coelo illis datur, *ut clarificet Christum...*" (De servo arbitrio, WA 18,603,28–30).

[152] Siehe dazu ausführlicher unten S. 267ff.

[153] Gründtlicher Bericht H3b.

III. Teil

Die Christologie des späten Johannes Brenz

1. Christologie und Abendmahl

1.1. Zur Bestimmung von Brenz' Thematik
I: Christologie und Abendmahl

Brenz' späte Christologie steht im Kontext des Streits um das Abendmahl. Dieser Thematik ordnet er seine Texte zur Christologie jedenfalls formal unter, indem er Predigten ediert „Von dem Hochwirdigen Sacrament"[1], indem er die erste komprimierte Fassung seiner Christologie in den Apologietraktat „de Eucharistia" einordnet[2]. Diese formale Priorität der Abendmahlsthematik zieht sich über das Stuttgarter „Bekanntnus ... von der warhafftigen Gegenwärtigkeit des Leibs und Bluts JEsu Christi im heiligen Nachtmahl" (1559) über den „Kurtzen einfeltigen bericht, worauff der Streit von des Herrn Nachtmal ... bestehe" (1565) bis hin zum Testament fort, wo „die falsch verdampte Lehr der Zwinglianer" zuerst in der Bestreitung der Realpräsenz und erst dann in einer verfehlten Christologie gesehen wird[3].

Auch in den vier Hauptschriften, bei denen freilich im Titel bereits die Christologie Priorität hat, bildet die Abendmahlsthematik den Bezugsrahmen für die christologischen Argumente. Brenz sieht den Themenbereich abgesteckt durch „jene Kontroverse, die entstanden ist über das Mahl des Herrn und die Dinge, die zu dieser Thematik gehören" (S 112,17f.). Jene res, „quae ad hoc negotium pertinent", sind die christologischen Fragen; sie machen dann zwar den überwiegenden Teil der Brenzschen Texte aus, sind aber dem Komplex der Abendmahlsthematik zugeordnet.

Wie sieht diese Zuordnung inhaltlich aus? Brenz benennt den historischen Grund, der uns im geschichtlichen Teil wiederholt begegnete: Die Schweizer bestritten und bestreiten die Realpräsenz mit christologischen Argumenten, „die sie von der Inkarnation Christi, von seiner Auffahrt in den Himmel und von seinem Sitzen zur Rechten Gottes herangezogen haben"[4]. Sie heben ab auf die bleibende physische Konstitution des menschlichen Körpers Christi, auf die

---

[1] Von dem Sacrament, A2a.
[2] Apologie, 507.
[3] Testament, 4b.
[4] „optarem ... nec conati essent veram corporis et sanguinis Christi praesentam e coena

lokal gedachte Himmelfahrt Christi und auf seine „sessio ad dextram" (S 178,39–42). *Sie* schneiden die christologischen Themen an, und für Brenz muß deren Verständnis *um des Abendmahls willen richtiggestellt werden; nur so können „die Zwinglischen mit Irem aigen schwert geschlagen" werden*[5].

Diese Struktur läßt sich am Beispiel von De personali unione gut zeigen: Brenz bestimmt den kontroversen Topos – das unterschiedliche Verständnis des Abendmahls (P 10,1–25) – und referiert drei reformierte Argumente gegen die lutherische Fassung der Realpräsenz:
1.: Die Konstitution des menschlichen Leibes Christi (P 10,26–12,2).
2.: Das Verständnis von ascensio und sessio ad dextram (P 12,3–6).
3.: Die Unmöglichkeit der manducatio indignorum (P 12,5–17).
Brenz verhandelt dann in aller Breite die beiden explizit christologischen Themen (1.: P 12,21–50,10; 2.: P 50,11–70,18), um jeweils am Ende sehr knapp die Konsequenzen für das Abendmahl zu ziehen (P 50,1–8 + 70,14–18): die Christologie spricht nicht, wie die Schweizer wollen, gegen die Realpräsenz von Leib und Blut Christi, sondern festigt und bekräftigt sie. Erst am Ende der Schrift geht der Schwabe auf wenigen Seiten auf die eigentliche Abendmahlslehre ein (P 70,19–74,16). So nimmt zwar die Christologie den weitesten Raum ein, den thematischen Rahmen aber bildet die Abendmahlsproblematik.

Es wird unten (133 ff.) zu schildern sein, daß die Christologie im Spätwerk von Brenz Selbständigkeit und Priorität vor der Abendmahlslehre gewinnt. Immer aber behält die Christologie auch ihre zentrale Funktion für die Gewißheit des Abendmahls[6]. Diese Funktion ist nun zunächst eingehend zu untersuchen.

1.2. Der Ursprung des christologischen Themas in der Abendmahlskontroverse

1.2.1. Die Suffizienz und Vollmacht der Einsetzungsworte

Den Ausgangspunkt der Reflexion über das Abendmahl bildet die Stiftung Jesu. Die Einsetzungsworte sind konstitutiv für das Sakrament. Diese Überzeugung hatte Brenz im Syngramma Suevicum 1525 zum ersten Mal beeindruckend entfaltet: „es bleibt *aufgrund des Wortes Christi* unerschütterlich, daß das Brot des Mahles Christi Leib ist"[7]. Gegen alle Einreden der Vernunft oder der theologischen Tradition ist diese Überzeugung aufgrund Christi eigener Worte gewiß.

---

argumentis ductis ab incarnatione Christi, ab ascensu eius in coelum et a sessione eius ad dextram Dei patris exturbare" (R 198,15–22), ähnl. 259,8–14; 313,14–27.

[5] Brenz/Andreae, Kurtzer ainfeltiger Bericht, 47.

[6] „haec omnia, quae de coelo et dextra Dei exposui, eo respiciunt, ut vera et substantialis praesentia corporis et sanguinis Christi in coena *confirmetur*" (S 176,14–16); ähnl. P 6,1 f.

[7] „adhuc stabile manet, panem coenae esse corpus Christi, *iuxta verbum Christi*" (Syngramma, 239,5 f.). Vgl. Brecht, Brenz, 73–89; Kantzenbach, Abendmahl.

Unbeschadet mancher Veränderungen im Denken von Brenz[8] hat sich nach Jahrzehnten an diesem Grundsatz nichts geändert. Brenz entwickelt zu Beginn der Drei Predigten (1547/56) seine Abendmahlsauffassung aus den Einsetzungsworten. „Das der Leib Christi in dem Abendmal warhafftig empfangen und gessen wirt", ist menschlicher Einsicht unbegreiflich. „Aber weil das Wort da steht unn sagt ‚Das ist mein Leib' sollen und müssen wir es glauben"[9]. Diese Einschärfung der Gewißheit des Wortes gilt ausdrücklich auch gegenüber dem Widerspruch aufgrund der leiblichen Himmelfahrt und der Konstitution des Leibes Christi.

Ganz in Übereinstimmung mit der Argumentationsstruktur der Norddeutschen Theologen der Zeit[10] wird diese Gewißheit der verba testamenti nun auch christologisch untermauert: Der die Einsetzungsworte spricht, ist kein „schlechter liederlicher Mensch", sondern ist „warer Gott und Mensch in einer einigen Person". Nur von diesem Menschen also gilt: seine Worte „sein Wort des warhafftigen Gottes". Und deshalb gilt auch nur von ihm: „Christus aber kan nicht liegen". Vielmehr ist er „so mechtig, das er auch thun und außrichten kan, was er geredt hat". Deshalb ist er auch im Abendmahl: Was Christus als wahrer Gott und Mensch sagt, das geschieht; „so folgt unwidersprechlich darauß, daß das Brodt sey der warhafftig Leib Christi"[11].

1.2.2. *Der reformierte Widerspruch und seine Konsequenz für die Methodik*

Das christologische Argument richtet sich in den Predigten von 1556 zunächst auf Christus als *Sprecher*, als *Subjekt* der Einsetzungsworte. Es ist nach seinem eigenen sachlichen Anspruch „unwidersprechlich" voll zureichend für die Gewißheit der Realpräsenz. Aber schon in den Predigten fügt Brenz ihm hinzu die Reflexion auf Christus als „*Gegenstand*" des Abendmahls, auf die Möglichkeit seiner Gegenwart im Mahl. Beide Momente sind gewiß sachlich untrennbar verknüpft – der die Worte redet ist ja gerade derselbe, der sich selbst darin gibt, aber ihre heuristische Unterscheidung läßt Struktur und Entwicklung von Brenz' Argumentation erst klar erkennen. Beim Blick auf seine weiteren Schriften fällt nämlich auf: Das auf Christus als wahrhaftigen und wirkmächtigen Urheber der verba institutionis zielende Argument führt Brenz in den Predigten zum letzten Mal aus! Dieses in Norddeutschland weit verbreitete Argument läßt Brenz in den weiteren Spätschriften fallen zugunsten des anderen Motivs, des Erweises, daß Christi Leib als *Gegenstand* der Einsetzungsworte im Abendmahl sein könne und sei[12].

---

[8] Die für das Syngramma repräsentative Formulierung „verbum ad panem fert, id quod in se continet. Continet autem corpus Christi verum corporale" (242,23–25) begegnet im Spätwerk nicht mehr. Die vollständige Konzentration auf das Wort – „Totum enim miraculum verbi miraculum est" (242,27) – weicht der zunehmenden Bedeutung der Christologie.

[9] Von dem Sacrament, 19, ganz ähnlich 12.

[10] Vgl. dazu MAHLMANN, Dogma, 133.

[11] Alle Zitate: Von dem Sacrament, 8f.

[12] Eine Ausnahme bildet R 9,5–9, wo das Argument aber in einem größeren Zusammen-

Dieses „Defizit" markiert keineswegs eine Skepsis gegenüber der Überzeugung, daß Christus vollmächtig und wahrhaftig tue, was er verheißt. Der Verzicht auf dieses Argument hat einen anderen Grund: Er liegt in der Bestimmung des Streitgegenstandes. Die schweizerischen Gegner bestreiten weder die Einsetzungsworte an sich noch die Vollmacht ihres Sprechers. Sie negieren aber die Möglichkeit, der Leib Christi könne als menschlicher Leib anderswo als an einem Ort sein. – Aus diesem Grund zentriert Brenz seine Argumentation ab der Apologie (1557) auf diesen Punkt. Es muß die Gegenwart Christi im Abendmahl *christologisch* reflektiert werden.

Auch in den großen Schriften 1561–64 steht für Brenz die Eindeutigkeit der Einsetzungsworte fest; es bedarf an sich keiner christologischen Ausweitung der Debatte. Die Einsetzungsworte sagen klar, was sie meinen; es würde genügen, sich in ihr einfaches, i. e. nicht tropisches Verständnis zu bescheiden. „Wir waren zwar von Anfang an zufrieden mit der einfachen Auslegung der Worte Christi und der Anerkennung des Willens und der Allmacht Gottes"[13]. Aber: der christologisch fundierte reformierte Widerspruch hat die Lage verändert. Ihm gegenüber genügt es offenbar nicht, auf den einfachen Glauben an den Wortlaut der Einsetzungsworte zu pochen. Darum fährt Brenz fort: „Aber was sollen wir machen? Die Gegner haben uns in diese Auseinandersetzung hineingezogen und halten uns bis jetzt darin fest. Es ist also notwendig, daß die Kirche des Sohnes Gottes über diese Dinge recht und fromm unterrichtet wird"[14]. Das 1556 noch partiell gewählte Verfahren wird jetzt nur noch im Irrealis gebilligt. Es wäre angemessen ohne die christologische Verlagerung der Abendmahlsdebatte durch die Schweizer.

Damit behalten die Einsetzungsworte ihre zentrale Bedeutung für das Abendmahl. Aber die in ihnen angesagte Realpräsenz muß nun auch christologisch reflektiert werden (s. S. 119 ff.). Dabei ergeben sich für Brenz über den reinen Nachweis der praesentia Christi hinaus neue Einsichten dazu, *in welcher Weise* die verba institutionis angesichts des christologischen Horizontes das Abendmahl konstituieren (s. S. 126 ff.). Beiden Fragekomplexen wird im folgenden nachgegangen.

---

hang steht (der unten S. 122 f. dargestellt wird). Eine weitere Ausnahme könnte die Passage S 176,28–35 bilden, wo Brenz ausführt: Wenn ein anderer die Einsetzungsworte gesprochen hätte, müßten sie figürlich interpretiert werden. Aber es gilt: „dixit ea ... Christus, qui est verus Deus et homo in una indissolubili persona, omnipotens et *verax*" (S 176,32–34). Hier klingt das „norddeutsche" Motiv noch einmal an. Aber der Gedankengang zielt doch weiter, wenn Brenz fortfährt: „... et qui coelum et terram inenarrabili modo implet" (S 176,34 f.).

[13] „Nos quidem ab initio contenti eramus simplici verborum Christi interpretatione et voluntatis ac omnipotentiae Dei agnitione" (P 12,16–18).

[14] „sed quid faciamus? Adversarii pertraxerunt nos in has disputationes et hactenus nos in iis detinent. Necessarium igitur est, ut ecclesia filii Dei recte et pie de his erudiatur" (P 12,17–20).

1.3. Die Funktion der Christologie für die Hermeneutik der Einsetzungsworte

1.3.1. Das hermeneutische Problem im Verständnis der Einsetzungsworte nach Brenz' Rhetorik von 1533

Brenz bestimmt in den Spätschriften den Ausgangspunkt des Abendmahlsstreits unter Rückgriff auf die Rhetorik. Es besteht zwar zwischen allen Konsens über den Wortlaut der Einsetzungsworte, (περὶ τοῦ ῥητοῦ), über ihren Sinn (περὶ τῆς διανοίας) aber besteht Dissens. So folgen die Lutheraner dem buchstäblichen Wortlaut („literam") der Einsetzungsworte (P 10,1–16). Die Schweizer dagegen differenzieren zwischen dem äußerlichen Wortlaut und der eigentlichen Intention und Meinung des Sprechers und interpretieren den Inhalt der Einsetzungsworte tropisch.

Brenz greift hier auf Gedanken zurück, die er in seiner unveröffentlichten Rhetorik von 1533 niedergelegt hatte[15]. Danach ist die Argumentation der Schweizer auch für Brenz nicht eo ipso illegitim. Bei der Taufe etwa folgen die Anabaptisten dem Wortlaut des Taufbefehls und meinen, nur der dürfe getauft werden, der glauben und die Lehre erfassen können, während die „Orthodoxi" zu Recht einen vom Wortlaut („ordo verborum") unterschiedenen Sinn der Worte („sententia verborum") annehmen[16]. Ein entsprechendes hermeneutisches Problem besteht angesichts der Abendmahlsworte[17].

Nach welchen Kriterien ist ein solcher Streit zu entscheiden? Brenz entwickelt in der „Rhetorik" dazu hermeneutische Anweisungen. Er greift zurück auf das traditionelle „Genus iudiciale" der Rhetorik, dessen klassischer Ort die Gerichtsrede ist, durch die Streitfälle vor dem Richter zur Entscheidung gebracht werden. Dieses Genus wird an das theologische Problem umstrittener Schriftstellen adaptiert. Brenz nennt vier Kriterien für die Entscheidung, ob eine Stelle nach ihrer simplicitas, ihrem Wortlaut (scriptum) zu verstehen sei oder im Sinne einer anderen Bedeutung (sententia): Zusammenhang und Kontext der jeweiligen Stelle sind zu berücksichtigen, ein etwaiger Widerspruch zu anderen Glaubensartikeln ist zu prüfen, die jeweilige sprachliche Ausdrucksweise (phrasis sermonis) darf einem wörtlichen Verständnis nicht widersprechen und ebenfalls nicht ein Vergleich mit anderen Schriftstellen (collatio scripturae)[18]. Diesen Kriterien liegt die reformatorische Grundregel zugrunde, nach der der Literalsinn einer

---

[15] Handschrift in der UB Erlangen, MS 685; vgl. dazu HERMANN.

[16] Brenz, Rhetorik, 67b; vgl. HERMANN 93.

[17] „Nascitur status ... qui a grecis κατα ρητον και διανοιαν dicitur ... Nos qui adseveramus praesentiam corporis Christi in sacramento, simplicitati verborum inheremus. Sacramentarii, qui corporis praesentiam negant verborum simplicitatem reiicientes, ad sententiam et voluntatem Institutoris Christi apellant, dicentes aliam esse verborum illorum sententiam quam quod extrinsecus sonet, aliam quoque voluntatem Christi esse, quam quod corpus suum in pane praebuerit" (Rhetorik, 67a/b).

[18] „In Controversia igitur Scripti et voluntatis in sacra scriptura potissimum consideranda sunt circumstantiae eius loci de quo controvertitur, hoc est praecedentia et sequentia, Articuli fidei et phrasis sermonis. Est et collatio scripturae facienda, ut ex his aut simplicitatem scripti aut sententiam comprobemus" (Rhetorik, 68a).

Stelle immer dann zu gelten hat, wenn nicht explizit gewichtige Gründe zu einer anderen Deutung zwingen[19].

Die Prüfung anhand der vier Kriterien führt Brenz exemplarisch, aber nicht beliebig gewählt an dem Satz „Das ist mein Leib" durch: Der Zusammenhang widerstreitet einem wörtlichen Verständnis nicht[20], ebensowenig die Formulierung des Satzes[21]. Da somit Zusammenhang und Wortlaut ein wörtliches Verständnis nicht ausschließen, müßte schon ein Widerspruch durch andere Schriftstellen oder durch Glaubensartikel, also ein Widerspruch zwischen der simplicitas der Stelle und und der gesamten biblischen Glaubensüberlieferung zur figurativen Deutung zwingen. Dies ist aber weder durch Stellen wie Joh 6,63 und 2. Kor 5,16 gegeben[22] noch schließlich durch andere *Glaubensaussagen*.

Auf diesem letzten Kriterium liegt schon 1533 das Schwergewicht der prüfenden Argumentation. An ihm entscheidet sich das Verständnis der Einsetzungsworte. In der Diskussion stehen hier eben jene „Glaubensartikel, in denen gesagt wird: Christus fuhr auf in den Himmel, er sitzt zur Rechten des Vaters; ebenso: Der Sohn Gottes ist wahrer Mensch, von der Jungfrau geboren"[23]. Da die anderen Kriterien nach Brenz einem wörtlichen Verständnis nicht widerstreiten, lautet je nach dem Verständnis dieser christologischen Topoi das Urteil im Blick auf die Einsetzungsworte entweder: sie widersprechen dem einfachen Wortlaut nicht, sondern bekräftigen ihn – so Brenz –, oder: die Behandlung dieser Themen zwingt zur figurativen Deutung der Einsetzungsworte – so die Schweizer.

Die Begründung von Brenz' Entscheidung entspricht bereits der späten Christologie: „Wenn nämlich der Sohn Gottes Fleisch geworden ist und einen wahren Menschen in *eine* Person aufgenommen hat, ist es notwendig, daß jener Mensch ist, wo Gott ist, damit die Person nicht durch den Ort getrennt wird; und wenn der Mensch Christus zur Rechten des Vaters sitzt, der alles erfüllt, wird nicht auch der Mensch Christus alles erfüllen?"[24]. Die christologische Einsicht – „der Mensch ist, wo Gott ist" – hat die hermeneutische Funktion, ein

---

[19] In diesem Sinne hatte bereits Luther in Auseinandersetzung mit Ökolampad votiert: „... das die grammatici, dazu auch alle Christliche lerer verbieten, man solle nymer mehr von gemeiner allten deutunge eins worts tretten und newe deutunge an nemen, Es zwinge denn der text und der verstand odder werde aus andern orten der schrifft mit gewalt beweiset" (WA 26,278,33–279,7). Analog zielt seine Argumentation genau wie die von Brenz darauf zu „beweisen, das nicht widder die schrifft noch artickel des glaubens sey, das Christus leib zugleich ym hymel und ym abendmal sey" (WA 23,129,32–33).

[20] „consentiunt sequentia et praecedentia" (Rhetorik, 68a).

[21] „Ad hec non repugnat sermonis phrasis, que statim ut dicitur presentiam corporis indicat" (Rhetorik, 68a).

[22] „Item hic locus ‚Hoc est corpus meum' collatus cum aliis scripturae locis, utpote ‚Caro nihil prodest' Et ‚nunc non novimus Christum secundum carnem' non est ipsis contrarius" (Rhetorik, 68a).

[23] Rhetorik, 68a.

[24] „Si enim filius dei est incarnatus et verum hominem in unam personam assumpsit, oportet illum hominem esse, ubi deus est, ne persona loco separaretur, et si homo Christus sedet ad dexteram patris, quae omnia tenet, nonne et homo Christus omnia tenebit?" (Rhetorik,68a).

wörtliches Verständnis der verba institutionis zu stützen: Die Glaubensartikel widersprechen ihm nicht.

1.3.2. Die hermeneutische Funktion der Christologie

Die bereits in dem Rhetorikfragment angestellten Überlegungen werden 1561 auf die neue Kontroverslage hin angewendet und weitergeführt, indem auf die rhetorische Differenzierung περὶ τοῦ ῥητοῦ – περὶ τῆς διανοίας zurückgegriffen wird. Der Streit geht um den Sinn, die „sententia" der Einsetzungsworte. Die Schweizer bestreiten die Realpräsenz aufgrund ihrer tropischen Interpretation der verba testamenti. Der Leib Christi könne nur figürlich im Abendmahl gegenwärtig gedacht werden, „realiter" sei er ausschließlich im Himmel (P 10,18f.). Der Schlüssel zu dieser Interpretation liegt in der christologischen Implikation: „sie nehmen an, Christi Menschheit sei nur im Himmel, seine Gottheit aber überall und so auch im Abendmahl gegenwärtig, doch ohne die Menschheit" (P 10,22–24).

Auf beiden Seiten kommt der Christologie im Sinne des in der Rhetorik genannten Argumentes der Prüfung an den „articuli fidei" eine hermeneutische Schlüsselfunktion für das Verständnis der Einsetzungsworte zu. Die Schweizer finden hier „Argumente, mit denen sie versuchen, ihr Verständnis[25] zu beweisen, unseres aber zu widerlegen" (P 10, 24f.). Für Brenz hingegen hat die Christologie die Funktion „zuerhalten den ainfeltigen verstand der wort Christi im hailigen Nachtmal"[26]. Deshalb führt er um des Abendmahls willen die Debatte über die christologischen Zusammenhänge. Denn „von diesen Grundlagen hängt die Bestimmung des ganzen Streites über die wahre, wirkliche und substantielle Gegenwart des Leibes und Blutes Chrisi im Abendmahl hauptsächlich ab"[27].

Die durch Rückgriff auf die „Rhetorik" deutliche Lokalisierung der Christologie im System der Abendmahlslehre macht die von der Christologie auf das Abendmahl zurückführenden Konklusionen in den Spätschriften (etwa P 50,1–8; 70,14–18) erst voll einsichtig – und wird zugleich durch sie noch einmal bestätigt. Brenz faßt die christologische Argumentation zusammen: die Natur des menschlichen Leibes Christi verhindert nicht, daß die Menschheit Christi alles erfülle. Das heißt für das Abendmahl: „viel weniger verhindert sie, daß Leib und Blut Christi im Sakrament gegenwärtig sind"[28]. Dieselbe Konklusion

---

[25] Im Zusammenhang von Brenz' Argumentation „περὶ τῆς διανοίας hoc est de sententia horum verborum" (P 10,9f.) ist MAHLMANNS Übersetzung von sententia mit „Meinung" (P 11,30) zu blaß, verdeutlicht nicht den Bezug auf das Verständnis, den „Sinn" (so weiter oben MAHLMANN P 11,12) *der Einsetzungsworte*. – Obwohl MAHLMANN die entscheidende Passage der Rhetorik zitiert (Personeinheit, 186f. A.8), erfaßt er die hermeneutische Funktion der Christologie für die Abendmahlsfrage nicht voll.

[26] Brenz/Andreae, Kurtzer ainfeltiger Bericht, 48.

[27] „ex quibus fundamentis definitio totius controversiae ... de vera, reali seu substantiali praesentia corporis et sanguinis Christi in coena praecipue pendet" (P 106,4–7).

[28] „Quare, sicut nec natura humani corporis, quod est cum deitate hypostatice et personaliter

ergibt sich nach der Reflexion auf Dextera und Sessio ad dextram: Sie stellen keineswegs ein Hindernis dafür dar, daß Christi Leib und Blut wahrhaft und wirklich im Abendmahl gegenwärtig sind; vielmehr festigen und bekräftigen sie dies[29].

Diese Struktur entspricht genau dem Argumentationsgang in der „Rhetorik". Die Erörterung der christologischen „fidei articuli" ergibt, daß sie einem wörtlichen Verständnis der Einsetzungsworte nicht widersprechen, vielmehr deren Wortlaut bekräftigen. Durch die christologische Diskussion will Brenz auch in den 60er Jahren sein Insistieren auf dem Literalsinn der Einsetzungsworte und damit auf der Realpräsenz gegen die reformierten christologischen Argumente hermeneutisch absichern. Die schriftgemäße Entfaltung der christologischen „articuli fidei" zielt auf die wörtliche Bewährung „des Sinnes, den der Wortlaut selbst wiedergibt"[30].

Es besteht hier eine partielle Übereinstimmung zwischen Brenz und dem Weimarer Konfutationsbuch. Auch in der Confutatio wird das Problem ῥητόν – διάνοια im Blick auf die Einsetzungsworte reflektiert[31]. Wohl schlägt das Konfutationsbuch andere Wege als Brenz ein, indem es eine Lösung im Nachweis der biblischen Eindeutigkeit und Glaubwürdigkeit der Einsetzungsworte sucht. Aber in der Widerlegung zwinglianischer Einwände wird, wie schon erwähnt, zwar nicht auf die Person Christi, aber auf die Rechte Gottes reflektiert. Das Ergebnis stimmt dabei beinahe wörtlich mit Brenz überein: Das Sein Christi zur Rechten Gottes ist kein Hindernis für die Realpräsenz: „modo nullo impedimento est praesentiae"[32]. Auf diese Formulierung nimmt Brenz offensichtlich Bezug.

1.3.3. Das Problem der Collatio Scripturae

Zugunsten der Christologie sind die drei anderen Kriterien der „Rhetorik" – Kontext, phrasis loquendi, collatio scripturae – zurückgetreten. Von einer exegetischen Debatte allein aus der Klarheit und Widerspruchslosigkeit der Einsetzungsworte verspricht sich Brenz angesichts der schweizerischen Argumentation keine Klärung mehr. Alles konzentriert sich auf die Funktion der Christologie.

In etwas andere Richtung scheint lediglich eine hermeneutische Grundbesinnung „de collatione scripturae" am Anfang der Recognitio zu weisen (R 7,26–10,18). Brenz geht hier von der einfachen Erfahrung aus vielen Streitfällen aus, daß die bloße Zitation von einzelnen Schriftworten keine Klarheit bringt; jede Position vermag sich auf einzelne, isolierte Worte zu berufen. Der Streit

---

unitum, impedit, quo minus humanitas Christi impleat omnia coelesti modo: ita multo minus impedit, quo minus corpus et sanguis Christi sint in sacramento ... praesentia" (P 50,1–8).

[29] „Quare tantum abest, ut visibilis ascensus Christi in coelum et sessio eius ad dextram Dei patris impedimento sint, quo minus corpus et sanguis eius sint vere et realiter praesentia in coena, ut id maxime omnium stabiliant et confirment" (P 70,14–17).

[30] „ea sententia, quam prae se fert litera ipsa, ... confirmatur" (S 176,35–178,3).

[31] Confutatio 21 a.

[32] S. o. S. 19 Anm. 28.; Brenz fast gleichlautende Formulierung s. o. Anm. 29.

geht denn auch hier nicht über die Worte selbst, sondern über den Sinn der Schrift, d. h. um die Bedeutung eines Wortes im Licht des gesamten Schriftzeugnisses (R 9,28–10,2). Auch im Abendmahlsstreit ist dieser Sinn einer Stelle zu erheben aus dem Vergleich anderer Schriftworte, „ex collatione aliorum scripturae locorum"[33]. Hier wird nun also doch auf dieses Kriterium rekurriert.

Mahlmann kritisiert diesen Gedanken: Brenz stelle in seinem Konzept von collatio scripturae einen systematischen Zusammenhang (nämlich den der Christologie) vor und über die Texte, ceren Deutung sich dann aus diesem systematischen Apriori, nicht aus der littera ergebe[34]. Dagegen spricht aber, daß Brenz – ganz parallel zur Argumentation in der „Rhetorik" – *ausgeht* vom Wortlaut der Einsetzungsworte: Die wahrhaftig Gläubigen dulden es nicht, von der einfachen Bedeutung dieser Worte abgebracht zu werden. Sie glauben an die Wahrhaftigkeit und Allmacht Christi, der bewirken kann, was er verheißt (R 9,6–9). – Dagegen aber steht der Einspruch der Zwinglianer unter Berufung auf Schriftworte wie Joh 6,63 und Joh 16,28. Hier setzt Brenz seine hermeneutische Kritik an: es gehe nicht um isolierte Schriftworte, sondern um deren rechtes Verständnis „ex collatione scripturae"[35]. Gegen den zusammenhanglosen Gebrauch von Schriftbeweisen stellt Brenz einen Umgang mit der Bibel, in dem einzelne Dicta sich gegenseitig erschließen und beleuchten[36]. Das meint collatio scripturae. Sie soll nicht unmittelbar auf die Einsetzungsworte selbst angewendet werden, sondern in erster Linie zum angemessenen Verständnis der anderen hinzugezogenen Schriftworte dienen.

Brenz behauptet damit keineswegs die Uneindeutigkeit der Einsetzungsworte, deren Sinn sich erst von außen ergebe. Er stellt vielmehr empirischen Widerspruch zu dieser Eindeutigkeit fest, mit dem er es methodisch aufnimmt. Er will den Wortlaut der Abendmahlsworte gerade sichern und nicht überfremden. Deshalb wehrt er seine biblizistische Bestreitung durch isolierte Schriftbelege ab. Die Einwände durch einzelne Worte müssen in ihrem schriftgemäßen Zusammenhang, dem Kontext des biblischen Christuszeugnisses erörtert werden. Collatio scripturae bedeutet deshalb zwar faktisch die Erörterung des systematisch christologischen Gesamtzusammenhanges der Schrift. Aber damit wird nicht das Verständnis der Einsetzungsworte durch ein systematisches Apriori determiniert, sondern ihr Wortlaut im Kontext des größeren Zusammenhanges bewährt und erschlossen. Insofern verbinden sich die christologischen „articuli fidei" und die collatio scripturae in ihrer hermeneutischen

---

[33] „Scripturae sententia ... non privato arbitrio excogitanda, sed ex collatione aliorum scripturae locorum cognoscenda est" (R 10 2–4) – BIDEMBACH beschreibt Brenz' Hermeneutik knapp: er hat „alle zeit Schrifft mit Schrifft erklärt" (BIDEMBACH, Leichpredig, 17a)

[34] MAHLMANN, Personeneinheit, 187f.

[35] Ganz deutlich wird dieser Ort der collatio scripturae in der analogen Passage R 218,5–11: Hier geht es gegen eine Lokalisierung des Infernum durch Bullinger (s. u. S. 244) unter biblizistischer Berufung auf Num 16,31–33 (R 217,7–219,4).

[36] „In expositione autem sacrae scripturae non solum expendendum est, quid per se sit verum, sed etiam, quid ei dicto, quod interpretandum suscepisti, conveniat, et quam sententiam circumstantiae in manus tradant" (M 314,6–9).

Funktion für die Abendmahlsworte: Sie weisen deren Bestreitung ab und bestätigen ihre Wahrheit.

1.3.4. *Potestas und Voluntas*

Brenz vergewissert sich der litera der Einsetzungsworte durch die terminologi-
sche Unterscheidung von Wille und Macht Gottes, voluntas und potestas. Er legt
dar: Die Norddeutschen haben „recht und geschicktlich" die Gewißheit und
Eindeutigkeit der Einsetzungsworte eingeschärft (May 201,18 f.). Damit haben
sie den Willen Christi klar dargelegt. Brenz aber geht weiter: Sie haben die
eigentliche Angriffsspitze der reformierten Polemik verfehlt: Denn die bestreitet
nicht primär den *Willen* Christi, sondern seine *potestas*, real im Mahl gegenwärtig
zu sein. Weil er aber die *Macht* dazu nicht habe, könne es auch nicht sein *Wille* sein,
im Abendmahl präsent zu sein. Erst die Fehleinschätzung der Macht Christi führt
zur Bestreitung des Literalsinns der Einsetzungsworte (M 200,9–12). Die Christologie, in diesem Fall zugespitzt die Frage nach der Macht Christi hat auch hier
regulativ-hermeneutische Funktion für das Verständnis der Abendmahlsworte.

Aus diesem Grund will Brenz im Unterschied zu den Norddeutschen, insbesondere zu Chemnitz[37], bei der Macht Christi ansetzen, allerdings in antispekula-
tiver Begrenzung dieser Thematik auf das unmittelbar sachlich Gebotene: „Nachdem unsere Kollegen den *Willen* Christi erklärt haben, wollte ich seine *Macht* – ich
sage nicht: erklären, aber irgendwie mit Worten beschreiben, soweit es zu der
gegenwärtigen Sache zu gehören scheint" (M 200,13–19). Für Brenz ist die
voluntas Christi gemäß dem Literalsinn der verba institutionis zu verteidigen
durch den materialen Erweis seiner potestas. Die potestas aber steht nicht zuerst
allgemein in Frage, sondern konkret – „quod ad res pertinet" – in dem Argument:
„Nach dem Christus gen himell gefahren unnd daselbsten zur Gerechten Gottes
also gesetzt sein solle, daß er *nicht konde* auff erden im heiligen Nachtmal
gegenwertig sein". Gegen dieses Argument gilt es, „nicht allein das velle, ...
sonder auch das posse" zu erörtern, soll doch von den Reformierten „durch das
non posse das velle umbgestossen werden". Die christologische Reflexion auf das
Vermögen Christi zielt auf das im Wort erklärte velle und damit auf die „...erhal-
tung vilgedachts einfeltigen verstandts der wort Christi"[38].

---

[37] Brenz setzt sich methodisch von *Chemnitz* ab, der in seiner Repetitio formuliert hatte: „Non
autem separamus potentiam Dei a voluntate ipsius. Sed quia Christus voluntatem suam de
praesentia corporis et sanguinis sui disertis et manifestis verbis patefecit ..., cum illa revelata
voluntate coniungimus potentiam eius et ... statuimus, quod promisit, potens est facere"
(Chemnitz, Repetitio, 227). Chemnitz lehnt eine Reflexion auf die Majestät und Allgegenwart
Christi (die nach Brenz seine potestas zur Abendmahlspräsenz erweisen) über das von den
Einsetzungsworten Zugesagte hinaus ab: „Non subiiciamus corpus Christi nostris argumenta-
tionibus, vel de ubiquitate, vel de localitate, sed sentiamus, credamus et loquamur de eo, sicut
dixit" (Repetitio 228). Indem Brenz die Terminologie von potestas und voluntas aufnimmt, das
Problem aber anders zu lösen sucht, bezieht er sich ebenso kritisch auf Chemnitz, wie dieser sich
von ihm abgesetzt hatte (vgl. MAHLMANN, Personeinheit, 187, sowie zu Chemnitz' Position
ders., Dogma, 207 ff.).

[38] Brenz/Andreae, Kurtzer einfeltiger Bericht, 50, ähnl. 48.

1.4. Die christologische Begründung der Realpräsenz und ihre Bedeutung für den Modus der Präsenz Christi

1.4.1. Die Akkommodation der Christologie aufs Abendmahl

Brenz führt einen zweiten Gedankengang aus, in dem die Christologie unmittelbar, ohne Vermittlung der Einsetzungsworte auf die Realpräsenz bezogen wird. Die christologische Reflexion führt zu dem Ergebnis: „Wenn Gott und Mensch in Christus eine Person sind und Christus zur Rechten Gottes sitzt, folgt notwendig, daß, wo immer Gott ist, dort auch jener Mensch ist, der in die Einheit der Person aufgenommen wurde"[39]. Die zwei christologischen Argumentationsgänge Brenzens, der über die Rechte Gottes und der über die Person Christi, führen übereinstimmend zu dem Ergebnis: Wo die göttliche Natur Christi ist, da ist notwendig auch die menschliche. Sowohl von der Rechten Gottes wie von der Gottheit aber gilt: sie sind überall. Dies auszusprechen aber heißt im Blick auf das Abendmahl unausweichlich, auch die Präsenz der menschlichen Natur Christi in Brot und Wein ausgesagt zu haben[40]. „Angewendet"[41] aufs Abendmahl führt die Einsicht in die Teilhabe der menschlichen Natur Christi an der göttlichen Majestät zum Erweis der Gegenwart dieser Natur auch in Brot und Wein.[42]

Formal gesehen handelt es sich hier um einen syllogistischen Beweisgang. Die propositio maior lautet: (A) Die Gottheit Christi (a) bzw. die Rechte Gottes (b) sind überall. Die propositio minor (B): Die menschliche Natur ist, wo (a) die göttlichen Natur ist bzw. wo (b) die Rechte Gottes ist. Die conclusio (C) lautet: Die menschliche Natur Christi ist überall, ergo[43] auch in Brot und Wein.

Dieser Beweisgang steht aber nicht isoliert, so daß das Abendmahl ausschließlich Gegenstand rationaler Deduktion würde. Brenz will vielmehr eine Denknotwendigkeit *innerhalb* des biblischen Zeugniszusammenhanges aufweisen. Er kann deshalb sein Vorgehen als „probare" – beweisen – (S 182,10) bezeichnen, ebenso aber auch als „testare"[44] – bezeugen. Es geht ihm um das Zeugnis, das der christologisch-biblische Zusammenhang in Akkommodation auf das Abendmahl mit innerer Notwendigkeit gibt. (Zum weiteren Nachweis s. u. S. 131 f.)

Brenz' Interesse an diesem Beweisgang ist offenkundig: er will das alte refor-

---

[39] „cum Deus & homo sint in Christo una persona, & Christus sedeat ad dexteream Dei, necessario sequitur, quod ubicurque sit Deus, ibi etiam sit homo ille, qui in unitatem personae a Deo assumptus est" (Brenz, Apologie, 511).

[40] „Negari autem non potest, quin Deus vere sit, non in Coenae tantum actione, verum etiam in pane & vino Coenae, Deus enim omnia implet. Sequitur ergo, quod & homo Christus, hoc est, corpus & sanguis Christi, sint in pane & vino Coenae" (Brenz, Apologie, 511).

[41] „Haec nunc accommodanda sunt . . . ad Coenam Domini" (Brenz, Apologie, 511).

[42] In dieser Perspektive gilt die Abendmahlsgegenwart als ein Sonderfall („praecipue") der Allgegenwart Christi (P 66,7–9; S 178,21 f.).

[43] Dieses „ergo" signalisiert, daß der Beweisgang streng logisch aus mehreren Syllogismen besteht.

[44] Brenz/Andreae, Apologia ad Electorem Augustum 66.

mierte Argument („veterem illorum cantilenam"[45]), der Leib Christi könne nur an einem Ort sein, widerlegen und in sein Gegenteil umkehren. Das rechte Verständnis des Leibes Christi schließt sein Dasein im Mahl nicht aus, sondern zwingend ein. – Hier besteht freilich ein Problem: Wenn richtiges christologisches Denken allein die Realpräsenz beweist, wird dann der hermeneutische Bezug auf die Einsetzungsworte nicht nachträglich entwertet? Wie verhalten sich beide Begründungszusammenhänge zueinander?

1.4.2. *Die fundamentale Unterscheidung von praesentia und dispensatio*

Auch Brenz sieht die Problematik, die in dem gegen die Schweizer gewendeten Argument liegt: Die Einsetzungsworte stehen in der Gefahr, bedeutungslos zu werden. Mehr noch: Wenn die Gegenwart Christi im Mahl sich notwendig aus christologischen Prämissen ergibt, kann diese Präsenz nicht auf die Abendmahlselemente beschränkt werden; sie gilt notwendig in allen Kreaturen, „im Holz, im Stein, in der Luft, im Meer"[46]. Ist damit aber nicht dem stiftungsgemäßen Abendmahl sein Spezifikum genommen? So läßt Brenz einen fiktiven Gegner einwenden: „Wozu ist es nötig, daß ich den Leib und das Blut Christi in dem von ihm eingesetzten Abendmahl empfange, wenn ich doch zu Hause Brot und Wein habe, in denen der Leib und das Blut Christi gegenwärtig sind?" (P 70,23–26) Der Einsetzungsworte bedürfte es dann nicht mehr. Die verdichtete sakramentale Gegenwart des Heils wäre in eine allgemeine Weltpräsenz Christi umgeschlagen; das Argument, das das Abendmahl retten sollte, hätte es endgültig entwertet.

Brenz kann diesen Einwand nicht einfach wegschieben. In der Tat läßt seine christologische Argumentation keine Möglichkeit, an der prinzipiellen Gegenwart Christi in *allem*, auch in *allem* Brot und *allem* Wein zu zweifeln. „Christus ist in seiner Majestät mit seinem Leib und Blut gewiß auch in deinem häuslichen Brot und Wein". Damit aber sind für Brenz die Einsetzungsworte Jesu keineswegs bedeutungslos. Deshalb setzt er das Zitat fort: „dennoch ist dem Wort Christi zu folgen, damit du sie wirksam empfängst"[47]. Der Schwabe nimmt also Luthers fundamentale Unterscheidung auf, nach der „ein anders ist, wenn Gott da ist, und wenn er dir da ist"[48]. Nur im Abendmahl, in dem die Einsetzungsworte öffentlich gesprochen werden, wird der (all)gegenwärtige Leib Christi auch heilsam empfangen bzw. ausgeteilt. Nur durch die Worte Christi wird die Gegenwart Christi auch dem Menschen erschlossen. Das Spezifikum des Abendmahls liegt also *nicht* in der *Gegenwart* von Leib und Blut Christi, sondern

---

[45] Pressel 432.

[46] „non erunt tantum in pane et vino, sed etiam in ligno, in lapide, in aere, in mari" (Apologie, 511).

[47] „Etsi Christus sua maiestate una cum corpore et sanguine suo a tuo domestico pane et vino minime absit, tamen ut sumas ea efficaciter, verbum Christi sequendum est" (P 70,28–30).

[48] WA 23,151,13 f., von Brenz zitiert P 92,33 f.; vgl. WA 23,149,31 ff., bei Brenz P 92,15 ff.; WA 19,492,19 ff., bei Brenz P 82,24 ff.

im heilbringendem *Modus* dieser Präsenz. – Beiden Momenten, der universalen Gegenwart und der heilbringenden Zueignung, mißt Brenz je eigenes Gewicht bei.

1.4.2.1. Die praesentia Christi

Es steht fest: Mit der Allgegenwart ist auch die Präsenz in Brot und Wein ausgesagt. Wie aber kommt es zu dieser Realpräsenz? Brenz antwortet negativ: Aus der Allgegenwart des Leibes Christi folgt, daß durch die Einsetzungsworte keine Bewegung des abwesenden Leibes Christi „vom Himmel herab" ausgelöst wird[49]. Vielmehr ist der Leib Christi, und das ist der Gewinn der Reflexion auf die Allgegenwart Christi, immer schon , zuvor gegenwärtig"[50].

Diese Einsicht impliziert die Abkehr von abweichenden Auffassungen. Neben der reformierten Fixierung des Leibes Christi im Himmel, von der sich Brenz distanziert, richtet er sich gegen die altgläubige Position. Es ist kein Zufall, daß er die christologische Begründung zuerst in der antirömischen Apologie auf den Begriff bringt und sogleich polemisch wendet: „Die Priesterlichen und ihre Mönchlein träumen, daß Christus mit seinem Leib und Blut im äußeren Himmel wohnt, aber, wenn sie jene Worte sprechen, die sie ‚Konsekrationsworte' nennen, begännen bald Leib und Blut Christi, die zuvor im Himmel waren und bis jetzt dort bleiben, von neuem unter der Hostie zu sein"[51]. Gegen ein solches Verständnis wehrt Brenz sich scharf: „Das ist Magie"[52]! Keinesfalls löst das Wort einen mythologischen Bewegungsvorgang („detrahere" [R 133,30]) aus dem Himmel aus, der Brenz an heidnisches Hervorlocken der Götter erinnert[53].

Die antirömische Argumentation schärft Brenz zugleich den Blick für die innerlutherische Auseinandersetzung, v. a. mit den Wittenbergern: „ich spreche hier von unseren Leuten" (R 133,17–19). Wo man sich der Einsicht in die Denknotwendigkeit der Gegenwart Christi auch in Brot und Wein verweigert, fürchtet Brenz die Pervertierung des an sich sachgemäßen Vertrauens auf die Macht der Einsetzungsworte: „ich sehe nicht, wie sie der magischen Konsekration der Papisten entfliehen können"[54]. Wo man die vorgängige („priusquam" [R 133,21]) Gegenwart Christi leugnet, muß man annehmen, daß man „durch Kraft seines sprechens über das Brod und Wein den zuvor abwesenden Leib und Blut

---

[49] „Verba ... non evocant de coelo corpus et sanguinem Christi & collocant ea nunc primum in pane & vino" (Apologie, 512).

[50] Brenz/Andreae, Apologia des Electorem Augustum, 65.

[51] „Pontificii & Fraterculi eorum somniant Christum cum corpore et sanguine suo habitare in externo illo & visibili coelo, sed cum recitant verba illa, quae vocant ‚Consecrationis' ... mox corpus & sanguis Christi, quae antea in coelo fuerant & adhuc ibi manent, incipiant ... de novo esse ... sub hostia" (Apologie, 512). A Soto, auf den Brenz hier antwortet, führt diesen Gedanken explizit aus (gedruckt Brenz, Opera VIII, 86–94). Zur Sache vgl. SEEBERG III, 521–527.

[52] „Haec est magia" (M 472,11.); Ebenso Apologie 513; R 133,15f.

[53] „... ut quondam Iupiter conceptis verbis e coelis eliciebatur" (R 133,30–134,1).

[54] „non video, quomodo effugere queant Magicam Papistarum consecrationem" (R 133,21–23).

Christi vom Himmel herab bringe"[55], drohen also mythische und magische Relikte.

Dies hält Brenz den Wittenbergern vor, die meinen, daß die Christologie „dem rechten Verstand des Abendmals nichts gebe, nichts nehme". Brenz revoziert keineswegs seine Aussage über die Gültigkeit der Einsetzungsworte; so könnte es ja scheinen, zumal sich die Wittenberger Position als unanfechtbarer Schriftglaube ausgab. Brenz will vielmehr die Einsetzungsworte vor verfälschender Interpretation bewahren: Wer ohne „Rückendeckung" der Christologie die Einsetzungsworte isoliert heranzieht, muß „entweder ein bâbstischer Zauberer" oder „ein Zwinglianer und Calvinianer" werden[56]. Brenz wehrt einem Sakramentalismus, der die Eucharistie abschotten will gegenüber der Frage nach dem, der in ihr gegenwärtig ist. Er wehrt damit zugleich einem Biblizismus, der die Einsetzungsworte als rituelle Sätze gegenüber dem Kontext des Schriftzeugnisses isoliert. Dabei plädiert er *nicht* für ein Wissen um das Wie und Warum der Realpräsenz, wird also nicht selber ‚scholastisch'. Der Modus seiner Aussage ist ausschließlich negativ; er stellt einen motus localis in Abrede. Die Gegenwart Christi bleibt indessen ein Geheimnis: „Wie die Menschheit Christi alles auf eine himmlische Weise erfüllt, so sind auch Christi Leib und Blut im Sakrament auf eine himmlische und menschlicher Vernunft unbegreifliche Weise gegenwärtig" (P 50,1–8).

Die Christologie wird also zum Schibboleth in der Abendmahlsfrage. Sie wird es auch aus einem weiteren Grunde: Das bloße Bekenntnis zur Gegenwart Christi im Abendmahl ist nicht ausreichend, es kann sogar die wahren Gegensätze verschleiern. Vieles, so beobachtet Brenz, was lutherische Abendmahlslehre zu sein vorgibt, ist in Wahrheit weit davon entfernt. Diese Vorwürfe richten sich zunächst an die Schweizer, die „biß anher hinder dem busch gehalten und irer falschen meinung ein feins ferblin angestrichen"[57], sie sind aber gewiß auch auf die Wittenberger gemünzt. Wenn die Abendmahlsworte angemessen verstanden werden sollen, „so muß gewißlich vorhin bedacht und erkand sein, *wer die Person sey*, so solches gestifftet und geredet habe"[58]. Nur wer diese Frage angemessen beantwortet, kann auch ehrlich und sachgemäß die Realpräsenz lehren. Deshalb wird die Christologie im Blick auf die Abendmahlslehre zum Kriterium der Wahrheit.

---

[55] Brenz/Andreae, Apologia ad Electorem Augustum, 65.

[56] Brenz/Andreae, Apologia ad Electorem Augustum, 64f.; derselbe Gedanke wird den Heidelbergern entgegengehalten (Grûndtlicher Bericht F4a/b).

[57] May 203,2f.; vgl. die ganze Passage M 204,1–206,7: Erst die Christologie deckt die wahre Auffassung der Schweizer vom Abendmahl auf. – Den preußischen Herzog warnt Brenz: „solche Leute kônnen noch wohl den wahren Leib Christi hinauf in den erdichteten Himmel, Empyreum genannt, raumlicher Weise so setzen u. fûrgeben, das Brod im Nachtmal sei kein blos Zeichen ... u. bedeute wahrhaftig den Leib Christi", ja sie können „sich declariren, daß sie den wahren natûrlichen Leib, reale et substantiale corpus Christi, im Abendmahl empfahen" (Hartmann/Jäger II,541). – In der Apologia ad Electorem Augustum warnt Brenz eindringlich vor den „glimpfigen Worten" v. a. Calvins (63).

[58] Brenz/Andreae, Apologia ad Electorem Augustum, 64.

Der Befund des vorigen Abschnitts über die hermeneutische Funktion der Christologie für das Abendmahl präzisiert sich. Brenz will die Abendmahlsworte in ihrem eigenen Sinn ins Recht setzen. Ohne den Horizont der Christologie aber ist nach ihm eine falsche Interpretation der Schriftworte geradezu notwendig. Gegen die Verfälschung dieses Sinnes, bei den Reformierten wie bei den Altgläubigen, setzt er die christologische Bestätigung der Gegenwart Christi als Antwort auf die Frage, „wer die Person sey, so solches ... geredet habe". Sie bildet den *Kontext für sachgemäßes Verstehen der Einsetzungsworte*.

1.4.2.2. Die dispensatio Christi

Die eigentliche *Funktion der Einsetzungsworte* ist mit den letzten Ausführungen noch nicht beschrieben: Die verba testamenti bestimmen die Gegenwart Christi allererst als *Heilsgegenwart*. Sie sagen nicht dasselbe wie die christologische Begründung („Realpräsenz") noch einmal. Sie leiten auch nichts aus dem so Erwiesenen ab. Sie sagen etwas vollkommen Neues aus. Sie bestimmen die Gegenwart Christi als erschlossene, auf den empfangenden Menschen hin geöffnete.

Daß Brenz auf ein neues, vertieftes Verständnis der Einsetzungsworte zielt, wird bereits am äußeren Duktus der Argumentation in den Spätschriften deutlich: Der Erweis der Realpräsenz an sich nimmt in ihnen schon quantitativ nicht die erste Stelle ein. Der knapp formulierte Beweis der Realpräsenz, wie er im Gespräch mit a Lasko und in der Apologie begegnet, kommt noch einmal S 180,27–30 vor, aber schon hier unmittelbar gefolgt von einer längeren Passage, über den durch das Wort bestimmten Modus dieser Gegenwart (S 182,1–12). In De maiestate trägt dann die ganze Passage über das Abendmahl die Überschrift „de dispensatione corporis et sanguinis Christi in coena" (M 470–486, bes. 472,8–24). Auch in der Recognitio wird der christologische Beweis sogleich ergänzt durch die soteriologische Bestimmung der Präsenz Christi (R 134,10–21).

Der dispensatorische Modus der Präsenz Christi ist exklusiv gebunden an die Einsetzungworte. Das impliziert die Beschränkung *dieser* Gegenwart auf Brot und Wein – denn für Holz und Stein gelten die Einsetzungsworte nicht – und auf die *Feier* des Mahles in der Gemeinde (P 70,28–35; M 482,19ff.).

Was *aber* besagt die dispensatorische Qualifikation der sakramentalen Präsenz Christi? Brenz formuliert: „Während Leib und Blut Christi vorher aufgrund der persönlichen Einheit der beiden Naturen in Christus und aufgrund des Sitzens zur Rechten Gottes gegenwärtig *sind, werden* sie jetzt auch bestimmt *gegenwärtig*"[59]. Zweierlei ist hier von Bedeutung: (1) Zum einen redet Brenz von *werden, „fieri"*. Durch die Einsetzungsworte tritt ein Geschehen ein. Während die universale Weltgegenwart Christi an sich ontologischen Charakter hat („praesentia

---

[59] „cum haec [sc.: corpus et sanguis Christi] *antea* ex personali unione duarum naturarum in Christo et ex sessione eius ad dextram Dei ... praesentia *sint*, nunc *fiant* etiam *praesentia definitive*" (P 72,2–5).

sint"), kommt dem Abendmahl durch das Wort ein personal-dynamischer Charakter zu, *geschieht* hier sich zueignende Gegenwart Christi („praesentia *fieri*"). (2) Hier wird *zweitens* durch das Wort Christi seine Gegenwart im Mahl *eindeutig bestimmt* als für den Menschen heilsam geöffnet, werden sein Leib und Blut buchstäblich „definiert" als „dispensative seu distributive"[60]. Vielleicht spielt Brenz mit der Formulierung „fiant ... praesentia *definitive*" auf den scholastischen Terminus des „esse definitive" an; er würde ihn dann aber völlig umprägen (s. u. S. 250 mit A. 96).

Es liegt hier eine Entscheidung zugrunde, die sich bereits beim jungen Brenz findet. Er unterscheidet weniger als Luther zwischen zwei Arten des Wortes Gottes als vielmehr zwischen zwei Weisen der *Gegenwart* Gottes: Der omnipräsenten Weltgegenwart und der durch das Wort gewährten Heilsgegenwart. „Was macht dem Glauben Gott gegenwärtig", fragt Brenz im Syngramma, „wenn nicht das Wort?" Denn „wer das Wort hat, empfängt, glaubt, der hat, empfängt, glaubt Gott": „Im Wort zeigt er sich als gegenwärtig". Diese Heilsgegenwart gilt aber nicht isoliert, sondern sie ist ein Besonderes gegenüber einem Allgemeinen: „Wir sprechen jetzt nicht von der Gegenwart, durch die Gott alles erfüllt, sondern von der, durch die er bei den Frommen ist"[61]. (Zu diesem Komplex s. ausführlicher S. 280 ff.).

Mutatis mutandis findet sich dieselbe Unterscheidung beim späten Brenz wieder: „Leib und Blut Christi sind auf eine völlig andere Weise im Brot und Wein des Herrenmahls als in anderen Kreaturen". Was der junge Brenz von Gott sagte, gilt nun von Christus. Er, der im Modus universaler Weltgegenwart präsent ist, begegnet im Abendmahl in einer Gegenwart, die, wie im Syngramma, bestimmt ist durch das Wort[62] und zielt auf das Heil der Empfangenden. Nur so verschenkt der Herr im Abendmahl sich selbst, vergewissert die Gläubigen der Gemeinschaft mit ihm, der Vergebung der Sünden, der Befreiung von Übel und der ewigen Seligkeit[63].

---

[60] Brenz, Apologie, 512; „Definit enim Christus verbo suo, ubi velit corpus et sanguinem suum, ut sumantur, dispensare" (P 72,5–7).

[61] „Quis autem fidei Deum praesentem facit (non enim de ea nunc praesentia loquimur, qua Deus omnia implet, sed qua piis adest) nisi verbum? Nam ut verbo manifestatur, ita verbo praesens exhibetur. ... qui verbum habet, adcipit, credit, Deum habet, adcipit, credit" (Brenz, Syngramma, 259,1–6).

[62] „corpus et sanguis Christi longe alio modo sint in pane & vino Coenae Dominicae, quam in aliis creaturis. ... tantum panis & vinum in Coena Dominica habent hoc verbum Christi" (Brenz, Apologie, 512).

[63] „Christus dispensat in coena corpus et sanguinem suum maxime omnium propter hanc causam, ut certificet nos, quos simus membra corporis sui et consanguinei eius ac fiamus participes omnium coelestium beneficiorum, quae corpore et sanguine, hoc est passione et morte sua impetravit; videlicet favoris Dei coelestis patris, remissionis peccatorum, adoptionis in filios Dei, coelestis hereditatis ac breviter liberationis ab omnibus malis et sempiternae felicitatis" (S 182,21–28).

1.5. *Zusammenfassende Überlegungen: Christologie und Einsetzungsworte*

Es haben sich drei Gesichtspunkte ergeben, nach denen Brenz Abendmahlslehre und Christologie aufeinander bezieht. (1) *Einmal* ist die Christologie der
hermeneutische Schlüssel, der eine wörtliche Interpretation der Einsetzungsworte im Sinne der Realpräsenz gegen die Schweizer Einwände ins Recht setzt.
Es wird christologisch die *potestas* aufgezeigt, in deren Horizont die biblisch
erklärte *voluntas* Christi zur Gegenwart im Mahl steht.

(2) *Daneben* weist die Akkommodation der Christologie die *Wirklichkeit* der
Präsenz Christi aus und „begründet" die Realpräsenz. Brenz geht entschlossen
einen anderen Weg als die norddeutschen Theologen von Melanchthon bis
Flacius[64]: Er beläßt es nicht bei dem isolierten Rückzug auf die Einsetzungsworte, sondern stellt ihnen die Christologie an die Seite. Nur so kann gegenüber den
Schweizern und ihren verkappten Anhängern die tropische Deutung der eindeutigen litera der verba abgewehrt werden, nur so sind altgläubige Fehldeutungen
auszuschließen.

(3) In der inhaltlichen Konsequenz schließlich – und hier liegt das eigentlich
Produktive des Gedankens – besagt dies: Nur so, durch den Rekurs auf die
Christologie wird im Kontrast deutlich, was im Abendmahl eigentlich geschieht: Die besondere Zueignung des schon immer gegenwärtigen Christus,
die exklusiv durch das Wort geschieht. Dies ist die Spitze der Verbindung von
Christologie und Abendmahl bei Brenz. Sie eröffnet ein neues, soteriologisch-
personales Verständnis dessen, was im Abendmahl geschieht, das über eine
bloße „Realpräsenz" weit hinausgeht.

Die Christologie hat damit eine erhebliche Aufwertung erfahren. War sie
ursprünglich nur um der Schweizer Vorlage willen auf die Tagesordnung gekommen, erwies sie sich aus inneren sachlichen Gründen als unverzichtbar. Ihr
kommt nicht bloß polemische, sondern systematische Notwendigkeit für die
Abendmahlsfrage zu.

Wie aber ist das oben schon erwähnte Verhältnis der beiden „Begründungen"
der Realpräsenz zueinander zu sehen? Sie ergänzen und verschränken sich:
„Durch die persönliche Einheit der beiden Naturen in Christus *und* aus dem
Wort Christi steht fest, daß sein Leib und Blut wahrhaft und substantiell im
Abendmahl gegenwärtig sind und ausgeteilt werden"[65]. In beiden Momenten

---

[64] *Flacius* hat noch 1567 die Frage „de unione duarum naturarum in Christo et de ubiquitate"
schlichtweg als „non admodum necessaria" abgetan (M. Flacius, Refutatio sophismatum et
elusionum..., o. O. 1567, D7a/b) und sich auch bei einem Gespräch mit Brenz, Andreae und
Bidembach im Winter 1567/68 ihr gegenüber völlig indifferent verhalten (vgl. ein Schreiben
Bidembachs an J. Marbach, 27. 1. 1568, FECHT 263). Nach PREGER hat sich Flacius allerdings in
einer Abendmahlsschrift von 1574 der Brenzschen Christologie doch noch angeschlossen
(PREGER II, 270 A. ★).

[65] „cum ex personali unione duarum naturarum in Christo *et* ex verbo Christi constet,
corpus et sanguinem eius vere ac substantialiter in coena adesse et distribui ..." (P 72,19–21).

liegt für Brenz die Realpräsenz begründet. „Begründung" darf hier nicht im
Sinne des Leibniz'schen zureichenden Grundes verstanden werden[66]. Beide
Begründungen sind für Brenz biblisch vergewisserte Zeugnisse, die sich gegen-
seitig keineswegs ausschließen oder verdrängen[67].

Der denkbare Schluß: Die Realpräsenz ist qua Christologie hinreichend begründet, ergo bedarf es der Einsetzungsworte nicht mehr, liegt Brenz' Denken
fern. Am Ende der größten christologischen Schrift (De maiestate), in der er die
Allgegenwart von Leib und Blut Christi klar *erweist*, formuliert Brenz: „Und
was bedarff es viler wort? Dise wort Christi im nachtmal: ‚Nemen hin und
essend, nemen hin und trinckend' beweisen vil klårerer und offentlicher dann
alle andere argumenta, das in denselbigen nicht allein brot, nicht allein wein,
sonder auch der leib und blut Christi (und derselb nicht abwesend, sonder
warhafftig gegenwürtig) außgetheilt werden"[68]. Hier wird kein Wort der Christologie revoziert. Aber es wird doch eine überraschende, die eigene Argumentation beleuchtende Zuordnung der Gewichte vorgenommen: Die Gewißheit
der wahren Gegenwart verdankt sich stärker den Einsetzungsworten als irgend-
welchen anderen Argumenten, d. h. der Christologie. Freilich: Diese Worte
bewirken die Realpräsenz nicht etwa mechanisch kausativ, sondern „demonstrant". Sie „zeigen" die Gegenwart dessen, von dem die Christologie nach
biblischem Zeugnis aussagt: er ist überall gegenwärtig. Das Argument zielt aber
nicht allein auf das „vere praesens", sondern auf das „fiat dispensatio". Abendmahlsworte und Christologie stehen in einem Verweis- und Zeugniszusam-
menhang hin auf das Spezifikum des Abendmahles, die gnadenvolle leibhaftige
Zueignung des gegenwärtigen Christus.

---

[66] Vgl. BAUR, Subjektivität und Christologie, 192.

[67] Dies ist das Mißverständnis MAHLMANNS (Personeinheit, 189), der in seiner Analyse die
Christologie nicht nur als „Möglichkeitsvoraussetzung" versteht, sondern so, daß von der
christologischen potestas auf die voluntas geschlossen und die Realpräsenz isoliert durch eine
die Einsetzungsworte dominierende christologische collatio scripturae (s. o. S. 122f.) begründet
werde. Genau dieses konstruktivistische Denken verfehlt Brenz' Intention. Beide „Begründungen" erschließen und erhellen sich für ihn gegenseitig. Auf die voluntas Christi wird nicht von
einem logischen a priori geschlossen, schon deshalb nicht, weil sie als solche nicht zur Disposi-
tion steht, sondern in den verba testamenti klar bezeugt ist. Sie bedarf aber der Ergänzung und
des Horizontes der Christologie, wie sie umgekehrt nur in diesem ihr Proprium zu sagen
vermag.

[68] May 481,5–10. – „Quid pluribus opus? Verba ipsa Christi in coena: Accipe, edite, bibite,
multo clarius et manifestius quam ulla alia argumenta demonstrant, quod in ea fiat dispensatio
non panis et vini tantum, verum etiam corporis et sanguinis Christi, idque non absentium, sed
vere praesentium" (M 480,4–8).

2. Prolegomena der Christologie

2.1. Zur Bestimmung von Brenz' Thematik
II: Die Emanzipation der Christologie

In Brenz' Schriften gewinnt die christologische Thematik auch unabhängig vom Bezugsrahmen des Abendmahls Gewicht[1]. Nicht nur um des Abendmahls willen müssen die christologischen Irrtümer richtiggestellt werden, sondern auch um ihrer selbst willen[2] Abgesehen von der Abendmahlsfrage stehen in der Christologie Elemente der Grundsubstanz christlichen Glaubens in Frage, die selbst *notwendig* (R 199,1 u. 3.) der Klärung bedürfen. Auch deshalb können die reformierten Argumente nicht unwidersprochen bleiben. Ebenso bedarf es der Klarstellung, wo dieser lutherische Widerspruch von reformierter Seite wiederum polemisch mißdeutet wird, v. a. in der Unterstellung einer Ubiquität Christi „nach krasser Weise" oder eines „neuen Dogmas"[3].

So kommt es zu einer Verlagerung des Themas. Die Abendmahlsfrage behält wohl ihre Bedeutung, aber die Christologie gewinnt Priorität: „Was, ‚eine Amphore beginnt geformt zu werden', wie man zu sagen pflegt, ‚warum kommt ein Krug dabei heraus?' Bisher war die Rede vom Mahl des Herrn und von der wahren Gegenwart des Leibes und Blutes Christi. Nun wird die Majestät Christi erörtert"[4]. Vom Streit um das Abendmahl haben sich „die Dinge, die zu diesem Streit gehören" (S 112,17 f.) thematisch emanzipiert[5]. Die Christologie ist endgültig zu einem Thema sui generis geworden.

---

[1] Diese Tendenz zur Emanzipation der Christologie setzt voll ab der Sententia ein, der ersten explizit antireformierten Schrift. Schon im Stuttgarter Bekenntnis, in dem es in erster Linie ums Abendmahl geht, kommt auch ein christologischer Topos zu stehen, und zwar jedenfalls auch um seiner selbst willen: „Wie nun im heiligen Nachtmahl wir ... des Leibs und Bluts Christi Gegenwärtigkeit halten und glauben, ... also erklären wir auch die Himmelfahrt Christi ..." (336). Auch in dem württembergischen Votum gegen Melanchthons Kolosserkommentar wird die Frage nach der Person Christi als eigenes Thema angesprochen (PRESSEL 462).

[2] B 181,8f. Vgl. auch P 12,18–20; R 2,24–26; R 199,1–4.

[3] „crasso modo" (P 4,4–11; S 114,16–25) – „novum Dogma" P 4,27; S 174,24–176,13; M 362,29; R 36,20; 101,10.

[4] „Quid, ‚Amphora coepit', ut dici solet, ‚institui, [currente rota] cur urceus exit?' [Horaz, De arte poetica, 21 f., Opera, ed. BORZSÁK, S., BSGRT, Leipzig 1984, 293] Hactenus de coena Domini, & de vera corporis et sanguinis Christi praesentia, sermo fuit: Nunc de maiestate Christi disseritur" (R 1,25–28).

[5] „Non est autem sentiendum, quod his temporibus controversia de coena Domini in hoc praecipue constituatur, utrum corpus et sanguis Christi vere sint praesentia et dispensentur in coena. Etsi enim initio hoc fuit controversiae caput, tamen Cinglianorum intemperie factum est, ut nunc aliud κρινόμενον sit propositum. Itaque non hoc tantum quaeritur, utrum corpus et sanguis Christi sint in coena eius vere praesentia, sed illud etiam quaeritur, utrum Deus sit vere omnipotens et utrum Christus non sit tantum verus homo, sed etiam verus Deus. Vera omnipotentia Dei, vera divinitas et maiestas Christi (quod quidem est in Cinglianis) periclitantur" (M 206,26–208,3).

Die Konsequenz dieses Prozesses zeigt sehr deutlich eine Äußerung von Brenzens Schüler Andreae. Er schreibt 1576, im Vorfeld der Konkordienformel, an den pfälzischen Churfürsten Ludwig VI., „daß der artickel von der Person Christi der Hauptartikel ist, darauf all unser Seel Seligkeit gesetzt, und da die Kalvinianer gleich vom heil. Abendmahl durchaus mit uns einig [wären], aber diesen Irrthum allein streiten und behalten wollten, man nimmermehr und in alle Ewigkeit keine Vergleichung noch Einigkeit mit ihnen haben könnte"[6].

Das wachsende Eigeninteresse Brenz' an der Christologie versteht und teilt Vermigli nicht. Er sieht sie bei Brenz als ein ausuferndes Hilfsargument im Abendmahlsstreit. Brenz formuliere seine christologischen Sätze nicht „per se", um ihrer selbst willen, sondern zur Absicherung seiner krassen realkörperlichen Abendmahlslehre, „damit sie ihre Erfindungen irgendwie stabilisieren". Wurden für Vermigli bereits in der Abendmahlslehre durch Brenz „die Grenzen des rechten Glaubens" überschritten, so hält er das christologische Hilfsargument für schlimmer als das, was es untermauern soll[7].

2.2. Die systematische Gliederung der christologischen Thematik

Unter den Argumenten der Schweizer gegen die Realpräsenz (s. o. S. 116) rückt Brenz dasjenige an die erste Stelle, das auf die begrenzte Konstitution des menschlichen Leibes Christi abhebt[8]. Christus habe einen Leib wie den unseren angenommen (P 12,21 f.), der zu jeder Zeit, also auch nach der Auferstehung, an *einen* Ort gebunden ist! Damit trifft Brenz in der Tat das zentrale Moment der reformierten Position.

Wie reagiert er auf dieses „axioma" (S 140,10)? Brenz akzeptiert tatsächlich das von den Schweizern angeschnittene Thema des Leibes Christi (S 118,21−23). Er konzediert ebenso die schweizerische Aussage, daß der Leib unter natürlichen Bedingungen an einen Ort gebunden sei[9]. Zugleich aber verlagert und erweitert er die Thematik: Er fragt konkret nach dem Leib *Christi* in der Einheit der Person: „hie handelt man nicht schlecht vom menschlichen leib, sonder von disem leib, mit dem sich der son Gottes personlich vereinigt hat" (May 237,27−29). Hier erst ist für Brenz der Kern der Auseinandersetzung erreicht. Es ist zu unterscheiden zwischen dem Leib in seinem natürlichen Weltbezug und dem Leib Christi, der wohl auch wahrer Leib ist, aber nur in seinem Bezug auf Gott recht gesehen wird. Brenz zielt auf die Differenz zwischen der Perseität der Leiber unter den Gesetzen dieser Welt und *dem* Leib, den der Sohn Gottes in die Einheit der Person aufgenommen hat[10]. Die Frage nach der Verfaßtheit des menschlichen Leibes Christi wird von Brenz in die Perspektive des Verhältnisses

---

[6] PRESSEL, Churfürst Ludwig und die Konkordienformel, 15.

[7] Vermigli, Dialogus, 1 b.

[8] „1. Dicunt, quod nostra sententia pugnet cum natura humani corporis" (P 10,26 f.).

[9] „Verissimum enim est, quod necessarium sit, ut humanum corpus per se iuxta naturam suam in hoc externo, visibili et interituro mundo sit in certo, suis spaciis distincto loco" (S 118, 24−26).

[10] „Sed alia erit consideratio, si praeter naturam humani corporis sermo fuit de corpore

dieses Menschen zu Gott gerückt. Was ihm „nach seiner eigenen Macht und Natur" unmöglich ist, ist es nicht „nach der Natur und Macht Gottes" (P 12,31–33). Damit qualifiziert Brenz das Problem als ein speziell *christologisches*. Es kann von dem Leib Christi unmöglich unter Absehung von der Einheit der menschlichen Natur mit der göttlichen gesprochen werden. Das Verhältnis dieser beiden ist das Thema, und nicht Aussagen über die Verfaßtheit des corpus per se. In der Bestimmung des Verhältnisses zwischen dem menschlichen Leib Jesu und Gott sieht er auch bei den Schweizern die Wurzel aller Aussagen: Sie behaupten, „in Christus gebe es zwar die Einheit der zwei Naturen, der göttlichen und der menschlichen, aber jede bewahre ihre Eigentümlichkeiten"[11]. Hier setzt Brenz mit seiner Erörterung ein und erweitert und verlagert die Frage nach dem Leib Christi[12]. Es ist zu fragen nach der Bedeutung und Beschaffenheit des Leibes Christi *in der Person Christi*, also nach dem Verständnis der *Inkarnation* bzw., wie Brenz programmatisch formuliert, nach der besonderen *Majestät*, die der menschlichen Natur innerhalb der Person zukommt. Damit ist das primäre Thema Brenz', das er in seinen Schriften jeweils zuerst verhandelt, benannt[13].

Einen besonderen Aspekt stellt die Frage nach der *Allmacht* Gottes dar: von dem Leib *Christi* ist nur angemessen unter Berücksichtigung des Willens und der Macht Gottes („potentia Dei" P 12,33) zu reden. Das schweizerische Insistieren auf der bleibenden Circumscriptivität des Menschen Christus läßt nicht allein ihre Fassung der diversitas der Naturen, sondern auch die Einschätzung der Allmacht Gottes im Blick auf Christus problematisch erscheinen. Zum Widerspruch reizt Brenz besonders der in dieser Formulierung von Brenz kompilierte, in der Sache authentische[14] Satz Vermiglis, „das ‚auch die götlich allmächtigkeit sich nicht so ferr erstrecke, das sie vermög ein leib zumal in zweyen oder mehr ortten zu erhalten'"[15]. Damit stellt sich die Frage nach der *Allmacht Gottes* selbst als christologisches Problem. Nicht abstrakt will Brenz dies Thema verhandeln, sondern im konkreten Bezug auf die Frage nach dem Leib Christi, „sovil *hieher* dienstlich" (May 201,23f.)[15].

Die als Frage nach der Person Christi theologisch erfaßte Problematik des Leibes Christi praejudiziert die anderen strittigen Topoi. Dies gilt nicht nur für

---

Christi aut toto homine, quem filius Dei in individuam personae unitatem assumpsit" (S 118,26–29).

[11] „Addunt et illud: in Christo esse quidem unionem duarum naturarum, divinae videlicet et humanae, utramque autem servare suas proprietates" (P 12,26–28).

[12] „quia obiiciunt nobis diversitatem duarum naturarum in Christo ... altius erit repetendum et diligentius expendendum" (P 14,9–11).

[13] P 14,9–50,10; S 114,31–144,3; M 212,15–254,13; R 12,20–134,26.

[14] Die Belegstellen sind M 358 im textkritischen Apparat genannt.

[15] May 201,15–17; „ne divina quidem potentia fieri posse, ut verum corpus simul sit in duobus aut pluribus locis" (M 200,12; ähnlich M 202,6f.; 262,22–24; 358,24–26; R 128,14–18; 137,19–21; 147,7–11; 301,25–27).

[16] Brenz hat das Argument der potentia Dei P 12,34ff. (auch P 28,26) erstmals angeführt. Vermigli hat es scharfsinnig einer Prüfung unterzogen (Vermigli, Dialogus, 3bf.), auf die wiederum Brenz in De maiestate und modifiziert in der Recognitio replizierte (M 304,26ff.; 392,16ff.; R 127,22ff. u. ö.; vgl. unten S. 187ff.). Bullinger wiederholt lediglich Vermigli.

die Abendmahlslehre, sondern auch für das Verständnis der Himmelfahrt. Für Brenz sind Bullingers Anschauung von Himmel und Rechter Gottes abgeleitet („quare necessario sequatur") aus seiner Sicht der Verfaßtheit des Leibes Christi und deren christologischen Implikationen (S 116,35–118,4). Dies ist der sachliche Grund, daß er Bullingers Reihenfolge in der Behandlung der strittigen Topoi (s. o. S. 100 f.) nicht übernimmt und stattdessen auf der Priorität der Frage nach der Person Christi beharrt. Denn von ihr, vom Verständnis der Inkarnation hängt alles ab[17].

2.3. Die „Quellen" der Christologie: Schrift und Tradition

2.3.1. Die normative Rolle der Schrift

Die Schrift ist für Brenz *die* normative Instanz der Lehre. Sowohl das Urteil der Vernunft und Philosophie (dazu s. u. S. 145 ff.) als auch die theologische Tradition treten hinter ihre Autorität zurück und müssen sich an ihr messen lassen. Das Zeugnis der Schrift ist klar und eindeutig, „evidentissimus" (R 101,21). Sie legt sich im Sinne der Analogie des Glaubens durch den Vergleich mit anderen Schriftstellen selber aus (s. o. S. 122 ff.). Die Theologie einschließlich des altkirchlichen Dogmas *interpretiert* (P 14,26) das Schriftzeugnis, hat nicht selbst solchen normativen Charakter[18].

Entsprechend nimmt Brenz als „Gefangener des Wortes Gottes" (R 324,18 f.) auch im Blick auf den Topos der Inkarnation den Ausgang bei der Schrift (P 14,12–14). Die theologische Reflexion hat gegenüber der Bibel sekundären Charakter. Dies belegt Brenz historisch: Am Anfang steht die *Verkündigung* der biblischen Zeugen[19]. Dies Geschehen haben die alten Theologen in *Begriffe* gefaßt[20] und für das theologische Verstehen *ausgelegt*[21]. In dieser Zeugnisgeschichte der Schrift und der theologischen Reflexion der Kirche steht die eigene theologische Arbeit[22]. Brenz zitiert die altkirchlichen Symbole und Stimmen der Väter, um sich zum eigenen Urteil leiten zu lassen[23].

---

[17] „Non enim utiliter exposueris ascensum Christi in coelum & sessionem eius ad dexteram Dei patris sui, nisi antea incarnationem seu unionem eius personalem recte & pie intellexeris: quippe quod *ex huius cognitione illa omnino pendeant*" (R 11,9–13).

[18] Dies hat MAHLMANN, Personeinheit, 198 ff., gut herausgearbeitet.

[19] „prophetae *concionati* sunt et *explicuerunt* apostoli" (P 14,14).

[20] „Hanc missionem filii Dei in carnem humanam *vocaverunt* maiores nostri ‚incarnationem'" (P 14,25 f.).

[21] „...et *interpretati* sunt..." (P 14,26).

[22] „*Itaque* missio filii Dei in hunc mundum ita intelligenda est..." (P 16,1).

[23] „Quid ergo hinc sequitur? Quid dicemus?" (P 18,19).

2.3.2. Die kritische Rezeption der theologischen Tradition

Wie versteht Brenz unter dem Primat des Schriftzeugnisses die theologische Überlieferung? Da die Auseinandersetzung darum in den Spätschriften breitesten Raum einnimmt und nicht nur methodische, sondern auch inhaltlich Einsichten vermittelt, soll der Umgang mit einigen wichtigen patristischen Quellen exemplarisch betrachtet werden, bevor die Ergebnisse zusammengefaßt werden (S. 142 ff.).

2.3.2.1. Chalcedon

Die alte Kirche hat das Schriftzeugnis von der Sendung des Sohnes begrifflich aufgearbeitet, indem sie nach Joh 1,14 den Terminus ,Inkarnation' prägte. Sie hat ihn – in Chalcedon – interpretiert in der Lehre von den zwei Naturen oder Substanzen. Diese zwei *Naturen* sind zwar äußerst verschieden und werden auch nicht verwandelt oder verändert, sind aber in Christus so verbunden und geeint, daß sie eine in Ewigkeit unteilbare *Person* bilden[24].

So sehr Brenz einerseits in dieser Form die Lehrentscheidung von Chalcedon als Auslegung der Schrift akzeptiert, so erschließt er umgekehrt den Sinn des Dogmas unmittelbar von der Schrift, besonders von Joh 1,14 her. Dies Vorgehen scheint ihm *methodisch* geboten, weil das Dogma selbst Auslegung der Schrift ist[25]. *Inhaltlich* liest Brenz auf der Grundlage des Schriftzeugnisses Chalcedon so, daß unter Wahrung der Grenzbestimmungen des Dogmas das Gewicht auf der unauflöslichen Einheit der Person Christi liegt[26]. Die Schrift bezeugt die reale und vollständige Einheit von Gott und Mensch[27]: „*zuerst* halten wir die Einheit selbst fest, *dann* den wahren Unterschied [zwischen den Naturen]" (S 114,21 f.). Dies signalisiert Brenz auch in der Wiedergabe des Chalcedonense, indem er die Formel „unam personam" sowie die privativen Adverbien „indivise" und „inseparabiliter" in Versalien abdruckt (P 16,24.26).

Die dialektischen Bestimmungen von Chalcedon dürfen nicht so austariert werden, daß sie sich gegenseitig neutralisieren und die *Sache*, um die es geht, die

---

[24] „... interpretati sunt, quod deitas et humanitas sint quidem diversissimae naturae seu substantiae (altera enim est ab aeterno et rerum omnium creatrix, altera autem creata; et altera est spiritus, altera autem corporea) nec altera sit in alteram vel conversa vel mutata, sed in Christo ita sint coniunctae aut potius unitae, ut prorsus unam constituant personam in aeternum nunquam separandam" (P 14,26–32).

[25] „Quod igitur Evangelista dicit: ,Verbum caro factum est' et quod alia loca scripturae de incarnatione Christi loquuntur, hoc synodus Chalcedonensis exponit ..." (M 216,14–16); dieser Stelle geht die Zitation des Chalcedonense voraus (M 216,1–13).

[26] „Deinde in expositione huius dicti: ,Verbum caro factum est' synodus Chalcedonensis ... divinitatem et humanitatem in Christo ita coniungit, ut Christus sit ἀσυγχύτως , ἀτρέπτως , ἀδιαιρέτως , ἀχωρίστως , hoc est ,inconfuse, immutabiliter, indivise et inseparabiliter una persona'. Quid autem hoc aliud est, quam si diceretur divinitatem et humanitatem in Christo ita unitas esse, *ut nec dividi unquam nec separari a se invicem queant?*" (M 218,19–26).

[27] „Deus est homo et homo est Deus. Ac iterum: Totus Deus est homo et totus homo est Deus" (M 214,1 f.)

reale Einheit der Person, verloren geht[28]. Im fundamentalen Gegensatz zu dem Traditionalismus Melanchthons geht es überhaupt *nur* um diese Sache; die Formulierungen von Chalcedon haben um ihrer selbst willen keine Bedeutung, sondern stehen ganz im Dienst der Erkenntnis Christi. „Wir sagen aber darbey, daß in diesem Handel jetzt nicht die Hauptfrag sey, wie von beyden Naturen sey zu reden, daß dieselben nicht zertrent oder ineinander vermenget werden. ... so ist itzo die Hauptfrage, wie solche Rede und Wort der alten Våter und Concilien recht warhafftig ... zu verstehen seyn, damit man den HErrn CHristum recht erkenne"[29]. Auch in ihrer „unleugbar[en] Dialektik"[30] dürfen die zwei Momente von Chalcedon – Einheit der Person und Unversehrtheit der Naturen – nicht auf Widerspruch hin interpretiert werden[31].

Genau das Gegenteil sieht er bei seinen Schweizer Opponenten: das zweite Moment – diversitas der Naturen – dominiert und zerstört das erste, die Personeinheit (R 18,5–7). In der restriktiven Deutung von Chalcedon durch Bullinger[32] sieht Brenz die Auflösung der von der Schrift bezeugten und vom Konzil eigentlich intendierten *Einheit* Christi[33]. Umgekehrt werfen diese *ihm* vor, Chalcedon einseitig zu interpretieren, ja für die eigene Deutung zu verdrehen[34]. Von beiden Seiten wird der Streit also um das zustimmend rezipierte Dogma geführt.

Brenz bemüht sich um den Erweis seiner Übereinstimmung mit der Schrift wie mit der altkirchlichen Lehre. Dies gilt auch für sein Verständnis von Chalcedon: Er sieht sich in der Interpretation dieses Textes nicht isoliert, sondern beruft sich auf gleichartige Stimmen der Väter. Der wichtigste der Theologen aus dem Umfeld von Chalcedon ist für Brenz Cyrill[35] – aus heutiger Sicht durchaus historisch sachgemäß[36]. Von ihm her interpretiert er das Konzil. Er stellt deshalb dem Chalcedonzitat das dritte Anathem des Cyrill gegen Nestorius voran, in welchem die Unteilbarkeit des einen Christus beschrieben wird (P 16,13–17).

---

[28] Vgl. Baur, Christologie und Subjektivität, 195.

[29] Brenz/Andreae, Apologia ad Electorem Augustum, 78.

[30] A. M. Ritter 268.

[31] „Synodus Chalcedonensis ... continet in descriptione personae Christi duas praecipue partes, quarum una est, quod duae naturae, divina & humana, in Christo sint una persona, inconfuse, immutabiliter, indivise, inseparabiliter. Altera est, quod propter hanc unionem non auferantur seu aboleantur proprietates naturarum. Haec certe ita sunt intelligenda, *non ut secum ipsa pugnent, nec ut altera pars alteram destruat*, sed ut sibi probe constent & conveniant" (R 17,25–18,5).

[32] Niesel 236,23–28; vgl. oben S. 105 f.

[33] „Haec est falsa interpretatio, qua vera sententia de indivisa & inseparabili unitate personae Christi destruitur" (R 18,16–18).

[34] Bullinger, Responsio 68 b; Fundamentum 117 bff; Repetitio 50 b–51 b.

[35] Cyrill wird nach Augustin mit Abstand am häufigsten herangezogen. Brenz zitiert von ihm v. a. aus seinem Johanneskommentar und seinen scholia de incarnatione.

[36] A. M. Ritter 266–269 („das Chalcedonense ... ganz überwiegend ein kyrillisches Bekenntnis", 268); Grillmeier I, 758; Hardy, TRE 8, 259.

2.3.2.2. Das Symbolum Athanasianum

Das Symbolum Athanasianum vergleicht die unitas von göttlicher und menschlicher Natur mit der Einheit von Leib und Seele[37]. Brenz' Deutung des Vergleichs betont zunächst (1561) die *Untrennbarkeit* der Vereinigung: „Wie Leib und Seele nicht getrennt werden können, so können in Christus Gott und Mensch nicht voneinander getrennt werden" (P 16,32–34). In der Sententia und in De maiestate wendet er diese Deutung auf die Kategorie des Raumes an: „wo die seel ist, da muß auch der leib sein" (B 131,31 f.).

Worin liegt der Grund? Brenz hatte mittlerweile an *Bullinger* gesehen, daß die bloße Emphase der Untrennbarkeit der Person nicht genügt, da diese auch von den Opponenten anhand des Athanasianumgleichnisses konzediert, aber ganz anders verstanden wurde. Bullinger zitiert in der Tractatio (1561) von sich aus den Vergleich, um die unversehrte Einheit der menschlichen Person gerade bei bleibender Unterschiedenheit von Leib und Seele aufzuweisen und auf die Christologie zu übertragen[38]. Diese Unterschiedenheit deutet der Zürcher eindeutig lokal. Er schließt unmittelbar das „Engelswort" Mk 16,6 („Er ist auferstanden, er ist nicht hier") an zum Erweis der räumlichen Begrenztheit der Menschheit Jesu im Gegenüber zur Gottheit. Noch deutlicher wird *Vermigli*, wenn er, das Gleichnis abwandelnd, auf die lokale Verschiedenheit der diversen Körper*teile* rekurriert; durch diese diversitas locorum würde keinesfalls die Einheit der Person zerstört, und zwar, so muß man ihn verstehen, deshalb nicht, weil sämtliche Körperteile erst durch ein und dieselbe Hypostase in ihrer Existenz erhalten werden, die ja keiner von ihnen an sich hat[39]. Hier steht auch hinter dem anthropologischen Modell das Schema der suppositalen Dependenz. Seine Sicht von Einheit und (lokaler) Trennung der Naturen faßt Vermigli zusammen: „Athanasius folgert nicht Ubiquität, sondern Einheit aus diesem Vergleich"[40].

Brenz dagegen weist die willkürliche Verschiebung des Gleichnisses Seele – Leib hin zu dem Verhältnis Seele – Körperteile zurück[41]. Da er, wie noch zu zeigen ist, das suppositale Modell a limine als christologisch ungeeignet abweist, versteht er auch die vom Athanasianum bezeugte Einheit von Leib und Seele anders. Sie impliziert in ihrer Unlösbarkeit für ihn auch die lokale Dimension; die Disjunktion beider Momente durch Vermigli wird zurückgewiesen. Solange der Mensch Mensch ist, muß die Seele sein wo der Leib ist und umgekehrt[42]. Ein ‚extra' der Seele über den Leib hinaus gibt es nicht; wohl kann sie sich im Denken weit über ihn hinaus erheben, aber ihre Substanz bzw. Essenz ist im lebenden Menschen niemals vom Leib geschieden

[37] „Nam sicut anima rationalis et caro unus est homo, ita Deus et homo unus est Christus" (BSLK 30,10–12; P 16,29–34).

[38] Bullinger, Tractatio, 25 b.

[39] „Unio igitur in eadem hypostasi diversitate locorum non tollitur" (Vermigli, Dialogus, 10 b, ähnl. 15 b).

[40] „Athanasius non ubiquitatem, sed unitatem ex eo simili colligit" (Vermigli, Randbemerkung zu M 228,29 ff.).

[41] „Nec Athanasius autem nec nos fingimus animam hominis constituere singulas cum singulis membris personas, sed animam hominis et corpus eius esse unam tantum et individuam seu inseparabilem personam" (M 230,10–13).

[42] „dum homo est homo, necessarium sit ibi esse corpus, ubi est anima, et ibi esse animam, ubi est corpus" (M 230,13 f.).

(M 230,14–17). Analog gilt dasselbe für das Verhältnis von göttlicher und menschlicher Natur: Nie und nirgends ist die eine ohne die andere; beide sind bleibend geeint (M 228,30–36).

2.3.2.3. Theodoret von Kyros

Wie selbständig Brenz mit der Tradition verfährt, zeigt seine kritische Haltung gegenüber Theodoret von Kyros. Diesen Repräsentanten der antiochenischen Christologie führt wie Vermigli auch Bullinger für seine Sicht immer und immer wieder als Zeugen an[43]: „Zurecht wiegt die Autorität des H. Theodoret bei uns schwer"[44]. Gegen die Texte dieses Mannes richtet Brenz konsequent seinen Widerspruch, und zwar aus *sachlichen* Gründen: Sie enthalten „ganz fleischliche Gedanken" (R 265,12f.), die durch kein „sicheres und richtig verstandenes Zeugnis der Hg. Schrift" (R 143,17f.) belegt werden können.

Brenz weiß, daß Theodoret 451 rehabilitiert wurde und „*kirchenrechtlich*" nicht zu beanstanden ist (M 392,19f.). Vermigli hatte das durch Zitation eines Briefes Leos an Theodoret belegt[45]. Die sachliche Auseinandersetzung gestaltet Brenz in einer längeren Passage (M 434,14–446,14) als fiktiven Dialog zwischen Theodoret und Cyrill, wobei er „echten" Zitaten aus Theodoret freigestaltete eigene Argumente unter Cyrills Namen entgegenstellt. Die Gegner bezeichnen diese Figur treffend als „Brenticyrillus"[46]. Thema ist die Frage der himmlischen Räumlichkeit Christi, die großenteils im Modus von exegetischen Streitfragen erörtert und von „Brenticyrillus" verworfen wird. – Theodoret blieb auch nach Brenz' Tod umstritten. Im Streit um Brenz' Testament votiert Bullinger schon im Titel seiner „ad D. Iacobi Andreae suggestionem Responsio" (1575): „... und daß der selige Theodoret kein Nestorianer, sondern orthodox gewesen ist und ist"[47].

2.3.2.4. Augustin

Augustin ist der von Brenz mit Abstand am häufigsten zitierte Kirchenvater. Mit ihm macht er sich viel Mühe. So sehr er sich ihm einerseits anschließt, so kann er andererseits nicht übersehen, daß bestimmte Augustinzitate ihm zu widersprechen scheinen; entsprechend werden sie von den Schweizern häufig gegen ihn angeführt[48]: „Augustin ist die Stärke der Zwinglianer", formuliert Brenz ironisch[49]. Die wichtigste Rolle spielt ein Wort aus Epistola 57 (ad

---

[43] Vermigli, Dialogus, 8a-9a; 31b-33a; 36b-37a; 40a; 41a/b; Bullinger, Decaden, 233a; Tractatio 22a-23a; 26a-27a; Responsio 35b/36a; 42b; 64b; 66b; 71a; 73a/b; Fundamentum 78a-83b; 97b-100a; weitere Belege bei KOCH, Theologie, 122 A.86.

[44] Bullinger, Fundamentum, 81a.

[45] Vermigli, Dialogus, 31b (Leo I., Ep.120, MPL 54,1053f.).

[46] Vermigli, Glossen zu M 436,13; 442,29ff.; Bullinger, Fund., 80a.

[47] „... ac B. Theodoretus non Nestorianus, sed orthodoxus fuisse et esse" (STAEDTKE 589).

[48] Bullinger: „malle me in causa hac cum S. Augustino quam cum Brentio facere, quippe cum ille hic nihil sine rationibus firmis scripturaeque authoritatibus tradat" (Responsio 9b). Vermigli zitiert Augustin u.a. Dialogus 100b-103b.

[49] „Augustinus ... robur Cinglianorum" (R 119,5f.).

Dardanum) des Kirchenvaters: „Nim dem leib das raumlich ort, so ist er niergendts; und dieweil er niergendts ist, so ist er auch gar nit"[50].

In dieselbe Richtung zielt das von den Schweizern herangezogene Zitat: „so lang der Herr da oben (im himmel) ist, so ist er nur an einem ort"[51]. Mit diesem Wort hat es jedoch eine besondere Bewandtnis: Es ist seit dem Mittelalter verfälscht überliefert worden und in dieser Form nicht authentisch, was Brenz jedoch entgangen ist. Der Verdienst der Entlarvung und Korrektur der Fälschung anhand des Originaltextes Augustins kommt dann Martin Chemnitz zu, der nicht zuletzt als Königsberger Bibliothekar (1550–1553) gründliche Quellenstudien betrieben hatte[52].

Stellen diese und weitere Worte Augustins nicht eine gewichtige Stütze für die reformierte Position hinsichtlich des Leibes Christi dar? Schon 1529 hatte Brenz im Bericht über das Marburger Gespräch formuliert: „Augustinus scheinet auff ir seytten zusein"[53]. In der Apologie 1557 wendet Brenz die Argumente des Kirchenvaters gegen seine eigene Argumentation ein[54], um sie anschließend zu widerlegen. In der Auseinandersetzung mit Vermigli und Bullinger führt er die Auseinandersetzung mit Augustin dann weiter.

Brenz argumentiert in doppelte Richtung. *Einmal* rezipiert er solche Aussagen als zutreffend im Blick auf die *natürliche* Perseität menschlicher Leiber[55]. Redet Augustin hier gemäß der Philosophie und der Physik (S 118,13f.; 170,3f.), der allgemeinen Welterfahrung, ist ihm zuzustimmen. Freilich – und hier bringt Brenz seine schon bekannte fundamentale Differenzierung in Anschlag – gilt etwas anderes von der theologischen Sicht des Leibes Christi. Wäre Augustins Wort auf diesen Bereich bezogen, müßte ihm widersprochen werden[56], er würde die Person Christi spalten. Auch seine Autorität ist nicht kanonisch, sondern an der Schrift zu messen (S 118,8–10).

Hier schließt das *zweite* Moment an: Brenz unternimmt es, „dem Augustin Augustin entgegenzustellen"[57]. Er zitiert Voten Augustins für die Abendmahlsgegenwart Christi (M 430,26–432,3), für die Einheit der Person Christi und v. a. Aussagen über den Leib Christi, etwa daß auch der durch geschlossene Türen

---

[50] B 117,32f.; „Tolle spacia locorum corporibus, nusquam erunt; et quia nusquam erunt, non erunt" (P 24,28f.; S 116,26–28; M 432,ff u. ö.; MPL 33,838; CSEL 57,96,8–10; Bei Bullinger etwa Tractatio 31 a; Responsio 9 b; Gegenbericht 11 b; Fundamentum 105 a/b; Repetitio 64b–65b; Vermigli, Dialogus 3 a; 22 b; 25a–26a).

[51] B 117,34f.; „Quamdiu Dominus sursum est, in uno loco est" (etwa Bullinger Responsio, 16b; Vermigli, 102b, nach MPL 35,1632).

[52] „Falso autem Augustino tribuitur haec sententia" (CHEMNITZ, De duabus naturis, 513); vgl. MAHLMANN, Chemnitz, Gestalten der KG, 315.

[53] PRESSEL 69.

[54] Brenz, Apologie, 509f.

[55] „,Tolle spacia locorum' etc. intelligi vult de generali et naturali modo, quem corpora huius saeculi per se iuxta ingenium suum habent" (S 118,11–13).

[56] „Si autem Augustinus accesserit cum hoc suo dicto ad theologiam et corpus Christi . . . hoc profecto non posset in Augustino approbari" (S 118,15–20).

[57] „Oppono igitur Augustino Augustinum ipsum" (Brenz, Apologie, 510). Bullinger kommentiert dies Vorgehen so: „At audet . . . Augustinum ipsi opponere Augustino, ut alter locus alterum enervet atque evertat" (Repetitio, 64b).

tretende Leib wahrer Körper gewesen sei[58]. Also, schließt Brenz, ist Augustin hier durchaus der Meinung, daß der Leib Christi, „da er schon nicht an einem ort raumlicher weiß ist" (May 433,5 f.), in seiner Substanz erhalten bleiben könne. Folglich wolle er nicht, daß jenes Wort „tolle spacia locorum..." auf den Leib *Christi* bezogen werde (M 432,17–19) und sei – entgegen dem ersten Augenschein – keineswegs ein Zeuge zugunsten der Schweizer (M 298,16–21; R 261,1–3).

2.3.3. *Zusammenfassung: Brenz und die theologische Tradition*

2.3.3.1. *Die Rezeption der Tradition*

Brenz sieht sich in der Kontinuität der theologischen Tradition, speziell der Alten Kirche. Er knüpft an die dogmatischen Bekenntnisse wie an die Schriften wichtiger Theologen an, mit denen er Vertrautheit beweist.

Prinzipiell werden Väter zu allen Themenbereichen herangezogen. Es zeigt sich aber ein besonderer Schwerpunkt: Das Zeugnis der Väter für die Realpräsenz. Dieses Zeugnis gewinnt *christologische* Relevanz durch eine Umkehrung des „üblichen" Schlusses von der Christologie aufs Abendmahl: Wer die Realpräsenz annimmt, kann nicht zugleich die lokale Fixierung Christi an einem Ort postulieren. Mit dem Votum für die reale Gegenwart im Mahl ist die Möglichkeit der Gegenwart des im Wesen unveränderten Leibes Christi an vielen Orten behauptet[59]. Brenz ist hier präzise: Nur die „Multipräsenz" Christi ist auf diesem Wege zu erweisen („multi loci"), nicht die Omnipräsenz bzw. Ubiquität. In diesem Sinne sieht Brenz aber auch die Scholastiker auf seiner Seite[60]. Jedenfalls das Leitmotiv der Schweizer, die christologisch restringierende Funktion der menschlichen Konstitution des Leibes Christi wird so auf dem Umweg über die Abendmahlslehre von der gesamten theologischen Tradition zurückgewiesen.

Sinn des Rückbezugs auf die Väter ist das – für die ganze Reformation bestimmende – Interesse daran, kein „novum Dogma" zu vertreten, sondern die eigene Lehre als „die alt und bestendig lehr der rechten kirchen Christi" (B 177,1 f.) zu erweisen. Brenz will nichts „Neues" sagen![61] Er steht in dem Bewußtsein, „gemäß der heiligen Schrift und der Meinung der älteren und reineren Kirche" (S 128,34 f.) zu lehren. Die moderne – und objektiv im Blick auf ihn berechtigte – Kategorie des Fortschritts, der Fortentwicklung der Lehre steht ihm fern. Die Wahrheit ist alt, nicht neu. Da auf reformierter Seite das Moment der Verbindlichkeit theologischer Tradition gewiß nicht niedriger

---

[58] Apologie, 510; P 68,13 ff.; S 136,35 ff.; M 432,4 ff.; R 82,26 ff.; 262,1 ff.

[59] „Illud tantum postulo, si patres senserunt, quod corpus Christi non sit tantum substantialiter in coelo, verum etiam in coena et in omnibus iis locis, in quibus coena peragitur, negari certe non potest, quin et senserint, veram substantiam corporis manere inviolatam, etiamsi fuerit eodem tempore in multis locis" (M 390,13–18).

[60] M 368,17 ff., zur Scholastik s. u. S. 144 f.

[61] Gegen Mahlmann, Personeinheit, 205: „So weiß er denn selber, daß aus seinem Ansatz bisher unbekannte und ungewohnte Folgen hervorgehen".

ausgeprägt ist als bei Brenz[62], gestaltet sich, wie die einzelnen Beobachtungen gezeigt haben, der theologische Streit des 16. Jh. über weite Strecken als ein Streit um die theologische Tradition. Das gilt insbesondere für das als normativ rezipierte Bekenntnis.

2.3.3.2. Die Kritik der Tradition

Die besondere Funktion der Tradition liegt in ihrem Angebot zur *begrifflichen* Entfaltung des Schriftzeugnisses. Daß die traditionelle Begrifflichkeit der Zwei-Naturen-Lehre nicht „nach dem Buchstaben in der heiligen Schrift erfunden" und in ihrer Zeit „ungewönlich und frembd" war, ist Brenz bewußt. Als Kriterium ihrer Angemessenheit gilt ausdrücklich nur die Frage, wieweit sie „der Göttlichen Schrifft gemäß" ist[63]. Mehr noch: Die Terminologie muß nicht nur der Bibel entsprechen; sie muß ihr nutzen, zu ihr hinführen: „So doch die Alten nichts gelten sollen, *sie weisen uns denn in die Schrifft*"[64].

Die altkirchlichen Quellen sind also grundsätzlich das *Zweite* nach der Schrift[65] und an ihr zu messen. Der Umgang mit ihnen ist darum grundsätzlich ein kritischer. „Es ist je billicher, daß man der alten Väter und Concilien Rede nach warhafftigen Innhalt und Meinung der H. Göttl. Schrifft, dann daß man die Göttliche Schrifft und ihre Meinung nach der Alten Väter und Concilien Gutbedüncken verstehe und auslege"[66].

Aufgrund der Subordination unter die Schrift bedürfen auch die Väter der Interpretation. Sie sind im Zweifelsfall „nach der Analogie des Glaubens", also in Übereinstimmung mit dem biblischen Zeugnis auszulegen. Dieselbe Regel gilt ja nach Brenz auch für die Deutung problematischer Schriftstellen (R 218,11; s. o. S. 123). Es geht also weder bei der Schrift noch bei der vetustas um eine formale, lehrgesetzliche Autorität, die dann in zwei Verbindlichkeitsstufen differenziert würde, sondern es geht um die Verbindlichkeit und Gewißheit des einen Glaubenszeugnisses, das in erster Linie von der Schrift und dann in lebendiger Abhängigkeit und gegenseitiger Auslegung – iuxta analogiam fidei – vom Zeugnis der Väter erwartet wird.

Beispiele des kritisch interpretierenden Umganges gibt Brenz in der Zitation bestimmter Väterworte. Wo ihm etwas problematisch oder mißverständlich erscheint, unterbricht er das Zitat: „Dies ist nicht zu verstehen, als ob..." (P 36,5; 38,18ff.). Die Richtung der Interpretation zielt dabei regelmäßig auf die Eindeutigkeit der realen Gemeinschaft von göttlicher und menschlicher Natur in Christus. Wo diese durch Väterworte gefährdet erscheint, interveniert Brenz.

---

[62] „Patres faciunt cum Zwinglianis" (Bullinger, Repetitio, 64b).

[63] Brenz/Andreae, Apologia ad Electorem Augustum, 72.

[64] Apologia ad Electorem Augustum, 85.

[65] „Nos autem ostendimus *primum* autoritate Apostolicorum testimoniorum ... *Deinde*, quia Cingliani vociferantur, nos de homine Christo & corpore eius excogitasse novum Dogma, quod veteri ecclesiae fuerit ignotum, ostendimus..." (R 101,1–11).

[66] Apologia ad Electorem Augustum, 78, vgl. ähnlich 79f.

Nicht alle Worte der Väter sind „glimpfig außzulegen" (May 435,11). Wo ihr Votum – speziell in der Interpretation der Gegner – für Brenz der Schrift nicht standhält, kann sein „Nein" ihnen gegenüber schroff werden: „Wir haben nichts mit ihnen zu tun"[67]. Hier wird der Gegensatz von Schrift und Tradition fundamental. Wer den Vätern abgesehen von deren Schriftangemessenheit absolute Autorität einräumt, macht sich neuerlich zum Knecht der Menschen. Brenz kann diesen – wo es sein muß – scharfen Gegensatz kennzeichnen als Antagonismus von „gebildeter" kirchlicher Lehre und „ungelehrtem" biblischen Zeugnis. Das unbedingte Votum für das Schriftzeugnis stellt sich dar als theologia crucis, die der „Torheit" folgt. Dabei scheint ihm das abgelehnte Kirchenzeugnis als von der Philosophie statt von der Bibel geleitet[68].

Versteht sich Brenz nun *hier*, wo er das bisherige Zeugnis der Kirche zurückweist, als Neuerer, als Träger einer fortschreitenden Entwicklung? Brenz sieht sich nicht als Innovator, sondern räumt unsachgemäße Neuerungen gegenüber der Bibel, aus dem Weg: „Die alten gelerten halten . . . – Aber die alten ungelerten [die Schrift], so *vil elter* sein denn dise, sagen . . ." (May 375,33f.). Brenz votiert gegen kirchliche Verzeichnungen für das Ältere, Ursprüngliche (May 361,27–29; R 262,13ff.).

Dieselbe Abstufung von Neuerem und Älteren zugunsten des Älteren wiederholt sich verstärkt in einer qualifizierenden Differenzierung in „zwei Arten von Vätern", zwischen den Theologen der Alten Kirche und der Scholastik: „Ettlich sein die geringen, die man nennet ,scholasticos'; ettlich hȏhers ansehens, die man nennet ,ecclesiasticos'" (May 383,21–23). Die Scholastiker sind statt der Schrift vornehmlich der „menschlich philosophey" verpflichtet (May 383,29). Ihre Lehre ist für Brenz „Unflat"; zu ihr gibt es kein Zurück, sie ist keinesfalls „zur Stützung frommer Lehren" zu brauchen (P 48,23–25).

Trotzdem: unbeschadet des grundsätzlichen Nein zu den Scholastikern vermögen auch sie eine particula veri auszusagen, besonders im Bekenntnis zur simultanen Realpräsenz an vielen Orten[69]. Auch da räumt Brenz ihnen keine große Autorität ein (M 384,19f.), kann sie aber doch als ein zusätzliches Argument gegen Bullinger ins Feld führen (S 140,9f.). Wo sie etwas von der Wahrheit erkannt haben, ist ihnen doch noch eher zu folgen als dem noch einmal viel jüngeren Bullinger – „der du allererst gestern daherkommest" (May 385,35). Dies gilt speziell dort, wo nicht um theologische Dinge im engeren Sinne gestritten wird, sondern wo Gegenstände aus dem Bereich allgemeiner Erkenntnis „von natürlichen sachen" (May 385,26f.) in Frage stehen. Es sind dies ontologische Fragen[70]: nach dem natürlichen Wesen der Dinge und speziell nach

---

[67] „nihil iam nobis cum illis est negotii" (R 168,19f.).

[68] „Sequantur igitur Martyr et Bullingerus eruditam vetustatem, nos sequemur rudem vetustatem illa longe antiquiorem. Sequantur doctos philosophos, nos sequemur indoctos apostolos" (M 374,20–22).

[69] S 140,7–9; M 386,18–21, s. o. S. 142.

[70] In diesem ausdrücklichen Votum von Brenz für die Gültigkeit der scholastisch-aristotelischen Metaphysik im Blick auf die allgemeine Wirklichkeitswahrnehmung liegt jedenfalls eine

der Möglichkeit ihrer Veränderung aus sich selbst heraus oder durch die Allmacht Gottes bei Wahrung ihrer Essenz. Hier sind die Scholastiker „in irer profession" und darin „meister" (May 385,33).

2.4. *Die Methode der Christologie: Theologie und Philosophie*

Bei der Betrachtung der Rolle der theologischen Tradition tauchte die Frage nach der Bedeutung der Philosophie für die theologische Reflexion bereits an verschiedenen Stellen auf: Die alte Kirche hat eine philosophische, nicht unmittelbar biblische Terminologie geprägt, die aber, da und insofern sie der Sache der Schrift entspricht, als akzeptabel und nützlich gilt. Zugleich aber werden theologische Positionen zurückgewiesen mit der Begründung, sie folgten der Philosophie statt biblischer Einsicht (M 374,20 ff.): Die Ablehnung der scholastischen Schultheologie durch Brenz ist zugleich die Ablehnung der sie prägenden Schulphilosophie (P 48,23−26). Anderswo aber werden die sonst rüde verworfenen Scholastiker gerade da positiv zitiert, wo sie philosophisch argumentieren (M 384,19 ff.). Mit diesen Beispielen sind die wichtigsten Momente genannt, auf die hin das Thema zu beleuchten ist.

2.4.1. *Theologie und Philosophie im Gegensatz*

Im Blick auf die Christologie als einen spezifisch theologischen Gegenstand stehen Theologie und Philosophie im Gegensatz. Die Theologie schöpft das Wort über ihre Sache aus der Heiligen Schrift und nicht aus allgemeiner Erfahrung und Reflexion. Sie verdankt sich dem Heiligen Geist und nicht menschlicher Vernunft. Daß der Sohn Gottes Mensch wurde, ist für „menschliche Weisheit" unfaßbar (S 178,15−17), während genau dies die „Weisheit des Wortes Gottes" bezeugt (P 22,19.30). Beide Erkenntnisbereiche sind zunächst nicht zu vermitteln. Wer sich – wie die Schweizer – auf „philosophische und mathematische Überlegungen" einläßt, hat die Sache der Schrift schon verloren: „es ist, als ob sie gar keine Schrift hätten"[71]! Denn das Mysterium der hypostatischen Union ist nicht weniger als die „absurditas absurditatum" (P 24,34)! Die angemessene Haltung gegenüber der Schrift liegt nicht in *„argumentationes"*, sondern darin, ihr zu *glauben*[72]. Die Schrift bezeugt ein „mysterium" (P 26,11), das in seiner Unglaublichkeit anzuerkennen ist und gegenüber dem der menschliche Verstand mit seinem Widerstand zu weichen hat[73].

---

partielle Antwort auf STROHMS (514) Frage nach „seiner Stellung in den Systemen der spätmittelalterlichen Ontologie". Vgl. dazu weiter S. 250 ff.

[71] „Postquam enim inferunt suas philosophicas et mathematicas cogitationes ... perinde est, ac si nullam haberent scripturam‘ (S 178,27−31).

[72] „Recte hac in parte Augustinus monet: ‚Credamus hoc‘, inquiens, ‚fratres; etsi argumenta philosophorum difficile solvimus, illud quod demonstratum est in Domino, sine difficultate teneamus! Illi garriant, nos credamus!‘" (P 26,4−7 nach MPL 38,1141; P 26,10).

[73] „... humanae rationi absurdissima ac plane impossibilia. Sed hypostatica diversissimarum

An solchen Stellen scheint es, als ob die Schrift einfach die Funktion einer heteronomen Erkenntnisquelle habe. Indessen zeigen die Verben „anerkennen" und „glauben" („agnoscere"[74], nicht ‚cognoscere‘, „et credere" [P 24,33f.]), daß Brenz nicht auf ein bloßes sacrificium intellectus, die Zustimmung zu heteronomen dogmatischen Inhalten zielt, sondern auf eine Denken und Vertrauen integrierende Haltung gegenüber dem Wort. Die „Notwendigkeit" (P 24,35), der Schrift gegen die Einreden der Vernunft zu glauben, korrespondiert der Notwendigkeit der Christologie selbst (s. u. S. 267ff.): sie ist soteriologisch begründet. Dahinter steht die im folgenden (S. 147ff.) weiter ausgeführte Überzeugung: Die philosophische Welterfassung, die der Glaube durchbricht, ist nicht falsch, sondern bindet den Menschen an die „allgemeine" Erfahrung, in der neue Gemeinschaft von Getrenntem, in der Evangelium nicht ausgesagt werden kann. *Die Philosophie ist nicht in ontologischer, sondern in soteriologischer Hinsicht insuffizient*[75].

Brenz prinzipialisiert den Gegensatz zwischen ratio und Heiligem Geist in der Rede von „zwei Schulen": Der „Schule Christi" steht die „Schule des Aristoteles" gegenüber, oder allgemeiner der „Schule der menschlichen Weisheit" die „Schule des Glaubens"[76]. Wogegen richtet sich dabei Brenz’ Ablehnung der menschlichen Weisheit als eines legitimen Erkenntnismittels in theologicis? Was ist für ihn „Philosophie"? Repräsentant der Philosophie ist für Brenz fast ausschließlich Aristoteles, der „fürnåmpst philosophus" (May 361,3f.). Wie die anderen Reformatoren bezieht er sich freilich weniger auf spezifische aristotelische Aussagen, sondern meint mit ‚Aristoteles‘ die Vernunft, die Philosophie im allgemeinen[77], in der – aristotelischen – Form, wie sie verbreitet ist und er sie in seinem Heidelberger Studium kennengelernt hatte.

Inhaltlich wendet sich die Ablehnung in erster Linie gegen kosmologische und physikalische Aussagen Aristoteles’, die z. T. von den Schweizern zustimmend rezipiert werden.

Dies gilt besonders für den aristotelischen Satz „jeder Leib ist an einem Ort", ἅπαν σῶμα ἐν τόπῳ[78]. Vermiglis Erwägung, daß Aristoteles da, wo er die Wahrheit sage, aus dem Heiligen Geist rede, lehnt Brenz ausdrücklich ab. Freilich folgen auch die Schweizer Aristoteles nicht unkritisch, sondern rezipieren ihn eklektisch. Etwa den

---

naturarum unio in persona Christi traditur in sacra scriptura . . . nobis agnoscenda et credenda" (P 24,31–34).

[74] „*Agnoscere* . . . wird immer . . . verwendet . . . wenn die heilsame Erkenntnis der Sünde, des Evangeliums und Christi selbst oder wenn Gottes Beziehung zum Glaubenden beschrieben wird; es bezieht sich nie auf einzelne Lehrsätze" (SPARN, Studium religionis, 124f.).

[75] Vgl. SPARN, Studium religionis, 128.

[76] R 40,9f.; ähnl.: „schola dialecticorum" – „schola spiritus sancti" (M 360,28/362,23); „schola philosphica aut Mathematica" – „schola Prophetica & Apostolica" (R 29,24–26); „schola Aristotelis" – „schola spiritus sancti" (M 368,2f.).

[77] „Aristoteles, hoc est humana ratio sua axiomata huc conferens et expendens" (M 214,17f. in den Nom. gesetzt).

[78] Physik IV/1, 209 a 26. Bei Brenz diskutiert P 6,23f.; M 360,3f.; 406,31f.; 412,22; 442,30. Von Vermigli herangezogen Dialogus 3 a.

Satz „Es ist überhaupt kein Leib außerhalb des Himmels" lehnen auch sie aufgrund einer abweichenden Vorstellung vom Himmel ab[79]. Indem Brenz ihnen Zustimmung zu diesem Satz unterstellt, tut er ihnen zunächst Unrecht (P 6,25f.), wiederholt diesen ungerechtfertigten Vorwurf aber später nicht mehr.

Umstritten sind also zunächst nicht Themen aus dem Bereich der Metaphysik, sondern der Physik. Die für die Theologie schädlichen „aristotelischen Axiome" sind „physische Axiome" (P 6,22.27), denen die Bibel hinsichtlich der Frage, „was von dem himmel zu halten [= denken] sey" (May 413,27f.) entgegensteht. Die explizit zitierten und abgelehnten Aristotelesstellen sind ganz überwiegend aus diesem Bereich, aus der „Physik" und „de coelo". Deshalb lehnt Brenz die „philosophische oder *mathematische* Schule" ab, wenn er sich gegen die Schule des Aristoteles wendet (R 29,24; S 178,15).

2.4.1.1. *Perseität und Gemeinschaft. Der Grund des Gegensatzes*

Das Wesen der schola philosophica reicht über die Physik hinaus: Sie reflektiert das Wesen der Dinge in seiner unveränderlichen Allgemeinheit. Sie macht Aussagen über das Wesen des Himmels, des Körpers (nicht eines konkret existierenden Körpers), über das Wesen Gottes und des Menschen. Sie tut das im Rahmen der Realwissenschaften, also auch der Metaphysik. Indem sie Aussagen „über die Natur der Dinge" (M 384,20; vgl. P 24,10) macht, differenziert sie zugleich, was zum Wesen dieser Natur konstitutiv zugehört und was nicht, sie unterscheidet zwischen Substanz und Akzidens (S.u. S. 179ff.). Sie reflektiert die Dinge in ihrer Perseität, stellt ihr Wesen „per se et natura" fest (P 24,15). Wichtigstes Axiom ist ihr dabei die Widerspruchsfreiheit des Seienden.

Für Brenz ist diese das Wesen von mit sich Identischem feststellende Funktion der Philosophie nicht eo ipso illegitim. Darin sieht er z. B. gerade die Stärke der Scholastiker, daß sie ihre Aussagen begrifflich auf Widerspruchsfreiheit hin kontrollieren (M 382,26–28). Aristoteles hat sein Recht, ja verdient höchste Anerkennung, wo es gilt, die Natur der Dinge unter den Bedingungen dieser Welt zu erfassen (R 30,9). In weltlichen Dingen, „in rebus humanis" (R 86,17ff.), ist diese Philosophie nützlich. Ihr ist Recht zu geben im Blick auf die *allgemeine* Erfassung der Wirklichkeit.

Der Widerspruch von Brenz richtet sich also nicht gegen die Philosophie per se, sondern vielmehr gegen die Überführung philosophischer Sätze in die Theologie. Gegen diesen von den Schweizern[80] geübten *Transfer* setzt er sich zur Wehr[81]. Darin sind die Scholastiker zu kritisieren, daß sie zu weitgehend der „menschlichen Philosophie" folgten, indem sie diese Philosophie mit der Theo-

---

[79] οὐϑὲν ἄρα ὅλως σῶμα ἔξω τοῦ οὐρανοῦ (Arist., De caelo I 7, 275b9); Vermigli, Dialogus, 3a/b; Bullinger, Responsio, 26b.

[80] WEBER urteilt treffend: „Warum kann die reformierte Theologie das lutherische Bemühen um Durchdenken der Einheit [Christi] nicht verstehen? Sie beruft sich auf die *Vernunft* und auf die Wirklichkeit, wie die Vernunft sie sehen muß" (Reformation I/2, 133).

[81] „illud reprehendere volui, quod vos abutamini eius [sc.: Aristotelis] in suo loco & gradu

logie *vermischten*[82]. Bei dieser Vermischung philosophischer und theologischer Sätze bleibt die Theologie unweigerlich auf der Strecke: „die menschliche Philosophie hat die himmlische Lehre zerstört" (P 48,26).

Das von der Schrift bezeugte Proprium der Theologie ist in den Kategorien der aristotelischen Philosophie, die sich auf die widerspruchsfreie Identität der natura rerum richtet, nicht angemessen auszudrücken. Die Aussage „‚Das wort ist fleisch worden' oder: Gott ist mensch und mensch ist Gott" (May 215,23 ff.) ist der Philosophie, die das Wesen von Identischem festschreibt, unsinnig. Brenz schließt sich an dieser Stelle Luther an. Der hatte in der Disputation „Verbum caro factum est" (1539) gesagt: „In der Theologie ist es wahr, daß das Wort Fleisch geworden ist, in der Philosophie ist es einfach unmöglich und absurd. Nicht weniger, ja noch stärker identifiziert die Aussage ‚Gott ist Mensch' Verschiedenes, als wenn du sagen würdest: ‚Der Mensch ist ein Esel'"[83]. – Auch in diesem letzten Punkt folgt Brenz Luther fast wörtlich: In der Philosophie gilt der Satz vom Widerspruch, der in diesem Zusammenhang besagt: Essentiell Disparates darf nicht miteinander identifiziert oder voneinander prädiziert werden; dies gilt speziell für disparate species. Deshalb ist es unmöglich zu sagen „‚ein mensch ist ein esell' oder: Ein lew ist ein hirsch" (May 215,27 f.).

Brenz' nimmt in dieser Formulierung – neben dem Bezug auf Luther – sichtlich die schulmäßige Fassung des Axioms durch Melanchthon auf: Hinsichtlich der „allgemeinen Ordnung der Natur" gilt: „Es darf keine unterschiedene species von einer anderen ausgesagt werden, wie: ‚der Mensch ist ein Esel'"[84]. Im Hintergrund steht die Christologie des Nominalismus. Schon Ockham hatte dargelegt, daß ein Verständnis der Inkarnation, nach dem die menschliche Natur mit der Person Christi zu einer Person wird (statt von ihr getragen zu werden), so unsinnig ist wie die Aussage, daß die menschliche Natur ein Esel würde[85].

Das theologische Problem der Menschwerdung Gottes ist in der Sprache der Philosophie das Problem von Endlichem und Unendlichen. Es ist sachlich kein Unterschied, ob man sagt „Das Unendliche ist endlich" oder „Der Mensch ist Gott"[86]. Genau diese Sätze aber sind noch viel weniger vertretbar als die Identifikation verschiedener species: „Dann Gott und mensch haben ein grössern underscheid denn mensch und esell oder lew und hirsch" (May 215,28 f.). Die letzte Aussage identifiziert zwar unzulässigerweise disparate species, aber beide species gehören immerhin einem gemeinsamen genus (nämlich: Lebewesen) an, so daß

---

bene dictis [!!] ad confirmanda vestra impia dogmata: & *transferatis* axiomata eius physica ac mundana, ad refutandam doctrinam nostram Hyperphysicam et coelestem" (R 86,20–25).

[82] „*philosophiam cum theologia perniciose commiscuerunt*" (M 382,21–26).

[83] „2. In theologia verum est, verbum esse carnem factum, in philosophia simpliciter impossibile et absurdum. 3. Nec minus, imo magis disparata est praedicatio: Deus est homo, quam si dicas: Homo est asinus." (WA 39/II,3,3–6).

[84] „Nec disparata species de disparata dici potest, ut: homo est asinus" (Melanchton, Erotemata Dialectices, CR 13,524). Vgl. oben S. 33 f.

[85] OBERMAN, Herbst, 239–241.

[86] „An non homo est finitus et Deus infinitus? Quod igitur est discrimen, sive dixeris: finitum est infinitum, sive: homo est Deus" (M 310,7–9).

wahre Prädikationen möglich sind, die beide species betreffen, etwa: sterblich sein' oder ‚Lebewesen sein'. Beide species stehen also in einem Verhältnis zueinander, insofern sie einem gemeinsamen Dritten in der arbor Porphyriana subordiniert sind. Dies aber gilt von Gott und Mensch, von Endlichem und Unendlichem nicht. Hier gilt deshalb mit Aristoteles: „Es gibt kein Verhältnis des Endlichen zum Unendlichen"[87]. Es gibt zwischen diesem schlechthin Disparaten kein verbindendes Drittes, es besteht keine Analogie zwischen ihnen.

Folgt man deshalb diesem Spitzensatz der Philosophie, ist Inkarnation schlechthin unmöglich[88]. Dem stellt Brenz das Zeugnis von Joh 1,14 entgegen. „Zwar gibt es in der Philosophie der Zwinglianer kein Verhältnis des Endlichen zum Unendlichen, aber in der Theologie des heiligen Geistes gibt es ein solches Verhältnis, daß das unendliche Wort endliches Fleisch wird, daß heißt, daß Gott Mensch wird und der Mensch Gott"[89]. Es wird gegen die Philosophie nicht nur ein „*Verhältnis*", sondern sogar die *Einheit* von Endlichem und Unendlichen bezeugt: „Das Endliche ist unendlich" (M 310,10). – Brenz stimmt auch hier signifikant mit Formulierungen *Luthers* überein. Der Wittenberger formuliert in der Disputatio de divinitate et humanitate Christi (1540): „Es ist ein philosophisches Argument: Es gibt kein Verhältnis des Geschöpfes zum Schöpfer, des Endlichen zum Unendlichen. Wir aber machen nicht nur ein Verhältnis, sondern die Einheit von Endlichem und Unendlichem"[90].

Das Zeugnis der Menschwerdung steht kontrafaktisch gegen das philosophische Axiom: Die Vokabeln „aber" und „dennoch" signalisieren das schon sprachlich[91]. Das apriorische Urteil der Philosophie geht den Theologen „nichts mehr an" (M 238,17–20). Die von der Philosophie fixierte jeweilige Perseität und ihre qualitative Disparatheit, „des einen Unermeßlichkeit und des anderen Bemessenheit"[92] wird überboten von der kommunikativen Einheit beider: beide sind „in engster Weise verbunden", „summe coniuncta" (R 34,14), das Unendliche wird endlich (R 35,14), das Endliche empfängt unendliche Gaben (R 34,24–27). Die Theologie hat ein Neues, ein Besonderes auszusagen, die Gemeinschaft des Disparaten, die Einheit von Gott und Mensch; dies kann die an das Normale und Allgemeine gebundene Vernunft nicht nachvollziehen.

Unter keinen Umständen aber darf dieses Neue wieder unter die Bedingungen des Alten, in die schola philosophica, zurückgeführt werden. Die Theologie

---

[87] „finiti ad infinitum nulla est proportio", M 304,20, auch M 238,10 f.; 310,1 f.; – λόγος δ' οὐθείς ἐστι τοῦ ἀπείρου πρὸς τὸ πεπερασμένον (Aristoteles, De caelo I,6, 274a 7 f.).

[88] „In philosophica disciplina manifestum est, quod ‚finiti ad infinitum nulla sit proportio'. Si autem hanc rationem sequaris, ne unquam quidem concedes filium Dei esse incarnatum" (M 238,10 f.).

[89] „Vides igitur, quod in Philosophia quidem Cinglianorum nulla sit proportio finiti ad infinitum: in Theologia autem spiritus sancti, tanta est inter ea proportio, ut verbum infinitum fiat caro finita, hoc est, ut Deus fiat homo & homo Deus" (R 35,11–15).

[90] „Est philosophicum argumentum. Nulla est proportio creaturae et creatoris, finiti et infiniti. Nos tamen non tantum facimus proportionem, sed unitatem finiti et infiniti" (WA 39 II,112,15–19).

[91] „autem", „tamen", „sed", etwa M 238,14; 310,2; R 35,13.

[92] „unius immensitas et alterius dimensias" (P 20,32 f.).

erhebt keinen Anspruch auf eine neue Allgemeinheit und „Vernünftigkeit". Der Natur nach betrachtet, also in den Kategorien der Philosophie, *bleiben* Gott und Mensch völlig verschieden („diversissimae" [M 238,22]). Vielmehr wird das Besondere ausgesagt, das sola gratia, allein durch Gottes *Gnade* geschieht, konkret: das dem Menschen Jesus in der hypostatischen Vereinigung zukommt. Der Polarität von schola philosophica und schola spiritus sancti entspricht die Polarität von „durch die [eigene] *Natur"* und „durch *Gnade"*[93]. Gottes gnädiges Wirken, das ihm aufgrund seiner Allmacht über alle Kreatur möglich ist, hat in Christus ein Neues geschaffen, das der am allgemeinen, widerspruchsfreien Wesen orientierten Welterfassung nur absurd sein kann: Gott wurde Mensch, der Mensch erhoben in die göttliche Majestät. Diese unio ist ein Wunder. Aber die Philosophie kennt keine Wunder[94].

2.4.1.2. *Finitum capax infiniti?*

Mahlmann führt aus, Brenz suche „die Personeinheit der Schrift gegen die Differenz der Naturen in der Philosophie, und zwar auf deren Boden [man muß hinzufügen: aber nicht unter deren Bedingungen], durchzusetzen". Deshalb überführe er den Satz „Gott ist Mensch" in den Satz „Unendlich ist endlich"[95]. Bis dahin ist Mahlmann voll zuzustimmen. Er deutet Brenz' „Intention, die philosophische Sprache für die theologische zu erobern", nun jedoch so, daß Brenz das „ohne Kenntnis seines Ursprungs viel zitierte Axiom ,finitum capax infiniti'" bilde[96]. So nennt etwa Adams Dogmengeschichte Brenz den „Urheber dieser Formulierung"[97].

Hier ist jedoch auf die Formulierungen des Schwaben genau zu achten. *Zweierlei* fällt auf: *Erstens:* Brenz formuliert *niemals* einfach den allgemeinen, wenn auch christologisch begründeten Grundsatz „finitum capax infiniti". Er redet vielmehr konkret christologisch auch da, wo er philosophische Sprache gebraucht: „das unendliche Wort wird endliches Fleisch" (R 35,14). Die ganz überwiegende Zahl der Passagen, die die Terminologie von finitum und infinitum aufgreifen, sind in dieser Weise gebunden an die konkrete theologische Sache formuliert[98]. An abstrakten philosophischen Sätzen ist Brenz offenbar sehr viel weniger gelegen.

---

[93] „per naturam" – „per gratiam" (P 22,38–24,1; ähnl. P 24,10ff.).

[94] „unio, ut pugnat cum universa humana philosophia, ita est miraculum omnia reliqua admirabilitate sua excedens" (M 238,23–25).

[95] MAHLMANN, Personeinheit, 227.

[96] MAHLMANN, Personeinheit, 230, ebenso DERS., HWP II,487.

[97] ADAM II,402.

[98] „filius hominis in Christo, natura sua finitus est, tamen fuerit propter personalem unionem cum filio Dei, capax infinitae potestatis remittendi peccata" (R 36,9–12). Ähnlich: „filius hominis factus est ... suo modo infinitus et immensus" (P 24,23f.); weiter M 312,12–14; R 30,9f.; 31,6ff.; 34,24ff.; 36,17–19; 40,1ff.; 44,24–26; 47,15–17; 58,5–10; 60,8–10. – M 238,10–25 wird dem Satz „finiti ad infinitum nulla est proportio" (2x !) bewußt nur der theologische Satz „verbum esse carnem factum", aber kein entsprechender philosophischer Satz entgegengesetzt.

Mit diesem Befund hängt die *zweite* Beobachtung zusammen, daß Brenz nämlich den christologischen *Geschehenscharakter* betont. Daß das Endliche das Unendliche aufnimmt, ist nicht eine allgemeine Wahrheit, sondern *ereignet* sich in der Menschwerdung Gottes: „das Endliche *wird* aufnahmefähig (fieri capax) für das Unendliche"[99]. Oder in passivischer Formulierung: „Der Sohn des Menschen ist aufnahmefähig *gemacht worden* für die Allmacht Gottes"[100]. Dieses *fieri* hat für Mahlmann in seiner Interpretation keinerlei Gewicht. Für Brenz dagegen markiert es eine fundamentale Differenz: „Es ist ein Unterschied, ob die menschliche Natur durch sich für die Majestät Gottes aufnahmefähig *ist*, oder ob sie durch Gott aufnahmefähig *gemacht werden* kann"[101]. Erst aufgrund dieses Geschehens kann dann – sehr viel seltener – auch gesagt werden: „Der Mensch Christus, der seiner Natur nach und gemäß der Bedingung dieser Welt endlich ist, *ist* aufnahmefähig für unendliche Macht". Aber auch diese Feststellung wird sofort mit der Frage nach dem sie begründenden *Geschehen* verbunden: „Wie kann es *geschehen*, das etwas Endliches aufnahmefähig *wird* für etwas Unendliches?"[102]

Aufgrund des sprachlichen Befundes ist zu sagen: Der Satz „finitum capax infiniti" begegnet *so* bei Brenz nie; als Formel gebraucht er ihn noch nicht. Entweder ist der Ausdruck bei ihm konkret christologisch erweitert, oder er redet von einem Prozeß statt einem Sein. Meistens trifft beides zu. Sachlich ergibt sich daraus: Die „Kapazität" des endlichen Jesus für die unendliche Gottheit ist ein fieri, ein Vorgang des Empfangens, das sich dem Willen des allmächtigen Gottes verdankt. Sie auszusagen ist daher ein *aposteriorischer Satz* und keinesfalls – gegen Mahlmann – ein „Axiom", also ein Grundsatz, der auf nichts anderes zurückgeführt werden könnte und einer solchen Rückführung aufgrund seiner unmittelbaren Evidenz auch nicht bedarf. Der Satz „finitum infiniti capax" wird niemals unmittelbar evident, sondern bleibt ein Satz des Glaubens, der auf das Geschehen der Inkarnation zurückgewiesen ist. *Es gibt bei Brenz kein „Axiom" finitum capax infiniti.*

Der Satz ist bei Brenz keine *allgemeine* Aussage, sondern eine konkret christologische. „Eine ‚neue' allgemeine Ontologie wird als Erweiterung der speziell christologischen gerade nicht entwickelt", formuliert auch Mahlmann, indem er den Ergebnissen Sparns zustimmt[103]. Brenz stellt nicht der aristotelischen Welt-

---

[99] „Si autem consulamus oracula spiritus sancti, manifestum est, quod finitum possit *fieri* capax ... infiniti" (R 60,7–10). Diese von MAHLMANN herausgegriffene Stelle (Personeinheit 230) ist im Blick auf die abstrakte Redeweise eine Ausnahme!

[100] „filius hominis *factus est* ... *capax* omnipotentiae Dei" (R 38,16–19); ähnl. R 40,1 f.: „caro Christi facta est capax verbi", vgl. auch R 44 24–26.

[101] „aliud esse humanam naturam per se *esse* capacem maiestatis Dei, aliud eam posse divinitus capacem *fieri*" (M 250,15 f.).

[102] „homo Christus, qui est natura sua pro huius mundi conditione finitus, *sit* capax infinitae potentiae. Quomodo *fieri* potest, ut res finita possit *fieri* capax rei infinitae?" (R 31,6–8).

[103] MAHLMANN, Metaphysik, 524, über die spätere lutherische Christologie. – SPARN (Wiederkehr, 129) stellt fest: „Die Formel ‚finitum capax infiniti' bezeichnet seit ihrem ersten Gebrauch durch Chr. [lies: ‚Joh.'!] Brenz *ein* ontologisches Postulat allein der *Christologie*". Demgegenüber ist darauf hinzuweisen, daß sich die „Formel" bei Brenz noch nicht findet.

sicht eine lutherische Weltanschauung[104] gegenüber – das wäre „gleichbedeutend mit der Aufhebung des Proprium der lutherischen Theologie"[105], sondern formuliert in der Sprache der Philosophie das *Besondere* der Christologie. Er formuliert es gerade auf der bleibenden Folie des Allgemeinen (finiti ad infinitum nulla *est* proportio), um das Wunder der Mensch*werdung* des unendlichen Gottes zu artikulieren, das die metaphysische Weltanschauung durchbricht.

2.4.1.3. Philosophie und Kosmologie

Die letzte Schlußfolgerung bedarf noch einer präzisierenden Einschränkung: Brenz macht das Besondere des Ereignisses der Christologie nicht zu einem allgemeinen Grundsatz. Aber dieses Besondere steht bei ihm auch nicht isoliert. Die Inkarnation ist nicht einfach die supranaturale Durchbrechung einer sonst ehernen Regel. Vielmehr ist auch sonst in *theologischer* Hinsicht die philosophische Erfassung der Natur der Dinge, ihre Sicht als unveränderliche Substanzen, nicht ausreichend. Sie ist für die allgemeine Weltorientierung nicht grundsätzlich falsch, wird aber coram deo relativiert. Die Natur der Dinge ist nicht einfach, was sie in ihrer ontologischen Fixierbarkeit ist, sondern sie ist, was Gott will, daß sie sei: „dann was Gott heißt [befiehlt], das ist des dings natur" (May 369,17f.). Die Natur der Dinge verdankt sich dem Willen des allmächtigen Gottes. Der philosophischen Weltauffassung wird – in diesem Sinne nun doch – eine theologische personal-voluntative Sicht der Wirklichkeit entgegen- bzw. an die Seite gestellt. Sie gilt nicht nur isoliert für den Bereich der Christologie, obwohl die Aussagen deutlich hierauf zielen: „Darauß folgt nun, das die menschlich substantz *natürlich* so vil våhig ist, so vil Gott will"[106]. Vielmehr steht die Christologie – wie der Zusatz „natürlich" unterstreicht – im Horizont der Schöpfungstheologie: *Alles Seiende* ist unzureichend gesehen, wenn es in seiner begrenzten und abgeschlossenen Perseität betrachtet wird. Es ist mit der Offenheit und Angewiesenheit der Dinge hin auf den präsenten und aktuosen Schöpfer und Lenker – „der allerfreyest und gewaltigst werckmeister" (May 307,42–309,1) – zu rechnen. Im Anschluß an Basilius formuliert Brenz: „Das gôttlich wort ist die natur aller deren ding, so geschaffen werden"[107].

Hier wird eine wichtige Eigenart der Brenzschen Kosmologie deutlich: Brenz betont die Nähe, die Präsenz, die Gott als der Schöpfer zu den Dingen hat. Vermigli widerspricht dieser Sicht in seiner Glosse zu der zitierten Stelle „Der Wille Gottes ist die Natur der Dinge". Er notiert: „Er ist nicht die Natur, sondern der Urheber (author) der Natur"[108]. Anders als bei Brenz wird hier der

---

[104] Dies war die These von M. Wundt über das Luthertum. Dagegen Sparn, Wiederkehr, 129. 133f. 155, sowie Mahlmann, Metaphysik, 524.

[105] Sparn, Wiederkehr, 137.

[106] May 309,21f.; „Reliquum igitur est, quod ea humanae substantiae capacitas sit *naturalis* [!!], quam Deus vult" (M 308,16f.).

[107] May 309,13f.; „voluntas seu λόγος eius est rerum natura" (M 308,14f.).

[108] „non est natura, sed author naturae" (Glosse zu M 308,8ff.).

Schöpfer als „Verursacher" gedacht, auf Abstand gehalten zu dem von ihm Hervorgebrachten. Für Brenz ist er wie für Luther wollend und wirkend in und mit den Dingen.

Brenz relativiert die ontologische Auffassung der Dinge. Er ersetzt sie nicht. Das Seiende in seinem jeweiligen Wesen als begrenzte Größe zu erfassen, ist weiterhin legitim und notwendig. Aber Gott kann in seiner Omnipotenz diese Grenzen überwinden, weil nur er sie je und je setzt (M 306,27–308,1). Dies erscheint zwar – etwa bei den Männern im Feuerofen – als supranaturaler Sonderfall, verweist aber in Wahrheit auf den protologischen Charakter der Wirklichkeit überhaupt (M 308,10–15): Das *ist* die Natur der Dinge: Sie ist nicht *selbständig*, hat kein unveränderliches Wesen an und bei sich selbst, sondern ist und bleibt creatura, die sich in ihrer Natürlichkeit Gottes beständigem Geben und Wirken verdankt: „Darauß denn offenbar ist, gleich wie eins jetlichen dings natur nichts anderst ist, denn das Gott will und gibt, also ergeben sich auch alle ding dem willen Gottes *und lassen natürlich [!] mit inen handeln*, wie es Gott gfällig ist"[109].

Zusammenfassend läßt sich sagen: Die Christologie wird nicht spekulativ extrapoliert in eine allgemeine Regel „finitum capax infiniti". Aber die Christologie kommt zu stehen in einem kosmologisch-schöpfungstheologischen Zusammenhang, in dem die Natur (und damit die ‚Kapazität') der Dinge von dem Willen des gegenwärtigen und tätigen Gottes her verstanden sind. Insofern sehen Philosophie und Theologie die Wirklichkeit umfassend in verschiedener Perspektive.

2.4.2. Die Philosophie im Dienste der Theologie

Eingangs wurde das antagonistische Verhältnis von Theologie und Philosophie bei Brenz dargestellt. Brenz schränkt diesen umfassenden Gegensatz, sein Votum *für* den Glauben und *gegen* rationale Argumentationen aber ein: „Und dennoch..." (P 26,4–12.13ff.). Trotz der überrationalen Gewißheit des Glaubens darf sich der Glaube nicht „blindlings" über die Vernunft erheben. Auch er hat für seine neue Wirklichkeit Sprache zu finden[110]. Zwar ist und bleibt das „Geheimnis der Inkarnation" für die menschliche Auffassung unbegreiflich, doch will der Heilige Geist auch nicht, daß der Mensch vor dem Wort Gottes in passivem Stumpfsinn verharrt; vielmehr gilt es, den „wahren Sinn" des Zeugnisses zu verstehen, es zu erschließen und begrifflich zu verantworten[111].

---

[109] May 309,9–12; „manifestum sit, quod quemadmodum non est aliud in unaquaque natura, quam quod Deus vult et quod dat, ita omnia praebeant sese voluntati Dei *ad agendum naturaliter*" (M 308,5–8).

[110] „ne videamur temere ridere et nobiscum, hoc est cum nostra professione pugnare, explicabimus nostram, quo ad eius fieri potest, sententiam" (P 26,13–15).

[111] „Spiritus sanctus ... non voluit nos ad verba sacrae scripturae esse stipites ac truncos: sed potius exigit, ut cognoscamus veram sententiam eorum, quae nobis credenda proponuntur" (R 11,14–20).

Mit den Schweizern ist nicht nur eine theologische, sondern auch eine philosophische Debatte zu führen. Es ist nämlich ein Irrtum, sagt Brenz, daß ihre theologischen Argumente wirklich nur theologischen Charakter haben: „Jene scheinen uns aus unserer Theologie, nicht aus ihrer Philosophie heraus zu bekämpfen. Aber die Sache verhält sich weit anders" (P 26,18–20). Denn die scheinbar theologischen Einwände basieren in Wahrheit auf philosophischen Implikationen. Diese müssen befragt werden. Was meint etwa die „Vokabel ‚Natur'" in den Sätzen der Schweizer? Meint sie die Substanz der Sache oder lediglich ihr sekundär Zukommendes, ihre Eigentümlichkeiten und Akzidentien[112]. Für diese Klärung philosophischer Implikationen der Begriffe bedarf die Theologie der Philosophie, als eines reinen Instrumentes zur Erfassung ihrer Begriffe, keinesfalls im Transfer der materialen philosophischen Axiome in die Theologie. Philosophie wird instrumental gebraucht als Logik, die die Begriffe und die Zulässigkeit von Prädikationen über sie prüft.

In dem beschriebenen Sinn ist der Gegensatz der *duae scholae* nicht mehr ausschließlich. Als Instrument zur Klärung der Begriffe geht Brenz auch in die Schule der Philosophie[113]: „Wolan, so wŏllen wir anfangs mit diser lehr in die schul der weltgelerten … eingehn", erst „darnach in die schul des heiligen geists" (May 361,34–36). Brenz kombiniert die Methoden – nicht die Axiome! – philosophischer und theologischer Diskussion. Er trägt damit der Tatsache Rechnung, daß die Begriffe der überlieferten christologischen Terminologie „nicht Schrifftliche, sondern *Philosophische* und Schulwort seyn", zugleich ihr Gebrauch aber zu normieren ist am Schriftzeugnis von der Einheit Christi[114]. Dabei hat die philosophische Erörterung deutlich sekundären, Hilfscharakter. Gegenüber dem Wissen der „schola philosophica", das sich Brenz durchaus zunutze macht, bevorzugt er die „überzeugenderen Zeugnisse" der Schrift (R 88,6–14).

Brenz entwickelt kein geschlossenes methodologisches System, sondern bedient sich der Philosophie da, wo es ihm nützlich erscheint. Die Kombination beider Verfahren ist im einzelnen allerdings nicht unproblematisch. Weder die philosophische Methode an sich noch die Bestimmung ihres Verhältnisses zur Theologie im einzelnen sind schon voll befriedigend gelöst. So findet sich etwa häufiger ein unvermittelter Wechsel zwischen philosophischer und theologischer Argumentation (P 28,19 ff.; 22,6 ff.). Dem muß unten im Zusammenhang der materialen Behandlung des Person- und v. a. des Naturbegriffes im einzelnen nachgegangen werden. (s. u. S. 190 ff.).

---

[112] „Primum enim, cum dicitur divinam naturam in Christo non mutari in humanam nec humanam in divinam, vocabulum ‚naturae' recte intelligendum est. Aliquoties enim hoc nomine significatur ipsa rei substantia, aliquoties rei proprietas et accidentia" (P 26,21–24).

[113] Es kann also keine Rede sein von einem bloßen „Irrationalismus", wie ihn O. RITSCHL (IV,72) und WEBER (Reformation I/2, 163) sahen.

[114] Brenz/Andreae, Apologia ad Electorem Augustum, 78.

3. Die Person Christi: Kommunikation statt Dependenz

Mit den Überlegungen zum Verständnis der altkirchlichen Christologie und zum Verhältnis von Philosophie und Theologie ist längst der Weg der materialen Darstellung von Brenz' Christologie betreten. Was hat sich bisher ergeben? Die Schrift bezeugt, daß Gott Mensch geworden ist. Das Verständnis *dieses* Geschehens erweist sich als entscheidend für den gesamten christologischen Themenkomplex. Die von der theologischen Tradition ausgebildete Terminologie wird übernommen; es gilt jedoch, sie auf ihre philosophischen Implikationen hin kritisch zu befragen und durch unmittelbaren Bezug auf die Schrift produktiv zu interpretieren. Es ist also auszugehen von dem Satz: menschliche und göttliche Natur sind in Christus in einer Person verbunden (P 18,14f.). Aber dieser Satz ist noch zu allgemein. Auch die verfehlte Christologie der Gegner beruft sich auf die Einheit der Person[1]. Mit dem Wort ‚Person' ist noch nichts gewonnen, es sei denn, es werde präzise und richtig erläutert: „Was ist aber das geredt: in *ein* person?"[2]. Es kommt also alles darauf an, das Verständnis der Person Christi richtig zu entfalten.

3.1. Der Begriff der Person

3.1.1. Der biblische Begriff

Brenz unternimmt es zunächst, die *biblische* Herkunft des Begriffs aufzuhellen. Dabei versucht er es zunächst mit einigen Belegen für den Terminus πρόσωπον. In 2. Kor 1,11 steht πρόσωπον „für ein menschen, der für sich selb sein bestandt oder wesen hat"[3]. Zweifellos trägt Brenz hier eine vorgeprägte philosophische Definition an den biblischen Begriff heran und zeigt damit die Grenze seines Versuchs der biblischen Herleitung; zugleich beweist er jedoch beachtliches exegetisches Gespür, indem er die einzige Stelle des NT (E. Lohse[4]) auswählt, an der πρόσωπον ‚Person' bedeutet. – An zwei weiteren Stellen (2. Kor 2,10 und 4,6) will er bereits die Übertragung dieses Begriffs auf Jesus sehen (M 216,32–218,2). „Aber woher auch immer dies Wort genommen ist", schränkt er seine exegetischen Bemühungen ein, es geht eigentlich nur darum zu zeigen, daß „dieses Wort zur rechten Erklärung Christi sehr geeignet ist" (M 218,3f.).

Das gilt auch für den Begriff ὑπόστασις, der mit „Subsistenz" und „durch sich selbst subsistierende Person" (persona per se subsistens) wiedergegeben wird. Brenz müht sich um die biblische Herleitung aus Hebr 1,3, bemerkt aber selbst

---

[1] „existimo nullos esse hisce temporibus, qui fateantur se duas in Christo naturas divellere" (P 18,16f.).

[2] May 227,23; „Sed quid est illud, in unitate personae" (M 226,17f.).

[3] May 217,38f.; „Hic nomen ‚personae' pro homine per se subsistente sumitur" (M 216,31f.); vgl. zum Ganzen MAHLMANN, Personeinheit, 209.

[4] E. LOHSE, ThWNT 6,778,36ff.

die Unsicherheit dabei; zusätzlich, so notiert er als gründlicher Exeget, wäre hier allenfalls der *trinitarische* Personbegriff zu finden, während der christologische lediglich als „ähnlich" deduzierbar wäre (M 218,8–15).

Eine materiale exegetische Begründung und Füllung des Personbegriffs gelingt Brenz nicht, und er spürt das auch. Trotzdem verzichtet er nicht auf die biblische Fundierung der wissenschaftlichen Terminologie, um die programmatische Vermittlung (s. o. S. 154) von philosophischer und theologischer Redeweise zu leisten. „Das alles hab ich diser ursach halben hie erzőlen wőllen, damit man erkenne, das die alte våtter haben nicht auß eignem gutbeduncken, sonder auß zeugnuß der heiligen schrifft dem Herren Christo den namen der ‚person' gegeben" (May 219,23–26). Die Produktivität von Brenz' Fassung des Personbegriffs liegt dann aber doch in einer originellen philosophischen Interpretation.

3.1.2. Der philosophische Begriff

Der Schwabe greift zurück auf die klassische Definition von persona durch Boethius: „Die Person ist eines vernünftigen Sinnenwesens unteilbare Substanz" – „persona est rationalis naturae individua substantia"[5]. Die Interpretation dieser Formel durch Vermigli ist oben beschrieben worden (S. 78f.). Brenz schließt sich dieser Deutung von „individua substantia" als *Einzelnem*, das nicht weiter spezifizierbar ist und als logischer Träger übergeordneter Allgemeinbegriffe fungiert („Christus ist Gott", „Christus ist sterblich" etc.), nicht an. Er deutet *individuum* vielmehr in seinem buchstäblichen Sinn nicht als ‚Einzelnes', sondern als ‚Ungeteiltes' bzw. ‚Unteilbares'. So wie die Person des Menschen unteilbare Einheit von Seele und Leib ist, so ist die Person Christi ‚in-dividuierbare' Einheit von Gott und Mensch[6]. Von einem Verständnis von „individuum", das eine weitere Teilung „in singularia wie genus in species oder species in individua" (May 233,4f.) ausschließt, leitet er zu einem Verständnis über, in dem das individuum „nicht mőg, solang die einigkeit bestehet, in vil theil außgetheilt und in vil ort ... außgebreittet werden"[7]. Für Vermigli ist der Zielbegriff von Individuum „singulare" (M 232,3), für Brenz „unitas" (M 232,5).

Mahlmanns Rückführung auch dieses Verständnisses von Individuum auf Porphyrius[8] ist nicht nachvollziehbar. Ihm ist entgegenzustellen, daß offenkun-

---

[5] Boethius, MPL 64, 1343 c; bei Brenz P 22,6f.; M 230,30/232,1.

[6] „Sicut enim homo quispiam ‚persona' dicitur, quod sit una individua e duabus diversis naturis, corpore et anima rationali, constans substantia, ita Christus constans ex divinitate et humanitate, diversissimis quidem naturis, una autem subsistentia, recte dicitur ‚persona'" (M 218,5–9).

[7] May 233,6f.; „Si enim persona sic ‚individua substantia' dicitur, ‚quod non diducatur in singularia quemadmodum genus et species', certe etiam sic ‚individua' dicitur, quod non possit manente unitate eius in varias partes dissecari et in varia loca dispergi" (M 232,2–6; ähnl. P 22,7–9).

[8] MAHLMANN, Personeinheit, 211 mit A.8f. Brenz' knappe Formulierungen zum Thema Person geben eine Deutung im Sinne „synthetisch-einmaliger Art-Individualität" nicht her.

dig eine andere (spät-)antike Deutung von Individuum bei Brenz zugrunde liegt: *Boethius* unterscheidet drei Arten des Individuums. Von dem Verständnis (1) als Art-Einzelwesen (z. B. Sokrates) wird abgehoben ein Individuum, das nicht geteilt werden kann, einmal (2), weil es zu hart ist (z. B. Stahl), einmal (3) weil es seinem Wesen nach unteilbar ist: „Individuum wird genannt, was überhaupt nicht zerteilt werden kann"[9]. Als Beispiel dieser letzten Deutung wird ausdrücklich neben Verstand (mens) auch *Einheit* (unitas) genannt. Ihr schließt sich Brenz in seinem Verständnis von Personindividualität in wörtlichem Rückgriff an: „‚individua' wird genannt, was unter Wahrung seiner Einheit nicht in verschiedene Teile zerteilt werden kann"[10]. Die Person Christi ist für ihn nicht ein logisch nicht weiter individuierbares Einzelnes, sondern sie ist die ohne ihre Auflösung nicht zerteilbare unitas von Gott und Mensch. An der psychologischen Einzigartigkeit Christi ist Brenz nichts gelegen. Er ist nicht als besondere, unwiederholbare ‚Persönlichkeit' von Interesse, sondern als Gemeinschaft von Gott und Mensch.

3.2. Das Verständnis der Personeinheit

Der divergierenden Deutung des *Begriffs* ‚persona' entspricht bei Brenz wie bei Vermigli ein unterschiedenes theologisches Verständnis des Personseins Christi. Bei Vermigli steht dieses Verständnis, wie oben gezeigt wurde, in der Tradition der suppositalen Union.

Brenz' Verständnis ist demgegenüber ein völlig anderes: In der Inkarnation treten die zuhöchst disparaten Substanzen von Gottheit und Menschheit in wirkliche Gemeinschaft und *werden* so eine Person[11]. Diese Person ist nichts als die coniunctio der beiden Naturen; sie *besteht* aus beiden Naturen (M 342,31), die in denkbar enger Vertrautheit – „tanta familiaritate" (P 40,25) – und intensivster Weise – „summe coniuncta" (R 34,14) – verbunden werden. Daher rührt Brenz' Interesse, den Boethianischen Begriff ‚Individuum' als ‚unteilbar' zu interpretieren. Es konstituiert diese Person die unlösbare Einheit der zwei Naturen[12].

Brenz meint aber auch offenkundig etwas anderes als Porphyrius: Diesem geht es um die *Einzigartigkeit* eines Individuums in seinen Eigentümlichkeiten, „deren Gesamtheit bei keinem anderen Einzelwesen je als dieselbe wiederkehrt; denn die Eigentümlichkeiten des Sokrates können bei keinem anderen einzelnen Menschen als dieselben wiederkehren" (Porphyrius 9). Brenz dagegen zielt nicht auf *Einzigartigkeit* sondern auf *Unteilbarkeit*, ein Gesichtspunkt, der für Porphyrius keine Rolle spielt. Diesem geht es um die ‚psychologische' Singularität des „einzelnen Menschen" (ebd.), er bewegt sich also ganz in seinem Baumschema, und zwar auf dessen unterster Ebene. Dessen Anwendung aber weist Brenz doch gerade ab.

[9] „dicitur individuum, quod omnino secari non potest, ut unitas vel mens, dicitur individuum quod ob soliditatem dividi nequit, ut adamas, dicitur individuum, cuius praedicatio in reliqua similia non convenit, ut Sokrates" (Boethius, MPL 64,97 c; nach KOBUSCH, HWP 4,302).

[10] „‚individua' dicitur, quod non possit manente unitate eius in varias partes dissecari" (M 232,4 f.).

[11] „Etsi enim naturae seu substantiae sunt inter se diversissimae et habent sua quaeque diversa idiomata seu proprietates, tamen et ipsae substantiae tanta unione coniunguntur, ut *fiant* una et inseparabilis hypostasis" (P 40,21–25).

[12] „hae duae naturae seu substantiae in Christo ita conveniunt et uniuntur, ut non duas

Indem in der Person Christi zwei völlig disparate Daseinsweisen miteinander
existieren, bilden sie *ein* Subjekt, die reale Synthese göttlicher und menschlicher
Substanz in einer gemeinsamen Hypostase. Brenz kann ὑπόστασις sowohl mit
existentia[13] als auch mit subsistentia (M 218,9f.), suppositum und persona (P
40,24f.) wiedergeben. Im Hintergrund steht in jedem Fall die Überzeugung der
(aristotelischen) Metaphysik[14], daß jeder Natur bzw. Substanz zwar ein ge-
schlossener Kosmos der Bestimmungen ihres*Soseins* eignet, nicht jedoch ihr
Dasein, ihre Existenz. Das reale Dasein in einer Person fügt dem essentiellen Sein
der Natur nichts hinzu, sondern bringt es zur existentiellen Wirklichkeit. Daher
ist es möglich, die gemeinsame *Existenz*, das gemeinsame reale *Dasein* zweier
disparater Naturen in einer Person auszusagen, ohne daß beide in ihrer Eigenart
vermischt werden. Was sie verbindet, ist die eine *Existenz*, das gemeinsame
Dasein in dem Menschen Jesus, nicht eine *Essenz*. Sie sind verbunden durch
gemeinsame*Subsistenz*, nicht aber durch eine *Substanz*: „Christus, der aus Gottheit und Menschheit, völlig verschiedenen Naturen, aber einer Subsistenz besteht, wird zurecht ‚Person' genannt"[15].

In der Person Christi sind immer Gottheit und Menschheit zugleich angesprochen, da die Person ihre reale Existenzgemeinschaft *ist*. Die Person ist nicht das
bloß logische Subjekt für Prädikationen über die zwei Naturen; sie ist auch nicht
nur die ontologische Trägerin der menschlichen Natur, sondern die konkrete
Subjekteinheit von Gott und Mensch. Was in der Person dem Subjekt Gott gilt,
trifft das Subjekt Mensch mit, da beide als ein Subjekt existieren. „Ich bekenne
nicht das eine und das andere, sondern einen und denselben Gott und Menschen
als Sohn Gottes" (R 310,15f.).

3.2.1. Göttlicher Logos und Person Christi

Die Person Christi ist das einmalige neue Geschehen der Gemeinschaft von
Gott und Mensch. Diese Person hat eine Geschichte, die in dem „wurde" von
Joh 1,14 ausgesagt ist. Sie hat ein *Werden* (P 40,24) hinter sich, sie wird von
menschlicher und göttlicher Natur allererst konstituiert (s. o. S. 157). Insofern
ist sie nicht identisch mit dem ewigen göttlichen Logos. Oder andersherum
formuliert: Mit dem Logos *geschieht* in der Inkarnation etwas fundamental
Neues.

---

personas, sed unam tantum *constituant*" (M 236,24–26, ebenso R 12,27–13,1). Ebenso *Luther*:
„humanitas et divinitas in Christo constituunt unam personam" (WA 30 II,100,18).

[13] So in Abweichung von der üblichen Übersetzung des Chalcedonense: „in unam personam
atque *existentiam* concurrente" (P 16,26; M 216,10) für εἰς ἕν πρόσωπον καὶ μίαν ὑπόστασιν
συντρεχούσης , wo sonst „in unam personam atque *subsistentiam*" übersetzt wird (Denzinger
302). Brenz will offenkundig das Moment der existentiellen Konvenienz der disparaten Substanzen betonen.

[14] Vgl. dazu Sparn, Wiederkehr, pass.; Weber, Einfluß, v. a. 152ff.; Schröder, v. a. 108ff.

[15] „Christus constans ex divinitate et humanitate, diversissimis quidem naturis, una autem
subsistentia, recte dicitur ‚persona'" (M 218,7–9).

Dieser Konsequenz stellt sich, wie wir sahen, Vermigli entgegen: Die Person *besteht* nicht aus beiden Naturen, sondern sie *trägt* sie lediglich[16]. Sie ist und bleibt ein ontologisch Selbständiges, ein Drittes vor den Naturen, die von ihr im Dasein gehalten werden. Dabei verharrt der Logos ante und post incarnationem in unveränderlicher Selbigkeit. – Indem Brenz von diesem Konzept radikal abweicht, muß er zugleich weitere Präzisierungen einführen, um Übereinstimmung und Unterschiedenheit von Christus und Gott auszusagen. Dies geschieht durch den Bezug auf die Trinitätslehre: Vom Geschehen der Inkarnation ist lediglich die zweite Person der Trinität betroffen[17]. Die Christologie ist auf diese Weise verankert in der göttlichen Trinität und von ihr unterschieden. Christus ist Gott, aber er ist nicht einfach identisch mit Gott.

Wenn die Person Christi ‚ein Neues' ist: wie ist ihre Kontinuität mit dem göttlichen Logos auszusagen? Im Ereignis der Inkarnation nimmt die zweite Person der Trinität die menschliche Natur in die Einheit der Person auf. Der für Vermigli und v. a. für Bullinger zentrale Begriff der assumptio spielt auch für Brenz eine wichtige Rolle. Bestimmendes Subjekt dieser assumptio ist der Logos. *Er* agiert im Akt der coniunctio (M 232,13–15); er nimmt den Menschen so auf, daß nicht zwei Personen entstehen, sondern eine Person *bleibt*[18]. Hier liegt die Kontinuität zwischen dem göttlichen Logos und der Person Christi: Das agierende Subjekt der Inkarnation ist die Person des Logos, von dem gilt: „er bleibt eine Person". Gemäß der traditionellen Anhypostasielehre wird der Mensch Jesus in die Einheit mit der göttlichen Hypostase aufgenommen. Er ist selbst kein – auch nur partiell – personierendes Subjekt, sondern ausschließlich gnadenhaft empfangender.

Zu dieser Person-Kontinuität des Logos tritt aber nun das materiale Verständnis von assumptio hinzu: assumptio heißt Aufnahme in die Realität der gemeinsamen Existenz von Gott und Mensch. Diese Existenz ist eine neue Wirklichkeit, sie *wird*: „Der Sohn Gottes hat sich nicht geschämt, mit dem Menschen eine unteilbare Person zu *werden*" (S 140,35 f.). Subjekt ist auch hier ausschließlich der Logos, aber er tritt mit der Menschheit in reale Gemeinschaft und läßt sich so auf Neues ein. Beide Aspekte, Kontinuität und Veränderung, „eine Person bleiben" und „eine Person werden" gehören zusammen: Gott bleibt derselbe und bestimmt sich doch noch einmal neu. Bei dieser Paradoxie, dem Simul von „manere" und „fieri", von Identität und Gemeinschaft, ist die Christologie nach Brenz bei ihrer Sache.

---

[16] Glosse zu M 342,31 ff.; s. o. S. 77 f. A. 35.

[17] „Itaque missio filii Dei in hunc mundum ita intelligenda est, ut cum in una aeterna et simplicissima divinitate sint tres distinctae personae, pater, filius et spiritus sanctus: assumpserit humanam naturam seu substantiam … non prima persona, quae est pater, non tertia, quae est spiritus sanctus, sed tantum secunda, quae est filius" (P 16,1–6).

[18] „eam substantiam [humanam] ita sibi univerit [filius Dei], ut non fiant duae diversae personae, sed *maneat* tantum *una persona*" (P 16,6–8).

3.2.2. Die Untrennbarkeit der Person

Das Sein Christi als „persona individua", als untrennbare gemeinschaftliche Existenz göttlicher und menschlicher Natur wird ausgesagt in der Dimension der Zeit und des Ortes. In der *Zeit* gilt sie seit der Inkarnation für ewig (P 14,31); auch durch den Tod wird sie nicht gelöst. In der Kategorie des *Raumes* besagt allein die ‚formale‘ Definition der Person bereits, daß seit der Inkarnation die Menschheit aufgrund ihrer personalen Mitexistenz an jedem Ort ist, an dem die göttliche Natur ist (P 20,24–26). Die Behauptung der Personeinheit impliziert unmittelbar das Postulat der Allgegenwart des Menschen Jesus: „Ist es nicht klar: wenn Gottheit und Menschheit in der einen Person Christi untrennbar und unzerreißbar verbunden sind, ist es notwendig, daß wo immer die Gottheit ist, auch die Menschheit ist?"[19]. In jedem anderen Fall wäre die gemeinsame Existenz der beiden Naturen zerbrochen, wenn auch nur an *einem* Ort der göttliche Logos ohne den Menschen existierte.

Eine Teilung der Person in zwei Naturen ist nurmehr im Akt hypothetischer Abstraktion, „allein im verstandt"[20] möglich, nicht aber real. Von göttlicher und menschlicher Natur *Christi* kann nur in der konkreten Existenzeinheit der Person geredet werden. Die Naturen *sind* nicht für sich; lediglich das Denken kann sich an die Perseität einer jeden Natur gleichsam zurückerinnern, indem es von der konkreten Personeinheit abstrahiert; Wirklichkeit bildet diese gedankliche Trennung nicht ab: die Naturen „können nicht *wirklich* voneinander getrennt werden, auch wenn sie häufig *rein gedanklich (solo intellectu)* getrennt werden" (P 18,30–32). *Wirklich*, im Dasein, sind menschliche und göttliche Natur ausschließlich in der gemeinsamen Existenz. Der Schwabe hat damit faktisch, ohne diese Formulierungen zu gebrauchen, die Unterscheidung von abstrakter und konkreter christologischer Rede erreicht[21].

3.3. Die Abweisung des Personverständnisses der Gegner

3.3.1. „Duae personae" – Spaltung statt Einheit der Person

Der bloß abstrakten Trennung der Naturen scheint Vermigli nicht entgegenzustehen. „Nur gedanklich kann eine Natur von der anderen weggezogen werden", konzediert auch er, wenn auch unter Hinweis auf ihre reale Unterschiedenheit[22]. Aber Vermigli zielt nicht nur auf die auch von Brenz behauptete

---

[19] P 18,19–22; ähnl. Brenz, Von dem Sacrament, 15; gegenüber Lasko CR 44,161; Apologie 509; P 20,24–26; S 130,1–3; M 220,3f.; 232,13–15; 236,26–28; R 19,7–12; Schreiben an Kurfürst Friedrich (19.10. 1560), Pressel 477f.; Schreiben an Herzog Albrecht (1563), Hartmann/Jäger II,541f.

[20] May 239,22; „Si aliquoties in hac persona *docendi gratia* separantur, non loco, sed solo intellectu separantur" (M 238,16f.); ähnl. M 244,6–8.

[21] Vgl. Mahlmann, Personeinheit, 208 A.49.

[22] „Duae naturae in Christo re ipsa distinctae sunt ut anima et corpus citra opus intellectus, at sola cogitatione una potest ab altera distrahi (Vermigli, Glosse zu M 238,17).

essentielle Differenz der Naturen, sondern auf das räumliche „extra" der Gottheit[23]. Brenz hingegen formuliert über die Abweisung der Scheidung „in Wirklichkeit" hinaus gezielt: „niemals werden sie durch einen Ort getrennt"[24]. Brenz intendiert nicht die Einebnung der essentiellen Unterschiedenheit der Naturen; er negiert vielmehr die Aufteilung der Einheit Christi auf zwei lokal getrennte Daseinsweisen. Die reale Einheit von Gott und Mensch hat sachlich Priorität vor der gedanklich-verbalen Disjunktion der beiden Naturen an sich, deren Disparatheit dadurch freilich nicht eingezogen wird[25]. Daß beide Naturen, wie Vermigli meint, „ohne Mühe des Verstandes" an je einem Existenzort und auf je eine Existenzweise – einmal autark und überall, einmal dependent und lokal einmalig – angesprochen werden könnten, bestreitet Brenz.

Nun behaupten natürlich auch die Schweizer nicht die Auflösung der Personeinheit. „Die Einheit in derselben Hypostase wird also durch die Verschiedenheit der Örter nicht aufgehoben", postuliert auch Vermigli[26]. Aber er meint damit aufgrund des unterschiedenen Modells der Personeinheit etwas anderes als Brenz: Für Vermigli steht die räumliche Untrennbarkeit fest, weil an jedem Ort, an dem die Menschheit ist, die göttliche Hypostase sie im Dasein erhält. Deshalb gilt: „Wo immer Christus ist, ist er als Gott und Mensch". Daß die Gottheit in ihrer Unendlichkeit überschießt, widerspricht dem nicht: „Aber nicht überall, wo Gott ist, ist der Mensch"[27]. Nirgends ist der Mensch Jesus gesondert von dem ihn tragenden Logos. In kürzestmöglicher Prägnanz formuliert Vermigli von ihm: „Er ist, wo Gott ist, aber nicht überall, wo Gott ist"[28].

Diese Konsequenz ist für Brenz nicht nachvollziehbar. Er nimmt Vermiglis Formulierung auf und interpretiert sie in seinem Sinn: „Und ist war, das Martyr hie schreibt: ‚Die vereinigung', spricht er, ‚in *einer* person würdt nicht durch mancherley ort hinweggenommen' etc. Da sihestu, das im ein warheit unversehens entpfallen ist. Dann es ist kein ort so weit von dem andern, das da möcht die personlich vereinigung der gottheit und menschheit in Christo disergestalt zertrennen, das die gottheit ettwa an einem ort sein solt, da sie nicht auch die menschheit ... eben am selben ort bey ir hab und da mit ir vereinigt sey" (May 231,31–39). Diese von Vermigli natürlich gerade nicht intendierte Interpretation ist für Brenz unausweichlich: „Wenn nämlich die Gottheit Christi irgendwo

---

[23] „nec propterea inferre licet unam tam late patere quam alteram; nec si una excedit alteram, ideo avellitur ab ea, nam filius Dei, qua superat humanitatem, non fuit ea umquam conclusus aut terminatus, ideo non avellitur" (Vermigli, Glosse zu M 238,17).

[24] „ita coniunctae sunt, ut haudquaquam *loco*, sed tantum intellectu distinguantur" (M 244,7f.).

[25] „Nam quod naturae dicantur in Christo distinctae, non idcirco dicuntur distinctae [Brenz sagt nicht: *sunt* distinctae], quod distinguantur locis, ut alicubi sit divinitas, ubi non habeat copulatam sibi humanitatem, sed quod naturae nec sint mutatae nec mixtae" (M 246,14–17).

[26] „Unio igitur in eadem hypostasi diversitate locorum non tollitur" (Vermigli, Dialogus, 10b).

[27] „Ubicunque [Christus] sit, est Deus et homo. Sed non ubicunque est Deus, ibi est homo" (Vermigli, Randbemerkung zu M 248,27).

[28] „Est, ubi Deus est, sed non, ubicunque Deus est" (Vermigli, Randbemerkung zu M 248,10f.).

ohne seine Menschheit ist, werden sie zwei Personen sein, nicht eine"[29]. Diese Formulierung trifft Vermigli nach dessen Kriterien zu Unrecht und wird von den Schweizern vehement bestritten[30]; sie liegt aber ganz in der Konsequenz von Brenz' Ansatz: Die Person Christi ist definiert durch die untrennbare gemeinsame Existenz der beiden Naturen. Folglich *ist* diese Person nur, wo jene Existenz statthat. Wo nur der göttliche Logos wäre, wäre eine andere Person; es gäbe zwei verschiedene Personen[31]. Nach Brenz' Urteil leistet die Suppositumchristologie das Gegenteil von dem, was sie beansprucht (R 17,4–7): Sie bewahrt nicht die Einheit der Person, sondern spaltet sie räumlich auf; sie trennt nicht nur gedanklich, sondern real.

3.3.2. „Tantum vulgaris unio" – Die falsche Frage nach der Personeinheit

3.3.2.1. Die verfehlte Fragestellung

Die bisherigen Argumente von Brenz gegen die reformierte Christologie überzeugen nur, insofern man seinen Prämissen folgt und den reformierten Ansatz entgegen seiner eigentlichen Intention interpretiert. Stehen also einfach zwei Ansätze mit je eigenen Prämissen und Fragen positionell gegeneinander, die in ein eigentliches Gespräch nicht kommen, weil sie die Aussagen und Antworten des anderen auf die eigenen Fragen und Begriffsbestimmungen beziehen, gegen ihre Absicht interpretieren und leicht erledigen, ohne daß ein diskursiver Fortschritt erreicht wäre?

So mag es zunächst scheinen. Brenz' Vorwurf der „duae personae" mißt in der Tat das Konzept der Gegner am eigenen Begriff und trifft diese objektiv ungerecht. Brenz spürt das Unbefriedigende dieser sterilen Antithetik. Deshalb setzt er seine Kritik noch einmal fundamentaler an: Er stellt fest: Die Personeinheit beanspruchen beide Seiten, kommen aber zu völlig differenten Resultaten. Brenz' Entdeckung lautet: Beide Seiten meinen nicht nur je Verschiedenes mit dem Begriff Person, sondern sie antworten mit ihm auf je verschiedene Fragen. Der Begriff wird – in moderner Wissenschaftsterminologie gesprochen – in Zusammenhang ganz verschiedener Paradigmen verwendet.

Den gesamten Ansatz der suppositalen Union, der ihm bei den Schweizern wie bei Melanchthon begegnet, hält Brenz für ein System auf der Basis eines falschen, ungeeigneten Paradigmas. Die Leitfrage lautet hier: Was ist der *Grund* für das Dasein und Sosein des Seienden. Konkret: Was ist der göttliche Grund für die Existenz des Menschen Jesus? *Hierauf* antwortet der zentrale Satz Ver-

---

[29] P 18,24–26, ähnl. M 322,16: „Duas ergo personas aut duos Christos … facit"; R 17,4; 17,25; 318,4f.

[30] „addimus quod iam saepe diximus & repetere non erubescimus, nos personae Christi unitatem non dividere" (Bullinger, Responsio, 66a); „Persona non distinguimus, cum illam faciamus unam"; „Persona non dividitur" (Vermigli, Randbemerkungen zu M 248,19; 244,17).

[31] „faciant (quod in ipsis est) ex Christo duas personas, alicubi quidem Deum et hominem, alicubi autem Deum tantum" (M 220,16–18; ebenso M 244,17–20).

miglis: „Es genügt, daß die Gottheit, obwohl sie unendlich und unbegrenzt ist, mit ihrer Hypostase die Menschheit stützt und erhält, wo immer jene ist"[32]. Brenz nimmt diesen Satz zweimal explizit auf (M 220,19ff.; 222,3ff.). Aber er verwirft ihn nicht einfach als falsch. Vielmehr ist der Satz die richtige Antwort auf eine falsche Frage! Hier wird geredet im Blick auf die Frage nach dem theologisch-ontologischen Grund für das Dasein des Menschen Jesus. Diese Frage ist aber keine christologische, sondern eine allgemein anthropologische, ja eine protologische: Der Satz Vermiglis ist richtig, aber nicht als Antwort auf die Frage nach Christus, sondern auf die Frage nach dem Grund des Daseins eines jeden Menschen. Was Vermigli als Spezifikum Jesu angibt, gilt in Wahrheit vom Menschen allgemein oder jedenfalls von allen Christen: „Aber auff solche weiß erhalte[t] und understeüre[t] auch der son Gottes mit seiner person ... die menschheit Pauli, sie sey wa sie wöll"[33]. *Die Frage nach dem Grund seiner personalen Existenz muß für jeden Menschen gestellt werden und kann schöpfungstheologisch nur mit der wirkenden Gegenwart Gottes beantwortet werden.* Ohne dieses göttliche Getragensein kann kein Mensch existieren[34]. Ganz bewußt überträgt Brenz die Vokabeln der suppositalen Union in den anthropologischen Bereich. Denn sein Vorwurf zielt darauf, daß die suppositale Union Christus zum normalen Mensch degradiert: „Was aber ist das anderes, als aus Christus einen gewöhnlichen Menschen zu machen?" (R 17,3f.). Die reformierte Christologie löst die Christologie in die Schöpfungslehre auf, verdünnt sie ins Allgemeine. Sie sagt von Christus nur aus, was von jedem Menschen gilt: Er hat sein Dasein nicht als Besitz an sich selbst, sondern *ist* nur in beständiger Angewiesenheit auf Gott, existiert in ständiger Dependenz. Die Frage nach dem *Spezifikum* Christi kann diese Christologie nicht beantworten: „Wir haben das Proprium und den besonderen Unterschied, der zwischen Christus und den anderen Menschen besteht, noch nicht erreicht" (R 15,4–6). Sie ist dazu nicht in der Lage, weil die zugrundeliegende Frage nach der Begründung des Daseins Jesu die differentia specifica nicht einholen *kann.*

3.3.2.2. Anthropologie statt Christologie: Die Überführung der reformierten Sätze in die richtige Fragestellung

Brenz hingegen insistiert auf der Frage nach dem Proprium Christi. Er tut das zunächst, indem er in z. T. provozierenden Formulierungen die Insuffizienz der Suppositumchristologie hinsichtlich des Spezifikums Christi erweist: Nicht nur die conservatio durch Gott ist Kennzeichen eines jeden Menschen: Auch Verbindung (coniunctio), ja Einigung (unitio) von göttlicher Hypostase und Mensch, scheinbar rein christologische Termini, lassen sich protologisch verste-

---

[32] Vermigli, Dialogus, 10a; s.c. S. 77.

[33] May 223,6–9; „sic etiam filius Dei *fulcit et sustentat* sua hypostasi (est enim secunda in una deitate hypostasis) humanitatem Pauli, ubicunque ea fuerit" (M 222,5–7).

[34] May 223,9–12; „Humanitas enim Pauli non posset vel uno momento consistere aut conservari, nisi divina potentia et praesentia fulciretur ac sustentaretur" (M 222,7–9).

hen: „Dann man bedencke gleich Paulum ..., so ist der son Gottes mit seinem
gŏttlichen wesen disergstalt im beygethon und vereinigt (*coniunctus* et *unitus*), das
er in, so er noch lebt, im leben beschützet und deß abgestorbnen seel erhaltet, auch
den todten cŏrper ... biß zur urstendt durch sein allmăchtig wesen gegenwürtig
bewaret" (May 223,20–26). Gottes erhaltendes schöpferisches Mitsein ist engste
Präsenz Gottes, ja Vereinigung Gottes mit der Kreatur. In diesem Sinne kann auch
Paulus ‚Gott' genannt werden! Denn die Schweizer „gliedern [Christus] ein in die
Reihe der anderen heiligen Menschen, so daß er auf keine andere Weise Gott
genannt wird, als Paulus [Gott] genannt werden kann"[35]. Wo liegt der Sinn dieser
nicht nur für Vermigli[36] unerträglichen Spitzenformulierungen? Brenz zielt auf
die differentia specifica der Person Christi, die im Modell der Präsenz Gottes als
suppositial tragender nicht erreicht ist: Wenn man also in diesem Modell Jesus als
mit Gott vereinigt, ja als Gott bezeichnen darf, darf man es auch bei Paulus. Man
darf es, weil im Modus der konservatorischen Einwohnung Gottes in Paulus auch
Paulus Gott ist. Dieses Modell ist *christologisch* insuffizient.

In der Recognitio spitzt Brenz diesen Gedanken noch weiter zu: Die gesamte
Zweinaturenlehre erweist sich ihm jetzt als christologisch unzureichend, wird
vielmehr bei einer Zuordnung der Naturen im Sinne der suppositalen Union als
ein anthropologisches Modell interpretiert: „Du hast also in jedem beliebigen
Menschen beide Naturen, die göttliche, die alles erfüllt, und die menschliche, die
von der göttlichen getragen und erhalten wird"[37]. Ohne die Verbindung mit der
Gottheit könnte die Menschheit nicht einen Moment bestehen[38]. Auf die schöpfungstheologischen Implikationen dieser theologiegeschichtlich revolutionären
Formulierungen von einer „Zwei-Naturenschaft" aller Menschen[39] kommen wir
unten (S. 246 f.) zurück. Der systematische Sinn dieser Zuspitzung aber ist
eindeutig. Brenz will in aller Schärfe sagen, was an Christus das Besondere *nicht*
ist, was also allgemein protologische Gültigkeit hat, um umso schärfer die Frage
nach der „spezifischen Differenz zwischen Christus und den anderen Menschen"
(R 15,22–24) zu konturieren.

---

[35] „redigunt eum in ordinem Pauli aliorumque hominum sanctorum, ut non alio modo Deus
dicatur quam Paulus dici possit" (M 222,27–29).

[36] „in ceteris sanctis habitat Deus per gratiam et spiritum, nec est una persona cum eis: ideo
Petrus non est Deus, Paulus non est Deus, Christus est Deus" (Vermigli, Glosse zu M 220,25 ff.).

[37] „Habes igitur in quovis homine utranque naturam, divinam videlicet, omnia implentem, &
humanam, a divina sustentatam & conservatam" (R 15,16–19); ähnl. 15,6–9: „Sicut enim
Christus constat ex duabus naturis, divina videlicet et humana, ita negare non potest, quin et alii
homines consent suo quodam modo ex his duabus naturis, idque inseparabiliter".

[38] „Sic enim in quovis homine sunt duae distinctae naturae, quae usque adeo sibi sunt
coniunctae & connexae, ut humana absque divina ne momento quidem temporis constare queat"
(R 15,28–16,2). Brenz stimmt hier mit einer Formulierung *Luthers* in De servo arbitrio überein:
„sub imperio plenissimo Dei ... sic degunt [sc.: homo et angelus], ut ne momento consistere suis
viribus possint" (WA 18,662,11 f.).

[39] BAUR, Tübinger Orthodoxie, 106; es heißt hier „Zwei-Naturenschaft aller *Dinge*". Das liegt
gewiß in der Konsequenz von Brenz' Ansatz (v. a. M 226,25 [s. A. 45]); er selbst redet aber nur von
zwei Naturen in jedem *Menschen*.

3.3.2.3. Die Auseinandersetzung mit Melanchthon

Die Auseinandersetzung mit dem Modell der suppositalen Union ist implizit auch auf Melanchthon und – später – auf seine theologischen Erben bezogen. An welchen Stellen läßt sich das belegen?

Auch Melanchthon rezipiert explizit das Modell der suppositalen Union; auch für ihn geschieht die unio im Modus des „sustentari" und „gestari". Auch er läßt sich durch die christologisch unangemessene Frage nach dem Grund des Daseins des Menschen Jesus leiten: „Die menschliche Natur würde ins Nichts zurückfallen, wenn sie nicht auf diese Weise im Logos getragen wäre"[40]. Genau dies formuliert Brenz in wörtlicher Anspielung auf Melanchthon als anthropologischen Satz: In jedem Menschen wird nämlich die menschliche Natur niemals von der göttlichen getrennt, solange er Mensch bleibt *und nicht ins Nichts zurückfällt*[41]. Melanchthon vermag in seinen als christologisch gemeinten Sätzen wie Vermigli lediglich die konservatorische Präsenz Gottes des Schöpfers in allem auszusagen.

Brenz sieht die Wurzel des Übels bei Melanchthon in der Lozierung der Christologie innerhalb des Systems der „vier Grade der Gegenwart Gottes" (s. o. S. 32). In diesem Modell der bloß quantifizierenden Stufung der Präsenz Gottes ist es schlechthin unmöglich, das Proprium Christi herauszuarbeiten[42]. Aus der Auseinandersetzung damit[43] erklärt es sich, daß Brenz zunächst, in der Sententia und in De maiestate, das Unternehmen, Sätze der (Suppositums-)Christologie als bloß anthropologische zu erweisen, lediglich an „frommen und heiligen gotsförchtigen menschen" (May 221,37 f.) vornimmt[44]. Erst in der Recognitio zieht Brenz dann die volle systematische Konsequenz aus seinem schöpfungstheologischen Ansatz und redet nun unerschrocken von *allen Menschen* (s. o. S. 164). In *einer*, freilich singulären Formulierung schon in De maiestate wird allerdings deutlich, daß sich Brenz der universalen Tragweite seiner Erkenntnis bewußt ist: er redet von der unio Gottes *mit allen Kreaturen*[45].

Wo liegt der Grund für die zunächst geübte Vorsicht des Schwaben? Wenn er die christologischen Sätze als sachlich nicht von denen der ersten Stufe, der allgemeinen konservatorischen Präsenz Gottes unterschieden erweist, macht er

---

[40] „redigeretur in nihilum humana natura, si non sic gestaretur in λόγῳ" (Melanchthon, St.A.6,266,10f.); ganz ähnlich St.A.II/2,783,5f.; vgl. MAHLMANN, Personeinheit, 21f.

[41] „Homo enim, quisquis is fuerit, dum manserit homo, & *non redigatur in nihilum*, ea est conditione, ut humana eius natura, a divina numquam deseratur ac separetur" (R 15,9–12).

[42] Vermigli vertritt leicht modifiziert dieses Modell ebenfalls. Der Zürcher notiert auf dem Rand von Brenz' De maiestate zu dem Satz „Deus enim habitat in omnibus creaturis et tribuit suum cuique iuxta naturae eius capacitatem" (M 296,28 f.): „*sunt attamen gradus*. Ceteris creaturis dat, ut sint; sanctis, ut sancti sint et eius templa; Christo, ut sit Deus".

[43] Diesen Komplex stellt MAHLMANN, Personeinheit, 213ff., ausgezeichnet dar.

[44] „Ich will jetzt nicht von gemeinen menschen, von Türcken und Juden oder böser christen, sonder allein von den heiligen menschen reden" (B 121,38–40).

[45] „talem facit [sc.: Martyr] unionem filii Dei et filii Mariae virginis, qualis est filii Dei et *omnium creaturarum* aut saltem Petri, Pauli et aliorum sanctorum" (M 226,24–26). Vgl. aber auch M 220,32; 226,21 f.

es seinen Opponenten leicht, ihm „viele" und „große Unterschiede"[46] in den supranaturalen Besonderheiten Christi vorzuhalten. Doch ein solches Abheben auf ein *supranaturales Prae* würde für Brenz das eigentliche Proprium Christi nur einebnen. Deshalb weist er an der Schrift dieselben wunderbaren Kennzeichen wie bei Christus bei allen Heiligen und Aposteln auf, bei Menschen also, die über die reine Erhaltung hinaus von Gott in besonderer gnadenhafter Weise erfüllt sind[47]. Brenz will die Insuffizienz der Unterscheidung der dritten und der vierten Ebene in Melanchthons Modell zeigen.

Die Parthenogenese ist zwar im Hinblick auf den *Modus* der Zeugung und die Qualität des Gezeugten einzigartig, sie ist aber zur Bestimmung der Besonderheit Christi nicht hinreichend (M 224,3–7). Denn ohne Gottes schöpferisch-machtvolle Präsenz, und um die geht es ja bei Melanchthon, wird kein ‚Heiliger‘, ja kein Mensch gezeugt[48]. Während dieser Gedanke, wie Brenz richtig sieht, sachlich auf universale Geltung – auf Melanchthons erste Ebene – drängt („Petrus, Paulus *und andere Menschen*" [M 224,16]), spitzt ihn Brenz auf die Ebene der ‚Wiedergeborenen‘ zu durch Zitation zweier Zeugnisse über die besondere Berufung durch Gott „von Mutterleibe an". Es ist offenkundig, daß es Brenz nicht um schöpfungstheologische Aussagen um ihrer selbst willen zu tun ist, sondern um die Einzigartigkeit Christi, die durch die Benennung der besonderen „Gegenwart und Macht" (praesentia et potentia [M 224, 2f.6f.17]) Gottes in ihm nicht erreicht ist.

Dasselbe ergibt sich bei der Betrachtung der Wunder Jesu: die Apostelgeschichte berichtet solche Zeichen auch von Petrus und Paulus (M 224,22–226,2; R 42,1ff.). Auch die Auferstehung ist nach Apg 2,32f. und 1. Thess 4,16 ein göttliches Geschehen an Christus wie an den Christen (M 226,9–13), ja sie ist an Petrus, dessen Leib verwest war, eigentlich ein größeres Wunder als an Christus (R 42,17–43,8). Selbst die Sündlosigkeit gilt jedenfalls praelapsarisch auch von Adam und Eva und ist bei diesen „sicher wunderbarer" als bei Christus (R 43,8–18). Als Differenz ist dabei nach Brenz auch nicht in Anschlag zu bringen, daß Christus in anderer Weise als die Apostel selbst Subjekt supranaturaler Akte ist, während jene bloß „aus fremder Kraft" handeln (M 226,4). Beide sind darin verbunden, daß sie aus der wirkmächtigen Gegenwart Gottes heraus handeln (M 226,3–8). Keine religionsgeschichtliche Sonderung kann das Proprium Christi aussagen.

Man wird sagen müssen, daß diese Argumente im einzelnen Schwächen aufweisen: An anderer Stelle konzediert Brenz, daß Sündlosigkeit ausschließlich Christus zukommt (M 224,7–9). Und das Wort aus 1. Thess 4,16 bezieht sich ausdrücklich auf die Lebenden und taugt daher nicht zum Erweis einer wunderbaren restitutio ad integrum des verwesten Körpers der Christen. Daß sich nach dem NT Jesus phänomenologisch auf die Ebene der Apostel ‚herunterholen‘ läßt, wird man auch grundsätzlich bezweifeln können. Brenz‘ Überlegungen haben erkennbar nur den Sinn, das Proprium Christi nicht schon in diesen Fragen sehen zu wollen. Nichtsdestoweniger wird man aber der Kühnheit der gleichsam ‚religionsgeschichtlichen‘ Sicht, mit der Brenz diesen Ansatz verfolgt, den Respekt nicht verweigern.

---

[46] Vermigli, Randbemerkungen zu M 222,14ff.21ff.

[47] „implet etiam homines pios et sanctos, idque non vulgari tantum modo quo reliquas creaturas, verum etiam singulari inhabitationis gratia" (M 220,31–33).

[48] „Audis igitur Davidem ... Petrum, Paulum et alios homines ac praesertim sanctos singulari Dei praesentia et potentia in utero matrum conceptos" (M 224,15–18).

Brenz untermauert sein Resultat durch eine fundamentale theologische Überlegung: Das Wesen Gottes ist nach traditioneller Überzeugung einfach, simplicissimus. Seine Präsenz ist deshalb immer ganz. Gott ist immer, unteilbar und ungeschmälert er selbst und als er selbst gegenwärtig. Schon aus diesem Grund ist das quantifizierend-stufende Modell Melanchthons verfehlt. Was die Gegenwart und Einwohnung Gottes angeht, ist er bei den Aposteln nicht mehr und nicht weniger als in Christus, und zwar deshalb nicht, weil es für das Sein Gottes kein mehr und weniger gibt. Darum ist der Begriff der *Einwohnung* Gottes grundsätzlich ungeeignet, das Spezifikum Christi herauszustellen[49]. Das Insein Gottes *in allen Kreaturen* ist nicht quantifizierbar: „Die Fülle der Gottheit wohnt in Petrus nicht weniger als in Christus; denn seine Gottheit ist einfach, und überall wo sie ist (sie erfüllt aber nicht nur Petrus, sondern Himmel und Erde), ist sie ganz und vollkommen" (R 46,19–23).

Es gibt also, so läßt sich zusammenfassen, kein supranaturales Prae Christi vor den von Gott erwählten Menschen, ebensowenig wie es im Blick auf die Abhängigkeit von der tragenden Gegenwart und Einwohnung Gottes eine Differenz zwischen Christus und allen Menschen, ja allem Seienden gibt. Die Christologie der Gegner sagt entgegen ihrem Anspruch das Besondere der Personeinheit nicht aus: „Das ist nicht ein personlich und volkommene, sonder allein ein gemeine vereinigung, tantum vulgaris unio" (M 246,9f., May 247,11–13).

3.3.2.4. Die Entwicklung in Brenz' Argumentation

Es läßt sich eine Entwicklung bei Brenz aufzeigen. Bis einschließlich *De personali unione* (1561) legt Brenz seine Position verteidigend und argumentierend dar, ohne eine explizite Auseinandersetzung mit dem gegnerischen Modell zu führen. In der gegen Bullinger geschriebenen *Sententia* notiert er das Defizit des suppositalen Modells mit nestorianischen Begriffen: „Das were aber keinswegs ein personliche vereinigung, sonder allein ‚ein attingentia vel assistentia aut societas‘, das eins das ander nur anrüret oder allein beystande" (B 131,22–25). Da diese ketzergeschichtlich ansetzende Kritik zweifellos noch nicht sehr präzise trifft, entwickelt Brenz ebenfalls in der Sententia seine eigene Kritik. Jetzt führt er erstmals die Auseinandersetzung mit dem Modell der suppositalen Union; jetzt entdeckt er, daß dieses Modell eigentlich zwei verschiedene Personen setzt; und ab jetzt führt er v. a. die Argumentation hin auf die Frage nach dem Spezifikum Christi[50]. In der Sententia und in De Maiestate

---

[49] „Itaque discrimen Christi et Petri non est sumendum simpliciter ab inhabitatione filii Dei" (R 44,9–11).

[50] Es entspricht dieser Entwicklung, daß in De personali unione die communicatio idiomatum noch als aus der Personeinheit entspringend beschrieben wird, die Personeinheit also der communicatio idiomatum sachlich vorausgeht: „Porro ex hac admiranda et ineffabili unione oritur celebris illa in ecclesiasticis scriptoribus ‚communicatio idiomatum‘. Neque enim posset ulla esse vera idiomatum communicatio inter divinam et humanam naturam in Christo, nisi hae duae naturae essent in una persona inseparabiliter unitae et consociatae" (P 32,8–12). Dies wird

geschieht dies noch auf begrenztem Raum (S 120–128; M 220–228), in der
Recognitio durchzieht es gleichsam als Leitmotiv das ganze Buch. Entsprechend
begegnen hier auch die deutlichsten und konsequentesten Formulierungen.

3.3.3. Communicatio als Spezifikum Christi

Man wird nicht bestreiten können, daß gerade Melanchthon, ähnlich aber
auch die Schweizer ebenso wie Brenz das Proprium Christi herausarbeiten
wollen. Gerade das Schema der vier gradus göttlicher Gegenwart will ja die
Differenz Christi, die „völlig andere Gegenwart" (longe alia praesentia) Gottes
in ihm aussagen. Es gibt also in der theologischen Intention durchaus Übereinstimmung von Brenz und Melanchthon.

Die Differenz liegt also in der materialen Bestimmung des Spezifikums Christi. Für Brenz führt das melanchthonisch-schweizerische Modell der suppositalen Union deshalb zu falschen Resultaten, weil es mit einer falschen Frage, der
nach dem ‚ontotheologischen' Grund der Existenz des Menschen Jesus, an das
Geheimnis Christi herangeht. Das Proprium Christi ist demgegenüber einzuholen durch die Frage nach der inneren Struktur des Miteinanders der beiden
Naturen, nach dem Modus der Koexistenz von Gottheit und Menschheit. Die
personale Existenz Christi muß ausgesagt werden als Vollzug realer Kommunikation der miteinander existierenden Naturen. Die „Unio duarum naturarum in
Christo" muß „per Communicationem Idiomatum . . . erklåret werden"[51]. Das
Personsein Christi ist nicht konstituiert durch eine besonders intensive Form der
konservatorischen Einwohnung Gottes, sondern ist nichts anderes als der Vollzug von Kommunikation: „Der eigentliche Unterschied zwischen Christus und
den anderen Menschen besteht nicht in der Einwohnung des Sohnes Gottes im
Menschensohn, sondern in der communicatio idiomatum"[52].

In der späten Apologia ad Electorem Augustum bringt Brenz diese Einsicht
als schulmäßige Definition der Person Christi auf den Begriff: Jedes Seiende
wird definiert durch die Angabe von genus und differentia specifica. Für Christus hat als genus, also als Allgemeinbestimmung zu gelten die Verbindung oder
Vereinigung von göttlicher und menschlicher Natur. Dies hat Christus „mit
allen Menschen gemein"[53]. Als differentiam specificam benennt Brenz „unicam,
veram ac perfectam Communicationem Idiomatum, dadurch er von allen Menschen unterschieden und über alle Creatur auch nach seiner Menschheit gesetzt
wird"[54]. An dieser Einsicht hängt alles. Der Vorwurf der Wittenberger, daß in

---

in keiner der späteren Schriften mehr gesagt. Hier setzt die communicatio idiomatum die
Personeinheit nicht voraus, sondern konstituiert sie allererst.

[51] Brenz/Andreae, Apologia ad Electorem Augustum, 84 f.

[52] „Itaque discrimen inter Christum et alios homines non constat proprie inhabitatione filii
Dei in filio hominis, sed communicatione Idiomatum" (R 131,8–10; ganz ähnl. R 44,9–11).

[53] „Demnach halten wir in definitione Unionis personalis in Christo für das genus Conjunctionem seu Unionem duarum naturarum, divinae & humanae, welches Christus mit allen
Menschen gemein hat" (Apologia ad Electorem Augustum, 85).

[54] Brenz/Andreae, Apologia ad Electorem Augustum, 85.

dieser Frage „Herr Brentius und D. Jacobus etwas zu weit gehen"[55] hat den Kern der Sache gerade nicht verstanden: Wer von der allgemeineren protologischen unio von Gottheit und Menschheit nicht weitergeht, der „weiß noch nicht, was Unio personalis oder Christus ist"[56]. Die Communicatio idiomatum ist deshalb nicht ein weiteres, nachgeordnetes Kapitel zur Interpretation problematischer Schriftstellen, sondern ist integraler und konstitutiver Bestandteil des Themas christologischer Personeinheit. Personeinheit in Christus wird nur als Kommunikation richtig beschrieben[57].

Deshalb ist Mahlmanns Feststellung kritisch weiterzuführen, daß in der lutherischen Theologie das traditionell „Zweinaturenlehre" Genannte nur als „Personeinheitslehre" zur Sprache kommen kann[58]. Zweifellos bemüht sich Brenz um ein Verständnis der „unio personalis", ‚Personeinheit'. Der Begriff ist deshalb für ihn nicht unsachgemäß, aber er ist wie jener andere *nicht hinreichend*, den spezifischen Charakter der lutherischen Christologie zu beschreiben! Auch ihn kann Brenz explizit im protologischen Sinn verwenden (M 226,21 f.). Auf den Begriff der Personeinheit als eines Dritten vor den real distinkten Naturen zieht sich auch gerade die reformierte Theologie zurück. Weder einer bloßen traditionellen ‚Zweinaturenlehre' noch einer formalen ‚Personeinheitslehre' redet Brenz das Wort, sondern einer Lehrbildung, die *die Person Christi als Vollzug von Kommunikation* aus der Schrift heraus zur Sprache bringt.

4. *Das Geschehen der Person Christi: Die communicatio idiomatum*

Wie gliedert Brenz seine Überlegungen zur communicatio idiomatum? Die von Martin Chemnitz in dessen Repetitio 1561 erstmals zum Ausdruck gebrachte Unterteilung der communicatio idiomatum in verschiedene genera[1] wendet Brenz nicht an. Die dort wichtigste Gattung, die Kommunikation von Proprietäten der Naturen auf die Person, findet sich auch der Sache nach bei ihm nicht; nach den Gründen ist unten zu fragen (S. 202f.). Bei Brenz besteht die communicatio idiomatum (1.) in der Mitteilung göttlicher Eigenschaften an den Menschen und (2.) in der Teilhabe Gottes an menschlichen Proprietäten und Widerfahrnissen. Auf den Aspekt der göttlichen Majestät des Menschen (S. 170ff.) fällt dabei das weit größere Gewicht als auf die menschliche Schwachheit Gottes (S. 193ff.).

---

55 Censura Theologorum Witebergensium, HUTTER 56.

56 Brenz/Andreae, Apologia ad Electorem Augustum, 85.

57 Diese fundamentale systematische Struktur ist FRICKE verborgen geblieben, wenn er die communicatio als beinahe beliebiges Exempel einstuft: „Die Union der beiden Naturen kann etwa durch den Begriff ‚communicatio idiomatum' näher bestimmt werden und zum Ausdruck gebracht werden" (189).

58 „Was vor und außer der lutherischen Christologie ‚Zweinaturenlehre' heißen kann, hat sie selbst zu einer ‚Personeinheitslehre' umgeprägt, die sich als Begriffsinstrument einer biblischen Christologie versteht" (MAHLMANN, Personeinheit, 184).

1 Chemnitz, Repetitio, 353. 370. 383.

4.1. Die göttliche Majestät des Menschen

4.1.1. Die Auslegung von Kol 2,9

Seinem methodischen Programm entsprechend ist auch der Topus der communicatio idiomatum unmittelbar an der Schrift zu orientieren. Das für Brenz wichtigste Wort zur Beschreibung des Geschehens der Personeinheit als Vollzug von Kommunikation ist Kol 2,9. Den „Ort" dieses Wortes sieht Brenz so: Auszugehen ist für das Verständnis der Person Christi von Joh 1,14. Damit stellt sich die Frage: „Was heißt es, daß von Christus gesagt wird: Das Wort wurde Fleisch?" (S 124,23–128,4) Die Beantwortung dieser Frage wird angegangen unter dem Stichwort „communicatio proprietatum" (R 44,11). Die schriftgemäße Legitimität dieser Deutung wird schließlich durch Kol 2,9 belegt[2].

Freilich scheint dieses Wort nicht unbedingt ein „Stachel im Auge der Zwinglianer" (R 45,28f.) zu sein, sondern die von Brenz mühsam abgewiesene (s. o. S. 165–167) Theorie der besonderen Einwohnung Gottes in Christus zu bestätigen. So verstehen etwa Bullinger und Melanchthon[3] das Wort ganz als Bestätigung ihres Modells. Brenz steht also vor einer doppelten Schwierigkeit: Er muß, will er seiner Methode treu bleiben, an der kosmologischen Weite der „inhabitatio" Gottes festhalten und zugleich das Proprium Christi an dem eindeutig christologischen Wort Kol 2,9 aufweisen. Die Dinge werden hier diffiziler.

In der Tat sieht Brenz – gegen den Widerstand Vermiglis[4] – das Besondere Christi nicht in der Einwohnung der *Fülle* der Gottheit: „Die Fülle der Gottheit wohnt nicht weniger in Petrus als in Christus"[5]. Die Gottheit, die selbst das Leben ist (S 126,22), erfüllt alles und erhält es so im Dasein bzw. am Leben. In Christus aber, so leitet Brenz zum christologischen Sinn von Kol 2,9 über, wohnt Gott „leibhaftig" und „corporaliter", i. e. „perfecte" und „absolute" (M 290,28). Wie kann man diese Differenz als qualitative aussagen? Eben durch Verweis auf die communicatio idiomatum, die in diesem Wort impliziert ist: Gott erhält Christus nicht nur, sondern er schüttet in ihn die Fülle seiner Gottheit aus, so daß der Menschheit diese göttliche Majestät zu eigen wird[6]. Kol 2,9 sagt also nichts anderes als die vollständige Kommunizierung der göttlichen Fülle an

---

[2] „omnem Dei maiestatem esse in humanitate Christi. Quod autem illud dictum: ‚Verbum caro factum est' habeat eam sententiam, quam recitavimus, exponit Paulus, qui ad Colossenses scribens: ‚In ipso', inquit, ‚inhabitat omnis plenitudo Deitatis corporaliter'" (R 45,23–28).

[3] „Paulus hunc modum nominat σωματικῶς in Christo habitare Deitatem, id est, non effective tantum, sed ut sit unum σῶμα, id est, una persona, ut nos loquimur" (St.A. 6,266,16–19). Vgl. Bullinger, Responsio, 59a.

[4] „In Paulo et in aliis non est plenitudo deitatis" (Randbemerkung zu M 290,26).

[5] R 46,19f.; noch präziser: „tota deitas habitat etiam in aliis creaturis praesenter, essentialiter et potenter, ac in sanctis clementer et feliciter" (S 126,9–11).

[6] „In Christo enim deitas non tantum habitat sua praesentia, essentia, potentia, gratia et nonnullis singularis donis, verum etiam ita se totam in eum hominem (quem assumpsit in unitatem personae) effudit, ut non quidem substantia deitatis mutata sit in substantiam humanitatis, sed alioqui omnem maiestatem et gloriam eius habeat" (S 126,34–128,4).

den Menschen Jesus[7]. Man muß diese „persönliche Einwohnung" (inhabitatio personalis) unterscheiden von einer „inhabitatio vulgaris seu generalis" (R 46,17–25). Wie bei der Differenz von unio personalis und unio vulgaris (s. o. S. 167 f.) ist das Unterscheidungskriterium die communicatio idiomatum.

Brenz bemüht sich um eine exegetische Fundierung der Unterscheidung der beiden Weisen. Er findet sie im Begriff „leibhaftig" (corporaliter), zu dem er in Anknüpfung an Kol 2,17 den Gegenbegriff „schattenhaft" (umbraliter) bildet. In den Kreaturen wohnt Gott zwar ganz, aber doch nur in Abschattung seiner Herrlichkeit, als ein schwaches Abbild. Überraschenderweise nimmt Brenz hierbei nun doch eine quantitative Differenzierung vor. Den Pflanzen und Tieren gibt Gott Wachstum und Leben und damit „*etwas* von der gottheit"; bei den Menschen mit ihrer Vernunftbegabung ist es „*etwas mehr* von der gottheit dann bey den unvernufftigen thieren". Aber selbst bei den besonders Erwählten, den ‚Heiligen' ist die Fülle Gottes nicht „corporaliter", sondern nur als ein „vestigium et imago, ein kundtschafft und ebenbild der gottheit". Von all dem qualitativ unterschieden gilt: „Aber in unserm Herrn Jesu Christo allein wonet die gantz fülle der gottheit leibhafftig" (B 127,19–38).

Dieses Schema der Differenzierung von Gottheit im Blick auf pflanzliches, tierisches, menschliches und ‚christliches' Leben ist zweifellos in erheblicher Nähe zu Melanchthons Modell und in seiner Quantifizierung von Gottheit[8] nicht unproblematisch; Brenz scheint hart am Rande eines Selbstwiderspruches zu stehen. Indessen: Die quantifizierende Unterscheidung bezieht sich bei genauem Hinsehen nicht auf die *Präsenz*, sondern auf die *Gaben (dona)*[9] Gottes. Gott *ist* zwar bei allen Kreaturen ganz, aber er *gibt* ihnen nach ihrem jeweiligen Maß: den Pflanzen Wachstum, den Tieren Leben, den Menschen zusätzlich Vernunft. Dies hat Konsequenzen für die Schöpfungstheologie: es ist nicht hinreichend zu sagen, daß Gott in allem *ist*; er übereignet vielmehr einem jeden nach seinem natürlichen, i. e. gottgewollten Maß einen Teil von sich selbst, einen Schatten seiner Herrlichkeit; ja er kommuniziert („communicatur"[10]) einer jeden Kreatur etwas von seiner Gottheit. Alles Seiende ist durch Anteilgabe Gottes an sich selbst. – Es wäre zu fragen, ob und inwiefern diese Gedanken *platonisch* beeinflußt sind. Das Motiv der gestuften Anteilgabe Gottes an das Seiende legt dies nahe.

Hinweise auf platonischen Einfluß bei Brenz sind sonst spärlich. Mit 15 Jahren hatte er Willibald Pirckheimer um Schriften Platons gebeten[11]. Hinweise auf ein gezieltes Platonstudium finden sich aber nicht, sein Studium war von den aristotelischen Realwissenschaften geprägt. Brecht resümiert über das Werk Brenz' nur

---

[7] „deitas absolvitur in eo [Christo] perfectissime, hoc est, communicatur ei omni sua plenitudine" (R 47,6–8).

[8] „*nonnihil* deitatis" (S 126,17), „*plus de deitate*" (S 126,25 f.).

[9] Dreimal!: S 126,25.28.30; „plus est de deitate, quam quod *datum* est bestiis" (S 126,25 f.).

[10] „Nulla enim est creatura tam abiecta, cui non communicetur aliquid deitatis, et in qua Deus non adumbret quippiam suae maiestatis ac proprietatis" (R 47,2–5).

[11] Kantzenbach, Der junge Brenz, 64; Brecht, Brenz, 9.

allgemein: „Auf platonischen Einfluß stößt man gelegentlich"[12]. Eine dieser Gelegenheiten dürfte im vorliegenden Fall gegeben sein. Wir kommen unten auf den vermutlichen Einfluß neuplatonischer Motive auf Brenz zurück (s. u. S. 251–253).

Wichtiger als die philosophische Herleitung ist das theologische Urteil. Selbst der spezifisch christologische Terminus der communicatio proprietatum hat nun eine protologische Dimension, wenn auch nur in quantitativer Reduktion: „er teilt einem jeden nur einige Wohltaten seiner Gottheit mit"[13]. Alles Seiende ist, was es ist und hat, aus reinem Empfangen. Dieses Empfangene sind nicht distanzierte „Dinge" – Wachstum, Leben –, sondern es ist Gott selbst, wenn auch nur – einem emanativen Pantheismus wehrend – „etwas" und ein Schatten von Gott, der selbst Wachstum und Leben ist (S 126,18.22). Schöpfung ist, so lautet das Fazit, Selbsthingabe Gottes.

Die hohe schöpfungstheologische Qualität dieser Gedanken wird man nicht bestreiten können, wohl aber, daß sie in der Auslegung von Kol 2,9 bzw. Kol 2,17 günstig postiert sind. Der Gegensatz von „umbraliter" und „corporaliter" gerät Brenz nun doch zu einem quantitativen: Den Kreaturen wird einiges an Gottheit als Gabe übereignet, Christus alles. Die qualitative, von Brenz mit Emphase und auch an Kol 2,9 herausgearbeitete Differenzierung, nach der Gott in allem ganz *ist*, aber nur Christus seine Majestät *mitteilt*, wird so unterlaufen. Dieses Monendum im Detail ändert allerdings am Gesamtzusammenhang nichts: Kol 2,9 legt Joh 1,14 aus als den Beginn des Vollzuges von Kommunikation. Die Gottheit gießt in Christus und nur in ihn rückhaltlos ihre Fülle aus. In ihm und nur in ihm ist sie als ganze präsent und als ganze rückhaltlos Gabe. Hier allein sind Gegenwart und Gabe Gottes eins.

4.1.2. Der Vollzug der Erhöhung: Empfang und Besitz

Wie formuliert Brenz die vollständige Mitteilung göttlicher Majestät an Christus? Er expliziert sie als ein *Geschehen*, dessen Subjekt Gott ist. Gott teilt sich selber der Menschheit mit („communicare" [z. B. R 38,12]), *gießt* seine Majestät und Herrlichkeit in diesen Menschen *aus* („effundere" [S 128,2]), *überträgt* sie ihm („conferre" [R 20,18]), *teilt* sie ihm *zu* („tribuere" [P 32,3]), *schmückt* und *ziert* ihn damit („decorare" und „ornare" [M 324,2.22]). Auf diese Weise *erhöht* er ihn zu göttlicher Majestät („evehere" [S 122,22], „exaltare" [M 290,6] und „efferre" [R 60,4]). Sehr häufig stehen diese Verben in Verbindung mit dem Verb *aufnehmen* (assumere). Der allgemeinere Begriff der assumptio, den auch die Opponenten gebrauchen, wird auf diese Weise aufgenommen und zugleich interpretierend auf das Proprium Christi hin weitergeführt[14]: Assump-

---

[12] BRECHT, Bericht, 331.

[13] „communicet cum eo [sc.: quovis homine] nonnulla tantum deitatis suae beneficia" (R 130,23 f.); ähnlich R 47,6: „aliqua tantum pars deitatis".

[14] „nullam aliam creaturam, nullum alium hominem quantumvis sanctum ita implet [filius Dei], ut assumat eum in unam personam et effundat in eum omnem deitatis suae plenitudinem" (M 334,3–6). Vgl. oben S. 159.

tio der Menschheit ist ihre Erhöhung im Vollzug der Kommunikation göttlicher Majestät. Die Inkarnation Gottes ist in diesem Verständnis nichts anderes als die Erhöhung des Menschen[15]. Die Menschwerdung Gottes ist Gottwerdung des Menschen, aber nicht als schlichte Identifikation, sondern als Vorgang von Geben und Empfangen im Miteinander von Gott und Mensch. Die zitierten Verben bezeichnen die Aktuosität der communicatio idiomatum. Sie ist nichts als der Vollzug von Mitteilung und Empfang. Agierendes Subjekt dieses Vorganges ist jeweils die Gottheit. Dies signalisiert auch der häufige Gebrauch des Passivs[16]. Der Vorgang der Erhöhung ist für den Menschen reines Empfangen, zu dem er nichts beiträgt.

Ebensodeutlich wie den Geschehenscharakter der communicatio hebt Brenz hervor, daß mit der Erhöhung die Menschheit in ein neues Sein tritt, gleichsam als Resultat des Aktes von Mitteilung und Empfang: Die menschliche Natur *hat* göttliche Majestät[17], ja sie *besitzt* sie[18]. Es gibt für Brenz im Blick auf die Menschheit Christi keinen Gegensatz von Empfang und Besitz; die Operation mit Begriffspaaren wie ‚statisch' und ‚dynamisch' verbietet sich also. Der Mensch *hat* göttliche Majestät, aber er hat sie nicht als autonomes Subjekt aus sich selbst; er *ist*, anders als Gott, nicht diese Majestät, sondern *hat* sie bleibend als kontingent aus Gnade empfangene[19]. Brenz abstrahiert nicht vom Vollzug der Kommunikation auf ein neues Menschsein. Das Haben, der Besitz von göttlicher Majestät ist für den Menschen nichts anderes als Empfangen[20]. Es gibt keinen Gegensatz von habere und accipere, der christologische Gegensatz besteht vielmehr zwischen Sein und Empfangen. Die Menschheit Christi *ist* kein geschlossenes Selbiges, sondern ist, was sie in der Person Christi ist, als empfangende, durch Kommunikation. – Allerdings muß auch auf ein Problem aufmerksam gemacht werden: Dort, wo Brenz die Mitteilung der Majestät ausschließlich als Akt der Vergangenheit beschreibt („er hat empfangen") und deshalb ihr „Besitz" die Aktuosität des Prozesses nicht mehr erkennen läßt, besteht die Gefahr, den Charakter der Kommunikation durch essentialisierende Aussagen zu verzeichnen.

---

[15] „Cum enim in ecclesia fit sermo de incarnatione Christi, non solum dicitur duas diversas naturas in Christo esse personaliter unitas, verum etiam dicitur humanitatem esse assumptam in Deum et Christum hominem ‚conscendisse' (sicut Cyrillus loquitur) ac elevatum, exaltatum et evectum esse in maiestatem Dei adeoque factum esse Deum" (M 250,21–26).

[16] „filius hominis ... decoratus est" (M 324,1 f.); M 324,22; R 74,29.

[17] P 34,19–21 (habere vim vivificam); habere maiestatem: 42,11; S 128,4.

[18] „hanc maiestatem vere possideat" (R 47,18); ähnl. M 326,23; R 167,9f.

[19] „Nunc autem palam affirmamus, Christum hominem non esse omnipotentiam & omnipraesentiam ipsam, sed tantum *habere* eam a divinitate *communicatam*" (R 62,19–22).

[20] „Quod autem homo Christus *habet*, non habet natura ab aeterno, sed *accepit* in tempore plenitudinis"(R 62,26–28).

4.1.3. Der Gegenstand der Erhöhung: Das biblische Zeugnis von der Allgegenwart Christi

Was genau wird dem Menschen Christus im Vollzug der Erhöhung mitgeteilt? Da die ganze Fülle der Gottheit in ihm wohnt (Kol 2,9), kommt ihm grundsätzlich *alles*, „omnia" (z. B. R 20,20 f.) zu, was Gottes ist: Gottes Allmacht, die zugleich als Oberbegriff verstanden werden kann für alle Weisheit, Erkenntnis, Gerechtigkeit und Glückseligkeit[21]. All dies wird Christus dem Menschen ebenso „ohne jedes Maß" (R 76,14) übereignet wie die Kraft des „Lebendigmachens", der Unsterblichkeit, der Würde, angebetet zu werden. Vor allem aber, und darauf zielt Brenzens Argumentation, wird mit all dem der Menschheit auch die Omnipräsenz[22] mitgeteilt, die Allgegenwart, nach der sie in höchster „sublimitas" alles erfüllt, allem gegenwärtig ist und alles regiert[23].

So sehr zur Majestät der Menschheit Christi sämtliche Gesichtspunkte gehören, geht der Streit um diesen letzten: „Dieses wird nun besonders behandelt, ob die Menschheit die Majestät hat, alles zu erfüllen" (P 42,6 f.). Hier steht Brenz' oben referierte Methode in der Probe: „Wieweit sich die Majestät der Menschheit Christi erstreckt" (P 40,28 f.), ist allein aus der Schrift selbst zu bestimmen. Eine Vielzahl von Schriftstellen führt Brenz an. Nur die wichtigsten sind hier zu nennen[24]. Aus dem AT ist ihm die unvergleichliche, alle Beschränkungen von Raum und Zeit überbietende Majestät *Gottes* deutlich. Dafür stehen etwa Jes 40,12, Jes 66,1, 1. Kön 8,27, 2. Chr 2,5 oder Hiob 11,8 f. Stärker noch die allgegenwärtige Herrschaft Gottes machen Ps 139,7–10 und vor allem Jer 23,24 deutlich; das letzte Wort prägt die Terminologie der Debatte: „ich erfülle (*repleo*) Himmel und Erde, spricht der Herr". Von allen diesen Majestätsbekundungen, wiewohl auf die Gottheit bezogen, gilt: In der gemeinsamen Existenz von Gottheit und Menschheit gelten sie auch dem Menschen, der sie im Vollzug dieser Gemeinschaft empfängt.

Aber genau diese Behauptung ist ja noch nicht bewiesen. Eine Brücke zwischen AT und NT bildet Ps 8,6 f., dessen Staunen über die ‚Erhöhung' des Menschen nach 1. Kor 15,27, Eph 1,22 und Hebr 2,6–8 nicht „von jedem beliebigen Menschen" sondern „von Christus selbst" gilt[25]. – Im NT selbst spielen (neben Kol 2,9) Eph 1,20–23 und Phil 2,9 f. eine überragende Rolle. Die Ephe-

---

[21] „In omni autem & perfecta Dei plenitudine continetur non tantum omnipotentia, verumetiam omnisapientia, omniscientia, omniiustitia, omnifoelicitas & omnipraesentia, *quae & uno omnipotentiae nomine ... comprehendi possunt*" (R 47,8–13); ähnliche Aufzählungen M 324,5 f.; 334,23–25; R 76,14–17.

[22] P 34,18 ff.; P 40,30; M 324,6; M 334,23 f.; R 34,16 f.; 39,12 f.; 47,11; 309 ff.

[23] „ita etiam extulit [divina natura] eum [hominem Christum] in summam sublimitatem, ut una cum ipso omnia impleret & praesentissimus gubernaret" (R 76,16–18); ähnl. P 40,31 f.; R 34,16–19.

[24] Belege für alle Stellen: Apologie, 508; P 30,13 f.; 56,33–35; P 58,34 f.; S 120,13 ff.; 152,24 f.; M 354,17; 416,21 ff. 448,19 ff.; R 157,20 f.; 180,17.

[25] M 274,26–276,7; auch M 252,10–19; R 22,3–13; 30,27 f.

serstelle[26] bezeugt Christi Erhöhung, seine uneingeschränkte Herrschaft und verbindet dies wie Eph 4,10 mit dem Mysterium seiner Allpräsenz. Dasselbe (R 55a,1f.) gilt auch von der Beschreibung der Erhöhung Christi in Phil 2,9f.[27]. Mit diesen beiden Zeugnissen *über* Christus verbunden sieht Brenz das Selbstzeugnis des Auferstandenen in Mt 28.18–20: „Mir ist gegeben alle Gewalt", und: „ich bin bei euch alle Tage"[28]. Dies gilt nicht nur von der Gottheit, sondern „vom ganzen Christus" (S 142,3f.). „Darum ist es gewiß, daß der Menschheit Christi Allmacht und unbegrenzte Gewalt gegeben ist" (R 24,28–25,1).

4.2. Die Realität der Kommunikation

Um die letzte Konsequenz geht aber nun gerade der Streit. Die christologischen Schriftworte als solche stehen ja nirgendwo in Zweifel. Vielmehr ist ihr Verständnis umstritten. Sind die Majestätsbezeugungen in der Tat „pro toto Christo" und damit auch von seiner menschlichen Natur zu verstehen?

Daß genau dies seit langem umstritten ist, weiß Brenz. Die Kirchenväter haben nach seinem Urteil richtig von der communicatio idiomatum gelehrt. Die Scholastiker aber und einige „Moderne" halten sie für ein bloß verbales, nicht für ein reales Geschehen, wenn sie urteilen, die Person Christi habe nicht überall die Menschheit bei sich[29]. Es ist sicher, daß Brenz hier nicht nur die Scholastiker bzw. Nominalisten vor Augen hat, sondern in erster Linie auf die gegenwärtige Kontroverse zielt, nämlich auf „etliche", die „zu unsern Zeiten fürgeben", daß die Gottheit ihre Majestät der menschlichen Natur „allein mit Worten ... und nicht mit der That mittheilt"[30].

4.2.1. Genetische und polemische Zusammenhänge

Mahlmann hat wahrscheinlich gemacht, daß Brenz die Terminologie von realer und verbaler communicatio idiomatum von dem Hamburger Pastor *Johannes Bötker* übernommen hat. Bötker hatte 1557 die lutherische Christologie 1557 überraschend „selbständig und selbstgewiß" formuliert[31]. Er entwickelt – v. a. gegen den späten Melanchthon – das begriffliche Instrumentarium, die

---

[26] P 24,18–26; 56,21–25; S 122,22–26; M 252,13–16; 276,38–282,2; 310,34–312,1; 364,19–23; R 54,21ff.

[27] P 56,25–27; S 122,26–29; M 252,16–19; M 364,16–19; R 192,28–193,2. Dieser Text spielt naturgemäß im Kontext der „Zwei-Stände-Lehre" eine herausragende Rolle (besonders M 312,23–332,29; s. u. S. 212ff.).

[28] S 140,37–142,1; M 252,13f.; 276,18–24; 310,32f.; R 23,25f.; 192,22f.; Schreiben an Herzog Albrecht, HARTMANN/JÄGER II,542

[29] „Ac veteres recte quidem docuerunt, quantum ego hactenus iudicare possum, de communicatione idiomatum. Scholastici autem et recentiores nonnulli, cum dicunt ‚personam' Christi ‚non habere ubique secum unitam humanitatem', videntur affirmare in Christo esse tantum communicationem verbalem, non realem" (P 32,19–23).

[30] Apologia ad Electorem Augustum, 79.

[31] MAHLMANN, Dogma, 125f. und pass.

Mitteilung der göttlichen Eigenschaften „nicht nur dem Worte nach, sondern auch in Wirklichkeit" zu verstehen[32]. Die unio hypostatica hat „nach der Weise *realer* communicatio idiomatum" statt[33]. Freilich ist darüberhinaus auf eine Formulierung hinzuweisen, die Brenz selbst bereits 1551 verwendet, allerdings ohne den Terminus communicatio idiomatum, den er erst 1561 bringt: die Teilhabe der Menschheit an der göttlichen Majestät seit der Inkarnation gilt in Wirklichkeit, „ipsa rei veritate"[34].

Wenn Brenz ab 1561 mit diesem Instrumentarium arbeitet, will er damit die communicatio idiomatum polemisch und systematisch im Streit mit seinen Gegnern in der Schweiz und in Sachsen präzise erfassen. Er trifft damit in der Tat den springenden Punkt:

Für *Bullinger* wie für *Vermigli* ist communicatio idiomatum identisch mit der Zwinglischen Alloiosis, eine „Redeform" (s. o. S. 84 ff. und S. 111 ff.). Im Hinblick auf die von Bötker und Brenz eingeführte Terminologie gibt es freilich zwischen den beiden Schweizern eine kleine Differenz. *Bullinger* verwirft die gesamte neue Begrifflichkeit schon 1561 rundweg: „Die Frommen dulden es nicht, daß ihre Herzen verdreht werden durch die Erdichtungen oder Erfindungen der Menschen über die reale und verbale communicatione idiomatum"[35]. Zu diesem Zeitpunkt konnte der Antistes die Termini bei Brenz noch nicht gelesen haben; er bezieht sich also offenkundig auf Bötker selbst! – *Vermigli* hingegen formuliert – ebenso wie Beza[36] – seine Position explizit in der strittigen Begrifflichkeit: „ich versichere, daß diese Kommunikationen verbal sind, weil die Eigentümlichkeiten jeder von beiden Naturen in Wirklichkeit nicht zukommen können"[37]. Die Verbindung der Proprietäten geschieht nur nominell, hat aber keinen Wirklichkeitscharakter[38]. *Beza* spricht wie *Calvin* vom „Tropus" der communicatio idiomatum[39].

Im Ergebnis nicht anders liegen die Dinge, wie wir sahen, für *Melanchthon* (s. o. S. 34 ff.). Auch er versteht communicatio als „forma sermonis", als einen verbalen, uneigentlichen Prädikationsvorgang. Deshalb votiert er ab 1557 offen gegen die Differenzierung von verbal und real im Verständnis der communicatio idiomatum und damit *gegen ihre Realität*, die er als Option für eine physische Vermischung der Naturen zurückweist.

---

[32] „divina [natura] ... sua Idiomata *non solum verbotenus, sed etiam reipsa* ad eius exaltationem et glorificationem communicet" (Bötker, Comprehensio, P5a).

[33] „Hac eadem *realis idiomatum communicationis ratione* Christi humanitas una cum divinitate praesens est in Coena sacra" (Bötker, Comprehensio, P5b).

[34] „Quod autem attinet ad humanitatem eius, consedit quidem ipsa rei veritate ad dextram Dei Patris, quamprimum Verbum caro factum est" (Brenz, Catechimus illustratus, 200).

[35] Bullinger, Tractatio, 28b.

[36] „Haec autem ἀλλοίωσις, sive verbalis ἰδιωμάτων κοινωνία" (Beza, Responsum, 624).

[37] „Istas communicationes affirmo esse verbales, quod proprietates re ipsa utrique naturae congruere nequeant" (Vermigli, Dialogus, 29a; ähnlich 28b; 35a).

[38] „...nominum esse coniunctionem, non proprietatum" (Vermigli, Dialogus, 41a); „illam communicationem saepius esse vocum & loquutionum quam ipsarum proprietatum" (45a).

[39] Beza, De coena Domini, Tractationes theologicae I, 217; Responsum, 587; Calvin, Inst. II, 14, 1 (BARTH/NIESEL III, 459, 9); MAHLMANN, Dogma, 77.

Eindeutiger noch formuliert 1563 Melanchthons Schüler G. *Major* seinen Widerspruch. Seine Fassung der communicatio idiomatum entspricht präzise der seines Lehrers[40]. Von der *Person* werden die Eigentümlichkeiten der beiden Naturen *ausgesagt*, weil sie ein Eines ist, *in der* Gottheit und Menschheit sind[41]. Es tritt aber kein realer Prozeß gegenseitiger Durchdringung der Naturen ein, sondern die Person fungiert als logisches Subjekt für Prädikationen beider Naturen. Daran ändert auch Majors Versicherung nichts, daß auch für ihn diese Prädikationen „wahr und tatsächlich" (vere und realiter) sind[42]. Denn die Übernahme des Terminus „vere et realiter" bezieht sich nur auf *Prädikationen* von der Person, nicht wie in dem Begriff bei Brenz und Bötker intendiert auf den Vollzug der Kommunikation selbst. Major übernimmt lediglich die Termini „vere et realiter", um sich vor dem Vorwurf „unwahrer" Personeinheit zu schützen; auch für sein Verständnis sind die *Prädikationen* von der Person ja *logisch* wahr. An der fundamentalen Differenz zwischen seiner Position und Brenz' und Bötkers Konzept läßt Major aber keinen Zweifel: „Denn sie meinen, fasziniert von jenem krassen Irrtum der physischen und realen communicatio, die die schiere Vermischung der Naturen ist, daß die Person gleich gespalten oder aufgelöst werde, wenn die Naturen unterschieden werden"[43]. Major nimmt also kein Blatt vor den Mund. Die von Brenz – niemand anders ist hier gemeint – behauptete gegenseitige Mitteilung der Naturen und vor allem sein Insistieren auf der *Realität* dieser Kommunikation wird als „krasser Irrtum" gebrandmarkt und ausdrücklich identifiziert mit der von Melanchthon verworfenen physica permixtio. Reale Kommunikation der Naturen lehnt Major schroff ab: „die Eigentümlichkeit einer Natur wird der Person zugesprochen, nicht der anderen Natur, wie einige in ihrem krassen Irrtum hier phantasieren. Sie meinen damit die Gemeinschaft in der gegenseitigen realen und physischen communicatio, die nichts anderes wäre als die Eutychianische Vermischung der Naturen"[44].

---

[40] „Est enim communicatio Idiomatum Phrasis seu forma sermonis, in qua proprietas unius naturae tribuitur personae in concreto, propter unionem hypostaticam" (Major Enarratio, 137 a).

[41] „alterutrius naturae propria de persona dici recte poßint, ... de Christo, in quo sunt duae naturae" (Major, Enarratio, 137 a + 140 b).

[42] „De hoc Domino nostro Iesu Christo Filio Dei & Filio Virginis, in quo duo naturae sunt, & unum ὑφιστάμενον constituunt, recte dicimus, & vere & realiter [!] predicari utriusque naturae proprietates" (Major, Enarratio, 141 b).

[43] „Nam fascinati errore illo crasso communicationis Physicae et realis, quae mera est naturarum confusio, si distinguantur naturae, mox discerpi atque dissolvi personam arbitrantur" (Major, Enarratio, 141 b).

[44] „unius inquam naturae proprietas personae tribuitur, non alteri naturae, ut *quidam crasso errore hic hallucinantur*, intelligentes κοινωνίαν hanc de mutua naturarum adinvicem *communicatione reali & physica,* quae nihil aliud esset quam Eutychetica naturarum permixtio" (Major, Enarratio, 137, a/b).

4.2.2. Die Realität der Kommunikation als Schibboleth der Christologie

Brenz trifft mit der Aufnahme des Terminus der communicatio idiomatum realis also bei seinen Gegnern ins Schwarze. Er hat damit ein Instrumentarium zur präzisen Regulierung der Rede von communicatio idiomatum und also von Christus. Die Realität der Kommunikation ist das christologische Schibboleth für Brenz. Das gilt auch für den kritischen Umgang mit den „alten Patres und Concilia", die zu korrigieren sind, wenn sie „allein mit Worten" und „nicht mit der That" die communicatio lehren[45]. Die Vokabel „vere" signalisiert das Gewicht der realen Kommunikation an einer Vielzahl von Stellen.

In diesem Sinne nimmt Brenz auch eine Definition des Begriffs der ‚Eigentümlichkeiten' vor. „Idioma" ist nicht im rhetorischen Sinne aufzufassen, in dem die „Schulen" darunter bestimmte Spracheigentümlichkeiten oder Redensarten verstehen. Es werden in der Christologie nicht solche Sprachbesonderheiten mitgeteilt: man spricht nicht gleichsam vom Menschen einmal ‚in göttlicher Sprache' und deren Idiomen, so, wie man sonst von Gott redet. Vielmehr geht es um die gegenseitige Partizipation an „Sacheigentümlichkeiten". Es werden nicht Wörter, sondern die davon bezeichneten wirklichen Eigentümlichkeiten einander mitgeteilt[46].

Es hängt alles daran zu verstehen, daß mit der Übereignung göttlicher Majestät an die Menschheit Jesu eine neue *Wirklichkeit* begründet ist. Sonst wäre der Mensch Christus nicht wahrhaftig, sondern nur ein sogenannter Gott. Und sonst stünde es um unser Heil schlecht, denn dann hätte der Gott Christus nur gemäß einer Redeweise, aber nicht in Wahrheit für unsere Sünden gelitten (P 32,26–28). Personsein Christi ist nichts anderes als das reale gemeinsame Subjektsein von Gott und Mensch in gegenseitiger Offenheit und Betroffenheit, und das zu des Menschen Gunsten. Wäre die gegenseitige Kommunikation nicht real, gäbe es keinen Christus.

In der Recognitio gibt Brenz dieser Überzeugung eine weitere Begründung. Der Hymnus von Phil 2,9 spricht Christus alle Majestät zu: „Gott hat ihm einen Namen gegeben, der über alle Namen ist", der kein anderer ist als der Name Gottes. Sollte aber Gott, so reflektiert Brenz, Christus eine bloße Worthülse beigelegt haben, ein „leeres Wort" (R 193,10)? Das ist undenkbar. Während bei Menschen einer „Leonhart" oder „Volckhart" heißen kann, dem Namen nach also sehr stark ist[47], aber in Wirklichkeit nicht einmal Kraft und Mut eines

---

[45] „Hierauff da die alten Patres und die Concilia durch ihre formas loquendi ... solche ietzterzehlte Meinung verstehen, so soll man billich dieselbe Rede paßiren lassen. Da sie aber hiemit verstûnden, daß die Gottheit oder Gôttliche Natur der Menschheit oder Menschliche Natur Christi die bemeldte Majestât allein mit Worten (wie denn etliche zu unsern Zeiten solches fûrgeben) und nicht mit der That mittheilt, also das der Mensch Christus allein ein Gott genennet sey, aber nicht selbst ein wahrer Gott [sei], ... so mûsten wir warlich von ihrer Red und Meinung weichen" (Apologia ad Electorem Augustum, 79 f.).

[46] „Nos autem intelligimus in hac materia per ‚idiomata' non tantum vocabulorum, sed etiam rerum proprietates" (P 32,13–18.29 f.).

[47] „Volckhart, das ist eine Stârcke, Seule, Stûtze und Erhalter des Volcks, Griechisch heißt er Demosthenes. Leenhart, das ist Lôwen=Stârcke, der manlich, tapffer und unerschrocken

Häschens besitzt, sind bei Gott Name und Sache eins. „Was aber Gott nennt, was Gott ruft, das hat notwendig die Sache selbst mit dem Namen gemein" (R 193,8–18). Das aus dem Abendmahlsstreit vertraute lutherische Argument, die unbedingte Verläßlichkeit und Eindeutigkeit des göttlichen Wortes, kehrt nun in der Christologie wieder. Auch hier gilt es, einem falschen Tropus zu wehren. Jesus wird „Sohn des Höchsten" genannt (Lk 1,32), er trägt den Namen Jesus, „denn er wird sein Volk retten von ihren Sünden" (Mt 1,21), ja er heißt Gott. All dies hat Wirklichkeitsgewicht und darf keinesfalls nur im übertragenen Sinne von Jesus verstanden werden: „er wird nicht nur Gott genannt, er ist Gott" (R 25,18f.). Der ‚sprachtheologische' Grundsatz lautet: „Der heilige Geist legt den Dingen keinen leeren Namen bei"[48]. Deshalb spiegeln die Schriftzeugnisse über die Majestät Christi Wirklichkeit wieder[49]. Diese Majestät kommt der Menschheit nicht als essentieller Besitz, sondern aufgrund gemeinsamer kommunikativer Existenz zu. Darin aber hat sie „dasselbe Realitätsgewicht . . . wie der Besitz des eignen Wesens"[50].

4.3. Die Realität der Kommunikation und die Unversehrtheit der Naturen: Der Naturbegriff

4.3.1. Die Unterscheidung von Substanz und Akzidens

Brenz sieht sich an diesem Punkt dem zentralen Schweizer Einwand entgegengestellt: sein Verständnis der communicatio idiomatum realis sei unvereinbar mit dem begrenzten Charakter der Menschheit. Brenz verändere die menschliche Natur, zerstöre sie in ihrer Eigenart[51]. Soll die Rede von der menschlichen Natur im Rahmen der Zweinaturenlehre einen Sinn haben, meint dieser Einwand, darf über diese Natur nichts gesagt werden, was ihrem Menschsein widerspricht und es damit sachlich aufhebt. Es kommt für Brenz alles darauf an, diesen Vorwurf zu entkräften und ihn dabei zugleich in seiner theologischen Berechtigung zu respektieren: Die Rede von der Erhöhung des Menschen in Christus darf keine essentielle Veränderung von Menschsein implizieren.

Brenz berührt dieses Problem bereits in der Wahl der Verben, mit denen er die Übereignung der Majestät an den Menschen ausdrückt. Die Menschheit hat die göttliche Ehre im *Empfangen*, sie wird nicht mit ihr identisch (s. o. S. 172f.).

---

handelt und die Sach angreifft". (M. Luther, Namen=Büchlein, Deutsch herausgegeben von G. Wegener, Leipzig 1674 [Neudruck Leipzig 1979], 26).

[48] „Spiritus sanctus non imponit rebus vana nomina" (R 25,13f.).

[49] „Christus igitur homo donatus est a Deo non tantum nomine, sed etiam reipsa & maiestate Dei" (R 193,18–20).

[50] Sparn, Wiederkehr, 85.

[51] „Hic nunc cooriuntur in nos toto impetu Cingliani, & sublata voce exclamant: An non hoc est humanitatem mutare in divinitatem? An non tantam maiestatem tribuere humanitati est naturam & proprietatem eius abolere ac prorsus annihilare?" (R 25,22–27).

Dies will Brenz ausdrücken durch den häufigen Gebrauch der Verben „ornare"
und „decorare", die offenkundig gerade aufgrund ihres starken bildlichen Gehaltes verwandt werden. „Ornare" wird in einer Vielzahl von Fällen unmittelbar
verbunden mit der expliziten Abweisung von Veränderung der menschlichen
Natur[52].

Aber es bedarf hier nach Brenz weiterer begrifflicher Arbeit: „Das Wort
‚Natur' muß richtig verstanden werden"[53]. Denn Brenz beobachtet in der
Diskussion erhebliche Schwankungen hinsichtlich der Verwendung dieses Begriffs. „Bisweilen wird nämlich mit diesem Namen die Substanz selbst der Sache
bezeichnet, bisweilen die Proprietäten und Akzidentien der Sache"[54]. Es ist also
eine fundamentale logische Differenz in Anschlag zu bringen, die die Philosophie „der weltgelerten" zu leisten hat[55]. Hier ist zu klären, was mit dem
Begriff ‚Natur' jeweils gesagt ist.

Der Terminus ‚Natur' kann einmal verstanden werden als die *Substanz* einer
Sache; er ist dann identisch mit ihrer *essentiellen* Bestimmung (P 26,25–28). So ist
die Gottheit „ein geistliches Wesen" (essentia spiritualis), „nit erschaffen, sonder
ist von ewigkeit". Der Mensch hingegen ist bestimmt als „ein leiblich wesen, hat
leib und seel, ist … von Gott erschaffen" (B 133,8ff.). In diesem Verständnis
von Natur als Substanz sind die Naturen schlechthin unveränderlich. Wenn
daher das Chalcedonense die Immutabilität der Naturen einschärft, unterstellt es
diesen Begriff von ‚Natur'[56]. Der Sinn des Immutabilitätspostulats von Chalcedon wird also bezogen und begrenzt auf die fundamentale Differenz von Gott als
ewiger substantia spiritualis und Mensch als geschöpflicher substantia corporea.
In diesem Sinne haben auch die theologischen Mahnungen der Schweizer ihr
Recht: in Christus geschieht die gemeinschaftliche Existenz von *essentiell unver-
änderter* Gottheit und Menschheit.

Wenn die Schweizer aber die Erhöhung des Menschen im Vollzug der communicatio bestreiten mit dem Argument der Immutabilität der Naturen, vermischen sie die Definitionen. Sie sagen: die Veränderung bestimmter Eigenschaften Christi verändert essentiell seine Natur. Dieser Schluß beruht nach Brenz auf
einem logischen Fehler: Die Eigenschaften einer Natur gehören nicht ihrer
substantiellen, sondern der davon scharf abzuhebenden akzidentiellen Definition zu (M 398,11–13). Hier wird ‚Natur' also verstanden „für die Eigentüm-

---

[52] „Nec est hoc abolere substantiam hominis, sed ornare; non est eam tollere, sed exaltare,
non est eam perdere, sed efferre" (R 60,2–4).

[53] „cum dicitur divinam naturam in Christo non mutari in humanam nec humanam in
divinam, vocabulum ‚naturae' recte intelligendum est" (P 26,21–23).

[54] „Aliquoties enim hoc nomine [naturae] significatur ipsa rei substantia, aliquoties rei
proprietates et accidentia" (P 26,23f.).

[55] „Ingrediamur ergo prius cum hoc dogmate in scholam dialecticorum" (M 360,27–29).
Vgl. oben S. 153f.

[56] „Cum ergo dicitur, quod in una persona Christi sint duae diversae naturae, quarum altera
non mutatur in alteram et quae non sunt confundendae nec inter se commiscendae, nomen
‚naturae' intelligendum est de ipsa rei substantia" (P 26,25–27).

lichkeiten oder Akzidentien einer Sache"[57]. Unter dem Namen ‚Natur' wird dann subsumiert, was ihr an Eigenschaften oder Tätigkeiten „zufällt", die aber austauschbar und von der Substanz selbst zu unterscheiden sind. Brenz braucht dafür abwechselnd und synonym[58] die Termini „accidentia", „proprietates" und „inhaerentia", einmal auch „actiones"[59]. Diese Akzidentien konstituieren die Substanz nicht; deshalb gilt von ihnen der schon von Porphyrius formulierte und seitdem klassische Satz der Logik: „sie können ohne Zerstörung des Subjektes dasein oder wegfallen"[60].

4.3.1.1. *Die Identität von Substanz und Akzidens bei Gott*

Die getroffene Unterscheidung darf nicht in gleicher Weise auf Gott wie auf den Menschen angewendet werden. Man darf bei Gott nämlich nicht wie beim Menschen von Eigenschaften und Akzidentien reden. Gott hat im eigentlichen Sinn keine Eigenschaften, sondern er *ist* das, was die Eigenschaftsprädikate von ihm sagen[61]. Wenn man sagt: Gott ist gut, allmächtig, gerecht etc., redet man uneigentlich. Es ist dies eine „vulgata descriptio" (R 61,13), die suggeriert, Gott habe an etwas Anteil, ihm komme etwas zu, das er nicht selber sei und das deshalb von ihm auch wieder abgelöst werden könnte. Gott hat aber nicht verschiedene Eigenschaften, sondern was sich uns Menschen so darstellt, sind in Wahrheit nur verschiedene Aspekte seines einen unteilbaren und reinen Seins. Gott ist mitsamt seinen „Eigenschaften" reine Essenz. Er kann, gleichgültig ob für sich betrachtet oder im Vollzug der Inkarnation, nichts von sich abgeben, und ihm kann nichts zukommen. Die Gottheit ist res simplicissima, der keine Akzidentien zukommen[62]. Deshalb verfängt die Differenzierung von Substanz und Akzidens für Gott nicht. Sie darf hier nicht angewendet werden, sondern ist ausschließlich auf die menschliche Natur zu beziehen. Denn die ist eine „zusammengesetzte Sache und verschiedenen Akzidentien unterworfen" (P 28,7).

4.3.1.2. *Die Differenz von Substanz und Akzidens beim Menschen*

Auf die menschliche Natur ist deshalb im Gegensatz zur göttlichen der Satz anzuwenden: Die Veränderung akzidentieller Eigenschaften verändert die Substanz nicht: „sterblich sein, verderblich sein, weiß oder schwarz sein, an einem

---

[57] „Cingliani autem intelligunt nomine naturae accidentia seu proprietates, quae substantiae inhaerent" (R 14,13–15).

[58] Zu beachten ist allerdings die spätere Differenzierung im Proprietätsbegriff und damit eine gewisse Differenz von Akzidens und Proprietät (vgl. unten S. 184ff.).

[59] P 28,4f.; S 132,11f.; M 246,19; 360,33f.; 362,12; 398,14; R 14,1; 28,29.

[60] accidentia „... praeter subiecti corruptionem adesse possunt et abesse" (P 28,8f.) nach Porphyrius, 15.

[61] „Deus est omnipotentia ipsa, bonitas ipsa, iustitia ipsa, vita ipsa, foelicitas ipsa, praesentia ac essentia ipsa" (R 61,21f.).

[62] „Omnia enim in Deo sunt essentia ipsa" (R 28,2); „deitas sit res simplicissima nec ullum in eam accidens cadat" (P 28,5f.).

Ort sein, bekleidet sein und unendlich [viel] anderes sind der Verwandlung unterworfen. Wenn sie weggenommen werden, wird die Substanz nicht zerstört" (R 18,26–19,1). Brenz faßt den Bereich des Akzidentiellen also sehr weit: alle adjektivischen Bestimmungen gelten als veränderlich und sind für den essentiellen Bestand der menschlichen Substanz ohne Relevanz. Dies gilt nicht nur für Zufälliges wie Farbe, Kleidung oder momentane Tätigkeit, sondern auch für fundamentale Eigenschaften der humanitas wie Lokalität, Sterblichkeit und Vergänglichkeit. „Auch wenn die Proprietäten sich bisweilen ändern, bleiben dennoch die Substanzen unverändert" (S 132,13f.). Damit läßt sich die Immutabilität der Naturen „problemlos" vermitteln mit der realen Veränderung der Proprietäten im Vollzug der Kommunikation. Die Un- bzw. Überräumlichkeit der menschlichen Natur wird so ohne Gefährdung der substantiellen Natur des Menschen erschwinglich.

4.3.2. Probleme und Differenzierungen

Die Konstruktion von Brenz ist offenkundig problematisch. Sie droht die Rede von der menschlichen Natur zu einer bloßen Schablone zu entleeren, wenn *alles*, was über das Menschsein konkret beschreibend gesagt wird, in den Bereich der Akzidentien verlegt wird, die alle, ohne Unterschied, aufgehoben werden können. Die Eigenart von Menschsein wäre dann nicht mehr konkret aussagbar. Bevor wir den von Brenz unternommenen Versuch zur Lösung dieses Problems darstellen, soll das Problem selbst schärfer erfaßt werden durch den Hinweis auf signifikante Differenzen, die Brenz' Sprachgebrauch gegenüber der philosophischen Tradition aufweist: An zwei Stellen simplifiziert der Schwabe in seinem Gebrauch des Schemas Substanz-Akzidens überkommene Differenzierungen.

4.3.2.1. Das Problem des Begriffs der Akzidentien

Brenz nimmt innerhalb des Akzidenzbegriffs keine Differenzierung vor. Demgegenüber formuliert bereits Porphyrius: Das Akzidens „zerfällt in zwei Arten: trennbare und untrennbare Akzidentien. Schlafen ist ein trennbares, Schwarzsein für Rabe und Äthiopier ein untrennbares Akzidenz". Zwar gilt für *alle* Akzidentien, daß ihre Privation „ohne Untergang des Subjekts" gedacht werden kann[63], aber der Klasse der untrennbaren Akzidentien kommt doch eine höhere Dignität für das Subjekt zu; sie sind nicht beliebigem Austausch anheimgestellt. Melanchthon lehrt in seiner Dialektik dieselbe Unterscheidung: „Einige Akzidentien sind trennbar, wie Kälte vom Wasser, Wissen vom Geist, Fröhlichkeit oder Traurigkeit vom Herzen. Andere Akzidentien sind untrennbar, wie Ausmaß oder Größe von einer körperlichen Substanz, Hitze vom Feuer, Nässe vom Wasser nicht getrennt werden"[64]. Die Klasse der Akzidentien, die zwar von

---

[63] Porphyrius, 15.

[64] „Accidentium alia sunt separabilia, ut frigus ab aqua, noticia a mente, laeticia, tristicia a

der Substanz unterschieden sind, aber von ihr nicht getrennt werden, bietet die Möglichkeit, konkrete, auch adjektivische Bestimmungen einer Sache unter engem Bezug auf die Substanz selbst zu geben[65]. Der Verzicht auf diese Möglichkeit durch Brenz stellt ein Defizit dar.

4.3.3.2. Das Problem des Verhältnisses von Akzidens und Proprium

Brenz identifiziert ‚accidens' mit ‚proprium' bzw. ‚proprietas'. Wie die obigen Belege gezeigt haben, braucht er beide Termini synonym (etwa P 28,4f.). Demgegenüber hatte die Tradition beide kategorial unterschieden[66]. Für Melanchthon bezeichnet das Proprium die Eigenart einer bestimmten species und deren Individuen, also etwa aufrechter Gang und Sprachlichkeit des Menschen. Zwar konstituiert – wie das accidens – auch das proprium nicht die Substanz, sondern ist ihr ontologisch untergeordnet[67]. Aber sein Vorhandensein ist keineswegs beliebig, sondern kommt der zugehörigen Sache immer zu. Die Proprietät, die Eigenart einer Sache besteht nach Melanchthon in der Anhäufung von *untrennbaren* Akzidentien[68]. Sie ist also zwar ontologisch von der Substanz selbst unterschieden, kann aber keineswegs problemlos fortfallen.

In seiner Rhetorik von 1533 hatte auch Brenz diese Differenzierung rezipiert. ‚Proprium' bezeichnet die Eigenart oder den Charakter der Sache, ‚Akzidens' ein ihr bloß Zufallendes, Äußerliches. Nur vom Akzidens gilt hier: „es kann ohne Zerstörung des Subjektes wegsein und dasein"[69]. In den Spätschriften aber läßt Brenz diese Differenzierung fallen. Die „proprietates" werden hier faktisch unter die Bestimmung der Akzidentien subsumiert: Sie können wie jene dasein oder fortfallen, können verändert werden, ohne daß die Substanz berührt würde (S 132,11–14).

Auf die Problematik dieses Vorgehens haben wir schon hingewiesen. Auch die *Schweizer* haben diese Schwächen natürlich gesehen: Vermigli akzeptiert wie Bullinger die grundsätzliche Differenzierung von Substanz und Akzidentien; beide insistieren aber auf der von Brenz (zunächst) unberücksichtigten Differenzierung innerhalb des Akzidensbegriffs: von einigen Akzidentien gilt in der Tat:

---

corde. Alia accidentia sunt inseparabilia, ut quantitas, seu magnitudo a substantia corporea, calor ab igni, humiditas ab aqua, non separantur" (CR 13,522f.).

[65] „Melanchthon . . . stellt in der Unterscheidung von accidentia separabilia und inseparabilia mit aller Deutlichkeit einen wesentlichen Zusammenhang von Akzidens und Substanz fest" (WEBER, Einfluß, 82).

[66] „*Akzidenz* ist, . . . was weder Gattung ist noch Differenz, noch Art, noch *Proprium*" (Porphyrius, 15).

[67] „proprium significat quiddam sequens rem constitutam, ut posse incedere erectum, posse loqui, numerare, non constituunt hominem, sed sequuntur constitutionem" (CR 13,522).

[68] „perpetuorum accidentium coacervatio est re ipsa speciei proprietas" (CR 13,692).

[69] „Proprium est, quod significat propriam naturae, ingenium et indolem; ut posse loqui est proprium hominis, hinnire est proprium bovi, posse bene operari est proprie fidei. Accidens est vocabulum significans rem adventiciis, quae citra subiecti corruptionem abesse aut adesse potest; ut albedo est res adventicia corpori, iustitia est adventicia res homini, manet etiam homo, sive iustus, sive iniustus sit" (Brenz Rhetorik, 8b/9a).

„ob sie da sind, ob sie fort sind, sie verwandeln die Natur nicht". Das aber trifft
nicht, wie Brenz will, für alle zu: „es gibt aber andere, die an [der Substanz] so
anhängen, daß sie von ihr nicht ohne deren Untergang aufgehoben werden
können"[70]. Vermigli macht deutlich, daß für ihn auch die Differenz von Proprietät und Akzidens weiter in Geltung steht: Die Substanz der Natur ist keine
formlose, leere Größe, sondern ist bestimmt durch Eigenarten (proprietates);
für deren Bestand aber ist die Präsenz gewisser (untrennbarer) Akzidentien
unverzichtbar[71]. Die Proprietäten, „vulgo ... ‚attributa'" genannt, sind keineswegs identisch mit den Akzidentien[72].

4.3.2.3. Die Differenzierung im Begriff der Proprietäten

Brenz interpretiert Vermiglis und Bullingers Kritik richtig als die Forderung,
„unter den Proprietäten zu unterschieden: denn einige sind essentiell, bei deren
Zerstörung wird auch die Substanz zerstört; andere aber sind akzidentiell"[73].
Diesen Vorschlag zur Differenzierung im Akzidensbegriff übernimmt Brenz
schließlich, und zwar ab der Recognitio. Er wiederholt daran nun dieselbe
Unterscheidung wie im Naturbegriff. „Zu dem Begriff der Proprietät ist dasselbe zu sagen, das über den Begriff der Natur gesagt wurde"[74]. Genau wie jener
Begriff kann auch dieser einmal die Substanz selbst (essentiam ipsam substantia-
lem) meinen, einmal ihre akzidentiellen Bedingungen (conditiones ... substantiae accidentarias). Brenz nimmt nun also zwei Arten von Proprietäten an. Die
traditionell auf die Akzidentien bezogene Unterscheidung wendet er – verändert
– nun hier an; die Veränderung liegt darin, daß er die proprietates essentiales
faktisch mit der Substanz identifiziert, was für accidentia inseparabilia nicht gilt.
Die Unterscheidung lautet präzise: „Die einen Proprietäten sind essentiell.
Wenn sie aufgehoben werden, wird auch die Sache selbst aufgehoben. Andere
sind anhängend oder akzidentiell; wenn sie weggenommen werden, muß die
Sache selbst nicht notwendig untergehen"[75]. Brenz nimmt also nun in die
Bestimmung der Substanz (des Menschseins) Eigenschaften hinein. Freilich
benennt er diese Eigenschaften nie konkret. Sie bestehen in nichts anderem als
im Menschsein selbst, also im Sein als *vernünftige körperliche Kreatur*. Das ist die
unablösbare Eigenart der menschlichen Substanz, mehr offenbar nicht. Denn

---

[70] „Etsi permulta ... humanitati accidant, quae sive adsint, sive absint, naturam eius non
immutant, attamen et alia sunt, quae in ea sic inhaerent, ut ab ea tolli nequeant citra eius
exitium" (Vermigli, Dialogus, 22a).

[71] „Non est illa substantia informis, et ideo non absque accidentibus salvae manent proprietates" (Randbemerkung zu M 246,18–20).

[72] Vermigli, Dialogus, 22a.

[73] „Inter proprietates prudenter esse discernendum: quod aliae sunt essentiales, quibus
abolitis aboletur & substantia; aliae autem sunt accidentariae" (Brenz, R 56,15–18, über Bullinger, Fundamentum, 134a).

[74] „Idem dicendum est de nomine proprietatis, quod dictum est de nomine naturae" (R
56,5–7).

[75] „aliae [proprietates] sunt essentiales, quae si tollantur, tollitur & res ipsa. Aliae sunt
inhaerentes, seu accidentales, quibus sublatis non est necesse rem ipsam interire" (R 285,22–24).

alle darüber hinausgehenden Bestimmungen – Sterblichkeit, Vergänglichkeit, Begrenztheit, Räumlichkeit (nach R 18,26–28) – zählen zu den proprietates accidentales (etwa R 19,15).

Der Antrieb für diese Fassung des Problems dürfte über die Schweizer Einwände hinaus vor allem im Wortlaut von Chalcedon liegen, der explizit vorschreibt, daß die Vereinigung der Naturen in einer Person geschieht „ohne jede Aufhebung der Differenz der Naturen wegen der Einigung und mehr noch unter Wahrung der Eigentümlichkeit einer jeden Natur"[76]. Brenz' Formulierung in der Sententia „bisweilen werden die Eigentümlichkeiten verändert" (S 132,13f.) war demgegenüber allzu ungeschützt. Darum nimmt er die zuvor im Naturbegriff verankerte Differenzierung nun in den Proprietätsbegriff hinein. Was zuvor von allen Proprietäten bzw. Akzidentien galt, gilt nun von den proprietates accidentales. Durch diese begriffliche Präzisierung meint Brenz dem Chalcedonense gerecht zu werden: hatte er es vorher auf den substantiellen Naturbegriff bezogen, so nun auf den substantiellen Proprietätsbegriff: „Wenn die Synode von Chalcedon sagt, daß in der Einheit der Person die Eigentümlichkeiten der Naturen bewahrt bleiben, ist das nicht von den akzidentiellen Eigentümlichkeiten zu verstehen, sondern nur von den essentiellen Eigentümlichkeiten oder von der Substanz der Naturen selbst"[77].

4.3.3. Lokalität als Akzidens des Leibes

Während die Schweizer der Differenzierung in proprietates essentiales und accidentiales beipflichten, ja sie selbst vorschlagen, gehen die Meinungen im Blick auf die materiale Füllung auseinander. Bullinger schlägt für beide Arten von Proprietäten einen Kanon bestimmter Eigenschaften der menschlichen Natur Christi vor: „Unsterblichkeit, Glanz, Klarheit, größte Schönheit und anderes dieser Art schmücken den wahren Leib Christi, zerstören ihn nicht". „Unendlichkeit aber und Ubiquität berauben den Körper seiner Eigentümlichkeit, weil er durch sie nicht geschmückt, sondern vielmehr verdorben wird"[78]. Lokalität ist ohne dessen Zerstörung vom menschlichen Leib nicht ablösbar. Für Brenz hingegen gehören sämtliche ‚geschichtlichen' Bestimmungen von Menschsein einschließlich des „an einem Ort sein" in den akzidentiellen Bereich: ihre Privation zerstört die Substanz nicht. Körperlichkeit ist integraler Bestandteil der menschlichen Substanz, nicht aber ihre räumliche Befindlichkeit. Deshalb kann *die* Proprietät „überall sein oder alles erfüllen" (S 134,1f.) der menschlichen Natur im Vollzug der Kommunikation zuteil werden; „esse in loco" ist ja bloß ein Akzidens des Körpers und gehört „nicht in das wesen des leibs" (May 363,1f.).

---

[76] „... nusquam sublata differentia naturarum propter unitionem magisque *salva proprietate utriusque naturae*" (Denzinger 302).

[77] „Nam cum Synodus Chalcedonensis dicit, in unitate personae Christi retineri proprietates naturarum salvas, non est intelligendum de proprietatibus accidentariis, sed tantum de proprietatibus essentialibus, seu de ipsa naturarum substantia" (R 18,18–22).

[78] Bullinger, Fundamentum, 134b zitiert von Brenz, R 56, 18–23.

4.3.4. Die Begründung für die Möglichkeit der Illokalität des Leibes

Wie begründet Brenz diese These? Stellt man seine Argumente zusammen, ergeben sich drei Begründungszusammenhänge.

4.3.4.1. Das Votum der Scholastik

Brenz rezipiert die theologische und philosophische Tradition der „schola dialecticorum". „Dann sie sagen, ‚da man den leib seinem wesen nach beschreiben will, so werde das ort nicht darin begriffen'" (May 363,2f.). Demnach gehört auch für sie die Räumlichkeit zu den Akzidentien des Körpers und kann „ohne seine Zerstörung dasein oder wegfallen"[79]. Brenz belegt das an dieser Stelle nicht weiter[80]. Es gehört aber in denselben Begründungszusammenhang, wenn er – wie bereits erwähnt (S. 142f.) – Belege aus der scholastischen Diskussion um Möglichkeit und Modus der Realpräsenz anführt (M 382,18–390,4). Er verfolgt diese höchst komplexe Diskussion nicht im einzelnen, sondern zielt durch eine Reihe von Zitaten auf *ein* Ergebnis: Das Votum für die simultane eucharistische Präsenz Christi an vielen Orten zeigt, daß die Scholastiker eine „Multipräsenz" des Leibes Christi ohne dessen substantielle Veränderung annehmen[81].

4.3.4.2. Die Belege der Bibel

Mit der philosophischen Argumentation verbindet sich die biblische: Eine Vielzahl von Schriftstellen belegt wunderbare supranaturale Veränderungen, die die betreffende Substanz nicht zerstören. Die Belege stammen aus drei Bereichen: Im *ersten* blickt Brenz auf die ganze Weite der biblischen Geschichten, in der „den Substanzen der Dinge durch ein göttliches Wunder Übernatürliches zukommt"[82].

Er nennt aus dem menschlichen Bereich den Glanz auf Moses Gesicht (Ex 34,29–31; 2. Kor 3,7), Elias Himmelfahrt (2. Kön 2,11), Petrus' Seewandel (Mt 14,29), Philippus' plötzliches Entweichen (Apg 8,39) und Paulus' Entrückung (2. Kor 12,1–4). Aus dem Bereich der Natur kommen hinzu die Geschichte von Bileams Esel (Num 22,28–30), die Öffnung des Schilfmeeres (Ex 14,21f.), der Stillstand der Sonne (Jos 10,13), das schwimmende Eisen (2. Kön 6,6) und das nicht verbrennende Feuer (Dan 3,27).

---

[79] „publico huius scholae consensu ‚esse in loco' possit corpori adesse et abesse citra eius corruptionem" (M 360,34–362,2).

[80] Mahlmann nennt (im Apparat z. St.) Belege aus Thomas (STh III, 76,5), Duns Scotus sowie Scaliger: „locum neque esse de essentia corporis neque accidens necessarium" (Exercitationes [1557] S. 12).

[81] „In praesentia autem illud manifestum est, quod scholastici sentiant corpus Christi esse eodem tempore in pluribus locis adeoque omnibus iis, in quibus coena peragitur, et tamen substantiam veri corporis non amitti" (M 386,18–21); ähnlich S 140,7–9; M 384,22–24; 384,29f.; 388,21–24.

[82] „... ubi rerum substantiis accidunt divino miraculo ὑπερφυσικά" (P 66,16f.).

Sind all diese wunderbaren Veränderungen „in dieser Welt" (P 68,4) geschehen, so behandelt ein *zweiter* Durchgang Texte über die kommende Verherrlichung der menschlichen Leiber „in der zukünftigen Welt" (S 136,15ff.). Durch die Gaben der „Leidensunfähigkeit, Klarheit, Feinheit und Beweglichkeit" – so die Zusammenstellung der Tradition[83] – werden die Leiber dort verherrlicht; Beleg ist insbesondere 1. Kor 15,42–44. Auch die zukünftige maiestas verändert die Substanz des Menschen nicht, er bleibt substantia corporalis, nur handelt es sich dann um einen geistlichen Körper von geistlicher Beschaffenheit. Nicht aber wird der Leib substantiell Geist: „Der Leib Christi unterscheidet sich vom Geist in der Substanz, nicht in den Auszeichnungen"[84].

Die *dritte* Gruppe biblischer Belege zielt auf die Überlegenheit des irdischen Jesus über physisch-lokale Beschränkungen[85]. Dies erweisen etwa die Geburt „durch den geschlossenen Mutterschoß" ebenso wie der Gang des Auferstandenen durch geschlossene Türen (M 400,28–402,2). Die Grenzen circumscriptiven Daseins sind für ihn nach biblischem Wort „unter Wahrung seiner Substanz" (P 70,13) nicht mehr bindend[86].

4.3.4.3. Die Allmacht Gottes

Das dritte Argument für die Möglichkeit von unräumlichem Menschsein rekurriert auf die Allmacht Gottes. Brenz widerspricht dem Vermiglischen Satz, nicht einmal kraft göttlicher Allmacht könne der Leib Christi außerhalb eines Ortes sein[87].

Brenz widerspricht der prinzipiellen Limitierung der Allmacht Gottes durch Vermigli[88]. Gewiß konzediert auch Brenz Grenzen einer sinnvollen Rede von der Allmacht Gottes. Diese liegen da, wo eine Aussage in Wahrheit nicht seine Allmacht, sondern (1.) Schwäche oder (2.) Widersprüchlichkeit bei ihm bezeichnen würde. Gott kann (1.) nicht sterben und (2.) nicht zugleich etwas wollen und dasselbe nicht wollen[89]. Das aber ist keine Limitierung des Vermö-

---

[83] „Enumerari solent quatuor dotes, quibus humana corpora ornabuntur: impassibilitas, claritas, subtilitas et agilitas" (P 68,7f.); Vgl. als historische Quelle Papst Innocenz III. (MPL 217,864B).

[84] „Habes igitur, quomodo corpus Christi differat a spiritu & quomodo non differat: Differt substantia, non differt ornamentis" (R 288,23–25).

[85] „Diser händel sein viel, die sich übernatürlich unn wider die natur des Menschlichen Leibs mit dem Leib Christi zugetragen haben" (Brenz, Von dem Sacrament, 33).

[86] „duo corpora in uno loco" oder „unum corpus ... simul in duobus aut pluribus locis" (P 70,7–9).

[87] M 202,6f. u. ö. Die Begründung dieser These durch Martyr ist oben im einzelnen referiert worden (S. 80–83).

[88] M 392,16–394,10, mit Hinweis auf Lk 1,37 und Mt 19,26/Mk 10,27; gegen Vermigli, Dialogus, 5a: „Theodoretus .. ait [MPG 83,228D] non esse enunciandum indefinite omnia Deo poßibilia".

[89] „Negari quidem non est, quin nonnulla sint, quae fieri non queant. Neque enim Deus potest cogi, vim pati, mori et interire. Hoc autem posse non est potentiae, sed imbecillitatis. Si enim Deus hoc posset, non esset omnipotens, sed potius impotens. Neque Deus eodem

gens Gottes; vielmehr würde dies zu wollen Untergang oder Selbstwiderspruch Gottes implizieren. Deshalb verbietet sich für eine konsistente Rede von Gott der Gedanke, Gott könnte dies wollen. Gott kann dies – ohne den Preis der Auflösung des Gottesbegriffes – nicht *wollen*, und nur deshalb ist zu sagen: er kann es nicht[90].

Das ist aber die einzig legitime Limitierung der Rede von der omnipotentia Dei. Gottes Allmacht darf hingegen nicht an der fixen ontologischen Verfaßtheit der Dinge, an der Irreversibilität zeitlicher und lokaler Festlegungen enden. Gott steht niemals hilflos vor vollendeten Tatsachen.

„Was geschehen ist, kann keine Macht ungeschehen machen", schreibt Vermigli, wobei auch hier Aristoteles im Hintergrund steht[91]. Aber, entgegnet Brenz, schon ein weltlicher Magistrat kann einen Entehrten in den Stand bürgerlicher Ehre wiedereinsetzen. Und Gott macht gar unsere Sünde in seiner Gnade ungeschehen (M 396,16 f.). Für Gott ist also in der Vergangenheit Geschehenes nicht irreversibel. Vermigli widerspricht dem: Gott rechnet die Sünde nicht an, aber er macht sie nicht ungeschehen[92]. – Auch Gott könne eine Jungfrau nach dem Fall nicht wieder ‚erwekken‘, zitiert Vermigli Hieronymus[93]. Aber, repliziert Brenz, derselbe Hieronymus schreibt auch, „das in der kirchen täglich auß huren junckfrauen werden"[94]. Vermigli hingegen setzt auch gegen diesen zugespitzten Satz die Ordnung des ‚gesunden Menschenverstandes‘: Es ist unmöglich, daß der Hure widerfahre, keine Hure *gewesen* zu sein[95]. Die Vergangenheit ist unaufhebbar.

Die Geltung des ‚gesunden Menschenverstandes‘, der allgemeinen Welterfahrung coram deo zieht Brenz grundsätzlich in Zweifel. Die uns selbstverständliche Abfolge von Vergangenheit, Gegenwart und Zukunft ist bei Gott außer Kraft. „Dann gleich wie vor Gott nichts künfftigs ist, also ist auch vor im nichts vergangen, sonder alle ding sein im gegenwürtig" (May 397,23–25). Für ihn gibt es nichts Vergangenes, das in seiner abgeschlossenen Faktizität gegen die Allmacht Gottes Bestand hätte. Jede fixierte Ding-Ontologie, der auch das Wirken Gottes unterzuordnen wäre, bestreitet Brenz. Das Wesen der Dinge ist nicht per se, sondern verdankt sich dem beständigen Wirken und Wollen Gottes. „Es ist nichts in einer jeden Natur als das, was Gott will und was Gott gibt"[96]. Wir haben diesen für Brenz fundamentalen kosmologischen (und metaphysi-

---

temporis puncto vult aliquid et non vult, probat aliquid et improbat. Hoc esset inconstantiae, non potentiae" (M 394,28–396,5).

[90] „quicquid Deus non potest velle, non potest etiam agere" (M 396,5 f.).

[91] Vermigli, Dialogus, 4b, zitiert M 396,14; Aristoteles, Nikomachische Ethik VI 2, 1139 b 8–11: „Vergangenes kann aber unmöglich nicht geschehen sein. ... ‚Denn dies allein bleibt auch Gott versagt: ungeschehen zu machen, was geschehen ist‘".

[92] „Facit ut non imputetur, sed non ut sit non illata" (Randbemerkung zu M 396,14).

[93] S. o. S. 82 mit Anm. 59; M 304,28–30; 394,14–16; 396,23 f.

[94] May 397,31; nach Hieronymus (MPL 25,840): „Deus etiam meretricibus copulatus, eas mutat in virgines".

[95] „Sed vitiatae non potest fieri, quin fuerint vitiatae" (Vermigli, Randbemerkung zu M 396,23).

[96] „non est aliud in unaquaque natura, quam quod Deus vult et quod dat" (M 308,6 f.); „Quod enim Deus iubet, id rei natura est" (M 368,15).

schen) Gedanken bereits im Abschnitt über Philosophie und Theologie angesprochen (S. 152f.). Er macht es für Brenz unmöglich, die Allmacht Gottes an
der „Natur des Dinges" zu limitieren, wie Vermigli es tut. Denn Gott überwin-
det in der creatio ex nihilo den größten ontologischen Gegensatz, den von Sein
und Nichtsein, ebenso wie in der Inkarnation die fundamentale Disparatheit von
Mensch und Gott oder im Kreuz die von Leben und Tod (M 396,28–398,2).

In der Perspektive einer solchen theologischen ‚Weltanschauung' liegt die
Antwort auf die Frage nach der Notwendigkeit der Lokalität des menschlichen
Leibes auf der Hand. Wie die Kategorie der Zeit ist auch die des Raumes vor Gott
relativiert. „Wie könnte er nicht auch aus tausend Örtern vor sich *einen* Ort
machen?"[97]. Für Brenz sind die Dinge, auch wenn sie ‚coram ratione', also mit
relativem Recht, als per se fixiert erscheinen, offen hin auf Gott. Sie sind keine
monadisch geschlossenen Größen. Darum kann es keinen Zweifel geben, daß
zwar nicht „vermüg der natur", wohl aber „vermüg der allmechtigkeit Gottes"
(May 385,27f.) der menschliche Leib ohne ein „esse in loco" sein könne. Das
Ziel des Argumentes ist erreicht. –

Zu dem Argument der Allmacht Gottes tritt ein weiterer Gesichtspunkt
hinzu: der des *Willens Gottes*. Es ist klar, daß willkürliche Ableitungen aus der
omnipotentia Dei, wie Vermigli sie Brenz unterstellt[98], unsinnig sind: Keineswegs ist „aus der Allmacht Gottes jedes Beliebige zu schließen. Es besteht kein
Zweifel, daß Gott Vieles kann, das er nicht tut" (R 128,5–7). Vielmehr „ist aus
seiner Allmacht zu schließen, was sich wahrhaftig aus seinem Willen und seinem
Wort ergibt" (R 129,16–18). Das Wort hat also Primat vor dem Argument der
Allmacht Gottes. Dieses soll lediglich den Einwand ausräumen, der Leib könne
nicht ohne Ort sein. Auch Brenz will nicht aus der unbegrenzten Möglichkeit
Gottes willkürlich auf konkrete Faktizität schließen.

Aus dieser Reduktion des Systemgewichts der Allmachtsfrage ist es wohl zu
erklären, wenn Brenz in der Recognitio der allgemeinen Frage nach der Allmacht Gottes sehr viel weniger Gewicht beimißt als in De maiestate und statt
dessen gezielt nach ihrer Bedeutung für das Problem des Leibes Christi fragt (R
128f.). 1562 hatte für Brenz noch die Allmacht Gottes selbst auf dem Spiel
gestanden[99]. In der Recognitio hingegen sieht Brenz in dieser Frage keinen
entscheidenden Dissens mehr: „Im Moment wird nicht gefragt, ob Gott wahrhaft allmächtig ist". Vielmehr ist ausschließlich das die Frage, was in der Perspektive der Allmacht Gottes von dem Leib Christi zu sagen ist[100]. Brenz leitet
hier die Einsicht, daß entscheidende Bedeutung nicht dem Theologoumenon
der unbeschränkten Allmacht Gottes zukommt, sondern der *Vermittlung* der

---

[97] „Quomodo igitur non posset ex mille locis unum coram se locum facere?" (M 404,6f.).

[98] „Concludamus ergo hominem posse esse angelum et asinum posse esse hominem"
(Randbemerkung zu M 308,14f.).

[99] „illud etiam quaeritur, utrum Deus sit vere omnipotens" (M 206,32f.).

[100] „In praesentia enim non hoc quaeritur, num Deus sit omnipotens. ... Sed illud in
praesentia quaeritur: Num, quod Cingliani sentiunt, corpus Christi non posse ne quidem
omnipotentia Dei, vel absque loco salvum conservari vel in multis simul locis esse, referendum
sit inter ea genera, quae nullo modo fieri possunt" (R 128,2f. 13–18).

Überlegungen zur Allmacht Gottes mit der Christologie, also der Überführung von der Möglichkeit Gottes zur Wirklichkeit Christi.

Was aber *tatsächlich* vom Leib Christi zu sagen ist, erschließt einzig das Schriftzeugnis. Der in seinem Wort manifeste Wille Gottes besagt die reale Erhöhung der menschlichen Natur[101]. Gott *wollte* also, daß der Mensch Jesus unbegrenzte Aufnahmefähigkeit für das Göttliche habe[102]. Deshalb ist es möglich, daß der Leib Christi mit unversehrter Substanz ohne Ort oder an vielen Orten ist.

Diese Möglichkeit haben alle drei Argumentationsgänge belegt: Das Votum der Scholastiker, die Zeugnisse der Bibel und schließlich das Argument der Allmacht Gottes, das eine Bestreitung seines *Willens* zur Erhöhung der Menschheit entkräftet. Circumscriptive Räumlichkeit kann wie alle anderen akzidentiellen Proprietäten vom Menschen abgelöst werden. Das berechtigte Postulat der Immutabilität der menschlichen Substanz steht der Realität der communicatio idiomatum nicht entgegen.

4.3.5. Zusammenfassende und kritische Überlegungen zum Naturbegriff

4.3.5.1. Zur Kritik

Es kann keinen Zweifel geben, daß Brenz die von ihm aufgeworfenen logischen Probleme noch nicht hinreichend löst. Den gesamten Bereich konkret bestimmbarer geschichtlicher Attribute und Eigenarten unter die Bedingungen bloßer zufälliger (abtrennbarer) Akzidentien zu subsumieren, geht philosophisch nicht an. Auch die Distinktion im Proprietätsbegriff, die in richtige Richtung weist, löst dieses Problem nicht, zumal unter essentieller Proprietät des Menschen nichts anderes verstanden wird als eben die Essenz des geschöpflichen Menschseins selbst[103], während Brenz die in Frage stehenden Proprietäten schlechthin mit Akzidentien identifiziert.

Das Hauptproblem liegt in der mangelnden Differenziertheit der Begriffsbildung, und zwar besonders beim Begriff der Proprietäten und der Frage nach der Möglichkeit ihrer Privation und Kommunikation. Die Möglichkeiten einer weiteren begrifflichen Präzisierung und Differenzierung können hier nicht verfolgt werden. Es war dies die Aufgabe der von Brenz und Luther her datierenden lutherischen Christologie. Die Darstellung der einschlägigen Diskussion v. a. bei B. Meisner (1587–1626) durch W. Sparn macht deutlich, wie erheblich die Differenz an Niveau und Differenziertheit in der Debatte über diese Probleme bei den lutherischen Philosophen der Orthodoxie im Gegenüber zu den Theolo-

---

[101] „Manifesta vero est voluntas Dei, manifestum est verbum Dei, quod filius hominis sit assumptus a filio Dei in unitatem personae: ... ut in maiestate sua ... omnia coelesti modo impleat & gubernet" (R 129,18–26).

[102] „in filio ... hominis ... *voluit* esse capacitatem incircumscriptam, immensam et infinitam" (M 308,22–25).

[103] Vgl. MAHLMANN, Personeinheit, 241.

gen der Spätreformation ist. Die wichtigste sachliche Differenz zu Brenz dürfte
darin liegen, daß der Bereich der ‚Eigenschaften' in seiner Relevanz und Nähe
für die Substanz wieder aufgewertet wird. Man diskutiert jetzt das Problem der
Privation bzw. Kommunikation *essentieller Eigenschaften* und nicht bloßer Akzidentien oder akzidentieller Proprietäten[104]. Es stellt sich heraus, daß die Gemeinschaft von Gott und Mensch *jenseits* der Differenz von Substanz und Akzidens
ausgesagt werden muß: „Dies bedeutet, daß die christologische These die Annahme eines besonderen, weder substantiellen noch akzidentiellen Seins verlangt"[105]. Dieses auch für Brenz *theologisch* bestimmende Ziel war für ihn *philosophisch* noch nicht erreichbar.

Auch die Rolle des Arguments der Allmacht bei Brenz ist nicht unproblematisch. Die Schwierigkeiten bemerkt der Schwabe offenbar selbst, wenn er in
zwei aufeinanderfolgenden Schriften dieser Frage je verschiedene Systembedeu-
tung zumißt. Der Rekurs auf die Allmacht erweist eben nur die Möglichkeit
nichtkörperlichen Daseins des Menschen, nicht deren Tatsächlichkeit[106].
Ebenso ist das Verhältnis der Begründungsfunktion der allgemeinen Differenz
Substanz-Akzidens zum theologischen Gedanken der Allmacht Gottes offen
(vgl. oben S. 154). Wenn die Privation aller akzidentiellen Proprietäten ganz
„natürlich" – so ja das Urteil der ‚Weltgelehrten' – möglich ist, bedarf es nicht
des Allmachtsargumentes.

Es geht hier um das grundsätzliche Problem von supranaturaler und natürlicher Wirklichkeit. Ist der menschliche Leib nach allgemein philosophischen
Begriffsbestimmungen als allgegenwärtig denkbar (diesen Eindruck erweckt
das Substanz-Akzidens-Schema) oder nur in einem *besonderen* Akt der Allmacht
Gottes im Wunder des Personseins Christi? Diese Frage, die erkennbar jenseits
von Brenz' Reflexionshorizont steht, bleibt bei ihm offen. Die Späteren differenzieren deshalb an dieser Stelle zwischen „dem ‚außergewöhnlichen Fall' der
constitutio rerum praeternaturalis" und der natürlichen, physischen Bestimmung der Dinge, in der allerdings die Privation von Proprietäten unmöglich ist.
Schon Luther hatte für den Spezialfall christologischer Aussagen eine neue
Sprache, einen besonderen Sinn der Worte postuliert[107]. Melanchthon trägt dem
schlechthin wunderbaren Charakter der Inkarnation Rechnung, indem er Aussagen darüber nur als „praedicationes inusitatae" für möglich hält; in dieser
Tradition stehen dann die „mystischen Prädikationen" der Orthodoxie. Indem
Brenz auf eine solche fundamentale Unterscheidung verzichtet, hat er beständig
mit der Zuordnung von biblisch-theologischer und philosophischer Argumentation, von allgemeiner und theologischer Wahrheit Probleme. Der Ausgleich
zwischen beiden Momenten ist bei ihm nicht voll gelungen: Die voluntativ-

---

[104] SPARN, Wiederkehr, 37 ff.; 40 ff.
[105] SPARN, Wiederkehr, 45.
[106] Die Gefahr einer bloßen ‚quaestio hypothetica" an diesem Punkt sieht auch Meisner
(SPARN, Wiederkehr, 38).
[107] „Certum est tamen, omnia vocabula in Christo novam significationem accipere in eadem
re significata" (WA 39/II, 94, 17 f., Th. 20, vgl. Th. 21–23).

theonome constitutio rerum hier, das „extra controversiam" (M 360,32) stehende vernünftige Urteil über das Verhältnis von Substanz und Akzidens dort, das
Geschehen der Personeinheit als schlechthin absurdes Wunder hier, als durch
den philosophischen Naturbegriff jedenfalls in seinen Konsequenzen einsichti-
ges Ereignis dort.

4.3.5.2. Zur Würdigung

Das Urteil, daß Brenz – wie alle Theologen seiner Zeit – die von ihm selbst
gestellte philosophische Aufgabe „nicht hinreichend gelöst" hat[108], darf den
Blick auf die theologische Leistung und auf die Ausstrahlung seines Ansatzes
nicht verstellen. So ist nicht zu bestreiten, daß in der logischen Diskussion, die
Meisner und seine Zeitgenossen führen, im großen ganzen an der von Brenz
gestellten Problematik gearbeitet wird, und zwar in der von Brenz gewiesenen
Richtung. Immerhin hält man bei allen Differenzen im Detail grundsätzlich fest
an der von Brenz in die lutherische Christologie eingeführten philosophischen
Einsicht, „daß zwischen Proprium und Subjekt eine Realdifferenz bestehe und
diese mit der unbestrittenen Realdifferenz zwischen Substanz und Akzidens ...
identisch sei"[109]. Die Schwierigkeit der Problematik mag illustrieren, daß auch
„Meisners Beweisführung" sich hinsichtlich des Allmachtsargumentes als
„sichtlich uneinheitlich" darstellt[110].

Worin liegt die Kontinuität der ‚gewiesenen Richtung'? Was ist die bleibende
Leistung in Brenz' Ansatz? Brenz will – mit noch nicht ausgereiften logischen
Mitteln – eine Vermittlung leisten von realer substantieller Unterschiedenheit
von Gott und Mensch und ihrer ebenso realen personalen Koexistenz im Voll-
zug der Kommunikation. Eben dieser theologische Zielpunkt hält sich durch,
etwa auch für Meisner[111]. Für Brenz hat das *Geschehen* des Personseins, die
Neubestimmung des Verhältnisses von Gott und Mensch, statt, ohne daß die
apriorische substantielle Fixierung von Gott- und Menschsein lediglich ein
Nebeneinander zuließe. Zugleich aber hebt dieser Vollzug perichoretischer
Gemeinschaft und Subjekteinheit die essentielle Disparatheit von Gott und
Mensch nicht auf. In diesem Sinne versteht Brenz Chalcedon, das bei ihm
zugleich überwunden und bewahrt ist. Er sagt Veränderung und Nicht-Verän-

---

[108] Sparn, Wiederkehr, 64.

[109] Sparn, Wiederkehr, 38.

[110] Sparn, Wiederkehr, 40.

[111] „die beiden Substanzen, zwischen denen die Mitteilung ihrer Eigenschaften stattfinden
soll, müssen einerseits wirklich und wesentlich verschieden, andererseits aber nicht örtlich
getrennt, sondern aufs engste sich verbunden und gegenseitig durchdringend gedacht werden.
,... esse duas substantias essentialiter quidem distinctas, non tamen localiter disiunctas, sed sibi
arctissime unitas, et ad unum quasi suppositum copulatas, seque invicem mutua περιχωρήσει
et pervasione intima amplectentes'" (Sparn, Wiederkehr, 41, mit Zitat aus Meisner, Philosophia Sobria I, 49). Die philosophische Problemlage wird hier „ganz auf die Motive der
lutherischen Christologie" zugespitzt (Sparn, Wiederkehr, 42). Diese Motive aber, und im
groben auch die logischen Fragen, hat entscheidend Brenz entworfen.

derung zugleich aus, und das ist die große theologische Stärke seines Konzeptes. Solche Veränderung hat statt in einem Raum jenseits der Bestimmungen von Chalcedon. Brenz verankert im Natur- bzw. im Proprietätsbegriff selbst die Möglichkeit von gleichzeitiger Identität und Kommunikation, von bleibender essentieller ‚Selbstheit‘ und eigenschaftlicher Veränderung[112]. Der Mensch bleibt Mensch und wird doch in und durch die Gemeinschaft mit Gott ein neuer. „Die Personeinheit von Gottsein und Menschsein ist begriffen als ein Zusammenhang, der innerhalb eines Unveränderlichen Veränderungen aufnehmen kann"[113]. Die Christologie ist deshalb zweierlei zugleich: Sie ist Zweinaturenlehre, insofern sie die essentielle Unversehrtheit zweier distinkter Substanzen festhält. Und sie ist Lehre von der Kommunikationsgemeinschaft der Person – und nicht nur „Personeinheitslehre" (so Mahlmann, Sparn[114]) –, insofern sie die communicatio idiomatum in der untrennbaren gemeinsamen Existenz zweier Substanzen aussagt, die doch ihrer (bei Brenz: essentiellen) Proprietäten nicht verlustig gehen. Die unversehrten Substanzen als Terminus a quo und das ununterscheidbare kommunikative Dasein beider mit- und füreinander als Terminus ad quem der Person Christi haben gleichzeitig gleiches Realitätsgewicht. Durch die Zweiteilung des Proprietätsbegriffs will Brenz die Verbindung der essentiellen Immutabilität und Disparatheit der Naturen mit der Möglichkeit realer Kommunikation, die im Vollzug der gemeinsamen Existenz Veränderung und gegenseitige Durchdringung bedeutet, herstellen.

4.4. Die menschliche Schwachheit Gottes

4.4.1. Die Anteilnahme Gottes am menschlichen Leiden

Der zweite wesentliche Gesichtspunkt der communicatio idiomatum ist bis jetzt außer acht geblieben: Die Beteiligung Gottes an menschlicher Schwäche und menschlichem Leiden. In der communicatio idiomatum ereignet sich ein Prozeß *gegenseitiger Anteilgabe*, in dem „je ein natur der andern ir eigenschafft oder würckung mittheilt, wölches ‚communicatio idiomatum‘ genannt würdt" (B 133,14–16). Entsprechend ist nicht nur von der Majestät des Menschen zu reden, sondern auch von dem Leiden und Sterben Gottes: „Durch communicatio idiomatum sagen wir von Christus, daß Gott gelitten hat und gestorben

---

[112] „Siquidem nomine naturae intelligatur humana essentia aut substantia, omnino sentiendum est, quod in Christo *humana natura nunquam* vel *mutetur* vel tollatur aut destruatur. Assumptus enim homo suam semper substantiam & essentiam ita servat, ut *nunquam mutetur in divinam*. Si autem naturae nomine intelligas ea, quae substantiae inhaerent, quae & citra iacturam substantiae adesse possunt aut abesse, *falsum est, quod natura humana in Christo non sit mutationi obnoxia*" (R 55 b,13–22).

[113] Mahlmann, Personeinheit, 244.

[114] Vgl. Mahlmann, Personeinheit, 184; Sparn, Wiederkehr, 56 mit A.12.

ist"[115]. Die kommunikative Struktur ist hier – mutatis mutandis – der der Erhöhung des Menschen analog. So wenig dem Menschen per se Allmacht und Omnipräsenz zukommt, sowenig kann Gott per se leiden und sterben. Impassibilität ist ein Attribut auch der lutherischen Gotteslehre![116] Doch in der Rede „de Christo" (P 32,31) ist nicht mehr die Perseität Gottes thematisch. Vielmehr übernimmt Gott Leiden und Niedrigkeit des Menschen, mit der er als eine Person, als ein Subjekt in gegenseitiger Offenheit existiert. Was eben als Prozeß *gegenseitiger* Mitteilung bezeichnet wurde, ist also bei näherem Zusehen zu differenzieren: Es besteht insofern keine volle Symmetrie, als auch bei der Übernahme des Leidens (wie bei der Erhöhung) *Gott* Subjekt des Kommunikationsvorganges ist. Nicht die Menschheit teilt Gott ihre Schwäche mit – so wie dieser ihr seine Majestät – sondern Gott selbst macht sich des Leidens und Sterbens teilhaftig[117]. Er läßt sich aufgrund der gemeinsamen personalen Existenz mit dem leidenden Menschen so davon betreffen, „als ob er selbst litte"[118]. Dieses „als ob" bezeichnet dabei keinen bloßen Irrealis, auch wenn es nicht unproblematisch ist (s. im folgenden). Wie die Erhöhung geschieht auch die Anteilnahme Gottes am Leiden gratialiter; hier wird nicht ein naturhafter Sachverhalt ausgesagt, sondern ein *neues*, aus Liebe sich ereignendes Geschehen.

Auch hier wie bei der Erhöhung der Menschheit gilt: erst in der communicatio idiomatum liegt das Spezifikum Christi. So ist es nicht ausreichend, zu sagen: Die Gottheit war im Sterben Christi *gegenwärtig*, aber selbst *nicht* vom Sterben *betroffen*. So lösen es unter Rückgriff auf Irenäus Melanchthon, Vermigli und Bullinger: „Der Logos war dem leidenden Menschen gegenwärtig, aber er litt nicht"[119]. Die Gegenwart, so muß man dies verstehen, beschränkt sich auf die aus ontologischen Gründen unaufhebbare suppositale Trägerschaft. Aber Gott leidet nicht; es bleibt beim Nebeneinander von göttlichem und menschlichem Geschick. – Dieses Modell ist für Brenz inakzeptabel. Von der *Gegenwart* Gottes ist auch beim Sterben eines jeden Christenmenschen zu reden. Nur in Christus aber macht sich Gott des Leidens „persönlich teilhaftig", so daß der Satz wahr ist: „Gott selbst leidet und stirbt"[120].

---

[115] „per communicationem idiomatum de Christo dicimus Deum esse passum et mortuum" (P 32,30–32).

[116] „Impassibilis enim Deus est" (P 34,11 in Zitation Cyrills).

[117] „Deus ... passionem et mortem Christi ... sibi communem faciat" (P 32,34f.).

[118] „propter hypostaticam unionem passioni et morti personaliter adsit, et non aliter, ut sic dicam, afficiatur, quam si ipse pateretur et moreretur" (P 32,35–34,2).

[119] Vermigli, Dialogus, 34a, Marginalie; ähnl. Glosse zu M 240,12; Bullinger, Responsio, 71b. Vgl. oben S. 35 und S. 86.).

[120] „non fuit tantum cum ea praesens in passione et morte sicut cum aliis sanctis, verum etiam facta est earum tam personaliter particeps, ut vere dici potuerit: ‚Deus ipse passus est et mortuus'" (S 132,28–31; ganz ähnlich M 238,27–32).

4.4.2. Unklarheiten und Probleme

Schon Thomasius hat beobachtet, daß Brenz der Rede vom Leiden längst nicht das Gewicht verleiht wie der Erhöhung des Menschen und an diesem Stück hinter der Intensität von Luthers Aussagen zurückbleibt[121]. In der Tat: nicht *ein* Schriftwort zieht Brenz heran, um diesem Punkt Gewicht zu verleihen. In der Lutheranthologie am Ende von De personali unione fehlen die entsprechenden Passagen, v. a. aus Luthers Großem Bekenntnis von 1528[122], das sonst ausgiebig zitiert wird (P 93,27–103,28), ganz.

Zwei Gründe lassen sich benennen. Zum *einen* geht die Debatte über die *Majestät* der Menschheit Christi; auf diesen Aussagen liegt Emphase, während das Leiden Gottes mehr um formaler Vollständigkeit willen mit behandelt wird. Zum *andern* aber erschwert ein sachliches Problem die Rede vom Leiden und Sterben Gottes: Es besteht keine Kongruenz zwischen der Kommunikation göttlicher und menschlicher Proprietäten: Die philosophische Ermöglichung der Rede von Veränderung beim Menschen durch die Differenzierung von Substanz und Akzidentien ist bei der Gottheit nicht analog durchführbar. Deshalb meint Brenz Veränderung von Gott nicht aussagen zu dürfen. Darum tut er sich bei der Rede von der Beteiligung Gottes am Leiden so schwer. Das zeigt etwa die problematische Formel „als ob" (s. Anm. 118), die bei der allgegenwärtigen Majestät der Menschheit ganz undenkbar wäre und die dort so energisch vertretene Realität des Geschehens hier in Frage stellt.

Aber immerhin: Bis De maiestate stellt Brenz jeweils klar, daß zum Vollzug der communicatio in Christo beides gehört: Gottes Anteilgabe an seiner Majestät und seine Anteilnahme am Leiden des Menschen; auch die von Luther so eingeschärfte soteriologische Bedeutung dieser Anteilnahme spielt für ihn eine zentrale Rolle. Bei allen Akzentunterschieden hält er daran fest: „Der Gott Christus hat für unsere Sünden wahrhaftig gelitten" (P 32,27 f.).

Diese Position ändert Brenz ab 1564 noch einmal. Der schon zuvor nur in bestimmter Interpretation für ihn akzeptable Satz „so müssen die eigenschafft ... der einen natur von der andern zugetheilt werden" (B 135,34–36) wird nun noch weiter eingeschränkt: Die communicatio in Christus ist nicht gleichsam der Austausch zwischen zwei gleichberechtigten Partnern. Es ist vielmehr als Differenz festzuhalten: „In dieser Einheit nimmt die Gottheit die Menschheit an, nicht aber die Menschheit die Gottheit". Aus dieser ja keineswegs neuen Feststellung

---

[121] „Dagegen scheint er [Brenz] mir nicht das gleiche Gewicht wie Luther auf die andere Seite der Sache, auf die Theilnahme des Göttlichen an dem Menschlichen, zu legen" (THOMASIUS, 317). Völlig verfehlt ist demgegenüber die Feststellung FRANKS, „die Württembergischen Theologen" (gemeint ist Brenz [A.139]) seien „auf dem Wege" gewesen, über Luther hinaus die letzte „Schranke, die sich der vollen Consequenz" des tatsächlichen Leidens Gottes noch „entgegenstellte, zu durchbrechen" (Theologie der FC III, 251).

[122] Besonders WA 26,319–322.

zieht Brenz nun eine bisher in dieser Schärfe vermiedene Konsequenz: „... deshalb teilt sie ihr nichts von ihrer Schwäche mit"[123].

Es handelt sich hier um die freie Wiedergabe eines Basiliuszitates, das Brenz bereits P 36,2–4 wörtlich angeführt hatte. Dort hatte er aber noch interpretierend eingegriffen: „Basilius meint hier nicht, daß die Gottheit in Christus sich nicht die Schwäche des Fleisches zu eigen gemacht habe"[124]. Dieser korrigierende Akzent ist 1564 fortgefallen. Es macht dem Schwaben nun offenbar nichts mehr aus, daß der Satz jeden Anteil Gottes an der menschlichen Schwachheit in Abrede zu stellen scheint.

In der Apologia ad Electorem Augustum illustriert Brenz die Asymmetrie mit einer Abwandlung des bekannten Bildes von Eisen und Feuer durch Basilius: „das Eysen giebt dem Feuer nicht seine Hårte und seine Eysengraue Farb, sondern das Feuer gibt dem Eysen, das es feurig, klar und scheinbar wird"[125]. Übertragen auf die Christologie heißt das: „Also in der Vereinigung Gõttlicher und Menschlicher Natur verwandelt die Menschheit nicht die Gottheit, sondern die Gottheit verwandelt die Menschheit". Der gewagte Begriff „verwandelt" wird sogleich interpretiert: er besagt „nicht, daß das Menschliche Wesen .. *verändert* werde", sondern eben daß „das Menschlich unveråndert wesen mit der Gõttlichen Majeståt begabt und gezieret werde"[126].

Eben diese Dialektik aber, Veränderung auszusagen, die nicht (substantielle) Verwandlung bedeutet, das Simul von Veränderung und Nicht-Veränderung, wagt Brenz jetzt für Gott nicht mehr. Die Mitteilung von Idiomen der menschlichen Natur an die göttliche, 1561 noch behauptet, gehört nun ausdrücklich nicht zur „rechte[n] Communicatio Idiomatum" und wird ausgeschieden[127]. Communicatio idiomatum wäre dann ein völlig einseitiger Vorgang.

In der Recognitio erwähnt Brenz das Leiden Gottes auf 350 Seiten nicht mit einem Wort. In der Apologie für den sächsischen Kurfürsten hält er aber doch wieder daran fest, daß „man recht sagt ‚Gott hat gelitten, Gott ist gestorben'"[128]. Wie ist das nach den auch in dieser Schrift getroffenen Einschränkungen – „das Eysen giebt dem Feuer nicht seine Hårte, ... also ... verwandelt die Menschheit nicht die Gottheit" – noch möglich? Brenz und Andreae versuchen hier noch einmal eine neue Begründung und originale Interpretation des Satzes „Deus passus" zu geben: Gelitten hat nicht „die ewige Gottheit Christi", sondern gelitten hat der Mensch; aber eben *der* Mensch, dem von Gott göttliche Majestät mitgeteilt wurde, der erhöhte. Deshalb wird dieser Mensch ‚Gott' genannt, so

---

[123] „in hac unione divinitas assumit humanitatem, non autem humanitas divinitatem idcirco illa huic nihil imbecillitatis confert" (R 29,2–4).

[124] „Hic Basilius non sentit quod deitas in Christo non fecerit sibi propriam imbecillitatem carnis" (P 36,5f.).

[125] Auch dieses Beispiel hatte Brenz schon 1561 zitiert und sogleich entschärft (P 36,7–13)!

[126] Apologia ad Electorem Augustum, 81,

[127] „das ist die rechte Communicatio Idiomatum, nicht daß die Menschliche Eigenschafft der Gõttlichen Natur, sondern daß die Gõttliche Eigenschafft ... Der Menschlichen Natur in der Menschwerdung Christi mitgetheilet worden" (Apologia ad Electorem Augustum, 81).

[128] Apologia ad Electorem Augustum, 81.

daß „der Mensch als Gott . . . gelitten hat"![129] ‚Gott hat gelitten' meint das Leiden
des zur göttlichen Majestät erhobenen Menschen und damit also auch das Leiden
der *mitgeteilten* Gottheit.

Brenz will auf diese Weise trotz der völligen Asymmetrie der „gegenseitigen"
Kommunikation die Rede vom Leiden Gottes festhalten, indem er sie systematisch der Übereignung der *Majestät zu-* und unterordnet. Das ‚genus tapeinoti-
cum' bekommt seinen Ort *innerhalb* des ‚genus maiestaticum'. Die Rede vom
Leiden Gottes ist damit kein Thema sui generis mehr; sie ist nur die Rückseite der
Medaille, um deren Prägung es Brenz geht: Die Majestät der Menschheit Christi. Indem der erhöhte Mensch leidet, leidet Gott. – Diese originelle Konstruktion muß als äußerst problematisch bezeichnet werden. Sie stellt den Versuch
einer ‚Ausrede' dar, das Leiden Gottes auszusagen, obwohl das nach den zuvor
getroffenen Restriktionen der communicatio und der gegenseitigen Betroffenheit, vor allem aber unter dem Eindruck des offenbar auch für Brenz unüber-
windlich gewordenen Immutabilitätspostulates nicht mehr gelingen kann. Da
Brenz offenbar selbst spürt, daß die völlige Ausblendung des Themas (wie in der
Recognitio) nicht angeht, muß er sich zu der theologisch äußerst fragwürdigen
Differenz zwischen der Gottheit als solcher (die unbetroffen bleibt) und der
mitgeteilten Gottheit (die leidet) flüchten; das aber ist mit der auch von ihm
vertretenen simplicitas Gottes nicht vereinbar. Es ist vor allem aber christologisch unbefriedigend, denn es hält am Ende doch ‚Gott selbst' aus dem menschlichen Geschick heraus.

4.4.3. Kritische Überlegungen

Brenz' Darstellung der communicatio idiomatum ist, sofern sie die Beziehung des Leidens auf die Gottheit betrifft, nicht völlig einheitlich und deshalb
auch nicht in einliniger Weise zu kritisieren. Freilich machen bereits diese
Schwankungen deutlich: Brenz tut sich mit dem Thema schwer, er laboriert
ohne die innere Konsequenz und Sicherheit daran herum, die ihn bei der Rede
von der Majestät der menschlichen Natur auszeichnet.

Spätestens ab der Recognitio erscheint seine Lösung inhaltlich als nicht mehr
befriedigend. Die fundamentale Differenz zwischen substantialer Perseität und
gnadenhafter kommunikativer Existenzgemeinschaft wird zu sehr eingezogen.
Brenz hat unter dem ‚Druck' des Postulates der Immutabilität Gottes der Mut
verlassen, wie Luther das Skandalon der Inkarnation auch an diesem Punkt
adäquat auszusagen. Die „exorbitante Behauptung, daß Gott in concreto durch
das Leiden Christi nicht weniger bestimmt sei als durch sein autarkes göttliches

---

[129] „Und wiewol man recht sagt ‚Gott hat gelitten, Gott ist gestorben', so ist doch nicht bey
dem Namen ‚Gott' die ewige Gottheit Christi also zu verstehen, daß Gott allein in Christo
gewesen und ein blosser Mensch gelitten, sondern Gott hat also in Christo gelitten, daß er
diesem Menschen seine Göttliche Majestät mitgetheilet, um welcher willen der Mensch Christus Gott genennet und der Mensch als Gott (doch exinanitione) gelitten hat" (Apologia ad
Electorem Augustum, 81).

Wesen"[130], wagt Brenz nicht mehr. Der Grund liegt in der im Prinzip ja
richtigen Absicht, ungeschützte Rede von der Mutabilität Gottes und völlige
Kongruenz der Kommunikation zu vermeiden. Aber dieses Anliegen rechtfer-
tigt doch nicht, die Neubestimmung des Verhältnisses von Gott und Mensch *nur
am Menschen auszusagen*, von Gott aber fernzuhalten, als ob die gnadenhafte
Aufnahme des Menschen in die Einheit personaler Existenz nicht auch für Gott –
gewiß in differenzierter Weise – eine Neubestimmung bedeutete (wie Brenz es
bis 1562 ja auch gesagt hat). Das theologische Grundproblem wird überdeutlich
in der völligen Identifikation der Perseität Gottes mit dem inkarnierten Gott –
„ob er mit dem Menschen vereinigt ist, ob er für sich betrachtet wird, er ändert
sich niemals"[131]. Terminus a quo und Terminus ad quem, Perseität und Kommunikationsgemeinschaft sind hier annähernd identisch, und zwar subsumiert
unter den Bedingungen der Perseität. Brenz bleibt hier hinter seinem eigenem
Ansatz zurück.

Wenn die Kommunikation als exklusiv einliniger Weg von Gott zum Menschen gedacht wird, gerät Brenz in verdächtige Nähe zu Vermigli: Er ist dann
von einer Variation des Modells der reinen Dependenz des Menschen nicht fern.
Der apriori als immutabel gedachte Gott agiert – das freilich anders als bei dem
Zürcher – an dem von ihm dependenten Menschen, ohne selbst betroffen zu
werden. Das Gottesverständnis dominiert *hier* zu stark die Christologie, statt
seinerseits von dieser her Prägung und Korrektur zu erfahren.

4.4.4. Die Weiterführung in der ,Schwäbischen Schule'

Wie Brenz in seiner letzten Phase negiert auch Jakob Andreae die Mitteilung
menschlicher Schwachheit an die Gottheit[132]. Die fragliche Passage in der Recognitio etwa stimmt nahezu wörtlich mit Formulierungen in Andreas nur wenig
späteren „107 Schlußreden von der Majestät Christi" überein. Wir stellen beide
Texte nebeneinander:

„Und weil in dieser Einheit die Gottheit die Menschheit annimmt, nicht aber die Menschheit die Gottheit, deshalb teilt die Menschheit ihr nichts von ihrer Schwäche mit." – („Et quia in hac unione divinitas assumit humanitatem, non autem humanitas divinitatem, idcirco illa huic nihil imbecillitatis confert" [Brenz, R 29,1–4]).	„Dann die Menschheit oder Menschliche Natur hat nicht die Göttliche an sich genommen, sondern sie (die Menschliche Natur) ist von der andern Person der Gottheit in Einigkeit der Person angenommen worden. Darumb hat die Menschlich Natur die Göttliche nicht schwöchen könden". (Andreae, Schlußreden, Th. XIX)

---

[130] SPARN, Wiederkehr, 85.

[131] „Ac de divina quidem natura manifestum est, quod sive uniatur cum homine, sive per se
consideretur, nunquam in aeternum mutetur" (R 27,27–29).

[132] Bereits FRANK beobachtet: „Schon bei Andreae finde ich nicht mehr, wie bei Brenz, die
Beziehung des Leidens auf die göttliche Natur" (Theologie der FC III, 364, A.140). Daß
dasselbe für Brenz ab 1564 gilt, ist ihm entgangen.

Da die Eindeutigkeit des sonst so festen Brenz im Hintergrund fehlte, kann es nicht überraschen, wenn auch in der Konkordienformel das Problem restriktiv behandelt wird und unklar bleibt. In FC VIII ist die Rede vom Leiden Gottes mit Emphase nur in Lutherzitaten ausgesprochen[133], während eigene Formulierungen der Konkordienväter sie vermeiden und lediglich die Unveränderlichkeit Gottes einschärfen[134].

Erst die spätere ,Schwäbische Schule' wird der von Brenz – freilich nur in einigen Passagen – durchgeführten Reduktion auf die ausschließliche Mitteilung göttlicher Proprietäten an den Menschen nicht folgen, wie wir exemplarisch an drei Tübinger Theologen verdeutlichen wollen.

4.4.4.1. Stephan Gerlach

Grundlegend für alle folgenden Ansätze sind die Überlegungen von *Stephan Gerlach*. Er hält ausdrücklich an der Gegenseitigkeit der communicatio idiomatum, an der „mutua Communicatio Naturarum in persona Christi" fest[135]. Deshalb „ist die Meinung, daß diese communicatio der Naturen *von beiden Seiten* vollzogen wird, und daß sowohl der Menschheit als auch (auf ihre Weise) der Gottheit etwas mitgeteilt wird"[136]. Der Grund für diese Sicht besteht bei Gerlach darin, daß nur durch diese vollständige und reale Kommunikation das Personsein Christi zureichend beschrieben werden kann und nicht nur als bloßes Nebeneinander, als „nuda combinatio"[137]: Unio personalis und communicatio bedingen sich gegenseitig[138]. Ohne diese „intime Form der communicatio" könnte die Person Christi auch ihre Funktion nicht erfüllen, „das Heil des Menschengeschlechtes zu vollbringen"[139]. Denn nur, wenn Christus als engste Gemeinschaft von göttlicher und menschlicher Natur gedacht wird, geschieht in ihm die Wiederherstellung der durch die Sünde zerstörten Gemeinschaft Gottes mit den Menschen[140].

---

[133] „wo es nicht sollt heißen: Gott ist für uns gestorben, sundern allein ein Mensch, so sind wir verloren" (BSLK 1030,47–1031,2; = WA 50,590,13 ff.).

[134] „Was nun die göttliche Natur in Christo anlanget, weil bei Gott ,keine Veränderung' ist, Jacob. 1 [17], ist seiner göttlichen Natur durch die Menschwerdung an ihrem Wesen und Eigenschaften nichts ab- und zugangen, ist in oder für sich dardurch weder gemindert noch gemehret" (BSLK 1032,9–15).

[135] Gerlach, Assertio, 59, ebenso 83. 85.

[136] „ipsam communicationem naturarum ex utraque parte perfectam esse, ut et humanitati et divinitati (suo modo) aliquid communicatam esse intelligatur" (Assertio, 154).

[137] Assertio 86. 145.

[138] „Patres Orthodoxi ... realem κοινωνίαμ in persona Verbi ex sacra Scriptura docuerunt et ex hac unione (quae sine reali communicatione Naturarum facta non est) tradiderunt proficisci communicationem Idiomatum, quae sine Naturarum κοινωνία consistere non potest" (Assertio 21).

[139] „illae duae Naturae modo et gradu perfectissimo unitae sunt: ita quoque intimus gradus communicationis illis intercedit, sine qua salus humani generis perfici non potuit" (Assertio 63).

[140] „Et quia nos per peccatum a communione cum Deo excidimus, personalem κοινωνίαμ Naturae humanae cum Deo Verbo in persona Christi intercedere necesse fuit, ut genus human-

Die Realität der gegenseitigen communicatio idiomatum besagt, daß Worte wie 1. Kor 2,8 (sie haben den Herrn der Herrlichkeit gekreuzigt) *wirklich* auf Gott zu beziehen sind[141]. Gott hat in der Annahme unserer Natur diese sich zu eigen gemacht mit ihrer Substanz, ihrer Eigentümlichkeit, ihren Tätigkeiten und ihren Leiden[142]. Hier liegt zugleich allerdings eine Präzisierung im Verständnis der ‚gegenseitigen‘ communicatio idiomatum vor: Gottheit und Menschheit wird auf verschiedene Weise etwas mitgeteilt. So gilt zwar uneingeschränkt, daß der Logos der Menschheit seine Majestät und Vollkommenheit mitteilt, nicht aber umgekehrt, daß die Menschheit der Gottheit ihre Schwachheit überträgt[143]. Denn, so lautet der theologische Grund: Die Gottheit ist vollkommen und ihr kann nichts hinzukommen und ihr kann keine Minderung widerfahren[144]. Die Menschheit gibt der Gottheit also nichts und nimmt ihr nichts. Die „andere Weise" der communicatio besteht vielmehr darin, daß die vollkommene Gottheit selbst sich das menschliche Geschick wirklich zu eigen macht[145]. In diesem Sinne heißt es zu Recht – die Begrifflichkeit schwankt an dieser Stelle offenkundig bei Gerlach noch –, „daß die Eigenarten der Menschheit Gott dem Logos wahrhaft mitgeteilt werden, so daß man sagt, er wurde geboren, wurde gekreuzigt und ist gestorben"[146]. Wäre der Tod Christi nicht auch der Tod Gottes, wäre er für uns nicht heilbringend[147].

4.4.4.2. Matthias Hafenreffer

Im großen ganzen ging die von Gerlach vorgeschlagene Auffassung der communicatio idiomatum ein in das verbreitetste dogmatische Lehrbuch des 17. Jahrhunderts, in *Matthias Hafenreffers* „Loci Theologici" von 1600. Hafenreffer korrigiert in seiner Einteilung der communicatio idiomatum sowohl die partielle Engführung Brenzens als auch besonders die Gliederung des Topos bei Chemnitz und in FC VIII[148]: „Es gibt drei genera: I. Die Mitteilung der Eigen-

---

um per illam cum Deo in gratia rediret, ac pristinam integritatem et communionem assequeretur" (Assertio 63).

[141] Assertio 59; Gerlach nennt weiter Gal 4,4; Apg 3,15 und 1. Joh 1,1.

[142] Gerlach, Disputatio I, Th. 140.

[143] „Patres expresse docent, Naturam Verbi suam propriam Maiestatem et perfectionem Naturae assumptae communicasse, non autem vicissim Humanitatem Deitati tradidisse suam infirmitatem" (Assertio 24).

[144] „Est enim mutua naturarum ad se invicem communicatio, ... sed dispar illius ratio agnoscitur, quod nulla perfectio aut etiam deiectio Deitati ex participatione Humanitatis accesserit" (Assertio 85).

[145] „Nec recte dicitur, Humanitatem Deo Verbo aliquid dedisse et Filium Dei ab ea velut dante accepisse, sed potius Deus Verbum creando et assumendo Humanitatem a seipso accepit illam sibique cum proprietatibus illius propriam eam fecit" (Assertio 155).

[146] „Ideo enim Deus revera est et dicitur Homo, item passus et mortuus; quia reali κοινωνίᾳ particeps factus est Naturae humanae eiusque proprietatum" (Disputatio I, 166).

[147] Assertio 90.

[148] Nämlich: ‚Genus idiomaticum – apotelesmaticum – maiestaticum‘: Chemnitz, Repetitio, 353–400; BSLK 1028,13–1033,33.

tümlichkeiten des Fleisches [an die Gottheit], II. Die Mitteilung der Eigentümlichkeiten der Gottheit [an die Menschheit], III. Die Mitteilung der Tätigkeiten"[149]. Diese communicatio ist in allen genera nicht nur eine Redeform, sondern „eine wirklich existierende Sache", die Wirklichkeit der Person Christi, die
sprachlich zum Ausdruck gebracht wird[150]. Wie Gerlach schränkt Hafenreffer
das erste Genus dahingehend ein, daß der Gottheit in ihrer Vollkommenheit –
anders als der Menschheit – nichts gegeben und nichts genommen wird. Aber
Gott hat sich den Menschen verbunden und zu eigen gemacht. Das Geschick des
Menschen gilt daher – dieser Gesichtspunkt scheint bei Hafenreffer stärker
betont zu sein als bei Gerlach – von der ganzen Person. Deshalb ist zu sagen: Gott
wird geboren, Gott leidet, Gott stirbt, weil jene Person stirbt[151]. Gott leidet
nicht in seiner Natur, sondern qua communicatio idiomatum in seinem eigenen
(angenommenen) Fleisch[152].

4.4.4.3. *Theodor Thumm*

Theodor Thumm schließlich benennt unter ausdrücklicher Weiterentwicklung
von FC VIII vier genera der communicatio idiomatum[153], indem er Hafenreffers
drei genera das – entsprechend interpretierte – Genus der Kommunikation der
Proprietäten beider Naturen auf die Person voranstellt[154]. Dieser Rückgriff auf
Chemnitz und die FC wird auf formale Ausgeglichenheit zielen. Breiten Raum
aber räumt auch er dem zweiten Genus ein: „Dies ist die wahre und tatsächliche
‚Zueigenmachung' (Idiopoiesis) und Zueignung (Oikeiosis), durch die der Sohn
Gottes den wahren Menschen in die Einheit seiner Hypostase aufnimmt und in
dieser intimsten, engsten und tiefsten Aufnahme zugleich alle seine Eigentümlichkeiten, Tätigkeiten, Leiden, Gebrechlichkeiten und Schwachheiten … annimmt und sich zu eigen macht"[155] Bei Thumm liegt der Akzent nun durch das
auf Cyrill zurückgeführte Stichwort Idiopoiesis ganz darauf, daß nicht die

---

[149] Hafenreffer, Loci 194.

[150] „Communicatio idiomatum … est *res* vere existens, quae hoc phrasi et praedicatione
exprimitur" (Loci 194).

[151] „Quanquam enim nasci, pati, crucifigi, mori etc. sint proprietates humanae naturae, quia
tamen hanc Filium Dei in suae personae unitatem sibi associavit et appropriavit, ut non sit alius
Filius Dei et alius filius hominis, sed Deus et homo in una persona, propterea toti personae …
recte tribuitur, quod alterutrius naturae proprium est. Recte igitur et vere dicitur: Deus
nascitur, Deus patitur, Deus moritur; Cum illa persona moritur, quae in unitate verus Deus et
homo est" (Loci 196 f.).

[152] „patitur quidem ille [sc.: Filius Dei] et moritur non vero in sua natura (haec enim
impaßibilis et immutabilis est) sed in propria carne" (Loci 198).

[153] „Tria secundum Formulam Concordiae, quatuor vero secundum ordinem naturae …
constitui possunt communicationis idiomatum genera" (Thumm, Majestas, 89).

[154] Thumm, Majestas, 93.

[155] „Secundum Genus est vera et realis ἰδιοποίησις vel οἰκείωσις, qua filius Dei verum
hominem intra suae ὑποστάσεως unitatem intime, arctissime et profundissime assumendo
simul omnia istius Idiomata, actiones, passiones, infirmitates et imbecillitates (excepto tamen
malo culpae) assumpsit sibique realiter appropriavit" (Majestas 117).

Menschheit die Gottheit schwächt, sondern vielmehr die Gottheit selbst sich auf die engste Gemeinschaft mit dem Menschen einläßt und so real betroffen wird. Gewiß kann Gott als solcher nicht leiden und bleibt in seiner Essenz unveränderlich. Das steht auch für Thumm fest. Aber in der konkreten Einheit der Person wird die Passion des Menschen seine eigene. So sind die Aussagen über das Leiden nun ausdrücklich und gegen frühere Limitierungen der Melanchthonschule auf die *Gottheit* (nicht nur auf ‚Gott‘) zu beziehen[156]. Denn *von Gott selbst* ist im Gefolge der Inkarnation anders zu reden als in seiner ewigen Perseität, ohne daß es die Rückzugsbasis einer unbetroffenen abstrakten Gottheit gibt: „Der Logos oder die Gottheit des Logos hat wahrhaft gelitten"[157]. In zugespitzten Worten hat J. Baur für die Tübinger Orthodoxie zusammengefaßt: „In Christus ist aber auch die entscheidende Veränderung Gottes eingetreten, denn im Tod Jesu nimmt er nicht nur unsere Schuld auf sich, sondern unseren Tod in sich hinein. ‚Als Christus starb, war ein Leichnahm in der Dreieinigkeit selbst‘"[158].

4.5. *Zusammenfassung: Personsein als Kommunikation*

4.5.1. *Die Eigenart der Kommunikation*

Die am Ende des letzten Kapitels (S. 168 f.) formulierte Einsicht in die Rolle der communicatio idiomatum als Proprium der Christologie hat neues Kolorit gewonnen: Für Brenz ist die „persona" Christi der Vollzug von Kommunikation, und die Kommunikation ist der – freilich nicht reziproke und ab 1564 eingeschränkt formulierte – Vollzug der *gegenseitigen Anteilgabe der Naturen aneinander*. Die Person ist nichts anderes, Drittes, gegenüber den Naturen, weder logisch, als Trägerin von Prädikationen, noch ontologisch, als neues essentielles Sein. Deshalb spielt der sowohl für Vermigli als auch für die Melanchthonschule – einschließlich Chemnitz'[159] – zentrale Gesichtspunkt der Kommunikation *auf die Person* keine Rolle. Jene Position repräsentiert der Satz: was von den Naturen gilt, wird mit Recht von der Person ausgesagt. Diese Formulierung begegnet bei Brenz weder wörtlich noch sinngemäß. Die Person ist bei ihm nicht das Subjekt von Prädikationen über beide Naturen. Sie kann es nicht sein, weil für Brenz abgesehen vom Vorgang der Kommunikation der Naturen

---

[156] „Nec hic inter Deum et Divinitatem distinguatur, quod Calviniani ad tegendos dolos suos perpetuo faciunt" (Majestas 134, vgl. 133–137).

[157] „λόγος seu divinitas τοῦ λόγου vere passa est, quia vera et realis, licet non essentialis inter λόγον et hominem intercedit unio" (Majestas 124); vgl. 125: „Divinitas τοῦ λόγου in assumpta sibique realiter appropriata carne est passa".

[158] BAUR, Tübinger Orthodoxie, 107, mit Zitat von Stephan Gerlach.

[159] S. o. S. 34 ff. (Melanchthon); S. 84 f. (Vermigli); S. 177 (Major); Chemnitz: „idiomata unius naturae non tribuuntur alteri in abstracto consideratae; sed communicantur personae. Sicut igitur non dicitur humanitas est divinitas, hoc enim esset confundere naturas, sed Deus est homo, propter unitatem personae" (Repetitio, 362).

untereinander die Person gar nicht ist. Sie ist keine *dritte* Größe neben den beiden Naturen, die eigenständiges Subjekt von Prädikationen werden könnte, die nicht auch die Naturen beträfen.

Brenz hat diese erhebliche methodische und sachliche Differenz nicht explizit ausgeführt. Er berührt sie aber faktisch in der Diskussion um die Realität der Kommunikation (s. o. S. 175 ff.), indem er den bloß uneigentlichen Charakter der Kommunikation von Natur zu Natur zurückweist, der die Folge der Priorität der Prädikationen ad personam ist. Damit hängt eng zusammen, daß Brenz die ihm bekannte melanchthonische Terminologie von ‚abstrakt‘ und ‚konkret‘ bewußt und konsequent vermeidet. Selbstverständlich meint auch der Schwabe, daß christologische Aussagen über Gott und Mensch nur jeweils innerhalb der Person Christi möglich sind. Daß aber über die Rede von der Person hinaus die Beziehung auf die je andere Natur eine unzulässige Abstraktion darstellen soll, verkennt die neue Wirklichkeit der Person nach Brenz völlig. Deshalb sind für ihn – unbeeindruckt vom Einspruch des Praeceptors – die *Naturen* Subjekte von Prädikationen, die die communicatio aussagen. Denn die Naturen existieren christologisch nur in der Person und sind deshalb keine Abstrakta.

Die Bedeutung von Brenz' Entscheidung wird deutlicher, wirft man noch einmal einen Blick auf die Forschungsergebnisse Sparns zur ‚fortentwickelten‘ lutherischen Christologie. In diesem Stadium wird expressis verbis betont, daß die *ganze Person* niemals Subjekt mystischer Prädikationen sei. Der theologische Sinn liegt darin, daß die Person als Einheit von Gott und Mensch „nicht wiederum, auch nicht auf einer ‚höheren‘ Stufe, als wesentliche, in sich stabile Identität" sich darstellt[160]. Die Person ist kein Per-se, das als logisches Subjekt wahrhaftig und einsichtig Träger göttlicher und menschlicher Prädikationen ist, sondern sie ist nur in der perichoretischen Gemeinschaft der Naturen. Denkt man Person als eigenständiges Substrat aus Mensch und Gott und deshalb als das eigentliche Subjekt christologischer Prädikationen, wäre mit Mitteln der Christologie der eigentliche Sinn der Christologie zerstört: die gemeinsame Existenz zweier Substanzen, deren Perseität gnadenhaft in die Gemeinschaft eingeholt ist. Die Person ist niemals „gegeben", ein geschlossenes Sein, von dem dann Aussagen oder Ableitungen möglich sind; Personeinheit *ist* nur im Vollzug der gegenseitigen Teilhabe der Naturen am disparaten Sein.

4.5.2. Kommunikation und Notwendigkeit

Aus dieser Einsicht beantwortet sich die v. a. von Mahlmann erhobene Anfrage an die Methodik Brenz': er stelle die Christologie unter die unangemessene „Modalität der Notwendigkeit" und unterliege einem rationalistischen Konstruktivismus (s. o. S. 10 f.). Diese Kritik ist nicht neu. Schon Vermigli hatte

---

[160] SPARN, Wiederkehr, 70.

gegen Brenz ins Feld geführt, daß Gott in seiner Allmacht keinerlei Notwendigkeit unterliege[161].

In der Tat spielt die Kategorie der Notwendigkeit eine erhebliche Rolle für
Brenz: Aus der Annahme des Menschen durch Gott folgt „notwendig" dessen
Partizipation an der göttlichen Majestät[162] einschließlich deren universaler Weltgegenwart. Aber „unterwirft" Brenz damit wirklich Gott „der Notwendigkeit", einem „Nicht-anders-sein-können", das seine „Freiheit" und „Spontaneität" zugunsten rationaler Deduktionen aufgibt?[163]

Nach den vorangegangenen Überlegungen erscheint diese Kritik als ganz
verfehlt. Die von Gott frei gewollte Inkarnation ist nur als reale communicatio
auszusagen. Brenz deduziert nicht aus einem vorgegebenen Postulat, sondern er
versucht das biblische Christuszeugnis zu verstehen und in der überlieferten
theologischen Sprache zu artikulieren: Was heißt es, daß der Mensch Jesus Gott
ist? Er folgert nicht aus der vorgegebenen Personeinheit bestimmte Konstrukte,
z. B. die Ubiquität, sondern er denkt der Inkarnation nach, er begreift sie als
Vollzug von Gemeinschaft, die nichts anderes ist als die Teilhabe des Menschen
am Gottsein Gottes – einschließlich dessen Weltgegenwart.

Dem gegenteiligen Urteil – etwa in zur Mühlens Zusammenfassung der
Kritik Mahlmanns[164] – liegt das fundamentale Mißverständnis zugrunde, als
seien Personeinheit und Kommunikation – und deren Implikationen – zweierlei.
Dabei ist es nach den im vorigen Abschnitt zusammengefaßten Beobachtungen
bei Brenz eben gerade nicht so, daß auf die Teilhabe des Menschen Christus an
Gottes Weltregiment in einem sekundären Akt geschlossen werden müßte. Sie
ist mit dem kontingenten Handeln Gottes in der Inkarnation gegeben. Wer, wie
an anderer Stelle auch Mahlmann, „Personeinheit *als* communicatio idiomatum" denkt[165], kann die Rede von „Notwendigkeit" in diesem Zusammenhang
schlechterdings nicht mehr kritisieren. Der angebliche Gegensatz von „kontin-
gentem Handeln" (bei Luther) und „notwendiger Folge" (bei Brenz) ist ein
unangemessenes Konstrukt. – Daß er auch historisch einer Prüfung des Verhältnisses der beiden Reformatoren nicht standhält, wird unten nachgewiesen
(S. 255 ff.).

Indem Brenz Christi Majestät und Allgegenwart „mit Notwendigkeit" aussagt, limitiert er nicht Gottes Freiheit (Mahlmann) oder Allmacht (Vermigli),
sondern folgt einer sachimmanenten Notwendigkeit. Diese Notwendigkeit
postuliert nicht der Theologe; vielmehr denkt er dem nach, was der allmächtige
Gott – darauf rekurriert ja gerade Brenz! – in der Inkarnation in Freiheit und

---

[161] „Quid est ‚necessario sequi'? Necessarium est, quod non potest aliter se habere. An per
Dei omnipotentiam non posset aliter fieri?" (Randbemerkung zu M 254,20 f.).

[162] Apologie, 511; P 18,21 u. ö., S 124,2; 128,18; 130,2.8.33; 162,9; M 220,3; 344,1; 348,17; R
19,10.

[163] Mahlmann, Dogma, 159–161.

[164] „Doch was bei Luther Ausdruck des kontingenten Handelns Gottes in der Inkarnation
ist, wird bei Brenz zu einer notwendigen Folge der Personeinheit. Die christologische Reflexion verselbständigt sich teilweise…" (TRE 16,766,43–46).

[165] Mahlmann, Frühe Theologie, 309.

Spontaneität der Liebe Neues tat. Für das „fromme Denken" ergibt sich daraus die Notwendigkeit, dieses Neue auszusagen[166], gegen seinen eigenen rationalen Widerspruch. Nicht das Denken unterstellt Gott der Modalität der Notwendigkeit, sondern umgekehrt hat Gott nach der Schrift dem menschlichen Verstehen etwas unerhört Neues zugemutet und ihm damit die Notwendigkeit auferlegt, dies zu formulieren. Diese Notwendigkeit ist keine äußere, sondern eine innere, sachimmanente. Sie tritt Gott nicht „als fremdes Prinzip gegenüber", sondern sie entspringt und entspricht vielmehr seinem schöpferischen Gottsein[167].

5. Die Geschichte der Person Christi – Erniedrigung und Erhöhung

5.1. Der Beginn der Geschichte Christi: Die Erhöhung

Zu welchem Zeitpunkt beginnt die Geschichte Christi? Auf diese Frage ist nur eine – bisher immer schon vorausgesetzte – Antwort möglich „da das wort ist fleisch worden, ja da Gott den menschen in der jungfrawen leib in *ein* person hat angenommen" (May 317,18–20): Die Inkarnation markiert den Beginn der Erhöhung der Menschheit, in dieser Erhöhung wird die „ganze Fülle der Gottheit" real in den Menschen „ausgegossen". So kann es weder eine quantitative Steigerung noch einen anderen terminus a quo der exaltatio geben: „Denn welche Erhöhung ist größer, welche Erhabenheit hervorragender, als daß der Mensch von Gott in die Einheit der Person aufgenommen wird und Gott selber wird" (M 316,17–19). Das hat dann Konsequenzen für das Verständnis von Auferstehung und Himmelfahrt. Das alles entscheidende Ereignis der Geschichte Christi, „unser Fleisch und Blut sitzt in der Allmacht Gottes"[1], ist mit der Inkarnation vollständig vollzogen. Dies ist ein Grundpfeiler der ausgereiften Brenzschen Christologie[2].

In der Inkarnation ereignet sich also Geschichte κατ᾽ ἐξοχήν: Das *Werden* der Person Christi durch Herablassung Gottes des Sohnes. Die Brenzsche Christologie ist also von ihrem Beginn an keineswegs ungeschichtlich[3]. Die Erhöhung der Menschheit ist das Resultat der ‚binnenchristologischen Geschichte' des Handelns Gottes an dem Menschen Jesus, nicht aber das Ergebnis äußerer

---

[166] „... an non *is qui pio et sano intellectu* ex animo *confitetur* divinam et humanam naturam in Christo esse inseparabiliter in una persona coniunctas, *necesse habeat* etiam *sentire* et confiteri, quod ubicunque est divinitas Christi, ibi etiam sit humanitas eius?" (M 220,1–4).

[167] Vgl. BAUR, Überlegungen, 235.

[1] „caro et sanguis noster sedeat in omnipotentia Dei" (Brenz, Catechismus illustratus, 202).

[2] So schon In Iohannis Exegesis (1528), 256f. 293b; In Evangelium sec. Lucam, 579; Catechismus illustratus, 199f.; Apologie 508. 510; P 64,8–13; S 122,30–124,16; 128,4–9; M 316,13–28; 318,18–23; 320,3–11; 322,6–11; 324,3–7; 330,24–29; R 65,12–20; 123,23–124,10; Römerbrieferklärung,329f.

[3] „Kann Geschichte gründlicher gedacht werden denn als Veränderungsgeschichte Gottes selbst?" (BAUR, Überlegungen, 246).

geschichtlicher Abläufe. Freilich äußert sich dieses Handeln Gottes an dem Menschen Jesus konkret in geschichtlicher Kontingenz: „im Schoß der Jungfrau" (M 312,17). Der weitere Verlauf der „in utero virginis" begonnenen äußeren Geschichte aber ist nur Folge und Gestaltwerdung jener bereits vollzogenen – und sich als Kommunikation beständig vollziehenden – Geschichte, freilich keine bedeutungslose oder beliebige Gestaltwerdung, sondern eine sehr bestimmte und bedeutungsvolle: Die Geschichte der Erniedrigung des Erhöhten zu unserem Heil.

An dieser Stelle aber erheben sich kritische Einwände: Wenn durch die Inkarnation schon alles vollzogen ist, wie ist dann mit dem notwendigen theologischen Gewicht von der kontingenten, äußeren Geschichte, von dem *Weg* der Erniedrigung und Erhöhung, von Kreuz und Auferstehung Jesu zu reden? Diese Frage stellt sich nicht erst der späteren Kritik (s. o. S. 11 f.), sie wird vielmehr schon von Brenz als Selbsteinwand formuliert[4]. Seinen Versuch einer Erwiderung gilt es nachzuzeichnen.

5.2. *Der Verlauf der Geschichte Christi*

5.2.1. *Die Erniedrigung*

Von entscheidender Bedeutung ist, daß die Erniedrigung nicht die Aufhebung der Wirklichkeit der Kommunikation und der Erhöhung bedeutet. Aufgrund des inneren Konnexes von Personeinheit und Idiomenkommunikation wäre das nichts anderes als die aufhebende Rücknahme des Personseins. Christus hat also die Majestät seiner menschlichen Natur nicht zeitweise abgelegt. Von der Wirklichkeit der Koexistenz, der Realität der kommunikativen Erhöhung der Menschheit wird nichts zurückgenommen. Dies bestätigen die prononcierten Verben „habere", „possidere", „non carere"[5], die hier ihren ‚Sitz' haben. Die menschliche Natur hat nichts von ihrer Majestät einfach „abgelegt"[6]. Auch zur Zeit der Erniedrigung „besaß" der Mensch Christus im Empfangen *alle* göttliche Majestät.

Gleichwohl hat sich Christus wahrhaftig erniedrigt, „inanivit, humiliavit et demisit sese" (M 348,7 f.). Diese Erniedrigung aber besteht nicht in Reduktion der göttlichen Herrlichkeit, sondern im Verzicht auf ihre Offenbarung und ihre Ausübung. – Da diese Frage in der Zeit nach Brenz durch äußerst komplexe Diskussionen bis zu dem berühmten Streit zwischen Tübingen und Gießen bestimmt war, in dem dieses Problem „die lutherische Christologie an die

---

[4] „At enim, si tanta fuit maiestas humanitatis Christi ab initio assumptionis eius in Deum, quomodo gestavit humanas imbecillitates, quomodo passus est flagella et mortem?" (P 64,20–22).

[5] Belege s. o. S. 173.

[6] „Non abiecit quidem nec abnegavit suam maiestatem" (M 326,4 f.); sachlich gleich R 280,6 f. 20.

Grenze ihrer Entwicklungsfähigkeit"[7] trieb, muß hier auf die genaue Terminologie des Schwaben geachtet werden.

Brenz formuliert die Erniedrigung in der Regel als *Verzicht auf den Erweis* seiner Majestät: „Der Mensch Christus hat die Majestät seiner Gottheit nicht vom Beginn der Inkarnation an gezeigt" (R 280,4–6). Er hat, obschon er es gekonnt hätte, seine Majestät nicht *gezeigt*, nicht *sichtbar* und nicht *öffentlich gemacht*, nicht *offenbart*[8]. Vielmehr hat er sie *verdeckt* und *verhüllt*[9]. Er hat seine Herrlichkeit *verborgen*[10].

Brenz geht noch einen Schritt weiter. Die Erniedrigung ist nicht nur ein nach außen gerichteter Akt, der durch kognitive Verben – verhüllen, nicht zeigen – vollständig erfaßt werden könnte. Vielmehr betrifft die Erniedrigung real den Menschen Christus *selbst*. Er hätte die ihm eignende Möglichkeit der Majestätsausübung in jedem Moment voll verwirklichen können. Diesen fundamentalen Sachverhalt drückt häufig der Irrealis der Vergangenheit „er hätte gekonnt" (potuisset[11]) aus: Jesus hätte einen anderen Weg gehen können, als er gegangen ist. Der Weg der Erniedrigung Jesu ist bewußter und freiwilliger Verzicht auf die Verwirklichung von gegebener Möglichkeit.

Dies formuliert Brenz als *Verzicht auf den Gebrauch* (exercere, uti, usurpare) der übereigneten Majestät[12]. Der Mensch Christus wollte die ihm eignende göttliche „sublimitas" nicht ausüben: „auch wenn er vom Beginn der Inkarnation an vom Sohne Gottes in die höchste göttliche Erhabenheit eingesetzt war, wollte er sie dennoch nicht gegen seine Berufung gebrauchen (*usurpare*)" (M 334,35–336,1).

Die Erniedrigung in freiwilliger Verhüllung bzw. im Nicht-Gebrauch der Majestät bedeutet die Annahme der „Knechtsgestalt"[13]. So nahm Christus jene forma servi an, die „auff diser erden gar ein schnöd, heßlich und verächtlich ansehen" hat: Knechte müssen „die unfletigsten dienst verrichten", haben kaum mehr Rechte als das „vich bey den herrn" (May 327,13–27). Brenz interpretiert Phil.2 durch die Rede vom Knecht Gottes bei Deuterojesaja: er hat „ein gstalt des arbentseligsten knechts an sich genommen" (May 327,41 f.).

Die Erniedrigung Christi reflektiert den konkreten menschlichen Weg Jesu[14]. Er erschien als der „allerverachtetste" (vilissimus), geboren ohne einen „ehrlich

---

[7] SPARN, TRE 17, 6,57–7,1.

[8] „non ostentare" (P 64,37–66,1; M 324,24; R 124,9f.); „non manifestare; non publicare" (R 124,3f.; ähnl. M 318,14); „non apparere" (M 332,4).

[9] „quanquam possideret eam maiestatem, tamen *texit* et *obduxit* eam" (M 326,23 f.); weitere Belege: M 318,15; 332,3; R 167,6f. („context"); 167,29.

[10] „maiestatem humanitas tempore exinanitionis suo modo dissimulavit" (R 132,2f.; ähnlich R 322,1f.).

[11] P 64,25; S 128,5; M 324,21; 326,21; 325,7.20; 348,5; R 273,4.

[12] „non est intelligendum, quod abiecerit suam maiestatem, sed vere retinuerit, *non tamen exercuerit*" (R 280,19–21); „potuisset quoque ea [sc.: maiestate] semper *uti*" (S 128 5f.); „uti" auch M 324,31f.

[13] „Inanire igitur seipsum est formam servi sumere, se in similitudinem hominum constituere, et quae sequuntur" (M 326,9–11).

[14] Die folgenden Zitate M 326, 21–34; May 327,24–42.

ort in der herberg, sonder must in ein vichstal". In seinem Leben war er ganz
ohne Besitz (pauperrimus), ohne Ort, „dahin er sein haupt het mőgen neigen",
bis hin zur Passion und „biß in den schmehlichen todt" (May 329,40). „In
Summa, da ist kein Pracht, kein Zier noch ehrlich Geleit, sondern eitel Armut
und Bettlerei"[15]. Sämtlichen kreatürlichen Bedürftigkeiten, räumlichen Be-
grenzungen, menschlichen Veränderlichkeiten und Affekten[16] war er als wahrer
Mensch unterworfen. Dieser Weg der Niedrigkeit hatte schon in sich – ganz
abgesehen von der Heilsbedeutung des Kreuzestodes (M 330,1–7) – die Signatur
barmherziger Liebe: er kam zu Kranken, wie ein Knecht zum Herrn gerufen
wird; er wusch seinen Jüngern die Füße, „doch je ein knechtlicher, verechtlicher
dienst" (May 327,36f.). Sein freiwilliger demütiger Verzicht ist die heilmachen-
de „antithesis" (M 328,27) zu Adams „stoltz und hoffart"[17].

5.2.2. Die sukzessive Offenbarung der Majestät

Auch während seiner Erdentage, vor Kreuz und Auferstehung, hat der
Mensch Jesus die ihm seit der Inkarnation eignende Majestät nicht vollständig
verborgen. Er hat sie in einzelnen Erweisen seiner Vollmacht in punktueller
Durchbrechung ihrer Verhüllung offenbart[18]. Dies ist der Sinn des Weinwun-
ders als „Anfang der *Zeichen*" (R 124,10–13 nach Joh 2,11). Das „Schauspiel" der
Verklärung nach Mt 17 zeigt, daß „ihm die himmlische Majestät seit dem
Beginn der Inkarnation niemals gefehlt habe"[19]. Ebenso hat er sie beim Verhör
vor dem Synhedrium nicht verleugnet (M 326,4f. nach Mt 26,63f.). Brenz sieht
sich durch die biblische Beschreibung des Lebens Jesu in seiner Sicht der verborgenen Majestät bestätigt.

Über punktuelle Zeichen hinaus wird die Majestät der Menschheit Christi in
der *Auferstehung* vollständig „erwisen und geoffenbart, ... entdeckt und offen-
lich bezeüget", nachdem sie zuvor „durch die schwachheit des fleisch verdeckt
und verborgen gewesen ist" (May 319,15–20). Die Auferstehung ist Offenbarung und Erweis der Majestät des Leibes Christi.

Dasselbe gilt – wir greifen hier vor – von der *Himmelfahrt*. Himmelfahrt im
eigentlichen Sinn, die Aufhebung des Menschen „in die himmlische Erhabenheit", hat statt in der Inkarnation (R 166,17f.). Diese vorgängige ascensio wird

---

[15] Predigt über Mt 21,1–9, gedruckt Predigten (13–20), hier 18.

[16] „sustinuit omnia humanarum imbecillitatum, genera nascendo, increscendo, robore corporis et intellectu mentis augescendo, potu et cibo indigendo, esuriendo, sitiendo, sedendo, de
loco in locum ambulando, et quicquid est harum infirmitatum. ... nihil humani affectus
(praeter peccatum) a se alienum putavit. Gavisus quidem est aliquoties et exultavit in spiritu, sed
mediocriter, et gaudio successit tristicia. Doluit, horruit, flevit et palam affirmat tristem esse
animam suam usque ad mortem" (M 328,4–7.21–25).

[17] „... ut arrogantiam, qua humanum genus in Adamo aequalitatem Dei contra vocationem
eius affectaverat, expiaret..." (M 334,30f.; vgl. M 328,30–34; 330,5–7; 334,28–336,2).

[18] Er hat seine „mayestet ... auch vor dem todt und urstendt mit allerley kundtschafft und,
wie Petrus sagt [Apg 2,22], mit thaten, wunder und zeichen bezeüget hat" (May 319,5–7).

[19] „Quo spectaculo ... palam significavit coelestem maiestatem sibi nec hactenus ab initio
incarnationis defuisse nec unquam in aeternum defuturam" (P 64,4–7).

lediglich offenbar in dem „offenlichen spectackel" (May 321,33 f.) am Ölberg. Wäre Christus nicht bereits durch den Vollzug der Personeinheit in göttliche Herrlichkeit, in den ‚Himmel' erhoben worden: durch das äußere Ereignis der ascensio am Ölberg wäre dies niemals möglich gewesen[20]. Wie die Inkarnation impliziert auch die ascensio keinen mythologischen motus localis. Deshalb gilt für beide ein (unsichtbares) apriori: Die Gegenwart des Logos – „der zuvor gegenwärtig war" (R 156,12 f.) – geht der Inkarnation voraus, die Erhöhung der Menschheit ihrer sichtbaren ascensio.

Diese „geschichtliche, äußerliche und sichtbare Himmelfahrt Christi" (R 136,16 f.) ist also von der Erhöhung in der Inkarnation unterschieden. Welchen Sinn hat sie? Brenz benennt drei Gründe: 1. geschieht die Himmelfahrt von Apg 1 zur Erfüllung der Schrift[21], 2. um das Ende der Erscheinungen nach der Auferstehung zu markieren und 3., um den Übergang von den irdischen Tagen Jesu zu seinem Leben in himmlischer Herrlichkeit sichtbar zu machen (M 254,31–256,2; R 159,1–10). Die sichtbare Himmelfahrt hat also nicht wie bei Vermigli (s. o. S. 88 f.) in sich großes theologisches Gewicht, sondern ist ein Moment im sukzessiven Verlauf der Geschichte Christi und dient der *Offenbarung* seiner Majestät. Dieses „externum spectaculum" (R 158,20 f.) zwingt zu einem doppelten Verständnis von Himmelfahrt, der Distinktion von „sichtbarer" und „unsichtbarer Himmelfahrt" (M 318,26 f.).

Dabei ist das Bild komplizierter, als man erwarten möchte: Die unsichtbare Himmelfahrt geschieht nicht etwa nur in der Erhöhung der Inkarnation, sondern meint „teils die Inkarnation, teils die Auferstehung"[22]; in De personali unione hatte es sogar noch eindeutiger gelautet: die unsichtbare Himmelfahrt hat statt in der Auferstehung[23]. Gemeint ist damit das Ende der Unterworfenheit Jesu unter die Bedingungen circumscriptiv-räumlicher Existenz. Dies ist bis zur Himmelfahrt noch nicht sichtbar. Man mag bemängeln, daß dabei die Auferstehung gleichzeitig als ein Akt der Invisibilität und des öffentlichen Erweises seiner Majestät gesehen wird. Aber Brenz macht auf diese Weise deutlich, daß er das sukzessive Moment in der Geschichte Jesu keineswegs übersieht. Gewiß ist in der Inkarnation die ganze Erhöhung geschehen; aber indem in der Auferstehung die Befreiung von Bedrängnis und Leiden geschieht, muß auch dies als ein weiterer „Teil" des Weges ‚in den Himmel' gesehen werden; dies macht das „partim ... partim" deutlich. Die Geschichte Christi ist auch nach der Inkarnation wirkliche Geschichte, die Abfolge von Verzicht bzw. Verhüllung und Offenbarung der Majestät des Menschen Christus. Wäre freilich die Erhöhung nicht von Anfang an geschehen, wäre der Weg des Irdischen nicht die Geschichte *Christi*.

---

[20] „Certe nisi homo Christus hoc modo antea in incarnatione sua in coelum ascendisset invisibiliter, non potuisset postea in Monte Oliveti ascendere visibiliter et apostolis mittere de coelo spiritum sanctum mirabiliter" (M 320,8–11).

[21] Brenz zitiert Ps 68,19 a (=Eph 4,8) und Sach 14,4 (R 158,7–29).

[22] „quod nomine ‚invisibilis ascensus' intelligam partim incarnationem Christi ...; partim resurrectione[m] Christi a mortuis..." (M 318,28–31).

[23] „ascenderat etiam iam antea et consederat ad dextram Dei invisibiliter in sua a mortuis resurrectione. ... Est ascensus invisibilis, qui est factus in resurrectione" (P 58,13–16).

Wenn die Erhöhung mit der Inkarnation vollzogen ist: Wie ist dann umzuge-
hen mit allen Schriftstellen, die ein *wirkliches Nacheinander* von Erniedrigung und
Erhöhung Christi aussagen, insbesondere mit Phil 2, wo die Erhöhung statthat
„*nachdem* er den todt des creützs auff sich genommen hat" (May 331,35 f.)? Brenz
sieht in solchen Schriftstellen eine rhetorische Figur, eine „phrasis loquendi", in
der von einer Sache ihr Geschehen *dann* ausgesagt wird, wenn sie beginnt,
öffentlich zu werden[24]. In diesem Verständnis von Auferstehung als declaratio
und manifestatio sieht Brenz sich durch die christologische Formel von Röm 1,4
bestätigt: es ist „*erweiset*, das er sey der allmåchtig son Gottes, nach dem geist,
der da heiliget, auß dem, das er ist von den todten aufferstanden". Auch Apg
2,36 versteht Brenz in diesem Sinn: Nicht erst durch die Ausgießung des Geistes
wird Jesus zum „Herrn und Christus" von Gott gemacht; vielmehr wird es darin
„offenbaret und erclåret" (May 318,11–29).

Eine auffällige Parallele zu Brenz' Sicht findet sich abermals im Weimarer
Konfutationsbuch. Sie steht dort im Kontext der Abendmahlslehre und richtet
sich gegen das Argument der leiblichen ascensio, das von den Schweizern wider
die Realpräsenz angeführt wird. Dem stellen die Thüringer das Verständnis der
ascensio als patefactio entgegen, was genauso mit Brenz übereinstimmt wie die
korrelierende Auffassung der Erniedrigung als Verhüllung: „Die Himmelfahrt
Christi ist nicht eine lokale Entfernung oder Trennung von der Kirche, sondern
die klare und eindeutige Offenbarung der Gottheit, die Christus von Ewigkeit
gemeinsam mit dem Vater hatte und die er, als er Knechtsgestalt annahm, in
unserer Natur eine Weile verdeckte und verbarg, bis er das Geheimnis unserer
Erlösung vollbrachte". Stellt man beide Sätze im Original nebeneinander, wird
an den unterstrichenen Passagen die Übereinstimmung deutlich:

„Ascensionem Christi non esse localem
quandam disiunctionem aut seceßionem
ab Ecclesia, sed *patefactionem* illustrem &
conspicuam Divinitatis, quam habuit
Christus ab aeterno una cum Patre et   „sed exinanivit sese, <u>forma</u> abiectissimi
quam, <u>forma servi assumpta,</u> in natura   <u>servi sumpta,</u> *donec* cursu huius corpora-
nostra tantisper *texit & occultavit,* <u>donec</u>   lis suae vitae & passione ac morte sua
<u>mysterium redemptionis nostrae absol-</u>   <u>mysterium nostrae redemptionis absol-</u>
<u>veret</u>" (Weimarer Confutatio, 26 b).   <u>veret</u>" (R 166,25–28).

Auch „patefactio" als Begriff für die Himmelfahrt sowie die Verben „texit &
occultavit" für die Erniedrigung (s. o. S. 206 f.) finden sich bei Brenz. Dieser
nimmt also bewußt Bezug auf das 1559 erschienene Buch aus Thüringen. Er
bezieht Stellung im „Bürgerkrieg"[25] und signalisiert bewußten Anschluß an die
norddeutschen Lutheraner. Gleichwohl ist eine erhebliche Differenz festzuhalten: Die Confutatio redet von der ewigen Gottheit des Sohnes statt wie Brenz

---

[24] „Quare cum dicitur tum primum exaltatus, cum ascendit in coelum et misit spiritum
sanctum, intelligendum est iuxta vulgatam regulam, qua res tunc dicitur fieri, cum incipit
manifestius patefieri" (M 318,7–10; ähnl. M 330,32 f.; R 116,24–26).

[25] Nach M 196,29 ff.; vgl. oben S. 48.

von der erhöhten menschlichen Natur Christi. Am entscheidenden Punkt, dem Verständnis des Personseins Christi als communicatio besteht eine erhebliche Differenz. Brenz bezieht sich also auf die bisherige lutherische Lehrbildung und führt sie gleichzeitig entscheidend fort.

5.2.3. Auferstehung und „Oeconomia"

Die Auferstehung ist bei Brenz nicht ausschließlich als ein Akt der Offenbarung, als ein in noetischen Kategorien beschreibbarer Vollzug zu verstehen. Fest steht, daß sie ein Mehr an Majestät für Christi Menschheit nicht bringen kann, ist ihm doch in der Inkarnation alle göttliche Fülle übereignet. Fest steht, daß *für uns* die Auferstehung patefactio der bisher verborgenen Majestät bedeutet. Welche Bedeutung aber hat sie *für Christus* selbst? In ihr endet die Zeit der Erniedrigung. Die Bindung des Leibes an circumscriptive Konditionen hört auf: Der Auferstandene tritt z. B. durch verschlossene Türen. Die Unterworfenheit unter menschliche Begrenztheit, Schwachheit und Bedürftigkeit findet ein Ende. Der Auferstandene ist nicht mehr sterblich. Die resurrectio impliziert also reale geschichtliche Veränderungen für Christus[26]. Wohl bleibt Christus Mensch mit Leib und Seele, aber ihm eignet nun ausschließlich ein „corpus spirituale" (R 288,7).

Vor der Zeit der Spätschriften hat Brenz die reale Veränderung durch den Akt der Auferstehung sehr viel deutlicher ausgesprochen. In einer früheren Osterpredigt heißt es: „wiewol er in der Aufferstehung seinen waren menschlichen leib wider an sich genommen hette, so ware er doch *nach der Aufferstehung* begabet und gezieret mit eigenschafften Himelischer Glori und hette an ihm die zierligkeit des heiligen Geistes"[27]. Die Auferstehung kann hier häufig ungeschützt als Beginn der sublimitas des Leibes angesehen werden. Indem sich im Zuge der christologischen Debatte der Akzent auf die Vollständigkeit der kommunizierten Majestät vom Moment der Inkarnation an verlagert, wird die Bedeutung der Auferstehung, auch im Sinn des Endes der exinanitio, weniger stark betont.

Auch nach der Auferstehung, ja auch nach der Himmelfahrt war Christus nicht einfach bloß in die Existenzweise überzeitlicher und überweltlicher Majestät enthoben; vielmehr erschien er in menschlicher Gestalt, an bestimmtem Ort, zu bestimmter Zeit. Dies reicht von den Erscheinungen des Auferstandenen über die sichtbare Himmelfahrt, visionäre Erscheinungen (etwa bei Stephanus) bis zur verheißenen sichtbaren Parusie. Es ist aber nach Brenz ein naives mythologisches Mißverständnis, wenn seine Gegner meinen, Christus sei seit der Auferstehung beständig den Bedingungen circumscriptiver Körperlichkeit unterworfen[28]. Nur aus freier Spontaneität erscheint er vielmehr gelegentlich in

---

[26] „Manifestum enim est, quod diversa sint tempora humiliationis Christi, quo fuit adhuc mortalis, & resurrectionis, quo declaratus est immortalis" (R 282,4–6).

[27] Brenz, Von der Auferstehung, 45b.

[28] „Si Christus eandem semper formam ... in coelo & ad dextram Dei retinet, qua ex monte Oliveti ascendit in coelum, quid aliud reliquum est, quam quod Christus verset adhuc inter

seiner körperlichen Menschengestalt. Solche Erscheinungen nennt Brenz im Anschluß an den Sprachgebrach der Tradition – er ist seit Tertullian belegt[29] – „*oeconomia* s. *dispensatio*". Sie stellen einen der drei gradus der Geschichte Christi dar (dazu s. u. S. 219).

5.3. Die biblische Fundierung:

5.3.1. Das Verständnis von Phil 2

Die Erniedrigung Christi wird von Brenz vorzugsweise in Anlehnung an den Hymnus von Phil 2,6–11 formuliert[30]. Er wird zur „sedes doctrinae" (J. Gerhard[31]) der Zwei-Stände-Lehre für die lutherische Christologie. In De maiestate konzipiert Brenz die hier in Frage stehende Thematik als eine groß angelegte Auslegung von Phil 2 (M 312,23–350,21). Der Text prägt nicht zuletzt die Terminologie der Diskussion. Neben dem Begriff „humiliare" gebraucht Brenz „*(ex)inanire*" für die Erniedrigung Christi, die Übersetzung der Vulgata für ἐκένωσεν in Phil 2,7. Daraus wird der terminus des „tempus" und „gradus exinanitionis" (M 328,11; 336,8 f.21).

Die Terminologie von „*status exinanitionis*" und „*status exaltationis*" findet sich in Brenz' Schriften noch nicht[32]. Sie begegnet erstmals in Maulbronn im April 1564! Die Terminologie der zwei Stände stammt also nicht erst von G. Sohnius 1584 (Sparn[33]) und auch nicht von J. Wigand 1568 (Mahlmann[34]). Sie ist vielmehr in und nach Maulbronn auf lutherischer und reformierter Seite gebräuchlich, nachdem sie zuerst von Olevian in die Maulbronner Debatte eingeführt worden war[35]. Erstmals literarisch belegt scheint der Terminus „status humilitatis" (nicht: exinanitionis) bei Bullinger 1562 zu sein[36], der dann 1564 auch die Formel „Duplex Christi status humilitatis et exaltationis"[37] verwendet. Noch ausführlicher redet 1565 J. Schegk von zwei status[38].

Von fundamentaler Bedeutung ist für das Verständnis von Phil 2 wie für den gesamten Komplex der Erniedrigung die Entscheidung über das *Subjekt* der Erniedrigung. „Mit dem Wort ‚Gestalt Gottes' sind nicht das Wesen Gottes,

---

coelites corporalibus suis vestimentis indutus? Quid carnalius, quid magis ridicule dici potest?" (R 278,2–8).

[29] Tertullian, MPL 2,156; CSEL 47,229,3.4.
[30] P 64,30 ff.; S 128,7 f.; M 312,23 ff.; R 65,16 ff.; 123,26 ff.; 169,14 ff.
[31] J. Gerhard, Loci Theologici, Tom. II, Loc. IV, § 294, Fol. 526 f.
[32] Gegen MÜLLER, RE 18,755,59 f.
[33] SPARN, TRE 17,2,43–45.
[34] MAHLMANN, Dogma, 244 A.26.
[35] Olevian im Protocoll Württ. 22; vgl. Epitome 35/36; Erklårung 110 f.; Der Terminus begegnet auch in Andreaes Schriften (etwa Assertio 11).
[36] Bullinger, Responsio 56 a.
[37] Bullinger, Repetitio, 18 b Marginalie.
[38] „Duplicem … statum … Unum humilitatis et inanitionis, Alterum exaltationis et gloriae" (De una persona 43).

sondern die Majestät und die göttlichen Eigentümlichkeiten gemeint, die dem
Menschen Christus aus der persönlichen Einheit mitgeteilt worden sind" (M
314,9–12). Gemeint ist in Phil 2 also nicht die Erniedrigung des Logos (etwa in
der Annahme des Menschen), sondern die des qua communicatio erhöhten
Menschen Christus. Die humana natura Christi ist Subjekt der inanitio[39].

Dieses Verständnis von Phil 2 ist, wie Brenz weiß, nicht unumstritten. Für das
reformierte Verständnis fällt die Erhöhung der Menschheit als terminus a quo
der Erniedrigung fort. Deshalb kann Vermigli als Subjekt der Erniedrigung nur
die Gottheit ansehen[40]. Weitgehend wird auch in der theologischen Tradition –
von Vermigli mit einem zustimmenden „so ist es" kommentiert – die göttliche
Essenz des Logos als „forma Dei" und damit als Ausgang der Erniedrigung
angesehen[41]. Dieses Verständnis aber, wiewohl von der allgemeinen Begrifflichkeit her möglich, wird für Brenz der in Frage stehenden Schriftstelle nicht
gerecht. Er steht damit vor der Aufgabe, exegetisch zu zeigen, daß seine Deutung „dem spruch ... gemeß sey". Dazu führt er „auß desselben spruchs
umbstenden" (May 315,9f.) drei Argumente an.

(1.) Der erste Gesichtspunkt geht von einer textexternen Begriffsbestimmung aus: Der Begriff μορφή, „forma", meint nicht notwendig die Essenz einer
Sache, das was im Sinne der klassischen Philosophie das Seiende zu seiner
substantiellen Wirklichkeit prägt. Folglich ist es legitim, „forma" in Phil 2,6
nicht auf die *Essenz* Gottes, die ja nur dem Logos eignet, zu beziehen. Vielmehr
hat „forma" hier die ebenfalls mögliche Bedeutung von „species seu aspectus",
„Gestalt und Ansehen"[42]. Brenz meint dabei aber nicht nur einen äußerlichen
Anblick, sondern „Ansehen oder *Eigentümlichkeiten* eines Knechtes" (M 314,23):
„Unter dem Wort ‚Gestalt Gottes' sind nicht das Wesen Gottes, sondern die
Majestät und göttlichen *Eigentümlichkeiten* zu verstehen" (M 314,10f.). Brenz
sieht in ‚forma' also nicht nur eine äußere Erscheinungsweise, sondern die
jeweiligen (akzidentiellen) Proprietäten[43]. Forma Dei meint die kommunizierte
göttliche Majestät, ihre proprietates, conditiones und ornamenta. Damit ist der

---

[39] „cum fit sermo de inanitione et humiliatione Christi, intelligendum est de inanitione et
humiliatione *humanitatis eius*" (M 316,4–6). – Die humana natura ist nicht bloß als Subjekt im
neuzeitlichen Sinn von Urheberin zu verstehen, sondern vielmehr auch im ursprünglichen Sinn
als der Erniedrigung „zugrundeliegende", als dasjenige, dem die inanitio zukommt. Den
terminus „subiectum inanitionis" gebraucht Brenz nicht; er begegnet erst bei den späteren
Dogmatikern.

[40] „hoc referimus ad divinitatem" (Glosse zu M 312,23–27 zu Phil 2).

[41] „Primum omnium non ignoro magnam partem veterum interpretum nomine formae Dei
in hoc loco intelligere divinam essentiam, et alioqui non est inusitatum, ut pro ‚forma' rei
intelligatur essentia eius" (M 314,1–4). Dazu Vermiglis Glosse: „sic res habet".

[42] „Nam et ipsum μορφή ς, hoc est formae vocabulum non semper significat essentiam, sed
etiam speciem seu aspectum" (M 314,13f.). Als Belege nennt Brenz Ri 8,18, Jes 53,2 („Non erat
ei forma") und Mt 17,2 sowie eine Passage des Ambrosiaster (CSEL 81/III,139f.).

[43] „Ostendimus supra, quod etsi aliquoties vocabulum ‚formae' accipitur pro rei essentia ...
tamen in hoc Pauli loco vocabulum formae Dei accipiendum sit pro *proprietatibus, conditionibus et
ornamentis deitatis*, quibus filius hominis, quem filius Dei in unam personam assumpsit, propter
personalem unionem decoratus est" (M 322,27–324,2).

Weg frei, forma Dei auf die menschliche Natur beziehen zu können; *diese* erniedrigt sich, nimmt die „forma servi" an. Und dies meint beides: Das „*Aussehen* eines Knechtes", aber auch das *wirkliche* Tragen der *proprietates* eines Sklaven.

Auch an diesem Punkt stimmt Brenz mit *Luther* überein. Der nimmt in aller Deutlichkeit die Distinktion zwischen „Gestalt" und „Wesen" im Verständnis von μορφή θεοῦ vor. So ist es im Blick auf Phil 2 „klar, das an diesem ort nicht wird geredt von gőtlichem *wesen* odder knechtischem *wesen* eusserlich, sonder von dem *geberden* und *erzeygen* des wesens"[44]. So eignete Christus das Wesen Gottes samt seiner Gestalt[45]. Aber ohne das Wesen abzulegen, verzichtete er auf die „Gőttliche gestalt". So kann Luther zugespitzt formulieren, „Christus habe sich selbs geeussert odder entledigt, das ist, er hat sich gestellet, als legt er die gottheyt von sich und wollte derselbigen nicht brauchen"[46].

Es kann nicht mehr überraschen, daß *Vermigli* Brenz' Deutung von forma widerspricht. Für ihn meint forma im ursprünglichen ontologischen Sinn die Substanz einer Sache[47]. Für Vermigli ‚verteilen' sich forma Dei und forma servi auf die beiden Naturen Christi: „Die forma servi ist die menschliche Natur selbst, wie die forma Dei Gott selbst ist"[48]. Inanitio meint folglich die Annahme der menschlichen Natur durch Gott, und zwar im Modus der suppositalen Trägerschaft.

(2.) Die zwei weiteren Indizien für die Entscheidung über die erhöhte Menschheit als Subjekt der Erniedrigung in Phil 2 sind sehr viel unproblematischer und entstammen unmittelbar dem Text. Brenz rekurriert auf die Erhöhung in der zweiten Hälfte des Hymnus. Sie kann sinnvoll nur auf die Menschheit bezogen sein, denn die göttliche Natur ist aufgrund ihrer essentiellen Einheit mit Vater und Geist von Ewigkeit erhöht. Da von ihr kontingente Erhöhung deshalb nicht ausgesagt werden kann, steht außer Zweifel, daß Paulus „redet von der erhőung seiner [sc.: Christi] menschheit" (May 315,35f.). Der Philipperhymnus enthält aber eine deutliche „antithesis" von Erniedrigung und Erhöhung. Wenn also im zweiten Teil auf die menschliche Natur Christi rekurriert wird, dann muß auch die Erniedrigung im ersten Teil ihr gelten (M 314,29–316,6).

(3.) Paulus fügt zur Erniedrigung hinzu: „. . . bis zum Tode am Kreuz". Da den Kreuzestod nicht die göttliche, sondern die menschliche Natur erlitten hat, ist mit der gesamten Erniedrigung die Menschheit gemeint (M 316,4–8).

---

[44] Luther, Fastenpostille 1525, WA 17/II,239,14–16. Vgl. Nilsson 209ff.

[45] „Christus war ynn Gőtlicher gestalt, das ist, er hatte das wesen sampt dem geberde" (WA 17/II,240,9f.).

[46] WA 17/II,243,3–5.

[47] „Nisi forma significet essentiam, non potuisset arbitrari se Deo aequalem" (Randbemerkung zu M 314,12ff.).

[48] „Forma servi est ipsa natura humana, ut forma Dei est ipse Deus" (Randbemerkung zu M 314,21).

5.3.2. Ein Blick zurück: Der Philipperkommentar von 1548

Eine Überraschung ergibt der vergleichende Blick in den 1548 erschienenen Philipperkommentar von Brenz. Die für die späte Christologie repräsentativen Entscheidungen sind hier noch nicht getroffen[49]. Subjekt der Erniedrigung ist hier nicht die erhöhte Menschheit, sondern der göttliche Logos. Die Erniedrigung besteht in der Annahme der menschlichen Natur, in der sich Gott der Sohn in die Knechtschaft begibt[50]. Dem abweichenden Verständnis der Erniedrigung im Philipperkommentar korrespondiert eine unterschiedene Auffassung von „forma Dei". Forma meint hier nicht „aspectus seu species", nicht „proprietates", sondern die Essenz Gottes[51]. – Vielleicht ist es zu der späteren Neubesinnung durch Lektüre und Einfluß von Luther gekommen.

Kompliziert wird das historische Bild durch den Umstand, daß sich in den bereits 1537 erschienen Lukashomilien von Brenz eine Auslegung von Phil 2 findet, die genau der in den Spätschriften entspricht[52]. Es gibt also in diesen mittleren Jahrzehnten bei Brenz offensichtlich Schwankungen. Dem soll im Rahmen eines Exkurses etwas nachgegangen werden.

Exkurs: Zur Entwicklung von Brenz' Christologie bis 1556

Im Forschungsbericht wurde der bisherige Konsens der Forschung referiert, nach dem die Genese von Brenz' später Christologie mit der 2. Auflage des Johanneskommentars 1528 abgeschlossen ist (S. 9). Die Beobachtungen zum Philipperhymnus geben Anlaß, dieses Urteil zu differenzieren. Die ‚späte' Christologie von Brenz ist zwar 1528 „im Sinne eines Vorspiels"[53] in allen markanten Punkten – mit Ausnahme des Begriffs communicatio idiomatum – präsent, dann aber in den Schriften all der Jahre vor 1556 wirklich nur *latent* enthalten; sie taucht zwar ab und an auf, z. B. in der Auslegung der ‚Weihnachtsgeschichte' von Lk 2[54], spielt aber aufs Ganze gesehen keine dominante Rolle. Brenz hatte

---

[49] FRICKE ist diese fundamentale Differenz – beide Quellen kennend – entgangen ist (162–166). Seine Darstellung der Erniedrigung Christi gerät daher zu einem teils falschen, teils den Sachverhalt eher verdunkelnden Unternehmen, das beide Fassungen vermischt.

[50] „Haec est autem sententia: Etsi Christus est verus Deus, aequalis Deo patri suo in coelesti dominatione, ex qua potuisset nec hominem assumere, nec se in servitutem conijcere, sed maiestatem suam palam ostentare. Non enim rapuit maiestatem & dominationem divinam, sed habet eam natura sua ab aeterno: Ideo non necesse habuisset eam dissimulare, tamen maluit nostrae salutis gratia dominationem suam quodam modo, ut ita dicam, exuere & tradere sese in servitutem, ac assumere hominem, omnibus imbecillitatibus humanis obnoxium, tandem etiam subire turpissimam mortem, idque fecit, ut nos liberaret ab omnibus malis" (Brenz, Ad Philippenses, 939).

[51] „forma: hoc est natura et essentia Dei" (Ad Philippenses, 939).

[52] In Evangelium sec. Lucam, 580: „Haec verba significant Christum iuxta humanitatem. ... humanitas eius exinanita est".

[53] MAHLMANN, Frühe Christologie, 409.

[54] In Evangelium sec. Lucam, 577–581. Eine andere Passage der Lukasauslegung zur über-

offenkundig kein großes Interesse an ihr; so finden sich in seinen Schriften zwar kaum materiale Gegensätze zur späten Christologie, aber doch einzelne Aussagen, die von der „Erhöhungschristologie" deutlich divergieren und in den Spätschriften ganz undenkbar wären.

Zwei inhaltliche Momente der Differenz gegenüber der späten Christologie sind signifikant: (1) Brenz kann in dieser Zeit formulieren, daß die Erhöhung Christi mit der Auferstehung *begonnen* habe[55]. Zwar wird auch jetzt von der *Majestät* Christi viel geredet, aber es fehlt der Hinweis auf den später (und schon 1528[56]) entscheidenden Gesichtspunkt, daß diese Majestät mit der *Inkarnation* gegeben ist und in Auferstehung und Himmelfahrt nurmehr offenbar wird. Ebensowichtig ist die *zweite* Beobachtung: Daß die Majestät der *menschlichen* Natur zukommt, spielt in den Texten vor 1556 in der Regel keine Rolle. Die Erhöhung der *menschlichen* Natur Christi ist in diesen Jahren nicht das Thema von Brenz. Im Gegenteil: Wo er Zeugnisse der Majestät Christi findet, bezieht er sie – sofern er überhaupt differenziert – auf die *göttliche* Natur Christi. Es geht ihm dann darum, Christi wirkliche Göttlichkeit zu erweisen[57]. Dies entspricht der grundsätzlichen Tendenz seiner Christologie in diesen Jahren: Er begnügt sich mit dem Nachweis der zwei Naturen Christi und weist dazu aus der Bibel seine Gottheit und seine Menschheit nach[58].

Die zwei Beobachtungen werden bestätigt durch einen Vergleich der beiden Ausgaben des Römerbriefkommentars: Der ungedruckten und erst 1986 von Strohm edierten Fassung von 1538 und der überarbeiteten von 1564, die also nach den christologischen Schriften erschien.

1538 gipfeln die Überlegungen von Brenz zu Röm 1,3f. „de persona Christi" im Nachweis der zwei Naturen Christi: „Von der Person Christi ist also in sehr festem und beständigem Glauben festzuhalten, daß sie nicht allein wahrer Mensch, sondern auch wahrer Gott ist"[59]. 1564 hingegen gibt Brenz diesem Abschnitt durch einen markanten Zusatz das spezifische Gepräge seiner späten Christologie. 1538 lautete der entsprechende Satz: „Dann Christus nach dem geist hat nicht angefangen, ein Gott zu sein, seytmals er von ewigkeit her warer unn natürlicher Gott ist; [aber] das ist nicht allweg offenbar, erkleret, bestimpt und krefftiglich erwisen gewesen"[60]. 1564 schiebt Brenz beim Semikolon folgende Passage ein: „Das ist wol war, daß man sagen möchte, der mensch ist allererst Gott worden, nach dem er in dem leib der

räumlichen und überzeitlichen Allgegenwart der Menschheit Christi hat J. Westphal 1557 in seiner Confessio fidei abgedruckt (Q1b–Q3b nach Brenz, In Evang. sec. Lucam, 1438f.).

[55] „Christus enim *statim Resurrectione sua intravit in gloriam Patris* et accepit coeleste regnum" (Catechismus illustratus, 193).

[56] Brecht, Brenz, 210f.

[57] Etwa die Erhöhungsaussage von Phil 2 wird in diesem Sinne verstanden: „Christus ist warer Gott" (Von der Auferstehung, 57a).

[58] Etwa ad Galatas, 851; In Evangelium sec. Lucam, 555; Expositio Evangelistae Marci, 462.

[59] „De persona igitur Christi firmissima et constantissima fide tenendum est, quod non solum sit verus homo sed eciam verus Deus" (ad Romanos, 13,4–6).

[60] Römerbrieferklärung, 19, nach ad Romanos, 12,4–6: „Christus enim secundum spiritum non incoepit, sed semper est verus Deus; non tamen semper manifestatum et declaratum publice, quod sit Deus".

Jungfraw in einigkeit der person von Gott ist angenommen worden, aber der son Gottes, der den menschen an sich genommen und in mit Göttlicher maiestet und herligkeit gezieret, der ist von ewigkeit her ein warer Gott, sampt dem Vater unn heiligen Geist gleiches wesens unn maiestet. Daß aber Christus nicht allein der Gott seye, der den menschen in einigkeit der person an sich genommen, sondern *auch der mensch, der zur gemeinschafft der göttlichen maiestet erhöhet ist,* das ist nicht allweg offenbar, erkleret, bestimpt und krefftiglich erwisen gewesen"[61]. Es tritt also gegenüber 1538 der Aspekt hinzu, daß die Zweinaturenhaftigkeit konkret die Erhöhung der menschlichen Natur meint und daß diese Erhöhung seit der Inkarnation, wenn auch verborgen, gilt. Diese Eckpfeiler der Brenzschen Christologie fehlen 1538 noch[62].

Wie ist es zu erklären, daß die Spezifika der Brenzschen Christologie zwischen 1528 und 1556 so zurücktreten? Brenz' Interesse geht in dieser Zeit offenkundig nicht auf eine systematische Entfaltung der Lehre von der *Person Christi*. Die Register der voluminösen Bände der Brenzschen opera weisen nur ganz wenige einschlägige Stellen nach, und dort geht es dann meist nur um die Faktizität der zwei Naturen. Daß weitere dogmatische Differenzierungen fehlen, ist sicher auch durch das genus der aus *Predigten* entstandenen Schriftauslegungen zu erklären.

Das geringe Interesse an der Lehre de persona Christi wird auch deutlich am Catechismus illustratus (1551), der in der Erklärung des zweiten Glaubensartikels durchaus so etwas wie eine Darstellung der Christologie bietet (114–222). In diesem ganzen Abschnitt hat Brenz aber so gut wie kein Interesse an den Gesichtspunkten, die er dann in den Spätschriften herausstellt. Wohl fragt er hier nach der Person Christi und erweist am Wortlaut des Apostolikums aus zahlreichen Schriftstellen ihren göttlichen und menschlichen Charakter. Aber er verzichtet dabei auf die Terminologie der Zweinaturenlehre. Er entwirft weniger eine dogmatische als eine katechetisch-seelsorgerliche Christologie, die anhand der Schrift die Geschichte Jesu deutet. Dabei hat das *Amt* Christi, seine soteriologische Funktion, völlige Priorität; die Frage nach der inneren Struktur seiner Person spielt kaum eine Rolle. Signifikant für dieses Verfahren ist die unablässige Frage nach dem „Nutzen" (usus, utilitas) der einzelnen Momente der Geschichte Jesu.

Es ist nun aber von Bedeutung, daß die Momente der späten Christologie zwar sehr zurücktreten, aber doch auch nicht gänzlich fehlen. In der Auslegung

---

[61] Römerbrieferklärung, 19.

[62] Dasselbe Resultat ergibt ein Zusatz zur Auslegung von Röm 5,19. Brenz will an dieser Stelle die Einzigartigkeit des Gehorsams Christi betonen. 1538 spricht er ohne weitere Differenzierung von „*Christi* oboedientia" (ad Romanos 174,22ff.). 1564 fügt er hinzu: „Und erstlich, nach dem der ewige eingeborne Son Gottes den son des menschen in einigkeit der person an sich genommen, hat er diesen angenomenen menschen also gezieret, daß er auff in die ganze fülle der gottheit, wie Paulus sagt, außgegegossen hat, also, daß er von anfang seiner empfengniß und menschwerdung in der gestalt Gottes gewesen und alle Göttliche Herrligkeit und Majestet gehabt; Hette auch solche offentlich sehen lassen und für aller welt brauchen können. Aber das ist Gott des Vaters will und mainung gewesen, daß er mit seinem leiden und sterben die sünde des gantzen menschlichen geschlechts büssen und dem menschen von seinem ewigen verderbniß helffen solte (Römerbrieferklärung 329f.; der Schluß ähnlich ad Romanos 174,27f.).

des „er sitzt zur Rechten des allmächtigen Vaters" greift Brenz zum ersten Mal
zur Terminologie der Zweinaturenlehre und formuliert, was er zehn Jahre später
genauso sagen wird: Die Menschheit wurde mit der Inkarnation erhoben zur
Rechten Gottes, dorthin, wo der Logos seit Ewigkeit war. Durch die Auferstehung wird diese Erhöhung offenbart[63]. Daß in derselben Schrift kurz zuvor zu
lesen war, die Majestät der Menschheit Christi habe mit der Auferstehung
begonnen (193), darf also nicht als materialer Widerspruch gesehen werden,
sondern muß von diesen präziseren Überlegungen her als revelatio verstanden
werden. Es wird deutlich, daß solche Äußerungen nicht allzu prinzipiell zu
verstehen sind. An einer zweiten Stelle treten in der Katechismuserklärung
Momente der späten Christologie zutage, und zwar, nicht überraschend, im
Abschnitt über das Abendmahl. Brenz weist den Einwand, die ascensio mache
die Realpräsenz unmöglich, zurück mit dem Hinweis auf die überräumliche
Majestät Christi: „Christus mit seinem Leib und Blut erfüllt alles mit seiner
Majestät und Gegenwart"[64].

Es wird am Catechismus illustratus exemplarisch deutlich, was mit „latenter
Gegenwart" der Christologie der Spätschriften gemeint ist: Das Thema spielt
keine nennenswerte Rolle, weil andere Fragestellungen und eine andere Zielrich-
tung seiner Texte für Brenz Vorrang haben. So erscheinen durchaus einzelne
divergierende Aussagen. Trotzdem führt Brenz die 1528 zuerst formulierten
Gedanken gelegentlich an; sie sind ihm also präsent. Ihren Sitz haben sie offenkundig im Zusammenhang der Abendmahlsthematik. Solange dieses Thema
keine besondere Rolle spielt, tritt auch die entsprechende Christologie zurück.
So wie sie erstmals 1528 auf dem Höhepunkt des ersten Abendmahlsstreites
entwickelt worden war, so gewinnt sie wieder an Bedeutung mit dem erneuten
Aufflammen des Streites[65]. Erst im Zusammenhang dieses Streites, im Prozeß
ihrer systematischen Durchdringung aus polemischen Gründen, ist Brenz offenkundig die *volle* Bedeutung seiner Christologie aufgegangen, so daß sie nun
ihren oben (S. 133 f.) beschriebenen Emanzipationsprozeß durchmacht; eine
nach 1564 geschriebene Katechismuserklärung hätte – wie das Beispiel der
Römerbriefauslegung zeigt – in der Christologie gewiß andere Akzente gesetzt
als die von 1551. Was nach 1528 wieder zurückgetreten war, behielt nach 1564
seine überragende Bedeutung. Dies macht Brenz' Testament deutlich, in dem
die Christologie *das* Thema seines theologischen Vermächtnisses darstellt.

---

[63] „Non enim sentiendum est, quod Christus filius Dei tunc primum consederit ad dexteram
Patris sui, cum ascendit in coelum. Nam quod *ad divinitatem* eius attinet, consedit semper ab
aeterno ad dextram Patris, qui sit eiusdem cum ipso essentiae & maiestatis. Quod autem attinet
ad humanitatem eius, consedit quidem ipsa rei veritate ad dextram Dei Patris, quamprimum
Verbum caro factum est. Una enim est persona, Deus et homo: revelatione autem et glorifica-
tione non ante dicitur ad dextram Patris consedisse, quam resurrexit a mortuis et ascendit in
coelum" (Catechismus illustratus, 199 f.).

[64] „Christus cum corpore et sanguine suo ... impleat praesentia et maiestate sua omnia"
(Catechismus illustratus, 660 f.).

[65] Es ist in diesem Zusammenhang noch einmal an die bereits 1547 gehaltenen drei Predigten
von dem Sacrament zu erinnern, die bezeichnenderweise erst 1556 gedruckt wurden.

5.4. Die begriffliche Erfassung: Die „Stände" Christi

5.4.1. Die drei Status Christi

Entgegen der verbreiteten Rede vom Topos der zwei Stände Christi (s. o. S. 212) redet Brenz überraschend von *„drei Stufen"* (tres gradus) in der Geschichte Christi (M 336,3ff.; R 279,14ff.). Wie ist das zu verstehen?

Die *erste* Stufe ist die der Majestät der Menschheit Christi. Sie beginnt mit der Inkarnation und hat qua Kommunikation von da an ewige Gültigkeit[66]. – Die *zweite* Stufe ist die der Erniedrigung Christi: gradus inanitionis seu humiliationis. Sie gilt für eine bestimmte geschichtliche Phase, für die *„Zeit der Erniedrigung"* (M 326,21 f.), nämlich „in den Tagen seines Fleisches" (Hebr 5,7). Ihr Ende findet die Zeit der Erniedrigung mit der Auferstehung[67]. – Die *dritte* Stufe ist der „gradus . . . oeconomiae seu dispensationis". Brenz konzediert selbst, daß dieser Begriff bloß heuristische Funktion hat und die reale Differenz zur humiliatio nicht hinreichend trifft – ist doch das ganze Erdenleben Jesu als ein Akt der oeconomia anzusehen[68]. Dieser ‚Schritt' aber bezieht sich ausschließlich auf die Zeit nach der Auferstehung. Er meint die Erscheinungen des Auferstandenen in Unterwerfung unter raumzeitliche Bedingungen. Nur so ist der Erhöhte für Menschen wahrnehmbar; die reine Majestät Christi ist unfaßbar. Solche Vorgänge der „Ökonomie" geschehen „nicht um seiner Majestät willen, sondern um unserer Auffassung willen und zu unserem Nutzen"[69], etwa zum Erweis der Auferstehung oder zum Trost für Stephanus in seiner Todesangst (R 268,12–14). In Analogie zur Erniedrigung handelt es sich auch hier um eine freiwillige „Rücknahme" des Erweises seiner Majestät *um unseretwillen*.

Wie verhalten sich die drei gradus zueinander? Der gradus der Majestät ist *gleichzeitig* mit dem der Erniedrigung und dann dem der Ökonomie. Oekonomia und inanitio stehen also trotz bestimmter Unterschiede in ihrem Verhältnis zur maiestas parallel. Die oekonomia ist die Verlängerung bestimmter Merkmale der exinanitio unter veränderten Bedingungen. Diesen Veränderungen kommt dabei eine erhebliche Bedeutung zu, denn um ihretwillen nimmt Brenz die Unterscheidung von exinanitio und oeconomia vor. Sie soll die konkrete Geschichtlichkeit Christi betonen, den sukzessiven Verlauf der Erniedrigungsgeschichte des Erhöhten. Das tempus der Erniedrigung beginnt und endet an bestimmten Punkten, ihm folgt eine andere Phase, die der ökonomischen Erscheinungen des Auferstandenen: „die Zeiten sind unterschieden" (R 282,4).

---

[66] „Primus gradus est divinae maiestatis. In hoc gradu Christus homo iam inde ab incarnatione semper constitit" (M 336,4f.).

[67] „Secundus gradus est inanitionis seu humiliationis, in quo gradu in diebus carnis suae, sicut Apostolus loquitur, constitit usque ad resurrectionem" (M 336,8–10).

[68] „Etsi tota vita Christi, qua inter homines in hac vita conversatus est, potest dici oeconomia, tamen docendi gratia distinguimus in praesentia oeconomiam ab humiliatione" (R 281,15–18).

[69] „apparet non pro sua maiestate, sed pro nostro captu & ad nostram utilitatem" (M 340,10f.); ähnl. M 440,11; R 272,26–28.

Zugleich sind beide umgriffen von der simultanen irreversiblen Erhöhung des Menschen zu göttlicher Majestät. Die drei gradus der Geschichte zielen also darauf, in der Geschichte Christi beides herauszuarbeiten: Gleichzeitigkeit und Veränderung. Die Geschichte Christi ist nicht in einem einlinigen, stimmigen Deutungsmodell zu verstehen. Weder ist sie nur ein geschichtsloses Zugleich, noch ist sie nur der Ablauf einander folgender historischer Widerfahrnisse wie bei unsereinem. Geschichte Christi kann nur ausgesagt werden als das Zugleich von Nacheinander und Gleichzeitigkeit, als Simul von Sukzessivität und Simultaneität. Das Simul potenziert sich.

5.4.2. Die Simultaneität von Erhöhung und Erniedrigung

Die Gleichzeitigkeit von Erhöhung und Erniedrigung steht zweifellos im Zentrum von Brenz' Christologie. Hier zieht er unerschrocken die volle Konsequenz aus seinem Verständnis der Person Christi: Das Kind, das an keinem anderen Ort war als in der Krippe (M 336,24), ist zugleich mit aller göttlichen Majestät ausgestattet und „erfüllte die ganze Welt" (M 336,27). Das Unerhörte liegt in dem Zugleich: maiestas und tempus exinanitionis haben *gleichzeitig* denselben Wirklichkeitscharakter: Der als Kind „ein kleine milch sein speiß" nannte, ernährte zugleich alles Lebende[70]. Brenz führt die Simultaneität von Erniedrigung und Erhöhung aus an den Stationen des Lebens Jesu. Jesus war nicht bei dem Sterbenden Lazarus (Joh 11) – und war doch zugleich ihm wie allen Verstorbenen gegenwärtig[71]. „Da er zu Jerusalem sein einritt haben wolt, war er zu Bethania und nicht im flecken, darin der esel stunde, das war die erniderung; und war doch im flecken nach seiner maiestet", denn er sah den Esel „gegenwürtigklich" (May 339,11–13).

Diese Passagen sind von großartiger Sprachgestalt und emotional ergreifender Kühnheit. Die plerophore sprachliche Dichte erreicht besonders im letzten Absatz hymnische Intensität. Der Text verdient es, als ganzer wiedergegeben zu werden:

„Christus hienge am creütz, darumb das er sich geeüssert und genideret het; der doch mit seiner maiestet die son verfinstert, die erden erschüttelt, den fürhang im tempel zerriß und die felsen zerspaltet. Es hat Christum gehungert und gedürstet, ja

---

[70] „Christus homo natus involutus est fasciis et reclinatus in praesaepi. Itaque non fuit tunc in alio loco quam in praesaepi, si inanitionem et humiliationem eius respexeris. Si autem consideraveris maiestatem eius, ad quam tunc evectus erat, non potuit in praesaepi teneri, quin impleret universum orbem. Ecclesia recte et pie canit: ‚Parvo lacte pastus est.‘ Ecce inanitionem et humiliationem! Et sequitur: ‚Per quem nec ales esurit.‘ Ecce gloriam et maiestatem!" (M 336,23–29).

[71] „Ignoravit diem et horam extremi iudicii exinanitione; sed omnia tam praesentia quam futura fuerunt in conspectu eius maiestate. Cum Lazarus mortuus esset, dixit Christus ad discipulos: ‚Gaudeo propter vos, ut credatis, quod non fuerim ibi‘. Recte; non fuit ibi iuxta inanitionem et humiliationem et iuxta externum habitum. Et tamen iuxta maiestatem suam non solum aderat morienti, unde et ipsum esse mortuum discipulis adnunciabat, verum etiam aderat omnibus mortuis, ut conservaret eos ad futuram resurrectionem" (M 326,30–328,7).

auß dem, das er sich erniederet hat; der doch durch sein maiestet nicht allein fünfftau-
sent in der wüsten, sonder auch alle schaaff und ochsen, alles vich auff dem feld und
alle fisch im meer speiset. Er entsatzt sich ab dem todt, dann er het sich erniederet; der
doch durch sein mayestet allen das leben gibt. Er ward von seinen feinden gefangen,
dann er hette sich sein selbs geeüssert; der doch durch sein maiestet nicht allein dem
Malcho das abgehawen ohr widerumb ansetzet, sonder auch allen krancken, deren
leben noch nicht zu seinem endt geloffen, in der weiten welt die gesundtheit widerumb verlihe. Er starb am creütz, ja auß dem, das er sich erniederet hette; und erhielte
doch alle lebendige bey leben nach seiner maiestet. Er lage todt im grab, dann er hatte
sich erniederet; der doch nach seiner maiestet lebendig regiert himmel und erden"[72].

Man mag der spannungsvollen Kühnheit dieser Sätze ein spekulatives Moment zusprechen wollen. Indessen darf dabei nicht übersehen werden, daß sie
nichts anderes sein wollen und sind als eine Nacherzählung der Evangelienge-
schichte, gleichsam eine narrative Christologie; freilich eine begrifflich verste-
hende, deutende Nacherzählung, die Niedrigkeit und Majestät an dem Menschen Jesus wahrnimmt und versteht als den Weg der Niedrigkeit dessen, der
alle Majestät *Gottes* besitzt. Deshalb ist der Übersprung vom biblischen Voll-
machtserweis zur Aussage der universalen Weltherrschaft unverzichtbar, von
der Speisung der 5000 zur Erhaltung alles Lebenden. Biblisches Zeugnis und
begrifflich-dogmatische Entfaltung der Geschichte Christi koinzidieren.

Christus kann, so macht der Text deutlich, nicht in vernünftig eindeutigen
Denkmustern, in stimmiger Identität verstanden werden, sondern nur als das
Zugleich der größten Gegensätze: Unbegrenzte Weite und beschränkteste Enge,
Universales Weltregiment und größte Abhängigkeit, umfassende Lebenserhal-
tung und hilfloses Sterben. Brenz weiß selbst: dies ist „der menschlichen Vernunft völlig zuwider". Aber, entgegnet er, darunter ‚darf man es nicht machen'.
Nur so, in diesem spannungsvollen Simul, ist das unbegreifliche Geheimnis
auszusagen, dieser Christus ist Gott und Mensch, ja in ihm ist Gott Mensch und
der Mensch Gott[73]. Vergleichbares findet sich in sachlicher und – bei aller
Unterschiedenheit des Genus – auch in sprachlicher Hinsicht in Luthers Weih-
nachtsliedern: „Den aller welt Kreyss nye beschlos, der ligt yn Maria schos; Er
ist eyn kindlin worden klein, der alle ding erhelt alleyn"[74].

---

[72] „Pendebat Christus in cruce exinanitione et humiliatione, qui maiestate obscurabat solem,
concutiebat terram, disrumpebat velum templi et scindebat saxa. Esuriebat et sitiebat humiliatione, qui maiestate pascebat non solum quinque millia in deserto, verum etiam oves et boves
universos, insuper et pecora campi, volucres coeli et pisces maris. Metuebat mortem humiliatione, qui omnia vivificabat maiestate. Capiebatur ab hostibus exinanitione. Et tamen maiestate
sua non solum restituebat iterum Malcho aurem eius amputatum, sed etiam restituebat omnibus in toto orbe terrarum aegrotis sanitatem, qui quidem periodum vitae suae nondum
perambulaverunt. Moriebatur in cruce iuxta humiliationem; et tamen conservabat in vita
omnes viventes iuxta maiestatem. Iacebat in sepulchro mortuus exanitione; gubernabat vivus
coelum et terram maiestate" (May 339,25–41; M 33,17–30, ähnl. auch R 282,28–283,17).
[73] „si videntur humanae rationi minime consentanea, cogita nec illud ei convenire, quod
homo sit Deus et Deus sit homo" (M 340, 2f.).
[74] WACKERNAGEL III, S. 9, Nr. 9,3.

5.5. Zur Deutung von Brenz' Auffassung der Erniedrigung Christi

Wie ist Brenz' Verständnis der Erniedrigung Christi einzuschätzen? Er versteht es, wie die Belege zeigen, teils als Verhüllung, teils als Verzicht auf den Gebrauch der Majestät durch die Menschheit. Dem muß im einzelnen nachgegangen werden.

Es ist zunächst unübersehbar, daß bereits in Brenz' großen Schriften und nicht erst in und ab Maulbronn das Gegenüber von *Besitz* und *Gebrauch* entwickelt worden ist. Der Gegensatz von habere/possidere und uti/usurpare/exercere findet sich schon bei Brenz. Eine ‚Entäußerung des Gebrauchs‘ kennt auch dieser Schwabe bereits. Insofern müßte auch gegen ihn der in der späteren Debatte[75] erhobene Vorwurf gerichtet werden, daß eine Differenzierung von Besitz und Gebrauch wohl bei operativen Vollzügen der Allmacht denkmöglich ist, nicht aber bei der Allgegenwart.

Andererseits: von einem „gemäßigten Ubiquismus" wie bei späteren Schwaben bis etwa 1619[76] kann bei Brenz überhaupt keine Rede sein. An der *Wirklichkeit* der kommunizierten Allgegenwart des Menschen Christus auch zur Zeit der Erniedrigung läßt Brenz keinerlei Zweifel. Deshalb ist die kommunizierte Majestät bei ihm keinesfalls eine bloße „ruhende Potenz" wie schon bald bei Andreae und später dann bei Aegidius Hunnius, sondern volle aktualisierte und aktuose Wirklichkeit. Gleichwohl bedeutet Erniedrigung nach Brenz jedenfalls auch den Verzicht auf die Verwirklichung von Möglichkeit („potuisset"), die Entäußerung seiner mitgeteilten sublimitas. Gerät Brenz hier nicht in einen Widerspruch?

5.5.1. Zur Einschätzung des Theorieanspruchs der Aussagen

Einem heuristischen Vorschlag Baurs folgend soll zunächst die „Theorie-Intensität" und damit der Systemanspruch der in Frage stehenden Aussagen bedacht werden[77]. Brenz' Aussagen zum Nicht-Gebrauch der Majestät haben ihren Ort in der Betonung der wirklichen Erniedrigung. Eine ‚Theorie‘, die am Systempegel späterer Streitigkeiten gemessen werden dürfte, bieten sie nicht.

Das zeigt schon der Sprachgebrauch (s. o. S. 207). Es handelt sich um eine handvoll Formulierungen, die nicht ohne Bedacht, aber doch ‚en passant‘ fallen und nirgends bewußt reflektiert oder systematisch vertieft werden. Vor allem wird das Verhältnis von „non usurpare" zu „dissimulare" nirgendwo erörtert; beide Begriffsgruppen stehen diskussionslos nebeneinander (etwa M 324,23 f.). Es wird auch an keiner Stelle ein *Ende* des Verzichtes auf den *Gebrauch* bewußt ausgesagt; Auferstehung und Himmelfahrt sind *Offenbarung* der maiestas; dies korreliert also nur mit der vorherigen dissimulatio. Auch dies bestätigt:

---

[75] Vgl. BAUR, Überlegungen, 206; SPARN, TRE 17,5 f.
[76] RITSCHL IV, 89; BAUR, Überlegungen, 204, hier auf Lucas I. Osiander und seine Zeitgenossen bezogen.
[77] BAUR, Überlegungen, 203.

Brenz hat keine *Theorie* des Verzichts auf den Gebrauch der Majestät. Auf seiner Reflexionsstufe sind Verben des Verbergens und des Verzichts – die erste Gruppe überwiegt – cum grano salis ohne entscheidende inhaltliche Differenz[78]. Sie markieren die Erniedrigung des erhöhten Menschen Christus; einen darüber hinausgehenden Systemanspruch stellt die Aussage des Nicht-Gebrauchs nicht.

Demgegenüber steht der eminente Theorieanspruch der Argumente für die Wirklichkeit der kommunizierten Majestät des Menschen Christus außer Frage. Deshalb vermag es nicht zu überraschen, daß trotz der bei Brenz unerwarteten Formulierungen die prinzipialisierenden Konsequenzen, die in der Differenz von Besitz und Gebrauch offenkundig impliziert sind, bei ihm ausdrücklich nicht gezogen werden.

Diese Konsequenzen werden schon in den württembergischen Dokumenten im Anschluß an das Maulbronner Kolloquium formuliert, und zwar einmal allgemein: „nicht haben die Maiestet zertrennet die Person, aber dieselbig nicht gebrauchen oder erzeigen, und doch haben, trennet die Person nicht"[79]. Das ist weniger im Blick auf die Aussage selbst als im Blick auf das Maß der Prinzipialisierung von Brenz bereits erheblich entfernt. Daraus ergeben sich konkret im Blick auf die Nicht-Partizipation der Menschheit am Weltregiment des Logos Brenz unbekannte Folgerungen: „Gottes Sohn hab ein zeitlang seine Maiestet durch disen Menschen nicht erzeigt, sondern also alle ding im Himmel und auff Erden regiert, daß diser Mensch wahrhafftig und nach seiner menschlichen Natur nicht mitgewürcket hat"[80].

5.5.2. Ausblick auf die Tübinger ‚Kryptiker‘: Theodor Thumm

Wenn auch auf einem anderen Reflexionsniveau und mit unterschiedenem Systemanspruch, stimmt Brenz in wichtigen Punkten mit den Vertretern der späteren Tübinger Christologie ab 1620 überein, die gemeinhin „Kryptiker" genannt werden und dies – wie auch Brenz[81] – in reiner Form keineswegs sind.

Für Theodor Thumm, neben Lucas II. Osiander wichtigster Vertreter der Tübinger im Streit mit Gießen, liegt großes Gewicht darauf, daß die Erniedrigung *nicht* als bloße Krypsis verstanden werden darf[82]. Vielmehr muß sie differenziert betrachtet werden als ein Simul: einerseits als Verhüllung (absconsio) der kommunizierten Majestät der Menschheit, als Krypsis, andererseits als Verzicht auf den vollständigen reflexiven – i. e. für sich selbst vollzogenen – Gebrauch. Diese Differenz hat ihren Ort in einer ausgeführten Ämterlehre: Dem königlichen Amt entspricht die Verhüllung

---

78 In einem früheren Text formuliert Brenz: „vere passus et mortuus est ... voluntate libera, spontanea suae impassibilis & immortalis naturae *abnegatione*, scientiae ac aliorum suorum bonorum *exinanitione seu, ita mavis, dissimulatione*" (In Evang. sec. Lucam,579).

79 Erklärung, 44.

80 Erklärung, 38.

81 Gegen MÜLLER-STREISAND, 239; PANNENBERG, Christologie, 318.

82 „Humiliatio Christi iuxta humanitatem in diebus carnis & visibilis conversationis in hoc mundo non fuit sola κρύψις & mera absconsio seu occultatio communicatae maiestatis" (Thumm, Tapeinosigraphia, 201. Theorem I).

der voll ausgeübten Majestät, dem priesterlichen Amt der Verzicht auf den usus reflexus[83].

Wie ist das zu verstehen? Der Mensch Christus hat auf die Ausübung seiner Majestät nicht *im Hinblick auf andere*, die Kirche im speziellen und das ganze Universum im allgemeinen verzichtet. In dieser Hinsicht war er beständig schaffend und erhaltend gegenwärtig. Diese Weltherrschaft aber war – wie seine Majestät überhaupt – in jenen Erdentagen nicht erkennbar, sondern verborgen. Die Wahrheit des erlösenden Todes am Kreuz ist dadurch nicht tangiert[84].

Diesem Gebrauch für andere, dem usus externus steht der andere Gebrauch der Majestät, der usus reflexus gegenüber. Nach ihm *verzichtet* der Mensch Jesus während seiner Erdentage auf die Ausübung der übereigneten Majestät *für sich selbst*[85]. Er geht auf dem Weg der Niedrigkeit bis zum Kreuz. Nur so kann das Ziel der Inkarnation, unsere Erlösung, vollbracht werden[86]. Dies ist sein priesterliches Amt: er gibt sich uns zum Opfer, in freiwilligem Verzicht auf den Gebrauch seiner Majestät *für sich selbst*, mit der er den Leidensweg mühelos hätte verhindern können. Thumm denkt also ein Zugleich von Verhüllung und Entäußerung, damit aber ein Simul von Gebrauch und Nicht-Gebrauch unter präziser Bestimmung des „Wofür" des Gebrauches. – Als Quelle für diese begriffliche Distinktion benennt Thumm selbst *Salomo Gessner*[87].

Die Differenzen zwischen Brenz und Thumm liegen auf der Hand:

1. Thumm steht – wie gesagt – auf einem weit fortgeschrittenen Reflexions- und

---

[83] „Theologi quoque Orthodoxi secundum illa [sc.: diversa officia] distincte de humiliationis statu loquuntur: Qui enim ad officium respiciunt regium, humiliationis statum per κρύψιν seu maiestatis absconsionem; qui ad sacerdotale, per κένωσιν seu vacuationem plenarii usus maiestatis quoad propriam carnem reflexe; qui vero ad utrumque, partim per obtectionem & obvelationem, partim per vacuationem, non usurpationem & retractionem maiestatis ... describunt" (Thumm, Tapeinosigraphia, 201).

[84] „Sub forma servili occultatio seu obtectio & obvelatio cum Majestatis in genere tum in specie usus universalis extranei, qui ad Ecclesiam reliquasque Creaturas in Regimine totius universi directe una cum λόγῳ indivise se exeruit, neque opus Redemptionis, utpote propriam carnem tantum reflexe respiciens, attinuit" (Thumm, Tapeinosigraphia, 208).

[85] „Christus homo in officio suo Sacerdotali propter nos, quoad se reflexe, retrahendo usum communicatae & possessae omnipotentiae, toto quidem humilationis tempore revera infirmus fuit; idem tamen in officio suo Regio toto eodem tempore a primo conceptionis puncto divinam sibi per unionem personalem communicatam Omnipotentiam in operibus ad creaturas directis, hoc est, in potenti totius universi sustentatione & gubernatione, una cum assumente λόγῳ indivise exeruit & usurpavit" (Thumm, Tapeinosigraphia, 625 f., Theorema IX).

[86] „Humiliatio Christi θεανθρώπου ... fuit Vera & realis Exinanitio seu Evacuatio reflexiva usus illius divinae Maiestatis, qui Finem Incarnationis, opus videlicet Redemptionis, potuisset impedire" (Thumm, Tapeinosigraphia, 207 f.).

[87] Thumm, Tapeinosigraphia, 219. Es heißt an der zitierten Stelle bei Gessner (Confessio ..., 1595, 251): „Non spoliavit nos sua operatione et forma divinae maiestatis, non reliquas in mundo creaturas. ... Sed seipsum evacuavit, divina sua omnipotentia pro se suaque defensione contra suos hostes et contra nos minime utendo". Gessner hat damit „den entscheidenden Reflexionsfortschritt" (BAUR, Überlegungen, 213) für das Verständnis der Erniedrigung Christi geleistet. Auf einer breiten Basis aber kann diese Einsicht bei Gessner noch nicht stehen: In den ebenfalls 1595 erschienenen „Disputationes XVII pro sanctissimo libro concordiae" enthalten die ausführlichen christologischen Disputationen XI bis XIII (262–443) einschließlich des Kapitels „de statu humiliationis & exaltationis" (428–436) keine entsprechenden Hinweise.

Begriffsniveau, das einen diese Differenz nivellierenden unmittelbaren Vergleich verbietet.

2. Brenz kennt den Terminus „usus reflexus" bzw. „internus" nicht, so wenig wie den Begriff der Krypsis.

3. Brenz verbindet seine Darstellung der Person Christi nicht mit einer Lehre von den Ämtern Christi. Insbesondere nimmt Brenz ein simul von exaltatio und exinanitio an, wo Thumm stattdessen gemäß dem officium regium und sacerdotale differenziert. Die in dieser Erweiterung implizierten Möglichkeiten können hier nicht weiter verfolgt werden.

5.5.3. *Die Erniedrigung als soteriologisches Geschehen*

Unbeschadet der erheblichen Differenzen dürfte der Ausblick auf Thumm und Gessner einen entscheidenden Hinweis für das Verständnis von Brenz geben: Die Unterscheidung von usus externus und internus ist zwar nicht im Begriff, aber doch in der Sache bei Brenz gegeben und erschließt sein Verständnis der Erniedrigung: Der Mensch Christus übt auch zur Zeit der Erniedrigung seine Majestät ad extra, im Hinblick auf andere voll aus: „er erfüllte die ganze Welt" (M 336,27), „er machte alles lebendig" (M 338,22f.), „er erhielt als Lebende am Leben" (28), „er lenkte lebendig Himmel und Erde" (29f.). Diese Majestätsausübung freilich ist verborgen. Anders als *nach außen* aber verzichtet Jesus auf die Ausübung seiner Majestät *für sich.* Er hätte seine Majestät im *Eigennutz genießen* (frui) können (M 328,20f.), hätte sich ohne Mühe als selbstsüchtiger Tyrann gebärden können. Dieser „usus" der Majestät für sich aber wäre ein Mißbrauch, „abusus" (M 324,20f.); es wäre der Raub, von dem Phil 2,7 spricht. Im Gehorsam gegen den Willen des Vaters entäußerte sich Jesus *dieses* Gebrauchs der Majestät *für sich* und ging um unserer Erlösung willen den Weg bis ans Kreuz[88]. Er geht diesen Weg nicht „pro se", sondern „pro nobis"[89].

Jesus ist für Brenz ganz der mit Gott geeinte Mensch der Hingabe. Er übt seine Majestät *für andere* aus, weil nur so alles andere überhaupt *sein* kann. Das Fleisch von unserem Fleisch, das in die höchste Höhe erhoben wurde, genießt seine Majestät nicht nur für sich [und dies nur im Stand der Erhöhung], sondern als Gegenwärtiger erhält er damit uns und unser Leben in allen Widrigkeiten[90]. Zugleich verzichtet er *für uns andere* auf den Gebrauch seiner Majestät für sich und geht den Weg bis zum Kreuz, weil wir nur so mit Gott versöhnt werden. Obgleich erhöht, tut er nichts für sich und alles für uns. Er gibt seine Herrschaft nicht auf und gibt sich doch ganz hin; das ist die Herrschaft des Erhöhten. „Mit

---

[88] In Auslegung von Joh 6,38 läßt Brenz Jesus sagen: „Voluit autem is, etiamsi ornasset me ab initio incarnationis meae omni sua maiestate, tamen *non raperem* eam contra suam voluntatem *utendam,* sed oboedirem vocationi eius et expiarem mea oboedientia, quod Adam sua inoboedientia ... designaverat" (M 324,29–326,2).

[89] In Evangelium sec. Lucam. 579.

[90] „consideramus, carnem de nostra sumptam in tantam maiestatem esse evectam, ut non tantum ipsa sua fruatur foelicitate, verumetiam coram nos in omnibus adversis praesens conservet, vitam nostram gubernet" (R 59,16–19).

dieser Lösung holen die Tübinger die in der Abendmahlslehre gelungene Aufhebung der kosmologischen Alternative von Oben und Unten christologisch ein
in der Aufhebung der Alternative von Knechtschaft und Herrschaft"[91]. Das ist
der Sinn der Geschichte der Person Christi.

5.6. Einwände und deren Diskussion

Die Glossen Vermiglis zu den Passagen von Brenz, in denen er die Gleichzeitigkeit von Erniedrigung und Erhöhung so eindrücklich darlegt, machen deutlich, daß dieser Weg für ihn ungangbar ist. In ihm schafft sich der ‚gesunde
Menschenverstand' Gehör: „Wenn er im Mutterschoß umschlossen war, wie
war er dann zugleich überall?"[92]. Einer kann nicht zugleich „nur an einem Ort"
und „überall" sein. „Ich glaube, das versteht [Brenz] selber nicht"[93]: „Dies sind
simultane Gegensätze!"[94].

Nein, diesen Absurditäten stellt Martyr einen vernünftigen Lösungsvorschlag
entgegen: Die Aussagen über maiestas und inanitio dürfen nicht wie bei Brenz
auf eine Natur bezogen werden, sondern sind auf beide Substanzen zu verteilen:
Die menschliche Natur war begrenzt, die göttliche allgegenwärtig und allwis-
send; die menschliche starb, die göttliche nicht. Auf die *eine Person* kann man –
wie oben gezeigt wurde: im Modell der suppositalen Union – die widersprüchli-
chen Aussagen beziehen, aber nicht auf eine Natur[95]. – Dasselbe Konzept
offeriert auch Bullinger[96]. Für die Schweizer ist das Simul nur erträglich, wenn
die Widersprüchlichkeit durch je verschiedene Bezüge entschärft wird; von zwei
verschiedenen Subjekten kann man natürlich zur selben Zeit Verschiedenes prädizieren. Damit aber sagt die Christologie auch nur das, was wir ohnehin schon
immer wußten: Der Mensch stirbt, Gott ist unsterblich.

Es ist in diesem Zusammenhang die Diskussion mit R. *Müller-Streisand* zu
führen. Ihre scharfe Kritik zielt darauf, daß in Brenz' Theologie eine „rationali-
stisch-spekulative Gnosis" waltet. Mit ihrer Hilfe bemüht „er sich um die
perspektivische Auflösung realer Widersprüche"[97]. Diese These scheint angesichts der Simultaneität von Erniedrigung und Erhöhung und somit der Auflösung von deren Widerspruch bis hin zur Aufhebung des Antagonismus von
Leben und Tod unmittelbar einzuleuchten. So lautet Müller-Streisands theolo-

---

[91] SPARN, TRE 17,6,53–55.

[92] „Si erat ille utero circumscriptus, quomodo tum simul ubique?" (zu M 336,19).

[93] „Non fuit in alio loco et erat tamen ubique. Vix puto se ipsum intelligere" (zu M 336,24f.).

[94] „Haec sunt contradictoria simul et eodem tempore" (zu M 338,2).

[95] „Quod nos et patres distinguimus quo ad naturas, iste quo ad inanitionem et maiestatem.
Sed non satisfacit, quia duo contradictoria simul ponit in eadem natura. In eadem hypostasi licet
ea ponere ob diversitatem naturarum, non autem in eadem natura" (zu M 338,17).

[96] „Christum utriusque esse naturae, & esse quidem ubique secundum naturam divinitatis
suae & loco contineri secundum naturam humanitatis suae. . . . Et mortuus est natura carnis suae
& non est mortuus natura divinitatis suae" (Bullinger, Responsio, 79b).

[97] MÜLLER-STREISAND 239; dem letzten stimmt MAHLMANN, Vorwort XVII, zu.

gisches Urteil: Diese Christologie ist theologia gloriae. Luthers Kreuzestheologie blieb Brenz fremd.

Dagegen ist aber festzustellen: Der Gegensatz „ecce inanitionem – ecce gloriam" ist keineswegs nur ein „als scheinbar angesehener" Widerspruch[98]. Die „rational konstruierbare Auflösung" des Gegensatzes jedenfalls findet sich nicht bei Brenz, sondern doch eher in Vermiglis Programm einsichtiger Verteilung widersprüchlicher Aussagen auf die zwei Naturen. Die Spannung von Erniedrigung und Erhöhung ist von Brenz nicht nur als scheinbar angesehen, so wenig wie der Gegensatz von Begrenztheit und Welterfüllung, von Leben und Tod. Brenz identifiziert die Gegensätze nicht und löst sie nicht auf. Leben ist nicht identisch mit Sterben. Aber er wagt es, beides auf den einen Menschen Christus zu beziehen. Dieser Gegensatz wird an keiner Stelle „aufgelöst", sondern als „der menschlichen Vernunft völlig zuwider" (M 340,2) ausgehalten und geglaubt, weil nur dieser Glaube die Vermittlung, die Versöhnung von Göttlichem und Menschlichem im Leben Christi wahrnehmen kann. Brenz behauptet die „coincidentia oppositorum" – etwas sehr anderes als die Auflösung von Widersprüchen.

So will auch Müller-Streisands Vorwurf der theologia gloriae nicht einleuchten. Gegen heftigen Widerspruch insistiert Brenz darauf, daß es der in göttliche Glorie *Erhöhte* ist, der den Weg ,vom Stall bis zum Galgen' geht. Und dem soll die theologia crucis, „die Verkündigung der gloria Dei in der Tiefe der realen Verworfenheit Jesu Christi am Kreuz", „im entscheidenden Punkt fremd" geblieben sein?[99] Trifft nicht auch dieser Vorwurf viel eher auf das Schweizer Schema zu, das Christi Gottheit vor den irdischen Anfechtungen auf eine unbeteiligte Position gleichsam zurücknimmt und jene dem Menschen allein zuschreibt? Brenz weiß im Gegenteil mehr zu sagen als die *„ Verkündigung"* (ein auch für Luther unzureichender Ausdruck!) der gloria Gottes in der Tiefe der Verworfenheit: Das *Sein* dieser Glorie bei dem Menschen und in seiner Verworfenheit – „auch und gerade vor Gott"[100]. Ausführlich interpretiert Brenz mit Dtn

---

[98] Dies und die folgenden Zitate: MÜLLER-STREISAND 239; Hervorhebungen vom Verfasser.

[99] Vgl. dagegen auch unten S. 273 f. – Auch die Arbeiten KANTZENBACHS widersprechen der These von MÜLLER-STREISAND und MAHLMANN deutlich. Vgl. etwa Bedeutung (170): „Die Anfechtung versteht auch er [sc.: Brenz] nur von seiner *an Christus orientierten und auf ihn bezogenen theologia crucis* her. Für Luthers Ansatz der Theologie der Anfechtung hat Brenz eine besonders eindrucksvolle und seelsorgerlich bestimmte Fassung gefunden". Vgl. auch KANTZENBACH, Stadien, 259.

[100] Als Beispiel für diesen von MÜLLER-STREISAND zu Unrecht vermißten zentralen Gesichtspunkt eine Passage aus einer Karfreitagspredigt: „... diesen seinen eingebornen Sohn hat er [sc.: Gott] in das größest und äußerste Unglück und Leiden kommen lassen, also daß er für den nachgültigsten und häßlichsten unter andern Leuten gehalten wurde und als der verdammtest Mensch zur Höllen hinab und in die untersten Teil der Welt hat müssen steigen. Das ist, er hat müssen in alle weltliche Anfechtung und Leiden kommen, also daß er auch an dem Kreuz schreien mußte: ,Mein Gott, mein Gott, warum hast du mich verlassen?'" (Brenz, Predigten, 118 f.; ähnlich. Ad Galatas 852).

21,23 und Gal 3,13 das Kreuz als Ort der Verfluchung Jesu[101]. Er denkt *die Niedrigkeit, ja Verworfenheit des Verherrlichten.* Dies zu verstehen verstellt sich Müller-Streisand mit dem unzutreffenden, simplifizierenden Plakat der ‚Krypsis' den Weg.

Brenz nimmt nicht die rationalistisch-gnostische Auflösung von Antagonismen vor, sondern er sagt ihr paradoxes Ineinander aus. Der Allgegenwärtige lebt in der Begrenzung, der Allmächtige stirbt in Ohnmacht, ohne daß wie bei Vermigli ein rationaler Ausgleich möglich wäre. Das gerade ist der Sinn der Theologie des Kreuzes. Das ‚Ärgernis' der Erniedrigung wird durch die Rede von der simultanen Majestät Christi nicht aufgehoben, sondern es wird erst durch sie auf die Spitze getrieben.

6. *Der Ort Christi: Das Verständnis von Himmel und Rechter Gottes*

Vom „externum spectaculum" der Himmelfahrt Christi war bereits im Zusammenhang der Geschichte Christi die Rede (s. o. S. 208 f.). Für Brenz steht das historische Ereignis der Himmelfahrt nicht in Frage[1]. Umstritten ist vielmehr *erstens*, ob Christus auch vorher, „antea" im Himmel war (P 50,21 f.); dies wurde im Rekurs auf das doppelte Verständnis von ascensio bereits untersucht. Es ist nun noch *zweitens* der Frage nachzugehen, *„wohin* Christus kam, nachdem er bei seiner Himmelfahrt von einer Wolke aufgenommen und von den Augen seiner Jünger weggenommen worden war" (R 159,24–26). Wie ist der Himmel und die Rechte Gottes, wie der Ort Christi und zugleich unser zukünftiger Ort zu denken? – Wir stellen die wesentlichen Gesichtspunkte von Brenz umfangreicher Argumentation[2] dar, ohne alle Einzelheiten zu berücksichtigen.

6.1. *Der Kampf um den Himmel:*
Die ironische Bestreitung des coelum Empyreum

Für Brenz verbindet sich die verkehrte Schweizer Auffassung von der räumlichen Existenz der Menschheit Christi mit einer falschen Vorstellung vom Himmel als deren Ort. Insofern ist auch „gegen diesen Himmel Krieg zu führen", ist die Schweizerische „Himmelskonstruktion" (M 410,4) zu stürmen[3]. Dieser Himmel ist, wie oben dargestellt wurde (s. o. S. 101 f.), das sogenannte Coelum Empyreum, also jener Himmel vollständiger Glückseligkeit und räumlicher Freizügigkeit, der jenseits der Sphären des sichtbaren Himmels liegt, gleich-

---

[101] „Christus suscepit in se maledictionem crucis et mortis" (Catechimus Illustratus 157, vgl. 156 f.).

[1] „Haec historia ascensus Christi in altum certissima est" (R 136,2 f.).

[2] Besonders P 50,9–70,18, S 144,4–176,13; M 254,14–304,17 und 408,9–466,30; R 135–309 [!!].

[3] „Belligerandum igitur erit nobis ... cum coelo Cingliano, in quo certis spaciis et locis sedetur, statur et deambulatur" (M 410,7–10).

wohl aber ein „gewisser Ort" ist[4]. Diesem Himmel gilt Brenz' Kampf. Mit welchen Waffen geht er dabei vor? „Was wöllen nun wir für ein rüstung für die handt nemen, das wir denselben umstürtzen?" (May 411,14f.).

6.1.1. Die innere Beschaffenheit des angeblichen Empyreum

Brenz' erste Waffe ist die der Ironie, ja des Spottes. Damit nimmt er die räumlichen Vorstellungen der Schweizer aufs Korn: Wann habt ihr denn oben nachgeschaut und „Christum mit seinen engeln und heiligen sehen hin und her im himmel spacieren?" (May 259,11–12). Nach der Schweizerischen Auffassung müßte es gemäß Lk 22,29f. im Himmel auch Stühle geben (S 150,37ff.), ja „auch leiblich tisch, essen, trincken, villeicht auch dantzen und springen nach dem essen (wie man zur zeit der hochzeit pflegt und ettlich scholastici schreiben)" (B 153,5–7). Man müßte sich, überlegt Brenz, das Leben im Himmel dann wohl vorstellen wie auf einem mittelalterlichen Tafelbild: „ein grossen, weitten, breitten himmel, ... darin Gott der vatter auf einem küniglichen stul und neben im der son Christus raumlicherweiß sitze, auch darob der heilig geist schwebe und darbey die h. jungfraw Maria knüe und sonst alle patriarchen, propheten, aposteln und heiligen" (B 165,23–27). Wollte man Joh 14,2 mit Bullinger buchstäblich verstehen, müßte Christus die Funktion eines himmlischen Wohnungsverwalters haben, der jedem neuen Heiligen seine besondere Wohnung nach einem Verzeichnis zuweist (S 150,33–37)[5].

Gegen alle anthropomorphen Anschauungen wendet sich der Schwabe als gegen unchristliche „fleischliche Phantasien" (S 164,31): „Was will das ... für ein talmudischer und mahometischer himmel werden?" (B 153,8f.) Er treibt die Polemik ironisch auf die Spitze: Denkt man in solchen räumlichen Kategorien, hätte es der mohammedanische Gott besser: „Dann Mahumet sagt, Gott werde ,von acht engel auff einem sessel getragen'"[6]. Die Zwinglischen aber lassen Christum in irem himmel nicht tragen, sonder muß allein stehn, sitzen oder gehn" (May 429,27–30).

Bullinger und Vermigli verwahren sich gegen solche Unterstellungen, und zwar zunächst zu Recht: Die von Brenz unterstellten krass-anthropomorphen

---

[4] Brenz kompiliert aus den Büchern von Bullinger und Vermigli eine Beschreibung dieses Himmels: M 408,27–410,2; wörtlich wiederholt R 138,7–17. Die Belege M 408f. im Apparat.

[5] Diese Formulierungen Brenzens gaben den Anlaß für einen Anhang zur Sententia, der Brenz' Ausmalungen durch krass anthropomorphe Beschreibungen des Empyreum „auß Bernhardino und Roseto" noch zuspitzt. Verfaßt ist er von einem gewissen Alphaeus Valesianus – sicher ein „homo fictitius" (Bullinger an Calvin, 18.10. 1562, KÖHLER 886) –, der, „Als dises des ehrwürdigen herrn Johann Brentzen buch getruckt worden, ... ohngefahr zu dem buchtrucker, da er noch im werck was, kommen" (B 185,3–9). Er fügte dem Brenzschen Werk die durch „Ioannem Kaisperspergium" (= Geiler von Kaisersberg) zusammengestellten mittelalterlichen Zitate an (S 184–188). – Im Anhang zu De maiestate findet sich eine Replik dieses Alphaeus Valesianus gegen Bullingers empörte Kritik (Responsio, 20a ff) an dem Anhang zur Sententia. Brenz hat sich seinerseits in De maiestate mit dem Appendix ausdrücklich identifiziert (M 260,3–11).

[6] Der Koran (übers. v. PARET, R., 2. Aufl., Stuttgart 1980, 405), Sure 69,17.

Ungeheuerlichkeiten behaupten sie in der Tat nirgends. „Im mahumetischen Himmel gibt es Speisen, Koitus etc., was wir, durch die Heilige Schrift belehrt, keinesfalls zugestehen"[7], notiert Vermigli zu Brenz' Vorwurf. Tatsächlich beschränken sich die Schweizer, Bullinger mehr als der dem Mittelalter „nähere" Vermigli (s. o. S. 89), gegen die scholastischen Ausmalungen auf das biblisch Erschwingliche[8]. Von Tänzen im Himmel weiß die Bibel nichts[9]. „Niemals habe ich einen solchen Himmel, wie er [Brenz] erfindet, entworfen", protestiert Bullinger[10].

Daß die Schweizer sich gegen spekulative Ausmalungen der himmlischen Existenz Christi wenden, daß sie, „wenn ich nicht irre, nicht alle Träume der Scholastiker und Mönche über die Beschaffenheit dieses Himmels billigen", sieht auch Brenz (R 139,24–26). Er zieht ihre Position ganz bewußt ins Extreme. Seine Kritik richtet sich gegen ihren Ansatz, der den Himmel in lokal-körperlichen Kategorien denkt. Dieser verfehlte Ansatz ist nicht durch den Verzicht auf einige krasse Konsequenzen zu sanieren, sondern er muß völlig fallengelassen werden. Darauf zielt Brenz, wenn er gegen Bullingers Protest darauf insistiert, über die Schweizerischen Explikationen hinaus die Konsequenzen einer räumlichen Auffassung deutlich zu machen[11]. Immerhin findet er bei den Schweizern dafür deutliche Anhaltspunkte: Christus sei frei, im äußerem Himmel als gewissem, aber weiten Ort zu stehen, zu sitzen, umherzugehen oder einherzuschreiten[12]. Wenn man einmal in solchen Vorstellungen denkt, will Brenz durch seinen Spott zeigen, kommt man notwendig zu jenen Absurditäten: „Dann da dem Herrn Christo nichts hinderlich ist, das er mit den ertzvåttern und andern seinen heiligen im himmel spaciere, was wolt im hinderlich sein, das er nicht auch mit den ertzmůttern und jungfrawen im himmel ein kurtzweilig springlin und tånzlin thun kôndt" (May 261,8–13).

6.1.2. *Der angebliche Ort des Empyreum*

Nicht nur gegen die Umstände im angeblichen Coelum Empyreum richtet sich Brenz' Spott, sondern auch gegen die kosmologisch-astronomischen Vorstellungen, die damit verbunden sind: Wo muß man sich Christi „Residenz" in jenem „äußeren Himmel" denken? Zweifellos wird man nicht wie bei den

---

[7] „In coelo Mahumedico fiunt cibi, coitus etc., quae nos minime admittimus, sacris literis edocti" (Vermigli, Randbemerkung zu M 258,13 f.).

[8] „scriptura non docet, nos non inquirimus" (Vermigli, Glosse zu M 260,20).

[9] „De hisque choreis divinae literae nihil tradiderunt" (Vermigli, Glosse zu M 260,8). Ähnl. Bullinger, Fundamentum, 61 a/b.

[10] Bullinger, Responsio, 19 b.

[11] „Si enim [Bullingerus] nec quaerit nec discutit nec discutientibus consentit, num Christus in coelo sedeat, an stet, an ambulet, quae est illa incogitantia contendere, quod sit necessario in certo loco circumscriptus... ?" (M 258,32–260,1).

[12] „ego profecto affirmabo corpus Christi esse aliquo certo loco externi coeli, sed latißimo et amplißimo, ubi *liberum sit ei stare, sedere, ambulare atque, ut libuerit, incedere*" (Vermigli, Dialogus, 73 b; M 256,26–28).

Planeten annehmen wollen „daß Christus mit seinem Körper an jedem Tag mit dem Himmel die Erde umkreist und betrachtet, was überall geschieht". Dann muß man, folgert Brenz, Christus über dem Nord- oder Südpol plazieren, weil „diese allein am Himmel fest und unbeweglich sind", während alle anderen Himmelskörper die Erde umkreisen. Weiter spinnt der Schwabe den Faden: Aristoteles erweist den *Südpol*, der (auf der Erdkugel) unter uns liegt, als den Höheren[13]. Dem „vortrefflicheren Leib" Christi aber gebührt „ein vortrefflicher Ort im Himmel". Dieser „höhere und deshalb auch hervorragendere Teil des Himmels" aber wäre nach Aristoteles der Südpol, der unter uns liegt. Also, so hieße die Schlußfolgerung, hält sich Christus im Himmel nicht über uns, sondern *unter* uns auf (P 52,16−33).

In der Sententia nimmt Brenz den Vorgang der ascensio als lokalen Aufstieg durch die verschiedenen Sphären aufs Korn. Es sei ja noch nicht einmal klar, wieviele Himmelsphären es eigentlich gebe: Bis zu fünfzehn zählen die Scholastiker (Was freilich eine Übertreibung ist): „also milt [= freigebig] sein sie himmel zu zimmern" (B 145,19).

Brenz' berechnet ironisch die Reise Christi durch die verschiedenen Himmel: Nach einigen Mathematikern soll die Entfernung von der Erde allein bis zum gestirnten Himmel 16.338.562 deutsche Meilen ausmachen; eine Bleikugel würde für den freien Fall von dort bis zur Erde fünfhundert Jahre benötigen (S 158,4−20). Wenn aber „der gestirnt himmel so hoch von der erden ist, wie hoch mag dann die überig höhe sein biß an das coelum empyreum?" (B 159,20−22). Wenn man bei dieser unermeßlichen Entfernung die Aufstiegsgeschwindigkeit Christi vom Ölberg bis zu den Wolken hochrechnet, „so ist warlich ein sorg darbey, er möchte noch zu diser zeit nicht in seiner residentz sein"[14].

Brenz weiß natürlich, daß „es wol lecherlich ist", so „zu reden" (B 159,17). Er weiß auch, daß er abermals weit über das von den Schweizern Gesagte hinausgeht. Spekulationen über die Lozierung des Empyreum etwa sind ihnen ausdrücklich fremd. Es ist vielmehr ein „sehr weiter Raum", der „weder durch

---

[13] „Einen Unterschied der Halbkugeln sehen wir nur daran, daß sich die Pole nicht bewegen. ... Von den Polen gehört der über uns sichtbare [also der Nordpol] zur unteren Hälfte, der unsichtbare [Südpol] zur oberen. ... Also ist der unsichtbare Pol der obere und die dort Wohnenden wohnen in der oberen Halbkugel und rechts, wir dagegen auf der untern Halbkugel und nach links". – Hinter dieser eigenwilligen und schwer nachvollziehbaren Ansicht steht die pythagoräische Unterscheidung der zwei Erdhälften als rechts und links. Aristoteles meint im Anschluß daran, daß die Bewegung der Himmelskörper „rechts beginnt und nach rechts hin verläuft". Also muß der obere Pol der Südpol sein. „Wäre es nämlich der sichtbare, so ginge die Bewegung nach links hin, was wir ablehnten" (Aristoteles, De coelo II 2, 285 b 10 – 285 b 25). – GIGON, der Herausgeber der deutschen Ausgabe, bezeichnet diese Passage als „besonders phantastisch" und mit „superstitiösen Elementen" behaftet (Einleitung zu ‚Von dem Himmel‘, 24). Damit ist sie für Brenz' Anliegen natürlich besonders geeignet.

[14] B 159,25f. Nach Brenz Vorbild findet sich eine solche Berechnung der Dauer der Himmelfahrt später etwa bei B. Meisner (SPARN, Wiederkehr, 235 A.21). Weitere Beispiele, bis hin zu Joh. Kasp. Lavater, nennt ROCHOLL 121f.; vgl. ELERT, Morphologie I, 365; Wirkungen 772f. Im 17. Jh. stellt auch der Jesuitenpater Schyrl solche Berechnungen an, allerdings nicht in ironischer Absicht! (MAURACH, Coelum Empyreum, 93f.).

Südpol noch Nordpol begrenzt und nicht durch andauernde Bewegung hinweggerissen" wird. Gewiß ist aber, daß er den Heiligen eine „stabile und feste Wohnung bietet", einen Ort jenseits der sichtbaren Himmel, der „in unglaublichem und herrlichem Licht strahlt"[15]. Genau an dieser Stelle setzt Brenz ein und zieht die jedenfalls ansatzweise spiritualisierte Raumvorstellung der Schweizer ins Lächerliche: Wo räumlich gedacht wird, sind räumliche Konsequenzen unvermeidlich[16].

6.2. Das Zeugnis der Schrift von Himmel und Rechter Gottes

Ab *De maiestate* wendet Brenz das Verfahren, die schweizerische Position ad absurdum zu führen, weniger an. Vielleicht trägt er damit den reformierten Reaktionen Rechnung[17], die ihm deutlich machten, daß seine Polemik gegen jene Absurditäten doch mehr die Scholastiker trifft als die Schweizer. Ab jetzt tritt die auch schon zuvor geübte biblisch-sachliche Argumentation in den Vordergrund.

Diese argumentative Kritik setzt fundamental an: Aussagen über Himmel und Himmelfahrt Christi sind nur der Schrift zu entnehmen, nicht menschlicher Vernunft (P 54,3f.). Den Leib Christi aber wie die Schweizer in die – wenn auch weiten – Grenzen des Empyreum einzuschließen, ist „nicht christlich", sondern „auß des Aristotelis sprüchen gezimmert" (P 52,12f.; May 423,15f.). *Seiner Physik entspricht es, daß das Universum begrenzter Raum ist und jeder Körper in diesem Raum sein muß*[18]. Diese Sicht präjudiziert, auf den Leib Christi übertragen, die Auffassung vom Himmel (s.dazu S. 135f.); *deshalb* müssen die Schweizer trotz der auch von ihnen gesehenen Schwierigkeiten am coelum Empyreum festhalten.

Dagegen aber richtet sich der Widerspruch: Daß „der Himmel eine räumliche, sehr weite Region sei, ... ist eine schiere reine Erfindung". Nicht eine einzige Bibelstelle belegt jenes angebliche Empyreum (R 141,8ff.): „Dieser Himmel existiert in der Natur der Dinge nicht" (R 179,29–180,2). Deshalb ist das Urteil über die schweizerischen Gedanken zur Kosmologie scharf: „Dies sind leere Träume, sind gottlose Erfindungen, die wir bekämpfen, die wir ablehnen und aufgrund der Autorität der prophetischen und apostolischen Schrift verdammen" (R 147,19–22).

---

[15] Vermigli, Dialogus, 74a.

[16] „Nam si habet in coelo illo physicam locationem et mansionem, non video causas, cur non etiam physice et localiter ascendat, donec ad eam mansionem perveniat, aut dicendum erit ipsum non habere verum corpus" (S 158,26–29).

[17] Vgl. etwa den Protest Bullingers gegen Brenz' Ironie: „in tota hac de Coelo tractatione vehementer id mihi in Brentio displicet, quod negotium hoc Coeli universum magis ludendo et ridendo peregit, quam argumentatione seria" (Responsio, 39b).

[18] „Aristotelis vox est, non Christi: ἔξω τοῦ οὐρανοῦ οὔτ' ἔστιν οὔτ' ἐνδέχεται γενέσθαι σῶμα, ‚extra coelum non est nec esse potest corpus'" (P 52,13–15; Aristoteles, De coelo F9, 279 a 16f.).

Die Schweizer können sich nach Brenz für das Empyreum nur auf die zweifelhafte Autorität der Scholastiker stützen. Selbst hier aber ist das Votum, wie Brenz mit Blick auf Biel und Nikolaus von Lyra anfügt, nicht einhellig: „Es ist nützlich zu wissen, daß auch sie selbst zweifeln". Bullinger hingegen macht diesen zweifelhaften Topos zum entscheidenden Kriterium für die Wahrheit des christlichen Glaubens (S 148,13–150,3).

6.2.1. Die Auffassung vom Himmel

Welche biblischen Stellen sind in der Diskussion um den Himmel relevant? Der wichtigste Beleg ist Eph 4,10[19]. Dies Wort zeigt, daß die Himmelfahrt den für uns sichtbaren Himmel transzendiert, daß Christus nicht „nach menschlicher Weise" etwas verlassen habe, sondern daß er „nach göttlicher Weise ... alles sowohl das Niedrigste als auch das Höchste einnimmt, beherrscht und erhält" (R 192,4–11). Es wird also ein unmythologisches, qualitatives Verständnis von Himmel und Hölle eröffnet (dazu s. weiter S. 238 ff.).

Brenz setzt sich – mit Luther[20] – von einer Deutungtradition von Eph 4,10 ab, die die Formulierung „ut omnia impleret" (auf daß er alles erfülle) auf die Erfüllung alttestamentlicher Verheißungen bezieht. So versteht es auch Bullinger[21]. Diese Interpretation ist aber für Brenz angesichts des Kontextes nicht zu halten: Eph 4,9 f. thematisiert die „antithesis" von Niederfahrt und Auffahrt Christi. In diesem Zusammenhang kann das Wort ‚erfüllen' nur die Erfüllung „der tiefsten und der höchsten Teile der Welt" meinen (P 56,9–11).

Weitere Worte der Schrift belegen Brenz' Auffassung: Im Alten Testament zeigen etwa Jer 23,24, Jes 40,12 oder Jes 66,1 die Überlegenheit Gottes über jede Fixierung in einem gegenständlich-lokalen Himmel[22]. Im NT bezeugen Hebr 4,14 und Hebr 7,26, daß Christus nicht an *einem* Ort im Himmel sein könne (P 56,15–20). Schließlich gilt dies auch aufgrund futurisch-eschatologischer Aussagen: „*Dieser* Himmel und *diese* Erde werden vergehen" (P 52,34–36).

6.2.2. Die Auffassung von der Rechten Gottes

Die biblischen Zeugnisse über die *Rechte Gottes* belegen für Brenz seine Sicht. Auch sie ist Ausdruck für Christi Teilhabe an der allgegenwärtigen Majestät und Herrschaft Gottes[23]. Die Rechte ist keinesfalls als lokale Bestimmung zu verstehen – „Gott der Vater hat nämlich keine körperliche Rechte" (M 444,23). ‚Sitzen zur Rechten Gottes' heißt deshalb nicht, von einem Ort umschlossen zu sein,

---

[19] Apologie 508; P 44,14–16; 48,29–34; 54,30–56,14; M 282,3–284,22; 320,23 f.; R 191 f.

[20] WA 26,347,23–32.

[21] „... ut impleret omnia, ... quae de se in lege et prophetis erant praedicta" (Bullinger, Tractatio, 24b).

[22] Die Belege s. o. S. 174 f. Weitere alttestamentliche Stellen nennt Brenz M 416,26–418,8.

[23] P 54,8–15; S 172,34–36; M 264,19 f.; 270,31–272,15; 444,24–26; R 238,19–24. 244,25–29; 246,7–14; 255,17–27; 268,14–21.

sondern allmächtig alles gegenwärtig zu regieren[24]. Brenz schließt sich in dieser Sicht explizit Luthers Darstellung in der Abendmahlsschrift von 1527 („Daß diese Wort...") an (P 54,19–23; S 172,25–33).

„Es stehn allenthalben in der propheten und apostel schrifften sollich sprüch, darauß erwisen würdt, das bey dem wort ‚gerechte Gottes' die hohe göttlich mayestet und allmechtigkeit verstanden werden soll" (May 267,8–11). Brenz nennt etwa Ps 44,3f., Ps 98,1, Ps 118,16 und Jes 48,13 (M 264,21–266,6). Im NT[25] belegen dies besonders Hebr 1,3, Hebr 8,1 sowie Mk 14,62 und Mk 16,19. „...zur Rechten der Kraft" (Mk 14,62 par) bezieht die dextera explizit auf die Allmacht Gottes. Auch die Stellen, die als Belege für die Majestät Christi im Zusammenhang der communicatio idiomatum angeführt wurden (Ps 8; Mt 28,18; Eph 1,20f.; Phil 2,9f.), sind hier noch einmal relevant.

Übereinstimmung und Differenz zwischen Rechter Gottes und dem Begriff des Himmels sind präzise zu bestimmen. Auch wenn die Differenz nicht so prinzipiell gesehen wird wie bei den Schweizern, sind beide doch nicht einfach identisch. Der Himmel ist der „Ort" vollständiger Glückseligkeit, die *allen Glaubenden* zukommen wird. Die Rechte hingegen meint nicht diese „vulgaris foelicitas", sondern die unbegrenzte göttliche Majestät und Allmacht, die *ausschließlich Christus* qua unio personalis eignet[26]. – Diese Distinktion ist indessen zweitrangig angesichts der fundamentalen Differenz im Verständnis von Himmel *und* Rechter Gottes gegenüber der Schweizer Position, denn beide werden qualitativ und nicht lokal bestimmt. Es besteht eine Differenz für die *Menschen*, denen nur eine Zukunft im Himmel, nicht aber zur Rechten Gottes verheißen ist; im Blick auf *Christus* aber sind beide gleichbedeutend; für ihn und damit im Kontext der Christologie stimmen beide überein. Deshalb interpretiert der biblisch begründete Glaubensartikel vom Sitzen zur Rechten Gottes das Verständnis der Himmelfahrt (P 54,4–7).

Mit dem Gesagten ist *Bullingers doppelter Begriff der dextera Dei* bereits bestritten. Brenz kritisiert ihn überdies als logisch widersprüchlich: „Wenn Bullinger bekennt, die Rechte Gottes ... bezeichne die Majestät und Allmacht Gottes, verneint und bestreitet er damit zugleich seine erfundene Bezeichnung der Rechten als eines festen Ortes im Himmel"[27]. Wohl, so konzediert Brenz, kann ein Begriff in zwei *verschiedenen Zusammenhängen* je verschiedene Bedeutung haben (R 256,15–19). Bullinger hingegen macht über die Rechte Gottes wider-

---

[24] „...quod sedere ad dextram Dei non sit in certo loco circumscribi, sed esse omnipotentem, ideoque etiam omnipraesentem et omnia coram gubernantem" (R 303,21–24); ebenso M 276,8–10; R 249,6–9.

[25] M 274,3–278,22; R 191,28f.; R 245,2–246,29.

[26] „...quod dextra Dei in hoc articulo non significet tantum dextram vulgaris foelicitatis, quali etiam Sancti in coelesti regno fruentur; sed significet proprie dextram maiestatis et omnipotentiae Dei, ut sedere Christum ad dextram Dei patris in hoc articulo significet Christum cum Deo patre suo aequali esse maiestate et omnipotentia" (R 244,22–29).

[27] „cum Bullingerus fatetur, dexteram Dei in hoc articulo ‚sedet ad dexteram Dei patris omnipotentis' significare maiestatem et omnipotentiam Dei, eo ipso neget et refutet commentitiam suam dextrae significationem de certo coeli loco" (R 255,12–17; ähnl. 252,29–253,3).

sprüchliche Aussagen von *einer* Sache in *einem* Zusammenhang: „Nach der Majestät aber alles erfüllen und nach derselben Majestät nur in einem festen Ort eingeschlossen sein, das eben kann die Natur der Dinge nicht ertragen" (R 257,6–8). Daß die Schweizer nach ihrer Auffassung konsistent argumentieren, weil sie die zwei Bestimmungen der dextera in zwei verschiedenen Zusammenhängen, nämlich einmal hinsichtlich der Gottheit, einmal hinsichtlich der Menschheit Christi, vertreten, ist für Brenz christologisch nicht akzeptabel: Es gibt nur *eine* Person des erhöhten Christus. Deshalb ist Bullinger *für ihn* im Blick auf die sonst so nachdrücklich eingeforderte Rücksicht auf die „natura rerum" inkonsequent: Er verleiht der Vokabel der Rechten Gottes im selben Zusammenhang zwei sich widersprechende Bestimmungen[28].

6.2.3. Das metaphorische Verständnis biblischer Ortsbegriffe

Nicht alle der von Brenz zitierten Bibelstellen belegen eo ipso den illokalen Charakter von coelum und dextera. Etwa Hebr 1,3/8,1 und Kol 3,1 f. wären ja durchaus auch lokal verstehbar und werden von Bullinger auch so zitiert[29]. Andere Schriftworte reden unzweifelhaft sehr anthropomorph vom Himmel (etwa Joh 14,2 oder Lk 22,29 f.). Brenz begegnet dieser Schwierigkeit, indem er solche Aussagen „metaphorisch und übertragen" („metaphorice et translatice" [R 240,7]) versteht. Das gilt für alle lokalen und gegenständlichen Begriffe, etwa für „oben" und „unten", für die Rede vom „Thron" Christi, vom „Sitzen", „Essen und Trinken" im Himmel; es gilt von den „Wohnungen", vom „Auf- und Absteigen" und schließlich von der „Rechten Gottes" selbst[30].

So ist besonders der Begriff des *Ortes* nur uneigentlich für die himmlische Wirklichkeit adaptiert und metaphorisch zu interpretieren[31], wo immer ihn die Bibel in diesem Zusammenhang gebraucht. Das trifft etwa in Joh 14,3 zu. Hier ist τόπος nicht im aristotelischen Sinne von der „anliegenden Begrenzung eines einschließenden Körpers" („superficies corporis continentis"[32]) zu verstehen. Joh 14,2 f. redet nicht von einem solchen physikalischen Ort, sondern übertragen von „der geistlichen, himmlischen und ewigen Glückseligkeit, die Christus durch Tod und Auferstehung bei Gott dem Vater allen Glaubenden im himmlischen Reich bereitet hat" (R 144,20–26). – Auch andere „leibliche und irdische" Bilder der Bibel sind in dieser Weise als Metaphern für qualitative Bestimmungen zu verstehen; „oben" und „unten" etwa werden nicht durch Orte definiert,

---

[28] „... quod susceperit in vocabulum dextrae Dei in eodem dicto pugnantia significata introducere" (R 257,9–11); vgl. auch M 411,23–412,23).

[29] Etwa Bullinger, Tractatio, 9a. 19b. 20a.

[30] S 150,21; M 442,16 ff.; 462,17–25; R 150,17–22; 192,4–11; 240,2 ff.

[31] „Nam quod tribuitur ei nomen ‚loci', non est proprie, sed μεταφορικῶς καὶ καταχρηστικῶς dictum" (S 166,23–25).

[32] M 358,13 f.; 452,23 f.; R 142,24; 144,22 f.; 148,26 f.; 149,3 u. ö. „Vocamus enim locum mundanum et Aristotelicum, superficiem corporis continentis" (R 148,25–27); nach Aristoteles; Physik 4, 212 a 5 f.: „ἀνάγκη τὸν τόπον εἶναι ... τὸ πέρας τοῦ περιέχοντος σώματος"; zum aristotelischen Raumbegriff vgl. auch SCHRÖDER, 200 A.48; JAMMER 17.

sondern durch den Status coram Deo, durch „Würdigkeit und Unwürdigkeit, Majestät und Verwerfung, Freude und Schrecken, Fröhlichkeit und Traurigkeit und ähnliche Bestimmungen. Dies ist die Regel" (R 150,17–22).

Hinter dieser hermeneutischen Regel steht dieselbe Auffassung, die schon bei der Lehre von den Eigenschaften Gottes begegnete (S. 181): „Der Himmel, den Gott seiner Kirche bereitet hat, ist unaussprechlich; wir sagen leichter, was er *nicht* ist, als was er ist" (R 177,3–5). Diese „Negative Theologie" erinnert an Dionysios Areopagita und Johannes Damascenus; Brenz beruft sich für sie auf 1. Kor 2,9 = Jes 64,3 und 1. Tim 6,16 (M 364,37 ff.; R 176,8–11). Wir können für die Rede von göttlichen Dingen die Wörter nur aus unserem irdischen Sprachgebrauch entlehnen („mutuari"). Nach dieser hermeneutischen Regel verfährt auch die Schrift[33]; dies ist bei ihrer Interpretation zu berücksichtigen, andernfalls gerät man beim wörtlichem Bezug metaphorischer Ausdrücke auf das Göttliche in zahlreiche „gottlose Irrtümer", man macht sich der „Häresie der Anthropomorphisten" schuldig[34].

Durch die bisherigen Argumente hat Brenz das metaphorische Verständnis biblischer Rede vom „Ort" mehr postuliert als begründet. So kann ihm Vermigli – mit Blick auf die Abendmahlsdebatte – nicht ohne Recht vorhalten: „Ihr, die Feinde des Tropus, seid dennoch dauernd beim Tropus"[35]. Was gibt Brenz das Recht, bei den Abendmahlsworten eine metaphorische Deutung zu verwerfen und sie im Zusammenhang von ‚Himmel' und Eschatologie zu verfechten?

Daß er die Regel zum Verständnis lokaler Metaphern nicht selbst erfunden hat, weist Brenz durch ein Zitat Augustins (R 151,16–152,18) nach sowie durch eine längere Passage aus Luthers Abendmahlsschrift von 1528 zu Kol 3,2[36]. Von entscheidender Bedeutung aber ist die innerbiblische Argumentation. Entsprechend den schon in der Rhetorik entwickelten Regeln (s. o. S. 119f.) will Brenz zeigen, daß die Schrift selbst – genau anders als in der Abendmahlsfrage – zum tropischen Verständnis der lokalen Begriffe und Bilder zwingt; er wendet also das Prinzip der collatio scripturae an.

Ein Beispiel: Im AT ist wiederholt vom „Herabsteigen" Gottes die Rede. Brenz zitiert Gen 11,5.7; 18,21 und Ex 19,18 (R 152,19–29). Soll man das im gegenständlichen Sinn als Herabsteigen und wieder Hinaufsteigen wie auf einer Leiter verstehen? Nein, „die Bibel selbst erklärt den Sinn anders". Ps 139,8 und Jer 23,24 machen deutlich, daß Gott immer sowohl „oben" als auch „unten" zugleich ist. Deshalb muß man das Herabsteigen Gottes übertragen verstehen. Es besagt, daß Gott „seine

---

[33] „scriptura mutuatur sermonem ab humana consuetudine et loquitur de Deo humano more" (R 209,22–24). – Es ist hier abermals auf eine signifikante Übereinstimmung von Brenz' Text mit dem Weimarer Konfutationsbuch aufmerksam zu machen. So heißt es dort ganz ähnlich: „Est autem haec forma loquendi ‚sedere ad dexteram' a consuetudine usitati sermonis translata" (Confutatio 26b); ähnl. formuliert Brenz etwa R 150,19f.: „vocabula … usurpantur … ex humana consuetudine".

[34] „ingnorantia earum [sc.: regularum] aut neglectio aut contemptus coniiciet te non tantum in haeresim Anthropomorphitarum, sed etiam in multas alios impios errores" (R 157,1–4).

[35] „Vos inimici tropis, semper tamen ad tropus" (Glosse zu M 426,7).

[36] R 153,23–156,6, übersetzt nach WA 26,305,25–308,22.

Gegenwart durch ein neues und wunderbares Werk bezeugt", so wie umgekehrt sein „Auffahren" signalisiert, daß er „seine Majestät verborgen vor den Augen der Menschen genießt" (R 153,2ff.).

Auf diese Art erweist Brenz zu verschiedenen zentralen Stellen die *biblische* Notwendigkeit ihrer tropischen Interpretation[37]. Die von Bullinger besonders thematisierte Stelle Joh 14,2 deutet Brenz durch den Vergleich mit anderen Schriftstellen sowie durch Rückgriff auf die altkirchliche Deutung dahin, daß sie nicht „raumliche und underschidliche gemåchle, kåmerle, stüble und andere losament" behandle, „sonder von underschid der belonung und herrligkeit" rede[38]. Wir gehen diesen ausführlichen Diskussionen, die in der Sache nichts Neues bringen, nicht im einzelnen nach.

Das qualitative und metaphorische Verständnis des Himmels läßt Brenz zwei weitere Argumente Bullingers abweisen. Das *erste* bezieht sich auf die Sitte, „in anrüffung göttlichs namens die augen und hånd gehn himmel" aufzuheben[39]. Dies ist kein Argument für die Lozierung der göttlichen Majestät in einem gegenständlichen „oben", sondern es ist eine „eüsserliche kinderzucht", „externa paedagogia" (B 153,23; S 152,27f.), zur Abwendung von den irdischen Götzen.

Das *zweite*, in wesentlich größerer Breite diskutierte Argument bezieht sich auf biblische Visionsberichte, insbesondere auf die Erscheinung Jesu „zur Rechten Gottes" vor Stephanus (Apg 7,55f.). Dieser Bericht ist für Bullinger das schlagende Argument: „die Rechte Gottes ist nicht überall, sondern im Himmel, die Rechte nämlich, in der der Menschensohn *steht*". Wäre dieser Himmel überall, wäre die Apg 7,56 genannte Öffnung des Himmels nicht nötig gewesen. So aber besteht das eigentliche Wunder darin, daß Stephanus besonders scharfe Augen gegeben wurden, „die den weit entfernten Herren sahen"[40]. Man kann verstehen, daß Brenz diese stupende subjektivistische Rationalisierung für „kindische Albernheiten" hält (S 156,16–18). Er achtet die Stephanusvision als eine „geistliche Erscheinung und Offenbarung", die wie alle anderen Erscheinungen nichts über die physischen Bedingungen im Himmel aussagt und keine supranaturalen Informationen vermittelt. Die Vision des Petrus in Apg 10,11f. beweist ja auch nicht, daß der Himmel voller Reptilien und Vögel ist (R 269,24–270,1). Vielmehr geschehen alle solche Erscheinungen im Rahmen der „oeconomia" Gottes (s. o. S. 211f.) zum Wohle der Menschen (S 154,10–17).

Brenz macht auf eine Interpretationsdifferenz bei Bullinger gegenüber dessen Kommentar zur Apostelgeschichte von 1533 aufmerksam: Dort habe auch er von einer „visio interna seu mentalis" gesprochen[41], während er nun ein äußerliches

---

[37] Er führt diese Diskussion etwa zu Kol 3,2 (R 153,16–157,6; S 166,30–36), zu Hebr 1,3 (R 248,16–253,7), zu Joh 3,13 (R 163,2ff.).

[38] B 167,20f. + 151,25; M 376,23ff.; R 141,19–144,16; 179,15–180,26.

[39] B 153,13f.; Bullinger, Tractatio 7b/8a; Uff Brentzen Testament 19b.

[40] Tractatio 19a/b; ähnl. Fundam. 105b f.; Vermigli, Dialogus 115a/b.

[41] R 270,20–271,17. – Bullinger (In Acta Apostolorum, 89b): „ipsa fidei virtus, et quod hic nulla est neceßitas videndi corpus domini corporaliter, suadent hanc non esse rem gestam sed visionem (ut aiunt) mentalem".

Wunder der Fernsicht annimmt. In der Tat hat Brenz Richtiges beobachtet: Beim jungen Bullinger findet sich nichts von der abstrus erscheinenden Deutung der Stephanusvision. „Sitzen" und „Stehen" zur Rechten Gottes werden hier nicht buchstäblich verstanden, sondern ganz ungegenständlich als Bezeichnungen für Herrschaft bzw. für die Hilfe Gottes (ebd). – Die gegenständliche Deutung von Apg 8 hat Bullinger also nicht immer vertreten. Es könnte dies die Brenzsche Bewertung der Schweizer Argumente bestätigen (s. o. S. 135 f.): die lokale Auffassung vom Himmel ist nicht ursprünglich; das zeigt das spirituelle Verständnis beim jungen Bullinger. Die kosmologischen Vergegenständlichungen sind sekundär, haben apologetischen Charakter, um das primäre christologische Postulat der Lokalität des Leibes Christi zu stützen.

6.3. Die Ungegenständlichkeit und Überräumlichkeit des Himmels

6.3.1. Der Himmel als Bestimmtsein durch Gott

Brenz' qualitatives Verständnis des Himmels ist genuin *theologisch*. Der Himmel ist von Gott her bestimmt[42]; keinesfalls darf umgekehrt Gott von einer feststehenden Kosmologie her gedacht werden. Gott ist nicht körperlich, sondern geistig. Deshalb „definiert" die Majestät Gottes den Himmel als „unkörperlich und geistlich" (R 181,1–4). Gott ist in seiner Majestät aber nichts als „höchste Freude, höchste Fröhlichkeit, höchste Glücklichkeit, höchste Seligkeit". „Wo also Gott ist, dort hat er seinen Himmel mit sich, das heißt er ist in höchster Seligkeit und Glückseligkeit"[43]. Im-Himmel-Sein heißt Bei-Gott-Sein: „Der wahre Himmel der Seligen ist zu suchen, wo immer Gott der Vater ist, d. h. wo er sich als gütig, gnädig, barmherzig, und selig erweist. Denn was fehlt an himmlischen Gütern, wo Gott der Vater den Schatz seiner Güte, Gnade und Seligkeit ausgießt? Und weil die Gnade Gottes sich reichlich ausgießt durch den gesamten Erdkreis, bekenne ich, der Himmel sei über die ganze Erde ausgedehnt, wo immer Fromme und an Christus Glaubende sind"[44].

Es ist hier allerdings eine Differenzierung zu beachten: Von Gott und vom Himmel darf nicht *nur* in dieser Weise geredet werden. Gewiß ist Gott „nach seiner eigentlichen Natur" (R 165,3 f.) so zu bestimmen. Abzuheben ist davon aber eine Weise, in der von Gott auch als zornigem Richter und in Entsprechung dazu vom Himmel auch im weiteren Sinne als Ort der Verdammnis und des

---

[42] „Qualis ... est Deus pater, talis etiam est domus eius" (R 183,21 f.).

[43] „Ubicunque igitur fuerit Deus, ibi suum secum habet coelum, hoc est in summa est beatitudine et foelicitate" (R 164,16–23).

[44] „Si autem loquendum est de vero coelo beatorum, certe quaerendum est, ubicunque Deus fuerit pater, hoc est, exhibeat se propitium, clementem, misericordem, foelicem et beatum. Quid enim coelestium bonorum deest, ubi Deus pater effundit thesaurum suae clementiae, gratiae et foelicitatis? Et quia gratia Dei effundit se largiter ... per universum orbem terrarum, idcirco fatemur etiam coelum, non illud Empyreum fictitium, sed coelestem foelicitatem expandi esseque per universum terrarum orbem, ubicunque fuerint pii et credentes in Christum" (R 224,1–11); vgl. Rocholl 135 f.

Elendes zu reden ist. Die doppelte Rede vom Himmel ist also wiederum von Gott her bestimmt, der nicht nur der Gnädige, sondern auch der Zornige ist. Die „spezielle" Rede vom Himmel (R 182,11 ff.) als „Ort" der Freude und Gnade Gottes ist zu unterscheiden von der „generellen" Qualifikation des Himmels durch die schlechthin allumfassende, aber auch unnahbare Herrschaft Gottes, die sich auch auf Teufel und Hölle erstreckt. Der Himmel im generellen Sinne des Herrschaftsbereiches Gottes vereint also in sich (1.) den Himmel im speziellen Sinne als Ort der Freude und (2.) die Hölle (R 201,8–18). Wir kommen auf diese Unterscheidung später zurück (s. u. S. 280 ff.) und beschränken uns hier auf die „spezielle" Rede vom Himmel als Ort der Freude.

6.3.2. Kosmologie und Eschatologie

6.3.2.1. Das zukünftige Sein des Menschen bei Gott

Das *theologische* Verständnis vom Himmel ist zugleich ein *eschatologisches*: „Wo also werden wir sein? Bei Christus. ... Wo aber ist Christus? Beim Vater. Also werden auch wir beim Vater sein. Wo aber ist der Vater? ... Er ist, wo wir sein werden ..., auf daß Gott alles in allem sein wird" (M 454,6–14 = R 171,13–23). Unser Leben wird einbezogen in die Liebe und Einheit von Vater und Sohn. Unsere Zukunft wird nicht durch einen Ort bestimmt, sondern allein durch Gott (1. Kor 15,28): „Gott wird unser Himmel sein, unsere Erde, unser Ort, unsere Speise, unser Trank, unser Leben, unsere Gerechtigkeit, unsere Kraft, unsere Weisheit, unsere Mäßigung und unsere Seligkeit" (M 466,15–18). Diese Zukunft ist im Gegensatz zur Mittelbarkeit und Gebrochenheit der Gotteserfahrung in dieser Welt geprägt durch „Unmittelbarkeit" zu Gott[45].

Die Ungegenständlichkeit und Unräumlichkeit dieses eschatologischen Seins bei Gott ist für die Schweizer unerschwingbar. Dieser Brenzsche Himmel ist eine „Utopie", er ist, indem er überall ist, in Wahrheit nirgends[46]. Damit ist aber – und das ist ja das Movens der reformierten Polemik gegen die lutherische Kosmologie – die eschatologische Rettung dementiert: „Wo ist deshalb die Hoffnung auf das gewisse Heil der Gläubigen im Himmel?" (R 172,6–8). – Für Brenz wird gerade diese Verhaftung an das lokale Denken zur Blasphemie. Ist das Sein beim göttlichen Vater etwa eine Utopie, ein Nirgendwo? Ist dann Gott der Vater οὔτις, ein Niemand?[47] Die Position der Schweizer erscheint Brenz in ihrer Fixierung auf gegenständlich-empirische Orientierung als ‚nihilistisch'.

Für Brenz ist die eschatologische Gewißheit nicht in der Stabilität fixer Örter begründet, sondern allein in Gott: „Wenn Christus und wir bei Gott dem

---

[45] „sed nos habituros omnem nostram salutem et foelicitatem a Deo ipso *immediate*" (R 233,29–234,2).

[46] „Zwinglianum coelum praestat ubiquario, quia ubiquarium nusquam, Zwinglianum alicubi" (Vermigli, Glosse zu M 452,26). Vgl. R 162,17 f.

[47] „his sycophantis Deus pater est οὔτις, et domus, dextra et thronus eius est Utopia" (R 260,27–29). Vgl. R 175,27–29.

himmlischen Vater sein werden, wird uns weder das Leben fehlen noch der Himmel, in dem wir das glücklichste Leben führen" (R 175,29–176,3). Diese eschatologische Existenzweise wird eine qualitativ *neue* Existenzform, ein neuer „modus existentiae" sein (R 323,26). Denn *so* wie Christus auferstanden ist, werden auch wir auferstehen: mit unserem substantiell unveränderten wahren Leib, der aber ein *geistlicher* Leib sein wird[48]. Der Mensch wird derselbe bleiben und in einer anderen, verwandelten Daseinsweise des Heiles leben. Wie in Christus von Gott und vom Menschen zugleich Identität und Wandel auszusagen ist, ist in eschatologischer Perspektive von jedem Menschen zu reden[49].

6.3.2.2. Die zukünftige Vernichtung der Welt?

Brenz zitiert zum Beleg für die Ungegenständlichkeit des eschatologischen Himmels neutestamentliche Stellen, die den Untergang *dieses* Himmels und *dieser* Erde und die Schaffung eines neuen Himmels und einer neuen Erde ankündigen[50]. „Nachdem dieser äußere Himmel vergangen ist, wie Christus sagt, und durch Feuer in Flammen aufgegangen ist", wird es einen gegenständlich-sichtbaren Himmel nicht mehr geben[51]. Gegen das Schweizerische Postulat von der ausschließlich räumlichen Existenz auch im Himmel stellt Brenz die biblische Ansage der eschatologischen Vernichtung von Raum und Zeit, die an der spirituellen himmlischen Existenz der Leiber nichts ändern wird. „So kann man auch nicht leügnen, Gott vermöcht dise sichtbarliche welt gar vernichtigen. Da er nun sollichs thet, wer wolt leügnen, das er möcht ein menschen on dise welt erhalten?" (May 399,37–39) Auch wenn dieser Satz nur die *Möglichkeit* des Unterganges dieser Welt aussagt, ist Brenz' Affirmation im Blick auf die zukünftige Existenz der *Christen* doch eindeutig: Eine Perpetuierung der jetzigen räumlichen Konditionen in Himmel und Erde ist eschatologisch auszuschließen.

Hinsichtlich der *näheren Bestimmung* der eschatologischen Zukunft der *Welt* legt Brenz sich ausdrücklich nicht fest; eine eindeutige, voll ausgeformte Lehre von der Vernichtung der Welt, der annihilatio mundi vertritt er nicht. Wie Stock an J. Gerhard gezeigt hat, wurden hier später eindeutigere Festlegungen vorgenommen: Der christologisch begründeten unräumlichen „eschatologischen Leiblichkeit" Christi entspricht die eschatologische Vernichtung der *substantiellen* Räumlichkeit der Welt[52]. Brenz hingegen läßt ausdrücklich offen, ob die „Verbrennung" der Welt (2. Petr 3,10) sie ganz und in ihrer Substanz oder nur

---

[48] „resurget corpus nostrum incorruptibile, gloriosum, spirituale et coeleste, sicut resurrexit corpus Christi" (R 308,17–19).

[49] Ebenso STOCK (165): „Der Zusammenhang von Identität und Anders-Sein, aus der Abendmahlslehre entwickelt, gilt für Christus und für den Menschen".

[50] Mk 13,31; 2. Petr 3,10.13; Jes 65,17; Offb 21,1; bei Brenz zitiert P 52,34–36; S 146,23–25; 164,9–14; M 464,23–466,12; R 194,24f.; 265,18f.

[51] „Et quo tandem se recipiet Christus cum corpore adeoque cum omnibus sanctis suis, postquam hoc externum coelum praeterierit, sicut Christus dicit, et igni conflagraverit, sicut Petrus docet?" (P 52,33–36).

[52] STOCK, pass. und 165.

ihre Akzidentien betreffen wird[53]. Er läßt auch die Frage, ob es in jener zukünftigen Welt Örter geben wird, durch ein „vielleicht" offen. *Daß dieser* Himmel und *diese* Erde vergehen werden, ist ihm aber gewiß[54]. Brenz steht damit in den Spätschriften nicht mehr gegen die weltlose, spiritualisierte Eschatologie; als solchen „Abweichler" von der lutherischen Annihilatio-Lehre zitiert ihn Quenstedt. Denn in einer Passage der Lukashomilien hatte Brenz eindeutig votiert: „Himmel und Erde werden *nicht vergehen*, sondern *verwandelt*"[55]. 1562 hingegen ist das für ihn keine Alternative mehr: Dieses körperliche Saeculum wird *vergehen* und *verändert* werden[56]. Indem Brenz also das „transire", die annihilatio vom Raum und Zeit gegen das reformierte Insistieren auf der auch eschatologischen Kontinuität des Raumes ins Feld führt, ist er deutlich auf dem Weg zu dem von Gerhard vertretenen Konnex des christologischen und des eschatologischen Topos[57].

6.3.3. Die Differenzierung von zwei Himmeln und zwei Welten

Ein Gesichtspunkt ist der Darstellung der ungegenständlichen Auffassung des Himmels hinzuzufügen: Von diesem Himmel ist der *sichtbare* Aufbau von Himmel und Erde zu unterscheiden[58]. Dieser „weltliche Himmel" ist lokal; hier kann Christus sich qua oeconomia offenbaren, wann immer er will (P 50,29–34), während seine Existenzweise die des qualitativ anderen, eschatologischen Himmels, des schon jetzt gegenwärtigen „futurum saeculum" (S 146,21) ist. An einer Stelle formuliert Brenz diesen doppelten Begriff von Himmel und Welt besonders prinzipiell: „Dann die heilig schrifft lehret von *zweyerley wellt*. Eine leiblich, so in ir raum, ort und zeit begreifft, die würdt auch zu irer von Gott verordneter zeit vergehn oder verendert werden, wie Christus sagt. Die ander wellt ist geistlich, hat weder raumlich ort noch zergenglich zeit, sonder würdt ewig bestehn. Also seind auch zweyerley himmel: der eine ist leiblich, von wölchem das erst capittel in Genesi schreibt, wie jetzt gesagt; der ander ist geistlich ..."[59].

---

[53] „*Sive ergo substantia sive tantum inhaerentia huius mundi transibunt*, certe sicut tempus ita et locus, quae sunt mundi inhaerentia, una cum hoc mundo transibunt" (M 466,3–6).

[54] „dubium non est, quin hactenus non sit [Deus] nec sapientia nec potentia ita destitutus, ut non queat viam nosse, qua hoc tempore et in extremo die sanctos una cum corpore suo in perpetuum in omni coelesti gaudio conservet, etiamsi *coelem et terra huius mundi per ignem expurgentur et aut tota, sicut nonnulli sentiunt, aut tantum accidentia eorum manente substantia intereant, ac iuxta Prophetam novum coelum et nova terra in quibus fortassis nullum erit loci spacium, creentur*" (S 164,7–14).

[55] „Non transibunt omnino, sed mutabuntur", zit. nach Quenstedt, Pars IV, Cap.XX, S.II, Q.II, Ant.V (Pag.644); vgl. BAUR, Vernunft, 129; STOCK 169f.

[56] „saeculum ... corporale, quod constat locis, spatiis et temporibus et suo divinitus definito tempore *transibit*, sicut Christus dicit, et *mutabitur*" (S 146,23–25).

[57] Das Votum von BAUR, Vernunft, 129 ist im Bezug auf Brenz entsprechend zu modifizieren: Einen „Zusammenhang" von Bestreitung des Empyreum und einer spiritualisierten Eschatologie ist unbestreitbar!

[58] P 50,14ff.; S 146,7ff.; M 412,24ff.; 456,32ff.; R 177,26–29.

[59] B 147,24–31. „Scriptura enim ponit duplicem mundum seu duplex saeculum. Unum

Brenz will mit dieser Distinktion der Schrift gerecht werden, der Unterscheidung der geistlichen, eschatologischen Welt Gottes von der sichtbaren und vergänglichen Welt – etwa in Mk 13,31, 2. Petr 3,10f. und Eph 1,21b[60].

An der Gestalt dieser irdischen Welt, an naturkundlich-astronomischen Fragen hat Brenz offenkundig kein Interesse. Es wurde oben (S. 228ff.) an seinem Spott deutlich, daß er dem ptolemäischen Weltbild offenbar skeptisch gegenübersteht. Auch wenn seine Polemik nicht direkt gegen dieses, sondern gegen seine Verbindung mit dem Verständnis der Himmelfahrt gerichtet ist, ist doch unverkennbar, daß dies seine Auffassung nicht ist. Wo Brenz den ‚sichtbaren Himmel‘ beschreibt, tut er es gemäß dem biblischen Weltbild der Genesis: Das Firmament trennt die unteren von den oberen Wassern (nach Gen 1,7); zu den unteren gehört auch unsere ‚Erde‘ einschließlich des uns unmittelbar umgebenden Himmels. Wie diese sind auch die oberen Wasser von räumlich begrenzter Substanz, in der kein coelum Empyreum Platz hat (S 146,7–17). Auch wenn Brenz die Beschreibung der Genesis als „vom Heiligen Geist erleuchtet" (M 412,24f.) bezeichnet, ist nicht erkennbar, ob diese Beschreibung im ‚naturwissenschaftlichen‘ Sinn wirklich seiner Auffassung entspricht. Die Schilderung der Genesis dient in erster Linie als Folie: Einmal um die biblische Unmöglichkeit des Empyreum zu zeigen, dann, um den geistlichen Himmel davon abzuheben. Darüberhinaus äußert sich Brenz zu Fragen des Weltbildes nicht. An keiner Stelle wird auch nur die Kenntnis des neuen Systems des Kopernikus erkennbar, dessen Buch immerhin Brenz' Freund Osiander 1543 in Nürnberg ediert hatte und mit dem sich etwa Melanchthon seit Ende der 40er Jahre kritisch auseinandersetzte[61]. Elerts berühmte These, nach der in der lutherischen Abendmahlslehre mit ihrer illokalen Fassung des Himmels „der Gottesglaube die Weltanschauung gestaltet" und so „bahnbrechend" für „die gesamte Entwickelung des modernen Weltbildes" wurde, trifft für Brenz – wie wohl überhaupt – nur sehr bedingt zu[62]. Die theologische Kosmologie, die so modern wirkt – und es im Gegenüber zur reformierten Sicht auch zweifellos ist –, ist verbunden mit einem ganz unkritischen Festhalten am alten Weltbild. Es findet sich auch nicht die Spur von apologetischer Argumentation, die die theologische Fassung des Himmels aus neuen Einsichten der Naturbeobachtung begründet. Wenn Elert von einer „Gleichgültigkeit des alten Luthertums gegen die damals beginnende Revolution des Weltbildes"[63] spricht, ist ihm darin voll zuzustimmen. Das

---

saeculum est corporale, quod constat locis, spatiis et temporibus et suo divinitus definito tempore transibit, sicut Christus dicit, et mutabitur; alterum est spirituale, quod ab omni tempore et loco absolutum est et perpetuo constat. Sic et duplex est coelum: unum corporale, de quo in Genesi, sicut iam dictum est; alterum spirituale ..." (S 146,22–28).

[60] Schon in der Auslegung des Epheserbriefs heißt es dazu: „Futurum enim seculum hoc spirituale intelligitur, nobis futurum, re ipsa praesentissimum; duo secula, alterum carnale, in quo sunt horae, tempora, alterum spirituale, futurum" (Brenz, Epheserkommentar, 18,8–10).

[61] Vgl. ELERT, Morphologie I,363ff.; BORNKAMM, Kopernikus.

[62] ELERT, Wirkungen, 770; MORPHOLOGIE I,364; vgl. 220f.; 363ff. Vgl. zur Kritik etwa ELZE 184ff. mit Hinweis auf SCHOLDER.

[63] ELERT, Wirkungen, 770.

natürliche Weltbild ist theologisch irrelevant; die Theologie sieht die Welt auf ihre Weise.

6.3.4. Entmythologisierung. Das Ungegenständliche Verständnis von Gericht und Hölle

So wie der Himmel im speziellen Sinn als „Ort" des Heils werden auch das Gericht sowie die Hölle als „Ort der Verdammnis" tropisch und illokal interpretiert. Das Gericht nach Mt 25,31 ff. ist nicht als „crassum spectaculum" vorzustellen, „das man eintweder auff diser erden oder in den wolcken ein eüsserlichen richterstul, bey wölchen die partheyen auff beiden seitten ... stehn, auffrichten werde" (May 269,18–20). Vielmehr sind auch hier die anthropomorph-gegenständlichen Bilder übertragen zu verstehen. Die Vorstellungen werden radikal entmythologisiert: Das Gericht geschieht weder unter irdischen lokalen Konditionen noch in sukzessiver zeitlicher Erstreckung. Es ist vielmehr ein überzeitliches Wortgeschehen, das sich in einem einzigen Augenblick vollzieht[64], aber als Einladung den Menschen unaufhörlich seligpreist oder ihm als Verdammungsurteil ohne Ende in den Ohren gellt[65]

Mit seinem radikal entmythologisierten Verständnis verbindet sich in eigenwilliger Weise ein Festhalten an der räumlichen Himmelfahrt bis zu den Wolken und an der sichtbaren Wiederkunft Christi. Diese Parusie ist nicht das Gericht, sondern vielmehr analog der räumlichen ascensio bis zu den Wolken ein Akt der oeconomia. Sie wird nicht wie das Gericht „perpetuum" sein (R 266,1 f.), vielmehr „besteht kein Zweifel, daß Christus in den Wolken erscheinen wird zu einer festen Zeit und an einem festen Ort" (R 264,23 f.). Die Bindung an den biblischen Wortlaut ist hier stärker als der theologische Impetus zur Entmythologisierung, auch wenn sie kaum mehr ist als ein Akt der Reverenz gegen die neutestamentlichen Bilder.

So wie sich der Himmel von Gott her bestimmt, ist es auch mit den Menschen im Gericht: Ihr *Stand* wird bestimmt: immerwährende Freude – immerwährende Strafe. Entsprechend entmythologisiert ist das Verständnis der Hölle[66]. Sie ist ganz analog dem Himmel als ungegenständliche illokale Bestimmung des Menschen zu denken. Alle mythologischen Vorstellungen von einem – gar feurigen – Ort in oder unterhalb der Erde werden verabschiedet[67]. Der „Ort der Schrecken" von Lk 16,28 etwa ist „metaphorice" zu verstehen als „Verborgenheit der gegenwärtigen Hilfe Gottes" (R 208,21–28). In antithetischer Analogie zum Himmel ist das infernum zu bestimmen als „größter Schrecken, höchste und

---

[64] „non fient tardo temporis processu, sed fient, sicut Paulus ait [1. Kor 15,52] in puncto temporis et in ictu oculi" (R 265,16–18).

[65] „absumpto hoc mundo una cum temporibus et locis suis, sententia iudicii *sonabit perpetuo in auribus piorum et impiorum,* ut illi quidem sempiterna laetitia ex hac voce ‚venite benedicti patris' fruantur, hi autem sempiterno supplicio ex hac voce ‚ite maledicti' afficiantur. Hoc illud est, quod dicebam, *iudicium fore perpetuum,* nec ullum habiturum finem" (R 265,18–25).

[66] S 166,37–168,6; M 458,12–464,19; R 198,3–231,14.

[67] Brenz diskutiert dazu Lk 16,28 (R 207.27–215,5), Num 16,31–33 (R 215,6–221,10) und Gen 27,35 (R 219,4–17).

äußerste Qual, unerklärliches Leiden". Die Bestimmung der Hölle geschieht abermals ausschließlich von Gott her: „sie ist dort, wo die Strenge und der Zorn Gottes sind"[68].

Bullinger hält an der Lozierung des infernum „an einem festen, unteren Ort" fest[69]. In seinem Koordinatensystem sind die Sätze von Brenz widersinnig: sie vermischen Himmel und Hölle[70]. – Brenz führt gegen diesen Vorwurf Beispiele an, die die Möglichkeit von *nichträumlicher Unterschiedenheit* illustrieren: Die drei Personen innerhalb der Trinität, die Engel (als spirituelle, unkörperliche Wesen) untereinander, Leib und Seele im Menschen, Gottheit und Menschheit in Christus sind jeweils nicht lokal, sondern qualitativ unterschieden (R 229, 26–230,11). Bei Brenz liegt also eine fundamental andere Wirklichkeitsauffassung vor als bei den Schweizern: Die Möglichkeit der Unterscheidung innerhalb der Wirklichkeit, die „differentia rerum" ist in ihrer *Qualität*, nicht in quantifizierbaren Differenzen begründet.

Gerade deshalb kann Brenz angesichts des Vorwurfs der Vermischung durchaus konzedieren: Himmel und Hölle sind zwar nicht zu vermischen, aber mit Blick auf die von uns erfahrene menschliche Realität auch nicht zu trennen. Gnade und Zorn Gottes und damit Himmel und Hölle sind nicht auf zwei fixierte Bereiche zu verteilen, sondern gehören beide zum Erfahrungshorizont des Christen. Wie Luther sieht Brenz unser irdisches Leben unter dem „simul": Wenn ich sagte, daß „in ein und demselben Menschen bisweilen *zugleich* Himmel und Hölle seien: sagte ich dann etwas Absurdes?"[71]. Es geht Brenz darum, die Wirklichkeit des Menschen von Gott her zu qualifizieren; das ist in gegenständlich lokalen Kategorien nicht möglich. „Himmel" und „Hölle" sind Funktionen dieser theologischen Bestimmung und keine mythologischen Ortsangaben.

Es ist abschließend eine Beschränkung im Hinblick auf den Gebrauch des Begriffs der Entmythologisierung[72] vorzunehmen. In der Tat entmythologisiert Brenz die biblischen Texte radikal. Die konsequent *soteriologisch-anthropologische* Interpretation kosmologischer Metaphern ist unverkennbar. Aber anders als bei den Vertretern der Entmythologisierung in der Moderne sind die Gründe

---

[68] „...quod sit maximus horror et summum ac extremam tormentum et inexplicabilis cruciatus, ac ibi sit, ubi est severitas et ira Dei" (R 230,20–22).

[69] „Tua id factum est culpa Brenti, ut infernus iam nullibi commode collocari possit amplius, cum tu Coelum tuum per Coelum et per terram ubique sic diffuderis, ut iam nullus amplius inferno locus pateat" (Bullinger, Responsio, 39b/40a; s. o. S. 104).

[70] „der hymmel sye allenthalben oder an allen orten uff erden/ und ouch in der hell under der erden, und die tüfel syend auch im selben himmel, ist ein nüwe abschüchliche leer, grewenlich zū hōren" (Bullinger, Uff Brentzen Testament, 20b). Ähnl. Tractatio 20b; Fundamentum 53a; Vermigli, Dialogus, 100a; „Si maiestate Dei definitur coelum, infernum erit coelum" (Glosse zu M 462,22). Vgl. die Polemik des reformierten oberpfälzischen Predigers Spindler, die ELERT (Morphologie I,365 A.1; Wirkungen 772) abdruckt, sowie WEBER, Reformation I/2, 120 A.7.

[71] „Quid si dicerem, in uno eodemque homine aliquoties *simul* esse et coelum et infernum, num aliquid absurdi dicerem? Ac, cum in sanctis caro concupiscit adversus spiritum et spiritus adversus carnem, non sunt *simul* coelum et infernus" (R 229,11–15).

[72] Auch BRECHT, Brenz, 187, verwendet ihn.

hierfür ausschließlich theologisch und nicht weltanschaulich-apologetisch. Nicht der Zwang eines neuen Weltbildes drängt hier, sondern das theologische Interesse zur adäquaten Beschreibung der Welt und namentlich des Menschen von Gott her. Entsprechend findet sich bei Brenz an anderer Stelle auch das ganz voraufklärerische unkritische Festhalten an der Historizität biblischer Wunder, etwa zum Beweis dafür, daß „multa ὑπερφυσικά" die Substanz einer Sache nicht zerstören. Auch viele der qua oeconomia statthabenden Erscheinungen sind ganz „mythologische" Vergegenständlichungen. Ungeachtet aller bewundernswerten theologischen Ansätze zur Entmythologisierung und dem daraus resultierenden Eindruck der Modernität kann von einem modernen Konzept der Entmythologisierung nicht die Rede sein.

6.3.5. Die schlechthinnige Überräumlichkeit und Überzeitlichkeit Gottes

6.3.5.1. Die Aufhebung der Kategorien von Raum und Zeit coram deo

Wenn wir fragen: Welche Auffassung von Gott und seinem Verhältnis zur Welt steht hinter den dargestellten Überlegungen?, stoßen wir auf den Gedanken der prinzipiellen Überräumlichkeit und Überzeitlichkeit Gottes. *Vor Gott* gibt es keine Ausdehnung von Raum und Zeit, sondern alles ist ihm gegenwärtig. Vor ihm ist nach Ps 90,4 und 2. Petr 3,8 alle Zeit „unum praesentissimum momentum" (M 404,6). Diese biblisch begründete Einsicht wird überführt in eine ontologische Aussage: „Vor Gott" hat alle Wirklichkeit in zeitlicher Hinsicht „ein ewigs, unwandelbarlichs wesen"[73]. Von Zeit darf deshalb im Blick auf das Sein vor Gott nur mehr im übertragenen Sinne[74] gesprochen werden; sie bezeichnet nicht mehr den sukzessiven Verlauf des Geschehenden, ist keine „zergengliche, weltliche, aristotelische, sonder ein ewige, himmelische, göttliche zeit": Vor Gott gibt es nur ein „perpetuum tempus" (B 167,15−17; S 166,16f.).

Die Aussage von Ps 90 wird auf die Kategorie des *Raumes* übertragen, die, wie wir schon sahen, ebenfalls nur „μετσφορικῶς" gebraucht werden darf. Wie Gott aus tausend Jahren vor sich einen Tag – oder besser noch eine Minute! – macht, so „macht er aus tausend Orten vor sich *einen* Ort"[75]. Vor Gott ist alles Ausgedehnte „unus perpetuus locus", „*ein* ewiger Ort, oder vielmehr gar kein Ort"[76]. Die Kategorien von Raum und Zeit sind coram Deo schlechthin außer Kraft. Da auch ihre Negation nur durch den Gebrauch eben der negierten Termini möglich ist, sind bei dieser ‚negativen Theologie' nur Annäherungen möglich: „Wie

---

[73] B 167,10; „coram Deo sit aeternus et immutabilis rerum status" (S 166,10).

[74] „vocaturque ,tempus' non proprie, sed καταχρηστικῶς" (S 166,17f.).

[75] „An non ea est Dei seu conditio seu industria, ut ex mille annis faciat coram se unum tantum – non dico annum, sed diem, imo nec diem, sed horae minutum, aut si quid eo est minutius? In conspectu enim Dei omnia tempora sunt unum praesentissimum momentum. Quomodo igitur non posset ex mille locis unum coram se locum facere" (M 404,3−8).

[76] „sit unus perpetuus locus, imo nullus locus ac prorsus nihil earum rerum, quas humana ratio cogitare aut humana lingua eloqui potest" (S 166,21−23).

alle Zeiten ihm *ein* Moment sind, so sind auch alle Örter ihm ein einziger Ort, ja nicht einmal ein Punkt des Raumes, oder wenn etwas noch Geringeres sich benennen läßt"[77].

Es liegt hier also der Brenz eigentümliche Gedanke der „Allgegenwart und Allzuhandenheit der Kreaturen und Dinge zu dem überzeitlichen und überräumlichen Gott"[78] vor. Vor und für Gott ist in lokaler und temporaler Hinsicht alles gegenwärtig. Deshalb ist seine – und in der unio personalis auch die der Menschheit Christi – Allgegenwart nicht als „Ausdehnung" nach räumlichen Kriterien zu sehen. Die Omnipräsenz Gottes ist besser als Gegenwart der Dinge vor ihm zu beschreiben. Es handelt sich um volle gegenseitige Präsenz. In wörtlicher Anlehnung an Luther und die dahinterliegende altkirchliche Überlieferung formuliert Brenz: „So ist hierauß auch kundtbar und offenbar, das derselb son Gottes als ein warer Gott himmel und erden erfülle, und nichts so hohe ist, er ist noch hôher, nichts so tieff, er ist noch tieffer" (B 121,5–7).

Die berühmte entsprechende Formulierung Luthers lautet: „Nichts ist so klein, Gott ist noch kleiner, Nichts ist so gros, Gott ist noch grôsser, Nichts ist so kurtz, Gott ist noch kûrtzer, Nichts ist so lang, Gott ist noch lenger; Nichts ist so breit, Gott ist noch breiter; Nichts ist so schmal, Gott ist noch schmeler"[79]. Wir zeigen unten die Herkunft dieses Gedankens von Augustin (S. 252). Sehr nahe steht dieser Tradition das Schriftwort Hiob 11,8f., das Brenz ebenfalls zitiert: „Er ist hôher dann der himmel, was wiltu thun? Er ist tieffer denn die hôll, wie wiltu es erkennen? Er ist lenger denn die erd, und breitter dann das môr" (May 417,35–37). – Als weiteren Beleg führt Brenz einen seit der Alten Kirche überlieferten Hymnus an, der auf Pseudoaugustin zurückgeht und seither in verschiedenen Variationen immer wieder begegnet: „Gott ist über alles, aber nicht erhebt; er ist under allem, aber nicht underworffen, er ist in allem, aber nicht eingeschlossen; er ist ausser allem, aber nicht außgeschlossen"[80].

6.3.5.2. *Kosmologische Implikationen*

Diese Aussagen sind nicht nur Sätze über Gott. Sie implizieren *kosmologische Aussagen* über die Struktur der Wirklichkeit coram Deo. In seiner Gegenwart vor Gott ist alles Seiende von diesem Gott her bestimmt. Es gilt hier, an einige im Lauf der Untersuchung schon dargelegte Beobachtungen noch einmal im

---

[77] „sicut omnia tempora sunt ei momentum, ita et omnia loca sunt ei unus locus, imo ne punctus quidem loci, aut si quid minutius dici potest" (P 30,36–38).

[78] BRECHT, Brenz, 11 f.; s. o. Forschungsbericht S. 10.

[79] WA 26,339,39–42.

[80] B 121,10–12; „Deus super omnia non elatus, subter omnia non prostratus, intra omnia non inclusus, extra omnia non exclusus" (S 120,9–11); Die von Brenz zitierte Form kommt der des Hildebert von Lavardin nahe (DREVES, G. M., Ein Jahrtausend lateinischer Hymnendichtung, Leipzig 1909, 211 b). Weiter weist MAHLMANN den Hymnus nach in einer Pseudo-Augustinischen Schrift, bei Gregor d. Gr., Isidor von Sevilla, Alcuin, Petrus v. Damiani und Hugo v. Straßburg. – Zu ergänzen ist Bonaventura, Itinerarium Mentis in Deum, C. VI, Opera V,310.

Zusammenhang zu erinnern, ohne sie jedoch erneut breit zu entfalten. Der wichtigste dieser Gedanken ist die essentielle Präsenz Gottes in allem Seienden, ja die Zwei-Naturen-schaft aller Kreatur (s. o. S. 163 f.). Es gibt keine „Natur", die allein aus ihrem Wesen heraus ist und sich im Sein erhält. Vielmehr gilt für alles Seiende ‚an sich': „es vermag keinen Moment zu bestehen" (R 16,1 f.). Alles Seiende *ist* nur durch das schöpferische Mitsein Gottes. Die Aussagen über die Allpräsenz der Dinge vor Gott sind kosmologisch und schöpfungstheologisch begründet: Sie leben wie bei Luther aus der Überzeugung der unüberbietbaren und unverzichtbaren konservatorischen Nähe Gottes zu seiner Kreatur. Das Mitsein Gottes mit seiner Schöpfung meint dabei nicht nur seine Wirksamkeit, sondern sein Dasein als Suppositum, als alles Seiende im Dasein erhaltende. Nichts weniger besagt die Rede von den zwei Naturen der Kreatur und die Überführung der Sätze der suppositalen Union in den protologischen Kontext. Hierher gehören auch jene Formulierungen, nach denen alle Kreaturen dadurch sind, daß Gott ihnen nach ihrem Maß an sich Anteil gibt (S. 170–172). Die Dinge sind nur durch die – nicht emanative – Selbsthingabe Gottes an die Welt.

Indem diese Teilgabe Gottes für die verschiedenen Geschöpfe gestuft gedacht wird, ist schon deutlich: Wie das *Dasein* ist auch das *Sosein* der Dinge, die „natura rerum" nur von Gott her und als auf ihn hin offen zu bestimmen: „Was Gott befiehlt, das ist die Natur der Dinge" (M 368,15; s. o. S. 152f.). Als der „völlig frei und mächtig wirkende" bestimmt er das Sein der Kreatur, aber nicht wie bei Vermigli als abständiger Urheber und Lenker, sondern als „praesentissimus" (R 23,21). Entsprechend gibt es vor ihm keine selbständige Perseität der Dinge. Er hat, wie an den Wundern deutlich wird, Zugriff auf die Natur der Dinge, die jeweils nur von ihm her ist und nach seinem Willen auch anders sein könnte (S. 152f.). So sind eben auch die für uns unüberbrückbaren bzw. irreversiblen Kategorien von Raum und Zeit nicht in Gültigkeit. Er kann an allen Orten zugleich sein – und er kann die Hure zur Jungfrau restituieren, eben weil es für ihn keine faktisch-fixierte Vergangenheit, keine vollendeten „Tatsachen" gibt (s. o. S. 188f.). Jeder die Dinge in sich fest-stellenden „Ding-Ontologie" (Metzke[81]) steht diese Kosmologie entgegen.

---

[81] METZKE verwendet diese Formulierung für das Denken Johann Georg *Hamanns* (E. METZKE, J. G. Hamanns Stellung in der Philosophie des 18. Jahrhunderts [Eine Preisarbeit], SKG.G 3, [Halle/S. 1934] Darmstadt 1967). Hamanns theologische Welterfassung steht innerhalb der durch Brenz sich aussprechenden lutherischen Tradition; besonders der Rede von göttlicher und menschlicher Natur in jedem Menschen und dem Gedanken der communicatio göttlicher Gaben an die Kreatur kommt er nahe; ja er übertrifft Brenz noch mit der für sein Jahrhundert unerhörten Formulierung: „Diese *communicatio* göttlicher und menschlicher *idiomatum* ist ein Grundgesetz und der Hauptschlüssel aller unserer Erkenntniß und der ganzen sichtbaren Haushaltung" (J. G. Hamann, Des Ritters von Rosencreuz letzte Willensmeynung über den göttlichen und menschlichen Ursprung der Sprache [1772], in: Johann Georg Hamanns Hauptschriften erklärt, Band 4, Über den Ursprung der Sprache, hg. v. BÜCHSEL, E., Gütersloh 1963, 173f.).

6.3.6. Konsequenzen für die Allgegenwart Christi: Der Modus der Ubiquität

6.3.6.1. Die drei Weisen der Ubiquität

Die Majestät des Leibes Christi, seine Allgegenwart, ist vom Gedanken der Überräumlichkeit und Überzeitlichkeit Gottes her noch einmal präziser zu erfassen. Brenz nimmt dazu eine dreifache Differenzierung des von ihm nur widerwillig aufgenommenen Begriffs der ‚Ubiquität' – „greuliches und ungeheuerliches Wort"[82] – vor. 1. wäre eine „ubiquitas localis" denkbar, also eine Allgegenwärtigkeit unter Gültigkeit räumlicher Kategorien. Eine solche lokale Ausgedehntheit aber kommt keiner geistlichen oder körperlichen Sache zu. Davon zu unterscheiden ist 2. eine „ubiquitas repletiva", eine ‚erfüllende Ubiquität'. Es ist dies die überräumliche Allgegenwart, die allein Gott zukommt (P 44,3–5). 3. gibt Gott in der communicatio idiomatum dem Menschen Jesus an dieser repletiven Ubiquität Anteil. Dies nennt Brenz persönliche Ubiquität, „ubiquitas personalis"[83]. Sie steht zwar der ubiquitas repletiva sachlich sehr nahe[84], wird aber begrifflich unterschieden, um die Differenz von ewiger Gottheit und kontingent übereigneter göttlicher Majestät zu wahren (M 356,3–12). In dieser empfangenen „ubiquitas personalis" hat der Mensch Jesus Anteil an der repletiven Überräumlichkeit und Allpräsenz Gottes; wie von Gott ist auch von *ihm* zu sagen, daß er „unterhalb, oberhalb, außerhalb und innerhalb von allem, sowohl im Himmel also auch auf der Erde ist"[85]. Er hat qua Kommunikation Anteil an der „conservatio und gubernatio" der Welt, bei der auch er alles als „praesentissimus" regiert.

6.3.6.2. Die Differenz von circumscriptivem und repletivem Sein

Die fundamentale Differenz zu den Schweizern beruht darauf, daß diese der von Brenz getroffenen Differenzierung nicht folgen und auf einem Verständnis ausschließlich nach dem ersten Modus beharren[86]: „Die Kinder wissen, daß

---

[82] „portentosum" et „prodigiosum vocabulum" (P 6,6; 44,1; S 174,24 ff.).

[83] „postquam filius Dei univit sibi humanitatem, necessario sequitur, quod ea humanitas in unitatem personae a filio Dei assumpta sit ubique ubiquitate personali" (P 44,5–7).

[84] „Potuissem enim, ut recte monet [Vermilius, Dialogus, 57a], ... duas has species, repletivam et personalem, sub una repletiva comprehendere" (M 354,32–34). Gegenüber Kurfürst Friedrich beschränkt sich Brenz tatsächlich auf „zweierlei Ubiquitet. Eine heist Localis, raumlich; auf dise weise saget unser keiner meines wissens, quod Humanitas Christi sit ubique, ist auch nicht recht geredt, so rede auch solches wer da wolle. Die ander ist personalis et supernaturalis, quam veteres ex illo loco: Coelum et terram ego repleo, dicit Dominus, vocarunt *repletivam*" (19. 10. 1560, Pʀᴇssᴇʟ 478, Hervorhebung dort).

[85] Zu Eph 4,9 f.: „Quare ... Christus [homo Z.19] ... sic descendit in infimas partes terrae et sic ascendit super omnes coelos, ut iam sit infra, supra, extra et intra omnia, tam in coelo, quam in terra, tam super coelos, quam infra terram" (R 193,23–28).

[86] „Cingliani non possunt alium impletionis modum praeter crassum, corporalem et localem comprehendere" (M 352,29 f.).

‚überall' ein Adverb des Ortes ist"[37], ist ihr Argument. Für Brenz hingegen hängt alles daran, die göttliche Allgegenwart Christi nicht nach irdischen gegenständlichen Kategorien zu erfassen[88]. Er bedient sich dazu wie Luther der scholastischen Terminologie von circumscriptiver und repletiver Seinsweise, ohne diese Begriffe freilich ausdrücklich zu diskutieren. Dem in der Terminologie offensichtlich weniger versierten Herzog Albrecht von Preußen erläutert er sie jedoch: Die Allgegenwart wird „nicht *localiter* oder *circumscriptive*" verstanden, „jedoch *repletive* (das verstehen wir nicht auf menschlicher Weise, wie die Rüben einen Sack erfüllen[89], sondern auf himmlische Weise, da kein leiblich räumlich ausdehnen ist)"[90]. Den traditionellen Terminus der repletiven Seinsweise führt Brenz wie die Tradition ausdrücklich auf Jer 23,24 zurück (M 354,16f.). Auf diese Weise ist Christi Leib allgegenwärtig. Nicht circumscriptiv in der Koinzidenz von Körper und Raum[91], sondern gemäß der schlechthinnigen Überräumlichkeit Gottes. Deshalb ist Christi Leib, auch wenn es scheint, „er sei an tausend Orten", „coram Deo nur an einem Ort", oder besser noch: er ist aller Örtlichkeit enthoben, „an keinem Ort"[92].

Hilgenfeld macht darauf aufmerksam, daß dieses Verständnis durchaus nicht dem *esse repletive* etwa bei Biel entspricht[93]. Denn traditionell ist auch diese Seinsweise eine Art *räumlichen Seins* des *esse in loco*[94]. Dieser Gesichtspunkt tritt bei Luther und dann auch bei Brenz aber stark zurück; Brenz redet ja häufig von einer *nichtlokalen* Existenz, von der Möglichkeit des *non esse in loco*. Bei Biel geht es also um eine Zuordnung Gottes zur Räumlichkeit, bei Luther und Brenz um die Raum-Freiheit Gottes. Die reformatorische Christologie sprengt damit faktisch die nominalistischen Termini; Luther bezeichnet sie ausdrücklich nur als Denkmöglichkeiten[95]. Vermutlich spielen die Termini aus diesem Grunde bei Brenz keine zentrale Rolle und werden nicht explizit thematisiert.

Im Unterschied zu Luther beschränkt sich Brenz auf die zweifache Distinktion von circumscriptivem und repletivem Sein; ein „esse diffinitive" erwähnt er

---

[87] Vermigli, Dialogus 58a; ähnl. Bullinger, Responsio, 16a; Repetitio 55a.

[88] „Adimplet autem humanitate sua omnia non crasso, non mundano, non locali, non extenso nec coextenso, sicut Cingliani nos sentire perhibent, sed coelesti, sed divino ... modo" (M 280,28–31).

[89] Ganz ähnlich erklärt es Luther immer wieder: „... als wenn ein strosack vol stro stecket" (WA 26,339,28f. u. ö.).

[90] HARTMANN/JÄGER II,543.

[91] Vgl. die Definition bei Ockham: „Quando aliquid est in loco sic, quod totum est in toto et pars in parte, tunc est in loco circumscriptive" (Super quattuor libros sententiarum IV q 4 C, nach HILGENFELD 191 A.29).

[92] „etiamsi humanum corpus dicatur esse in mille locis, coram Deo tamen sit tantum in uno loco aut potius in nullo" (M 404,8f.).

[93] HILGENFELD 222; 225f. A.174.

[94] Vgl. Biels Definition:„quod scilicet licet realiter sit *in certo loco* per indistantiam, non tamen terminatur illo loco, quin simul sit *in omni alio loco*, etiam secundum propriam naturam" (nach HILGENFELD 201).

[95] WA 26,336,28ff., s. u. S. 261 mit Anm. 155.

nicht[96]. Brenz dürfte damit die volle Konsequenz gezogen haben aus einer Differenz, die schon bei Luther gegenüber der nominalistischen Tradition zu beobachten ist: Dort besagte das „esse definitive" nämlich, daß eine Sache nicht auf einen eindeutig fixierten Ort beschränkt ist, sondern an mehrern Orten sein kann. Es war von der ockhamistischen Tradition zur Lösung des Problems der Realpräsenz aufgenommen worden; denn eine *repletive* Seinsweise, ein esse ubique wollte man hier dem Leib Christi nicht zuschreiben. – Luther aber behauptet aufgrund des anderen christologischen Personverständnisses die repletive ‚Ubiquität' des Leibes Christi[97], so daß sich das Problem der Möglichkeit der Realpräsenz von hierher löst. Das esse definitive im Abendmahl ist jetzt nur noch „ein Sonderfall" des repletiven esse ubique; es spielt für sich keine Rolle mehr[98]. Hilgenfeld bezeichnet es als „nicht einsichtig", daß Luther den Terminus überhaupt noch benutzt; denn: „das *esse repletive* ist die Weise der unio personalis"[99]. Diese bei Luther noch latente Entwicklung bringt Brenz zum Abschluß, wenn er auf das esse definitive ganz verzichtet. Es ist aufgrund der qua Personeinheit gegebenen „repletiven" Allpräsenz des Menschen Jesus nicht mehr notwendig.

6.3.7. Zur Frage der Herkunft von Brenz' Gedanken

Es ist nach der Herkunft von Brenz' eigentümlichen Gedanken der „Allgegenwart und Allzuhandenheit der Kreaturen und Dinge zu dem überzeitlichen und überräumlichen Gott" gefragt worden[100]. Die Frage ist nicht einfach zu beantworten, und sie ist nicht unproblematisch: Sie impliziert die Prämisse, daß eine eindeutige Herleitung der Brenzschen Gedanken, seine präzise Einweisung in die „Systeme der spätmittelalterlichen Ontologie" (Strohm[101]) möglich ist. Diese Annahme muß in der Form aber wohl bestritten werden. Denn es genügte

---

[96] Nach HARDT (119) bezieht sich Brenz an einer Stelle auf diese traditionelle Bestimmung [Die Übersetzung mit „Glosse" ist – wie vieles in der miserablen deutschen Ausgabe – mißglückt], wenn er von der dispensativen und „definitiven Gegenwart" Christi im Abendmahl spricht; er gebe ihr hier eine „besondere Ethymologie [lies: Etymologie]": „Definit enim Christus verbo suo, ubi velit corpus et sanguinem suum ... dispensare" (P 72,5–7; vgl. oben S. 130). – Es ist aber nicht wahrscheinlich, daß Brenz hier die traditionelle Formel vom esse diffinitive vor Augen hat, schon deshalb nicht, weil er sich auf Luthers Schrift von 1527 bezieht, in der Luther den Terminus gar nicht gebraucht. Brenz hat die Differenz von „Da sein" und „Dir da sein" vor Augen (vgl. P 91,32ff.), und er meint mit dem Satz „fiant ... praesentia definitive" etwas anderes als die Tradition.

[97] „Nu ist aber ein solch mensch ist, der ubernatürlich mit Gott eine person ist, und ausser diesem menschen kein Gott ist, so mus folgen, *das er auch nach der dritten [sc.: repletiven] ubernatürlichen weise sey und sein müge allenthalben*, wo Gott ist, und alles durch und durch vol Christus sey auch nach der menscheit" (WA 26,332,18–22).

[98] Luther weiß in der Schrift von 1528 „wenig" mit dem esse definitive „anzufangen" (HILGENFELD 215; vgl. 183ff., besonders 215 und 223f.).

[99] HILGENFELD 223; Hervorhebung vom Vf.

[100] BRECHT, Brenz, 11; DERS., TRE 7,171,25–27; MAHLMANN, Frühe Theologie, 402; DERS., Dogma, 168; STROHM 314. S.o. S. 10.

[101] STROHM 314. Vgl. schon oben S. 144f. Anm. 70.

dann nicht der Aufweis von Übereinstimmungen zwischen Brenz und früheren Theologen, sondern es müßte auch plausibel gemacht werden, daß und wie diese Gedanken Brenz tatsächlich geprägt haben. Es gibt aber keinen Grund, das Maß seiner Eigenständigkeit zu unterschätzen.

6.3.7.1. Die kirchliche Rezeption des Neuplatonismus

Brenz' Formulierungen legen einen Zusammenhang mit dem *Neuplatonismus* nahe. Bei dessen profiliertestem Vertreter im 15. Jahrhundert, *Nikolaus von Kues*, finden sich manche ähnlichen Vorstellungen. Andererseits ist von einer direkten Abhängigkeit des Schwaben nicht zu reden. Es fehlen dafür markante Anklänge an die originellen und prägnanten Überlegungen des Kusaners, etwa zu seiner Vorstellung der Relativität von Raum, Zeit und Bewegung oder zur Metapher des unendlichen Kreises für das Universum, dessen Umfang und Zentrum zugleich Gott – „ubique et nullibi" – ist[102]. Von den im engeren Sinne kosmologischen Gedanken von Nikolaus findet sich bei Brenz nichts.

Daß Brenz jedoch durch denselben neuplatonischen Traditionsstrom beeinflußt ist, machen zahlreiche Ähnlichkeiten und Anklänge wahrscheinlich; einige werden hier exemplarisch aufgezeigt, wir lassen uns dabei v. a. durch die Untersuchung von Mahnke leiten. Sein Buch zeigt auch, daß sich manche Ähnlichkeiten im 16. Jh. etwa bei Reuchlin (und später bei Valentin Weigel) finden[103]. – Deutliche Übereinstimmungen finden sich mit der Mystik. Für *Meister Eckhart* steht die Gegenwart Gottes zu allen Orten und Zeiten fest[104], an der – natürlich anders als bei Brenz – die Seele durch die mystische Vereinigung teilhat[105]. Die Differenzen von Zeit und Raum – ausdrücklich: von tausend Meilen – sind bei Gott überwunden: „Das ist die Fülle der Gottheit, wo es weder Tag noch Nacht gibt; darin ist mir das, was über tausend Meilen [entfernt] ist, so nahe wie der Ort, da ich jetzt stehe"[106]. So gilt mit Ps 90,4 von „Gottes Tag": „*Dâ ist diu zît in einem gegenwertigen nû*"[107]. – Ähnliche Gedanken finden sich in christologischem Zusammenhang etwa bei *Jan van Ruysbroek*: Christus ist „allen Dingen gleich

---

[102] „Unde erit machina mundi quasi habens ubique centrum et nullibi circumferentiam, quoniam circumferentia et centrum Deus est, qui est ubique et nullibi" (De docta ignorantia II,12; Schriften I,76); der Satz geht über Meister Eckhart zurück auf das „Buch der XXIV Philosophen" (MAHNKE 169 ff.; BLUMENBERG 453).

[103] MAHNKE 117 ff.

[104] „waz götlich und gote glîch ist, den noch zît noch stat besliuzet – er ist allenthalben und alle zît glîche gegenwertic" (Dt. Werke V,35,7 ff.).

[105] „wir müssend sin in ewigkeit erhaben über die zyt. Jn der ewikeit sind alle ding gegenwirtig. daz, das ob mir ist, daz ist mir also nâch und also gegenwirtig alsz daz, daz hie by mir ist" (Deutsche Werke I, Predigt 5 a, 78,2–5).

[106] „daz ist ‚vülle der gotheit‘. dâ enist weder tac noch naht; in dem ist mir als nâhe, daz über tûsend mile ist, als diu stat, dâ ich iezuo inne stân" (Deutsche Werke II,86,6–8; vgl. dazu die weiteren Belege 87 A.1).

[107] Deutsche Werke I,166,2–5.

nahe"; durch ihn „hat unsre schwere Menschheit alle Himmel überklommen"[108].

Meister Eckhart weist ausdrücklich auf _Augustin_ zurück[109], der deutlich von der Überräumlichkeit und Überzeitlichkeit Gottes redet: „in Gott ist Leben ohne Zeit und Raum"[110]. „Dein Heute ist die Ewigkeit", bekennt er[111]. In dieser Ewigkeit gibt es für Gott keine Sukzessivität, „sondern das Ganze ist gegenwärtig"[112]. Analoges gilt für den Raum: Du bist „überall in Deinem ganzen Sein gegenwärtig und doch nirgendwo örtlich befangen"[113]. Vielmehr ist Gott „innerlicher als alles, weil alles in ihm selbst ist, und äußerlicher als alles, weil er über allem ist"[114]. Bei Augustin sind diese Aussagen verbunden mit den berühmten Worten zur schöpferischen Nähe Gottes zur Kreatur, der ihr näher ist als sie sich selbst: „Du warst noch tiefer in mir als mein Innerstes und höher noch als mein Höchstes"[115]. – Von Augustin her finden sich vergleichbare Sätze bei _Bonaventura_: Gott ist „am allereinfachsten und am größten, als ganz innerhalb von allem und ganz außerhalb", er ist „ewig und vollständig gegenwärtig, er umfaßt also alle Zeiten und tritt in alle ein"[116]. Wenn Brenz formuliert, Gott sei oberhalb und unterhalb, außerhalb und innerhalb von allem, steht er offenkundig in dieser Augustinischen Tradition (s. o. S. 245 f.).

Einen weiteren Hinweis, wiederum und noch deutlicher in die Richtung des christlichen Neuplatonismus, gibt der gebildete Vermigli in einer Notiz am Rand von De maiestate: „Multa ex _Areopagita_" (zu M 296,28 ff.). „Gott wohnt in allen Kreaturen und gibt einer jeden nach dem Maß ihrer Natur", heißt es hier bei Brenz. Vermigli bestätigt also unsere oben ausgesprochene Vermutung, daß

---

[108] MAHNKE 161.

[109] „Sant Augustînus sprichet: gote enist niht verre noch lanc. Wiltû, daz dir niht verre noch lanc ensî, so vüege dich ze gote, wan dâ sint tûsent jâr als der tac hiute" (Deutsche Werke V,11,25–12,2 [Augustin, Enarratio in Ps.36, I,3 MPL 36,357: „Quod tibi longe videtur, cito est Deo: subiunge te Deo, et tibi cito erit"]).

[110] „in ipso Deo vita est sine tempore ac loco" (De genesi ad litteram VIII,26 [MPL 34,391]).

[111] „anni tui nec eunt nec veniunt.... · anni tui dies unus, et dies unus non cotidie, sed hodie, quia hodiernus tuus non cedit crastino; neque enim succedit hesterno. _hodiernus tuus aeternitas_" (Augustinus, Confessiones XI,13; CSEL 33,291,14–21).

[112] „non autem praeterire quicquam in aeterno, _sed totum est praesens_" (Confessiones XI,11; CSEL 33,289,26 f.).

[113] „tu autem, altissime et proxime, secretissime et praesentissime, cui membra non sunt alia maiora et alia minora, sed _ubique totus et nusquam locorum es_" (Confessiones VI,3, CSEL 33,118,8–10.

[114] „cum sit ipse, nullo locorum vel intervallo vel spatio, incommutabili excellentique potentia et interior omni re, quia in ipso sunt omnia, et exterior omni re, quia ipse est super omnia. Item nullo temporum vel intervallo vel spatio, incommutabili aeternitate et antiquor est omnibus, quia ipse est ante omnia, et novior omnibus, quia idem ipse post omnia" (De genesi ad literam VIII,26, MPL 34,391/392).

[115] „tu autem eras interior intimo meo et superior summo meo" (Confessiones III,6; CSEL 33, 53,10 f.).

[116] „Quia aeternum et praesentissimum [!!], ideo omnes durationes ambit et intrat, quasi simul existens eorum centrum et circumferentia. – Quia simplissimum et maximum, ideo totum intra omnia et totum extra" (Itinerarium mentis in Deum, cap.5, n.8; Opera omnia V 310a. Vgl. MAHNKE 176).

dieser μέθεξις-Gedanke (neu)-platonisch beeinflußt ist (s. o. S. 171 f.). Auf den areopagitischen Anklang in der Regel von Brenz, daß nur unähnliche, übertragene Bilder von Gott möglich sind, wurde schon hingewiesen (S. 236). Auch die Allpräsenz des überzeitlichen und überräumlichen Gottes ist in der areopagitischen Tradition verankert. Der Übersetzer des Dionysios, Johannes Eriugena, führt aus: Raum und Zeit sind vor Gott identisch, er ist in zeitlicher Hinsicht aller Anfang, Mitte und Ende zugleich; in räumlicher Hinsicht ist für ihn alles eins, er ist „ubique totus". Alles ist für ihn ein Ewigkeitspunkt[117].

Mit diesen Hinweisen ist gewiß nicht die Frage nach der Herkunft der Brenzschen Gedanken im Sinne einer unmittelbaren historischen Herleitung beantwortet. Es ist ein Traditionsstrom aufgezeigt, der offenkundig auf Brenz gewirkt hat. Wie dies geschehen ist, muß hier offen bleiben. Es ist aber in jedem Fall festzustellen, daß Brenz den traditionellen Stoff nur als biblisch umgriffenen wiedergibt; er behandelt ihn lediglich als *Material*, das er durch den unmittelbaren Rückgriff auf biblische Motive etwa aus Ps 139 und Jer 23,24 umformt. Denn die Vermittlung Gottes zur Welt erfolgt bei Brenz nicht durch die Analogizität der Seele zu Gott.

6.3.7.2. Luther

Ein Theologe ist bisher noch nicht genannt, der mit Sicherheit in stärkster Weise Brenz geprägt hat und auch als Vermittler der genannten Gedanken in Frage kommt: *Martin Luther*. Auf die Nähe der Vorstellung vom esse repletive sind wir bereits eingegangen (S. 249), ebenfalls auf die ganz ähnlichen Formulierungen des augustinischen Gedankens, nach dem Gott über und unter, innerhalb und außerhalb von allem ist (S. 246). Dieser Gedanke spielt in den kosmologischen Passagen der Abendmahlsschriften des Wittenbergers eine große Rolle: „sein eigen göttlich wesen kan gantz und gar ynn allen creaturn und ynn einer iglichen besondern sein, tieffer, ynnerlicher, gegenwertiger denn die creatur yhr selbs ist, und doch widderumb nirgent und ynn keiner ... umbfangen"[118]. Man wird auch da, wo sich nicht alle Formulierungen von Brenz und Luther decken, den Einfluß der kosmologischen Gedanken des Wittenbergers auf Brenz kaum überschätzen können.

Ein Hinweis auf die Beziehung zu Luther findet sich schon in den drei Predigten von 1556. Hier hat Brenz den Gedanken der Gegenwart von allem Ort und aller Zeit vor Gott deutlich ausgesprochen[119]. Anders als in den späteren Schriften unternimmt es Brenz hier, in den auf die Zuhörer ausgerichteten Predigten, diese Einsicht

---

[117] De divisione naturae, nach MAHNKE 192f.

[118] WA 23,137,31–34; ähnlich etwa WA 26,329,27–30.

[119] „Ein Tag ist für dem Herrn wie tausent Jar, und tausent Jar wie ein Tag. Also sein für Gottes Angesicht tausent ort wie ein ort und ein ort wie tausent ort. Das ist, wie für Gottes Angesicht kein zeit ist, also ist auch kein ort für seinem Angesicht. Darumb wann man gleich sagt, das Christus Leib beid im Himel und im Abendmal sey, so ist er doch nicht in vielen noch unterschiedlichen orten" (Von dem Sacrament 16, ähnl.30).

durch Beispiele mit der Erfahrung zu vermitteln. Er wählt das Exempel der menschlichen Stimme, die „allein in *einem* Menschen" ist und doch bei vielen gehört werden kann. Ein weiteres Beispiel für ein geheimnisvolles ‚Insein' ist das Samenkorn, in dem „ein grosser Baum verborgen ligt". Interessant ist, daß beide Beispiele auch bei Luther begegnen; Brenz folgt ihm z. T. bis in die Formulierungen[120].

Über diese Beobachtung hinaus – und dies ist nun entscheidend – finden sich bei Luther aber auch Aussagen, die der Brenzschen „Allzuhandenheit der Dinge zu Gott" ganz ausdrücklich sehr nahestehen. Es steht für Luther fest: Christus ist „ynn allen Creaturn". Dies ist aber nicht als Ausdehnung zu verstehen, sondern so, daß Christus alle Dinge „*für sich hat gegenwertig*", sie „misset und begreifft". So könnte man Christi Leib sogar hypothetisch räumlich begrenzt denken; alles Seiende wäre ihm doch präsent „Wenn Christus leib gleich an einem ort were (wie sie gauckeln) ym hymel, so můgen dennoch alle Creaturn *für yhm und umb yhn her sein*, wie ein helle durchsichtige lufft"[121]. Vor Christus ist alles gegenwärtig wie *ein* Ort. Luther „fragt" also nicht nur „gelegentlich" (so Mahlmann[122]): „Sollen nu alle stet und raum ein raum und stet werden?", sondern er behauptet dies affirmativ: „So ist er [sc.: Christus] freylich, wo er wil, das yhm alle Creatur so durchleufftig und gegenwertig sind als einem andern cŏrper seine leibliche stet odder ort"[123].

Von der Dimension der *Zeit* redet Luther in den Abendmahlsschriften nicht. An anderer Stelle kann er aber sagen, daß auch hundert Jahre im Angesicht der Ewigkeit nur „ein mathematischer Punkt und ein ganz kurzer Moment" sind. Auch das längste Leben ist in den „Augen Gottes" nur „ein Stündlein"[124]. „hie muß man die zeytt auß dem synn thun unnd wissen, das ynn yhener welt nicht zeytt noch stund sind, ßondern alles eyn ewiger augenblick"[125]. Brenz muß diese Stellen nicht gekannt haben. Es ist aber deutlich, wie sehr er auch in diesem Punkt dem Denken Luthers nahesteht.

Daß der Schwabe hingegen in den Aussagen über *die Allgegenwart der Dinge vor Christus* von Luther abhängig ist, dürfte sicher sein, auch wenn seine Formulierungen einen eigenständigen Charakter behalten. Immerhin ist Brenz mit dem großen Abendmahlsbekenntnis Luthers, das die zitierten Aussagen enthält, eng vertraut. Eine der relevanten Formulierungen hat er in seiner Luthersammlung übersetzt[126].

---

[120] Brenz, Von dem Sacrament, 17f. Luther, WA 19,488,9–12.17–489,8; WA 26,337, 32–338,17.

[121] WA 26,336,13–337,2.

[122] Mahlmann, Dogma, 168; WA 26,333,26f.

[123] WA 26,330,26–28; vgl. auch 330,33–331,17: „Meinstu nicht, das Gottes gewalt konne auch eine weise finden, das auch alle Creaturn also gegen Christus leib seyen gegenwertig und durchleufftig?"

[124] Enarratio Psalmi XC, WA 40 III,524,24–26. 572,23f.

[125] Predigt vom 22. 6. 1522 über Lk 16,19–31, WA 10 III,194,10–12.

[126] P 101,13–15/WA 26,336,14f.; Vgl. P 82,34–91,30/WA 23,131,7–147,32.

Schon in einem Bericht über das Marburger Religionsgespräch (1529) spricht Brenz den Gedanken der Aufhebung von Zeit und Ort coram Deo aus[127]. Bei dem persönlichen Zusammentreffen mit Luther wurde Brenz in seiner Ansicht bestätigt, die Daseinsweise Christi sei nicht räumlich zu denken: In der Diskussion eines Augustinwortes über den Leib Christi fiel Brenz' einziger Beitrag zu den Verhandlungen: „Er ist frei vom Orte"[128]. Auf Einrede Zwinglis bestätigte Luther das: „Ich gebe zu, daß Christi Leib im Sakramente nicht gleichsam räumlich, an einem Orte ist"[129].

Mit den hier wiedergegebenen Beobachtungen ist nicht einfach die exklusive Herkunft des Brenzschen Motives von Luther behauptet. Insbesondere für die „frühesten Sermone" und andere frühe Texte[130] bedürfte diese Frage noch weiterer Untersuchung. Aber bestimmte Einflüsse sind doch historisch wahrscheinlich zu machen: Explizit biblische Motive, mit Sicherheit Luther, im Hintergrund – durch die ersten beiden Momente „domestiziert" – Züge des christlichen Neuplatonismus.

6.4. Zum Gespräch mit Th. Mahlmann

In diesem Kapitel wurden grundlegende Fragen der Brenzinterpretation berührt, die die explizite Auseinandersetzung mit Forschungsergebnissen Theodor Mahlmanns erforderlich machen. Es geht dabei zum einen um die Bestimmung des Verhältnisses von Brenz und Luther, zum anderen um Mahlmanns Sicht der „Zwei-Welten-Lehre" Brenz'.

6.4.1. Brenz und Luther

Der Zusammenhang bietet die Gelegenheit, einen grundsätzlichen Blick auf das Verhältnis von Luther und Brenz zu werfen. Wir haben bereits an einigen – wenn auch bei weitem nicht allen möglichen – Stellen auf die offenkundige Übereinstimmung von Brenz und Luther hingewiesen. So wie die erste Schrift von Brenz, De personali unione, ursprünglich nur als Einleitung zu einer Sammlung von Lutherworten konzipiert war, will der Schwabe grundsätzlich Luther zur Sprache bringen. Freilich ist Luther dabei Autorität nur als vollmächtiger und authentischer Ausleger der Schrift[131]. Luther, der „vir optimus" ist von

---

[127] WA 30 III,154,1–16 = PRESSEL 69.

[128] KÖHLER, Religionsgespräch, 35; vgl. HARTMANN/JÄGER I,183.

[129] KÖHLER, Religionsgespräch, 35. Vgl. auch folgenden Satz aus Brenz' Bericht: „Dicebat autem Lutherus: Deum esse omnipotentem et *posse conservare corpus sine loco, nec posse solum, verum etiam actu facere*" (Brenz an Schradinus, 14.11. 1529, WA 30 III,153,4f.; ähnlich PRESSEL 68); Ebenso berichten andere über das Kolloquium: „Lutherus: ‚Dixi, quod possit [corpus] esse in loco et non in loco. Deus potest etiam meum corpus ponere, ut non sit in loco'" (WA 30 III,137,4f.; vgl. 136,12f.).

[130] Vgl. BRECHT, Brenz, 11f.

[131] „sequar sententiam D. Lutheri, ... quod videam eam certissimis spiritus sancti testimoni-

Gott in einzigartiger Gnade zur Aufdeckung der gottlosen Lehre und des Anti-christentums erweckt worden (S 114,10f.), „der treffentliche Heros" mit der einzigartigen Gabe der Scheidung der Geister. Als solcher war er für Brenz Vorläufer im Kampf gegen eine falsche reformatorische Theologie: „es ist kund und offenbar, daß Lutherus, seliger, denn Handel wider die Zwinglianer nicht mit geringerm Ernst dann wider das Babsthum geführet hat"[132]. An der Eindeu-tigkeit Luthers läßt Brenz sich dabei nichts abmarkten. Es trifft nicht zu, meint er, daß nur der Luther des Abendmahlsstreites die Brenzsche Christologie deckt: „er ist darauf nicht allein 2, 3 oder 4 Jahr, sondern biß zu seinem End und Gruben hinein beständiglich durch Gottes Gnad also verharret"[133].

Indem Brenz dies belegt[134], erweist er sich als ausgezeichneter Lutherkenner. Er bezieht sich 1. auf die Vorlesung Luthers zu Kohelet (1532); in dem Zitat wird in christologischer Argumentation die „Ubiquität" des Leibes Christi behauptet[135]. 2. rekurriert Brenz auf Luthers „Kurzes Bekenntnis vom heiligen Sakrament" von 1544 mit seiner scharfen Polemik gegen die Schweizer einschließlich ihrer Position zu Himmelfahrt und Christologie[136]. 3. wird Luthers Schrift „Von den letzten Worten Davids" von 1543 zitiert, die von den Wittenbergern als Beleg für den alten, ‚gemä-ßigten' Luther genannt worden war[137]. Brenz aber findet gerade hier eine Passage, die in nuce die ‚volle' Christologie Luthers enthält, wie auch Brenz sie vertritt: Seit der Inkarnation ist die menschliche Natur erhöht, so daß sie alle Gewalt hat und alles erhält „Per communicationem idiomatum". Diese Majestät aber hat sie „heimlich gehalten" bis zur Auferstehung[138]. 4. schließlich erwähnt Brenz die Vorrede Luthers zu Justus Menius' Schrift „Von dem Geist der Widertäufer" (1544), mit deren Inhalt sich Luther (ohne hier selbst zur Christologie zu reden) identifiziert[139]. Menius legt darin dar: Christus „muß nicht allein nach seiner ewigen Göttlichen, sondern auch nach der angenomen menschlichen Natur, soweit sich die Rechte Gottes, das ist seine unendliche Göttliche macht und gewalt, erstrecket, auch gegenwertig sein"[140]. Brenz interpretiert diese Aussagen als „communicatio idiomatum realis". Aber weder dieser Terminus noch eine weitere Reflexion auf die Person Christi finden sich bei Menius.

Genausowenig, wie der alte gegen den Luther des Abendmahlsstreites auszu-spielen ist, ist für Brenz der Vorschlag aus Wittenberg sachgemäß, sich nur auf die gemäßigten „Lehrbücher" des Reformators zu beziehen statt auf die nur aus

---

is munitam" (P 74,23–25; ähnl. R 37,5–15). – Vgl. das eindrucksvolle Zeugnis von Brenz über Luther in der Vorrede des Galaterkommentars (bei Brecht, Gestalten der KG, 104f.).

[132] Brenz/Andreae, Apologia ad Electorem Augustum, 73; M 208,26f.

[133] Brenz/Andreae, Apologia ad Electorem Augustum, 73; vgl. R 37,6–8.

[134] Brenz/Andreae, Apologia ad Electorem Augustum, 75–77.

[135] „Ubi Deus est, ibi et caro Christi est; sed Deus est ubique. Ergo et Christus quoque ubique [dieses Wort fehlt irrtümlich im Druck Hutter 75] est" (nach WA 20,163,2–7).

[136] WA 54,141–167; Brenz zitiert WA 54,156,33–157,1 (s. o. S. 13f.).

[137] Censura Theologorum Witebergensium, Hutter 55.

[138] WA 54,49,33–50,12.

[139] WA 54,117f.

[140] Menius, Von dem Geist, Q2b.

der Hitze des Gefechts erklärlichen „Streitschriften"[141]. Er hält dagegen: Luthers Lehrbücher sind immer auch Streitbücher. „Der Mann ligt in seinen Schriften stets zu Felde und rennet mit den Brennfähnlin doher"[142]. Es geht dabei natürlich um die „Streitschriften" Luthers aus der Abendmahlskontroverse. Brenz will deutlich machen, daß gerade hier Luther authentisch ist. – So ist dem Urteil *Mahlmanns* völlig zuzustimmen: Es ist „bis in die Formulierungen hinein Luthers Argumentation im Abendmahlsstreit der zwanziger Jahre, die Brenz zur Geltung bringt. Brenzens zentraler Satz ,Wo Gott ist, da ist auch der Mensch' Jesus, ist ja nichts anderes als ein wörtliches Luther-Zitat[143]! Darin ... zeigt sich, daß niemand so tief wie Brenz von den berühmten Sätzen ergriffen wurde und sich theologisch verpflichtet wußte, die Luther Zwingli entgegenhielt ..."[144].

Mahlmann schränkt diese Aussage jedoch ein: „Gleichwohl besteht eine Differenz zwischen Luther und Brenz, die für die Weiterentwicklung der lutherischen Christologie von hoher Bedeutung wurde" (167). Schon wegen der damit angezeigten Reichweite dieser These wollen wir der Begründung Mahlmanns im einzelnen nachgehen.

(1) Mahlmann sieht die Differenz von Brenz gegenüber Luther „einmal im Verständnis des Weltverhältnisses Gottes, an dem Brenz die Teilnahme Jesu an Gottes Gottheit auslegt" (167). Es „scheint" nur so, als ob der Schwabe mit Luthers Aussagen in der Abendmahlsschrift von 1527 über die Weltgegenwart Gottes übereinstimmt; in Wahrheit setzt er Luthers Sätze mit seiner eigenen Anschauung von der „Allgegenwart und Allzuhandenheit der Kreaturen und Dinge zu dem überzeitlichen und überräumlichen Gott" gleich (168).

(2) Diese Differenz ist „der letzte Grund" für einen „erheblichen Unterschied" in der Zuordnung des Weltverhältnisses Gottes und der Allpräsenz Christi einschließlich der Realpräsenz im Abendmahl (168). Denn Luther schließt zwar in der Schrift von 1527 von der Allgegenwart der *dextera Dei* auf die Gegenwart Christi „an allen örtern" und damit auch im Sakrament (169). Insofern folgt Brenz Luther. Nicht so aber im Blick auf das Abendmahlsbekenntnis von 1528. Denn anders als von der dextera schließt Luther von der *Personeinheit* her *nicht* auf Jesu Weltgegenwart. Im Gegenteil: „Der Mensch Jesus ist in Personeinheit mit Gott gerade nicht bei der Welt; er ist, teilnehmend an Gottes Gottsein, nicht ,auff erden'" (170). Die Realpräsenz wird also nicht christologisch begründet – diesen Gedankengang bricht Luther ausdrücklich ab –, sondern sie wird ausschließlich durch die Einsetzungsworte konstituiert. Diesen „harten Bruch" hat Brenz nicht beachtet (170/171).

(3) Von dieser überraschenden Einsicht her, die es mit einem Großteil der Lutherliteratur aufnimmt (169/170 A.140), ergibt sich „bei genauer Betrachtung" auch für die Schrift von 1527 eine neue Erkenntnis: „sogar hier" will Luther nicht die Tatsächlichkeit der Realpräsenz, sondern nur ihre Möglichkeit

141 Censura Theologorum Witebergensium, HUTTER 55.
142 Brenz/Andreae, Apologia ad Electorem Augustum, 74/75.
143 WA 26,335,26f.; Brenz, Apologie 509.
144 MAHLMANN, Dogma, 167. Die Seitenzahlen im folgenden beziehen sich auf dieses Buch.

„erzwingen" (171). So stellt sich für Mahlmann, der zunächst gerade aus der Argumentationsdifferenz der Schriften von 1527 und 1528 argumentiert, das Bild Luthers offensichtlich doch noch einhellig dar. Anders ist es wohl nicht zu deuten, wenn er zwar noch einmal auf die Schrift von 1528 Bezug nimmt (171 unten), danach aber (172–174) ohne weitere Distinktion „Luther" gegen „Brenz" stellt: Bei Luther ist lediglich die „Möglichkeit der Gegenwart Jesu ... vor der Welt" durch die christologische Reflexion aufgezeigt, oder noch genauer: deren Unmöglichkeit denkend widerlegt (171 f.). Der „Modus der Verwirklichung dieses Möglichen" aber bleibt für uns offen (172). Die Personeinheit stellt nur „den außerweltlichen Möglichkeitsgrund der Realpäsenz" dar. Die „tatsächliche innerweltliche Präsenz Jesu" ereignet sich ausschließlich durch „ihre freiheitliche Verwirklichung im Wort" (172). Damit ist die Differenz voll erfaßt: Für Luther ist die Personeinheit „Möglichkeitsgrund der Realpräsenz", die durch die Einsetzungsworte als „frei gewollte Wirklichkeit" realisiert wird. Für Brenz hingegen liegt in der Personeinheit die „Notwendigkeit, daß Jesus über die Personeinheit mit *Gott* hinaus auch der *Welt* zugegen ist" (173).

Zur Kategorie der Notwendigkeit bei Brenz haben wir bereits oben Stellung genommen (S. 203–205). Auch zur unter (1) genannten These wurde im vorigen Abschnitt schon einiges gesagt. Mahlmann begründet *diese* These aber auch nicht weiter, sondern will sie durch den weiteren Gedankengang explizieren. Es gilt deshalb die unter (2) und (3) genannten Argumente zu prüfen. Hier erheben sich schwere Bedenken gegen Mahlmanns Ausführungen; sie beziehen sich namentlich auf Mahlmanns Lutherverständnis.

Zunächst zum Verhältnis der beiden Schriften von 1527 und 1528. Daß der thematische Schwerpunkt je verschieden liegt – 1527 auf der sessio ad dextram, 1528 auf der Personeinheit –, steht außer Frage; auch daß in der ersten Schrift die Beziehung aufs Abendmahl eindeutiger hergestellt wird, ist unbestreitbar. Aber sind beide Schriften in ihrer Argumentationsstruktur wirklich so scharf unterschieden, wie Mahlmann suggeriert? Immerhin ist festzustellen, daß auch im Abendmahlsbekenntnis von 1528 das Argument der dextra nicht fehlt, sondern ein erhebliches Gewicht erhält[145]. Wiederholt kommt Luther 1528 auf das Hauptargument von 1527 zurück; ein inhaltlicher Bruch in der Struktur der Argumentation ist da kaum wahrscheinlich. Daß es anders als in der Relation dextera-Realpräsenz in dem Verhältnis Personeinheit-Realpräsenz einen „harten Bruch" geben soll, erscheint unglaubwürdig, wenn Luther die Argumente einträchtig nebeneinanderstellt: 1. *die untrennbare Einheit der Person*, 2. *die Allenthalbenheit der Rechten Gottes*, 3. die Zuverlässigkeit des Wortes Gottes und 4. die verschiedenen Weisen räumlichen Seins[146]. Direkt vor dieser Stelle wird der Satz, „das Christus leib allenthalben sey", damit begründet, daß „er ist zur rechten Gottes" (325,26 f.). Die Reflexion darauf wird nun aber im Fortgang des Argumentes im Blick auf die Person Christi nicht „abgebrochen", sondern im Zusammenhang des Satzes „Gott ist Mensch und Mensch ist Gott" voll bestä-

---

[145] WA 26,325,24–28; 326,32; 340,7 f.; 349,19–25 (s. im folgenden).
[146] WA 26,325,29 ff. Die Stellenangaben im Text beziehen sich im folgenden alle auf WA 26.

tigt: „Nu, da ich schreib, das Christus leib allenthalben were, handelt ich ja nicht von wercken der naturn, sondern vom wesen der naturn" (326,22–23). Brenz hat genau diese Passage, die den inneren Zusammenhang von Personeinheit und Rechter Gottes illustriert, in seine Anthologie von Lutherworten übernommen (P 97,32–98,31).

Mit dem letzten Zitat sind wir bei der entscheidenden Frage: Wird 1528 in der Reflexion auf die Person Christi die „tatsächliche innerweltliche Präsenz Jesu" wirklich *nicht* behauptet? Hier muß Mahlmann aufgrund der Texte in aller Deutlichkeit widersprochen werden. Genau wie für Brenz besteht für Luther die Person Christi in der unteilbaren gemeinsamen Existenz von göttlicher und menschlicher Natur. Deshalb gilt: „wo du kanst sagen: Hie ist Gott, da mustu auch sagen: So ist Christus der mensch auch da. Und wo du einen ort zeigen wurdest, da Gott were und nicht der mensch so were die person schön zertrennet"[147]. Deshalb *muß* ihm, Christus nach Gottheit und Menschheit, alles gegenwärtig sein (vgl. 336,8f.). Nein, auch 1528 sagt Luther nicht, daß „wir es keineswegs mit der Weltgegenwart Jesu zu tun bekommen" (Mahlmann). Diese Weltgegenwart ist ihm vielmehr gewiß. „weil er allenthalben ist, so sind wir freylich, da er ist, denn er mus ia bey uns auch sein, sol er allenthalben sein" (349,24f.). Christus ist nicht „schlechthin entzogen" (Mahlmann), sondern in nächster Nähe: „Ich fure solch exempel dazu, daß Christus nahe sey" (420,20). Dies gilt ausdrücklich auch aufgrund christologischer Reflexion: „ist Christus eine person ynn der Gottheit und menscheit, so mus die menscheit zugleich auch auff erden und ym hymel sein" (421,23–25). Das kann aufgrund des Personverständnisses auch nicht anders sein; Jesus ist untrennbar eins mit dem Gott, von dem – auch 1528 – feststeht: „sie müssen ia Gott lassen hie und dort sein und *an allen orten*" (424,20f.). Die Behauptung Mahlmanns, daß nach Luther der Mensch Jesus „in Personeinheit mit Gott gerade nicht bei der Welt" sei[148], ist einfach falsch. Er hat hier in unverständlicher Weise die Quellen selektiv gelesen.

Mahlmann stützt sich v. a. auf die Passage 340,35–341,8. Sie scheint seiner Position Recht zu geben: „die Gottheit sey ausser und uber allen creaturen" (340,36f.). Deshalb muß mit ihr „die menscheit ... auch höher uber und ausser allen andern creaturn sein, doch unter Gott alleine. ... Hie komen wir nu mit Christo ausser allen Creaturn, beide nach der menscheit und Gottheit, Da sind wir ynn eym andern lande mit der menscheit" (340,37–341,5). Wird hier nicht tatsächlich die Außerweltlichkeit Jesu behauptet? – Daß Luther dies nicht meint, macht schon der Fortgang des Zitates klar – genau an der Stelle, an der Mahlmann abbricht. „weil sie oben aus uber alle Creatur an den wesentlichen Gott reicht und klebt und ist, da Gott ist, so mus sie zum wenigsten personlich Gott sein und also auch *an allem ort sein, da Gott ist*" (341,9–12).

---

[147] WA 26,332,31–34; vgl. den Gedankengang bis 333,10 mit dem berühmten Satz: „Nein geselle, wo du mir Gott hinsetzest, da mustu mir die menscheit mit hin setzen, Sie lassen sich nicht sondern und von einander trennen. Es ist ein person worden und scheidet die menscheit nicht so von sich, wie meister Hans seiner rock aus zeucht und von sich legt, wenn er schlaffen gehet"; ähnl. auch 335,26–28; 340,22–26.
[148] MAHLMANN, Dogma, 170.

In dieser Passage will der Wittenberger offenkundig etwas anderes sagen, als Mahlmann annimmt: Es geht um die *Erhöhung* der Menschheit zu Gott: „wie wol sie auch eine creatur ist" (340,37 f.), ist sie doch in der Einheit mit der Gottheit „uber und ausser allen andern creaturen" (341,1 f.). Hier wird nicht die Ausserweltlichkeit Jesu behauptet, sondern seine qualitative Erhöhung über alle andere Kreatur. In *diesem Sinne* ist er „ynn eym ander lande", gerade *indem* er auch ‚in diesem Lande' auf überräumliche Weise gegenwärtig ist. Es steht gerade nach den Abendmahlsschriften doch völlig außer Frage, daß Gott *nicht lokal*, sondern *qualitativ* „ausser den Creaturn" (341,8) ist, gerade *indem* er „ynn allen ... Creaturn" (339,35 f.) ist! Seine qualitative Überlegenheit beinhaltet und ermöglicht für Luther gerade seine Nähe zur Welt. Genau daran hat der Mensch Jesus Anteil, der „an allen orten [ist], da Gott ist". Genau wie deshalb in der Schrift von 1527 „die wellt Gottes vol ist"[149], so steht 1528 analog außer Frage, daß „*alles durch und durch vol Christus sey auch nach der menscheit*" (332,21 f.)! Die Weltpräsenz Jesu ist für Luther auch 1528 – genau wie 1527 – Wirklichkeit, nicht nur Möglichkeit. Er hat 1528 christologisch auf den Begriff gebracht, was er 1527 mit der Teilhabe des Leibes Christi an der Allgegenwart der Rechten Gottes behauptet hatte. Beide Schriften gegeneinander auszuspielen, ist den Quellen nicht angemessen und macht eine konsistente Lutherinterpretation unmöglich.

Man kann in der Artikulierung der Weltgegenwart Gottes eine Differenz feststellen, die aber nicht fundamental ist. Luther formuliert die schlechthinnige Überräumlichkeit deutlicher dialektisch. Während Brenz nur davon redet, daß Christus „oberhalb" und „unterhalb" von allem ist und in der Regel mit Jer 23,24 formuliert, daß er „alles erfüllt", redet Luther häufig antithetisch: er ist „ynn allen creaturen" und „doch widderumb nirgent und ynn keiner ... umbfangen"[150]. Er nimmt die traditionelle Formel des „ubique und nullibi" auf. Brenz hat diese dialektischen Formulierungen so deutlich und so häufig nicht. Hier aber einen sachlichen Gegensatz zu konstruieren, indem man nur auf einen Teil – „ausser den creaturn" – der Begriffspaare Luthers rekurriert, geht nicht an. Vielmehr haben gerade auch diese Formulierungen bei Luther ein Gefälle, das auf die – gegen pantheisierende Mißverständnisse: über- und außerweltliche – *Weltgegenwart* Gottes zielt: „... welche zu gleich nirgent sein *kan*, und doch an allen orten sein *mus*"[151].

In einem Punkt ist Mahlmann Recht zu geben: Tatsächlich wird bei Luther nicht aus der Wirklichkeit der Weltgegenwart Christi die Heilspräsenz im Abendmahl abgeleitet. Wir haben oben gezeigt, daß dies auch bei Brenz nicht der Fall ist (S. 124 ff.). Daß der Schwabe den Bezug der Weltgegenwart auf die tatsächliche Präsenz im Mahl deutlicher als Luther vornimmt, ist gleichwohl zu konzedieren. Bei beiden, Luther und Brenz, verläuft die theologische Trennlinie aber genau gleich, nämlich zwischen der Weltgegenwart Christi und der durch das Wort konstituierten Zueignung. Die Brenzsche Polarität praesentia-dispensatio entspricht genau der Lutherschen Gegenüberstellung, „das ein anders ist,

---

[149] WA 23,135,36 f.
[150] WA 23,137,32–34.
[151] WA 23,133,21 f. Bei Brenz übersetzt P 84,18 f.

wenn Gott da ist, und wenn er dir da ist"[152]. Diese Heilsgegenwart wird bei beiden nicht rational deduziert, sondern durch das Wort neu erschlossen. Insofern bezeichnet die christologisch begründete Weltgegenwart Christi nur den Hintergrund dieser sakramentlichen Gegenwart. Auch bei Luther ist dabei aber – gegen Mahlmann – das Wort keineswegs „Verwirklichungsinstanz der Weltgegenwart Jesu" aus seiner „schlechthinnigen Entzogenheit"[153], sondern es ist – unschön, aber analog formuliert – Zueignungsinstanz der schon immer gültigen Gegenwart Christi. „Denn Gott und Christus were dennoch da fur handen, wenn er gleich kein wort davon liesse predigen, Aber wen hülffe es?"[154].

Eine letzte Distinktion ist zu beachten: Luther spricht die Allgegenwart Christi qua Rechter Gottes und qua Personeinheit deutlich aus. Er läßt den *Modus* dieser Gegenwart aber bewußt offen. Auch die aus der Scholastik übernommenen drei Weisen räumlichen Seins sollen diesen Modus keineswegs festlegen[155], sondern nur denkerisch den Satz bestreiten, daß „Gott keine weise wisse, wie Christus leib müge anders denn leiblich und begreifflich etwo sein"[156]. In diesem Zusammenhang gebraucht Luther Verben, die die Weise der Präsenz bewußt offen lassen: „Christus müge" und „kan" dasein. Dabei bleibt aber nie die Weltgegenwart als solche offen, sondern nur ihr Modus[157]. Nicht im Blick auf das Daß (so Mahlmann), sondern auf das Wie der Weltgegenwart Jesu bricht Luther die Reflexion ab: „Wenn ich nu frage: *Welchs* sind denn solche *wege*, und *wie* ist die subtilickeit hinein komen? Da gilts schweigens"[158].

Im Blick auf die Wirklichkeit der Weltpräsenz Christi steht Luther deren ‚Notwendigkeit' im oben beschriebenen Sinn (S. 203–205) nicht weniger fest als Brenz[159]. Hier redet er nicht von „kann" und „mag", sondern von „muß": „Wo Gott ist, da mus er [sc.: Christi Leib] auch sein, odder unser glaube ist falsch". Deshalb „*müssen*" ihm alle Kreaturn gegenwärtig sein[160]. Nichts anderes meint Brenz mit der Rede von „Notwendigkeit"; dies läßt sich schon an seiner lateinischen Übersetzung der Luthertexte zeigen. Er gibt ständig das „muß" Luthers mit „necesse" oder „necessarium" wieder[161].

---

152 WA 23,151,13f., die ganze Passage 149,31ff.

153 MAHLMANN, Dogma, 172.

154 WA 23,183,17ff.

155 „Ob nu Gott noch mehr weise habe und wisse, wie Christus leib etwo sey, wil ich hiemit nicht verleucket, sondern angezeiget haben" (WA 26,336,28f.).

156 WA 26,331,21f.

157 „Christus leib *kan* auch mehr weise denn auff solche *leibliche weise* etwo sein" (WA 26,331,24f.); „so *kan* er freylich nach der leiblichen begreifflichen weise sich *erzeigen*"(WA 26,332,14f.); es „*mügen* ... alle Creaturn fur yhm und umb yhn her sein" (WA 26,337,1f.). Nichts anderes als das von uns Behauptete besagt auch das Zitat bei MAHLMANN, Dogma, 172 vor A.146.

158 WA 26,418,31f.

159 Ebenso votiert NEUSER (Dogma, 275 A.21) gegen MAHLMANN: „Neu ist ihre [sc.: der Gnesiolutheraner] Darstellung der Ubiquitätslehre nicht, da Luther keineswegs nur ihre Möglichkeit erwogen hat".

160 WA 26,336,9f.18f.; vgl. auch 340,24.36.37; 341,1.11; 349,24; 421,24.

161 Etwa P 84,19.20.26.35; 85,8; 88,37; 99,11.19.32; 102,8; 103,21 u. ö.!!

Die von Mahlmann behauptete Differenz von freier Verwirklichung einer Möglichkeit bei Luther und theologisch unangemessener Notwendigkeit bei Brenz ist nicht zu belegen. Mahlmann interpretiert den Wittenberger offenkundig stark auf Chemnitz hin. Nur so ist sein Urteil verständlich, das „angemessenere Verständnis des Ansatzes und der Absicht von Luthers Abendmahlschristologie" finde sich bei dem Niedersachsen[162]. Dagegen ist festzustellen: *Wir finden bei dem Schwaben eine selbständige, aber in der Sache authentische Rezeption der Christologie Luthers.*

Mit all dem ist natürlich kein vollständiger Vergleich zwischen Luther und Brenz geleistet. Dazu bedürfte es nicht zuletzt einer gründlichen Analyse der Christologie Luthers. Gleichwohl läßt sich auf einige offenkundige Differenzen zwischen beiden Theologen hinweisen. Wir nennen drei Gesichtspunkte. Die wichtigste Abweichung dürfte (1.) in der Fassung der Teilhabe Gottes am Leiden des Menschen liegen. Hier ist Luther eindeutiger und konsequenter, wie eine Vielzahl von Stellen belegt[163]. Das hängt (2.) damit zusammen, daß bei ihm Christologie und Soteriologie noch unmittelbarer aufeinander bezogen sind als bei Brenz. Das primär soteriologische Interesse hält systematische Bedenken, wie sie Brenz hinsichtlich der Impassibilität Gottes kamen, von ihm fern: „Denn wenn ich das gleube, das allein die menschliche natur fur mich gelidden hat, so ist mir der Christus ein schlechter heiland, so bedarff er wol selbs eines heilands"[164]. Die Christologie ist hier noch stärker auf die Soteriologie hin konzipiert und wird deshalb von ihr in Unruhe gehalten. Dazu paßt (3.) das Urteil, daß sich der christologische Ansatz Luthers bei Brenz zwar in weitestgehender sachlicher Übereinstimmung – einschließlich des grundsätzlichen Bezuges auf die Soteriologie – findet, aber doch in einem fortgeschrittenen Stadium der Reflexion und Prinzipialisierung. Wichtigstes Beispiel sind die konsequente Datierung der Erhöhung mit der Inkarnation[165] und die Simultaneität von Erniedrigung und Erhöhung. Was die denkerische Konsequenz, die begriffliche Fixierung und auch einfach die quantitativ-geschlossene Entfaltung des Topos angeht, entwirft Brenz zweifellos stärker als Luther ein *System* der Christologie.

6.4.2. Brenz' „Zwei-Welten-Lehre"

Es ist oben (S. 241 ff.) klar geworden, wozu die Unterscheidung von sichtbarem und unsichtbarem Himmel dient: Sie soll den Weg freimachen für ein theologisches, qualitatives Verständnis des *coelum*, unbehelligt von gegenständlichen philosophischen oder naturkundlichen Vorgaben. Diese Differenzierung ist prinzipiell zwischen allen Parteien unumstritten. Bullinger nimmt sie

---

[162] MAHLMANN, Vorwort, XIII.
[163] Vgl. etwa WA 23,141,31 f.; 26,319,35 ff.; 335,28; 342,9 ff.; 344,37 ff.; WA 39/II,98,19; 101,24 ff.; 110,7 ff. Zu Brenz vgl. oben S. 193 ff.
[164] WA 26,319,37–39.
[165] Diesen Gedanken hat Luther grundsätzlich auch; s. das Zitat S. 256 bei Anm. 138.

genauso vor[166]. Er stimmt Brenz in der Differenzierung der zwei Himmel ausdrücklich zu, nur „daß er den geistlichen Himmel one ort setzt"[167]. Die Differenz zwischen Brenz und Bullinger besteht also lediglich darin, daß die Trennlinie zwischen beiden Himmeln bei Brenz rein qualitativ verläuft, bei Bullinger aber eine lokale ist, die trotz der Illokalität Gottes den *Raum* des Empyreum abgrenzt.

Die Distinktion hat für Brenz eine klar bestimmbare Funktion in der Vermittlung des qualitativen Himmelsverständnisses zum sichtbaren Kosmos, und sie ist als einer von wenigen Punkten unumstritten. Jedenfalls von der Häufigkeit der Erwähnung und deren eindeutiger Funktion her kann man von einer „Zwei-Welten-Lehre" bei Brenz nicht reden; der terminus „duplex mundus" begegnet an genau *einer* Stelle.

Genau diese Formulierung (s. o. S. 241 bei A. 59) aber nimmt Mahlmann zum Anlaß, eine „Zwei-Welten-Lehre" bei Brenz zu postulieren und als Schlüssel zum Verständnis seiner Theologie anzunehmen: „Brenz argumentiert ... aus einer Zwei-Welten-Lehre". Es gilt ganz prinzipiell: „In diesem Gegenüber von corporale und spirituale denkt Brenz"[168]. Brenz *gesamte* Christologie ist von hierher zu verstehen. „Im Horizont dieser Zwei-Welten-Lehre begreift Brenz, so wie das Weltverhältnis Gottes überhaupt, so auch die Personeinheit Jesu mit Gott". Und zwar, so lautet die nächste These: „als ‚Offenbarung'"[169]. Mahlmann postuliert also nicht nur den paradigmatischen Charakter der Zwei-Welten-Lehre, sondern er interpretiert durch sie Brenz' Christologie als Offenbarungslehre. Dabei macht er aus seiner Kritik gegenüber diesem Ansatz keinen Hehl: Brenz' Unternehmen ist „gescheitert"[170]. Wir setzen an dieser Stelle mit der Diskussion der Ansicht Mahlmanns ein, um dann auf die Frage der grundsätzlichen Reichweite der „Zwei-Welten-Lehre" zurückzukommen.

6.4.2.1. *Personeinheit als Offenbarungsgeschehen?*

Brenz „entwirft ... seine Theologie primär von der Frage der Offenbarung her". Diese These Müller-Streisands[171] sieht Mahlmann in der Christologie bestätigt: Brenz begreift „die Personeinheit Jesu mit Gott als ‚Offenbarung'". Wie begründet er das? Er nennt ein Zitat aus der Recognitio: „Christus, der vorher gegenwärtig war, hat sich im Schoß der Jungfrau in der Inkarnation offenbart"[172]. Diese eine Stelle aber kann die weitreichende These nicht stützen. Es handelt sich um eine einmalige Formulierung von Brenz, die Mahlmann aus

---

[166] „die heilig geschrifft leere[t] zweyerley Himmel und wält: Die ein ist lyblich, die ander geistlich" (Bullinger, Gägenbericht, 19b).

[167] Bullinger, Gägenbericht, 19b.

[168] Mahlmann, Personeinheit, 179f.

[169] Mahlmann, Personeinheit, 180.

[170] Mahlmann, Personeinheit, 195.

[171] Müller-Streisand, 233; zustimmend Mahlmann, Vorwort, XVII.

[172] „Christus ... qui erat antea praesens, patefecit se in utero virginis incarnatione" (R 156,10–14); Mahlmann, Personeinheit, 180.

ihrem Zusammenhang löst[173]. Sonst sprechen alle Texte von Brenz gegen ein bloß noetisches Verständnis der Menschwerdung. Es gibt keinerlei Anhaltspunkte dafür, daß Brenz „die Personeinheit Jesu mit Gott als ein[en] Offenbarungsvorgang des überweltlichen Gottes und seiner Welt, des Himmels, im Horizont und in den Grenzen des weltlich-menschlichen Daseins Jesu" begreift[174]. Vielmehr hat hier *reale* Geschichte statt. Die Gottheit *erniedrigt* sich, indem sie den Menschen in die Einheit derselben Person aufnimmt (M 316,9f.). Die in der Inkarnation begründete Person stellt nicht das noetische Korrelat zu einer vorgegebenen ontologischen Größe dar; vielmehr *beginnt* hier etwas real Neues.

Mahlmann wendet seine These auf das Verständnis der inanitio an: „auch Jesu Erdendasein ist eine (nur eben ausgedehnte und zusammenhängende) Offenbarung seiner angeblich schon überirdischen Existenz"[175]. Diese Behauptung Mahlmanns wird nicht belegt – und kann es auch nicht werden. Ganz abgesehen von der grundsätzlichen Unhaltbarkeit der ‚Offenbarungsthese' kann die Simultaneität von Jesu Erdendasein und seiner welterfüllenden Majestät kaum als Offenbarungsvorgang erfaßt werden. Der Terminus ‚Offenbarung' wird von Brenz doch gerade für das *Ende* der Erniedrigung und der Erdentage Jesu gebraucht, für Auferstehung und Himmelfahrt. Mit dem bloßen Hinweis auf zwei Existenzweisen Christi – exaltatio und exinanitio – ist ein Verständnis der inanitio als Offenbarung gegen Brenz' Wortlaut nicht zu begründen, denn strittig ist ja gerade das Verhältnis der beiden. Wenn man das, was Brenz ‚Erniedrigung', ‚Nicht-Gebrauch', ja ‚Verhüllung' nennt, ummünzt in ‚Offenbarung', kann man sich zwar – im Zirkelschluß – in der Plausibilität der „Zwei-Welten-Theorie" wie im Postulat der gescheiterten theologia crucis bestätigt sehen; zum Verständnis der Texte in ihrer eigenen Aussageintention gelangt man so jedoch nicht.

Aber auch abgesehen von der Aporie, im Gegensatz zu Brenz' Formulierungen zu stehen, geht Mahlmanns Theorie nicht auf. Was für das Verhältnis Inkarnierter – Logos gilt, gilt auch für die Relation Erniedrigter – Erhöhter. Der Irdisch-begrenzte ist zwar derselbe wie der Erhöhte, aber doch nicht nur in noetischer Mitteilung jenes Überweltlichen. Die Realität der Erniedrigung, die Wirklichkeit des Sühnetodes, auf die es Brenz ankommt, ist so nicht einzuholen. Die Erniedrigung ist sehr viel mehr als eine durch den Grad der Erkennbarkeit unterschiedene Existenzform; sie ist wirkliches irdisches Geschick, nicht nur Mitteilung des in der Inkarnation überräumlich Geschehenen. Sie ist Hingabe, nicht Information.

---

[173] Brenz richtet sich hier gegen ein Verständnis von Joh 3,13 im Sinne einer physischen Bewegung („physica progressio" [R 156,20]) des Logos, die „räumlich vom Himmel in den Schoß der Jungfrau zur Inkarnation" führt (R 156,10–12). Vielmehr muß – wie bei Luther (WA 23,141,11–15) – gelten: Die alles erfüllende Gottheit „war vorher gegenwärtig". Nur in dieser Frontstellung kann die Inkarnation als Offenbarung verstanden werden.

[174] Mahlmann, Personeinheit, 181.

[175] Mahlmann, Personeinheit, 181f.

Daß Jesus für Brenz seit der Inkarnation „nicht nur [in] einer raumzeitlichen, sondern zugleich auch [in] einer bereits überräumlichen und überzeitlichen" Weise existiert[176], steht außer Frage. Mahlmann interpretiert das nun so, daß dieser Jesus sich „*partikular* in Raum und Zeit offenbart", daß hier eine „partielle Verräumlichung und Verzeitlichung Jesu" vor sich geht. Er sieht das begründet in der Struktur der Gleichzeitigkeit von inanitio und exaltatio[177]. – Gewiß: überräumliche und raumzeitliche Existenz Christi sind während der Zeit der Erniedrigung und oeconomia gleichzeitig. Keineswegs wird diese Relation aber richtig als „*partikulare*" Offenbarung verstanden. Brenz läßt doch an keiner Stelle einen Zweifel, daß sich der erhöhte Jesus *ganz* erniedrigt, *ganz* und *als ganzer* den Weg zum Kreuz geht, ohne daß freilich seine erhaltende Weltgegenwart suspendiert wäre. Durch partikularisierende Formulierungen wird man Brenz nicht gerecht. Christus ist *ganz* Weltherrscher und zugleich *ganz* erniedrigt. Mahlmanns durch die Texte nicht gedecktes Interpretament ist zwar verständlich, zeigt aber seinerseits den Versuch, das spannungsvolle Simul von maiestas und inanitio durch Quantifizierung aufzulösen, nicht wie bei Vermigli durch Verteilung der spannungsvollen Aussagen auf zwei Naturen, sondern hier partikularisierend. Das aber muß als rationalistische Reduktion des Brenzschen Gedankens zurückgewiesen werden. Die Antithetik: „er starb am Kreuz nach der Niedrigkeit; ... er erhielt alles Lebendige am Leben nach der Majestät" durch ein partim ... partim zu entschärfen unterstellt Brenz „quantitierende Halbheiten"[178], die seiner kühnen Konsequenz nicht gerecht werden.

6.4.2.2. *Zwei-Welten-Theorie als Paradigma der Christologie?*

Damit kommen wir auf die Frage der grundsätzlichen Bedeutung der „Zwei-Welten-Theorie" zurück. In welcher Weise Brenz von zwei Himmeln und Welten spricht, haben wir gezeigt, auch wenn diese Belege die Rede von einer „Zwei-Welten-*Lehre*" nicht decken. Gleichwohl hat Mahlmann etwas Richtiges gesehen. Die Auffassung vom Neben- und Beieinander der Überräumlichkeit Gottes und der lokalen irdischen Welt steht hinter Brenz' Christologie. Sie bildet den Horizont für die Möglichkeit der Simultaneität von Erniedrigung und Erhöhung oder für die Rede von einer doppelten, sichtbaren und unsichtbaren Himmelfahrt. In diesem Sinne sind zwei Wirklichkeitsbereiche bei Brenz unbestreitbar. So wäre „Zwei-Welten-Lehre" synonym mit dem schon von Brecht formulierten Gedanken der „Allgegenwart und Allzuhandenheit der Kreaturen und Dinge zu dem überzeitlichen und überräumlichen Gott"; die Bedeutung dieser Auffassung für Brenz' Christologie haben auch wir eingehend dargestellt.

Von einer „Zwei-Welten-Lehre" darf aber trotzdem nicht gesprochen werden. Es handelt sich bei Brenz doch gerade nicht um zwei *getrennte* „Welten",

---

[176] MAHLMANN, Personeinheit, 182.

[177] MAHLMANN, Personeinheit, 181 f.

[178] BAUR, Überlegungen, 213, hier bezogen auf die Versuche des späten 16. Jahrhunderts, Erhöhung und Erniedrigung zu vermitteln.

sondern um zwei Ebenen, die in engster Weise beieinander sind. Gewiß sind die beiden Wirklichkeitsbereiche *unterschieden*, aber sie sind eben nicht *getrennt*. Für Mahlmann dagegen hat Brenz „zwei ontologisch geschiedene Ebenen", die nicht mehr vermittelbar sind. Sie „fallen auseinander"[179]. Dem steht aber die Breite der Texte entgegen: Brenz betont, daß nichts irdisch (sichtbar) Seiendes ohne das Mit- und Insein des Göttlichen existiert – bis hin zur Rede von zwei Naturen in allem Seienden. Also gerade nicht Trennung, sondern äußerste Nähe wird hier postuliert! *Alles* ist Gott gegenwärtig als *ein* Moment und *ein* Ort (*unum* momentum et *unus* locus [M 404,6–8]). So äußert sich keine dualistische Metaphysik! Es gibt bei Brenz also gerade nicht zwei geschiedene ontologische Ebenen, nicht zwei Welten, was doch wohl heißen soll: zwei geschlossene Seinsbereiche. Mahlmann löst die Rede vom duplex mundus aus ihrem Zusammenhang und prinzipialisiert und stilisiert sie auf Diastase hin. Damit wird er Brenz' Ontologie nicht gerecht.

Das zeigt sich auch bei der Beziehung auf die Christologie, bei der Frage also, ob das Paradigma „Zwei-Welten-Lehre" Brenz' christologische Schriften einsichtig und gemäß ihrer eigenen Intention erschließt. Gegen seine Evidenz spricht aber deutlich die Unhaltbarkeit des Versuches, unter dem Stichwort „Offenbarung" als noetischer Relation eben jener zwei Welten Brenz' Christologie adäquat zu interpretieren. Auch das Urteil, daß aufgrund der Dominanz der Zwei-Welten-Lehre bei Brenz „das irdische Menschsein Jesu eins und das Gottsein Jesu ein anderes sei", daß beide auseinanderfallen, bestätigen die Texte keineswegs. Was ist nach den obigen Darstellungsgängen movens und Inhalt seiner Christologie wenn nicht, daß „dies Verschiedene und Getrennte eben ... eins geworden und dasselbe" ist? Als „Zerbrechen der Personeinheit"[180] kann dies nur auffassen, wer diese spannungsvollen Vermittlungsvorgänge nur in Kategorien des Identisch-Seienden zu denken bereit ist. Damit aber wird Brenz ein Paradigma übergestülpt, das ihm fremd ist.

Mahlmann konzediert selbst, daß seine Urteile aufgrund bestimmter, Brenz unterstellter „Prämissen" und „Voraussetzungen" apriorischen Charakter haben: „Es muß hier vorausgesetzt werden, daß ... Brenzens Unternehmen gescheitert ist"[181]. Wir haben versucht zu zeigen, daß dies vorausgesetzte Urteil sich bei genauem und vorurteilsfreiem Lesen nicht bestätigt. Und das sieht Mahlmann selbst: Als ausgezeichneter Brenzkenner bemerkt er, daß seine apriori, am Anfang seiner Untersuchung aufgemachte Rechnung bei Betrachtung der Ausführungen von Brenz nicht aufgeht: „Jedoch: derselbe Brenz, der statt der Personeinheit Jesu mit Gott vom Ende seiner Christologie her Jesus in zwei ontologisch geschiedenen Ebenen denkt und dies Produkt der Spekulation für den Inhalt des Schriftzeugnisses hält, derselbe Brenz beginnt seine Christologie mit dem Durchdenken des Verhältnisses Jesu zu Gott als Personeinheit bei-

---

[179] MAHLMANN, Personeinheit, 182.
[180] Alle Zitate MAHLMANN, Personeinheit, 182.
[181] Mahlmann, PERSONEINHEIT, 195.

der"[182]. Mahlmanns Urteil über das Ende der Christologie von Brenz als Vorgang der Offenbarung zwischen zwei ontologisch disparaten Welten läßt sich aber nicht halten und muß als Vorurteil gelten. Mahlmann verwechselt das *Ende von Brenz' Christologie* mit *dem Anfang* seiner eigenen Interpretation unter einem inadäquaten Paradigma, das er dann aber über lange Strecken auch außer Acht läßt, so daß wir ihm ausgezeichnete Analysen wichtiger Topoi bei Brenz verdanken. Das Zwei-Welten-Paradigma im Sinne Mahlmanns aber bewährt sich an den Texten nicht; es wird lediglich apriori gesetzt, statt aus den Gedanken Brenzens erhoben zu werden, und es erschließt ihr Verständnis auch nicht.

Damit aber bleibt die Aufgabe, ein angemesseneres Paradigma zu benennen; es ist in den vorausgegangenen Kapiteln schon ständig angeklungen und soll nun zusammenfassend expliziert werden: Brenz' Christologie ist soteriologisch konzipiert. Ihr großes Thema ist nicht das der noetischen Korrelation von „zwei ontologisch geschiedenen Ebenen", sondern das der Versöhnung.

7. Der Sinn der Person Christi: Die Soteriologie

7.1. Die Notwendigkeit der Christologie

Die späte Christologie des Johannes Brenz ist in ihren Grundzügen wie in ihren Details dargestellt, in ihrer faszinierenden Größe wie in ihren problematischen Passagen. Es bleibt die Frage: Was hat Brenz bewogen, ein solch gewaltiges, ebenso bewundertes wie von Anfang an umstrittenes Gebäude zu errichten? Warum bedarf das Thema der Christologie – und gerade dieses – so dringend, in solcher Ausführlichkeit und mit solcher Bereitschaft zur Polarisation der Klärung? Die Antwort lautet: Die Notwendigkeit des Themas hängt an der Notwendigkeit der Heilsgewißheit! Am rechten Verständnis Christi hängt die soteriologische und eschatologische Gewißheit der Rettung. Erkenntnis Christi und gewisse Hoffnung hängen unauflöslich zusammen. *Ihn* zu erkennen, so zitiert Brenz wiederholt Joh 17,3, *ist das ewige Leben*[1]. Das heißt aber: *Die Christologie hat zuallererst eine religiöse, geistliche Funktion.* Nur so sind ihre Genese und ihr Inhalt zu verstehen.

Diesen Zusammenhang bestätigt zunächst ein Blick auf die Katechismuserklärung Brenzens von 1551, in der explizit der Nutzen (utilitas) des „studium religionis" erörtert wird. „Weil nichts heilsamer ist, als Jesus Christus wahrhaft zu erkennen, ist auf nichts größere Sorge und Sorgfalt zu verwenden, als daß wir seine rechte Erkenntnis dauernd bewahren und erhalten"[2]. Die Erkenntnis Christi („cognoscere") umfaßt dabei, wie W. Sparn gezeigt hat, für Brenz sowohl die Lehre, das kognitive Erfassen von Inhalten, als auch die heilsam vertrauende Erkenntnis („agnoscere"). Erkennen und Glauben sind wechselseitig aufeinan-

---

[182] Mahlmann, PERSONEINHEIT, 182.
[1] R 19,29; 130,16–18; 234,25–27; vgl. BAUR, Tübinger Orthodoxie, 106f.
[2] Brenz, Catechismus illustratus, 123.

der bezogen und stehen gemeinsam im Horizont der Soteriologie[3]: Die Notwendigkeit des formulierten und lernbaren Bekenntnisses besteht in seiner soteriologischen utilitas[4]. Es hat jeder falschen Lehre zu wehren, „damit wir nicht einen falschen Gott, einen falschen Christus als wahr anerkennen"[5], und zwar nicht um einer formalen Orthodoxie willen, sondern weil allein in dem wahren Jesus Christus sich der wahre Gott als unser Heiland erweist[6]. „Wo Christus ist, da ist auch vergebung der sünden und ewiges Leben... Wo dann kein Christus ist, da kan auch kein vergebung der sünden sein"[7].

P. Barton und J. Baur haben festgestellt, daß für die Theologen der Spätreformation noch nicht die Geschlossenheit des Lehrsystems das bestimmende Ziel ihres Denkens war, sondern die personale Gewißheit[8]. Diese Beobachtung läßt sich an Brenz verifizieren. Eine Christologie, die die Majestät Christi wahrhaftig bezeugt, birgt zuerst eine Verheißung *für den Theologen selbst*. Auf *ihn* bezieht Brenz das Wort aus 1. Sam 2,30: „Wer mich ehrt, den will auch ich ehren"[9]. Die Christologie hat nicht primär eine bestimmte Systemstelle inne, so daß sie um deren willen vertreten werden müßte. Gewiß kommt der Christologie im Blick auf das Abendmahl eine *systematische* Funktion zu, ihr Gewicht aber gewinnt sie auch in dieser Frage aus der Heilsrelevanz des Abendmahls. Ebenso würde das Fehlen der Klarheit in den christologischen Fragen selbst nicht ein System sprengen, sondern die Gewißheit der Rettung. Es steht die „gewisse Hoffnung aller auf ihr himmlisches und ewiges Heil" auf dem Spiel (R 173,9f.).

Im Blick auf die Möglichkeit heilsbringender Glaubenserkenntnis hängen Wahrheit und Gewißheit unauflöslich zusammen und bedingen einander. Die Wahrheit muß um der Gewißheit willen klar und eindeutig formuliert werden, sie erfordert klare und eindeutige Begriffe. Hier liegt die Nötigung zur theologischen Verantwortung des Glaubens. Entsprechend kann als Kritik gegenüber Bullinger nicht nur formuliert werden, daß er *falsch* lehrt, sondern auch, daß seine Ausdrücke „dehnbar, zweideutig und heimtückisch" sind (R 145,21 ff.).

Das eindeutige begriffliche Bekenntnis des Theologen hat einen doppelten Bezug. Es ist *zum einen* notwendig „um der wahren *Kirche* willen" (R 146,11), „damit ich der Kirche des Sohnes Gottes Rechenschaft ablege" (P 4,26f.). Und es ist *zum anderen* und v. a. notwendig um der personalen Integrität des *Theologen* selbst als eines Gliedes dieser Kirche willen. Diese Integrität freilich, so weiß

---

[3] SPARN, Studium Religionis, 124ff. 139.

[4] „Haec est utilitas eius [sc.: articuli de Christo], quod reputor per fidem coram Deo iustus & sanctus propter Jesum Christum" (Brenz, Catechismus illustratus, 288).

[5] „...ne agnoscamus falsum Deum, falsum Christum, pro vero" (Brenz, Catechismus illustratus, 478).

[6] „ut credamus solum Iesum Christum filium Dei esse verum et aeternum Deum servatorem nostrum" (Catechismus illutstratus, 456).

[7] Brenz, Römerbrieferklärung, 428.

[8] BARTON 13f.; BAUR, Flacius, 178.

[9] „Non est tibi ignotum, quod Dominus ad sacerdotem Eli dixit: ‚Quicunque honorificaverit me, glorificabo eum'". So schreibt Brenz am 24.1. 1566 an Johann Marbach als Lob für eine neue christologische Schrift des Straßburgers: „majestatem Domini nostri Jesu Christi tam accurate explicare et illustrare pergas" (FECHT 217).

Brenz, hat er nicht in und an sich selbst, sondern „in Christo"[10]. Auch die Existenz des Theologen steht unter dem sola gratia des reinen Empfangens. Diese Einsicht macht bescheiden, ja demütig; zugleich aber steht der Theologe in dieser Existenz in der Pflicht zur – um der Sache willen ‚selbstbewußten' – Verantwortung des Glaubens.

Beide Momente formuliert Brenz 1564 in dem Selbstzeugnis, mit dem er den Wittenbergern antwortet, die ihm in seinem Alter Zurückhaltung empfohlen hatten (s. o. S. 64 f.): „Ich weiß mich durch Gottes Gnaden wohl zu berichten, daß ich nicht der Mann bin, wie sie von mir schreiben, der alle gelehrte oder alle gläubige zu einerley Meynung in dieser und andern Religionssachen bringen mög. Daß ich aber deßhalben nicht solte meines besten (wiewol gantz geringen) vermögens den Wölffen helffen wehren, damit sie unter der Herd Christi nicht so greulich rumorten, daß ich auch in meinem Alter mit stillschweigen (bevorab in der Noth ... unn do die rechte Kirch Christi die rechte öffentliche Bekäntniß erfordert) umgehen solt, was ich in der Jugend aus Gottes Gnad durch die Ubung in der H. Göttlichen Schrift aus Anweisung des Herrn Lutheri, seligen, als des erwehlten Werckzeugs Gottes, gelernt und gefast hab, das würde freylich niemand gesundes und Christliches Verstandes billigen können"[11].

Nur in dieser Perspektive wird Brenz' Testament verständlich (vgl. oben S. 2 + S. 67 f.). Hier legt er im Angesicht des Sterbens ein Bekenntnis von dem ab, was sein Glauben, Lehren und Leben konstituierte und Gestalt gewinnen ließ. Dieses „Bekanntnuß", und die Lehre von der Person Christi steht dabei an vornehmster Stelle (3 a), impliziert die Verwerfung falscher Positionen und bedingt zugleich deren Schärfe[12]: „Insonderheit aber verwürffe und verdamme ich auß grund meins Hertzens außtrucklich unn mit namen die falsch verdampte Lehr der Zwinglianer" (4 b). Denn deren Christologie ist nicht nur „erdacht, verfürisch ... und Gotteslösterlich" (5 a), sondern „mörderischer weiß, wie dann der Lugengeist ein mörderischer Geist ist" (5 b). Wie die wahre Lehre lebensspendende und rettende Gewißheit schafft, stellt sich Brenz die Lüge als im eigentlichen Sinn todbringend dar. Die letzte Schärfe der Auseinandersetzung, so befremdlich sie heute erscheint, ist nicht bloße senile Maßlosigkeit der Polemik, sondern sie gründet sich in der existentiellen Relevanz des wahren Bekenntnisses, die gerade im Angesicht des Todes sich zuspitzt in der Frage nach der eigenen Gewißheit des Glaubens. Es geht in der Christologie um das Ganze des Glaubens.

Dem rechten Bekenntnis kommt geradezu eine geschichtstheologische Schlüsselstellung zu. Brenz reflektiert in der Römerbriefauslegung von 1564,

---

[10] „Profiteor autem haec non propter Bullingerum ... sed propter veram ecclesiam filii Dei Domini nostri Iesu Christi, ut intelligat, mihi nullum aliud studium, & nihil aliud in votis esse, quam ut verum & germanum eius membrum sim ac in Christo vero eius sponso invenor" (R 146,8–15).

[11] Brenz/Andreae, Apologia ad Electorem Augustum, 69.

[12] In einem Brief an J. Marbach vom 24. 1. 1566 (also aus demselben Jahr, in das die Abfassung des Testamentes fällt) begegnen ähnlich scharfe Äußerungen über die theologischen Gegner (FECHT 217 f.).

daß in all den Ländern, „da Paulus selbs geprediget", heute „des Mahumets teuffelischer unglaub" herrsche (852). Der Grund für diese Ausbreitung des Islam „vom Jordan bis an die Donau" (851) liegt in nichts anderem als in dem „ernstlichen Zorn Gottes", der hervorgerufen wurde durch „die ketzerey des Arii, der die ewige Gottheit unsers Herrn Christi verleugnet" (852). Wo Christus falsch bezeugt wird, so ist Brenz' Überzeugung, kann das Christentum keinen Bestand haben. Vor dieser Gefahr sieht er auch die gegenwärtige Kirche: „Dann es lasset sich schon allgemechlich ein neuer Arrianischer glaub oder ketzerey sehen ... bey den Sacraments Schwermern und Cinglianern. ... Dann sie schneiden dem menschen Christo seine herrligkeit und Majestet ab" (853). Es steht „in kein[em] zweiffel", daß Gott auch durch die neue Häresie „zur straff bewegt wirt, das dieser neuer Arrianismus und Schwermerey eben so grossen schaden in den Lendern gegen Nidergang der Sonnen, das ist bey uns in Deutscher Nation und anderen orten thun werde, als der alte Arrianismus und Ketzerey in den Morgenlendern"[13]. In diesem geschichtstheologischen Horizont sieht Brenz seinen Kampf.

Die „rechte Lehre" von Christus ist „notwendig"[14], weil das, was in ihr in Frage steht, „zu unserem ewigen Heil notwendig ist" (R 1,20–24). Um dieser religiös-geistlichen Funktion willen muß sie in aller Breite ausgeführt werden. Auch die materiale Strukturierung der Christologie entspricht dieser Funktion. Der Sinn der Christologie liegt darin, Christus als Ort und Grund unserer Rettung zu verstehen. Dies gilt es nun abschließend zu entfalten. Da sich die Christologie immer auf das einmalige Ereignis des Kommens und des Weges Jesu bezieht, gehen wir den Momenten der Geschichte Christi zunächst einzeln nach, um abschließend (S. 280 ff.) zu einem Gesamtbild zu kommen.

7.2. Der Sinn der Inkarnation

Schon der Beginn der Geschichte der Person Christi in der Inkarnation ist ausschließlich soteriologisch zu verstehen. Das Werden Christi in der Sendung des Sohnes durch den Vater hat für Brenz nur ein Ziel: „Gott sandte seinen Sohn in diese Welt zur Erlösung des menschlichen Geschlechtes von der Tyrannei des Satans" (P 14,12–14). Dieser Intentionalität vergewissert sich der Schwabe an der Schrift und verleiht ihr dabei durch die Auswahl der Schriftworte zusätzliches Gewicht.

---

[13] Brenz, Römerbrieferklärung, 854. Brenz wiederholt diesen Gedanken in seinem Testament (5a).

[14] P 12,19; R 199,1; R 10,13–15 redet vom gegenwärtigen Streit als von „controversiis ... , quae sunt de rebus necessarijs, et quarum cognitio ad aeternam salutem pertinet". Vgl. schon BIZER, Confessio, 63: „Dann wir halten die himmlische leer unsers Herren Jesu Christi nit darfür, das ein mittelmessig ding sei, ... sonder das sie das aller nottwendigst seie".

Er stellt entsprechend ihrer Reihenfolge im Kanon zusammen[15]: Lk 1,31f., Joh 1,14, Joh 3,16, Röm 1,1b-4 und Gal 4,4 (P 14,14–24). Neben der explizit soteriologischen Stelle Joh 3,16 ist besonders die Verbindung von Joh 1,14 mit Gal 4,4+5 aufschlußreich. Diese Kombination ist bewußt gewählt und wird auch in der Auslegung von Lk 2, im Eucharistietraktat der Apologie sowie in der Apologia für den sächsischen Kurfürsten angeführt[16]: „Das Wort wurde Fleisch" wird ergänzt und interpretiert durch: „Als aber die Zeit erfüllt war, sandte Gott seinen Sohn, geboren von einer Frau und unter das Gesetz getan, damit er die, die unter dem Gesetz waren, erlöste, damit wir die Kindschaft empfingen". In Gal 4,4 sieht Brenz, wie er in seinem Galaterkommentar formuliert, eine der herausragenden Stellen der Schrift, und zwar deshalb, weil sie zugleich eine „sehr klare Beschreibung" Christi bietet und eine Zusammenfassung des ganzen Evangeliums, weil sie also „personam" und „officium" Christi, Christologie und Soteriologie verbindet[17].

Der Sinn der Inkarnation liegt nach Gal 4,4 im Vollzug der Erlösung. Der Sinn der Person Christi ist soteriologisch. Die Frage nach der „utilitas" und dem Amt Christi steht in keinem Gegensatz zur Frage nach der Person Christi. Die soteriologische Intentionalität der Christologie darf die Frage nach der *Person* Christi gerade nicht suspendieren zugunsten der Erkenntnis seiner *beneficia*, sondern sie hängt an ihr[18]. „Wer die Person nicht hat, wird auch die Werke Christi nicht haben", formuliert Brenz 1556 programmatisch[19]. „Der Sohn Gottes wurde nicht aus eigener Notwendigkeit, *sondern wegen uns Menschen und um unseres Heiles willen Fleisch*"[20].

7.3. Der Sinn der Erniedrigung

7.3.1. Freiwilligkeit statt Notwendigkeit

Was besagt in dem zuletzt zitierten Satz die Formel „nicht aus eigener Notwendigkeit (non sua necessitate)"? – Die Inkarnation ist kein Vollzug des Notwendigen, des schon immer Determinierten, sondern freier und ‚neuer' Entschluß Gottes. Nichts zwang Gott zur Menschwerdung. Hier realisieren sich nicht die Konditionen des Alten – und seien es wie bei Bullinger die der ewigen

---

[15] Wir folgen in diesem Absatz den ausgezeichneten Ausführungen von MAHLMANN, Dogma, 137f.

[16] In Evangelium sec. Lucam, 579; Apologie, 508; Apologia ad Electorem Augustum, 79.

[17] Brenz, Ad Galatas, 851.

[18] Gegen BRECHT, Brenz, der einen nur mühsam „in Einklang" gebrachten Gegensatz von „Amtschristologie" und „Zweinaturenlehre" sieht. Indem Brenz seine Amtschristologie verteidigt, „läßt er sich die Zweinaturenlehre als theologisches Thema aufzwingen" (213). Gegen diese Abwertung von „Lehre" weist aber schon SPARN (Studium religionis, 138) darauf hin, daß gerade *um der Soteriologie willen* für Brenz „Religion zuerst Lehre, nämlich Christologie ist".

[19] „Nam qui non habet personam, non habebit quoque opera Christi" (BIZER, Brentiana, 341).

[20] „quod *filius Dei incarnatus sit*, hoc est effuderit omnem suae maiestatis thesaurum in filium hominis, quem assumpsit, non sua necessitate, sed ... *propter nos homines et propter nostram salutem*" (R 132,7–11).

Gnadenwahl Gottes (s. o. S. 95–100) –, sondern hier geschieht Evangelium κατ' ἐξοχήν: Gott läßt sich von seiner Liebe bewegen und handelt noch einmal neu.

Mit noch größerem Gewicht verhandelt Brenz analog zur Inkarnation auch die Erniedrigung Christi unter diesem Gesichtspunkt. Der erhöhte Mensch unterlag – anders als alle andere Kreatur – keinem Zwang zur raumzeitlichen Beschränkung, ja zu Niedrigkeit und Tod; er trug sie *freiwillig*[21]. Christus hätten andere Möglichkeiten offengestanden. Daß er sie nicht nutzte, nicht nutzen *wollte*, hat ausschließlich soteriologische Gründe. Es ist dies der Akt spontaner Liebe und Hingabe, nicht für sich, sondern ausschließlich für uns[22]. Christus bestreitet „non sua[m] causa[m]", sondern ‚unsere Sache'. Es ist dies derselbe Befund, der sich auch für die Struktur der Erniedrigung beobachten ließ (s. o. S. 225 f.): sie ist Verzicht Christi im Blick auf sich selbst und Hingabe für uns. Ihr Ziel ist das „Geheimnis unserer Erlösung" (R 166,27).

In diesem Akt freien und spontanen Wollens handelt Christus gleichwohl nicht isoliert und willkürlich, sondern im Gehorsam gegenüber dem „Willen und Mandat" Gottes (M 324,24–26): „Darumb, so hat er wöllen dem willen des vatters gehorsam sein und hat ein gstalt des arbentseligsten knechts an sich genommen" (May 327,40–42). Hier ist gedacht, was Paul Gerhardt später in unvergleichlicher Weise als Gespräch von Vater und Sohn dichtet: „Ja, Vater, ja von Herzensgrund, leg auf, ich will dirs tragen; *mein Wollen* hängt an deinem Mund, mein Wirken ist dein Sagen"[23]. Der Wille des Vaters und des Sohnes koinzidieren in ihrem soteriologischen Ziel[24]. Die Alternative von Autonomie und Heteronomie, „Selbstverwirklichung" und Unterworfenheit ist trinitarisch außer Kraft, so wie dann analog im Zugleich von Weltherrschaft und Niedrigkeit Christi die Alternative von Herrschaft und Dienst überwunden ist oder für uns im Verhältnis zu Christus die Alternative von Herr und Bruder, ja Herr und Diener.

Der Gegensatz von necessitas und voluntas legt noch einmal die Grundstruktur der Brenzschen Christologie frei: Es wurde früher deutlich: Die Majestät des Menschen ist nicht essentiell, sondern kommt ihm in der Kommunikation „per gratiam" zu. Hier geschieht nichts, was die ‚normale' Welterfahrung in den Kategorien stimmiger Identität erfassen könnte; hier geschieht Nie-Dagewesenes mit Gott und Mensch: „Es ist Neues geschehen"![25] In analoger Weise ist von dem Weg Christi zu reden. Auch hier vollzieht sich nicht das, was schon immer – gleichsam essentiell – unser Menschengeschick war, sondern hier ereignet sich

---

[21] „Suscepit nostras imbecillitates non necessitate, sed voluntate; et passus est mortem non coactus, sed volens" (P 64,23 f.).

[22] „Christus non fuit humana sua natura morti necessario obnoxius. ... tamen sua sponte factus est mortalis et suscepit mortem, non sua causa, sed tantum propter liberationem humani generis" (S 132,17–22).

[23] P. Gerhardt, ed. Cranach-Sichart, 30 f.

[24] „*Voluit* igitur oboedire *voluntati* patris" (M 326,32).

[25] „Quid ergo *novi factum est*, quod ... vocatus sit Immanuel ... ?" (R 21,12–14; s. das Zitat ausführlich unten Anm. 56).

Gnade; der aus Gnade Erhöhte erniedrigt sich aus Gnade. Er muß es nicht, aber er tut, was Adam und damit wir alle nicht tun: Er verzichtet, und zwar zu unseren Gunsten. Er tut das schlechthin Neue.

Wenn Mahlmann bei Brenz die „Spontaneität der konkreten Gestaltwerdung – zunächst in Knechtsgestalt"[26] vermißt, übersieht er diesen Sachverhalt. Der „freiheitlichen spontanen Gestalt" kommt größtes Gewicht zu. Sie liegt nur nicht schon in der Zuordnung von göttlicher und menschlicher Natur und damit in einer voluntativen Restriktion der Weltgegenwart Christi. Deshalb „gerät" – gegen Mahlmann – die „Teilhabe Jesu an Gottes Weltverhältnis" auch keineswegs in eine „unbehebbare Unklarheit", sondern ist in aller Deutlichkeit ausgesprochen! Die Spontaneität liegt vielmehr in der freien spontanen Erniedrigung, die die Erhöhung und damit die Personeinheit nicht revoziert, sondern in Verhüllung bzw. Verzicht auf den Gebrauch der Majestät für sich verzichtet und für uns den Weg zum Kreuz geht. *Hier* ist der Ort des freiheitlichen spontanen Wollens Christi.

7.3.2. Der Sinn des Kreuzes

Mahlmann hat gegen zahlreiche Kritiker Brenz gegen den Vorwurf „der Nichtintegrität des Menschendaseins Jesu" zurecht in Schutz genommen[27], zugleich aber mit Brecht davor gewarnt, „daß das Heilsereignis der Erhöhung Jesu und das von da anhebende gegenwärtige Handeln des Erhöhten ... wesentlicher zu werden droht als das des irdischen Christus"[28]. In diesen weiterführenden Überlegungen dürften gleichwohl zwei Brenz unangemessene Abstraktionen enthalten sein: Zum einen ist für ihn die zweifellos gegebene Heilsrelevanz der Erhöhung (dazu unten S. 276 ff.) nicht zu trennen und nicht auszuspielen gegen die des Kreuzes. Und zum anderen ist eine Trennung zwischen der – konzedierten – *Faktizität* des irdischen Menschengeschickes und seiner *Heilsbedeutung* inadäquat. Diesem zweiten Gesichtspunkt gehen wir zunächst nach.

7.3.2.1. veritas und utilitas des Kreuzes: Gegen den Vorwurf des Doketismus

Der Vorwurf, Brenz' Christologie sei doketisch, wird in der Literatur nie *unmittelbar* mit Texten begründet, die die Wahrhaftigkeit des Todes Jesu in Frage stellen. Wenn es nicht einfach ganz pauschal erhoben wird[29], sieht das Verdikt vielmehr das Problem in der Gleichzeitigkeit der Erhöhung Christi zu seiner Niedrigkeit, wodurch „die Wirklichkeit seiner irdisch menschlichen Natur in einen Schein verwandelt und das Menschliche von dem Göttlichen verschlungen wird"[30].

Aber sind diese Befürchtungen berechtigt? Zweifellos läßt die zugespitzte Simultaneität, in der der sterbende Jesus zugleich im status maiestatis alles Leben

---

[26] Alle Zitate MAHLMANN, Dogma, 161–163.
[27] MAHLMANN, Frühe Theologie, 408.
[28] BRECHT, Brenz, 192; MAHLMANN, Frühe Theologie, 408.
[29] Etwa RITSCHL IV, 89.
[30] DORNER 680, vgl. oben im Forschungsbericht S. 11 f.

erhält, den Gedanken zu. Es ist dann aber weiter zu fragen: Wie geht Brenz mit dem realen Menschengeschick Jesu um? Hier ist doch wohl Mahlmann und Brecht zuzustimmen, die Brenz gegen den Verdacht auf Doketismus in Schutz genommen haben: Die Texte lassen in großer Breite keinen Zweifel daran, daß das Leiden Christi „wahr und nicht fiktiv" ist[31]. Zu deutlich macht Brenz die wirkliche Niedrigkeit auch des seit der Inkarnation erhöhten Christus (vgl. oben S. 207 f.):

„er hat sich der freud, des leids, der arbeit, der ruwe, der angst, der schmertzen, der traurigkeit, und was dergleichen anfechtungen sein, angenommen. Dann wiewol er in göttlicher gstalt ware und möcht allwegen himmlische freud gehabt und sich aller bekümmernuß entschlagen haben, jedoch hat er sich aller menschlichen anfechtung (ausserhalb der sünden) underfangen. Er hat sich wol zuzeitten gefreuet und hat im geist ein frolockung gehabt; aber das hat sein maß gehabt, und ist die traurigkeit bald auff die freud kommen. In summa, er hat schmertzen erlitten, er ist erschrocken, er hat geweinet, und sagt unverheelet, sein seel sey traurig biß in den todt" (May 329, 18–28).

Bestätigt wird dieser Eindruck auch durch Brenz' nicht im engeren Sinne dogmatische Werke: durch seine Schriftauslegungen, und zwar besonders die der Synoptiker einschließlich der Passionsgeschichte[32], sowie durch seine zahlreichen Predigten, auch zu Passion und Auferstehung. Jeder einzelne Zug der konkreten Beschreibung des irdischen Geschicks Jesu wird hier nacherzählt und ausgelegt, allen Stadien der Passionsgeschichte ausführlich nachgegangen. Dabei ist aber selten das „Faktum" als solches von Interesse, sondern es wird „kerygmatisch" erschlossen, teils assoziativ, teils durchaus ethisch-moralisierend, auf jeden Fall aber auch soteriologisch. Jedes Moment der Leidensgeschichte Jesu hat heilsbringende und heilsverkündigende Bedeutung. Die Vermutung, die Brenzsche Erhöhungschristologie schädige das Interesse an der biblisch-konkreten Geschichte Jesu, bestätigt sich eindeutig nicht. Die Christologie will vielmehr gerade diesen Jesus der Erniedrigung als mit dem lebendigen und allgegenwärtigen Gott geeint existierend aussagen.

Aufgrund dieses Bildes erscheint es als glaubwürdig und begründet, wenn Brenz in der Katechismuserklärung auch ausdrücklich doketische manichäische oder markionitische Irrlehren[33] als Werk des Satans zurückweist, der auf diese Weise unser Heil gefährden will[34]. Denn solchen Versuchen, „Leiden und Sterben Christi zu verdunkeln oder zu entwerten", steht das – für Brenz noch an keiner Stelle historisch problematische – Zeugnis der Schrift entgegen: „Es

---

[31] BRECHT, Brenz, 183, ähnl. auch MAHLMANN, Frühe Theologie, 408.

[32] Etwa Expositio Evangelistae Marci, 438 f.; In Evangelium sec. Lucam, 579 f.; 1026 f. Selbst KANTZENBACH, der am Vorwurf „doketische[r] Tendenz" (Stadien, 271 f.) festhält, muß konzedieren, daß sich Brenz an diesen Texten „den Blick für die Menschheit Christi wachhalten wollte" (273).

[33] In Evangelium sec. Lucam, 579: „non in phantasmate, ut impius Marcion sensit, sed vere passus et mortuus est".

[34] „Deinde [Satan] excitavit alios, qui docuerunt Christum non vere mortuum, neque quicquam passum, sed simulasse tantum paßionem et mortem" (Catechismus Illustratus, 166).

bleibt kein Zweifel, daß Jesus Christus *wahrhaftig* gelitten hat und gestorben ist"[35]. Es ist absurd zu meinen, Christi sei schon ins Paradies entrückt gewesen und ein anderer an seiner Stelle gestorben. Die „veritas" des Kreuzes als Ort des wahrhaftigen Todes Christi steht außer Frage. Diese historische Faktizität aber ist von der soteriologischen Relevanz nicht zu trennen: An der „veritas" des Kreuzestodes ist um seiner „utilitas" willen festzuhalten. „Denn wenn Christus nicht wahrhaftig gestorben wäre, wäre der Tod nicht völlig besiegt und überwältigt"[36]. Die *Gestalt* der Erniedrigung ist nie ohne ihren *Sinn* von Interesse.

7.3.2.2. „. . .ut pater reconciliaretur ' – Versöhnung als Ziel des Kreuzes

Die Christologie des Erhöhten relativiert die Heilsbedeutung des Kreuzes keineswegs. Für Brenz ist ein christlicher Glaube, der nicht auf der Versöhnung am Kreuz gründet, völlig undenkbar. „Das ist die Summe des ganzen Evangeliums, daß Christus durch seinen eigenen Tod unsere Sünden büßte"[37]. Deshalb wird die Erhöhungschristologie explizit vermittelt mit der Heilsbedeutung des Kreuzes, und zwar im Verständnis der inanitio als reconciliatio bzw. expiatio, als Versöhnung bzw. Sühne: Die Erniedrigung hat nicht nur Konsequenzen „für die Person Christi selbst", nämlich in der öffentlichen Erhöhung nach Phil 2,9, sondern auch „für die anderen Menschen" (M 330,1+8): Durch Christi Gehorsam werden sie mit dem Vater versöhnt und empfangen im Glauben Vergebung der Sünden, Rechtfertigung und ewiges Leben[38]. Hinter allen differenzierten Reflexionen über die leibliche Menschheit Christi steht die elementare Überzeugung, daß es hier um genau *den* Leib geht, „damit er unser sünd am creütz gebüsset hat" (May 365,25f.).

Sehr eindrucksvoll kann Brenz die Heilsbedeutung des Kreuzes in Passionspredigten formulieren: „So beweiset . . . Gott sein Barmherzigkeit gegen uns armen Sündern mit dem, daß er samt seinem Sohn Christo alle unsere Sünd an das Kreuz gehenkt und mit seinem Blut ausgelöschet, auch samt ihm in die Erden verscharret und begraben hat"[39]. Das Kreuz ist das Resultat eines Konfliktes in Gott: es „stunde nu der ganz Handel darauf, nämlich daß die *Wahrheit* Gottes nicht zugebe, daß der Mensch sollte selig werden, denn er hatte Gottes Wort verachtet und damit die Verdammnis verschuldet. Hinwiederum so ließe die *Barmherzigkeit* Gottes nicht zu, daß der Mensch sollte verdammt werden". Christus aber, auf den „die Verdammnis kein Zuspruch . . . hatte", der aber „nichtsdestoweniger . . . den Tod auf sich nahme",

---

[35] Catechismus Illustratus, 165–167.

[36] „Nam si Christus non esset vere mortuus, mors non esset vere devicta & oppressa" (Catechimsus Illustratus, 167).

[37] „Haec est totius Evangelii summa, quod Christus expiaverit sua ipsius morte peccata nostra" (Ad Galatas, 784).

[38] „Quid ergo Christus hac inanitione, humiliatione et morte consecutus est? Quod quidem ad alios homines attinet, illud est consecutus, ut coelestis pater propter tantam filii oboedientiam reconciliaretur cum humano genere, ut quotquot crederent in Christum, haberent remissionem peccatorum et reputarentur iusti ac reportarent aeternam vitam" (M 328,35–330,5).

[39] Brenz, Predigten, 122.

hat in die Mauer „des Tods und ewiger Verdammnis ein Loch" gemacht. So „ist Gott wahrhaftig, darzu auch barmherzig blieben. Wahrhaftig darum, denn Christus hat die Sünd gebüßet und weggenommen. Barmherzig aber darum, daß er seines lieben Sohns nicht verschonet, sondern für uns in solchen schmählichen Tod hat kommen lassen, damit uns wiederum geholfen würde"[40].

Wir halten ausdrücklich fest, daß mit diesen Beobachtungen die Brenzsche Versöhnungslehre nur eben berührt ist. Eine echte Auseinandersetzung mit ihren Problemen – von dem Briefwechsel mit Melanchthon 1531 bis zu den Verwicklungen in den Osiandrischen Streit – müßte völlig anders ansetzen; dies würde den Rahmen dieser Arbeit sprengen.

7.4. Der Sinn der Erhöhung

7.4.1. Glaube als Teilhabe an der Kommunikation

Brenz beschreibt den Vorgang des Glaubens als Teilhabe des Menschen an dem christologischen Vorgang der Kommunikation. Der Christ wird in die Gemeinschaft mit Christus und damit mit Gott hineingezogen. Dies illustriert die Metapher des Überfließens: Gott gießt seine Majestät in den Menschen Christus. Der aber behält diese Fülle nicht für sich, sondern sie fließt auf uns über. Wie bei der Salbung Aarons das Salböl vom Haupt auch auf Bart und Kleider lief (vgl. Lev 8,12.30), so fließen die göttlichen Güter im Glauben von Christus auf uns über. „Die Fülle der göttlichen Güter, die vom Sohn Gottes in den Menschensohn ausgegossen wurde, hängt nicht nur an seiner eigenen Person, sondern steigt auch in alle seine Glieder, die an ihn glauben, herab"[41]. Dieser Überfluß bedeutet, daß im Glauben der Mensch Anteil am Vollzug der Kommunikation bekommt. In eschatologischer Perspektive wird das so formuliert: „in der zukünftigen Seligkeit wird uns die ganze göttlichen Majestät und Glückseligkeit mitgeteilt werden"[42]. Das darf aber nicht so verstanden werden, als sei Christus nur das Instrument zur Übermittlung jener von ihm ablösbaren Güter; vielmehr ist die Teilhabe an der göttlichen Fülle Teilhabe *an ihm*. So hatte es Brenz schon im frühen Epheserkommentar, und hier ohne eschatologischen Vorbehalt, formuliert: Göttliche Macht, Majestät, Ehre und Gerechtigkeit eignen Christus. „All diese Güter aber werden uns mitgeteilt, wenn wir Christus im Glauben erfassen"[43]. Auch die Übereignung der Gerechtigkeit Christi wird im ‚Römerbrief' als communicatio beschrieben: „nobis communicetur haec

---

[40] Brenz, Predigten, 102f.

[41] „ita plenitudo divinorum beneficiorum, quae effusa est a filio Dei in filium hominis, non haeret tantum in ipsius persona, sed descendit etiam in omnia membra eius, quae sunt credentes in ipsum" (R 132,20–24).

[42] „in futura beatitudine ... divinae maiestatis & foelicitatis ... omnia erunt nobis ... communicata" (R 234,20–24).

[43] „Haec autem omnia nobis bona communicantur, *dum fide Christum capimus*" (Epheserkommentar 17,25f., zu Eph 1,20).

iustitia"[44]. Der Glaube hat Teil an Christus; er ist für ihn Ort der Gemeinschaft mit Gott, Ort liebender Kommunikation. Der „Glaube" ist dabei ,existentielles' Vertrauen, schließt aber gerade deshalb auch das Moment kognitiver Vergewisserung des „Woraufhin" unseres Vertrauens ein[45].

Der christologischen Begründung dieses Gedankens in der Passage R 132,7–24 liegt als ,Tiefenstruktur' die soteriologische Strukturierung der gesamten Christologie zugrunde, nämlich (1.) die Hingabe des ewigen Gottes in der Inkarnation und (2.) die Hingabe des Inkarnierten an uns. Voraussetzung für den „Überfluß" der göttlichen bona auf uns ist die gnadenhafte Ausgießung der göttlichen Majestät in den Menschen Christus, also die Inkarnation als soteriologisches Ereignis (Kap. 7.2.). Der Inkarnierte aber hat und behält seine Majestät nicht für sich allein, nicht „sibi tantum" (R 132,14). Deshalb erniedrigt er sich; deshalb bekommen wir Anteil am ,fröhlichen Wechsel' der Kommunikation (Kap. 7.3.). „Der Sohn Gottes wurde Fleisch, d. h. er goß den ganzen Schatz seiner Majestät in den Menschensohn, den er annahm, nicht aus Notwendigkeit, sondern ... um uns Menschen und um unseres Heils willen" (R 132,7–11). Diesen Gedanken führt Brenz durch die Zitation von Joh 1,16 weiter, wodurch schon das Johannesevangelium Joh 1,14 auslegt: „Von seiner Fülle haben wir alle genommen..." (R 132,16f.). Die Inkarnation der Herrlichkeit des eingeborenen Sohnes geschieht für uns, damit *wir* von ihm Gnade um Gnade empfangen. Das Geschehen der Person Christi zielt auf die Glaubenden. Sie sind Teil an ihm, „membra eius" (R 132,23). Deshalb ist Gottes Reichtum, der in der Mitteilung der Eigentümlichkeiten in *diesem* Menschen ist, im Glauben bei allen Menschen. Hier liegt der Grund für die breite Entfaltung der Person Christi, die gegen sämtliche Einwände nur als *Kommunikationschristologie* ihrer Sache gerecht werden kann. Sie zielt auf unser εἶναι ἐν Χριστῷ. Christus ist das Wo unserer glaubenden Existenz. Diese Existenz ist Leben in der Liebe Gottes. Der Liebe des Vaters, die den „thesaurus suae maiestatis" ausgießt; der Liebe des Sohnes, der diese Majestät nicht „sibi tantum", sondern „pro nobis" ,nutzt' und weitergibt.

7.4.2. Das heilsame Ziel der Erhöhung

Die allgegenwärtige Erhöhung der Menschheit wird unmittelbar soteriologisch erschlossen. Mit dem Menschen Christus ist ,Fleisch von unserem Fleische' erhöht in göttliche Ehre, und so sind mit ihm auch wir als seine ,membra" erhöht[46]. Er genießt seine Ehre nicht eigennützig, sondern ist als einer *von uns* der *für uns* Erhöhte. Als der Allmächtige und Allpräsente bewahrt und erhält unser Bruder uns, ist uns gegenwärtig in allen Anfechtungen, bis er uns am Ende ganz in seine Herrlichkeit zieht: „wir wollen in wahrem Glauben betrachten, daß

---

[44] Ad Romanos, 101,22.

[45] Ad Galatas, 855: „in Christo *agnoscimus* [nicht: cognoscimus] perfectam iusticiam nobis per fidem communicatam".

[46] „Cogitandum est, quod Christus, qui est caro et sanguis noster, sedeat in omnipotentia Dei et collocaverit nos in eadem maiestate" (Catechismus illustratus, 202).

Fleisch von unserem Fleisch in solche Majestät erhoben ist, so daß er nicht nur
seine eigene Seligkeit genießt, sondern auch uns in allen Widrigkeiten als gegenwärtiger erhält, unser Leben lenkt und uns endlich von allem Elend und auch
vom Tod selbst zum Genuß der ewigen Seligkeit befreit"[47].

Zu diesem Gedanken eine genetische Beobachtung: Die soteriologische Bedeutung der ausgeformten Christologie, insbesondere der Erhöhung Christi, der „Ubiquität" tritt bereits im Catechisums illustratus in den Blick, der auch hier nach der
„utilitas" der Lehre fragt; darauf wird hier mit zurückgegriffen. In den Spätschriften
finden sich diese Gedanken erstmals in der Recognitio, also spät. Hier erst war dem
Schwaben offenkundig das entsprechende Potential in seiner Christologie voll bewußt geworden. Diese Entwicklung korrespondiert der Emanzipation der christologischen Thematik von der Abendmahlsfrage (s. o. S. 133 f.). Es ist dies ein für die
lutherische Christologie höchst bedeutungsvoller Weg; damit löst sich die Christologie endgültig aus einer sekundären, apologetischen Funktion im Kontext der Abendmahlsfrage und wird ihrerseits Trägerin fundamentaler Heilsaussagen. Die ein-
drucksvollen Formulierungen von FC VIII zu diesem Thema[48] sind im wesentlichen
bei Brenz vorweggenommen. Eine Einschränkung ist dabei zu notieren: Brenz kennt
wohl den Trost der Gegenwart des erhöhten Menschen. Der Akzent darauf aber, daß
Christus gerade der ist, „der alle Trübsal in seiner angenommenen menschlichen
Natur versuchet hat" und der deshalb mit „seinen Brüdern ein Mitleiden haben
kann"[49], ist so bei ihm noch nicht gegeben.

Obwohl Brenz' Christologie bei ‚Erhöhung' und ‚Majestät' ansetzt, ist sie
keine theologia gloriae (vgl. S. 227 f.). Der Glaubende steht, das weiß Brenz, in
der Anfechtung; *uns* widerfährt die Allmacht, zu der der Mensch Christus
erhöht ist, noch nicht; unsere Erfahrung wird geradezu drastisch ernstgenom-
men: wir meinen eher, „mit dem Satan in der Finsternis der Hölle zu sitzen als
mit Christus in himmlischer Herrlichkeit"[50]. Und doch gilt uns in aller Widrigkeit, ja selbst im Tode der Trost seiner Gegenwart[51]. Der Allmächtige, der selbst
in die Hölle fuhr, um uns daraus zu befreien, wird uns in allem Übel bewahren[52].
Für uns als Glieder des schon jetzt erhöhten Christus werden Trauer und Leiden
nicht das letzte Wort behalten. Ja es gilt in aller Anfechtung schon heute: der zur

---

[47] „vera fide consideramus, carnem de nostra sumptam in tantam maiestatem esse evectam,
ut non tantum ipsa sua fruatur foelicitate, verumetiam coram nos in omnibus adversis praesens
conservet, vitam nostram gubernet & tandem nos ex omnibus miseriis ac morte quoque ipsa ad
fruendum aeterna beatitudine, liberet" (R 59,16–22).

[48] BSLK 1046,25 ff.; 1048,7 ff.

[49] BSLK 1046,37–41.

[50] Catechismus illustratus, 201.

[51] „... articulus, qui cum exponat summam et coelestem maiestatem Domini nostri Iesu
Christi affert nobis magnam in omnibus adversis adeoque in ipsis mortis doloribus consolationem" (Catechismus illustratus, 198).

[52] „qui et descendit ad inferos, ut nos ex inferis liberaret, clementer nos sit in omnibus malis
conservaturus, ut una cum ipso aeterna beatitudine apud Deum patrem coelestem fruamur" (R
231,11–14).

Allmächtigkeit erhobene Mensch hat „mit ihm und in ihm" auch seine Kirche allmächtig gemacht: sie hat Teil an der communicatio idiomatum[53]. Die Allmächtigkeit Gottes bei dem hilflosen Menschen Jesus am Kreuz und „mit ihm und in ihm" bei seinen angefochtenen Gläubigen. Was, wenn nicht das, ist theologia crucis?

Der Sinn der Christologie liegt also bei aller Anstrengung des Begriffs darin, die Gewißheit des Christen in seiner angefochtenen Existenz zu begründen. Aus diesem Grund ist auch die harte polemische Durchsetzung seiner Christologie gegen das schweizerisch-melanchthonische Modell für Brenz unverzichtbar. Dessen „halber Christus" vermag keinen Trost zu geben. „Wir beten nicht einen halben, sondern den ganzen Christus an, nicht allein nach seiner Gottheit, gleichsam nur zu einer Hälfte, sondern *den ganzen, der in allen Widrigkeiten uns gegenwärtig ist*"[54]. Überall und in allem begegnen wir Christus als *Gott und Mensch*, der in sich die versöhnte Gemeinschaft beider *ist* und uns in sie hineinnimmt. „Wohin willst du fliehen, wo du nicht Christus als wahren Gott und wahren Mensch ganz und gar gegenwärtig findest?"[55]. Durch seine, unseres Bruders Allmacht ist uns die Bewahrung selbst im Tode verheißen; durch seine Gerechtigkeit werden wir gerecht gesprochen und gerecht gemacht; durch seine Allgegenwart ist uns Trost, Bewahrung und Freiheit in aller Widrigkeit gewiß. Dies ist der „fructus" des Glaubens an den göttlichen Menschen und den menschlichen Gott in Christus. Wir geben diese eindrucksvolle Passage zweisprachig wieder und versuchen, den Rhythmus der Sprache im Druck zu verdeutlichen:

„Itaque cum agnoscimus et credimus, Christum filium hominis esse omnipotentem, noster fructus est, ut omnipotentia sua conservemur in morte ad aeternam vitam.	„Wenn wir deshalb anerkennen und glauben, daß Christus der Menschensohn allmächtig ist, ist unser Gewinn, daß wir durch seine Allmacht im Tode zum ewigen Leben bewahrt werden.
Cum credimus eum esse omniiustum, noster fructus est, ut propter iustitiam eius reputemur et nos coram Deo iusti ac etiam reipsa iusti efficiamur.	Wenn wir glauben, daß er allgerecht ist, ist unser Gewinn, daß um seiner Gerechtigkeit willen auch wir vor Gott gerecht geachtet und auch in Wirklichkeit gerecht gemacht werden.

---

[53] „non solum ipse consederit ad dextram patris et factus sit omnipotens, verumetiam fecerit *cum ipso et in ipso* Ecclesiam suam omnipotentem" (Catechismus illustratus, 201).

[54] „nos pio consensu docemus, nec de dimidiato Christo cogitavisse, quem nobis Cingliani obtrudere conantur. Adoramus non dimidiatum, sed totum Christum, non iuxta divinitatem solum, tanquam dimidia sui parte, sed totum in omnibus rebus adversis praesentem' (Brenz/ Andreae an J. Marbach, 19. 8. 1567, PFAFF 210 [= FECHT 250 f.]).

[55] „Quo igitur te proripies, ubi non invenias Christum verum Deum & verum hominem praesentissimum?" (R 197, 16–18).

Cum credimus eum omnipraesentem,

noster fructus est, ut praesentia eius in omnibus adversis consolationem habeamus & conservemur ac liberemur.

Denique cum credimus ipsum esse omnifoelicem,
noster fructus est, ut nos una cum ipso in aeternum foelicem ducamus vitam.

Quid enim spei non accresceret nobis, quid rei non accederet nobis, cum certa fide tenemus, illam ipsam carnem, quae ex nobis sumpta est et qua nos praediti sumus, sedere in summa maiestate et tenere omnium rerum gubernacula ac frui omni coelesti beatitate?" (R 132,25–133,12).

Wenn wir glauben, daß er allgegenwärtig ist,
ist unser Gewinn, daß wir durch seine Gegenwart in allen Widrigkeiten Trost haben und bewahrt und befreit werden.

Wenn wir endlich glauben, daß er allselig ist,
ist unser Gewinn, daß wir mit ihm in Ewigkeit ein seliges Leben führen.

Denn welche Hoffnung wächst uns nicht zu, welche Sache kommt uns nicht zu, wenn wir in gewissem Glauben festhalten, daß eben dieses Fleisch, das von unserem Fleisch genommen ist und mit dem wir behaftet sind, in höchster Majestät sitzt, die Lenkung aller Dinge innehat und alle himmlische Seligkeit genießt?"

7.5. Ergebnis: Christologie als Evangelium

Wir fassen das Ergebnis unserer Untersuchung zusammen, indem wir die schon wiederholt formulierte These zu belegen versuchen und sie als Paradigma – anstelle von Mahlmanns Zwei-Welten-Lehre zum Verständnis der Brenzschen Christologie verifizieren: *In Christus geschieht das schlechthin Neue.* Dieses Neue ist: Gott ist als Mensch mit uns, er ist für uns Immanuel. So führt Brenz aus: Gewiß war Gott immer in der Welt, und wohl hat er durch Patriarchen und Propheten in besonderer Weise gehandelt. Aber keiner von ihnen war „Immanuel", war durch das Geschehen der communicatio Gott selbst. Dies gilt ausschließlich von Christus. Er ist als der Gott mit uns der Gott für uns. In ihm ist Gott uns gnädig, macht uns zu seinen Kindern und zu Miterben Christi[56]. – Was Brenz auf diese Weise als das Neue der christologischen Gegenwart Gottes

---

[56] „Quid ergo *novi factum* est, quod, cum Christus nasceretur, homo vocatus sit Immanuel, hoc est nobiscum Deus? Erat quidem, ut modo dicebamus, Deus semper in mundo, erat cum Patriarchis ac Prophetis, ac ornabat eos multis admirandis donis; sed nullus eorum vocatus est Immanuel, propterea quod in nullum alium, praeterquam in hunc hominem, quem ex virgine assumpsit, omnem divinitatis suae thesaurum contulerit et eo evexerit, ut non solum una secum ubivis esset et omnia gubernaret, verum etiam ut quisquis hunc hominem videret, verum Deum videret, quisquis adoraret, verum Deum adoraret et quisquis confideret vero Deo confideret, ut vere dicatur Immanuel, primum quidem et praecipue ad illustrandam personae ipsius conditionem, deinde etiam ad testificandam de nostra per ipsum salute certitudinem; non enim sibi tantum, sed etiam nobis vere est Immanuel, hoc est, nobiscum Deus, propterea quod effecerit, ut Deus sit nobis propitius, adoptet nos in filios et faciat nos haeredes quidem suos, cohaeredes autem Christi" (R 21,12–22,3).

gegenüber seiner Präsenz im Verlaufe der ‚Heilsökonomie' darstellt, kann stärker prinzipialisiert werden. In der Welt war und ist Gott immer, aber in anderer, ‚allgemeiner' Weise, nicht in der Weise eindeutiger Liebe wie als Immanuel. Hier begegnet eine fundamentale Unterscheidung wieder, die im Zusammenhang der Abendmahlsfrage behandelt wurde (S. 129f.): Von der allgemeinen Weltgegenwart Gottes wird die qualifizierte dispensatorische Heilsgegenwart abgehoben. Dasselbe gilt dann analog in der Christologie und bildet hier *das* Differenzkriterium: die Weltgegenwart Gottes in aller Kreatur ist zu unterscheiden von seiner durch communicatio spezifizierten Gemeinschaft mit dem Menschen in Christus (S. s. o. 168f.).

Auch in der Gotteslehre bzw. Kosmologie wendet Brenz diese für sein Denken charakteristische Unterscheidung an: „Von der Majestät und Allmacht Gottes" muß auf doppelte Weise geredet werden: „generaliter" und „specialiter"[57]. Die generelle Majestät meint die schlechthin allumfassende Herrschaft Gottes, die dabei nicht weiter qualifiziert ist: im Reich dieser Majestät leben Fromme und Gottlose, Heilige und Teufel, es umfaßt Himmel und Hölle[58]. Von dieser Allherrschaft Gottes ist aber eine andere Rede von der Majestät Gottes zu unterscheiden: Im Reich *dieses* Herrn, der qualifiziert ist durch Güte und Gnade, leben ausschließlich die guten Engel und die Frommen[59]. Diese Unterscheidung von genereller und spezieller Rede von Gott und von Gottes Handeln und Gegenwart ist bestimmend und prägend für das Denken von Brenz. Es liegt hier in der Sache die lutherische Unterscheidung von deus absconditus und deus revelatus vor. Auch Brenz vermag vom Handeln Gottes nur in dialektischer Weise zu reden, muß vom opus „proprium" ein anderes, Fremdes abheben: „Gott, dessen Eigentliches es ist, sich zu erbarmen und zu verschonen, wird dennoch der zornige Gott genannt und ein strenger Richter und Verdammer"[60]. Brenz präzisiert die Aussage noch: Der Zornige ist Gott nicht aus seiner Natur heraus, sondern aus Schuld der Menschen. Es ist also keine Spaltung im Gottesbegriff zu denken, sondern eine Dialektik in der Relation Gottes zum Menschen. Diese aber ist fundamental: Gottes generelle Allmacht ist wie ein verbrennendes Feuer; der „Größe" seiner „höchsten Gutheit (summa bonitas)" ist der Mensch so wenig gewachsen, wie er direkt in die Sonne zu schauen vermag (R 182,26–183,1).

Diese doppelte Weise von Gott zu reden erschließt das Verständnis des Leidens Christi. In einer Passionspredigt legt Brenz dar, daß gerade im Leiden des

---

[57] R 182,1 ff.; ähnlich M 476,25; R 201,7 ff. Vgl. oben S. 238 f.

[58] „Cum ergo loquimur de maiestate & omnipotentia Dei *generaliter*, tunc in domo Dei patris et in regno coelesti non continentur tantum Sancti, verumetiam homines impii et diaboli. Itaque hoc modo sermo est de coelesti regno, recte dicitur comprehendi in eo non tantum coelum sed et infernum, nec tantum pios sed etiam Herculem..." (R 182,1–7).

[59] „Cum autem *specialiter* ac distinctim loquimur, aut de maiestate clementiae et gratiae Dei, tunc soli angeli boni et pii homines continentur in domo patris et in regno coelesti" (R 182, 11–14).

[60] „Deus, cuius proprium est misereri et parcere: tamen dicitur Deus iratus et severus iudex et damnator" (R 182,22–24; ähnl. 164,21–28).

unschuldigen Christus eine Offenbarung des „greulichen schweren *Zorn* Gottes" zu sehen ist, „den er wider die Sünd gefasset hat"[61]. Gerade deshalb aber bedeutet das Kreuz auch den Erweis der „Lieb und Gunst" gegenüber dem „Menschen in seinem Leiden". Beides, Zorn und Gnade, Gerechtigkeit und Barmherzigkeit stehen in einem dialektischen Verhältnis: „es ist nicht wider einander, wiewohl es zweierlei ist". Sie müssen bleibend unterschieden werden, wiewohl im Kreuz der Zorn versöhnt und die Liebe als Gottes „proprium" (R 182,23) erwiesen ist.

Die zugrundeliegende fundamentale Differenz, die sich beim Blick in Brenz' Schriften überall zeigt, hat Mahlmann offenkundig übersehen. Anders ist sein unhaltbares Pauschalurteil nicht zu verstehen, der Brenzschen Theologie bleibe mit der theologia crucis auch das „discrimen legis et evangelii" fremd[62]. Dabei bringt für Brenz Christus die Befreiung vom Gesetz[63]. Gerade von hierher erschließt sich Brenz' Christologie: In ihr ereignet sich Evangelium, die neue, eindeutige Bestimmung des Verhältnisses von Gott und Mensch, und zwar untrennbar durch beides gemeinsam: durch die neue Gemeinschaft beider, die als Kommunikation in der Inkarnation beginnt, und in der Versöhnung, die der Inkarnierte durch seine freiwillige Erniedrigung leistet. So wird die spezielle Weise, von Gott zu reden, gegenüber der generellen ins Recht gesetzt, so geschieht das Neue gegenüber dem Alten. Das ist der Grund, der Brenz so leidenschaftlich um das Proprium der Person Christi streiten läßt[64].

Gegen Mahlmann ist zu sagen: Nicht zwei geschiedene Welten, sondern zwei Weisen, von Gott zu reden, sind das Paradigma hinter Brenz' Christologie. Die Differenz ist nicht in erster Linie ontologisch, sondern soteriologisch zu bestimmen. Nicht pauschal um die Relation zweier Wirklichkeiten, sondern um die Bestimmung des Verhältnisses von Gott und Mensch geht es Brenz in seiner Christologie. Außerhalb von Christus ist die Kreatur *abhängig* von ihrem Schöpfer in seiner unnahbaren Majestät. Genau diese Relation der Dependenz wird von den Reformierten in die Christologie transferiert. Eben dagegen richtet sich Brenz in schärfster Weise. Das *alte* Verhältnis der Abhängigkeit von Gott, dessen religiöse Entsprechung die Begegnung mit dem Fascinosum und Tremendum ist, behielte sonst auch in Christus Gültigkeit und damit – trotz aller Beteuerungen einer seit Ewigkeit beschlossenen Rechtfertigung sola gratia – auch für unser Verhältnis zu Gott. Dann aber wird in der Christologie – wie wir

---

[61] Alle Zitate Predigten, 119–121.

[62] MAHLMANN, Vorwort, XVI, im Anschluß an MÜLLER-STREISAND. Vgl. dagegen auch die Ausführungen von BRECHT, Brenz, 162–165, 232–236, sowie oben S. 227 f.

[63] „Christus enim venit in hunc mundum, non ut legislator, non ut novam ferret legem, sed venit ut liberator, ut liberaret homines a lege" (Ad Galatas, 851, zu Gal 4,4).

[64] In ähnliche Richtung zielt wohl KANTZENBACH: „Eine bestimmte theologische Erkenntnislehre stand und steht hinter der gesamten Argumentation Brenzens, eine Erkenntnislehre, die staunend und ehrfürchtig dem Grundwunder der *Inkarnation* Rechnung trägt. Die Gegenwart Gottes in Christus unterscheidet sich *grundsätzlich* von der Gegenwart Gottes in anderen Menschen" (Stadien, 270). Er verfolgt diese richtige Spur dann jedoch nicht weiter, sondern bleibt in den alten Gleisen der Verurteilung des „christologischen Dualismus" bei Brenz (270).

bei Bullinger sahen (s. o. S. 99 f.) – nicht „die Äußerlichkeit eines Verhältnisses von göttlicher Ermöglichung und menschlicher Annahme oder gar Verwirklichung des Heils" überwunden und also nicht „die im Wunder der Inkarnation vollzogene gnadenhafte Gemeinschaft von Gott und Mensch"[65] realisiert. Dann aber ist auch unser „Sein in Christus" nicht Sein in der *Versöhnung* von Gott und Mensch. Eben darauf aber zielt Brenz soteriologisch wie auch eschatologisch: „Wa werden sie dann sein? Bey Christo... Wa ist aber Christus? Bey dem vatter; darumb auch wir bey dem vatter sein werden" (May 455,8–13). Hier herrscht nicht mehr Dependenz, hier ist nicht mehr die Grenze von unendlichem Gott und begrenzter Kreatur in Geltung, sondern hier ist Gemeinschaft in und durch Christus, der nichts anderes ist als Gemeinschaft, als gebender Gott und erhöhter Mensch. Deshalb ist Christus nicht wie bei den Schweizern Instrument zur Vermittlung objektiver Heilsgüter, ein Instrument das uns als geschlossenes autonomes Subjekt gegenübersteht und uns heteronom, wenn auch gnadenhaft bestimmt, sondern *in Christus* sind wir der Güte des Vaters teilhaftig.

In seiner *generellen* Weltherrschaft ist Gott auch der Zornige, der „seinen ernst für und für *ausserhalb Christo* behaltet und der eine volkomenliche erfüllung des gesetzes erforderet"[66]. Zorn und Forderung des Gesetzes, ja Feindschaft von Gott und Mensch sind die Folie, auf der das Neue der Christolgie zu sehen ist: „Wo Christus nicht ist, dort verfolgt Gott den Menschen voller Haß und der Mensch Gott"[67]. In Christus erst ist Gott eindeutig für uns und mit uns: „nobis est Immanuel" (R 21,29). In Christus ist er nicht unnahbare Sonnenglut, sondern erbarmende Liebe, nicht unbestimmbares Numinosum, sondern gnädiger Vater[68]. Die Disjunktion von genereller und spezieller Majestät Gottes, Zorn und Gnade entscheidet sich für unsere Existenz an Christus: *„ausserhalb Christo"* begegnet uns immer nur „der ernst Gottes", „*mit ihm und in ihm*" aber sind wir gerecht, leben in seiner fürsorglichen Gegenwart, ja existieren mit ihm im versöhnten Miteinander von Gott und Mensch.

---

[65] Baur, Lutherische Christologie, 427 f.

[66] Römerbrieferklärung, 194.

[67] „ubi abest Christus, ibi Deus odio persequitur hominem & homo Deum" (ad Galatas, 917).

[68] „Deus enim factus est Pater per Christum" (ad Galatas, 785).

Literaturverzeichnis

Das Verzeichnis wird unterteilt nach Quellen und Sekundärliteratur (einschließlich Hilfsmitteln). Als Quellen gelten alle Drucke und Handschriften des 16., 17. und 18. Jahrhunderts sowie neuere, auch kommentierte Quelleneditionen. Artikel aus den gängigen theologischen Lexika (TRE, RGG³, RE³) sowie aus dem Historischen Wörterbuch der Philosophie (HWP) sind nicht aufgeführt. Zitiert wird in der Regel mit dem Namen des Autors bzw. Herausgebers und, wenn von einem Autor mehrere Titel zitiert werden, meist mit Kurztitel. Titel ohne Verfasser werden ebenfalls mit einem Kurztitel zitiert. Falls dieser nicht identisch ist mit dem Ordnungswort, nach dem das Werk im Literaturverzeichnis eingetragen ist, findet sich unter dem Kurztitel ein Verweis. Die Werke eines Autors sind alphabetisch geordnet; dabei werden Präpositionen und Artikel nicht berücksichtigt, wohl aber Substantive, Adjektive und Zahlwörter.

1. Quellen

Amsdorff, N.v., Offentliche Bekentnis der reinen lere des Evangelii, Und Confutatio der itzigen Schwermer (Jena 1558), in: ders., Ausgewählte Schriften, hg. v. Lerche, O., Gütersloh 1938, 79–97 [zit.: Offentliche Bekenntnis].

Andreae, J., Abfertigung der antwort Heinrich Bullingers und der Züricher Predicanten, wider die Rettung des Testament D. Joannis Brentii, Tübingen 1575.

– Assertio piae et orthodoxae doctrinae de personali unione, qua respondetur ad primam partem libri Theodori Bezae Vezelii, cui titulum fecit: placidum et modestum responsum..., Tübingen 1565 [zit.: Assertio].

– Bericht von der Einigkeit und Uneinigkeit der Christlichen Augspurgischen Confessions Verwandten Theologen..., Tübingen 1560 [zit.: Bericht von der Einigkeit].

– Brevis et modesta apologia capitum disputationis de maiestate hominis Christi, deque vera et substantiali praesentia corporis et sanguinis Christi in eucharistia. Contra theses incerti authoris in schola Ingolstadiani praepositas, Tübingen 1564 [zit.: Apologia capitum].

– Disputatio de Maistate hominis Christi deque vera et substantiali corporis et sanguinis eius in eucharistia praesentia, Tübingen [4.2.] 1564 [zit.: Disputatio (1564)].

– Hundert unnd Siben Schlußreden von der Maiestet des Menschen Christi und seiner warhafftigen wesentlichen Gegenwertigkeit im heiligen Nachtmal, Ulm 1564 [zit.: Schlußreden].

– Kurtzer unnd einfeltiger Bericht von deß Herren Nachtmal unnd wie sich ein einfeltiger Christ in die langwirige zwyspalt, so sich darüber erhebt, schicken sol. Mit einer Vorred Herrn Johan Brentzen [Tübingen 1557], Pfortzheim 1559 [zit.: Kurtzer und einfeltiger Bericht].

– De maiestate hominis Christi eiusque in eucharistia praesentia, Et Concilii Tridentini decreto de fide iustificante responsio brevis. Contra virulentem et maledictum scriptum Scolastici Sperlingii, Iesuitorum, qui in Academia Ingolstadiana docent, discipuli, Tübingen 1565 [zit.: De maiestate hominis].

– Pia, brevis & perspicua expositio controversiae de duabus Naturis in Christo, deque vera praesentia corporis & sanguinis eius in eucharistia, in qua responsum D. Theodori Bezae

Vezelii de carnis Christi omnipraesentia contra D. Ioannem Brentium inscriptum refutatur et ea, quae Bullingerus contra eiusdem D. Brentii Recognitionem anno superiore in lucem aedidit, refelluntur, Tübingen 1565 [zit.: Expositio].

– Sechs christlicher Predig. Von den Spaltungen, so sich zwischen den Theologen Augspurgischer Confession von Anno 1548. biß auff diß 1573. Jar. nach unnd nach erhaben, Tübingen 1573 [zit.: Sechs christlicher Fredig].

– Widerlegung Der Predicanten Antwort zû Zûrich auff Herrn Johann Brentzen Testament, Tübingen 1574 [zit.: Widerlegung].

Andreae, J. V., Fama Andreana reflorescens, sive Jacobi Andreae Waiblingensis Theol. Doctoris Vitae, funeris, scriptorum, peregrinationum et progeniei Recitatio, Straßburg 1630.

Aristoteles, De caelo libri quattuor, ed. Allan, J., SCBO, 2. Aufl., Oxford 1955.

– Vom Himmel, eingeleitet und übertragen von Gigon, O., Werke des Aristoteles, Bd. II, Zürich 1950.

– Kategorien, Übers. von E. Rolfes, PhB 8, Hamburg 1925 (Nachdruck 1958).

– Die Nikomachische Ethik, eingeleitet und übertragen von Gigon, O., Werke der Aristoteles, Bd. III, Zürich 1951.

– Metaphysik, hg. v. Seidl, H., griechisch-deutsch, PhB 307/308, 2 Bände, Hamburg 1978.

– Physica, ed. Ross, W. D., SCBO, Oxford 1950/1956.

Bekanntnus und Bericht der Theologen und Kirchen=Diener im Fûrstenthum Wûrtemberg von der warhafftigen Gegenwârtigkeit des Leibs und Bluts JEsu Christi im heiligen Nachtmal, (Tübingen 1560), in: Pfaff, a. a. O., 334–339 [zit.: Stuttgarter Bekenntnis].

Die Bekenntnisschriften der evangelisch-lutherischen Kirche, Hg. vom deutschen Evangelischen Kirchenausschuß, Göttingen 1930, 7. Aufl. 1976 [zit.: BSLK].

Beza, T., Ad D. Joannis Brentii argumenta, quibus carnis Christi omnipraesentiam nituntur confirmare, ... Responsum, |Genf 1565| in: ders., Volumen Tractationum Theologicarum, Genf 1570, 507–624 [zit.: Responsum].

– De Hypostatica duarum in Christo naturarum unione, adversus Jacobi Andreae assertionem [Genf 1565], in: ders., Volumen Tractationum Theologicarum, Genf 1570, 625–645 [zit.: De hypostatica unione].

Bidembach, W., Ein Christliche Leichpredig Bey der Begrebnuß weilundt des Ehrwürdigen und Hochgelehrten Herrn Johann Brentzen Probsts zû Stûtgarten, gehalten in der Stifftskirchen allda den zwôlfften Septembris Anno 1570, Tübingen 1570.

Bindseil, H. E. (Hg.), Philippi Melanchthonis Epistolae, Iudicia, Consilia, Testimonia aliorumque ad eum epistolae quae in Corpore Reformatorum desiderantur, Halle 1874 [zit.: Bindseil].

Bizer, E., Analecta Brentiana, EWKG 57/58 (1957/58), 253–373 [zit.: Brentiana].

Bizer, E. (Hg.), Confessio Virtembergica. Das württembergische Bekenntnis von 1551, BWKG. S 7, Stuttgart 1952 [zit.: Confessio].

Blaurer, A. und T., Briefwechsel der Brüder Ambrosius und Thomas Blaurer 1509–1567, Hg. von der Badischen Historischen Kommission, Bearb. v. Schieß, T., 3 Bände, Freiburg i. B. 1908–1912 [zit.: Briefwechsel der Brüder Blaurer].

Bötker, J., Brevis comprehensio fundamentorum orthodoxae doctrinae et fidei de Coena Domini, in: Confessio fidei de eucharistiae sacramento ... ecclesiarum Saxoniae, ed. Westphal, J., Magdeburg 1557, P3b–Q1 b [zit.: Comprehensio].

Bonaventura, Opera Omnia, ed. Parma, A., studio et cura PP. collegii a. S. Bonaventura, Tom. V., Quaracchi (bei Florenz) 1891.

Bossert, G. (Hg.), Brenz-Briefe, BWKG 29 (1925), 236–250 [zit.: Briefe].

Brenz, J., Apologiae confessionis ilustrissimi Principis ac Domini D. Christophori, ducis Wirtenbergensis etc., posterior pars secundae Pericopes, in qua explicantur haec capita: De Eucharistia, de Ordine, de Coniugio, de extrema Unctione, [Frankfurt 1557], in: ders., Opera, Tom. VIII, Tübingen 1590, 507 ff. [zit.: Apologie].

– Bericht von dem bûchlin D Henrici Bullingeri des tittels: „Von dem himmel und der gerechten Gottes", (Tübingen 1561), in: ders., Die christologischen Schriften, a. a. O., 111–189 [zit.: Bericht, Abk.: B].

- Catechismus pia et utili explicatione illustratus, [1551] Wittenberg 1552 [zit.: Catechismus illustratus].
- Die christologischen Schriften. In drei Teilen hg. von Theodor Mahlmann, Teil 1, J. Brenz, Werke. Eine Studienausgabe, hg. v. Brecht, M., und Schäfer, G., Tübingen 1981.
- Erklerung der Epistel S. Pauls an die Römer [1. Ausg. (lat.) 1564, Vorrede vom 10. 4. 1564], in die Deudsche Sprache gebracht durch Jacobum Grettern, Frankfurt/M. 1566 [zit.: Römerbrieferklärung].
- Der erst Theil des Testaments Herrn Ioannis Brentii. Betreffendt sein Confession unnd Predigampt, wölcher auß dem Original von Wort zu Wort in den Truck verfertigt ist worden, Tübingen 1570 [zit.: Testament].
- In D. Iohannis Evangelion Exegesis, Hagenau 1527 [zit.: In Iohannis Exegesis (1527)].
- In D. Iohannis Evangelion Exegesis, per autorem diligenter revisa ac multis locis locupletata, Hagenau 1528 [In Iohannis Exegesis (1528)].
- In Evangelium, quod inscribitur secundum Lucam, duodecim priora capita Homiliae centum & decam [1. Ausg. 1537], in: ders., Opera, Tom. V, Tübingen 1582, 431–1646 [zit.: In Evangelium sec. Lucam].
- Explicatio Epistolae Pauli Apostoli ad Philippenses [1. Ausg. 1548], in: ders., Opera, Tom. VII, Tübingen 1588, 919–982 [zit.: ad Philippenses].
- Explicatio Epistolae Pauli ad Galatas [1. Ausg. 1547], in: ders., Opera, Tom. VII, Tübingen 1588, 776–919 [zit.: ad Galatas].
- Explicatio Epistolae Pauli ad Romanos [Handschrift von 1538], hg. v. Strohm, S., J. Brenz, Werke. Eine Studienausgabe, hg. v. Brecht, M. und Schäfer,G., Schriftauslegungen, Teil 2, Band 1, Tübingen 1986 [zit.: ad Romanos].
- Expositio Evangelistae Marci [Vorrede von 1559], in: ders., Opera, Tom. V., Tübingen 1582, 431–522 [zit.: Expositio Evangelistae Marci].
- Explicatio Geneseos, inchoata primo die Septembris Anno Salutis 1553 Stuttgardiae, in: ders., Opera, Tom. I, Tübingen 1576, 1–348 [zit.: Explicatio Geneseos].
- In Librum Psalmorum Explicationes, in: ders., Opera, Tom. III, Tübingen 1578, 192ff. [zit.: In Librum Psalmorum Explicationes].
- Von der herrlichen Aufferstehung und Himelfart unsers Herrn Jhesu Christi Nach beschreibung der vier Evangelisten, [deutsch von Christoph Rothan], Königsberg [Vorrede des Druckers vom 19.3.] 1554 [zit.: Von der Auferstehung].
- Von dem Hochwirdigen Sacrament des Abendmals unsers Herrn Jesu Christi. Drey Predig uber die Wort S. Pauli 1. Corinth. XI, Frankfurt 1556 [zit.: Von dem Sacrament].
- Kommentar zum Briefe des Apostels Paulus an die Epheser. Nach der Handschrift der Vaticana Cod. Pal. lat. 1836, Hg. v. Köhler, W., AHAW.PH 10, Heidelberg 1935 [zit.: Epheserkommentar].
- De maiestate Domini nostri Iesu Christi ad dextram Dei patris et de vera praesentia corporis et sanguinis eius in coena, (Frankfurt 1562), in: ders., Die christologischen Schriften, a. a.O., 192–524 [zit.: De Maiestate, Abk.: M].
- Von der mayestet unsers lieben Herrn und einigen heilands Jesu Christi zu der gerechten Gottes, auch von der waren gegenwürtigkeit des leibs und bluts Christi im nachtmal (Tübingen 1562), in: ders., Die christologischen Schriften, a.a.O., 193–525 [zit.: Von der Mayestet, Abk.: May].
- De personali unione duarum naturarum in Christo et ascensu Christi in coelum ac sessione eius ad dextram Dei patris, (Tübingen 1561), in: ders., Die christologischen Schriften, a. a.O., 1–106 [zit.: De Personali Unione, Abk.: P].
- Predigten. Das Evangelium von der Passion und Auferstehung Jesu Christi, Hg. von Bizer, E., Stuttgart 1955 [zit.: Predigten].
- Recognitio propheticae & apostolicae doctrinae de vera maiestate Domini nostri Iesu Christi ad Dexteram Dei patris sui omnipotentis, Tübingen 1564 [zit.: Recognitio, Abk.: R].
- Rhetorica Iohannis Brentii Ecclesiaste Hall[e]n[sis] S[uevorum], 1533, Handschrift in der Universitätsbibliothek Erlangen, Ms.685 [zit.: Rhetorik].
- Sententia de libello D. Henrici Bullingeri, cui titulus est: „Tractatio verborum Domini: In

domo patris mei mansiones multae sunt" etc., (Tübingen 1561), in: ders., Die christologischen Schriften, a. a. O., 110–188 [zit.: Sententia, Abk.: S].

[Brenz, J.,] Syngramma clarissimorum cui Halae Suevorum convenerunt virorum super verbis Coenae Dominicae et pium et eruditum ad Johannem Oekolampadion Basiliensem Ecclesiasten (1525, 1. Druck 1526), in: Brenz, J., Frühschriften, Teil 1, hg. v. Brecht, M., Schäfer, G., Wolf, F., Werke. Eine Studienausgabe, Tübingen 1970, 222–278 [zit.: Syngramma].

Brenz, J./ Andreae, J., Apologia ad Electorem Augustum (13. 11. 1564), in: Hutter, Concordia Concors, a. a. O., 61–86 [zit.: Apologia ad Electorem Augustum].

Brenz, J./ Andreae, J., Kurtzer ainfeltiger bericht, worauff der Streit von des Herrn Nachtmal zwischen den Christlichen Augspurgischen Confessions verwandten Theologen unnd den Zwinglischen bestehe, in: Heppe II a. a. O., Beilage IX, 46–53 [zit.: Kurtzer ainfeltiger Bericht].

Brenz, J. (jun.), Responsio Ioannis Brentii ad calumnias scramentariorum, quibus Ioannis Brentii Patris p. m. authoritate et scriptis errorem suum de Coena Domini tueri ac propagare conantur, Tübingen 1582.

Bullinger, H., In acta apostolorum Commentariorum Libri VI, Zürich 1533 [zit.: In acta apostolorum].

– Antiquissima fides et vera religio. Christianam fidem mox a primis mundi exordiis ad haec usque tempora durasse, eamque veram & indubitatam esse Apodixis sive clara & evidens demonstratio, e Germanico in Latinam linguam traducta per Diethelmum Cellarium Tigurinum, Zürich 1544 [zit.: Antiquissima fides].

– Apologetica expositio, qua ostenditur Tigurinae ecclesiae ministros nullum sequi dogma haereticum in Coena Domini, libellis quorundam acerbis opposita & ad omnes synceram veritatem & sanctam pacem amantes Christifideles placide scripta, Zürich 1556 [zit.: Apologetica Expositio].

– Fundamentum firmum, cui tuto fidelis quivis inniti potest, hoc praesertim difficili seculi, quo dissidiis doctorumque adversariis scriptis omnia conturbata sunt, positum ad institutionem & consolationem simplicium, Zürich 1563 [zit.: Fundamentum].

– Gâgenbericht uff den Bericht herren Johansen Brentzen von dem Himmel unnd der Gerächten Gottes, Zürich 1562 [zit.: Gâgenbericht].

– Repetitio et dilucidior explicatio consensus veteris orthodoxae catholicaeque Christi Ecclesiae in doctrina prophetica & apostolica de inconfusis proprietatibus naturarum Christi Domini, in una indivisa persona permanentibus, adeoque de veritate carnis Christi ad dexteram Dei patris in coelo sedentis & non ubique praesentis, Zürich 1564 [zit.: Repetitio].

– Responsio qua ostenditur sententiam de coelo et dextera Dei libello Bullingeri ex sancta Scriptura & beatis Patribus propositam, adversaria D. Ioannis Brentij sententia non esse eversam, sed firmam perstare adhuc, Zürich 1562 [zit.: Responsio].

– Sermonum Decades quinque de potissimis Christianae religionis capitibus, in tres tomos digestae, (Erstausgabe 1549) Zürich 1557 [zit.: Decaden].

[-] Ad Testamentum D. Ioannis Brentii, nuper contra Zuinglianos publicatum, Responsio brevis, necessaria, & modesta, a ministris ecclesiae Tigurinae universis fidelibus ad iudicandum proposita, Zürich 1571 [zit.: Ad Testamentum].

– Tractatio verborum Domini, in domo patris mei mansiones multae sunt &c., ex XIII. cap. Evang. secundum Ioan., Zürich 1561 [zit.: Tractatio].

[-] Uff Herren Johannsen Brentzen Testament kurtzlich durch den truck wider die Zwinglianer ußgangen, der dienern der Kirchen zû Zürich kurtze notwendige und bescheidne Antwort, Zürich 1571 [zit.: Uff Brentzen Testament].

– Utriusque in Christo naturae tam divinae quam humanae ... assertio orthodoxa (Zürich 1534). In: H. Bullinger, In omnes Apostolicas epistolas, divi videlicet Pauli XIIII. et VII. canonicas, commentarii (Erstausgabe 1537), Zürich 1549, Anhang 171–195 [zit.: Utriusque].

– Das zweite Helvetische Bekenntnis. Confessio Helvetica Posterior, übertragen von Hildebrand, W., und Zimmermann, R., hg. vom Kirchenrat des Kantons Zürich, Zürich 1966 [zit.: Bekenntnis].

Calvin, J., Institutio christianae religionis (1559). Opera selecta, ed. Niesel, G. et Barth, P., München, Bd.III 1928, Bd. IV 1931, Bd.V 2. Aufl 1962.

– Opera quae supersunt omnia, ed. Baum, G., Cunitz, E., Reuss, E., Corpus Reformatorum 29–59, Braunschweig/Berlin 1863–1900 [zit.: CR 29 ff.].

Chemnitz, M., Anatome propositionum Alberti Hardenbergii de coena Domini, quas exhibuit ordinibus Saxoniae inferioris in conventu Brunsvigensi, Eisleben [1561] [zit.: Anatome].

– De duabus naturis in Christo, de hypostatica earum unione, de communicatione idiomatum et de aliis quaestionibus inde dependentibus, [2. Ausgabe, 1. Ausgabe 1570] Leipzig 1578 [zit.: De duabus naturis].

– Repetitio sanae doctrinae de vera praesentia corporis et sanguinis Domini in Coena. Additus est tractatus complectens doctrinam de communicatione idiomatum. Leipzig 1561 [zit.: Repetitio].

Christliche und in Gottes Wort gegründte Erklårung, Der Würtenbergischen Theologen Bekanndtnuß von der Maiestet des Menschen Christi zů der Gerechten des Vatters unnd der warhafftigen Gegenwertigkeit seines Leibs und Blůts im heiligen Abendtmal. Zů erleütterung unnd Apologi des Maulbrunnischen jetzundt in Truck gefertigten Protocols unnd darauß hievor gezognen Berichts, auch zů ableinung unnd widerlegung der Heydelbergischen Theologen ungegründten Gegenberichts, Tübingen 1565 [zit.: Erklårung].

Confessio Fidei de eucharistiae sacramento, in qua Ministri Ecclesiarum Saxoniae solidis Argumentis sacrarum Literarum astruunt Corporis et Sanguinis Domini nostri Iesu Christi praesentiam in Coena sancta et de libro Ioanni Calvini ipsis dedicato respondent [ed. Westphal, J.], Magdeburg 1557 [zit.: Confessio Fidei].

Confutatio: siehe: Illustrissimi Principis …

Corpus Scriptorum Ecclesiasticorum Latinorum, editum consilio et impensis Academiae Litterarum Caesareae Vindobonensis, Wien 1866 ff. [zit.: CSEL].

DENZINGER, H. / SCHÖNMETZER, A., Enchiridion Symbolorum, Definitionum et Declarationum de rebus fidei et morum, 33. Aufl., Freiburg i. B. 1965.

Dionysios Areopagita, Opera, cum scholiis S. Maximi et paraphrasi Pachymerae, ed. Corderius, B., Antwerpen 1634.

Disputatio De Maiestate hominis Christi, in celebri Academia Ingolstadiana ad normam verae piaeque doctrinae per Theses explicata, adversus impias Iacobi Andreae Schmidelini Theses de hac eadem hominis Christi Maiestate, Tubingae propositas publiceque defensas, Ingolstadt 1564.

Eber, P., Confeßion und erklärung vom Heiligen Nachtmal, so Doctor Paulus Eberus, weiland Pfarrherr zu Wittemberg, Im Monat Decembris des 1561. Jahrs zu Dreßden uff begeren von wegen seines gnedigsten HErren, des Churfürsten zu Sachssen ubergeben, in: Johannis Brentii Confession, Lehr und Bekandtnuß vom Streit uber den worten des H. Nachtmals Christi, der x. sammt andern Theologen in Schwaben wider Zwinglium, Oecolampaden und Carolstaden im Jar 25. und 29. geschrieben und geführt, Heidelberg 1576, 89–108[113] [zit.: Eber, Confession].

– Vom heiligen Sacrament des Leibes und Bluts unsers Herrn Jesu Christi Unterricht und Bekentnis, Wittenberg 1562 [zit.: Vom heiligen Sacrament].

Eber, P. / Major, G., Glossen über die Proposition, Panis est corpus Christi, und Jac. Andreae Vortrag, in: UnNachr, Leipzig 1716, 389–391.

Epitome Colloquii inter illustrissimorum Principum D. Friderici Palatini Electoris et D. Christophori Ducis Wirtenbergensis Theologos de Maiestate hominis Christi deque vera eius in Eucharistia praesentia, Maulbrunnae instituti, per Wirtenbergenses Theologos ad amicos suos perscripta, o. O. [Tübingen] 1564 [zit.: Epitome].

Erasmus von Rotterdam, De libero arbitrio ΔIATPIBH sive collatio, Ausgewählte Schriften in 8 Bänden, hg. von W. Welzig, Bd.IV, bearb. v. Lesowsky, W., Darmstadt 1969.

Erklårung: Siehe: *Christliche … Erklårung.*

ERNST, V. (Hg.), Briefwechsel des Herzogs Christoph von Wirtemberg. Band IV, Stuttgart 1907 [zit.: Ernst IV].

Fecht, J., Historiae Ecclesiasticae Seculi A. N.C. XVI. Supplementum, plurimorum et celeberrimorum ex illo aevo Theologorum Epistolis ad Joannem, Erasmum et Philippum, Marbachios, ante hac scriptis, nunc vero ex bibliotheca Marbachiana primum depromptis, constans, Frankfurt und Speier/ Durlach 1684.

Gerhard, J., Loci Theologici, Editio novissima, Frankfurt/M. / Hamburg 1657.

Gerhardt, P., Dichtungen und Schriften, hg. v. Cranach-Sichart, E., München 1957.

Gerlach, S., Assertio piae sanaeque doctrinae de divina maiestate Christi hominis, Tübingen 1585 [zit.: Assertio].

– De Persona Servatoris Christi Disputatio I. Adversus Apologeticum Ioannis Busaei Iesuitae, Tübingen 1591 [zit.: Disputatio I].

– Disputationes XVII pro sanctissimo libro christianae concordiae, Wittenberg [1595] [zit.: Disputationes].

– Orthodoxa confeßio de persona et officio salvatoris nostri Iesu Christi, Wittenberg 1595 [zit.: Confessio].

Gründtlicher Bericht: Siehe: Wahrhafftiger und gründtlicher Bericht.

Grundfeste: Siehe: Von der *Person* und Menschwerdung...

Hafenreffer, M., Loci Theologici, certa methodo ac ratione in Tres Libros tributi, [Ort unlesbar] 1601.

Heerbrand, J., Oratio funebris de vita et morte reverendi viri pietate, eruditione, sapientia, constantia etc. praestantißimi D. Ioannis Brentii, Tübingen 1570 [zit.: Brenz].

– Oratio funebris de vita et obitu reverend. et clarissimi viri pietate, eruditione, sapientia et usu atque experientia rerum Praestantißimi D. Jacobi Andreae, Tübingen 1590 [zit.: Andreae].

Hospinian, R., Historia Sacramentaria, Pars II, Zürich 1598.

Hottinger, J. H., Historia Ecclesiastica Novi Testamenti, Tom. VIII (Seculi XVI pars IV), Zürich 1667.

Hutter, L., Concordia Concors. De origine et Progressu Formulae Concordiae ecclesiarum Confessionis Augustanae..., (1614), Editio novissima, Frankfurt und Leipzig 1690 [zit.: Hutter].

Illustrissimi Principis ac Domini, Domini Johannis Friderici Secundi, Ducis Saxoniae, ... solida et ex verbo Dei sumpta Confutatio et Condemnatio praecipuarum Corruptelarum, sectarum et errorum ..., Jena 1559 [zit.: Confutatio].

KLUCKHOHN, A. (Hg.), Briefe Friedrich des Frommen, Kurfürsten von der Pfalz, Bd. I, 1559–1566, Braunschweig 1868 [zit.: Briefe I].

Lasco, J. a., Opera tam edita quam inedita, ed. Kuyper, A., 2 Bände, Amsterdam und Den Hag 1866 [zit.: Kuyper].

Lavater, L., Vom låben unn tod deß Eerwirdigen unn Hochgeleerten Herrn Heinrychen Bullingers, dieners der Kyrchen zů Zürych, kurtze einfalte unn warhaffte erzellung, Zürich 1576, [zit.: Vom Låben].

Letste Antwort der Würtenbergischen Theologen Wider die Haidelbergische Theologen, von der Maiestet des Menschen Christi zur Gerechten Gottes und seiner warhafftigen Gegenwertigkeit im heiligen Abendtmal, Tübingen 1566 [zit.: Letste Antwort].

Löscher, V. E., Ausführliche Historia Motuum zwischen den Evangelisch – Lutherischen und Reformirten, in welcher der Lauff der Streitigkeiten Actenmäßig erzehlet... wird, 3 Theile, Frankfurt und Leipzig 1723/24.

Luther, M., Werke. Kritische Gesamtausgabe in vier Abteilungen, Weimar 1883 ff.

Major, G., Enarratio Epistolae Pauli Primae ad Timotheum. Praelecta Anno 1561, Wittenberg 1563 [zit.: Enarratio].

Meister Eckhart, Die deutschen Werke, hg. v. Quint, J., Die deutschen und lateinischen Werke, hg. von der deutschen Forschungsgemeinschaft, Stuttgart, Bd. I (Predigten) 1958; Bd. II (Predigten) 1971; Bd. V (Traktate) 1963.

Melanchthon, P., Opera quae supersunt omnia, ed. Bretschneider, C. G., Corpus Reformatorum 1–28, Halle/ Braunschweig 1834–1860 [zit.: CR 1 ff.].

– Werke in Auswahl, hg. v. Stupperich, R., Bd. II/1 und II/2, Loci communes (1521). Loci praecipui theologici (1559), Gütersloh 1978 und 1953; Bd. 6, Bekenntnisse und Kleine Lehrschriften, Gütersloh 1955 [zit.: St. A. II; St. A. 6].

Menius, J., Von dem Geist der Widerteuffer. Mit einer Vorrede D. Mart[ini] Luth[eri], Wittenberg 1544 [zit.: Von dem Geist].

MIGNE, J.-P., Patrologiae cursus completus, series prima, in qua produnt patres, doctores scriptoresque ecclesiae Latinae, Paris 1844 ff. [zit.: MPL].

– Patrologiae cursus completus, series graeca, in qua produnt patres, doctores scriptoresque ecclesiae Graecae, Paris 1886 ff. [zit.: MPG].

MÜLLER, E. F. K. (Hg.), Die Bekenntnisschriften der reformierten Kirche. In authentischen Texten mit geschichtlicher Einleitung und Registern, Leipzig 1903 [zit.: Müller].

NEUDECKER, C. G. (Hg.), Neue Beiträge zur Geschichte der Reformation mit historisch – kritischen Anmerkungen herausgegeben, Bd. II, Leipzig 1841 [zit.: Neudecker II].

NIESEL, W. (Hg.), Bekenntnisschriften und Kirchenordnungen der nach Gottes Wort reformierten Kirche, 3. Aufl., Zürich o. J. (1938) [zit.: Niesel].

Nicolaus von Cues, Texte seiner philosophischen Schriften, hg. v. Petzelt, A., Bd. I, Wien 1964.

Von der Person und Menschwerdung unsers Herrn Jhesu Christi der waren Christlichen Kirchen Grundfest, Wider die newen Marcioniten, Samosatener, Sabellianer, Arianer, Nestorianer, Eutychianer und Monotheleten unter den Flacianischen hauffen, Durch die Theologen zu Wittemberg … Widerholet und Gestellet, Wittenberg 1571 [zit.: Grundfeste].

Peucer, C., Tractatus Historicus de claris. viri Philip. Melanthonis Sententia de Controversia Coenae Domini, Amberg 1596.

PFAFF, C. M. (Hg.), Acta et scripta publica Ecclesiae Wirtembergicae, tum quae cusa dudum fuere, tum quae e situ et tenebris nunc demum in dias luminis auras prodeunt, Tübingen 1720.

Planck, G. J., Geschichte der protestantischen Theologie von Luthers Tode bis zu der Einführung der Konkordienformel. Geschichte der Entstehung, der Veränderungen und der Bildung unseres protestantischen Lehrbegriffs vom Anfang der Reformation bis zu der Einführung der Konkordienformel, Leipzig Bd. V/2 1799, Bd. VI 1800.

Plato, Rei Publicae Libri Decem, ed. Hermann, C. F., Leipzig 1921.

Porphyrius, Einleitung in die Kategorien, in: Aristoteles, Kategorien, Übers. von E. Rolfes, PhB 8, Hamburg 1925 (Nachdruck 1958), 5–34.

PRESSEL, T. (Hg.), Anecdota Brentiana. Ungedruckte Briefe und Bedenken von Johannes Brenz, Tübingen 1868 [zit.: Pressel].

Protocoll, Das ist Acta oder Handlungen des Gesprechs zwischen den Pfältzischen und Wirtembergischen Theologen, von der Ubiquitet oder Allenthalbenheit des Leibs Christi und von dem buchstâbischen verstand der wort Das ist mein Leib, Im April des Jars 1564. zu Maulbrunn gehalten. Item der Wirtembergischen Theologen von gemeldtem Gesprech desselben jares außgangener Bericht. Samt der Pfältzischen Theologen wahrhafftigem und bestendigem Gegenbericht, Heidelberg 1565 [zit.: ‚Protocoll Pfalz' und ‚Gegenbericht'].

Protocoll Des Gesprächs zwischen den Pfältzischen und Würtenbergischen Theologen im Aprill des 1564. Jars zû Maulbrunn gehalten. Allerdings dem Originali gleichlautend on zûsatz und abbruch getreulich von den Würtenbergischen Theologen, so gedachtem Colloquio beygewonet, in Truck verfertigt, Tübingen 1565 [zit.: Protocoll Württ.].

Quenstedt, J. A., Theologia Didactico-Polemica sive Systema Theologicum, Wittenberg 1685.

Rethmeyer, P. J., Historia Ecclesiastica inclytae urbis Brunsvigae oder: Der berühmten Stadt Braunschweig Kirchen-Historie, Dritter Theil, … biß auf das Jahr 1586, Braunschweig 1710.

Salig, C. A., Vollständige Historie der Augspurgischen Confeßion und derselben zugethanen Kirchen, 3. Theil, Halle 1735.

Sattler, C. F., Geschichte des Herzogtums Würtenberg unter der Regierung der Herzogen, Band 4, Ulm 1771 [zit.: Sattler IV].

Schegk, J., Responsio ad Libellum Anonymi interpretis libri sui de una persona et duabus naturis in Christo, Tübingen 1566 [zit.: Responsio].

– De una persona et duabus Naturis Christi Sententia, Frankfurt/M. 1565 [zit.: De una persona].

Schnurrer, C. F., Erläuterungen der Würtembergischen Kirchen-Reformations- und Gelehrten- Geschichte, Tübingen 1798.

Sillem, C. H. W. (Hg.), Briefsammlung des Hamburgischen Superintendenten Joachim Westphal aus den Jahren 1530–1575, 2 Bände, Hamburg 1903 [zit.: Sillem I/II].

Simler, J., Narratio de ortu, vita et obitu viri D. Henrici Bullingeri, Tigurinae Ecclesiae Pastoris, Zürich 1575 [zit.: Bullinger].

– Oratio de vita et obitu clarissimi viri et praestantissimi theologi D. Petri Martyris Vermilii, divinarum literarum professoris in schola Tigurina, Zürich 1563 [zit.: Vermigli].

Stumpff, J., Von dem Span, hader und zweyung zwüschen doct. Martin Luthern zu Wittenberg und Huldrichen Zwinglin zu Zürich, predicanten, hg. von F. Büsser, Beschreibung des Abendmahlsstreites von Johann Stumpf. Auf Grund einer unbekannt gebliebenen Handschrift, Veröffentlichungen der Rosa Ritter-Zweifel Stiftung. Historische Reihe, Zürich 1960.

Stuttgarter Bekenntnis: Siehe: Bekanntnus und Bericht...

Thomas von Aquin, Summa Theologica, Die deutsche Thomas-Ausgabe, deutsch-lateinische Ausgabe, hg. vom Katholischen Akademikerverband, Salzburg/Leipzig 1934ff.

Thumm, T., Majestas Jesu Christi θεανθρώπου, Tübingen 1621 [zit.: Majestas].

– Ταπεινωσιγραφία Sacra, hoc est repetitio sanae et orthodoxae Doctrinae de humiliatione Christi θεανθρώπου, Tübingen 1623 [zit.: Tapeinosigraphia].

Vermigli, P. M., Defensio doctrinae veteris et apostolicae de sacrosancto eucharistiae sacramento in quatuor distincte partes, adversus Stephani Gardineri quondam Vintoniensi Episcopi librum, Basel [1569] 1581.

– Dialogus de utraque in Christo natura quoquomodo coeant in unam Christi personam inseparabilem, ut interim non amittant suas proprietates, [Zürich 1561] Zürich 1575 [zit.: Dialogus].

– Loci Communes Ex variis ipsius Aucthoris & libris in unum volumen collecti & quatuor classes distributi, [Erste Ausgabe] London 1576 [zit.: Loci 1576].

– Loci communes ex variis ipsius authoris scriptis in unum librum collecti et in quatuor Classes distributi, Genf 1627 [zit.: Loci (1627)].

– De sacramento eucharistiae in celeberrima Angliae schola Oxoniensi habita tractatio, Zürich 1552 [zit.: Tractatio].

– Handschriftliche Randbemerkungen zu J Brenz, De maiestate, Exemplar der Zentralbibliothek Zürich, Sign. III P 684,4, [zit.: Randbemerkung / Glosse].

Wackernagel, Ph., Das deutsche Kirchenlied von der ältesten Zeit bis zum Anfang des XVII. Jahrhunderts, 5 Bände, Leipzig 1864–1877.

Warhafftiger und Gründtlicher Bericht Von dem Gesprech zwischen deß Churfürsten Pfaltzgraffen und deß Hertzogen zu Wirtemberg Theologen von deß Herrn Nachtmal, zu Maulbronn gehalten. Gestellt durch die Wirtembergische Theologen, hernach gemeldt, Frankfurt 1564 [zit.: Gründtlicher Bericht].

Westphal, J., Confessio Fidei...: S.: *Confessio* Fidei.

The Zurich Letters, Comprising the Correspondence of Several English Bishops and Others with some of the Helvetian Reformers, during the Early Part of the Reign of Queen Elizabeth, 2 Bände, Publications of the Parker Society 7 + 18, Cambridge 1842/1845.

Zwingli, H., Sämtliche Werke. Unter Mitwirkung des Zwinglivereins in Zürich hg. von Egli, E., Finsler, G., Köhler, W., Farner, O., Blanke, F., Muralt, F.v., Künzli, E., Staedtke, E., Büsser, F., Leipzig 1905ff. (= CR 88ff.) [zit.: Zwingli].

2. Sekundärliteratur

ADAM, A., Lehrbuch der Dogmengeschichte, Bd. 2: Mittelalter und Reformationszeit, Gütersloh 1968.

ANDERSON, M. W., Peter Martyr, Reformed Theologian (1542–1562): His letters to Heinrich Bullinger and John Calvin, SCJ 4 (1973), 41–64 [zit.: Letters].

– Peter Martyr. A Reformer in Exile (1542–1562). A chronology of biblical writings in England & Europe, BHRef X, Nieuwkoop 1975 [zit.: Reformer].

– Royal Idolatry: Peter Martyr and the Reformed Tradition, ARG 69 (1978), 157–201 [zit.: Idolatry].

BACH, J., Die Dogmengeschichte des Mittelalters vom christologischen Standpunkte oder die mittelalterliche Christologie vom achten bis sechzehnten Jahrhundert, 2. Theil: Anwendung der formalen Dialektik auf das Dogma von der Person Christi – Reaktion der positiven Theologie, Wien 1875.

BARTON, P. F., Um Luthers Erbe. Studien und Texte zur Spätreformation. Tilemann Heshusius (1527–1559), UKG 6, Witten 1972.

BAUMANN, W., Die Religionspolitik Herzog Christophs von Württemberg und Kurfürst Friedrichs III. von der Pfalz in den Jahren 1559/1560, ZWLG 42 (1983), 190–216 [zit.: Religionspolitik].

BAUR, F. C., Die christliche Lehre von der Dreieinigkeit und Menschwerdung Gottes in ihrer geschichtlichen Entwicklung. Dritter Theil. Die neuere Geschichte des Dogma, von der Reformation bis in die neueste Zeit, Tübingen 1843.

BAUR, J., Abendmahlslehre und Christologie der Konkordienformel als Bekenntnis zum menschlichen Gott, in: Bekenntnis und Einheit der Kirche. Studien zum Konkordienbuch. Hg. v. Brecht, M. und Schwarz, R., Stuttgart 1980, 195–218 [zit.: Abendmahlslehre].

– Christologie und Subjektivität. Geschichtlicher Ort und dogmatischer Rang der Christologie der Konkordienformel, in: ders., Einsicht und Glaube, Aufsätze, Göttingen 1978, 189–205.

– Flacius – Radikale Theologie, in: ders., Einsicht und Glaube, Aufsätze, Göttingen 1978, 173–188.

– Glanz und Elend der Tübinger Orthodoxie, in: In Wahrheit und Freiheit. 450 Jahre Evangelisches Stift in Tübingen, hg. v. Hertel, F., QFWKG 8, Stuttgart 1986, 99–110 [zit.: Tübinger Orthodoxie].

– Himmel ohne Gott. Zum Problem von Weltbild und Metaphysik, NZSTh 11 (1969), 1–12 [zit.: Himmel].

– Lutherische Christologie im Streit um die neue Bestimmung von Gott und Mensch, EvTh 41 (1981), 423–439 [zit.: Lutherische Christologie].

– Salus Christiana. Die Rechtfertigungslehre in der Geschichte des christlichen Heilsverständnisses, Bd. I, Von der christlichen Antike bis zur Theologie der deutschen Aufklärung, Gütersloh 1968 [zit.: Salus Christiana].

– Die Vernunft zwischen Ontologie und Evangelium. Eine Untersuchung zur Theologie Johann Andreas Quenstedts, Gütersloh 1962 [zit.: Vernunft].

– Auf dem Wege zur klassischen Tübinger Christologie. Einführende Überlegungen zum sogenannten Kenosis-Krypsis-Streit, in: Brecht, M. (Hg.), Theologen und Theologie an der Universität Tübingen. Beiträge zur Geschichte der Evangelisch-Theologischen Fakultät, Contubernium, Beiträge zur Geschichte der Eberhard-Karls-Universität, Tübingen 1977, 195–269 [zit.: Überlegungen].

BENRATH, G. A., Die Korrespondenz zwischen Bullinger und Thomas Erastus, in: Heinrich Bullinger 1504–1575, Gesammelte Aufsätze zum 400. Todestag, hg. von Gäbler, U./Herkenrath, E., ZBRG 8, 2 Bände, Zürich 1975, Bd. 2, 87–141.

BENSOW, O., Die Lehre von der Kenose, Leizig 1903.

BIZER, E., Studien zur Geschichte des Abendmahlsstreits im 16. Jahrhundert, BFChTh II/46, Gütersloh 1940 [zit.: Studien].

BLUMENBERG, H., Die Legitimität der Neuzeit, Frankfurt/M. 1966.

BORNKAMM, H., Luthers Geistige Welt, Lüneburg 1947.

– Kopernikus im Urteil der Reformatoren, in: ders., Das Jahrhundert der Reformation. Gestalten und Kräfte, 2. Aufl., Göttingen 1961, 177–185 [zit.: Kopernikus].

– Martin Luther in der Mitte seines Lebens. Das Jahrzehnt zwischen dem Wormser und dem Augsburger Reichstag, hg. von Bornkamm, K., Göttingen 1979.

– Renaissancemystik. Luther und Böhme in: ders., Luther, Gestalt und Wirkungen, Gesammelte Aufsätze, SVRG 188, Gütersloh 1975, 275–308 [zit.: Renaissancemystik].

BOSSERT, G., Zur Charakteristik des Johannes Brenz, BWKG 3 (1899), 127–142 [zit.: Charakteristik].

BRANDI, K., Deutsche Reformation und Gegenreformation. 2. Halbband, Gegenreformation und Religionskriege, Deutsche Geschichte II/2, Leipzig o. J. [zit.: Brandi II].

BRANDY, H. C., Jakob Andreaes Fünf Artikel von 1568/69, ZKG 98 (1987), 338–351.

BRECHT, A., Johannes Brenz. Der Reformator Württembergs, Stuttgart 1949.

BRECHT, M., Abgrenzung oder Verständigung. Was wollten die Protestanten in Trient?, BWKG 70 (1970), 148–175 [zit.: Trient].

– Bericht über die Brenz-Ausgabe, ThLZ 92 (1967), 329–332 [zit.: Bericht].

– Brenz als Zeitgenosse. Die Reformationsepoche im Spiegel seiner Schriftauslegungen, BWKG 70 (1970), 5–39.

– Die Chronologie von Brenzens Schriftauslegungen und Predigten, BWKG 64 (1964), 53–74 [zit.: Chronologie].

– Die frühe Theologie des Johannes Brenz, BHTh 36, Tübingen 1966, [zit.: Brenz]

– Johannes Brenz, in: Greschat M. (Hg.). Gestalten der Kirchengeschichte, Bd. 6, Die Reformationszeit II, Stuttgart 1981, 103–117 [zit.: Gestalten der Kirchengeschichte].

– Johannes Brenz. Neugestalter von Kirche, Staat und Gesellschaft, Stuttgart 1971 [zit.: Neugestalter].

– Martin Luther, Bd. 2: Ordnung und Abgrenzung der Reformation 1521–1532, Stuttgart 1986; Bd. 3: Die Erhaltung der Kirche 1532–1546, Stuttgart 1987 [zit.: Luther].

– Luthers Beziehungen zu den Oberdeutschen und Schweizern von 1530/1531 bis 1546. In: Junghans, H. (Hg.), Leben und Werk Martin Luthers von 1526 bis 1546. Festgabe zu seinem 500. Geburtstag, Berlin/Göttingen 1983, Bd. 1, 497–517, Bd. 2, 891–894 [zit.: Beziehungen].

– Der Stand der Brenzforschung, BWKG 64 (1964), 75–78.

BRECHT, M./ EHMER, H., Südwestdeutsche Reformationsgeschichte. Zur Einführung der Reformation im Herzogtum Württemberg 1534, Stuttgart 1984 [zit.: Brecht/Ehmer].

BREIDERT, M., Die kenotische Christologie des 19. Jahrhunderts, Gütersloh 1977.

BÜCKING, J./ SCHLOZ, R., Studienausgabe der Werke von Johannes Brenz. Zwei Rezensionen, BWKG 70 (1970), 284–291.

CALINICH, R., Der Naumburger Fürstentag 1561. Ein Beitrag zur Geschichte des Luthertums und des Melanchthonismus aus den Quellen des Königlichen Hauptstaatsarchivs zu Dresden, Gotha 1870.

CAVE, S., The Doctrine of the Person of Christ, London 1925.

CONSTABLE, J. W., Johann Brenz's Role in the Sacramentarian Controversy of the Sixteenth Century, (Diss.phil. Ohio State University), Ann Arbor (Michigan, USA) 1967.

CORDA, S., Veritas Sacramenti. A Study in Vermiglis Doctrine of the Lord's Supper, ZBRG 6, Zürich 1975.

DAWE, D. G., The Form of a Servant. A Historical Analysis of the Kenotic Motif, Philadelphia 1963.

DONNELLY, J. P., Calvinism and Scholasticism in Vermigli's Doctrine of Man and Grace, SMRT 18, Leiden 1976.

– Short Title Bibliography of the Works of Peter Martyr Vermigli, in: Kingdon, R. M., The political Thought of Peter Martyr, a. a. O., 169–185 [zit.: Bibliography].

DORNER, J. A., Entwicklungsgeschichte der Lehre von der Person Christi von den ältesten Zeiten bis auf die neueste, Bd. II, Die Lehre von der Person Christi vom Ende des vierten Jahrhunderts bis zur Gegenwart, Berlin 1853.

DOWEY, E. A., Der theologische Aufbau des Zweiten Helvetischen Bekenntnisses, in: „Glauben und Bekennen". Vierhundert Jahre Confessio Helvetica Posterior. Beiträge zu ihrer Geschichte und Theologie, hg. v. Staedtke, J., Zürich 1966, 205–234.

EBEL, J., Jacob Andreae (1528–1590) als Verfasser der Konkordienformel, ZKG 89 (1978), 89–119 [zit.: Andreae].

– Wort und Geist bei den Verfassern der Konkordienformel. Eine historisch-systematische Untersuchung, BEvTh 89, München 1981.

ELERT, W., Über die Herkunft des Satzes Finitum infiniti non capax, ZSTh 16 (1939), 500–504.

– Morphologie des Luthertums, Bd. I, Theologie und Weltanschauung des Luthertums hauptsächlich im 16. und 17. Jahrhundert, 3. Aufl., München 1965 [zit.: Morphologie].

– Wirkungen der lutherischen Abendmahlslehre in der Geschichte der Weltanschauung, AELKZ 60 (1927), Nr. 32–34, 746–752. 770–773. 794–798 [zit.: Wirkungen].

ELZE, M., Christliche Voraussetzungen des modernen Naturwissenschaft, in: Christentum und Gesellschaft. Ringvorlesung der Evangelisch-theologischen Fakultät der Universität Hamburg, hg. v. Lohff, W. und Lohse, B., Göttingen 1969, 179–194.

FARREN, J. A., O. P., The Lutheran Krypsis-Kenosis Controversy: The Presence of Christ, 1619–1627, (Diss. theol Washington D. C., 1974) Ann Arbor, Michigan, 1975.

FAUSEL, H., Luthers Urteile über Brenz in den Tischreden, BWKG 65 (1965), 69–74.

FRANK, F. H. R., Die Theologie der Concordienformel historisch-dogmatisch entwickelt und beleuchtet, 4 Bände, Erlangen 1858–1865.

FRICKE, O., Die Christologie des Johannes Brenz im Zusammenhang mit der Lehre vom Abendmahl und der Rechtfertigung, FGLP I,3, München 1927.

GÄBLER, U., Heinrich Bullinger, in: Greschat, M. (Hg.), Gestalten der Kirchengeschichte, Bd. 6, Die Reformationszeit II, Stuttgart 1981, 197–209 [zit.: Bullinger].

– Huldrych Zwingli im 20. Jahrhundert. Forschungsbericht und annotierte Bibliographie 1897–1972, Zürich 1975.

– Das Zustandekommen des Consensus Tigurinus im Jahre 1549, ThLZ 104 (1979), 321–332 [zit.: Consensus].

GARDY, F., Bibliographie des oeuvres théologiques, littéraires, historiques et juridiques de Théodore de Bèze, THR 41, Genf 1960.

GENNRICH, P.-W., Die Christologie Luthers im Abendmahlsstreit 1524–1529, Göttingen 1929.

GENSICHEN, H.-W., Damnamus. Die Verwerfung von Irrlehre bei Luther und im Luthertum des 16. Jahrhunderts, AGTL 1, Berlin 1955 [zit.: Damnamus].

GMELIN, J., Die Brenz-Litteratur von 1899, ThR 3 (1900), 165–181.

GOLLWITZER, H., Coena Domini. Die altlutherische Abendmahlslehre in ihrer Auseinandersetzung mit dem Calvinismus dargestellt an der lutherischen Frühorthodoxie, München o. J. (1937).

GOZDEK, F. G., Der Beitrag des Martin Chemnitz zur lutherischen Abendmahlslehre – dargestellt anhand seiner Schrift „Repetitio sanae doctrinae de vera praesentia corporis et sanguinis Domini in coena", in: Der zweite Martin der Lutherischen Kirche. FS zum 400. Todestag von Martin Chemnitz, Hg.: Ev.-luth. Stadtkirchenverband und Probstei Braunschweig, Braunschweig 1986, 9–47.

GRASS, H., Die Abendmahlslehre bei Luther und Calvin. Eine kritische Untersuchung, BFChTh II/47, 2. Aufl., Gütersloh 1954.

GRILLMEIER, A., Jesus der Christus im Glauben der Kirche, Band 1: Von der Apostolischen Zeit bis zum Konzil von Chalcedon (451), Freiburg i. B. 1979, Band 2/1: Das Konzil von Chalcedon – Rezeption und Widerspruch (451–518), Freiburg i. B. 1986.

GÜNTHER, R., Zur kirchlichen und theologischen Charakteristik des Johannes Brenz, BWKG 3 (1899), 65–89.145–160.

GÜRSCHING, H., Jakob Andreae und seine Zeit, BWKG 54 (1954), 123–256.

HACHFELD, H., Martin Chemnitz nach seinem Leben und Wirken, insbesondere nach seinem Verhältnisse zum Tridentinum, Leipzig 1867.

HÄGGLUND, B., „Majestas hominis Christi". Wie hat Martin Chemnitz die Christologie Luthers gedeutet?, LuJ 47 (1980), 71–88.

HAHN, A., Bibliothek der Symbole und Glaubensregeln der Alten Kirche [Breslau 1897], 3. Aufl., hg. v. Hahn, G. L., Hildesheim 1962.

HARDT, T. G. A., Venerabilis et adorabilis Eucharistia. Eine Studie über die lutherische Abendmahlslehre im 16. Jahrhundert, (Upsala 1971), übersetzt v. Diestelmann, S., hg v. Diestelmann, J., FKDG 42, Göttingen 1988.

HARTMANN, J., Zur schwäbischen Reformationsgeschichte, Evangelisches Kirchen- und Schulblatt für Württemberg 26 (1865), 349–352 [zit.: Reformationsgeschichte].

HARTMANN, J. / JÄGER, K., Johannes Brenz. Nach gedruckten und ungedruckten Quellen, 2 Bände, Hamburg 1840/1842.

HAUSCHILD, W.-D., Theologiepolitische Aspekte der lutherischen Konsensusbildung in Norddeutschland, in: Lohff, W./ Spitz, L. W. (Hg.), Widerspruch, Dialog, Einigung. Studien zur Konkordienformel der Lutherischen Reformation, Stuttgart 1977, 41–63.

HECKEL, M., Deutschland im konfessionellen Zeitalter, Deutsche Geschichte 5, KVR 1490, Göttingen 1983.

HEIDENHAIN, A., Die Unionspolitik Landgraf Philipps von Hessen 1557–1562, Halle/S. 1890.

HEIN, K., Die Sakramentslehre des Johannes a Lasco, Berlin 1904.

HENSS, W., Zwischen Orthodoxie und Irenik. Zur Eigenart der Reformation in der rheinischen Kurpfalz unter den Kurfürsten Ottheinrich und Friedrich III., ZGO 132 (1984), 153–212 [zit.: Orthodoxie].

– Der Heidelberger Katechismus im konfessionspolitischen Kräftespiel seiner Frühzeit. Historisch-bibliographische Einführung der ersten vollständigen deutschen, der sogenannten 3. Auflage von 1563 und der dazugehörigen lateinischen Fassung, Zürich 1983 [zit.: Katechismus].

HEPPE, H., Dogmatik des deutschen Protestantismus im sechzehnten Jahrhundert, 2 Bände, Gotha 1857 [zit.: Dogmatik].

– Geschichte des deutschen Protestantismus in den Jahren 1555 – 1581, 4 Bände, Marburg 1852 ff. [zit.: Heppe I, II etc.].

HERKENRATH, E., Beschreibendes Verzeichnis der Literatur über Heinrich Bullinger, Heinrich Bullinger, Werke, 1. Abt.: Bibliographie, Bd. 2, Zürich 1977.

– Peter Martyr Vermiglis Vorarbeit zu einer zweiten christologischen Schrift gegen Johannes Brenz (1562), BWKG 75 (1975), 23–31 [zit.: Vermigli].

HERMANN, C., Eine Fragment gebliebene Rhetorik von Johannes Brenz, BWKG 64 (1964), 79–103.

HERMELINK H., Geschichte der Evangelischen Kirche in Württemberg von der Reformation bis zur Gegenwart. Das Reich Gottes in Wirtemberg, Tübingen 1949 [zit.: Geschichte].

– Johannes Brenz als lutherischer und schwäbischer Theologe, ELKZ 3 (1949), 242–246 [zit.: Brenz].

HILGENFELD, H., Mittelalterlich-traditionelle Elemente in Luthers Abendmahlsschriften, SDGSTh, Zürich 1971.

HIRSCH, E., Die Theologie des Andreas Osiander und ihre geschichtlichen Voraussetzungen, Göttingen 1919.

HOLLERBACH, M., Das Religionsgespräch als Mittel der konfessionellen und politischen Auseinandersetzung im Deutschland des 16. Jahrhunderts, EHS III/165, Frankfurt/M. / Bern 1982 [zit.: Religionsgespräch].

HOLLWEG, W., Der Augsburger Reichstag von 1566 und seine Bedeutung für die Entstehung der Reformierten Kirche und ihres Bekenntnisses. BGLRK 17, Neukirchen 1964 [zit.: Reichstag].

– Heinrich Bullingers Hausbuch. Eine Untersuchung über die Anfänge der reformierten Predigtliteratur. BGLRK 8, Neukirchen 1956 [zit.: Hausbuch].

HOOGLAND, M. P., Calvin's Perspective on the Exaltation of Christ in Comparison with Post-Reformation Doctrine of the Two States. Academisch Proefschrift [=Diss.theol.] Vrije Universiteit Amsterdam, Kampen 1966.

HÜBNER, J., Die Theologie Johannes Keplers zwischen Orthodoxie und Naturwissenschaft, BHTh 50, Tübingen 1975.

Index Aureliensis. Catalogus Librorum Sedecimo saeculo impressorum. Bibliotheca Bibliographica Aureliana, Baden-Baden 1962 ff.

JACOBS, P., Die Lehre von der Erwählung in ihrem Zusammenhang mit der Providenzlehre und der Anthropologie im Zweiten Helvetischen Bekenntnis, in: „Glauben und Bekennen". Vierhundert Jahre Confessio Helvetica Posterior. Beiträge zu ihrer Geschichte und Theologie, hg. v. Staedtke, J., Zürich 1966, 258–277 [zit.: Erwählung].

– Theologie Reformierter Bekenntnisschriften in Grundzügen, Neukirchen 1959 [zit.: Theologie].

JAMMER, M., Das Problem des Raumes. Die Entwicklung der Raumtheorien [1. engl. Aufl. Cambridge/Mass. 1954], 2. Aufl. Darmstadt 1980.

KANTZENBACH, F. W., Der Anteil des Johannes Brenz an der Konfessionspolitik und Dogmengeschichte des Protestantismus, in: Reformatio und Confessio. FS W. Maurer, Hg. v. Kantzenbach, F. W., und Müller, G., Berlin und Hamburg 1965, 113–129 [zit.: Konfessionspolitik].

– Die Bedeutung des Theologen Johannes Brenz für eine Theologie der Anfechtung, in: Das Wort Gottes in Geschichte und Gegenwart. Theologische Aufsätze von Mitarbeitern an der Augustana-Hochschule in Neuendettelsau, hg. v. Andersen, W., München 1957, 160–171 [zit.: Bedeutung].

– Johannes Brenz und der Kampf um das Abendmahl, ThLZ 89 (1964), 561–580 [zit.: Abendmahl].

– Der junge Brenz bis zu seiner Berufung nach Hall im Jahre 1522, ZBKG 32 (1963), 53–73 [zit.: Der junge Brenz].

– Stadien der Theologischen Entwicklung des Johannes Brenz, NZSTH 6 (1964), 243–273 [zit.: Stadien].

– Stand und Aufgaben der Brenzforschung, ThLZ 85 (1960), 851–854 [zit.: Stand].

KINGDON, R. M., The political thought of Peter Martyr Vermigli. Selected Texts and Commentary, THR 178, Genf 1980.

KOCH, E., Bullinger und die Thueringer, in: Heinrich Bullinger 1504–1575, Gesammelte Aufsätze zum 400. Todestag, hg. von Gäbler, U./Herkenrath, E., ZBRG 8, 2 Bände, Zürich 1975, Bd. 2, 315–330.

– Der kursächsische Philippismus und seine Krise in den 1560er und 1570er Jahren, in: Schilling, H. (Hg.), Die reformierte Konfessionalisierung in Deutschland – Das Problem der „Zweiten Reformation". Wissenschaftliches Symposion des Vereins für Reformationsgeschichte 1985, SVRG 195, 60–77 [zit.: Philippismus].

– Die Textüberlieferung der Confessio Helvetica Posterior und ihre Vorgeschichte, in: „Glauben und Bekennen". Vierhundert Jahre Confessio Helvetica Posterior. Beiträge zu ihrer Geschichte und Theologie, hg. v. Staedtke, J., Zürich 1966, 13–40 [zit.: Textüberlieferung].

– Die Theologie der Confessio Helvetica Posterior, BGLRK 27, Neukirchen 1968 [zit.: Theologie].

KÖHLER, W., Bibliographia Brentiana. Bibliographisches Verzeichnis der gedruckten und ungedruckten Schriften und Briefe des Reformators Johannes Brenz. Nebst einem Verzeichnis der Literatur über Brenz, kurzen Erläuterungen und ungedruckten Akten, (Berlin 1904) Neudruck Nieuwkoop 1963 [zit.: Köhler].

– Dogmengeschichte als Geschichte des christlichen Selbstbewußtseins. Das Zeitalter der Reformation, Zürich 1951 [zit.: Dogmengeschichte].

– Die Geisteswelt Ulrich Zwinglis, Christentum und Antike, Gotha 1920.

– Das Marburger Religionsgespräch 1529. Versuch einer Rekonstruktion, SVRG 48, Nr. 148, Leipzig 1929 [zit.: Religionsgespräch].

– Zwingli und Luther. Ihr Streit über das Abendmahl nach seinen politischen und religiösen Beziehungen, QFRG 6, 2 Bände, Leipzig 1924.

KOOPMANS, J., Das Altkirchliche Dogma in der Reformation, BEvTh 22, München 1922.

KOYRÉ, A., Von der geschlossenen Welt zum unendlichen Universum, (Baltimore 1957) stw 320, Frankfurt/M. 1980.

Kruske, Johannes a Lasco und der Sakramentsstreit. Ein Beitrag zur Geschichte der Reformationszeit, SGTK 7, H.1, Leipzig 1901.

Kügelgen, C. W.v., Die Rechtfertigungslehre des Johannes Brenz, Leipzig 1899.

Kugler, B., Christoph, Herzog zu Wirtemberg, 2 Bände, Stuttgart 1868/1872 [zit.: Kugler I/II].

Lienhard, M., Martin Luthers Christologisches Zeugnis. Entwicklung und Grundzüge seiner Christologie. Göttingen 1979.

Locher, G. W., Grundzüge der Theologie Huldrych Zwinglis im Vergleich mit derjenigen Martin Luthers und Johannes Calvins, in: ders., Huldrych Zwingli in neuer Sicht, Zehn Beiträge zur Theologie der Züricher Reformation, Zürich 1969, 173–274 [zit.: Grundzüge].

– Die Lehre vom Heiligen Geist in der Confessio Helvetica Posterior, in: „Glauben und Bekennen". Vierhundert Jahre Confessio Helvetica Posterior. Beiträge zu ihrer Geschichte und Theologie, hg. v. Staedtke, J., Zürich 1966, 300–336 [zit.: Geist].

Lohse, B., Dogma und Bekenntnis in der Reformation: Von Luther bis zum Konkordienbuch, in: Andresen, C. (Hg.), Handbuch der Dogmen- und Theologiegeschichte, Bd.II, Die Lehrentwicklung im Rahmen der Konfessionalität, Göttingen 1980, 1–164 [zit.: Reformation].

– Philipp Melanchthon in seinen Beziehungen zu Luther, in: Junghans, H. (Hg.), Leben und Werk Martin Luthers von 1526–1546, Festgabe zu seinem 500. Geburtstag, Berlin/ Göttingen, Bd. I, 403–419, Bd.II, 860–863 [zit. Melanchthon].

Lohse, E., Art.: πρόσωπον etc., in: ThWNT 6, 769–781.

Loofs, F., Leitfaden zum Studium der Dogmengeschichte, 4. Aufl., Halle 1906.

Mackintosh, H. R., The Doctrine of the Person of Jesus Christ, International Theological Library, 2. Aufl., Edinburgh 1913.

Mahlmann, T., Bibliographie Martin Chemnitz, in: Der zweite Martin der Lutherischen Kirche. FS zum 400. Todestag von Martin Chemnitz, Hg.: Ev.-luth. Stadtkirchenverband und Probstei Braunschweig, Braunschweig 1986, 368–425.

[– Einleitung („Die Entstehung der christologischen Schriften von Johannes Brenz") und Apparat zu J. Brenz, Die christologischen Schriften (bisher zu De personali unione, Sententia und Recognitio), unveröffentlichter Entwurf für Bd. III der Ausgabe, [zit.: Einleitung; Apparat]].

– Martin Chemnitz, in: Greschat, M. (Hg.), Gestalten der Kirchengeschichte, Bd. 6, Die Reformationszeit II, Stuttgart 1981, 315–331 [zit.: Gestalten der Kirchengeschichte].

– Das neue Dogma der lutherischen Christologie. Problem und Geschichte seiner Begründung, Gütersloh 1969 [zit.: Dogma].

– Personeinheit Jesu mit Gott. Interpretation der Zweinaturenlehre in den christologischen Schriften des alten Brenz, BWKG 70 (1970), 176–265, [zit.: Personeinheit].

– Rezension von: Martin Brecht, Die frühe Theologie des Johannes Brenz, ZKG 78 (1967), 401–410 [zit.: Frühe Theologie].

– Rezension von: Walter Sparn. Wiederkehr der Metaphysik, ThLZ 104 (1979), 522–525 [zit.: Metaphysik].

– Vorwort zu J. Brenz, Die christologische Schriften, a. a.O., VII–XXII [zit.: Vorwort].

Mahnke, D., Unendliche Sphäre und Allmittelpunkt. Beiträge zur Genealogie der mathematischen Mystik, DVB 23, Halle/S. 1937.

Maurach, G., Coelum Empyreum. Versuch einer Begriffsgeschichte, Boethius. Texte und Abhandlungen zur Geschichte der exakten Wissenschaften 8, Wiesbaden 1968.

Maurer, H.-M., Herzog Christoph als Landesherr, BWKG 68/69 (1968/69) 112–138.

Maurer, H.-M. / Ulshöfer, K., Johannes Brenz. Reformator und Organisator der Evangelischen Landeskirche in Württemberg. Eine Gedächtnisausstellung zum 400. Todesjahr. Durchgeführt vom Hauptstaatsarchiv Stuttgart, Ausstellungsverzeichnis, 1970.

Maurer, H.-M. / Ulshöfer, K., Johannes Brenz und die Reformation in Württemberg. Eine Einführung mit 112 Bilddokumenten, Forschungen aus Württembergisch Franken 9, Stuttgart/Aalen o. J.

McLelland, J. C., Calvinism perfecting Thomism? Peter Martyr Vermigli's Question. SJTh 31 (1978), 570–578, [zit.: Calvinism].

- Peter Martyr Vermigli: Scholastic or Humanist, in: ders. (Hg.), Peter Martyr Vermigli and Italian Reform. Papers presented at the conference ‚the cultural Impact of Italian Reformers'... Montreal, Sept. 1977, Waterloo (Ontario, Canada) 1980, 141–151.
- The Reformed Doctrine of Predestination, SJTh 8 (1955), 255–272 [zit.: Predestination].
- The visible Words of God. An Exposition of the Sacramental Theology of Peter Martyr Vermigli A. D. 1500–1562, Grand Rapids (Michigan, USA) 1957 [zit.: Words].
McNair, P., Peter Martyr in Italy. An Anatomy of Apostasy, Oxford 1967.
Meinhold, P., Philipp Melanchthon. Der Lehrer der Kirche, Berlin 1960.
Metzke, E., Nicolaus von Cues und Luther, in: ders., Coincidentia Oppositorum. Gesammelte Studien zur Philosophiegeschichte, hg. v. Gründer, K., FBESG 19, Witten 1961, 205–240 [zit.: Nicolaus von Cues].
- Sakrament und Metaphysik. Eine Lutherstudie über das Verhältnis des christlichen Denkens zum Leiblich-Materiellen, in: ders., Coincidentia Oppositorum. Gesammelte Studien zur Philosophiegeschichte, hg. v. Gründer, K., FBESG 19, Witten 1961, 158–204 [zit.: Sakrament].
Meyer, W. E., Soteriologie, Eschatologie und Christologie in der Confessio Helvetica Posterior. Beleuchtet an Kapitel XI „De Iesu Christo vero Deo et Homine, unico mundi Salvatore", Zwing 12 (1964–1968), 391–409.
Moeller, B., Die deutschen Humanisten und die Anfänge der Reformation, ZKG 70 (1959), 46–61.
Moltmann, J., Christoph Pezel (1539–1604) und der Calvinismus in Bremen, Bremen 1958.
Mostert, W., Luthers Verhältnis zur theologischen und philosophischen Überlieferung, in: Junghans, H. (Hg.), Leben und Werk Martin Luthers von 1526–1546, Festgabe zu seinem 500. Geburtstag, Berlin/Göttingen 1983, Bd. I, 347–368; Bd. II, 839–849.
Mühlen, K.-H. zur, Zur Dogmengeschichte der Reformationszeit, VuF 29 (1984), 59–91.
Mühlenberg, E., Dogma und Lehre im Abendland. Erster Abschnitt: Von Augustin bis Anselm von Canterbury, in: Andresen, C. (Hg.), Handbuch der Dogmen- und Theologiegeschichte, Bd. I, Die Lehrentwicklung im Rahmen der Katholizität, Göttingen 1982, 406–566.
Müller-Streisand, R., Theologie und Kirchenpolitik bei Jakob Andreä bis zum Jahr 1568, BWKG 60/61 (1960/61), 224–395.
Neuser, W. H., Die Abendmahlslehre Melanchthons in ihrer geschichtlichen Entwicklung (1519–1530), BGLRK 26, Neukirchen 1968 [zit.: Abendmahlslehre].
- Dogma und Bekenntnis in der Reformation: Von Zwingli und Calvin bis zur Synode von Westminster. In: Andresen, C. (Hg.), Handbuch der Dogmen- und Theologiegeschichte, Bd. II, Die Lehrentwicklung im Rahmen der Konfessionalität, 165–352 [zit.: Dogma].
- Hardenberg und Melanchthon. Der Hardenbergische Streit (1554–1560), JGNKG 65 (1967), 142–186 [zit.: Hardenberg].
- Die Versuche Bullingers, Calvins und der Strassburger, Melanchthon zum Fortgang von Wittenberg zu bewegen, in: Heinrich Bullinger 1504–1575, Gesammelte Aufsätze zum 400. Todestag, hg. von Gäbler, U./ Herkenrath, E., ZBRG 8, 2 Bände, Zürich 1975, Bd. II, 35–55 [zit.: Versuche].
Nilsson, K. O., Simul. Das Miteinander von Göttlichem und Menschlichem in Luthers Theologie, FKDG 17, Göttingen 1966.
Nürnberger, R., Die Politisierung des französischen Protestantismus. Calvin und die Anfänge des protestantischen Radikalismus, Tübingen 1948.
Oberman, H.A., Die „Extra"-Dimension in der Theologie Calvins, in: Geist und Geschichte der Reformation, FS H. Rückert, Hg. v. Liebing, H. und Scholder, K., AKG 38, Berlin 1966, 323–356 [zit.: Extra-Dimension].
- Spätscholastik und Reformation, Bd. I, Der Herbst der mittelalterlichen Theologie, Zürich 1963 [zit.: Herbst].
Paist, B. F., Peter Martyr and the colloquy of Poissy. PTR 20 (1922), 212–231. 418–447. 616–646.
Pannenberg, W., Grundzüge der Christologie, Gütersloh 1969 [zit.: Christologie].

PESTALOZZI, C., Heinrich Bullinger. Leben und ausgewählte Schriften. Nach handschriftlichen und gleichzeitigen Quellen, LASRK, Elberfeld 1858.

PETERS, A., Luthers Christuszeugnis als Zusammenfassung der Christusbotschaft der Kirche, KuD 13 (1967), 1–26. 73–98 [zit.: Christuszeugnis].

– Realpräsenz. Luthers Zeugnis von Christi Gegenwart im Abendmahl, AGTL 5, Berlin/ Hamburg 1966 [zit.: Realpräsenz].

PETRI, H., Herzog Christoph von Württemberg und die Reformation in Frankreich. Ein Beitrag zu seiner Lebensgeschichte, BWKG 55 (1955), 5–64.

PFISTER, J. G., Herzog Christoph zu Wirtemberg. Aus größtentheils ungedruckten Quellen, 2 Bände, Tübingen 1819/1820.

PREGER, W., Matthias Flacius und seine Zeit. 2 Bände, Erlangen 1859/1861.

PRESS, V., Calvinismus und Territorialstaat. Regierung und Zentralbehörden der Kurpfalz 1559–1619, KiHiSt 7, Stuttgart 1970 [zit.: Calvinismus].

– Die „Zweite Reformation" in der Kurpfalz, in: Schilling, H. (Hg.), Die reformierte Konfessionalisierung in Deutschland – Das Problem der „Zweiten Reformation". Wissenschaftliches Symposion des Vereins für Reformationsgeschichte 1985, SVRG 195, 104–129 [zit.: Zweite Reformation].

PRESSEL, T., Churfürst Ludwig von der Pfalz und die Konkordienformel, ZHTh 37 (NF 31) (1867), 3–112. 268–318. 445–470. 473–605. [zit.: Churfürst Ludwig].

– Paul Eber, Nach gleichzeitigen Quellen, Elberfeld 1862 [zit.: Eber].

RATSCHOW, C. H., Jesus Christus, HST 5, Gütersloh 1982.

Reformation in Württemberg. Ausstellung zur 450-Jahr Feier der Evangelischen Landeskirche. Württembergische Landesbibliothek Stuttgart 15. Mai bis 22. Juli 1984, Katalog. Im Auftrag des Evangelischen Oberkirchenrats hg. vom Landeskirchlichen Archiv Stuttgart, 450 Jahre Evangelische Landeskirche in Württemberg. Kataloge der Austellungen, Teil I, Stuttgart 1984 [zit.: Reformation in Württemberg].

REINHARD, W., Glaube. Geld. Diplomatie. Die Rahmenbedingungen des Religionsgesprächs von Poissy im Herbst 1561, in: Müller, G. (Hg.), Die Religionsgespräche der Reformationszeit, SVRG 191, Gütersloh 1980, 89–116 [zit.: Poissy].

RICHTER, A., Art.: Degen, Jacob [gen. Schegk], in: ADB 5, 20f.

RITSCHL, O., Dogmengeschichte des Protestantismus, IV. Band, Orthodoxie und Synkretismus in der altprotestantischen Theologie. Das orthodoxe Luthertum im Gegensatz zu der reformierten Theologie und in der Auseinandersetzung mit dem Synkretismus, Göttingen 1927.

RITTER, A. M., Dogma und Lehre in der Alten Kirche, in: Andresen, C. (Hg.), Handbuch der Dogmen- und Theologiegeschichte, Bd. 1, Die Lehrentwicklung im Rahmen der Katholizität, Göttingen 1982, 99–283.

RITTER, M., Deutsche Geschichte im Zeitalter der Gegenreformation und des Dreißigjährigen Krieges (1555–1648), Bibliothek Deutscher Geschichte 8, Band I, Stuttgart 1889 [zit.: Ritter I].

ROCHOLL, R., Die Realpräsenz. Das Lehrstück von der Gegenwart des HErrn bei den Seinen. Ein Beitrag zur Christologie, Gütersloh 1875.

ROHLS, J., Theologie reformierter Bekenntnisschriften. Von Zürich bis Barmen, UTB 1453, Göttingen 1987.

RUDERSDORF, M., Lutherische Erneuerung oder Zweite Reformation? Die Beispiele Württemberg und Hessen, in: Schilling, H. (Hg.), Die reformierte Konfessionalisierung in Deutschland – Das Problem der „Zweiten Reformation". Wissenschaftliches Symposion des Vereins für Reformationsgeschichte 1985, SVRG 195, Gütersloh 1986, 130–153.

SCHADE, H. v., Joachim Westphal und Peter Braubach. Briefwechsel zwischen dem Hamburger Hauptpastor, seinem Drucker-Verleger und ihrem Freund Hartmann Beyer in Frankfurt am Main über die Lage der Kirche und die Verbreitung von Büchern, AKGH 15, Hamburg 1981 [zit.: Westphal].

– Johannes Brenz und Peter Braubach. Archiv für Geschichte des Buchwesens 23 (1982), 481–504 [zit.: Brenz].

SCHINDLING, A., Humanistische Hochschule und freie Reichsstadt. Gymnasium und Akademie in Straßburg 1538–1621, VIEG 77, Wiesbaden 1977.

SCHLOSSER, F. C., Leben des Theodor Beza und des Peter Martyr Vermigli. Ein Beytrag zur Geschichte der Zeiten der Kirchen-Reformation, Heidelberg 1809.

SCHMID, H., Der Kampf der lutherischen Kirche um Luthers Lehre vom Abendmahl im Reformationszeitalter. Im Zusammenhang mit der gesamten Lehrentwicklung dieser Zeit, 2. Aufl., Leipzig 1873 [zit.: Kampf].

SCHMIDT, C., Peter Martyr Vermigli. Leben und ausgewählte Schriften. Nach handschriftlichen und gleichzeitigen Quellen, LASRK 7, Elberfeld 1858.

SCHNEIDER, E., Ein kirchliches Verfahren unter Herzog Christoph und der württembergischen Theologen Bekenntniß vom Nachtmahl, Theologische Studien aus Württemberg 3 (1882), 267–277.

SCHRÖDER, R., Johann Gerhards lutherische Christologie und die aristotelische Metaphysik, BHTh 67, Tübingen 1983.

SCHULTZ, H., Die Lehre von der Gottheit Christi. Communicatio idiomatum, Gotha 1881.

SCHULZE, W. A., Bullingers Stellung zum Luthertum, in: Heinrich Bullinger 1504–1575, Gesammelte Aufsätze zum 400. Todestag, hg. von Gäbler, U./Herkenrath, E., ZBRG 8, 2 Bände, Zürich 1975, Bd. II, 287–314.

SCHWARZ, R., Gott ist Mensch. Zur Lehre von der Person Christi bei den Ockhamisten und bei Luther, ZThK 63 (1966), 289–351.

SEEBERG, E., Luthers Theologie. Motive und Ideen, Bd.I, Die Gottesanschauung, Göttingen 1929.

SEEBERG, R., Lehrbuch der Dogmengeschichte, Bd. III, Die Dogmengeschichte des Mittelalters, 4. Aufl. Erlangen/Leipzig 1930; Bd.IV/2, Die Fortbildung der reformatorischen Lehre und die gegenreformatorische Lehre, 2./3. Aufl., Erlangen/Leipzig 1920.

SIGWART, C., Jakob Schegk, Professor der Philosophie und Medicin. Ein Bild aus der Geschichte der Universität Tübingen im sechzehnten Jahrhundert, in: ders., Kleine Schriften, 1. Reihe, Zur Geschichte der Philosophie, 2. Ausgabe, Freiburg 1889, 256–291.

SOMMERLATH, E., Der Sinn des Abendmahls nach Luthers Gedanken über das Abendmahl 1527/1529, Leipzig 1930.

SPARN, W., Doppelte Wahrheit? Erinnerungen zur theologischen Struktur des Problems der Einheit des Denkens, in: Zugang zur Theologie, Fundamentaltheologische Beiträge, FS W. Joest, hg. v. Mildenberger, F. und Track, J., Göttingen 1979, 53–78 [zit.: Doppelte Wahrheit].

– Studium Religionis in Brenz' Katechismus-Erklärung, BWKG 70 (1970), 118–147 [zit.: Studium Religionis].

– Wiederkehr der Metaphysik. Die ontologische Frage in der lutherischen Theologie des frühen 17. Jahrhunderts, CThM 4, Stuttgart 1976 [zit.: Wiederkehr].

STAEDTKE, J., Beschreibendes Verzeichnis der gedruckten Werke von Heinrich Bullinger, Bullinger, H., Werke. 1. Abteilung: Bibliographie. Bd. 1, Zürich 1972 [zit.: Staedtke].

– Bullingers Theologie – eine Fortsetzung der Zwinglischen?, in: Bullinger-Tagung 1975, Vorträge, gehalten aus Anlass von Heinrich Bullingers 400. Geburtstag. Hg. von Gäbler, U. und Zsindely, E., Zürich 1977, 87–98 [zit.: Bullingers Theologie].

– Die Gotteslehre der Confessio Helvetica Posterior, in: „Glauben und Bekennen". Vierhundert Jahre Confessio Helvetica Posterior. Beiträge zu ihrer Geschichte und Theologie, hg. v. Staedtke, J., Zürich 1966, 251–257 [zit.: Gotteslehre].

– Die Theologie des jungen Bullinger, SDGSTh 16, Zürich 1962 [zit.: Theologie].

– Der Zürcher Prädestinationsstreit von 1560, Zwing 9 (1949–1953), 536–546 [zit.: Prädestinationsstreit].

STEMMER, P., Perichorese. Zur Geschichte eines Begriffs, AfB 27 (1983), 9–55.

STOCK, K., Annihilatio mundi. Johann Gerhards Eschatologie der Welt, FGLP 42, München 1971.

STRAUSS, D.F., Die christliche Glaubenslehre in ihrer geschichtlichen Entwicklung und im Kampfe mit der modernen Wissenschaft, Bd.II, Tübingen/Stuttgart 1841.

STROHM, S., Rezension von: Johannes Brenz, Die christologischen Schriften ... , Teil 1, BWKG 83/84 (1983/1984), 312–314 [zit.: Die christologischen Schriften].

STURM, E., Briefe des Heidelberger Theologen Zacharias Ursinus aus Wittenberg und Zürich (1560/61), HdJb 14 (1970), 85–119 [zit.: Briefe].

– Der junge Zacharias Ursin. Sein Weg vom Philippismus zum Calvinismus, BGLRK 33, Neukirchen 1972 [zit.: Ursin].

STURM, K., Die Theologie Peter Martyr Vermiglis während seines ersten Aufenthalts in Straßburg 1542–1547. Ein Reformkatholik unter den Vätern der reformierten Kirche, BGLRK 31, Neukirchen 1971 [zit.: Sturm].

SUDHOFF, K., C. Olevianus und Z. Ursinus. Leben und ausgewählte Schriften, LASRK 8, Elberfeld 1867.

TERNUS, J., Chalkedon und die Entwicklung der protestantischen Theologie. Ein Durchblick von der Reformation bis zur Gegenwart, KonChal Bd. III, Chalkedon heute, Würzburg 1954, 531–611.

THOMASIUS, G., Christi Person und Werk. Darstellung der evangelisch-lutherischen Dogmatik vom Mittelpunkte der Christologie aus, Zweiter Theil: Die Person des Mittlers, Erlangen 1855.

TSCHACKERT, P., Die Entstehung der lutherischen und der reformierten Kirchenlehre samt ihren innerprotestantischen Gegensätzen. Göttingen 1910.

Verzeichnis der im deutschen Sprachbereich erschienenen Drucke des XVI. Jahrhunderts – VD 16 -. Hg. von der Bayerischen Staatsbibliothek München in Verbindung mit der Herzog-August-Bibliothek in Wolfenbüttel. I. Abt. Verfasser – Körperschaften – Anonyma, Stuttgart 1983 ff.

VOGLER, B., Brenz und die pfälzischen Pfarrbibliotheken um 1600, BWKG 70 (1970), 279–283.

WAGNER, J. B., Ascendit ad Coelos. The Doctrine of the Ascension in the Reformed and Lutheran Theology of the Period of Orthodoxy, Winterthur 1964.

WALSER, P., Die Prädestination bei Heinrich Bullinger im Zusammenhang mit seiner Gotteslehre, SDGSTh 11, Zürich 1957.

WALTON, R., Johannes Brenz und der angelsächsische Protestantismus, BWKG 70 (1970), 266–278.

WEBER, H. E., Der Einfluß der protestantischen Schulphilosophie auf die orthodox-lutherische Dogmatik, Leipzig 1908 [zit.: Einfluß].

– Reformation, Orthodoxie und Rationalismus, 2 Bände (in 3), BFChTh 2/35, 2/45, 2/54, Gütersloh 1940 ff. [zit.: Reformation].

WEESENMEYER, G., Ueber des Johann Brenz Selbst=Apologie für seine Rechtgläubigkeit, ZHTh 30 (1860), 149–156.

WEISMANN, C., Eine kleine Biblia. Die Katechismen von Luther und Brenz. Einführung und Texte. Stuttgart 1985.

WILLIS, E. D., Calvin's Catholic Christology. The Function of the So-called Extra Calvinisticum in Calvin's Theology, SMRT 2, Leiden 1966.

WOLF, G., Zur Geschichte der deutschen Protestanten 1555–1559. Nebst einem Anhange von Archivalischen Beilagen, Berlin 1888 [zit. Zur Geschichte].

Register

1. Bibelstellen

2. Personen

Adam, A. 6, 150
Aischylos 82
Alber, M. 54
Albrecht, Herzog von Preußen 45, 59, 160, 175, 249
Alcuin 246
Alphaeus Valesianus 229
Ambrosiaster 213
Ambrosius 89, 102
Amsdorff, N. v. 51
Anderson, M. W. 70, 92 f.
Andreae, J. 6, 14, 17, 19 f., 24, 26 f., 42 f., 49 f., 53, 55, 62–69, 116, 121, 124 f., 128, 131, 134, 138, 140, 143, 154, 168 f., 196, 198, 212, 222, 256 ff., 279
Andreae, J. V. 53
Anton von Navarra 24, 26
Aristoteles 71 f., 78, 82, 101, 146 ff., 188, 231 f., 235
Arius 270
Athanasius 80, 139
August, Kurfürst von Sachsen 30, 42, 44, 58, 61 ff.
Augustin 39 f., 76, 80, 84, 102, 138, 140 ff., 145, 236, 246, 252, 255

Bach, J. 110
Barth, K. 7
Barth, P. 109, 113 f., 176
Barton, P. F. 13, 16, 21 f., 39, 51, 268
Basilius 76, 101 f., 152, 196
Battus, B. 29
Bauduin, F. 22
Baumann, W. 22, 51
Baur, F. C. 5
Baur, J. 5 f., 8 f., 19, 36, 102, 112, 132, 138, 164, 202, 205, 222, 224, 241, 265, 267 f., 283
Benrath, G. A. 59
Bensow, O. 11
Bernhardinus 229
Beuerlin, J. 24
Beyer, H. 46, 60, 64
Beza, T. 6, 14, 25, 40, 49, 55, 71, 176
Bibliander, T. 71

Bidembach, W. 66, 68, 123, 131
Biel, G. 77, 83, 91, 110, 233, 249
Bindseil, H. E. 29, 37, 39 f., 43, 51, 55
Birkenhahn, A. 70
Bizer, E. 4, 11 ff., 46 ff., 270 f.
Blarer, A. 16, 57 f., 61
Blumenberg, H. 251
Boethius 78 f., 156 f.
Bonaventura 246, 252
Boquin, P. 21 f.
Bornkamm, H. 242
Borzsák, S. 133
Bossert, G. 41, 45 f.
Bötker, J. 8, 30, 175 ff.
Brandi, K. 18
Brandy, H. C. 65
Braubach, P. 46 ff., 59 f.
Brecht, M. 1, 4, 9 ff., 15, 18, 20 f., 24, 47, 52, 54, 64, 116, 171 f., 216, 244, 246, 250, 255 f., 265, 271, 273 f., 282
Breidert, M. 5
Brenz, J. (jun.) 67, 69
Bretschneider, K. G. 39
Bucer, M. 15, 70, 72
Büchsel, E. 247
Bullinger, H. 2, 13 f., 16, 21 f., 25, 29, 37, 40 ff. 47 ff., 54–61, 68 ff., 74 f., 87 ff., 92–114, 123, 135 f., 138 ff., 143 f., 147, 159, 162, 167, 170, 176, 183 ff., 194, 212, 226, 229 ff., 244, 249, 262 f., 268 f., 271, 283
Büren, D. van 29
Büsser, F. 72, 93, 97

Calinich, R. 18
Calvin, J. 7, 13 f., 16, 22 f., 25, 28 f., 39, 40 ff., 46 f., 49 f., 52 ff., 70, 73 f., 80, 83 92, 95, 109, 113 f., 128, 176, 229
Camerarius, J. 47, 56 f.
Cave, S. 11
Chemnitz, M. 6, 8, 31, 57, 63, 124, 141, 169, 200 ff., 262
Christoph, Herzog von Württemberg 18 ff., 41 ff., 49 ff., 60, 64 ff., 74
Chrysostomos, J. 101
Cirler, C. 21

3. Sachen